日本古代都鄙間交通の研究

市　大樹　著

塙書房刊

目次

目次

第Ⅱ部　都鄙間交通体系と関制

例言

一、本書は、二〇〇〇年に大阪大学大学院文学研究科に提出した課程博士論文「律令国家都鄙間交通の研究」をもとに、その後に執筆した論考を加えて、大幅に再編成したものである。既発表論文との対応関係は、巻末の初出一覧を参照されたい。ただし、課程博士論文のうち、「九世紀畿内地域の富豪層と院宮王臣家・諸司」(『ヒストリア』一六三、一九九九年)を改稿した章は割愛した。

二、引用史料中の文字は、一部を除いて常用体とする。史料の掲載方法は基本的に底本によるが、句読点・ナカグロ・返り点は私見によって改めた場合がある。なお、内容に関わる大きな改変をした場合には、その旨を註で述べる。

三、養老律(疏)の引用は、条文番号を含め、律令研究会編『訳註日本律令二・三　律本文篇上・下』(東京堂出版、一九七五年)による。養老令の引用は、条文番号を含め、『日本思想大系　律令』(岩波書店、一九七六年)による。なお、大宝律令は養老律令と大きく違わなかったと推定されているので、明らかに違わなければ特に断らない。なお、大宝令の復原に関しては、仁井田陞著・池田温代表編集『唐令拾遺補』(東京大学出版会、一九九七年)を適宜参照した。

四、唐律(疏)の引用は、条文番号を含め、基本的に『訳註日本律令二・三　律本文篇上・下』(前掲)による。唐令の引用は、北宋天聖令のある篇目については、基本的に天一閣博物館・中国社会科学院歴史研究所天聖令整理課題組校証『天一閣蔵明鈔本天聖令校証　附唐令復原研究　下』(中華書局、二〇〇六年)清本による。宋令・不行唐令の条文番号は「宋〇条」「唐〇条」と呼ぶ。北宋天聖令のない篇目は、仁井田陞『唐令拾遺』(東方文化学院、一九三三年)、仁井田陞著・池田温代表編集『唐令拾遺補』(前掲)による。

五、法令史料等を特定する際、『弘仁式』主税式は瀧川政次郎「弘仁主税式注解」(『法制史論叢1　律令格式の研究』角川書店、一九六七年)、『延喜式』は『訳注日本史料　延喜式　上・中』(集英社、二〇〇〇年、二〇〇七年)、『延暦交替式』『貞観交替式』『延喜交替式』は早川庄八「延暦交替式・貞観交替式・延喜交替式」(『日本古代の文書と典籍』吉川弘文館、一九九七年、初出一

九七一年）および福井俊彦『交替式の研究』（吉川弘文館、一九七八年）の条文番号を使用する。
六、天平期の郡稲帳・正税帳の復原・校訂は、林陸朗・鈴木靖民編『復原・天平期諸国正税帳』（現代思潮社、一九八五年）による。天平六年度出雲国計会帳の復原・校訂は、平川南「出雲国計会帳・解部」（『漆紙文書の研究』吉川弘文館、一九八九年、初出一九八四年）による。これ以外の日本の古文書等は、『大日本古文書（編年文書）一〜二十五』（東京大学出版会、一九〇一年〜一九四〇年）、『平安遺文（古文書編）一〜十一』（東京堂出版、一九四七年〜一九六七年）により、「大古」「平遺」と略称した。
七、木簡の釈文は、発掘調査担当機関の刊行した正報告書に依拠するのを原則とする。木簡の出典を示す際、奈良（国立）文化財研究所の発掘した木簡は、当研究所の刊行物のうち、原則として最も刊行年度が新しいものによる。その他の機関の発掘した木簡は、一部を除いて、検索の便を考慮して『木簡研究』を使用し、必要に応じて註に発掘調査担当機関の刊行物を示す。なお刊行物の略称として、奈良文化財研究所編『藤原宮木簡』を「藤」、同編『飛鳥・藤原京木簡』を「飛藤」、同編『飛鳥・藤原宮発掘調査出土木簡概報』を「飛」、同編『平城宮木簡』を「宮」、同編『平城京木簡』を「京」、同編『平城宮発掘調査出土木簡概報』を「城」、同編『評制下荷札木簡集成』を「評」、木簡学会編『木簡研究』を「木」、奈良県教育委員会編『藤原宮跡出土木簡概報』を「県藤」、長野県埋蔵文化財センター編『長野県屋代遺跡群出土木簡』を「屋」、宮城県多賀城跡調査研究所編『多賀城跡木簡』を「多」とする。木簡番号がある場合には刊行物の略称・号数（・頁数）に続けて木簡番号を示し（例、平1–1926号、木30–201頁–19号）、木簡番号がない場合には刊行物の略称・号数・頁数（・頁上下）を示す（例、城6–7頁上）。
八、その他の刊本は通例に従い、煩雑を避けて、列挙することは省略する。
九、各章註の参考文献は、論文・著書等が論文集・著作集等に再収されている場合、再収時の情報を記し、初出年を併記する。なお、副題は原則として省略する。
十、本刊行物は、JSPS 科研費 JP16HP5081の助成を受けたもので、平成二十五〜二十八年度科学研究費補助金（基盤研究（C）・課題番号25370771）の研究成果も含みます。

日本古代都鄙間交通の研究

序章　本書の目的と構成

1　研究の対象

「すべての道はローマに通ず」の言葉に象徴されるように、古代国家の成立と中央集権的な交通制度の整備とは密接な関係にあった。それは日本の場合も例外ではない。

日本律令国家が形成される七世紀後半から八世紀初頭にかけて、都から地方に放射状に延びる直線道路が建設された。東海道・東山道・北陸道・山陰道・山陽道・南海道・西海道からなる七道である。七道の本義は畿外の行政ブロックであるが、駅路と称される実際の道路をも指す。発掘調査の所見によれば、七道駅路は平野部では道幅九〜一二メートル前後の規模をもち、可能なかぎり直線性を指向する道路であった。この七道駅路を媒介しながら、日本律令国家による地方支配が実現したのである。

本書は、日本律令国家による地方支配を成り立たせ、そのなかで展開した都鄙間交通の制度的特質を解明することを第一の課題とする。考察の対象とする時代は主に八・九世紀で、その前後の時代も必要に応じて取り上げる。日本律令国家は中央集権的な体制をとっていたため、それに大なり小なり規定された都鄙間交通制度を分析することは、日本律令国家の地方支配の特質解明にもつながると期待される。これを第二の課題としたい。

ところで、「交通」という言葉の範囲は極めて広い。最広義では人間相互間の関係すべてを指し、人間の引き起こすあらゆる現象が含まれる。石母田正氏は、その後の日本古代史研究に多大な影響を与え続けた著作『日本の古代国家』（岩波書店、一九七一年）において、次のように「交通」を規定している（一四頁）(1)。

ここにいう「交通」とは、経済的側面では、商品交換や流通や商業および生産技術の交流であり、政治的領域では戦争や外交をふくむ対外諸関係であり、精神的領域においては文字の使用から法の継受にいたる多様な交流である。

この「交通」概念は、日本史研究者の間ではよく知られたものであり、さまざまな時代・分野で引用されてきた(2)。このように「交通」の意味する範囲を広くとることにより、これまで歴史学の諸分野で分析されてきた種々の事象を「交通」という名のもとに収斂させることができるからであろう。そこにはまた、あまりにも細分化しすぎた研究状況の閉塞感を打破する意味合いも込められていると思われる。

しかし、石母田氏のいう「交通」の研究領域は歴史全般にほぼ等しく、あえて「交通」史を銘打つ理由が問われかねないのも事実である。石母田氏の問題提起を意識しつつも、当面の目標としては、いま少し限定した意味で「交通」を捉え、その実証的研究を進めていくのが建設的であろう。歴史地理学の中村太一氏は、その著作において、交通学の研究も参照しつつ、狭義の「交通」を「人・モノ・情報の社会的移動現象」と定義した上で、石母田氏の「交通」概念を意識しつつ、歴史学の分野では「交通現象そのものを研究すると同時に、交通現象を手がかりとして政治や文化をも含んだ社会的・経済的諸関係（最広義・広義の交通）を研究する、あるいは社会的・経済的諸関係の中に交通現象を位置づけることが可能かつ必要なのである」と述べる(3)。

本書でも、交通を「人・モノ・情報の社会的移動現象」という狭義の意味で捉えた上で、その制度的特徴ならびに展開過程を明らかにするとともに、可能なかぎり広い視野に立ちながら、その意義づけを試みたい。

2　交通制度史研究の現状

日本古代都鄙間交通の研究を進めていく上で、公的交通制度の中核をなす駅伝制度の解明は避けて通れない。駅伝制度は、駅制と伝制の二つからなる。このうち「伝制」は「伝馬制」と呼ばれることも多い。後述するように、研究が深化するなか、「伝制＝伝馬制」という従来の理解に加えて、「伝馬制は伝制の一部を構成する」という見解も新たに出されるなど、論者によってその用語の使い方は区々である。筆者は本書の第二・四章などで検討するように、「伝制＝伝馬制」という理解が妥当であると考えている。そこで以下、特に問題のない場合には「伝制」の語で代表させ、必要に応じて「伝馬制」の語を用いることにしたい。

駅伝制度の本格的研究は、一九二八年刊行の坂本太郎『上代駅制の研究』(至文堂)[4]に始まり、制度面を中心とした着実な実証によって、駅伝制度研究の礎を築いた。また、律令制の消長という視座から駅伝制度を論じており、日本律令国家論と密接不可分な研究対象として位置づけられた点も見逃せない。ただし、著書の表題に端的に示されているように、駅制が研究テーマの主軸であり、伝制は付随的に論じられるにとどまった。

こうした傾向は半世紀近くも続いたが[5]、一九七〇年代後半から一九八〇年代前半にかけて、伝制の独自性を指摘した重要な論文が集中的に発表される。大山誠一氏は、駅制は急速大事に備えたもので、その使用はかなり限定されており、官人の日常的往来は伝制によって支えられていたことを指摘した[6]。柳雄太郎氏は、平安時代の伝馬が駅路の通る郡に設けられたのに対して、奈良時代は全郡設置が原則であったことから、駅制が国衙を結ぶ交通制度であり、伝制は郡衙と郡衙の間、あるいは郡衙と国衙を結ぶ交通制度であったとした。さらに平安時代初期以後、伝制は駅制の補助的な交通制度に変質すると指摘した。また、駅制は律令国家が新たに採用した中央集権的な交通制度であり、伝制は地方豪族の固有の交通制度を継承し再編成したものと評価した。[7] 佐々木虔一氏も同じく、駅制が唐制を模倣した律令的な性格の強い制度であるのに対し、伝制は律令制以前の国造制下、あるいは評制下の交通・通信制が再編成された制度であったとみた。[8] さらに原秀三郎氏も、駿河国有度郡と益頭郡を事例に「駅馬の道」と「伝馬の道」が異なることを具体的に示すとともに、伝制を「郡家の交通機能」として位置づけた。[9] 榎英一氏が天平期の郡稲帳・正税帳の給粮記事を綿密に分析し、伝制の利用実態を考えるための土台をつくったのも、同じ時期のことである。[10]

そして、これらの議論を踏まえ大きく発展させたのが、一九八五年の大日方克己氏の論文である。[11] 駅鈴・伝符を付与されなくても路次諸国郡で食料や夫馬を受けて逓送された事例が知られることから、駅伝制度の周辺部も組み込んだ議論の必要性を説き、およそ以下の点を指摘した。①郡には広範な逓送・供給機能が備わっており、伝制はそれを前提に運営された。②その歴史的前提として、共同体的諸関係の外来者に対する迎送・歓待の慣行が転化した、ミコトモチの往来に対する国造クラスの在地首長層による逓送・供給があった。③律令当初の駅伝制度は、国司―駅長の管轄下で運営される駅制、国司―郡司の管轄下で運営される伝制、という相互に独立する二重構造をとっていた。④延暦年間（七八二〜八〇六）を中心とした伝馬の廃止・再設置、承和年間（八三四〜八四八）を中心とした駅の再編を通じて、郡が駅の逓送・供給をも包摂するようになり、駅制は国司―郡司―駅長のラインで運営されるにいたる。以上の大日方氏の見解は以後の研究に継承されていった。

この頃、歴史地理学・考古学の分野でも、これまでの古代道路像を一新させる研究が相次いで登場する。従来、律令時代の道は自然発生的な道路を若干整備しただけで、計画道路は都城や畿内に存在するにすぎないと考えられてきた。[12] しかし、一九七二年に藤岡謙二郎氏を代表者として全国古代道路の調査が始まると、列島規模で直線道路が存在することがわかってきた[13]。一九八〇年代には、駅路に代表される古代道路は直線道路であり、国府・郡家・条里・境界などの基準線的役割を果たしたことが広く知られるようになった[14]。古代道路に関する知見が深まるなか、道路の類型化も進められ、駅伝制度の二重構造に対応して「駅路」と「伝路」の区別が強く認識されるようになる。その推進力となった木下良氏は、道幅九～一二メートル前後の道を「駅路」に、道幅三～六メートル前後の道を「伝路」にそれぞれ比定し、前者が集落の存在しない場所を走ることが多いのに対し、後者は地域と密着した道であるとみた。また、奈良時代の「駅路」の多くは平安時代には続かず、路線を変更しない場合でも道幅を六メートル前後に縮小し、「伝路」に一元化されていくと見通した[15]。

交通施設は道路に限定されない。舘野和己氏は、道が川を渡る地点に架けられた橋・渡船や、関所に着目し、本貫地主義（人民の交通を基本的にその本貫の郡に、最大限でも国内に縛りつけることによって、人民支配を貫徹しようとする律令国家の政策）との関連を指摘した[16]。また、小犬丸遺跡（兵庫県たつの市）・落地遺跡（兵庫県上郡町）で「瓦葺粉壁」（『日本後紀』大同元年五月丁丑条）の駅家が検出されたことを契機に、山陽道を中心に駅家研究も大きく進んだ[17]。

そして、これまでの研究対象は陸上交通に偏りがちであったが、水上交通研究についても一定の蓄積がなされた。専著としては、千田稔氏による港の歴史地理学的研究、杉山宏氏による海運の研究、松原弘宣氏による総合的な水上交通研究が研究史上特に重要な位置を占める[18]。

こうした交通研究の高まりのなか、一九九二年に古代交通研究会が発足し、歴史地理学・文献史学・考古学・土木史学などの研究者が共同して議論する場が提供された。ここに古代交通研究は新たな局面を迎えたのである。とりわけ、古代道路研究の進展は目覚ましく、全国の事例を集成した書籍だけで少なくとも五冊を数える[19]。専門書や啓蒙書も多数刊行され[20]、個別論文にいたっては枚挙に遑がない。

一九九〇年代以降、文献史学による駅伝制研究も大きく進展した。それは、駅伝制度の系譜面に着目する研究、駅伝制度の機能面に着目する研究、に大別できるであろう。

前者の典型例が、一九九三年の大津透氏による唐制との比較研究である。日本駅制の特徴を、固定した駅戸集団からの労働力（駅子）徴発、独立した財源（駅起田、駅起稲）といった側面に見出し、在地首長に依存せざるを得なかった伝制に対抗するものとして、中央政府による軍事・地方統治の要として駅制が導入されたと理解した。その上で、律令国家が在地首長の力を弱めていく過程を経ながら、駅制・伝制の二元性は、郡・駅を管する国司による一元的な交通体系に再編されるとみた[21]。大津氏は、在地首長制が支配的であった社会に律令制が導入され、両者が拮抗する時代を経ながら、やがて律令制が深く浸透し支配的になっていく、という図式で日本古代を描いた著書を発表しており[22]、それが駅伝制度の変遷からも読み取れることを主張したのである。

後者の代表が永田英明氏で、一九九二年の論文において、情報伝達制度である駅制に対し、伝制は中央からの政治的使者（朝使）の迎送を担った点に意義があるとした[23]。特に重要なのは、伝制の利用証である伝符は通常諸国には支給されず、国府起点の伝馬利用は基本的に想定されていないと指摘した点である。伝制は国司の部内巡行用の交通制度であるという理解もあったが、これを明快に否定したのである。これに関連して、伝馬が設置されたのは基本的に駅路沿いの郡であるとし、従来の伝馬全郡設置説に対しても疑問を呈した。また、正税帳の「伝使」という語について、伝符を携行していない使者も含まれることから、伝馬利用者に限定されない、路次諸国の供給を受けつつ往来する使者を広く指す概念であるとした。さらに、八世紀後半から九世紀にかけて、朝使の迎送を駅制が新たに担うようになり、伝制は新任国司赴任用の交通制度へ変貌を遂げることも指摘した。

この永田氏の見解のうち、伝馬の設置郡や「伝使」の理解については異論も出されたが、大日方克己論文とあわせ、その後の駅伝制度研究を大きく方向づけたといっても過言ではない。永田氏は引き続き駅伝制度の実証研究を精力的に進め、二〇〇四年にはそれまでの成果を総括した著書を刊行している[24]。この永田著書は、七世紀半ばから十一世紀初頭にいたる駅伝制度の成立・展開過程について、その政治的機能や経営の構造的特質に留意しながら本格的に検討したもので、坂本太郎氏以来の研究を一新した。

このほかにも多くの駅伝制度の研究が出されたが、永田著書が刊行された二〇〇四年以降、かつての勢いを失った観は否めない。永田著書によって駅伝制度のかなりの部分が明らかにされたことが関係しよう。ちなみに二〇〇四年は、古代交通研究会の会誌『古代交通研究』が一三号をもって終刊宣言された年でもある。その後も数年に一度は古代交通研究会の大会が催され、その成果も刊行されているように[25]、交通史への関心がなくなったわけではない。しかし、駅伝制度を正面から取り扱った研究は、明らかに減少している。

それでは、もはや駅伝制度について新たに取り上げるべき課題はないのかといえば、決してそのようなことはない。とりわけ、伝制については未解決の問題が少なくない。一九八〇年代の駅伝制研究の大きな成果は、伝制の背後に、郡の広範な逓送・供給機能（郡の交通機能）があったことを明らかにした点である。しかし、伝制と郡の交通機能との関係について共通理解が得られておらず、伝制の性格は依然として不明確なままである。

先述のとおり永田氏は、「伝使」は路次諸国の供給を受けつつ往来する使者を広く指すとし、「伝使」＝伝馬利用者、とは必ずしもいえないとした。「駅使」の場合、それは駅馬利用者にほかならず、両者の関係が問題になることはない。しかし「伝使」の場合、伝馬利用者との関係が問題となってくる。これに関して馬場基氏は、律令国家に直属する「駅制」と、律令国家から一定の自立性をもった「郡の交通機能」すなわち「伝（伝制）」の並立であり、「伝馬制」は「伝制」の一部を律令国家が掌握した部分であるという斬新な理解を提示した[26]。従来、

「伝制＝伝馬制」と理解されてきたが、馬場氏は「伝馬制」は「伝制」の一部にすぎないとしたのである。この理解に立てば、「伝使」に伝馬利用者が含まれなくても、特には問題にならなくなる。

馬場氏による駅制・伝馬制・伝制の三重構造論は注目を集め、たとえば中村太一氏は古代の官道を、駅路・伝馬路・伝路の三種類に分類する案を提示している。(27) しかし、筆者が本書第四章のもとになる論文などで疑問を呈し、門井直哉氏も批判を加えたように、馬場氏の伝馬制・伝制の理解には問題点も多く、直ちに従うことはできない。(28) 伝制＝伝馬制という従来の理解が成り立つ余地は、依然として残されているのである。

その場合、上記の「伝使」に関する問題が再度浮上してくる。だが改めて考えてみると、伝符を付与された者だけが伝馬を利用できた、という理解にそもそも問題があったのではないか。森哲也氏は、駅鈴が支給されなくても駅馬を利用していた「無㆑鈴雑使」（『類聚三代格』延暦十九年正月十六日太政官符）を参考に、伝符に代わる文書によって伝馬利用の認められた使者が存在すると考えた。(29) こうした見方を筆者・門井氏のほかにファム・レ・フイ氏も支持し、さらにその補強を図っている。(30) しかし、この「伝使」＝伝馬利用者という考え方は単純明快であるにもかかわらず、いまだ全面的な賛同を得られていないのが実状である。

このほか伝制については、伝馬の設置郡（全郡か帯駅路郡のみか）、伝馬の配備場所（郡家だけに限定できるのか）、伝馬の通った道（駅路を使用していないのか）といった基本的事項すら合意が得られていない。それもあって、伝制の成立・展開過程についても、意見の一致をみていない。駅制に関しても、伝制に比べれば共通理解となっている部分が多いとはいえ、その全容解明にはいたっていない。駅伝制度について未解決の問題が多く残されているが、史料的限界もあって建設的な議論が難しい状況に陥ってしまったのである。

その他の交通制度の諸分野に関しても、既存の文献史料のみに依拠した研究は限界に達しつつある。

3　北宋天聖令の発見

こうしたなか、二〇〇六年に北宋天聖令の全文が公表されたことは、まさに福音といえるであろう。一九九九年、中国現存最古の蔵書庫である天一閣（寧波市）において、「官品令」という表題の明代写本が発見され、これが北宋天聖令（一〇二九年）の一部であることが報告された(31)。天聖令の編纂方針は「凡取㆓唐令㆒為㆑本。先挙㆓見行者㆒、因㆓其旧文㆒、参以㆓新制㆒定之。其今不㆑行者亦随存焉」というものである（『宋会要輯稿』刑法一之四）。すなわち、唐令を基本とし、まず唐令のうち北宋代に現行の条文を選んで修訂した条文（宋令）を掲げ、つぎに北宋代には継承されなかった唐令の条文（不行唐令）を削除せずそのまま掲載する、という方針をとった。発見された写本は、こうした天聖令の編纂方針と合致しており、避諱の観点などからも大きな問題はない。唐令には主に以下のものが存在したが、天聖令の編纂時に参照されたのは開元二十五年令であったと考えられている(32)。

　武徳令（六二四年）、貞観令（六二七年）、永徽令（六五一年）、麟徳令（六六五年）、儀鳳令（六六七年）、垂拱令（六八五年）、神龍令（七〇五年）、開元三年令（七一五年）、開元七年令（七一九年）、開元二十五年令（七三七年）

天聖令の各篇目は、最初に宋令を掲げ、ついで不行唐令を示すというものである。宋令には、ⓐ唐令をそのまま継承、ⓑ唐令の骨格は維持したまま字句を変更、ⓒ唐令の構造や意味を大幅に変更、の三パターンがある。宋令から唐令を復原するためには、その見極めが必要であり、慎重な検討を要する。一方、不行唐令は唐令がそのまま掲載されているため、写本作成時の誤写等に注意する必要はあるが、唐令の条文を直接知ることができる。

早くに散逸してしまった唐令の復原としては、仁井田陞『唐令拾遺』（東方文化学院、一九三三年）、仁井田陞著・池田温代表編集『唐令拾遺補』（東京大学出版会、一九九七年）の二大金字塔があったが、天聖令の発見を受けて新たな研究段階に入ったといえる。二〇〇六年には、天一閣博物館・中国社会科学院歴史研究所天聖令整理課題組校証『天一閣蔵明鈔本天聖令校証　附唐令復原研究　上・下』（以下『天聖令校証』、中華書局）が刊行され、天聖令の全文が公表されるとともに、それを使った唐令条文の復原案が提示された。これを契機に新たな研究が始まり、より精緻な復原条文も提示されるようになってきている。

発見された天聖令は、全四冊のうち最後の一冊で、田令から雑令までの一〇巻一二篇目にすぎない。しかしそのなかには、厩牧令や関市令のように、交通制度と特に深く関わる篇目が含まれる。天聖厩牧令は全五〇ヵ条で、宋令一五ヵ条、不行唐令三五ヵ条からなる。唐令の厩牧令も五〇ヵ条に近い数値であったとみてよい。これに対して、日本の厩牧令は二八ヵ条しかなく、一条文あたりの規定も唐令に比して概して簡略である。また関市令に関しても、天聖令が宋令一八ヵ条、不行唐令九ヵ条の全二七ヵ条からなるが、日本令は二〇ヵ条が存在するにすぎない。すなわち、唐令をもとに日本令を編纂するにあたり、かなりの取捨選択をおこなったことがわかる。よって、日唐令文の比較検討を通じて、日本律令国家が構想した交通制度の特徴が明らかにできると期待される。なかでも天聖厩牧令の駅伝制度関係条文は、不行唐令が大部分を占めている点で極めて有利である。

ここでいう日唐令文の比較とは、天聖令から復原される開元二十五年令と養老令との比較が主となる。唐令は何度も編纂されており、日本令も近江令（六六七年施行？）、浄御原令（六八九年）、大宝令（七〇一年）、養老令（七一八年頃制定、七五七年施行）が編纂された。なお近江令の存否は議論がある。このうち日本令で特に画期をなすのが大宝令で、建設すべき日本律令国家の青写真を提示したものとも評される[33]。大宝令の藍本となったのは永徽令であるので[34]、この二つを直接比較できれば最善であるが、それはほぼ不可能である。しかし『令集解』古記などから推定される大宝令の条文[35]は、養老令とあまり大きな違いは認められず、永徽令もまた開元二十五年令と根本的に異ならないと考えられている。したがって、開元二十五年令と養老令の比較研究も有意義なものとなろう。

このように北宋天聖令の発見によって、唐制との比較という視点から、日本交通制度の特質に迫る道が拓けてきたのである。もちろん、北宋天聖令の発見以前から、唐における駅伝制度や過所制度（関制）については一定の研究蓄積があった。なかでも、法制史料や敦煌・トルファン文書を駆使した荒川正晴氏の一連の研究は重要である。駅に伝馬（伝送馬）も配備されたとする青山定雄氏以来の見解を否定し[36]、唐代に駅制と伝送制はまったく別個の制度であったと明らかにしたこと、議論の多い過所と公験の関係を明快に説いたことをはじめ、継承すべき多くの成果をあげた[37]。荒川氏の一連の研究成果は、二〇一〇年に大著としてまとめられたが、氏自身断っているように、天聖令による新たな知見はあまり取り入れられていない[38]。

他方、日本史研究者の側では、天聖令の全文公表直後の二〇〇七年に、筆者が廐牧令を中心に伝制の日唐比較を試みた[39]。二〇一一年には、中大輔・永田英明両氏が日唐駅伝制度の比較に関する論文を発表した。唐廐牧令が駅制と伝送制を別々に規定する傾向があるのに対して、日本廐牧令は駅制と伝制を一括して条文化したものが多い、という指摘は特に注目に値する[40]。両氏の研究成果を受けて、筆者も改めて日唐駅伝制度の関係条文を全面的に比較検討し、二〇一五年に本書の第一・二章につながる原論文を発表した[41]。また、関市令に関して、榎本淳一・吉永匡史両氏が一連の日唐比較研究を展開し、多くの基礎的事項を明らかにしている[42]。それを受けて筆者も、二〇一四年に本書第七章の原論文を、二〇一五年に第六章の原論文を発表した[43]。このほか、賦役令をもとに、調庸物などの運送方法を中心に、日唐間の違いが指摘されつつある[44]。

しかし、北宋天聖令の全文が公表されて一〇年になるにもかかわらず、他分野に比べると、交通制度に関する日唐令文の比較研究はいまひとつ低調といわざるを得ない。今後の研究が大いに期待される分野といえよう。

なお、日唐令文の比較研究に際しては、個別条文を検討するための前提として、篇目順序の相違についても踏まえておく必要がある。池田温氏らが指摘しているように、唐令では行政組織である尚書六部の順（吏部、兵部、礼部、戸部、刑部、工部）に篇目が並べられ、このうち戸部にあたる部分が財政に関わる篇目群（田令、賦役令、倉庫令、厩牧令、関市令）を構成した。(45) その論理構造について、菊池英夫氏は「田土の規制・勧課農桑→租税の徴収→収納物の倉庫管理・官馬の管理→官物の払下げ買上げの場である市場の管理の順に規定が排列」されたものと指摘する。(46) これらを踏まえて武井紀子氏が述べるように、唐令は「物資の管理・運用・流通という流れに沿った、合理的なわかりやすい並び順になっていた」のに対して、日本では「田令・賦役令が戸令とともに前に排列された結果、日本令では倉庫令・厩牧令・関市令が切り離され、徴収から管理・支出・流通といった物資の流れに沿った唐令の篇目論理は分断された形になった」のである。(47)

改めていうまでもなく、日本律令国家の形成過程の上で、朝鮮半島から受けた影響は極めて大きい。本来であれば、日朝間の比較検討も避けて通れない。しかし、三国時代および新羅時代の交通制度に関する史料は乏しく、筆者の能力の問題もあり、本書ではまったく検討できなかった。(48) この点は今後の大きな課題として残る。しかし唐制との比較だけからでも、日本の特徴を多く析出できると考える。

4　出土文字資料の増大

もうひとつ、交通史研究を深化させる可能性を秘めている素材が、出土文字資料（木簡、漆紙文書、墨書土器）である。いうまでもなく、出土文字資料は、文献史料であると同時に、発掘調査によって出土した考古学資料でもある。文字情報だけをみるのではなく、木簡がいかなる遺跡・遺構から出土したのか、共伴遺物が何であるのかを踏まえることが肝要である。こうした出土文字資料研究のあり方は、一九六一年に平城宮跡（奈良市）で木簡が発見されて以来、繰り返し強調されてきたことであるが、改めて確認しておきたい。

交通史の分野では、とりわけ駅制に関わる出土文字資料が目を引く。木本雅康・木下良両氏が駅家関連の出土文字資料を広く集めており、(49)全体の状況がわかるようになった。出土文字資料によって、新たな駅名が判明したり、駅家の場所が推定できるようになったりした事例は少なくない。日本で最初に駅家跡が確定したのは小犬丸遺跡（布勢駅家跡）であるが、「瓦葺粉壁」を想起させる、山陽道に面した瓦葺きの建物もさることながら、井戸跡から出土した「駅」「布勢井辺家」の墨書土器、「布勢駅戸主」などの語が書かれた木簡（木11–54頁–1号）の発見が大きな決め手となった。(50)まさに文字資料の強みである。

ただし、ある遺跡から駅家関連の文字資料が出土したからといって、その遺跡が駅家であるとは即断できないのも事実である。一例として、伊場遺跡（静岡県浜松市）について触れておこう。(51)本遺跡は一九七〇年代を中心に発掘調査がおこなわれ、七世紀後半から十世紀にかけての掘立柱建物群や大溝（伊場大溝）などが検出された。大溝からは木簡一〇八点、墨書土器四七一点が出土した。その内容から、伊場遺跡の性格について、遠江国敷智郡家、栗原駅家、国津ないし郡津などの諸説が出された。(52)その後、伊場遺跡周辺の発掘調査も進み、隣接する城山・梶子・梶子北・中村・三永・九反田・鳥居松などの遺跡（すべて浜松市）も含めて、伊場遺跡群として一体的に理解すべきことが明らかになってきた。(53)伊場遺跡群では、城山遺跡から木簡三六点、墨書土器二六一点、梶子遺跡から木簡一八点、墨書土器一五九点、梶子北遺跡から木簡八点、墨書土器一五三点、中村遺跡から木簡八点、墨書土器五八点、鳥居松遺跡から木簡六点、墨書土器一九点も出土しており、伊場遺跡出土のものを含めて、全部で木簡一八四点、墨書土器一一二一点を数えるまでになる。これらの総合的な分析の結果、伊場遺跡群に遠江国敷智郡家（その前身の遠水海国渕評家）が置かれたことは、ほぼ確定したといってよい。

　現在の争点は、伊場遺跡群が郡家以外の施設をも含む複合遺跡となるか否かであり、特に駅家が問題になっている。前述のように、伊場遺跡を栗原駅家とみる見解は古くからあった。墨書土器のなかには、「栗原駅長」「□原駅長」「駅長宅」などの語が含まれていたからである。木簡のなかにも、「屋椋帳木簡」と称される大型木簡に「駅評人」という記載がみられる（木30–199頁–7号）。また、過所を思わせる木簡（「過所木簡」）に参河国の駅家の名称が列記され（木30–201頁–19号）、さらに「駅家玉作部□□《稼万カ》」と記載された木簡もある（木30–201頁–21号）。東海道駅路は伊場遺跡のすぐ南を通っていたとみられ、立地的にも特に難点はない。

　しかし墨書土器については、郡家内に駅長の詰所が置かれていた可能性や、郡家で催された饗宴に栗原駅長が参加した際に使用された可能性なども残されている[54]。木簡についても、まず「屋椋帳木簡」には「駅評人」のほかに「加□□《毛江カ》五十戸人」などの記載もみられ、むしろ評家で使用されたものと考えられる。つぎに「過所木簡」も、駅家がその作成に関与したとは考えにくい。「駅家玉作部□□《稼万カ》」と記された木簡も、伊場遺跡群出土木簡に目立つ出挙木簡のようである。たしかに、駅家はその構成員に対して出挙していたが、郡家が駅家の構成員に出挙をした可能性も排除できない。

　このように、伊場遺跡（群）が栗原駅家であると積極的に主張することは難しい。しかしだからといって、栗原駅家と無関係であるともいいがたい。伊場遺跡群そのものではないとしても、すぐ隣接する場所に栗原駅家があった可能性は十分に残されているのである。ちなみに、伊場遺跡出土の墨書土器のなかに「少毅殿」「竹田二百長」などの記載がみられ、軍団が近接して存在していた可能性も指摘されている。現在、複合的な性格をもつ地方官衙の存在が注目を集めている。結局のところ、出土文字資料の記載に直ちに飛びつくのではなく、さまざまな情報を加味しながら総合的に判断せざるを得ない。

このように出土文字資料の取り扱いに難しさはあるが、法制史料から窺い知れない当時の実態に迫り得る資料であるだけに、その有効な活用が望まれる。平川南氏がみずから整理に携わった木簡を中心に数多くの成果をあげ[55]、舘野和己・松原弘宣・佐藤信の諸氏も多彩な木簡を活用して論を展開している[56]。筆者も先行研究に導かれながら、出土文字資料を取り上げて交通の実態に迫ろうと試みたことがある[57]。このように研究に一定の蓄積があるとはいえ、利用される出土文字資料や問題関心には若干の偏りがあり、さらに検討の余地が残されている。

5　本書の課題と構成

以上のような現状認識のもと、本書は、第Ⅰ部「駅伝制度の構造と展開」、第Ⅱ部「都鄙間交通体系と関制」、第Ⅲ部「国司と朝使」の三部構成をとる。天聖令・出土文字資料なども積極的に活用しながら、日本律令国家の交通制度の制度的特徴とその運用実態に迫り、ひいては地方支配の特質解明にもつなげたい。

第Ⅰ部では、日本古代交通制度の中核をなす駅伝制度の特質と展開過程について考察する。

まず、第一章「日本古代駅制の法的特徴」および第二章「日本古代伝制の法的特徴」において、新出の北宋天聖令を積極的に活用し、駅伝制度に関する日唐令文（中心は厩牧令）を逐一比較しながら、日本駅伝制度の法的特徴を探ってみたい。ついで、第三章「出土文字資料からみた駅制と七道制」では、駅制およびそれと密接な関係のある七道制について、出土文字資料を積極的に活用しながら、実態面を中心に考えてみる。また、第四章「伝制の運用実態」では、先行学説を批判的に検討しながら、日本古代伝制に関する筆者の見解を提示する。あわせて、いかなる仕組みで伝制が運用されたのか、出土文字資料も使いながら検討してみたい。

第Ⅱ部では、日本律令国家の構築した都鄙間交通体系の全体的な特質を考えてみる。

まず、第五章「日本律令国家の都鄙間交通体系」において、法制史料や帳簿類（郡稲帳、正税帳、計会帳など）を活用しながら、公的業務にともなう文書の伝達、貢納物の運送、役民の往来の有り様を検討する。その際、第Ⅰ部で検討した駅伝制度について、公的な都鄙間交通制度全体のなかに位置づけるように心がけたい。付論一「伊勢国計会帳の作成年代と浮浪人の逓送」では、第五章の立論の前提となる伊勢国計会帳の作成年代の下限について、浮浪人の本貫地への移送方法の変遷に着目しながら検討する。

つぎに、第六章「日本古代関制の特質と展開」および第七章「過所木簡に関する一試論」において、人・物・情報の流れを遮断・統制する関所（関、剗）の諸問題を取り上げる。北宋天聖令を活用した日唐関市令の比較検討を中心に、日本古代関制の特質を多角的に考える。議論のある「過所木簡」についても、唐の通行証との比較という新たな視点から迫ってみたい。さらに、延暦八年（七八九）の三関（鈴鹿関、不破関、愛発関）・摂津関の廃止を契機として、関所に期待される役割が変わるが、その社会的状況の変化とあわせて考察する。

第Ⅲ部では、都鄙間を往来した代表的存在として、常駐して地方支配を担った国司や、臨時に中央から派遣された使者（朝使）に着目し、その交通のあり方に注意しながら検討をおこなう。

まず、第八章「国司制の成立と伝制」では、伝制と国司職分田制の関係に注目しながら、「国司」が朝使から地方常駐官へ変貌を遂げる過程を考える。つぎに、第九章「国司任符の伝達と受信」および付論二「国司任符の発給」では、国司の任官時に発給される「任符」と呼ばれる文書を総合的に検討する。任符は赴任先に国司の任官を伝える文書であるが、新任国司がみずから携行して任国にもたらす原則であった。第九章では、新任国司の赴任・着任の際に、任符がどのように機能していたのかを明らかにする。付論二では、その取得が新任国司にとって不可欠であった任符が、いかなる仕組みで発給されたのかを検討する。

そして、第十章「朝使派遣の構造と展開」では、国司との関係に注意しながら、朝使派遣制度の有り様や変質の過程を多角的に検討する。付論三「弘仁・天長の畿内国別当」では、平安時代初頭にのみ登場する畿内国別当の実像に迫る。第十章とあわせ、国―郡―里制の枠組みで完結しない地方支配のあり方を探る試みである。

終章「日本古代における都鄙間交通の展開」では、各章の考察結果を踏まえ、七世紀半ばから十世紀初頭にいたる都鄙間交通の状況について素描する。

註

(1) 石母田氏は、日本古代の交通の特質として、「交通形態が首長を媒介とすること、首長が交通の機能を独占することから出発するという特徴が、国内の階級分化、支配形態、国家構造を特徴づけている」(一六頁)こともあわせて指摘した。
(2) この石母田氏の問題提起を強く意識し、古代「交通」史の多角的な研究を推進してきたのが、松原弘宣氏である。まず、松原弘宣a『日本古代水上交通史の研究』(吉川弘文館、一九八五年)において、経済的領域における交通を明らかにするという視角から、津に焦点を当てながら、水上交通を交易との関連で検討した。ついで、同b『古代国家と瀬戸内海交通』(吉川弘文館、二〇〇四年)では、政治的領域における交通を明らかにする目的で、瀬戸内海交通を畿内王権の確立過程と律令国家成立以後に分けて検討を加えた。そして、同c『日本古代の交通と情報伝達』(汲古書院、二〇〇九年)では、経済的領域・政治的領域・精神的領域の三領域すべてに共通するのは、人の空間移動によって展開する交流における意思・情報の交換であり、この交流こそが精神的領域での交通と考えられるという認識のもと、文字情報の発信・伝達・受容・保管・廃棄の実態に迫った。そして、日本古代の交通の特質は、①すべての交流はいずれも人の移動によるものであって、他者との交流を不可避とすること、②最大の交通は律令国家によって強制された公民集団の都鄙間交通であること、③上記三領域の交通はそれぞれが単独でなされるのではなく重層的であること、以上の三点に要約できるとした。

（3）中村太一『日本古代国家と計画道路』（吉川弘文館、一九九六年）四頁。

（4）坂本太郎氏は『古代日本の交通』（弘文堂、一九五五年）、『交通と通信の歴史』（郵政弘済会、一九五八年）という概説書も著している。『上代駅制の研究』を含めて、『坂本太郎著作集8　古代の駅と道』（吉川弘文館、一九八九年）に収録。

（5）代表的な研究として、田名網宏『古代の交通』（吉川弘文館、一九六九年）、青木和夫「古代の交通」（『日本律令国家論攷』岩波書店、一九九二年、初出一九七〇年）の概説的研究がある。

（6）大山誠一「古代駅制の構造とその変遷」（『史学雑誌』八五―四、一九七六年）。

（7）柳雄太郎「駅伝制についての若干の考察」（井上光貞博士還暦記念会編『古代史論叢　中』吉川弘文館、一九七八年）。

（8）佐々木虔一「律令駅伝制の特色」（『古代東国社会と交通』校倉書房、一九九五年、初出一九八四年）。

（9）原秀三郎ａ「古代遠江・駿河両国の東海道」、同ｂ「安倍の市道と古代の東海道」、同ｃ「郡家の構成と交通機能」（すべて『地域と王権の古代史学』塙書房、二〇〇二年、初出は順に一九八〇年、一九八一年、一九八四年）。

（10）榎英一「正税帳伝使給粮記事をめぐって」（『日本史論叢』八、一九八〇年）。

（11）大日方克己「律令国家の交通制度の構造」（『日本史研究』二六九、一九八五年）。

（12）畿内の古道に関しては、岸俊男『日本古代宮都の研究』（岩波書店、一九八八年）など参照。

（13）この共同研究の成果は、藤岡謙二郎編『古代日本の交通路Ⅰ～Ⅳ』（大明堂、一九七八～一九七九年）にまとめられた。本書のうち、直線道路の存在を明確に指摘し、その後の研究に特に大きな影響を与えたのは、金坂清則ａ「上野国」、同ｂ「下野国」（『古代日本の交通路Ⅱ』）、木下良ａ「肥前国」、同ｂ「肥後国」（『古代日本の交通路Ⅳ』）である。

（14）足利健亮『日本古代地理研究』（大明堂、一九八五年）。

（15）木下良氏には多数の論文があるが、一九九〇年代前半の総括的な論文として、「古代の交通体系」（『岩波講座日本通史5　古代4』岩波書店、一九九四年）をあげるにとどめる。

（16）舘野和己氏の一連の研究成果は『日本古代の交通と社会』（塙書房、一九九八年）にまとめられた。

(17) 専著に限っていえば、高橋美久二『古代交通の考古地理』(大明堂、一九九五年)、岸本道昭『山陽道駅家跡』(同成社、二〇〇六年)がある。

(18) 千田稔『埋れた港』(学生社、一九七四年)、杉山宏『日本古代海運史の研究』(法政大学出版局、一九七八年)、松原弘宣註(2)a・b著書など。

(19) 木下良編『古代を考える　古代道路』(吉川弘文館、一九九六年)、古代交通研究会編『日本古代道路事典』(八木書店、二〇〇四年)、木下良監修・武部健一著a『完全踏査　古代の道』(吉川弘文館、二〇〇四年)、同b『完全踏査　続古代の道』(吉川弘文館、二〇〇五年)、木下良『事典　日本古代の道と駅』(吉川弘文館、二〇〇九年)。

(20) 木下良a『道と駅』(大巧社、一九九八年)、同b『日本古代道路の復原的研究』(吉川弘文館、二〇一三年)、中村太一註(3)著書、同『日本の古代道路を探す』(平凡社、二〇〇〇年)、木本雅康a『古代の道路事情』(吉川弘文館、二〇〇〇年)、同b『遺跡からみた古代の駅家』(山川出版社、二〇〇八年)、同c『古代官道の歴史地理』(同成社、二〇一一年)、近江俊秀a『古代国家と道路』(青木書店、二〇〇六年)、同b『道路誕生』(青木書店、二〇〇八年)、同c『道が語る日本古代史』(朝日新聞出版、二〇一二年)、同d『古代道路の謎』(祥伝社、二〇一三年)、同e『日本の古代道路』(KADOKAWA、二〇一四年)、武部健一a『道Ⅰ』(法政大学出版局、二〇〇三年)、同b『道Ⅱ』(法政大学出版局、二〇〇三年)、同c『道路の日本史』(中央公論新社、二〇一五年)など。

(21) 大津透「唐日律令地方財政管見」(『日唐律令制の財政構造』岩波書店、二〇〇六年、初出一九九三年)。

(22) 大津透『律令国家支配構造の研究』(岩波書店、一九九三年)。

(23) 永田英明「律令国家における伝馬制の機能」(『交通史研究』二八、一九九二年)。

(24) 永田英明『古代駅伝馬制度の研究』(吉川弘文館、二〇〇四年)。拙評「書評　永田英明著『古代駅伝馬制度の研究』」(『日本史研究』五一一、二〇〇五年)で、本書の意義とそれに対する私見を述べた。

(25) 鈴木靖民・荒井秀規編『古代東アジアの道路と交通』(勉誠出版、二〇一一年)、鈴木靖民・吉村武彦・加藤友康編『古代山国の交通と社会』(八木書店、二〇一三年)、鈴木靖民・川尻秋生・鐘江宏之編『日本古代の運河と水上交通』(八木書店、二〇一五年）。
(26) 馬場基「駅と伝と伝馬の構造」（『史学雑誌』一〇五─三、一九九六年）。
(27) 中村太一註(20)著書。拙評「書評　中村太一著『日本の古代道路を探す─律令国家のアウトバーン─』」（『古代交通研究』一二、二〇〇三年）で、本書の意義とそれに対する私見を述べた。第四章でも改めて触れる。
(28) 拙稿「伊勢国計会帳からみた律令国家の交通体系」（『三重県史研究』一六、二〇〇一年）、門井直哉「律令期の伝馬制と交通路体系について」（『史林』八五─六、二〇〇二年）。
(29) 森哲也「律令国家と海上交通」（『九州史学』一一〇、一九九四年）註(92)。
(30) ファム・レ・フイ「賦役令車牛人力条からみた逓送制度」（『日本歴史』七三六、二〇〇九年）。
(31) 戴建国「天一閣蔵明抄本《官品令》考」（『宋代法制初探』黒龍江人民出版社、二〇〇〇年、初出一九九九年）。その後、北宋天聖令に関する数多くの研究がなされている。総括的なものとして、大津透編a『日唐律令比較研究の新段階』（山川出版社、二〇〇八年）、同編b『律令制研究入門』（名著刊行会、二〇一一年）、服部一隆『班田収授法の復原的研究』（吉川弘文館、二〇一二年）をあげるにとどめる。
(32) 一部異論も出されているが、開元二十五年令であったとみてよかろう。坂上康俊a「天聖令の藍本となった唐令の年代比定」（『日唐律令比較研究の新段階』前掲註(31)）、同b「天聖令藍本開元二十五年令説再論」（『史淵』一四七、二〇一〇年）、岡野誠「天聖令依拠唐令の年次について」（『法史学研究会会報』一三、二〇〇八年）など参照。
(33) 吉田孝「律令国家の諸段階」（『律令国家と古代の社会』岩波書店、一九八三年、初出一九八二年）。
(34) 瀧川政次郎『律令の研究』（刀江書院、一九三一年）、井上光貞「日本律令の成立とその注釈書」（『日本古代思想史の研究』岩波書店、一九八二年、初出一九七六年）、坂上康俊「大宝律令制定前後における日中間の情報伝播」（池田温・劉俊文編『日中文化交流史叢書2　法律制度』大修館書店、一九九七年）など。
(35) 大宝令の復原条文は、仁井田陞著・池田温代表編集『唐令拾遺補』（東京大学出版会、一九九七年）第三部参照。
(36) 青山定雄『唐宋時代の交通と地誌地図の研究』（吉川弘文館、一九六三年）。

(37) 荒川正晴「唐朝の交通システム」(『大阪大学大学院文学研究科紀要』四〇、二〇〇〇年) は特に重要である。
(38) 荒川正晴『ユーラシアの交通・交易と唐帝国』(名古屋大学出版会、二〇一〇年)。
(39) 拙稿「日本古代伝馬制度の法的特徴と運用実態」(『日本史研究』五四四、二〇〇七年)。
(40) 中大輔「北宋天聖令からみる唐の駅伝制」、永田英明「唐日伝馬制小考」(ともに『古代東アジアの道路と交通』前掲註(25))。
(41) 拙稿「日本古代駅伝制度の特質と展開」(第15回播磨考古学研究集会実行委員会編『播磨国の駅家を探る』二〇一五年)。この拙稿は、第15回播磨考古学研究集会(二〇一四年二月十六日、姫路市教育会館)での口頭発表をもとに、大幅な補訂を加えて成稿したものである。
(42) 榎本淳一『唐王朝と古代日本』(吉川弘文館、二〇〇八年)、吉永匡史a「律令関制度の構造と特質」、同b「律令制下における関剗の機能」(ともに『律令国家の軍事構造』同成社、二〇一六年、初出は順に二〇〇九年、二〇一二年)、同c「唐代における水関と関市令」(『工学院大学研究論叢』五〇―一、二〇一二年)など。
(43) 拙稿a「過所木簡に関する一試論」(続日本紀研究会編『続日本紀と古代社会』塙書房、二〇一四年)、同b「日本古代関制の特質と展開」(『歴史科学』二二二、二〇一五年)。この二つの拙稿は、大阪歴史科学協議会十二月例会(二〇一三年十二月十五日、弁天町市民学習センター)での口頭発表をもとにする。拙稿bは紙数の関係もあって、概要を述べるにとどまった。
(44) 加藤友康「貢納と運搬」(上原真人他編『列島の古代史4　人と物の移動』岩波書店、二〇〇五年)。
(45) 池田温a「律令官制の形成」(『岩波講座世界歴史5　古代5』岩波書店、一九七〇年)二九一～二九三頁、同b「唐令と日本令」(同編『中国礼法と日本律令制』東方書店、一九九二年)。
(46) 菊池英夫「唐令復原研究序説」(『東洋史研究』三一―四、一九七三年)。
(47) 武井紀子「律令と古代財政史研究」(『律令制研究入門』前掲註(31))一一八～一二〇頁。
(48) 田中俊明「朝鮮三国の交通制度と道路」(舘野和己・出田和久編『日本古代の交通・交流・情報1　制度と実態』吉川弘文館、二〇一六年)など参照。

(49) 木本雅康註(20)b著書、木下良「『延喜式』に見えない旧駅名と出土文字資料」(『事典　日本古代の道と駅』前掲註(19)など。

(50) 兵庫県教育委員会編『小犬丸遺跡Ⅰ』(一九八七年)。

(51) 以下の叙述は、山中敏史「古代地方官衙論」(考古学研究会編『考古学研究会40周年記念論集　展望考古学』一九九五年)二〇四〜二〇五頁、荒木志伸「墨書土器から見た郡家遺跡」(『史学研究集録』二三、一九九八年)なども参照。

(52) 竹内理三編『伊場木簡の研究』(東京堂出版、一九八一年)など参照。

(53) 浜松市生涯学習課(文化財担当)・奈良文化財研究所編『伊場遺跡総括編(文字資料・時代別総括)』(浜松市教育委員会、二〇〇八年)、伊場木簡から古代史を探る会編『伊場木簡と日本古代史』(六一書房、二〇一〇年)など。

(54) 原秀三郎「静岡県城山遺跡出土の具注暦木簡について」(『木簡研究』三、一九八一年)一三四〜一三六頁など。

(55) 平川南a「「厨」墨書土器論」(『墨書土器の研究』吉川弘文館、二〇〇〇年、初出一九九三年)、同b「出土文字資料からみた地方の交通」(『古代交通研究』一一、二〇〇二年)、同c『古代地方木簡の研究』(吉川弘文館、二〇〇三年)、同d『律令国郡里制の実像　上』(吉川弘文館、二〇一四年)、同e『律令国郡里制の実像　下』(吉川弘文館、二〇一四年)など。特にd・e著書は多くの交通に関わる論文を所収する。

(56) 舘野和己註(16)著書、舘野和己「木簡から探る日本古代の交通」(藤田勝久・松原弘宣編『東アジア出土資料と情報伝達』汲古書院、二〇一一年)、松原弘宣註(2)b・c著書、佐藤信『日本古代の宮都と木簡』(吉川弘文館、一九九七年)、同b「日本古代の交通と出土木簡」(『東アジア出土資料と情報伝達』前掲)など。

(57) 註(43)拙稿a、拙稿a「国司任符に関する基礎的考察」(『古文書研究』四七、一九九八年)、同b「律令交通制度と文字」(平川南他編『文字と古代日本3　流通と文字』吉川弘文館、二〇〇五年)、同c「出土文字資料からみた古代の駅家」(『考古学ジャーナル』六六五、二〇一五年)、拙著『すべての道は平城京へ』(吉川弘文館、二〇一一年)六〇〜七六・二〇六〜二一四・二二三〜二三六頁など。

第Ⅰ部　駅伝制度の構造と展開

第一章　日本古代駅制の法的特徴
――日唐令文の比較を中心に――

はじめに

第Ⅰ部では、日本古代交通制度の中核をなす駅伝制度の特質と展開過程について検討する。

序章でみたように、一九二八年に公表された坂本太郎氏の研究を実質的な出発点として、駅伝制度について数多くの研究が積み重ねられてきた。二〇〇四年、永田英明氏による一連の駅伝制研究がまとめられると、一部の論点については鋭い対立を残しつつも、新たな史料にもとづいて立論することは難しくなった[1]。こうした最中の二〇〇六年、北宋天聖令（一〇二九年）の全文が公表され、日本古代史研究は新たな段階に入った。これは駅伝制度の研究についても例外ではない。本章ならびに次章では、天聖厩牧令を中心とする駅伝制度の関係条文に着目し、唐制との比較という観点から、日本古代駅伝制度の法的特徴を明らかにしたい。第一章では駅制を、第二章では伝制を取り上げる。それを踏まえて、第三・四章では駅伝制度の運用実態と展開過程について考える。

まず、具体的な考察に入るのに先だち、日唐厩牧令それぞれの条文配列の違いについて触れておこう。表1は、日唐厩牧令の駅伝制関係条文の対応関係を示したものである。

日本の養老厩牧令では、軍団官馬の調習などを規定した19条（後掲）を例外として、14〜22条が駅伝制度を直接規定した条文群としてまとまる。続く23条（第二章史料7）も主眼は闌畜（拾得された馬牛）の取り扱いにあるが、

表1　日唐廐牧令の駅伝制関係条文

復原	宋	唐	復原唐令の主な内容	唐令拾遺	養老令
17		11	官馬を伝送・駅などに充てる場合の押印	9	10
19		13	「駅」「伝」「官」字印などを押す場所		
20		14	「駅」「伝」字印などの所在・送付・鋳造		
36		21	駅・伝送馬驢の配備・飼養	13	16
39		22	官馬・伝送馬驢の利用規制・調習・補充	17	
40		23	官馬・伝送馬驢の検簡・処分	18	20
41、42	9		伝送馬の支給数	15	公式42、21
44		25	官馬・伝送馬驢の従軍		
45		26	伝送馬驢・官馬の利用者への供給		22
46		27	伝送馬の承直と給地		
47	10		闌遺畜の伝・駅への売却	19	23
31		32	駅の設置	10	14
32		33	駅長の配置、駅馬の設置数	11〜13	15・16
37	11		水駅の設備	14	17
33		34	駅丁の徴発		16
38	12		乗り継ぎ		18
34		35	伝馬の利用対象		
35	15		駅での蒭・粮の支給		

【備考】「復原」は『天聖令校証』による復原唐令の条文番号。「宋」は天聖令宋令、「唐」は天聖令不行唐令の条文番号。網掛けは日本令があるもの。

充当先として伝馬が想定されており、駅伝制度関係条文とみることもできる。ともあれ、廐牧令の駅伝制度関係条文はまとまって配列される。19条のみ例外をなすが、これに対応する唐令（天聖廐牧令唐22条〔第二章史料9〕）では、日本の軍団官馬に対応する折衝府官馬のみならず、伝送馬などの規定にもなっている。藍本とした唐令との関係で、養老廐牧令19条も駅伝制度関係条文のなかに配列されたと考えられる。また後述のように、日本の駅馬・伝馬は官馬から採用することが想定されていた。官馬の飼養・調習に軍団兵士が従事することもあって、19条は駅伝制度とまったく無関係ともいえない。

これに対して唐廐牧令では、中大輔・永田英明両氏が指摘するように、駅伝制度関係条文は一括した形で配列されていない[2]。すなわち、天聖廐牧令の不行唐令をみると、官馬および伝送馬に関する20〜27条と、駅制に関する32〜34条が、闌畜や死病畜の処理に関わる28〜31条を挟んで、別の一群をなしている。もっとも、伝送馬に関わる規定としては、20〜27条とは別に、35条（第二章史料11）も存在する。だが中氏が述べるように、35条は伝送馬利用に関する雑多な規定を一ヵ条にまとめていること、不行唐令の最後に収められていることから、天聖令が依拠した開元二十五年令までのある段階に追加された条文とみる余地がある（第二章）。『天聖令校証』では、養老令の配列に沿う形で条文の順番を大幅に入れ替えるが、基本的に天聖令の配列に従うべきであろう。唐廐牧令では、駅制と伝送制の規定は別の群をなして配列した点に特徴があったのである。

日本における駅伝制度関係条文の一括性の高さは、中・永田両氏が述べるように、日本令では駅制と伝制が同一条文で規定される傾向がある（史料8・10・18〜20・23など）点にも示されている。

さらに、本章と次章で以下具体的に明らかにするように、個々の条文の中身も日唐間の相違はかなり大きい。そのため、表1に示した対応関係については、あくまでも大まかな目安として理解されたい。

第一節　駅・駅田の規定

1　駅の設置規定

最初に、駅制の拠点となる駅から取り上げよう。なお、以下に掲げる諸条文からもわかるように、日唐ともに律令の規定では基本的に「駅」の語が使用される（ただし、史料17のような「駅家」もある）。だが日本の他の史料では、「駅」よりも「駅家」と記されることのほうが多い。吉田孝氏は、施設・官司を指す「某家」という用法は、ヤ（屋）・クラ（倉）などの建造物を、カド（門）の取り付いたカキ（垣）などの区郭施設で取り囲む「ヤケ」という日本語との対応で使用されたことを明らかにした(3)。これをもとに永田英明氏は、日本の駅家も一種のヤケとして捉えられるとする(4)。これは日本の駅家の本質を考える上で重要な指摘である。だが本章では、日唐それぞれの律令条文、特に令文を比較検討するという趣旨にもとづき、そこで使用されている「駅」の語を用いる。

【史料1】天聖厩牧令唐32条

諸道須レ置レ駅者、毎二三十里一置二一駅一。若地勢阻険、及無二水草一処、随レ便安置。其縁辺須レ依二鎮戍一者、不レ限二里数一。

【史料2】養老厩牧令14条

凡諸道須レ置レ駅者、毎二卅里一置二一駅一。若地勢阻険、及無二水草一処、随レ便安置。不レ限二里数一。其乗具及蓑笠等、各准二所レ置馬数一備之。

それぞれ前半部にあるように、駅は日本・唐ともに三〇里（約一六キロ）間隔で配置するのが原則であった。しかし、後半部の内容は大きく異なっている。

まず、史料1には「其縁辺須レ依二鎮戍一者」とあり、唐の縁辺（国境地帯）では鎮・戍といった軍事施設に依拠して駅を置くことが想定されている。荒川正晴氏によると、唐は六四〇年に高昌国を滅ぼした後、当地を西州にするとともに駅を設置した。しかし八世紀になると駅は廃止され、もともと鎮・戍が設置されていた場所に館が併置され、駅道上の拠点として機能するようになるという(5)。ここでいう館とは、『通典』巻三十三職官十五郷官に「三十里置二一駅一。其非レ通二途大路一則曰レ館」とあるように、大路が通らない場所において、駅の代用とされた施設である。館には駅のように馬などは設置されなかったが、食料や宿泊などを提供しており、広い意味での交通機能を果たしていた(6)。西州のような縁辺諸州では、軍事的緊張の度合いが高いこともあって、鎮・戍と一体的な形で駅を設置したが、その後、駅を廃止して館に改めたという流れが読み取れる。一方、日本律令では鎮・戍の制が基本的に受容されなかったこともあって、これに付属する形で駅を置くことは想定されていない。

つぎに「不レ限二里数一」に関して、史料1では国境地帯の鎮・戍に駅を置く場合の規定として必要であるのに対して、史料2では「若地勢阻険、及無二水草一処、随レ便安置」の蛇足的な規定にすぎないという違いがある。

さらに史料2の後半部には「其乗具及蓑笠等、各准二所レ置馬数一備之」とみえる。これは、駅馬の設置を定めた天聖厩牧令唐33条（史料7）の本注にある「其乗具、各準二所レ置馬数一備レ半」を改変したものである。唐では駅馬数の半分にあたる乗具を備えるが、日本では駅馬と同じ数とされている。後述するように、一駅あたりに設置される駅馬数が、日本よりも唐のほうが多かったことが関係しよう。また日本では、乗具に加えて蓑・笠の配備についても定める。これは雨の多い日本ならではの規定といえそうである。

2　水駅の設置規定

駅には、水上交通用の駅、すなわち水駅も存在した。まず日本令から掲げよう。

【史料3】養老厩牧令17条

凡水駅不レ配レ馬処、量二閑繁一、駅別置二船四隻以下、二隻以上一。随レ船配レ丁。駅長准二陸路一置。

この条文に対応するのは、天聖厩牧令宋11条「諸水路州県、応レ合二逓送一而逓馬不レ行者、並随二事閑繁一、量給二人船二」であり（写本では「不レ行」の下に「陵行」があるが、衍字もしくは「陸行」の誤記であろう）、唐令の復原が問題になってくる。『天聖令校証』では、『唐六典』巻五尚書兵部駕部郎中員外郎の「凡水駅、亦量二事閑要一以置レ船。事繁者毎レ駅四隻、閑者三隻、更閑者二隻。（中略）船一給二丁三人二」という規定、および史料3などを根拠として、次のように『唐六典』に近い形で復原している。

【史料4】『天聖令校証』唐廐牧令復原37条

諸水駅不レ配レ馬処、並量二事閑繁一置レ船。事繁者毎レ駅置二船四隻一、閑者置二船三隻一、更閑者置二船二隻一。毎二船一隻一、給二丁三人一。駅長準二陸駅一置。

これとは別に、次のように養老令（史料3）により近い形での復原も可能であろう。

諸水駅不レ配レ馬処、並量二閑繁一、駅別置二船四隻以下、二隻以上一。毎二船一隻一、給二丁三人一。駅長準二陸路一置。

いずれにせよ、水駅に船二～四隻が配備されたこと、水駅にも駅長一名が置かれたことは日本と共通する。水駅とは、海や大河を渡るための渡津に置かれた駅ではなく、内陸の河川水路を上下するための拠点に設置された駅であったと考えられる[7]。『唐六典』巻五尚書兵部駕部郎中員外郎によれば、唐では陸駅一二九七ヵ所に対して、水駅は二六〇ヵ所、水陸相兼駅は八六ヵ所に置かれ、それなりの位置を占めていた。

これに対して日本では、全国における駅の配置状況を記した『延喜式』兵部式78～85条をみても、わずかに次の五ヵ所で船が配備されているにすぎない（兵部式80・81条[8]）。

出羽国駅馬最上十五疋、村山・野後各十疋、避翼十二疋、佐芸四疋・船十隻、遊佐十疋、蚶方・由理各十二疋、白谷七疋、飽海・秋田各十疋。伝馬最上五疋、野後三疋・船五隻、由理六疋、避翼一疋・船六隻、白谷三疋、船五隻。

越後国駅馬滄海八疋、鶉石・名立・水門・佐味・三嶋・多太・大家各五疋、伊神二疋、渡戸船二隻。伝馬頸城・古志郡各八疋。

まず出羽国では、駅馬の置かれた佐芸と、伝馬の置かれた野後・避翼・白谷の四ヵ所に船が配備されている。

第二章で取り上げるように、伝馬は一般に郡（基本的に郡家）に設置されるが、野後・避翼・白谷はいずれも郡名ではなく駅名と一致するので、伝が駅に併設された事例ということになる。これら出羽国の四つの駅には、船に加えて馬も配備されており、水陸相兼駅であったことがわかる。四駅は最上川沿いに置かれ、上流から下流に向かって、［野後駅↓避翼駅↓佐芸駅↓白谷駅］の順番に並ぶ(9)。ただし注意すべきは、四駅に配備された船のうち、駅制に直接関わる船は佐芸駅の一〇隻のみで、野後駅の五隻、避翼駅の六隻、白谷駅の五隻はあくまでも伝制に関わることである。駅制と伝制は別個の交通制度であり、両者は区別しなければならない。

永田英明氏が指摘するように、佐芸駅のみ「駅馬」として多数の船が置かれているのは、陸路を重視する駅制においてさえ、船を利用せざるを得ない場所に立地していたことによる。佐芸駅は最上峡の一郭にあり、その船は船下り用の可能性が高い。すなわち、［最上駅↓村山駅↓野後駅↓避翼駅↓佐芸駅］は駅馬に乗り、［佐芸駅↓白谷駅］のみ駅船を使って川を下り、白谷駅から先は再び駅馬に乗用したと考えられる。一方、伝制を利用した場合には、［最上駅↓野後駅］は伝馬に乗り（村山駅で伝馬を乗り継がない）、［野後駅↓避翼駅↓白谷駅］は伝船を使って川を下り（佐芸駅で伝船を乗り継がない）、白谷駅から先は再び伝馬に乗用することになる。このように出羽国では、①佐芸駅のみを起点として最上峡区間に限られた駅船利用、②野後駅を起点として尾花沢盆地から庄内平野まで利用できる伝船利用、この二つが役割分担していたのである(10)。

つぎに越後国渡戸駅は船のみの配備で、純粋な水駅となる。一方、坂本太郎氏は、『袖中抄』第十九は、ゝき木、

今勘二国史一云、（中略）陽成天皇元慶四年云、弘仁十三年国分寺尼法光、為レ救二百姓済度之難一、於二越後国古志郡渡戸浜一、建二布施屋一、施二墾田四十余町、渡船二隻一、令三往還之人得二其穏便一。而年代積久、無二人労済一、屋宇破損、田疇荒廃。望請、被レ充二越後国徭五人一、永令二預守一。

の「渡船二隻」が『延喜式』に攙入した可能性を指摘し、水駅とみることに否定的であり、また船も海ではなく川を渡るためのものとする。[11] だが右の記事を駅と無関係と断言するには躊躇され、船も渡海用とみる余地が残されている。明快な解答は提示できないが、海や大河を渡るために必要となる船を駅に配備することは、日本では渡戸駅を除いてない点は確認しておきたい。日本列島は海で囲まれており、水運もそれなりに発達していたにもかかわらず、日本の駅伝制度、とりわけ駅制は陸上交通に力点を置いて維持・管理されたのである。[12]

3　駅田・駅封田の支給規定

駅を維持・運営するための財源として、唐では駅封田が、日本では駅田がそれぞれ駅の近くに支給された。

【史料5】天聖田令唐35条

諸駅封田、皆随㆑近給。毎㆓馬一疋㆒、給㆓地四十畝㆒、驢一頭、給㆓地二十畝㆒。若駅側有㆓牧田㆒処、疋別各減㆓五畝㆒。其伝送馬、毎㆓一疋㆒、給㆓田二十畝㆒。

【史料6】養老田令33条

凡駅田、皆随㆑近給。大路四町、中路三町、小路二町。

唐の駅封田は馬・驢の数に応じて支給されたのに対して、日本の駅田（大宝令では駅起田）は大路・中路・小路の別によって面積が決まった。日本では大路の駅は二〇匹、中路の駅は一〇匹、小路の駅は五匹の駅馬がそれぞれ設置され（史料8）、唐のように馬の数に正比例していないことがわかる。

唐駅封田の性格に関して、『新唐書』巻四十六百官志一駕部郎中員外郎に「凡駅馬給㆓地四頃㆒、蒔以㆓苜蓿㆒」とあることを根拠に、馬の飼料栽培が第一の目的であったと理解されている。[13] 駅封田が馬・驢の数に正比例している点に着目すれば、たしかに頷ける見解である。ただし、飼料の栽培が駅封田の全目的ではなかろう。そこで参考になるのが、伝送馬に支給される官地である。天聖廐牧令唐27条（第二章史料10）に「仍準二承直馬数一、毎二馬一疋一於二州県側近一、給二官地四畝一、供二種苜蓿一。当レ直之馬、依レ例供飼」とあるように、承直中の伝送馬一匹あたり官地四畝が飼料栽培用に支給された。一方、史料5には伝送馬一匹あたり二〇畝を支給するとあり、一六畝もの差額が生じている。二〇畝のうち四畝は飼料栽培用に使い、残り一六畝は別の用途に充てた可能性がある。

同様のことは、駅封田に関してもいえるはずである。そこで改めて目を向けたいのが、前掲『新唐書』である。地四頃は四〇〇畝に相当するが、史料5の四〇畝の一〇倍にも及ぶ。『通典』巻二食貨二田制下に「開元二十五年令、（中略）諸駅封田、皆随レ近給。毎二馬一匹一、給二地四十畝一」とあり、『冊府元亀』巻四百九十五邦計部田制にもほぼ同様の記載がみられ、史料5に誤りがあるわけではない。早く青山定雄氏が指摘したように、仮に四頃をとれば、伝送馬の給田との差が大きくなりすぎるとともに、丁口の口分永業田の四倍ともなってしまい、到底認めることはできない[14]。あくまでも憶測にとどまるが、『新唐書』の「四頃」は「四畝」の誤りの可能性があるのではないか。四畝であるとすれば、伝送馬一匹あたりの飼料栽培用の官地の面積とも一致する。『新唐書』の史料的な問題点はよく知られており、本記事にも誤りがある可能性が高い。

なお、史料5をみると、駅の近くに牧田がある場合、駅馬一匹あたり五畝を減じて駅封田を支給するとある。牧田から飼料を入手できることもあって、駅封田の支給額を少なくしたとみてよいであろう。このことから、駅封田のうち五畝が飼料栽培に用いられた可能性も指摘できる。その場合、伝送馬の飼料用の四畝より若干多い面積となり、適量といえるかもしれない。ともあれ、『新唐書』のいう四頃とはならないであろう。

さて、大津透氏が指摘しているように、唐の諸官司には、官衙運営のための経費として、公廨田と公廨本銭が設定されていた[15]。駅封田は公廨田の一種といえよう。そして、『唐六典』巻五尚書兵部駕部郎中員外郎に「凡駅皆給レ銭以資之」とあるように、駅には公廨本銭も置かれていた。天聖雑令宋24条の冒頭に「諸以二財物一出挙者、任依二私契一、官不レ為レ理」とあり、これは養老雑令19条の「凡公私以二財物一出挙者、任依二私契一、官不レ為レ理」と類似する。よって、唐雑令にも財物の出挙に関わる条文があったことは確実である。駅封田の収穫物とあわせ、公廨本銭も出挙された可能性が高い。

このように唐の駅には、その独自財源として駅封田・公廨本銭が設定されていた。これ以外にも唐では駅の財源が複数設定されていたが、これらについては関係箇所で改めて言及したい。

つぎに日本に目を向けよう。『令集解』田令33条によれば、日本の駅田は大宝令では駅起田と呼ばれ、不輸租田であり（古記）、駅戸の人が耕作した（朱説所引先説）。また『令集解』厩牧令16条によれば、駅田の穫稲が駅稲（大宝令では駅起稲）であり（義解、跡記）、駅使への供給や駅馬購入などの経費とされた（跡記、穴記）。天平六年度（七三四）出雲国計会帳に「駅起稲出挙帳」がみえるが、駅戸を対象に出挙されたのであろう[16]。

永田英明氏は、出雲国計会帳の分析をもとに、駅起稲出挙帳が右弁官を経由して兵部省（ないし兵馬司）に進上されたことを明らかにし、駅起稲・駅起田は、民部省管下の官稲・田地とは別に、兵部省のもとで独自に維持・管理されたと指摘している[17]。郡稲など諸国の各種官稲が天平六年に正税に混合されるなか、駅起稲の正税混合は天平十一年まで遅れた（『続日本紀』天平六年正月庚辰条、同十一年六月戊寅条）。これは永田氏が述べるように、駅起稲が他の官稲に比べて独立的な運営がなされたこと、中央の管理官司が民部省ではなく兵部省であったことなどの事情が考えられる。これ以後、『延喜式』主税式下1条の正税帳書式によく示されているように、駅の諸経費は正税によって賄われるようになる。

また駅起田に関しても、それが史料に最後に登場するのは天平十二年遠江国浜名郡輸租帳の「参町、駅起田」であり、天平十一年における駅起稲の正税混合を契機に消滅したとみられる[18]。

天平十一年以前における日本の駅制の大きな特徴は、財源が駅起田・駅起稲だけで自己完結した点である。唐のように各種の財源が設定されておらず、公廨本銭も設けられていなかった。公廨とは、もともと官庁の舎屋を指す言葉であったが、それが転じて収蔵物をも意味するようになったものである[19]。唐の諸官司には、官衙の運営経費として、公廨田と公廨本銭が設定されていたことは、先述したとおりである。だが日本では、律令を制定するにあたり、官衙官庁を指すという本来の意味での公廨の語は残したものの、官衙に所属する財源としての公廨は大部分が削除されたことが知られている[20]。それもあって、日本の駅には公廨本銭は置かれなかった。日本の駅の財源は、駅起田・駅起稲に一元化されていた点に特徴があったのである。

第二節　駅馬の規定

1　駅馬の設置・補充規定①

陸上の駅（陸駅）には、天聖田令唐35条（史料5）からもわかるように、駅馬と駅驢が設置された（史料17も参照）。ただし、駅制の主たる交通手段は駅馬であるので、その設置を定めた日唐令文を比較検討してみよう。

【史料7】天聖厩牧令唐33条

諸駅各置二長一人一、並量二閑要一置レ馬。其都亭駅、置二馬七十五匹一、自外第一道、馬六十四、第二道、馬四十五匹、第三道、馬三十匹、第四道、馬十八匹、第五道、馬十二匹、第六道、馬八匹、並官給。使稀之処、所司仍量置レ馬。不二必須一レ足。其乗具、各準二所レ置馬数一備レ半。定レ数下知。其有二山坡峻険一之処、不レ堪レ乗二大馬一者、聴三兼置二蜀馬一。其江東・江西幷江南有二暑湿一不レ宜二大馬一、及嶺南無二大馬一処、亦準レ此。若有二死闕一、当駅立替、二季備訖。丁庸及粟草、依下所司置二大馬一数上常給。其馬死闕、限外不レ備者、計二死日一以後、除二粟草及丁庸一。

【史料8】養老厩牧令16条

凡諸道置二駅馬一、大路廿疋、中路十疋、小路五疋。使稀之処、国司量置。不二必須一レ足。皆取二筋骨強壮者一充。毎レ馬各令二中中戸養飼一。若馬有二闕失一者、即以二駅稲一市替。其伝馬毎レ郡各五。皆用二官馬一。若無者、以二当処官物一市充。通取二家富兼丁者一付之、令三養以供二迎送一。

史料7は、前半が駅馬の設置規定、後半が駅馬の補充規定である。史料8は、前半が駅馬の設置・飼養・補充の規定、後半が伝馬の設置・飼養の規定である。先述のとおり、日本令では駅制と伝制が同一条文のなかで一体的に規定される傾向があり、史料8もその一例である。ここでは駅制に焦点をしぼって比較してみたい。

まず、駅馬の設置数からみていこう。唐の場合、都亭駅（都城に置かれた駅）の七五匹を頂点として、「第一道」の六〇匹から「第六道」の八匹まで、都亭駅を含めて七段階に分けて設置数が決まっていた。「第〇道」については、『唐六典』巻五尚書兵部駕部郎中員外郎に、

毎レ駅皆置二駅長一人一、量二駅之閑要一、以定二其馬数一。都亭七十五疋、諸道之第一等、減二都亭之十五一、第二・第三皆以二十五一為レ差、第四減二十二一、第五減レ六、第六減レ四、其馬官給。

とあり、「第〇等道」の意と考えられる(21)。つまり、道路を六等級に分け、それに応じて駅馬数が決まったのである。ただし、使者の往来が稀な場所では所定数を必ずしも満たす必要はなかった。また、急峻な山岳地帯および

江東・江西・江南地域や嶺南地域では、大馬の代わりに蜀馬を置くことも特例的に認められていた。

日本の駅馬数についても、唐のように六等級にまで分かれていないが、大路・中路・小路という道路の等級が基準になっている。また、使者の往来が稀な場所では所定数を必ずしも満たす必要はないとする点も、唐制と共通する。『令集解』厩牧令16条古記・令釈・義解によれば、大路は山陽道ならびに大宰府までの西海道[22]、中路は東海道・東山道、小路はその他を指した。すなわち日本では、都から放射状に延びる道のまとまりを重視して、駅馬数が決められたことがわかる。都から延びる道ごとのまとまりを重視するという点は、第三章で言及する日本の七道制と唐の十道制の違いを念頭に置くと、日本独自の特徴となるかもしれない。また、日本の各駅に設置された駅馬数は、唐に比べてかなり少ない点にも注意を払っておきたい。

つぎに駅馬の設置方法を比較してみよう。日本令には「皆取二筋骨強壮者一充」とあり、駅馬は筋骨強壮馬から充当することになっている。これに対応する唐令は史料7ではなく、次の天聖厩牧令唐21条である。

【史料9】 天聖厩牧令唐21条

諸州有二要路一之処、応レ置二駅及伝送馬・驢一、皆取二官馬・驢五歳以上、十歳以下、筋骨強壮者一充。如無、以二当州応レ入レ京財物一市充。不レ充、申二所司一市給。其伝送馬・驢主、於二白丁・雑色邑士・駕士等色。丁内一、取二家富兼丁者一、付之令レ養、以供二逓送一。若無二付者一、而中男豊有者、亦得二兼取一。傍折二一丁課役一資之、以供二養飼一。

本条は伝送馬・驢を主体とした規定であるが、駅馬の設置についても一部触れる。これを養老厩牧令16条（史料8）と比較すると、筋骨強壮馬をとることは共通するが、次の二点に大きな違いがある。

第一に、唐令では五～一〇歳の官馬・官驢を充てると明記されている。ここでいう官馬とは、地方の監牧で生

産・管理された公的な馬である（史料13）。また、折衝府の管轄下にある官馬も存在した。天聖厩牧令唐20条に、

諸府内、皆量付二官馬一令レ養。其馬主、委二折衝・果毅等一、於二当府衛士及弩手内一、簡二家富堪レ養者一充。免二其番上・鎮防及雑役一。若従二征軍一還、不レ得レ留レ防。

とあるように、折衝府の衛士・弩手のうち、家に財力があって飼養に堪える者を官馬の馬主に充てた。馬主は飼養の代償として衛士・防人・雑役に就くことは免除されたが、征討軍に参加する義務はあった。天聖厩牧令唐22条（第二章史料9）によれば賠償責任もあり、かなり重い負担であったことが知られる。折衝府は日本の軍団に相当するが、後述する軍団官馬のあり方を参照すると、折衝府官馬から駅馬が選抜されることもあったと考えられる。その他、百姓らが飼養する官馬もあり（史料14）、これも対象となった可能性がある。

一方、日本令では駅馬を官馬からとるとは明記していない。その代わりに後文に「其伝馬毎レ郡各五。皆用二官馬一」とあるように、伝馬は官馬を用いることを規定する。「皆用二官馬一」に関する『令集解』厩牧令16条の諸説をみると、最も権威のある義解は「謂、以二軍団馬一充之也。其駅馬亦同也」と注釈し、伝馬・駅馬ともに軍団馬を充てるとする。軍団馬の飼養は次の養老厩牧令13条に規定がある。

凡牧馬、応レ堪二乗用一者、皆付二軍団一。於二当団兵士内一、簡二家富堪レ養者一充。免二其上番及雑駈使一。

乗用に堪える牧馬はすべて軍団に付け、軍団兵士のうち裕福で飼養に堪える者を選び充てるとする。さらに、次の養老厩牧令19条もその前半部で、軍団官馬の調習について規定している。

凡軍団官馬、本主欲下於二郷里側近十里内一調習上聴。在レ家非理死失者、六十日内備替。即身死、家貧不レ堪レ備者、不レ用二此令一。

山口英男氏が指摘するように、養老厩牧令13条の意図するところは、騎用に堪える牧馬を軍団に所属させ、そ

の間に調良も施し、諸用途に振り当てることであった。そのすべてが軍団で兵馬として使用されたと考える必要はない[23]。こうした飼養・調習のために軍団に付けられた牧馬こそ、軍団馬（軍団官馬）にほかならない。それを駅馬や伝馬にも充てると考えられていたのである。『令集解』厩牧令16条の古記・跡記・額説・穴記も、駅馬・伝馬は官馬を充てると注釈しており、前述の義解とほぼ同じ認識といえる[24]。

したがって、養老厩牧令16条（史料8）は、駅馬に充当する馬の条件を「筋骨強壮者」と記すだけであるが、実質的には「官馬筋骨強壮者」と理解されていたことになろう。史料8では、駅馬は「筋骨強壮者」からとり、伝馬は「官馬」を用いると規定するが、次のような操作によったのではないか。

①唐令の「官馬・驢五歳以上、十歳以下、筋骨強壮者」のうち、日本の実態に合わない「驢」と、やや細やかな規定の「五歳以上、十歳以下」を除去する。

②残った「官馬筋骨強壮者」を二つに分解し、「官馬」を伝馬に、「筋骨強壮者」を駅馬に振り分ける。

このようにみてよいとすると、日本令も令意としては、官馬（より具体的には、騎用に堪える牧馬で軍団に付されて飼養・調習された馬）のなかから、筋骨強壮馬を選んで駅馬に充てることを想定していたと考えられる。

唐令（史料9）と日本令（史料8）の違いの第二は、適当な官馬がいない場合の対処法である。唐令には「如無、以㆓当州応ㇾ入ㇾ京財物㆒市充。不ㇾ充、申㆓所司㆒市給」とあり、まず「当州応ㇾ入ㇾ京財物」を財源にして、駅馬を購入することになっていた。伝送馬などの調習と死失時の措置を規定した天聖厩牧令唐26条（第二章史料4）に記す「正倉」「官物」「公廨」のうち、「官物」が「当州応ㇾ入ㇾ京財物」に相当しよう。武井紀子氏が指摘するように、官物は調・庸および贓贖物・雑附物を含む国家規模の財源（中心は調・庸）を指すと考えられる[25]。そして、官物だけで充当できない場合には、所司に申して購入する。官司の独自財源である公廨（公廨田、公廨本銭）ではなく、正倉（外配されずに当州に留められた正租）を使用したのであろう。武井氏が指摘するように、唐の租・庸・調などは国家規模の財源とされており、中央の度支による予算配分を経て、入京もしくは必要地域に送られた。そうした国家規模の財源の一部が、駅馬の購入費用にも回されたのである。

一方、日本令では、適当な官馬がいない場合の駅馬の購入方法を規定していない。「若馬有二闕失一者、即以二駅稲一市替」という規定はあるが、あくまでも駅馬が欠失した場合の補充措置としてである[26]。唐令では駅馬を設置する際には官馬から充当し、適当な官馬がいない場合には購入することになっていた。対する日本令では、駅馬は（軍団によって飼養・調習された官馬のうち）筋骨強壮馬をもって設置し、これらが欠失した場合には駅稲（大宝令では駅起稲）を財源に購入し取り替える、という規定となっている[27]。もちろん、これはあくまでも令意であって、実態は別途考えなければならない[28]。

それでは、駅馬を補充する際の唐令の規定はどうかといえば、天聖廐牧令唐21条（史料9）ではなく、天聖廐牧令唐33条（史料7）後半部に記されている。そこに「若有二死闕一、当駅立替、二季備訖」とあるように、駅馬の死欠が生じると、二季（六ヵ月）以内に当駅で替わりの馬を備えることになっていた。駅馬補充のための財源については記されていないが、おそらく天聖廐牧令唐21条に準拠したのであろう。

このように唐では駅馬の購入費用として、租・庸・調などの国家規模の財源が充てられたが、日本では地方の特定財源のひとつにすぎない駅稲（天平十一年以後は正税）を用いる点が大きく異なっている。

ところで、『唐律疏議』廐庫律13条に「準レ令、駅馬・驢一給以後、死即駅長陪塡」とあるように、駅馬が死亡すると、駅長が補塡しなければならなかった。この「準レ令」の「令」が、史料7の後半部に相当することはいうまでもない。史料7の主眼は、冒頭が「諸駅各置二長一人一」であるように、駅長の責任下、駅馬の具体的な設置・補填方法を規定することにあったのである。これに対して日本令（史料8）では、特に駅長について触れておらず、ひとつ前の養老厩牧令15条（史料16）で駅長のことを規定している。

最後に、史料7の末尾を取り上げよう。まず「丁庸及粟草、依下所司置二大馬一数上常給」とあるように、丁庸や粟草は大馬（駅馬）の数に応じて支給する決まりである。つぎに「其馬死闕、限外不レ備者、計二死日一以後、除二粟草及丁庸一」とあるように、駅馬が死欠しながら期限をすぎても補填されなければ、その間の粟草・丁庸を支給しないとある。このうち粟草は、天聖厩牧令唐34条（史料17）に「其粟草、准二繋飼馬・驢一給」とあるように、駅馬の飼料に充てたとみてよかろう。丁庸は駅丁の出す庸を指すと考えられるが、その使途は明瞭ではない。粟草と併記されていること、馬の数に応じて支給されることから判断するに、駅馬の飼料を購入するための費用に充てられた可能性がある。ともあれ、丁庸が駅の運営経費として使用されたことは間違いない。

一方、日本令（史料8）には駅馬飼料の規定はない。駅稲による購入が想定されているためであろう。

2　駅馬の設置・補充規定②

日本令では、駅馬の補充に関して、養老厩牧令16条（史料8）とは別の条文も設けられている。

【史料10】養老厩牧令20条

凡駅伝馬、毎レ年国司検簡。其有二太老病不レ堪二乗用一者、随レ便貨売。得直若少、駅馬添二駅稲一、伝馬以二官物一市替。

国司による駅馬・伝馬の検簡・処分に関する条文である。老病のため乗用に堪えない馬は売却するが、その売却価が低い場合には、駅馬は駅稲を添えて、伝馬は官物（郡稲）をもって、新しい馬に取り替えるとある。本条に対応するのは、次の天聖厩牧令唐23条である。

【史料11】天聖厩牧令唐23条

諸府官馬及伝送馬・驢、毎レ年皆刺史・折衝・果毅等検簡。其有二老病不レ堪二乗騎一者、府内官馬、更対二州官一簡定。両京管内、送二尚書省一簡。駕不レ在、依二諸州例一。並官為二差レ人、随レ便貨売一。得銭若少、官馬仍依レ式、府内供備、伝馬添二当処官物一市替。其馬売未レ售間、応レ飼レ草処、令三本主備二草直一。若無二官物一及無レ馬之処、速申レ省処分。市訖申レ省。省司封レ印、具録二同道応レ印レ馬州名一、差二使人一分レ道、送二付最近州一、委二州長官一印。無二長官一、次官印。其有二旧馬印記不レ明、及在レ外私備替者、亦即印之。印訖、印署及具録二省下州名符一、以レ次逓二比州一。同道州総準レ此。印訖、令下最遠州封レ印、附二便使一送上省。若三十日内無二便使一、差二専使一送、仍給二伝驢一。其入二両京一者、並於二尚書省一呈レ印。

これは折衝府官馬および伝送馬・驢を対象とした条文で、駅馬は対象となっていない。その理由は、駅馬の補充は天聖厩牧令唐33条（史料7）で定められていたからである。ところが日本令では、養老厩牧令20条を作成する際に駅馬も対象に含めたため、駅馬欠失時の補充規定が別に設けられる結果となってしまった。

さて、史料10は、あくまでも老病のため乗用に堪えない馬を売却する際の規定である。もし公用のため死亡させてしまうと、次の養老厩牧令27条が適用される。

凡因二公事一、乗二官私馬牛一、以レ理致レ死、証見分明者、並免レ徴。其皮宍、所在官司出売、送レ価納二本司一。若非理死失者、徴陪。

これは駅馬・伝馬に限らず、官私の馬牛を広く規定している。公用で官私の馬牛を死亡させた場合、その皮と肉を売却し、その代価を本司に納入することになっていた。本条の『令集解』朱説に「即駅馬直者、納二本駅一也」とあり、死亡した駅馬の皮と肉の売却価は、その駅馬を管理する駅に納入されたようである。

この養老厩牧令27条に対応するのは、次の『天聖令校証』唐厩牧令復原52条である。

諸因二公使一、乗二官私馬一、以レ理致レ死、証見分明者、並免二徴納一。其皮肉、所在官司出売、価納二本司一。若非理死失者、徴陪。

これは天聖厩牧令宋13条をもとに、宋代の避諱にともなう「徴」字から「理」字への改変部分などを戻して復原した条文である。日本令との間に大きな違いはなかったとみてよい。

さて、駅馬の充当に関しては、やや特殊な事例ながら、次の条文も注目される。

【史料12】『天聖令校証』唐厩牧令復原47条

（前略）其諸州鎮等所レ得闌遺畜、亦仰二当界内一訪レ主。若経二二季一、無二主識認一者、並当処出売。先売二充伝駅一、得価入レ官。後有二主識認一、勘当知レ実、還二其本価一。

これは『唐令拾遺』が『宋刑統』雑律巻二十七の「准二厩牧令一」で始まる引用文をもとに推定した条文に、天聖厩牧令宋10条によって脱字を補った復原条文である。これにより、闌遺畜（拾得された家畜）が二季を経過しても持ち主が現れなければ、伝送馬もしくは駅馬として売り充てられたことがわかる。

ところが、史料12に対応する養老厩牧令23条では、「若経二二季一、無二主識認一者、先充二伝馬一」とあるように、伝馬に充当することは規定されているものの、駅馬として売却されることは定められていない。

以上の検討結果をまとめると、次のようになる。まず、唐の駅馬は五～一〇歳の筋骨強壮の官馬を充てるのが原則で、それが入手できなければ、国家規模の財源である租・庸・調などを使って購入することになっていた。欠失時には二季以内に替わりの馬を備えなければならない。また、闌遺畜を駅馬に売り充てることもあった。これに対して日本の駅馬は、筋骨強壮の官馬を充てることになっていた。駅馬の補充は二ヵ条で規定されており、売却した代価に駅稲（駅起稲）を添えて購入する決まりである。唐と違って、闌遺畜を充当することは想定されていなかった。

3　焼印の規定

こうして入手された駅馬の管理に関わって、焼印に関する規定についてみてみよう。

【史料13】天聖厩牧令唐11条

諸牧馬駒、以二小官字印一、印二右膊一、以二年辰印一、印二右髀一、以二監名一依二左右廂印一、印二尾側一。若行容端正、擬レ送二尚乗一者、則不レ須レ印二監名一。至二二歳一起、脊量二強弱一、漸以二飛字印一、印二右髀・膊一。細馬・次馬、倶以二龍形印一、印二項左一。送二尚乗一者、於二尾側一、依二左右閑印一、印以二三花一。其余雑馬送二尚乗一者、以二風字印一、印二左膊一、以二飛字印一、印二右髀一。（中略）経レ印之後、簡入二別所一者、各以二新入処監名印一、印二左頬一。官馬賜レ人者、以二賜字印一。配二諸軍一、及充二伝送駅一者、以二出字印一、並印二右頬一。

【史料14】天聖厩牧令唐13条

諸駅馬、以二駅字印一、印二左膊一、以二州名印一、印二項左一。伝送馬・驢、以二州名印一、印二右膊一、以二伝字印一、印二左髀一。官馬付二百姓及募人一養者、以二官字印一、印二右髀一、以二州名印一、印二左頬一。（中略）其互市馬、官市者、以二互市印一、印二右膊一、私市者、印二左膊一。

【史料15】天聖厩牧令唐14条

諸雑畜印、為二官字・駅字・伝字一者、在二尚書省一。為二州名一者、在レ州。為二衛名・府名一者、各在二府衛一。為二龍形・年辰・小官字印一者、小、謂二字形小者一。在二太僕寺一。為二監名一者、在二本監一。為二風字・飛字及三花一者、在二殿中省一。為二農字一者、在二司農寺一。互市印、在二互市監一。其須二分レ道遣レ使送一印者、聴下毎レ印同二一様一、準二道数一造上之。

天聖厩牧令唐11～15条が諸畜の焼印に関する中心規定で（他に唐8・23・30条、宋7・10条も関係）、うち史料13～15が駅馬に直接関連する。一方、養老厩牧令の焼印規定は、唐11・15条を部分的に継承した養老厩牧令10・12条だけであり、しかも牧馬牛を対象とした「官字印」を規定するにすぎない[29]。これに対して唐令では、多種多様な焼印が想定されている。以下、駅馬に押された焼印を中心に整理したい[30]。

先述のとおり、唐の駅馬は官馬から優先的に充当される。官馬は監牧で誕生すると、「小官字印」が右膊に、「年辰印」が右髀に押される（史料13）。唐15条によれば、牧にいる駒（子馬）は、毎年使者を派遣して監牧官司とともに八月に押印がなされ、牝牡・毛色・歯歳・印記が記録される。その際、以上の太僕寺の保管した焼印（史料15）が押されたと考えられる。そして、殿中省尚乗局への上納候補馬とそれ以外（監牧馬）に振り分けられ、後者には「監名印」が尾側に押される。やがて二歳になると体力測定され、尚乗局上納候補馬は成績順に「飛字印」が右髀と右膊に押され、監牧馬は（三等級に分けられ）細馬・次馬の項左に「龍形印」が押される（史料13）。

尚乗局上納候補馬と監牧馬のうち、駅馬に充当されるのは監牧馬である。ただし、監牧馬のうち細馬・次馬は、『唐六典』巻十七太僕寺諸牧監に「凡毎レ歳進馬、麤良有レ差。使司毎レ歳簡二細馬五十匹、敦馬一百匹一進之」とあるように、中央の太僕寺に優先的に進上されたとみられる。したがって、細馬・次馬以外の監牧馬から五～一〇歳の強壮馬を選んで、駅馬に充てたと考えられる。その際、「出字印」が右頰に押され（史料13）、さらに「駅字印」が左膊に、「州名印」が項左に押される（史料14）。

また、折衝府の兵士に飼養された官馬も存在したが、そこから駅馬を選抜することもあったと推定される。唐12条に「諸府官馬、以二本衛名印一、印二右髆一、以二官字印一、印二右髀一、以二本府名印一、印二左頰一」とあり、折衝府の官馬は、監牧で押された小官字印・年辰印・監名印・出字印に加えて、「衛名印」が右髆に、「官字印」が右髀に、「府名印」が左頰に押された。他方、史料14には「官馬付二百姓及募人一養」の規定があるように、一般の百姓らによって官馬が飼養される場合もあった。このときは、小官字印・年辰印・監名印・出字印のほかに、「官字印」が右髀に、「州名印」が左頰に押されたとみられる。

このように監牧で生産された馬は、直接駅馬に充てられたほか、折衝府兵士や一般百姓らの飼養を経て駅馬にすることもあったと考えられる。さらに、購入馬を駅馬に充てることもあった。特殊な事例となるが、「互市」つまり主に北方民族との対外交易で得た馬の場合、官市であれば「互市印」が右髆に押され、私市であれば「互市印」が左髆に押され（史料14）、その上で「駅字印」が左髆に、「州名印」が右髆に押されたはずである。

以上のように、唐の駅馬には入手ルートに応じて数多くの焼印が押されていた。これに対して日本の駅馬は、官馬（軍団馬）に由来する場合にのみ「官字印」が押されたにすぎない。

そもそも唐では、駅馬に限らず、諸畜には各種の焼印がしかるべき部位に押され、所属・由来などを明記する仕組みがとられた。天聖廐牧令唐30条では、私馬五〇匹以上の保有者に印（私印）の鋳造を認めるが、項のみに押印させ、もし他の部位に印があれば没官すると定める。これは上記の各種焼印が押された公的な馬が、本来の焼印の上に私印が押されて、私馬となってしまうのを防ぐためである。本条は日本令に継受されていない。

さて、史料15にみるように、各種の焼印はそれぞれ保管場所が決まっていた。焼印の大部分は中央で保管され、必要があれば道（広域的行政単位。当初は十道制、後に十五道制）ごとに遣使して送付されることもあって、同じデザインのものを道数だけ鋳造することが許されていた。焼印の具体的な送付方法に関しては、天聖厩牧令唐23条（史料11）の後半部に規定がある。それによれば、「省司」（尚書省など焼印を保管する官司。史料15）は焼印を封じ、道を単位に馬に押印すべき州の名前を記録し（後文に「省下州名符」とあり、尚書省符を作成するのであろう）、それぞれ使者を立てて最寄りの州へ送付した。焼印は最寄りの州の長官（不在時は次官）に委ねられ、（焼印の封が解かれて）新規購入馬などに押印がなされることになるが、焼印の印文の不鮮明な旧馬や外で私的に賠償した馬なども対象とされた。押印が終わると、（「省下州名符」に）印署し、「省下州名符」を具に記録して、隣の州へ送る。これを各道で順次繰り返す。最後に最遠の州は焼印を封じ、便使（本務以外の使者）に託して（三〇日以内に便使がいなければ専使が）尚書省へ返送した。

以上のとおり、唐では各種の焼印を通じて諸畜を厳密に管理するための令文が整えられていたが、日本令にはほとんど継受されなかった。日本でも馬への関心は高かったが、唐ほどには徹底していなかったのである。

第三節　駅長・駅丁の規定

1　駅長の規定

本節では、駅の業務に携わった人々について検討してみたい。まず駅長から取り上げよう。

【史料16】養老厩牧令15条

凡駅、各置㆓長一人㆒。取㆓駅戸内家口富幹㆑事者㆒為之。一置以後、悉令㆓長仕㆒。若有㆓死老病、及家貧不㆑堪㆑任者、立替。其替代之日、馬及鞍具欠闕、並徴二前人一。若縁辺之処、被二蕃賊抄掠一、非二力制一者、不レ用二此令一。

日本の駅長を任用する際の基準、駅長を交替する際の条件、駅長交替時の馬・鞍具の補塡などを定める。ところが天聖厩牧令には、これに直接対応する条文はない。天聖厩牧令唐33条（史料7）は「諸駅各置二長一人一」の文言で始まり、冒頭こそ史料16とほぼ同じであるが、駅長の任用・交替について特に規定していない。

それでは、史料16は日本独自の令文かといえば、そうともいいがたい。黄正建氏は、天聖令にみえる律・令・格・式・勅を取り上げた論文のなかで、本条末尾の「若縁辺之処、被二蕃賊抄掠一、非二力制一者、不レ用二此令一」に着目した。日本では辺境の地で蕃賊の抄掠を受ける状況は少なかったとみられる（養老令全体でも「蕃賊」が登場するのは本条のみ）こと、天聖令から推定される唐令に「不レ用二此令一」ないし「不レ拘二此令一」の文言をとるものが複数あることなどから、史料16の「不レ用二此令一」は唐初の令文に由来するとみる。そして、その後の状況に応じて補訂した結果、史料7では「不レ用二此令一」のくだりが削除されたと推定している。(31)

黄氏が指摘するように、もともと「若縁辺之処」以下の規定が唐令にあった可能性は十分にある。(32)また、『通典』巻三十三職官十五郷官に「駅各有レ将、以二州里富強之家一主レ之」とある。こうした駅長を州里の富強の家から選抜するという規定は、唐令にあってもおかしくない。これらの規定がどの条文にあったのか不明であるが、少なくとも日本の大宝令が藍本とした永徽令の段階までには、令文化されていたと推測される。

とはいえ、史料16には明らかに日本独自の改変も加えられている。第一は、史料7の「若有二死闕一、当駅立替」を利用した、「若有二死老病、及家貧不レ堪レ任者、立替」である。唐令の史料7はあくまでも駅馬の死欠に関わるのに対して、日本令の史料16は駅長の死老病などを述べており、意味合いがまったく異なる。

第二は、駅長は駅戸から選出するとした点である。永田英明氏が坂本太郎氏の指摘を踏まえて詳しく論じたように、駅戸とは駅を本貫地とする集団を指し、一般公戸とは区別され、国―郡―里制の里に準じる位置づけであった[33]。駅戸の員数を定めた別式もあったようであるが（『令集解』厩牧令15条穴記・令釈背或云）、伝わっていない。養老厩牧令16条（史料8）の「毎レ馬各令二中中戸養飼一」に関して、『令集解』額説が「凡一戸令レ養二一疋一。然則、戸員大路廿戸。可二余即知一耳」と注釈した点を重視すれば、駅馬と同数の中中戸（大宝令段階には中戸）が駅戸に設定されたことになろう[34]。駅戸の定数については議論の余地が残されているが[35]、駅戸が日本独自であったことは動かない。これに対して唐では、駅戸は設定されておらず、当然のことながら、前掲『通典』も駅長を駅戸から選抜するとは書いていない。永田氏が指摘するように、日本の駅戸は、駅を拠点に極めて集約的な形で編成され、特殊な本貫地支配を受ける集団であった点に大きな特徴があったといえる[36]。

養老職員令70条に国司の職掌として「郵駅」があがるように、国司が駅制全般を取り仕切ることになっていた。養老厩牧令16・20条（史料8・10）からも、国司が駅馬を設置・監督したことがわかる。また、養老職制律37条によれば、「主司」＝「駅司」が駅馬の不法乗用に関する責任を負ったが、それは国司のことであった[37]。この主司（＝駅司＝国司）に対する処罰規定は、駅馬の枉道に関する養老職制律38条や、駅馬を使った私物運送に関する同39条にも適用された。そして、国司は駅長を直接管轄した。日本古代地方行政は国―郡―里制によったが、大日方克己氏が明らかにしたように、駅制についていえば、郡司が駅の経営に直接関与することを規定した令文はない。日本の駅は、国司―駅長によって維持・管理・運営することが想定されていたのである。大日方氏によれば、郡司が駅家経営の一端を明確に担うようになるのは、承和五年（八三八）に国司次官以上の駅家専当とセットで郡司の駅家主当を定めた太政官符（『類聚三代格』同年十一月十八日太政官符）が出されてからのことで、これは『延喜式』兵部式86条の「凡諸国駅家、令二国司・郡司専当一」に受け継がれる[38]。

これに対して唐では、『唐六典』巻三十三府督護州県官吏にもあるように、州府の兵曹・司兵参軍と県令が駅制を職務としていた。国司に対応する州府の兵曹・司兵参軍のみならず、郡司に対応する県令までもが駅制に責任を負っていたのである。この点からも日本の駅は極めて特殊といえよう。

2　駅丁の規定

つぎに、駅長による統括のもと、駅の実務を担った人々についてみたい。

前述したように、日本では駅戸を独自に設定していた。養老廐牧令16条（史料8）には「毎レ馬各令二中中戸養飼一」とあり、中中戸（大宝令では中戸）という比較的富裕な駅戸が、駅馬を飼養することになっている。駅戸の業務のうち、令文に明記されているのは駅馬の飼養だけであるが、『令集解』の諸説を参照すると、駅使の逓送（公式令42条〔史料23〕）、駅田の耕作（田令33条〔史料6〕）、蓑・笠の製作（廐牧令14条〔史料2〕）も含まれていたようである。[39] これ以外にも駅の諸々の業務が駅戸に課せられたとみてよかろう。

こうした負担の代償として、復除の対象者を列挙した養老賦役令19条では、駅長は課役（調、庸、雑徭）が、駅子は徭役（庸、雑徭）が、それぞれ免除されると規定する。駅子は駅戸のなかの課丁を指す。

一方、駅戸を設定していない唐の場合、駅丁の徴発方法を別途規定しておく必要があった。それが次に掲げる唐令であり、日本令には継受されなかった条文である。

【史料17】天聖廐牧令唐34条

諸駅馬三疋・驢五頭、各給二丁一人一。若有二余剰一、不レ合レ得二全丁一者、計二日分数一、準折給。馬・驢雖レ少、毎レ駅番別、仍給二一丁一。其丁、仰二管レ駅州一、毎レ年七月三十日以前、予勘二来年須丁数一、申二駕部一勘同、関二度支一、量二遠近一支配。仰二出レ丁州一、丁別準レ式収レ資、仍拠下外二配庸調一処上、依レ格収二脚価一納二州庫一、令二駅家自往請受一。若於二当州便一レ配レ丁者、亦仰二州司一、準二丁一年所レ輸租調及配脚直一、収付二駅家一。其丁課役並免。駅家願レ役レ丁者、即於二当州一取。如不レ足、比州取配。仍分為二四番一上下。下条準レ此。其粟草、準二繋飼馬・驢一給。

これによれば唐では、駅馬三匹もしくは駅驢五頭あたり駅丁一人を支給するのが原則であった。駅を管轄する州が毎年七月三十日までに来年必要となる駅丁数を見積もり、中央で駅制を掌る駕部に上申して勘検を受ける。そして問題がなければ、予算全体の配分を掌る度支に対して駕部から連絡がなされ、度支は遠近を考慮して駅丁の配分をおこなう。駅丁は駅のある州から差発するが、不足時は隣の州からの差発も認めていた。そして、駅丁は四番に分かれて勤務することになっていた[40]。

こうした駅における業務の代償として、唐の駅丁は駅長と同じく課役（租、庸、調）[41]が免除された。日本の場合、駅長と駅子で免除の中身が違っているだけに、注目すべき点といえる。しかし日本との違いとしてより大きいのは、唐の駅丁の課役免除が、賦役令ではなく厩牧令に規定された点であろう。もちろん、唐賦役令にも復除対象者を列挙した条文（天聖賦役令唐15条）は存在する。だがそこでは、課役免除の対象者として駅長は規定されているが、駅丁は規定されていない。その理由として、唐の駅丁は日本の駅子のように固定化されていないことが考えられよう。その代わりに唐令では、厩牧令において駅丁の課役免除を規定したのである。

なお史料17によれば、駅丁が一年に輸す租・調・脚直（脚価）に準じて、その分を駅が受け取る仕組みになっていたようである（駅丁は課役が免除されるので、別人が納める課役が充当されたのであろう）[42]。これらは駅から州庫まで出向いて受け取るのが基本であったが、駅に近い場所から駅丁を差発したときは、駅に付けることになっていた

（駅から出向く必要なし）。先述したように、唐の駅の諸経費は駅封田だけで完結せず、租・庸・調など国家財源の一部が充当されたが、これとも通底する現象といえる。

第四節　駅制利用の規定

1　厩牧令の規定

本節では、駅制の利用規定について検討したい。まず日本令の厩牧令から取り上げる。

【史料18】養老厩牧令18条

凡乗二駅及伝馬一、応下至二前所一替換上者、並不レ得二騰過一。其無レ馬之処、不レ用二此令一。

【史料19】養老厩牧令21条

凡公使須レ乗二駅及伝馬一、若不レ足者、即以二私馬一充。其私馬因二公使一致レ死者、官為二酬替一。

【史料20】養老厩牧令22条

凡官人乗二伝馬一出レ使者、所レ至之処、皆用二官物一、准レ位供給。其駅使者、毎二三駅一給。若山険闊遠之処、毎レ駅供之。

史料18〜20は駅制のみならず伝制をも対象とするが、ここでは駅制にしぼってみていく。史料18は、駅馬は一定の区間ごとに乗り継ぐべきことを規定する。史料19は、公使に提供される駅馬が不足した際には私馬を充て、その私馬が公使によって致死した場合には、官が補塡すべきことを定める。養老厩牧令27条（前掲）によると、公事のために馬に乗用して致死させた場合、「以レ理」であれば賠償責任は発生しないが、「非理」であると賠償責任が発生した。ところが、史料19では「以レ理」と「非理」の区別はなく、ともに官が補塡するとある。この点で公務による馬の使用といっても、駅制における利用のほうが優遇されていたことがわかる。史料20は、駅使は原則として三駅ごとの供給を規定する。『令集解』義解・朱説によれば、供給のための財源は駅稲であった。

これに対して唐令の厩牧令には、駅制利用に関する明瞭な規定は存在しない。このことが最も確実にいえるのが、史料20に対応する天聖厩牧令唐26条（第二章史料4）である。本条は「諸官人乗二伝送馬・驢及官馬一出レ使者、所レ至之処、皆用二正倉一、準レ品供給」の一文から始まるように、伝送馬・驢や官馬に乗用した官人への供給を規定している。ここでは駅馬の乗用者（駅使）は対象となっていない。さらに史料19に対応する唐令の有力な復原案(43)も、品階に応じた伝送馬の支給数を定めており、駅馬とは無関係である。

少し問題となるのは、史料18に対応する唐令である。天聖厩牧令宋12条に「諸乗レ逓、給借差二私馬一、応下至二前所一替換上者、並不レ得二騰過一。其無レ馬之処、不レ用二此令一」とあり、日本令の史料18と類似することは一目瞭然である。北宋の交通制度は逓鋪であり(44)、駅伝制度にもとづく唐令の条文を少し改変したものとみてよかろう。そこで『天聖令校証』では、次のような復原条文が提示されている。

【史料21】『天聖令校証』唐厩牧令復原38条

諸乗二駅及伝送馬・驢一、応下至二前所一替換上者、並不レ得二騰過一。其無二馬驢一之処、不レ用二此令一。

この復原案では、駅制と伝送制の双方を含む内容となっている。だが本章の冒頭で述べたように、不行唐令では駅馬と伝送馬の規定は別々であることが多く、駅伝双方の規定であったとは断定できない。史料21に相当する復原条文に関していえば、伝送制のみの規定とみたほうがよかろう。

このように唐厩牧令では、駅制の利用規定は存在しないか、仮に存在してもごく一部にすぎなかった。中大輔氏は、伝送馬の支給数が厩牧令に規定されたのに対して、駅馬の支給数は公式令（史料22）に規定されていることなどから、伝送制の利用規定は厩牧令に、駅制の利用規定は公式令にあったと指摘する(45)。これは極めて重要な指摘である。こうした原則のもと、唐厩牧令では駅制の利用は特に規定しなかったと考えられる。

2　公式令の規定

駅制利用に関わる条文は、厩牧令以外にも存在する。その中心をなすのが公式令である。しかし残念ながら、天聖令の公式令は残存しないため、厩牧令のように日唐令文を詳しく比較検討することができない。ここでは、駅馬の利用証と支給馬数を定めた条文を中心に検討してみたい。

【史料22】『唐令拾遺』公式令復旧21条

諸給二駅馬一、給二銅龍伝符一。無二伝符一処、為二紙券一。量二事緩急一、注二駅数於符契上一。職事三品以上若王四疋、四品及国公以上三疋、五品及爵三品以上二疋、散官・前官、各遞二減職事官一疋一。余官爵及無品人、各一疋。皆数外、別給二駅子一。此外須レ将二典吏一者、臨時量給。其銅龍伝符、使事未レ畢之間、便二納所在官司一。

【史料23】養老公式令42条

凡給二駅伝馬一、皆依二鈴・伝符剋数一。事速者、一日十駅以上。事緩者八駅。還日事緩者、六駅以下。親王及一位、駅鈴十剋、伝符卅剋。三位以上、駅鈴八剋、伝符廿剋。四位、駅鈴六剋、伝符十二剋。五位、駅鈴五剋、伝符十剋。八位以上、駅鈴三剋、伝符四剋。初位以下、駅鈴二剋、伝符三剋。皆数外、別給二駅子一人一。其六位以下、随レ事増減。不二必限一レ数。其駅鈴・伝符、還到二日之内、送納。

一見して多くの相違点が認められるが、ここでは以下の六点を指摘したい。

第一の相違点は、唐公式令は駅馬の支給数を直接規定するのに対して、日本令は駅鈴・伝符の剋数（刻み目の数）を通じて、駅馬・伝馬の支給数を間接的に定めていることである。繰り返すように、日本令は唐令と違って、駅制と伝制を同一条文で規定する傾向があり（史料8・10・18～20など参照）、これは史料23に関してもいえる。

第二の相違点は、駅制の利用証の種類である。唐の駅馬の利用証は伝符（銅龍伝符）ないし紙券であった。このうち伝符は銅製の割符である。[46]『唐律疏議』賊盗律27条に、

疏議曰、（中略）伝符、謂レ給二将レ乗レ駅者一。依二公式令一、下二諸方一伝符、両京及北都留守為二麟符一、東方青龍、西方白虎、南方朱雀、北方玄武。両京留守二十。左十九、右一。余皆四、左三、右一。左者進レ内、右者付二外州・府・監応レ執レ符人一。其両京及北都留守符、並進レ内。須三遣レ使向二四方一、皆給二所レ詣処左符一、書二於骨帖上一、内着レ符、裹用レ泥封、以二門下省印一印之。所レ至之処、以二右符一勘合、然後承用。（後略）

とあるように、伝符は京都留守・東西南北でそれぞれ種類を異にし、[47]左符が使者に対して発給され、派遣先にある右符と勘合することになっていた（『唐律疏議』職制律41条なども参照）。ただし、伝符は隋代に総管や刺史らに頒布した符を理念として継承したにすぎず、実際には紙券を用いたと理解されている。[48]

一方、日本駅制の利用証は駅鈴に改変されている。駅鈴はその名のとおり鈴であり、唐の伝符のような割符ではなかった。日本では伝制の利用証を伝符としたが、やはり割符ではない。ちなみに、唐の伝送馬の利用証は、次章でみるように、「逓牒」と呼ばれる紙の文書であった。逓牒は、史料22など公式令には規定されなかったとみられる点を確認しておきたい。

第三の相違点は、使用できる駅馬の数である。日本の場合、駅鈴の剋数に応じて駅馬数が決まったが、唐より

も約二倍の駅馬を使用できた[49]。前述のように、一駅あたりに設置された駅馬数は唐のほうが多かったが、それとは対照的である。日本よりも国土が格段に広い唐では、交通量もはるかに多かったはずである。より多くの使者に駅馬を提供するためにも、一回あたりの駅馬支給数を抑制したのであろう。

第四の相違点は、使者が一日に進むべき距離の表示方法である。唐では「量二事緩急一、注二駅数於符契上一」とあるように、緩急に応じて、銅龍伝符や紙券に一日に進むべき駅数が表示された（割符である伝符に文字を記すことはできないので、おそらく紙券を想定した規定であろう）。一方、日本の駅鈴には駅数を表示できない。

ところで、唐令の復原条文（史料22）には具体的な駅数は記されていないが、本注の形式で駅数を規定していた可能性は否定できないであろう。というのも、養老公式令42条（史料23）の「還日事緩者、六駅以下」に関して、『令集解』令釈は「以下、謂、四駅以上。案二本令一知也」、同跡記は「六駅以下、謂、四駅以上。唐令、馬日七十里、乗二駅馬一四駅故也」と注釈しているからである。「唐令、馬日七十里、乗二駅馬一四駅故也」から、唐令でも一日に進むべき駅数を規定していたように見受けられる。ここでは四駅以上進むとされるが、『資治通鑑』垂拱二年（六八六）三月胡三省注所引「唐制」には「乗駅日六駅」とあり、一日六駅が標準であったらしい。

これに対して日本令では、本注に「事速者、一日十駅以上。事緩者八駅。還日事緩者、六駅以下」と明示している。急ぐ場合には一日あたり一〇駅以上、そうでない場合には八駅、帰還時は特に急がない場合には六駅以下と具体的に記す。これに関して『令集解』朱説は、「事速者、一日十駅以上、謂、往還並同也。此馳駅也。凡飛駅者、毎レ駅代二人馬一往、不レ見二行程一也」と注釈しており、飛駅ではなく馳駅に適用すると述べている。飛駅と馳駅の別を説く注釈は、次のとおり、『令集解』戸令16条・公式令9条の穴記にもみえる。

＊穴云、問、飛駅与二馳駅一其別何。答、馳駅令条有二行程一。飛駅不レ合レ有二其限一。以レ是為レ別也。博士御意、飛駅

者、駅伝上下、非二専使一。但馳駅、専使上下也。量レ心所レ読、非二正文一耳。後定。馳駅専使者、明案可レ知也。

＊穴云、問、飛駅一人永行歟、為当逓送歟。答、師云、可レ言二逓送一。何者、不レ可三一人永行二之故。可レ検。

これらによると、飛駅は専使ではなく、駅ごとに逓送されるもので、一日の行程は定まっていない。一方、馳駅は専使であり、一日の行程は公式令42条の「事速者、一日十駅以上」を適用したことがわかる。

かつて坂本太郎氏は、「飛駅」の動詞的用法が「馳駅」にすぎず、両者を区別する『令集解』の諸説は机上の論であると考えた[50]。こうした見方は広く受け入れられたが、森哲也・永田英明両氏の研究によって、駅制には封函逓送と専使派遣の二つの利用実態があり、『令集解』はそれを踏まえていることが明らかになった[51]。永田氏によれば、「馳駅」は緊急用の駅制運用全般を包括する語であるのに対し、「飛駅」は飛駅函など封函を使って逓送するもので、馳駅制度のなかでも特殊であった。馳駅制度は、口頭報告の必要性もあって、専使派遣を原則とし、それは七世紀後半からすでに実施されていた。一方、封函を逓送して文書のみで意思伝達をおこなう飛駅制度は、大宝令の制定を待たねばならなかったようである[52]。

このように養老公式令42条の行程規定は、専使である駅使を対象とした。唐令も同趣旨であったとみてよかろう。ただし先述したように、唐では利用証である紙券に一日に進むべき駅数を表示したのに対して、日本では利用証である駅鈴に駅数を表示できないという違いが認められる。このことから永田氏は、日本で「一日十駅」に相当する高速移動が実現していたことは認められても、それは「十駅」とか「十二駅」といった行程設定の結果であるか否かは、別の問題であると注意を促している[53]。たしかに、駅鈴に一日の行程となる駅数を表示できないが、駅使の所持する別の文書に書かれた可能性も残しておきたい。

第五の相違点は、使者の滞在中における利用証の取り扱いである。まず唐令では「其銅龍伝符、使事未レ畢之間、便㆓納所在官司㆒」となっている。このうち「其銅龍伝符」については、『唐令拾遺』が意をもって補った部分で、銅龍伝符に加えて紙券も想定されていた可能性がある。というのも、『唐律疏議』職制律41条に「其伝符通用㆑紙作。乗㆑駅使人、所㆑至之処、事雖㆑未㆑訖、且納㆓所司㆒、事了欲㆑還、然後更請、至㆓門下㆒送輸」とあり、ここでは伝符はすべて紙を用いて作成するとされているからである。前述のように、唐で実際に使用されたのが紙券であったため、このような注釈がなされたとみられる。この律疏から、唐では使者の任務が終了していなくても、伝符・紙券は派遣先の官司に納める決まりで、帰還時に再発行されたことが判明する。

　これに対して日本では、「其駅鈴・伝符、還到二日之内、送納」という規定に改変されている。『令集解』令釈一云が「検㆓本令㆒、使事未㆑畢之間、便㆓納所在官司㆒。（中略）今検㆓此令㆒、无㆓既此文㆒。則知、使事未㆑畢之間、使齎耳。還㆓到於京㆒、二日之内送納也」と注釈するように、日本では使者の滞在中も駅鈴を随身することになっており、任務を終了して帰還してから二日以内に送納すればよかったのである。

　こうした取り扱いの差異をもたらした背景として、日本における駅鈴の特殊な位置づけが関係しよう(54)。養老賊盗律24条に「凡盗㆓神璽㆒者絞。関契・内印・駅鈴者遠流。乗輿服御物者中流」とあるように、駅鈴は関契・内印（天皇御璽）と同等で、神璽よりは低いが、乗輿服御物（天皇が身辺に使用する衣服・食膳・調度の類）よりは高く位置づけられていた。本条に対応する唐賊盗律24条をみると、「諸盗㆓御宝㆒者絞。乗輿服御物者流㆓二千五百里㆒」となっており、ここに伝符は登場しない。唐の伝符は、唐賊盗律27条に「諸盗㆓宮殿門符・発兵符・伝符㆒者流㆓二千里㆒」と規定されている。唐賊盗律24条と量刑を比較すれば明らかなように、唐の伝符は乗輿服御物よりも低い位置づけとなっている。また、唐では伝符よりも紙券が一般に用いられたが、唐賊盗律26条に「諸盗㆓制書㆒者徒二年。官文書杖一百。重害文書、加㆓一等㆒。紙券又加㆓一等㆒」とあり、紙券を盗んだ場合、杖一〇〇よりも二等高い徒一年半にとどまった。これと比べると、日本の駅鈴を盗んだ際の遠流という罰則は極めて重い。

このように、日本の駅鈴は唐の伝符・紙券よりも重要な器物と認識されていた。そのため駅鈴は、中央では内裏で内印・伝符とともに厳重に管理された(55)。使者への支給や返納の際には、少納言が天皇に許可を求め（職員令2条、公式令5条）、中務省に属す主鈴がその出納に携わった（職員令3条）。諸国では、駅鈴は印鎰（国印と正倉のカギ）と一緒に鈴蔵で厳重に保管された（『類聚三代格』延暦十一年六月十四日太政官符）。橘奈良麻呂や藤原仲麻呂が反乱をおこした際、皇太后宮や中宮院にある駅鈴・内印を奪おうとし（『続日本紀』天平宝字元年七月庚戌・戊午条、同八年九月乙巳・壬子条、同神護景雲元年十一月癸亥条）、石見国で邇摩・那賀郡司が百姓二一七人を発して「国守」（受領国司）から「印匙・駅鈴」を奪って「傍吏」（任用国司）に授けた（『日本三代実録』仁和二年五月十二日条）ように、駅鈴の保持は権力の所在と正当性を示すことにつながった(56)。また駅鈴は、藤原広嗣の敗走の一齣、「広嗣自捧二駅鈴一口一云、我是大忠臣也。神霊棄レ我哉。乞頼二神力一、風波暫静。以レ鈴投レ海」にみるように（『続日本紀』天平十二年十一月戊子条）、霊力も備わっていると観念されていた。

永田氏が述べるように、日本の駅鈴は、単なる駅制の利用証にとどまらず、いわば天皇から支給される「ミシルシ」としての性格が強く意識されていた。駅鈴は、それを所持する使者が天皇の名のもとに派遣されたミコトモチであることを保証したため、使者の滞在中も携行する必要があったのである(57)。

第六の相違点は、唐令の「皆数外、別給二駅子一」が、日本令では「皆数外、別給二駅子一人一」となっている点である。「一人」という語の有無はそれほど本質的な違いではない。より重要なのは、「別給駅子」の果たす役割が日唐間で大きく違うと認識されていたことである。『令集解』から古記と令釈の注釈をみてみよう。

＊古記云、問、皆数外、別給二駅子一人一、未レ知、駅子、馬欤、人欤。又伝若為処分。答、有レ馬而人従。故称二

駅子一。又、伝者別不レ給。本令、別給二駅子一、謂、引導之人。此間、作レ駄。
＊釈云、数外別給二駅子一人一、唐令、駅子者、駅馬引二導駅家一一人耳。何者、駅使鞍具・宿具及束身調度、一事以上、駅家准擬。故除二駅子一外、更无二従人一。此間、駅使、除二飲食一外、一事以上、例必随身。是以、称二駅子一者、馬一疋幷子一人。彼此駅子、文同意殊耳。

古記・令釈ともに、唐令（本令）と日本令（此間）の趣旨を対比的に述べている。これらによると、唐令の「別給駅子」が駅使を駅に引導する役割を担ったのに対し、日本令のそれは荷物持ちであった。唐では、駅使の鞍具・宿具・束身調度などはすべて駅に用意されているため、駅使を駅に引導する駅子が一人いればよく、運搬係は特に必要はなかった。これに対して日本では、駅使は飲食以外のすべてを携行しなければならず、駄馬の役を務めるための駅子が必要となったのである。そのため、日本令で「駅子一人」とあっても、実際には駅子一人だけでなく駄馬一匹も支給されることを、古記・令釈は述べようとしているのである。

他の『令集解』諸説をみると、日本で別給駅子以外に駅子・伝子を支給するかどうかを議論している。青木和夫氏が指摘するように、古い注釈書の古記・令釈では、数内の駅伝馬に駅子・伝子が付くかどうか問題にしていないのに対し、新しい注釈の穴記・跡記・義解では、数内の駅伝馬にも駅子・伝子が付くような解釈をしている[58]。第二章で改めて述べたいが、本来は数内の伝馬に対してのみ伝子を支給したと考えられる。その後、数内の駅馬に対しても駅子が支給されるようになり、新たな法解釈が生み出された可能性がある。青木氏が述べるように、日本の駅制で剋数に応じて支給されるのは駅馬のみであり（駅子は支給されない）、荷物を運搬し、駅使を次の駅まで送った後の駅馬を駅家まで連れて帰るためにも、自分も一匹の馬を仕立てた別給駅子が必要となる。ともあれ、古記・令釈にみるように、別給駅子の果たす役割が日唐間で違うと認識されたことは間違いない。

公式令も含め、その他の律令条文における駅制利用規定についても、簡単にまとめておこう。

3　公式令とその他の規定

永田英明氏が明快に指摘しているように、律令条文で駅制は、(1)駅使の行程を統制する規定群と、(2)内外諸司の発駅を統制する規定群を軸に、緊急用の交通制度として位置づけられている[59]。

(1)については、その具体的な行程は前項でみたとおりである。この基準に遅れた場合、日唐ともに職制律33条によって罰せられた。

(2)についても、日唐ともに職制律35条で発駅判断を誤った際の罰則を定めている。どのような場合に駅制を利用できるのかは、各種令文に規定されている。唐令残存の問題もあるので、日本令でみておこう。

まず、在京諸司が発駅する際には、太政官へ申請し、天皇に奏上する必要があった（公式令48条）。これは太政官による事前審査を通じて駅制利用を制限する規定である。在任国司の死亡・解免にともなう新任国司派遣（選叙令8条）や、死刑確定後に再審する際の検校使派遣（獄令37条）の際に、駅制を利用できることを規定している。また、在外囚人への死刑執行通達の際には、駅制を利用することが禁止されている（獄令6条）。

諸国の発駅については、没落外蕃人の帰国・化外人の帰化に関する報告（戸令16条）、在任中における国司の死亡・解免報告（選叙令8条）、誤って烽を放った際の事後報告（軍防令76条）、大瑞・軍機・災異・疾疫・境外消息の報告（公式令50条）、援軍要請を受けて発兵した際の報告（捕亡令3条）、謀叛以上の罪があった場合などの報告（獄令33条）に利用対象を限定している。これら「急速大事」により諸国で発駅したときは、使者の名前・発時日月・給馬匹数・告事由状を、朝集使が毎年太政官に報告し、太政官の事後審査を受けることになっていた（公式令46条）。

このほか公式令をみると、9・10条で緊急時の情報伝達である飛駅勅と飛駅奏の書式を示している。また、符の書式を示した13条で使者の携行する駅鈴の剋数を記入すること、41条で公文書に記入された駅鈴の剋数の部分に踏印することを規定する。43条では諸国に配備される駅鈴数やその管理を定め、49条では駅使が旅行中に支障が生じた際の対処法を記す。さらに、51条（史料24）で遠国における朝集使の駅馬利用を定め、70条で駅使が機密事項を天皇に奏上する際に人に語ることを禁じている。

公式令以外の令文としては、先述の条文を除けば、雑令25条「凡私行人、五位以上、欲㆓投㆑駅止宿㆒者聴之。若辺遠及無㆓村里㆒之処、初位以上及勲位亦聴之。並不㆑得㆔輙受㆓供給㆒」が特に重要である。そこでは、私用の旅行者であっても、五位以上であれば（辺遠で村里がなければ初位以上・勲位者であっても）、駅に投宿できることを定めている（ただし供給を安易に受けてはならないとする）。これと同趣旨の条文は唐令にもあり（『天聖令校証』唐雑令復原46条）、日唐ともに私用であっても駅に止宿できる場合があったことを示す。

律に目を向けると、職制律では、前述した33・35条のほかに、書を正当な理由なく委託送付した駅使の罪（34条）、書の宛先誤認による稽留罪（36条）、駅馬を増乗した罪（37条）、駅馬を枉道して利用した罪（38条）、駅馬による私物運搬罪（39条）を規定する。

以上のうち、律の内容は日唐間でほぼ共通する。令の大部分も、細部の違いを措けば、ほぼ一致する。これらの規定を通じて、緊急用の交通制度として駅制が機能したのである。

ところが、こうした諸規定のなかにあって、永田氏が異質な規定と評したのが、朝集使の恒常的な駅馬利用を定めた養老公式令51条である。

【史料24】養老公式令51条

凡朝集使、東海道坂東、東山道山東、北陸道神済以北、山陰道出雲以北、山陽道安芸以西、南海道土左等国、及西海道、皆乗二駅馬一。自余各乗二当国馬一。

朝集使は、計帳使（大帳使）・正税帳使・貢調使とあわせて、「四度使」と総称される。四度使は国司から任じられて上京し、国内の行政状況を中央に報告する役目を担った。なかでも朝集使は、その職務の重要性もあり、「諸使之中、尤事重使」と認識され（『令集解』公式令51条穴記）、特別に駅馬の利用が認められたのである。

くわえて永田氏が指摘するように、考課スケジュールとの関係も見落としてはいけない。すなわち日本では、畿内を除く各国では一律に八月三十日までに考文を校定し、十一月一日までに弁官に提出することになっていた（考課令1条）。唐では諸州における考文の校定期限は都からの距離に応じて五段階に設定されたが（『唐六典』巻二吏部考功郎中員外郎）、日本では畿内以外は全国一律の基準を採用しており、遠方国の上京遅延を防止するため、特別に駅馬の利用を認めたと推測されるのである。

当初、四度使のうち駅馬に乗用できたのは、遠方国の朝集使だけであった。しかし、養老四年（七二〇）・同六年の措置を経て、計帳使と正税帳使も乗駅できるようになり、乗駅許可国も大幅に拡大していった[62]。計帳使は課口・不課口の数を記した大帳（計帳目録）を、税帳使は会計決算書の正税帳をそれぞれ持参し、民部省の勘会に応じる義務を負った。帳簿の京進期限は、大帳が八月三十日（戸令18条）、正税帳が二月三十日（『延喜式』民部式下14条）[63]である。永田氏が述べるように、これらの帳簿は提出期限が全国一律となっており、朝集使と同じような理由で、駅馬利用が認められたと考えられる。これに対して、四度使のうち貢調使は最後まで駅馬の利用対象外とされた[64]。これについては、運脚夫と同領入京であったため[65]というよりも、京・畿内からの遠近によって二〜

四ヵ月と段階的に入京期限が定まっていたことが大きいと考えられる。

永田氏が指摘するように、養老公式令51条に相当する唐令は確認されておらず、日本独自に作成された可能性は否定できない。しかし唐において、朝集する時期に区分が設けられていたとはいえ、駅制の利用が認められていなかったとまで断定してよいのか、やや疑問も残る。この点は判断を保留しておきたい。

おわりに

本章では、廐牧令の条文を中心に、日唐駅制について比較検討してみた。駅制が緊急用の交通制度として構想された点では共通するものの、その具体的な運用方法となると、極めて多くの相違点があることが判明した。これまでの考察を踏まえて、相違点について改めて整理し直しておきたい。

①駅制の拠点である駅について、唐では国境地帯の鎮・戍といった軍事施設に置くことも想定されていたが、日本ではそうなっていない。

②唐では都亭駅の七五匹を筆頭に、第一道の六〇匹から第六道の八匹まで、七段階に分けて各駅に駅馬が官給された。日本では、大路（山陽道、大宰府までの西海道）の駅二〇匹、中路（東海道、東山道）の駅一〇匹、小路（その他）の駅五匹の三段階とされ、駅馬数もかなり少なくなっている。

③駅馬は筋骨強壮馬をもって充てることは日唐間で共通する。しかし唐令では、五〜一〇歳の官馬を供給源とすること、条件に適った馬がいない場合、入京予定の調・庸をもとに購入することも規定しているのに対し、日本令では駅稲（大宝令では駅起稲）をもとに購入する規定があるものの、あくまでも駅馬を欠失した際の措

置としてであった。また、唐では焼印制度が発達しており、各種の焼印を通じて駅馬を管理する体制が徹底していたが、日本ではそうなっていなかった。

④日本の駅稲は駅田（大宝令では駅起田）と並ぶ駅の独自財源であった。駅田は不輸租田であり、駅戸の人が耕作にあたった。その穫稲は駅稲に組み込まれ、駅馬の購入、駅使への供給、駅の修造など駅の諸経費に充てられた。日本の駅の運営経費は、基本的に駅田・駅稲で完結した点に特徴がある。一方、唐でも駅馬一匹あたり地四〇畝（駅驢の場合には地二〇畝）という、日本とは異なる基準で駅封田が支給された。しかし租・庸・調が充当されるなど、駅封田だけで自己完結しなかった。

⑤日本では中中戸（大宝令では中戸）から構成される駅戸が駅馬を飼育した。駅戸は駅を本貫地とする集団で、一般公戸とは区別されていた。駅長は駅戸から選出され、国司―駅長―駅戸（駅子）という統括関係のもと、駅の諸業務（駅馬の飼養、駅使の逓送、駅田の耕作、蓑笠の製作など）に従事した。これに対して唐では、駅馬三匹（駅驢の場合には五頭）あたり駅丁一人を給うのが原則であるが、日本とは違って固定化されていなかった。そのため唐では、駅のある州もしくは隣州から駅丁を四番交替で差発する必要があった。駅を管轄する州は、七月三十日までに来年に必要となる駅丁の数を見積もり、中央の駕部と度支のチェックを受けて分配する体制をとったのである。また、唐では駅丁は固定されていなかったため、その課役免除は厩牧令で付随的に規定されるにとどまった。

⑥唐の駅馬の利用証は銅龍伝符ないし紙券であり、銅龍伝符は金属製の割符であった。使者の携行する銅龍符は派遣先で左右勘合され、使者の正当性が確認された。一方、日本の駅馬の利用証は駅鈴に、伝馬の利用証は伝符に、それぞれ改変されている。日本の伝符は唐の銅龍伝符と名前が一部共通するが、駅鈴と同じく割

符ではなかった。こうした利用証の違いに対応して、使者滞在中の取り扱いも異なった。すなわち、唐では使者滞在中の銅龍伝符は所在官司に便納されたが、日本では使者の滞在中も駅鈴や伝符を所持し、帰還後二日以内に返納することになっている。日本では、駅鈴を保持することが権力の所在と正当性を示し、霊力も備わっていると観念されていたため、使者の滞在中も携行したのである。

⑦使用できる駅馬の数は、日本では駅鈴の剋数に応じて決まり、唐よりも多くの駅馬を使用できた。一駅あたりに設置された駅馬数は唐のほうが多く、それとは対照的である。また、唐では緩急に応じて紙券に一日に進むべき駅数が表示されたが、日本の駅鈴では不可能であった。

以上のとおり、日唐間で駅制を実際に運用する方法の違いは極めて大きい。唐の駅制を参照しつつも、独自の構想をもって、日本の駅制は制度設計されたといえよう。運用実態については、第三章で検討を試みる。

註

（1）坂本太郎『上代駅制の研究』（『坂本太郎著作集8　古代の駅と道』吉川弘文館、一九八九年、初出一九二八年）、永田英明『古代駅伝馬制度の研究』（吉川弘文館、二〇〇四年）。

（2）中大輔「北宋天聖令からみる唐の駅伝制」、永田英明「唐日伝馬制小考」（ともに鈴木靖民・荒井秀規編『古代東アジアの道路と交通』勉誠出版、二〇一一年）。

（3）吉田孝a「ヤケについての基礎的考察」（井上光貞博士還暦記念会編『古代史論叢　中』吉川弘文館、一九七八年）、同b「イヘとヤケ」（『律令国家と古代の社会』岩波書店、一九八三年）。

（4）永田英明「古代駅家の成立」（註(1)著書所収、初出一九九九年）。

（5）荒川正晴『ユーラシアの交通・交易と唐帝国』（名古屋大学出版会、二〇一〇年）二四九～二五〇頁など。

（6）館の経営実態を示す貴重な史料に儀鳳二年（六七七）・同三年の北館文書があり、大庭脩「吐魯番出土北館文書」（西域文化研究会編『西域文化研究　第二』法藏館、一九五九年）による先駆的研究、大津透「唐日律令地方財政管見」（『日唐律令制の財政構造』岩波書店、二〇〇六年、初出一九九三年）による本格的研究がある。大津論文二四五頁によると、北館文書とは「北館厨という館の施設が、日々官吏等旅客に供するための柴や醤・菹を購入し、売主名を具してその代価の支給を西州都督府に請求し、西州倉曹では代価支給のため各旬の市估（次估）を市司に問合わせ、市司牒による報告をまって代価を支給する。これら続々と到来する北館厨や市司からの文書を西州都督府倉曹司で順次処理して貼りついでいった、他に類例の少ない長大な案巻」である。

（7）この点は早く坂本太郎註(1)著書六一～六四頁が明快に説いている。渡津の場合、養老雑令13条に「凡要路津済、不レ堪二渉渡一之処、皆置レ船運渡。依二至レ津先後一為レ次。国郡官司検校。及差二人夫一、充二其度子一。二人以上、十人以下。毎二二人一、船各一艘」とあるように、船が置かれたが、水駅とはまったく別に置かれた。また、度子（渡子）についても、人夫を差発して対処することになっており、駅子を充てたわけではなかった。

（8）新野直吉・松原弘宣両氏は、『延喜式』兵部式78～85条に船の設置がみえなくても、本来は水駅であったものが存在するとみている。だが森田悌氏が批判するように、駅が船津と背中合わせになっているにしても、船馬並置の駅ではないかぎり、水駅と称するのは当たらず、国司・郡司が駅とは別系統で船を管理していたとみるべきである。新野直吉「律令時代後期の格式と水駅」（『日本古代地方制度の研究』吉川弘文館、一九七四年）、松原弘宣「水駅について」（『日本古代水上交通史の研究』吉川弘文館、一九八五年、初出一九八三年）、森田悌「水運について」（『日本古代の政治と地方』高科書店、一九八八年、初出一九八五年）三〇五～三〇八頁。

（9）森田悌註(8)論文三〇五～三〇六頁、小口雅史「最上川延喜式内水駅補考」（『弘前大学人文学部文経論叢』二一―三、一九八六年）、中村太一「山国の河川交通」（鈴木靖民・吉村武彦・加藤友康編『古代山国の交通と社会』八木書店、二〇一三年）九三～九九頁、竹田純子「出羽国の水駅」（『考古学ジャーナル』六六五、二〇一五年）など。

（10）永田英明「古代東北の内陸水運」（鈴木靖民・川尻秋生・鐘江宏之編『日本古代の運河と水上交通』八木書店、二〇一五年）

二六五～二七〇頁。

(11) 坂本太郎註(1)著書六四～六五頁、同「水駅考」(註(1)著書所収、初出一九六二年)三八一頁。

(12)『延喜式』兵部式78～85条に記された駅名をみると、「馬津」「渡津」「息津」など「津」を冠したものが多くあり、「曰理」「水門」「河」「川」など関連語句を含んだものも少なくない。また、伝制の拠点となる郡家も、陸上交通はもちろんのこと、水上交通における利便性も考慮した立地となっている場合が多かった。すなわち、陸上交通と水上交通の結節点を選んで、駅や郡家が置かれることが少なくなかったのである。駅伝制度は陸上交通を中心とするが、その背後では水上交通も活発に展開していた点を見落とすべきではない。

(13) 坂本太郎註(1)著書四三頁、大津透註(6)論文二六八頁など。なお、大津論文は、魯才全「唐代前期西州的駅馬駅田駅牆諸問題」(武漢大学歴史系魏晋南北朝隋唐史研究室編『敦煌吐魯番文書初探　二編』武漢大学出版社、一九九〇年)を参照して、駅封田では牧草だけではなく糧料となる作物も作っていたらしいとする。

(14) 青山定雄『唐宋時代の交通と地誌地図の研究』(吉川弘文館、一九六三年)一〇六頁。

(15) 大津透註(6)論文二六二～二六三・二六八～二七〇頁。

(16) 薗田香融「出挙」(『日本古代財政史の研究』塙書房、一九八一年、初出一九六〇年)五七頁など。

(17) 永田英明「駅伝馬制管理行政の変質」(註(1)著書所収、初出一九九七年)二四八～二五〇頁。

(18) 坂本太郎註(1)著書四二～四三頁、大山誠一「古代駅制の構造とその変遷」(『史学雑誌』八五―四、一九七六年)一七頁など。

(19) 早川庄八「公廨稲制度の成立」(『日本古代の財政制度』名著刊行会、二〇〇〇年、初出一九六〇年)四～六頁など。

(20) 大津透註(6)論文二七二～二七七頁。

(21) 宋家鈺「唐《厩牧令》駅伝条文的復原及与日本《令》、《式》的比較」(『唐研究』一四、二〇〇八年)一六九頁。なお、宋家鈺氏は『天聖令校証』で厩牧令を担当した際には、史料7の「第一道」から「第六道」までの「道」字を、『唐六典』の記載を根拠に「等」字に改めていた。その後、本論文では「道」字のままでよいとし、「第一道」は「第一等道」を意味するとした。

(22) 大路＝山陽道とする説もあるが、『令集解』に「謂、山陽道。其大宰以去、即為二小路一也。釈及古記並无レ別也」とあるように、大宰府までの西海道を含むことは明らかである。この問題は、森哲也「古代における大路の意義について」（『続日本紀研究』二九二、一九九四年）に詳しい。

(23) 山口英男「八・九世紀の牧について」（『史学雑誌』九五―一、一九八六年）三六〜三七頁。なお、松本政春「延暦十一年の伝馬廃止政策と辺要」（『続日本紀研究』三八九、二〇一〇年）二二頁も、軍団の官馬飼養調習機能に注意を促す。

(24) 坂本太郎註(1)著書三六〜三七頁は、養老厩牧令16条に虚心に臨めば、「皆用二官馬一」の「皆」は「伝馬毎レ郡各五」の「皆」にかかるにすぎず、『令集解』の諸説が駅馬・伝馬の二つにかかる「皆」とするのは不自然だとし、立法者の精神は決してそこにないとする。これを傍証するために、古記の二ヵ所の記載に目を向け、次のように述べる。

①厩牧令16条の古記には「問、伝馬皆用二官馬一、未レ知、何処在馬。答、牧馬堪二乗用一、付二軍団一令レ養。是除レ充二伝馬一以外、名為二兵馬一」とあり、駅馬に関しては何ら言及されていない。

②職員令25条の古記には「問、駅馬此又兵馬以不。答、不レ合。問、不レ在二兵馬一者、若為此司所レ掌。答、兵部摂故、兼令二勘校一耳」とあり、駅馬と官馬、もしくは兵馬との関係なきを定めた大宝令の精神は、これをもって明らかである。

まず①に関して、古記の注釈は続けて「其小路国有二官馬一者、用二官馬一充。若无者、以二駅稲一買充也」と注釈している点に注意する必要がある。このうち「若无者、以二駅稲一買充也」は、官馬を駅馬に充てることを前提とした注釈とみられる。したがって、その直前の「其小路国有二官馬一者、用二官馬一充」は、駅馬に官馬を用いることを述べていると考えられる。

つぎに②について、大宝官員令では兵馬司の職掌は「牧及兵馬・駅馬・公私馬牛事」と規定されていた（砂川和義・中澤巷一・成瀬高明・林紀昭「大宝令復原研究の現段階㈠」『法制史研究』三〇、一九八〇年、一七三頁）。古記は、大宝官員令で「兵馬」と「駅馬」が併記されている点を問題にし、その別を説いたものとみられる。駅馬を兵馬（官馬）から充当した場合であっても、充当後の駅馬が兵馬でないことは改めていうまでもない。筆者も坂本氏が説くように、養老厩牧令16条の「皆用二官馬一」の「皆」は伝馬にかかるとみる。しかし、『令集解』諸説が駅馬を官馬から充当すると注釈した点をより重視する。

(25) 武井紀子a「律令と古代財政史研究」（大津透編『律令制研究入門』名著刊行会、二〇一一年）一一三〜一一八頁、同b「古代日本における贓贖物の特徴」（『東方学』一二五、二〇一三年）四一〜四五・四七頁。

(26) このことは、「皆取二筋骨強壮者一充」と「若馬有二闕失一者、即以二駅稲一市替」の間に、「毎レ馬各令二中中戸養飼一」の一文が挿入されている点からも明らかである。なお、岡田登「伝馬の補充原則と更新率について」（『皇學館論叢』一三―三、一九七〇年）三〇頁が指摘するように、本条および次に取り上げる養老厩牧令20条では、馬の資格は「充」「用」の字を用い、補充（更新）は「替」の字を用いる、という明瞭な使い分けが認められる。

(27) 国別の駅馬直法を規定した『延喜式』主税式上109条によると、駅馬は伝馬よりも五〇束ずつ高く設定されており、筋骨強壮馬の購入に努めた様子が窺える。

(28) 『令集解』厩牧令13条古記に「皆付二軍団一、謂、此名二兵馬一。今行事、毎レ年簡試進上、不レ留二於団一也」とあり、『続日本紀』天平四年（七三二）八月壬辰条に「勅、東海・東山二道及山陰道等国兵器・牛馬、並不レ得レ売二与他処一。一切禁断、勿レ令レ出レ界。其常進レ公牧繋飼牛馬者、不レ在二禁限一」とあるように、官馬は中央へ進上するのが一般的で、駅馬・伝馬に充当されることはあまりなかったようである。『延喜式』兵部式87条に「凡諸国駅伝馬、皆買下百姓馬堪二騎用一者上置之。不レ得レ買二用国司私馬一」とあるように、購入した百姓馬を駅馬・伝馬に充てるのが一般的であったと考えられる。このことは、『延喜式』主税式上109条に国別の駅馬・伝馬の直法が記されている点、同主税式下1条の正税帳書式に買立駅馬・伝馬の項目がある点、天平期の正税帳に伝馬の購入が記録されている点などからも窺われる。ただし、『延喜式』左右馬式1条によれば、甲斐・武蔵・上野の三ヵ国では御牧馬の一部を駅馬・伝馬に充て、同兵部式72条によれば、肥後国二重牧馬が当国・他国（大宰府管内であろう）の駅馬・伝馬に充てたように、百姓馬からの購入がすべてではなかった。しかし主流は明らかに百姓馬の購入にある。

(29) 日本でも「官字印」以外に私印が広まり（『類聚三代格』延暦十五年二月二十五日太政官符など）、平安時代には勅旨牧（御牧）ごとに焼印が設けられるようになる（『新撰年中行事』八月など）。だが日本令の制定当初、公的には「官字印」だけしか受容しなかった。高島英之「古代の焼印」（『古代出土文字資料の研究』東京堂出版、二〇〇〇年、初出一九九二年）、佐藤健太郎「駒牽の貢上数と焼印に関する一考察」（『日本古代の牧と馬政官司』塙書房、二〇一六年、初出二〇〇五年）など参照。

(30) 羅豊「規矩或率意而為?」（『唐研究』一六、二〇一〇年）、ファム・レ・フイ「古代国家の公私馬管理について」（ハノイ国家大学附属人文社会科学大学東洋学部日本学科・ファム・ハイ・リン編『日本研究論文集　法制と社会』世界出版社（ハノイ）、二〇一一年）、古怡青「従《天聖・厩牧令》看唐宋監牧制度中畜牧業経営管理的変遷」（台師大歴史系・中国法制史学会・唐律研読会編『新史料・新観点・新視角《天聖令論集》上』元照出版公司、二〇一一年）、林美希「唐前半期の厩馬と馬印」（『東方学』一二七、二〇一四年）などを適宜参照した。なお、唐の監牧制については、山下将司「唐の監牧制と中国在住ソグド人の牧馬」（『東洋史研究』六六―四、二〇〇八年）も参照。

(31) 黄正建「天聖令における律令格式勅」（大津透編『日唐律令比較研究の新段階』山川出版社、二〇〇八年）。

(32) 大高広和「大宝律令の制定と「蕃」「夷」」（『史学雑誌』一二二―一二、二〇一三年）註(50)も、北方や西方で陸続きに接する異民族の侵入に悩まされ続けた中国王朝の法規としてふさわしい印象をもつと述べる。

(33) 永田英明「駅伝馬制経営の基本構造」（註(1)著書所収、初出一九九三年）二〇〇～二〇七頁、坂本太郎註(1)著書五四～五五頁。

(34) 大山誠一註(18)論文二～九頁、同「令制の駅戸数について」（『日本古代の外交と地方行政』吉川弘文館、一九九九年、初出一九九五年）が詳しい検討をおこなう。

(35) 永田英明氏は、八世紀末から九世紀にかけて史料上に確認できる各駅の駅子数は、国家によって設定された法定数とする森田悌氏の見解も踏まえ、一戸あたりの標準丁数を媒介として、駅戸全体の規模が「戸数」と「丁数」の双方で法定化されていたのが、実際のところではなかろうかと述べる。永田英明註(33)論文二〇五～二〇七頁、森田悌ａ「古代駅制の考察」（『解体期律令政治社会史の研究』国書刊行会、一九八二年、初出一九七三年）、同ｂ「駅戸・駅子の員数」（『日本古代の駅伝と交通』岩田書院、二〇〇〇年、初出一九九五年）など。

(36) 永田英明註(33)論文二〇八～二一六頁。永田論文が指摘するように、駅戸の口分田は駅家近辺で班給され、駅子が逃亡した場合には、本貫地側の国司が隣国に告知して積極的に捜索・連れ戻しをおこなっていた。

(37) 永田英明註(33)論文二一五～二一六頁。

(38) 大日方克己「律令国家の交通制度の構造」（『日本史研究』二六九、一九八五年）二四頁。なお、大日方論文二四～二六頁は、承和年間（八三四～八四八）以降、美濃国坂本駅で顕著なように、駅子の差点が駅戸から郡内全般の一般公戸へ転換しつつあったことも踏まえ、「郡は郡自体の逓送供給の交通機能とともに、駅のそれをも包摂することになるのである」と評価した。これについては、馬場基「駅と伝と伝馬の構造」（『史学雑誌』一〇五―三、一九九六年）八七頁が述べるように、「郡司はあくまでも国の下請けあるいは分身として駅制に関与していた」とみるほうがよかろう。なお、永田英明註(33)論文二二八～二三一頁が指摘するように、延暦元年（七八二）の不法乗用禁制に関する専当国司制（『類聚三代格』同年十一月三日太政官符）を補完するものとして、承和五年（八三八）太政官符が出されたと考えられる。

(39) ただし、彌永貞三・大山誠一両氏は、駅子は徭役を免除されている以上、駅戸は駅田を耕作する義務はなかったと疑問を呈す。彌永貞三「律令制的土地所有」（『日本古代社会経済史研究』岩波書店、一九八〇年、初出一九六二年）一〇一頁、大山誠一註(18)論文一六～一八頁。

(40) トルファン出土の開耀二年（六八二）の寧戎駅長康才芸請追勘違番不到駅丁牒および寧戎駅長康才芸請処分駅丁牒によると、駅丁は西州高昌県の各郷から徴発され、三番をなして駅に上番していた。令文のように四番交替になっていない点について、西州の特殊性なのか、時期的な問題なのか詳細は不明である。大津透註(6)論文二六五～二六六頁など参照。

(41) 一般に唐の課役は租・庸・調を基本とし、場合によって雑徭も含まれると理解されている。天聖厩牧令唐34条の課役の場合、令文中に租・庸・調は登場するが、雑徭のことは特に問題にされておらず、雑徭は含まないであろう。

(42) 天聖厩牧令宋15条にも「諸駅受二糧稾一之日、州県官司預料二随近孤貧下戸一、各定二輸日一、県官一人、就レ駅監受。其稾、若有下茭草可二以供飼一之処上、不レ須レ納レ稾、随二其郷便一」とある。具体的な唐令の復原条文は不明であるが、州県官司が駅の財政に関与することはあったとみてよかろう。

(43) 宋家鈺註(21)論文一六二～一六七頁。本書第二章で史料18として掲載する。

(44) 青山定雄註(14)著書一六一～二一一頁、曾我部静雄『宋代政経史の研究』（吉川弘文館、一九七四年）三二四～三六四頁など。

(45) 中大輔註(2)論文一一二～一一三頁。

(46) 布目潮風「唐代符制考」（『布目潮風中国史論集　上　漢代史篇　唐代史篇一』汲古書院、二〇〇三年、初出一九六二年）二七二～二七三頁。

(47)『唐六典』巻八門下省符宝郎では、太子監国の伝符として「双龍之符」が付け加わり、また西方の伝符を「白虎」ではなく「騶虞之符」とするなど、『唐律疏議』賊盗律27条とは若干内容を異にする。このうち「白虎」に関しては、「虎」が唐朝の廟諱であることから、『唐律疏議』も本来「騶虞」とあったものが後世「白虎」に改められたと推定されている。仁井田陞・牧野巽「故唐律疏議製作年代考」(『東方学報(東京)』一、一九三一年)(上)一〇四頁。

(48)布目潮渢註(46)論文二七二～二七三頁、荒川正晴註(5)著書一六六～一七四頁など。なお、青山定雄註(14)著書五九頁は、伝符から紙券への移行を想定している。唐代に伝符がまったく使用されなかったと断定できないが、紙券が一般的であったことはほぼ確実である。

(49)史料22の当該部は、次の『唐律疏議』職制律37条に依拠した復原条文である。

疏議曰、依二公式令一、給レ駅、職事三品以上若王四疋、四品及国公以上三疋、五品及爵三品以上二疋、散官・前官、各遞二減職事官一疋一。余官爵及無品人、各一疋。(後略)

一方、『新唐書』巻四十六百官志一駕部郎中員外郎ならびに『資治通鑑』垂拱二年(六八六)三月胡三省注所引「唐制」には、次のようにある(後者は最後の部分を「六品已下有レ差」とする)。

凡給レ馬者、一品八匹、二品六匹、三品五匹、四品・五品四匹、六品三匹、七品以下二匹。給二伝乗一者、一品十馬、二品九馬、三品八馬、四品・五品四馬、六品・七品二馬、八品・九品一馬。三品以上勅召者給二四馬一、五品三馬、六品以下有レ差。

従来、前半部の「給レ馬」以下が駅馬の支給数を、後半部の「給二伝乗一」以下が伝送馬の支給数を定めたものと理解されてきた。この場合、『唐律疏議』との間に数値の違いが生じるが、青山定雄氏は時期差の可能性があるとした。これに対して宋家鈺氏は、『新唐書』などの「給レ馬」は、『唐律疏議』雑律20条の「応レ給二伝送一、依二厩牧令一、官爵一品、給二馬八疋一、嗣王・郡王及二品以上、給二馬六疋一、三品以下、各有二等差一」と対応することから、こちらが伝送馬の支給規定であったとする。「給二伝乗一」は伝馬および車乗の支給を定めたもので、伝送馬の支給規定と混淆すべきではないとする。また、「勅召」は駅馬の支給を定めたものとみる。以上の宋説について、「給二伝乗一」と「勅召」の解釈については検討の余地が残されているかもしれないが、ひとまず宋説に従いたい。青山定雄註(14)著書一〇九～一一〇頁、宋家鈺註(21)論文一六二～一六七頁。

(50) 坂本太郎註(1)著書七六～七九頁。

(51) 森哲也「律令制下の情報伝達について」(『日本歴史』五七一、一九九五年)、永田英明「馳駅制度と文書伝達」(註(1)著書所収、初出一九九七年)。

(52) 永田英明註(51)論文一四五頁。なお、榎本淳一氏は、飛駅下式・上式を定めた養老公式令9・10条に対する『令集解』の諸説のうち、大宝令の注釈書である古記がまったくみえないことから、大宝令文にはなかった可能性を指摘している。しかし、永田論文が批判を加えているように、この見解は成立しがたい。かつて柳雄太郎氏が指摘したように、大宝令において養老令とほぼ同様の飛駅規定が存在したとみてよい。榎本淳一「養老律令試論」(笹山晴生先生還暦記念会編『日本律令制論集　上』吉川弘文館、一九九三年)註(42)、柳雄太郎a「公式令飛駅式と勅符式について」(『日本歴史』二八三、一九七一年)、同b「勅符式と飛駅式」(『律令制と正倉院の研究』吉川弘文館、二〇一五年、初出二〇一二年)。

(53) 永田英明「駅制運用の展開と変質」(註(1)著書所収、初出一九九六年)九〇～九一頁。

(54) 瀧川政次郎「駅鈴伝符考」(地方史研究所編『出雲隠岐』平凡社、一九六三年)、福田和憲「古代の駅鈴について」(『明治大学大学院紀要』九―四、一九七一年)、大日方克己註(38)論文二一頁、馬場基「駅制の基本的性格と成立について」(『古代交通研究』七、一九九七年)二六～二九頁など。

(55) 平城宮跡(奈良市)東方官衙地区の巨大土坑SK一九一八九から、「鈴守」と書いた後、十二支による時刻と人名を記した木簡が出土している(城39-16号)。共伴木簡には、宝亀年間(七七〇～七八一)初頭頃の衛府の活動に関わる木簡が多数含まれており、本木簡もそのひとつと考えられる。「鈴」は駅鈴を指す。書かれている時刻は、戌刻(午後七時～九時)から寅刻(午前三時～五時)までで、晩から早朝にかけてである。人名は衛府の兵士で、二時間交替で駅鈴を厳重に守ったことを示す。

(56) 奈良時代における駅鈴・内印の保管・運用をめぐっては、その権限が天皇にあるのか、さらに太政天皇や皇后にもあるのか、議論がある。これに連動して、天皇行幸の際の取り扱いについても諸説ある。主な研究史については、加藤麻子「鈴印の保管・運用と皇権」(『史林』八四―六、二〇〇一年)、木本好信「孝謙太上天皇・淳仁天皇の帝権分離について」(『奈良時代の政

争と皇位継承』吉川弘文館、二〇一二年、初出二〇〇五年）六四〜六八頁など参照。

（57）永田英明註（53）論文九三〜九五頁。

（58）青木和夫ａ「駅制雑考」（『日本律令国家論攷』岩波書店、一九九二年、初出一九七二年）一二七〜一三三頁。なお、同ｂ「古代の交通」（同上書所収、初出一九七〇年）三〇五〜三〇六頁も参照した。

（59）永田英明註（53）論文八六〜九一頁。以下、本項における永田氏の見解は本論文による。

（60）このよく知られた四度使のほかに、出挙使・検田使・計帳使・収納使といった部内巡行使を指す用例もあった。奈良時代、朝集使・計帳使・正税帳使・貢調使の総称としての四度使が成立していたことを示す確実な史料はないが、便宜的に用いる。東野治之「『口遊』の四度使」（『史料学探訪』岩波書店、二〇一五年、初出一九九五年）参照。

（61）朝集使は、国司・郡司の勤務評定を記した考文を持参して（考課令1条）、考文の校定時に口頭で答弁・説明し（同2・61条）、計会帳を持参して対勘時に出頭する義務を負った（公式令21条）。このほか僧尼死亡帳（僧尼令20条）、兵士歴名簿（軍防令14条）、国郡器仗帳（同42条）、防人営種苗子帳（同62条）、官私船帳（営繕令14条）、馳駅帳（公式令46条）、駒犢帳（厩牧令10条）、官私馬牛帳（同25条）、囚人獄死帳（獄令34条）、盗囚帳（同47条）などを提出し、その記載内容に不審な点があれば、朝集使が答弁・説明したと考えられる。また、朝集使は上京時に貢人（国学からの推挙者）を連れ（考課令75条）、大宝令段階には金・銀・珠などの貴重品や珍奇な品々などを貢献する役目もあった（賦役令35条）。朝集使は太政官の公卿に直申するだけでなく、天皇に直接奏上することもあった（『類聚三代格』貞観十年六月二十八日太政官符）。なお、在京中の朝集使に対して、天皇が口頭で詔を発する機会もしばしばあり（『続日本紀』和銅五年五月乙酉条、同霊亀元年五月辛巳朔条、同天平五年四月辛丑条、同七年閏十一月壬寅条など）、都と諸国をつなぐ存在として重要な役割を果たした。さらに朝集使は中央の儀式に参加することもあった。坂本太郎「朝集使考」（『坂本太郎著作集7　律令制度』吉川弘文館、一九八九年、初出一九三一年）、川尻秋生「口頭と文書伝達」（平川南他編『文字と古代日本2　文字による交流』吉川弘文館、二〇〇五年）など参照。

（62）関係史料は、(a)『続日本紀』養老四年（七二〇）九月辛未条、(b)同六年八月丁卯条、(c)『類聚三代格』養老六年八月二十九日太政官符、(d)『令集解』公式令51条令釈所引養老六年格、(e)同選叙令8条所引養老六年八月廿九日格である。このうち(b)〜

(e)は養老六年制で、伊賀・近江・丹波・紀伊以外の畿外諸国に乗駅を認めるという内容である。(c)は紀伊国を対象外としないが、大同二年（八〇七）に紀伊国も乗駅対象国とされた（『類聚三代格』同年九月十六日太政官符）ことを受けたもので、『弘仁格』の編纂方針に関わる（吉田孝「墾田永年私財法の基礎的研究」註(3)著書所収、二四五～二四六頁）。

養老六年制で新たに乗駅の認められた国を、公式令51条で乗駅の認められなかった国と比較すると、養老六年制では駿河・伊豆・甲斐・信濃・越中・能登・伯耆・備後・伊予の九ヵ国が抜け落ちている。永田英明・荒井秀規両氏が指摘するように、養老四年の(a)「諸国申レ官公文、始乗レ駅言上」という措置を受けて、これらの九ヵ国が新たに乗駅を認められた可能性が高い。問題は、養老四年段階において、朝集使に加えて計帳使と正税帳使も対象になったとみるか、あくまでも朝集使のみに限定されていたとみるかである。永田氏は前者、荒井氏は後者の見方をとる。荒井氏は、『続日本紀』の「始」は大宝令の改正を示すことがあるという指摘（西本昌弘「近年における畿内制研究の動向」『日本古代儀礼成立史の研究』塙書房、一九九七年、一〇三～一〇四頁）を踏まえ、(a)の記事は大宝公式令51条を改正して朝集使の乗駅上京を拡大したものと位置づける。また、養老四年制の施行時期は九月二十二日である点に着目し、十一月一日を入京期限とする朝集使が対象としてふさわしいとする。永田英明註(53)論文一〇一～一〇三頁、荒井秀規「公式令朝集使条と諸国遠近制」（鈴木靖民編『日本古代の地域社会と周縁』吉川弘文館、二〇一二年）八〇～八二頁。

(63)本庄総子「税帳と税帳使」（『日本研究』五一、二〇一五年）によると、税帳制度の開始は大宝二年（七〇二）の大租数文進上命令（『続日本紀』同年二月丙辰条）に求められ、天平六年（七三四）の官稲混合を境に、税帳の年度内進上期限が廃止され、翌年二月末に統一されたと考えられるという。

(64)『類聚三代格』大同二年（八〇七）九月十六日太政官符において、紀伊国の「三度使」（「正税帳・大帳・朝集帳等使」）を想定して駅馬の乗用を認めていること、『延喜式』雑式45条に「凡国司不レ乗二駅伝馬一。但正税・大帳・朝集等使、乗二駅馬一。国司新向レ国、乗二伝馬一」とあることなどから、貢調使が駅馬の利用対象外であったことがわかる。

(65)北條秀樹「文書行政より見たる国司受領化」（『日本古代国家の地方支配』吉川弘文館、二〇〇〇年、初出一九七五年）註(24)など。

第二章　日本古代伝制の法的特徴――日唐令文の比較を中心に――

はじめに

日本古代伝制は駅制の影に長らく隠れ、その独自の存在意義について検討される機会に乏しかったが、一九八〇年代頃から本格的な検討が始まった。特に大日方克己氏と永田英明氏の研究は重要である。まず、大日方氏は、郡には広範な逓送・供給機能が備わっており、伝制はそれを前提に運営されたことを明らかにした。また、律令制当初の段階では、駅家経営には郡司が直接関わっていない点を指摘し、駅制と伝制は相対的に独立した交通制度であったと主張した。さらに、逓送・供給を受ける者は郡からみて外来者であるため、供給は政治的従属・奉仕をも象徴する行為として捉えられるとし、その歴史的前提として、ミコトモチが国造間を巡行する際に、食料や交通手段の提供を受け逓送されることがあったとみた(1)。つぎに永田氏は、緊急情報の伝達を第一義とする駅制とは異なり、伝制は使者を迎送するための制度であったと指摘する。しかも伝馬を利用する使者とは、利用証である伝符の保管場所が中央のみに限定されることから、中央から派遣された使者であるとした(2)。

その後、多くの研究が出され、①律令国家成立以前からの交通体系を郡に集約させる形で制度化された、②律令制の成立とともに新たに編成された駅制とは区別される、といった共通認識は形成されたが、その土台となる基本的事項（伝馬利用者の範囲、伝馬の利用証、逓送・供給の場など）はあまり見解の一致をみていない。

こうしたなか、天聖令が発見され、伝制の根幹について規定する唐廐牧令のほぼ全容が明らかになった意義は極めて大きい。天聖廐牧令が公表された直後、筆者は新たに判明した唐廐牧令との比較という観点から、日本の伝制の法的特徴について探り、それを踏まえて運用実態を考えたことがある[3]。しかし、その後の中大輔・永田英明両氏の研究[4]を受けて、いくつか考え直すべき点が出てきた。そこで本章では、改めて日唐廐牧令の伝制関係条文を比較検討してみたい。

なお、以下に掲げる史料をみれば一目瞭然なように、日本の伝制では伝馬が使用されるが、唐では伝送馬・驢が基本であった。日本には驢が生息しなかったので、伝送驢を設置できなかったことは了解できるが、なぜ「伝送馬」をあえて「伝馬」に改めたのかは大きな問題である。後述するように、唐では荷物輸送の場面で使用される機会が比較的多かったのに対して、日本ではそうした形跡は乏しい。こうした日唐間における利用方法の違いが、名称の違いをもたらした可能性があるかもしれない。この点はなお検討を要するが、ともあれ日本の場合には伝制、唐の場合には伝送制と区別して呼ぶことにしたい。

第一節　伝の規定

1　伝の設置規定

まず、伝の設置規定からみていこう。次の令文にあるとおり、日本の伝馬は五匹ずつ設置された。

【史料1】養老廐牧令16条

凡諸道置二駅馬一、大路廿疋、中路十疋、小路五疋。使稀之処、国司量置。不二必須一レ足。皆取二筋骨強壮者一充。毎レ馬各令二中中戸養飼一。若馬有二闕失一者、即以二駅稲一市替。其伝馬毎レ郡各五。皆用二官馬一。若無者、以二当処官物一市充。通取二家富兼丁者一付之、令三養以供二迎送一。

「其伝馬毎レ郡各五」について、全郡設置なのか、駅路沿いの郡のみの設置なのか、これまで議論があった。現在、天平期正税帳の不用伝馬・死馬皮の処分記載から知られる伝馬の設置状況や、天平八年度（七三六）以前伊勢国計会帳の「伝食帳十三巻」[5]の「十三」という数字が伊勢国の総郡数に一致することなどから、全郡説が優位であり、[6]筆者もそれを支持している。これに対して永田英明氏は、およそ次のように述べ、あくまでも駅路沿い（支路を含む）の郡に伝馬は設置されたと主張する。[7]

①伝馬の全郡設置説は、国司の部内巡行など「国内用」の交通制度として、伝馬が設置されたという見方と一体的に提示されたものである。しかし、伝馬は国司の部内巡行用の交通制度ではない。伝馬の利用証である伝符の設置場所からみて、「中央政府用」の交通制度として理解するべきである。

②『令集解』厩牧令16条の諸説をみると、伝馬の配置は条文冒頭の「諸道」を念頭に置いて注釈されている。「釈云、小路使稀之処、不二必須一レ足也。古記无レ別也」にみるように、伝馬は「諸道」すなわち駅路に置かれるものであって、必ずしも全郡に置かれるものではなかった。

③伊勢国計会帳の「伝食」という語は別の史料にも使われているが、あくまでも「食」を指す言葉であり、伝食を支給される人間が必ず伝馬を利用すると考える必要はない。「伝」の語と「伝馬」とは一応切り離して考えるべきである。

④天平期正税帳から知られる伝馬の設置郡は、そのほとんどは駅路（支路含む）沿いの郡であり、全郡設置説

を積極的に立証するものではない。

⑤天聖厩牧令唐21条（史料2）・同27条（史料10）にみるように、唐の伝送馬は「有二要路一之処」に選択的に置かれるものであった。もし日本令の設置原則を全郡設置とみるならば、日本律令の独創ということになるが、唐令の原則を変更して全郡設置とする日本独自の事情をどれほど想定し得るのか、甚だ疑問である。

まず、①は永田氏の指摘どおりである。従来の見解では、伝制は国司の部内巡行用の交通制度であると誤って捉え、その結果として、全郡に伝馬が設置される必要があると考えてきた。永田氏がそれを正した意義は極めて大きい。筆者も別に、令制下の伝馬が国司の部内巡行用の交通制度ではないことを、永田氏とは少し違った視点から論じたことがある[8]。しかし、中央から派遣された使者（朝使）のなかには、目的国に到着した上で、さらに郡部まで入るケースも想定できる[9]。こうした朝使の到来に備えるためにも、全郡に伝馬が設置されたとしてもおかしくない。また、永田氏が伝符の配備場所が基本的に内裏であったことを明らかにした意義も大きいが、後述するように、伝制は伝符を所持しなくても利用できる場合があった点にも目を向けなければならない。

つぎに②について。古記・令釈にみえる「小路」は、養老厩牧令16条（史料1）の冒頭で駅馬を置く駅路として大路・中路とともにあがる小路を指すことを理由に、永田氏は伝馬も駅路に置くのが原則とみているようである。しかし、古記・令釈のいう「小路」が単なる一般名詞として使用された可能性も完全に否定できない。また、永田氏の取り上げなかった跡記は「伝馬无レ使之道者置耳」と注釈しており、門井直哉氏が指摘するように、伝馬が駅路の通らない郡にも設置されていたように読み取れる[10]。

③の「伝食」はさまざまな考え方ができるが、伝制に関わる可能性も依然として残る。また、「伝」と「伝馬」を一応切り離して考えるという見方は、馬場基説に依拠したものと思われる。馬場氏によれば日本の駅伝制度は、

律令国家に直属する「駅制」と、律令国家から一定の自立性をもった「郡の交通機能」すなわち「伝（伝制）」が並立したものであり、「伝馬制」は「伝制」の一部を律令国家が掌握した部分であるという。[11] しかし門井氏も指摘するように、郡の広範な交通機能を指して漠然と「伝」と称する例はない。以下いくつかの観点からみていくように、伝制＝伝馬制と考えて差し支えないと考える。

④については、たとえば越前国大野郡のように、駅路の通らなかった郡を例外として切り捨ててよいのか、やや疑問が残る。⑤についても、以下に明らかにするとおり、日本の伝馬は唐の伝送馬と相違点が極めて多い。もし両者の設置原理が異なるものであれば、⑤は何ら根拠にはならない。

このように日本の伝馬は全郡設置が原則であったと考えるが、唐の伝送馬の設置状況はどうであったのか。

【史料2】天聖廐牧令唐21条

諸州有二要路一之処、応レ置二駅及伝送馬・驢一、皆取二官馬・驢五歳以上、十歳以下、筋骨強壮者一充。如無、以二当州応レ入レ京財物一市充。不レ充、申二所司一市給。其伝送馬・驢主、於二白丁・雑色邑士・駕士等色。丁内一取二家富兼丁者一、付之令レ養、以供二遞送一。若無二付者一、而中男豊有者、亦得二兼取一。傍折二一丁課役一資之、以供二養飼一。

これとよく似た書き出しをもつ条文に、天聖廐牧令唐27条（史料10）の「諸当レ路州県置二伝馬一処」がある。ともに、唐では要路のある州県に限定して伝が設置されたことを窺わせる条文である。「諸州」「州県」とあるが、荒川正晴氏は総章二年（六六九）沙州敦煌県伝馬坊牒などの実例から、伝送馬の設置場所は県の伝馬坊が基本であったとみている。[12] 県は日本の郡に対応するため、たしかに県の伝馬坊は伝の設置場所としてふさわしい。なお、史料2の内容は第二節で改めて考えたい。

2　利用者への供給規定

伝の設置場所を考えるにあたっては、利用者への供給を定めた条文をみるのも有効である。

【史料3】養老厩牧令22条

凡官人乗二伝馬一出レ使者、所レ至之処、皆用二官物一、准レ位供給。其駅使者、毎二三駅一給。若山険闊遠之処、毎レ駅供之。

前半部で伝制について、後半部で駅制について規定する。駅制の規定と比較して、「伝使」とせずに「官人乗二伝馬一出レ使」という少し持って回った言い方をすること、供給場所も「駅」のように具体的ではなく、「所レ至之処」という抽象的な表現をとることが気になる。これらの理由は従来判然としなかったが、天聖令の発見によって、次の唐令条文に依拠した結果であることが判明した。

【史料4】天聖厩牧令唐26条

諸官人乗二伝送馬・驢及官馬一出レ使者、所レ至之処、皆用二正倉一、準レ品供給。無二正倉一者、以二官物一充。又無二官物一者、以二公廨一充。其在レ路、即於二道次駅一供。無レ駅之処、亦於二道次州県一供給。其於レ駅供給者、年終州司総勘、以二正租草一塡之。

これは伝送馬・驢および官馬を利用した官人への供給を定める。日本令と違って、駅使への供給については規定していない。その一方で、官馬の利用が想定されている。第一章でみたように、官馬とは、地方の監牧で生産・管理された公的な馬のことで、折衝府の兵士や一般百姓らが飼養した馬をも指す。後述するように、伝送馬は折衝府の官馬と一体的に運用することを定めた条文が複数あり、史料4の官馬もその主体は折衝府の官馬であった可能性が高い。この点は措くとしても、史料4で官馬があがっているのは、唐の伝送馬・驢が要路のある州県にのみ置かれたことと関係しよう。すなわち、要路のない州県では官馬を伝送馬の代用にしたと考えられる。

このように唐では、伝送馬・驢以外に官馬の使用も想定されており、「伝送使」（この語は史料10にみえる）と簡潔に表現できなかったことがわかる。これに対して日本令では、伝馬の利用だけが想定されているので、後半部の「駅使」に対応させて、「伝使」と表現してもよかったはずである。しかし、藍本とした唐令に引きずられ、「官人乗二伝馬一出レ使」と表現してしまった。日本の伝馬制は伝制の一部にすぎないとみる馬場基氏は、伝と伝馬とは一対一関係が成立しないことを示す論拠のひとつに、「伝使」ではなく「官人乗二伝馬一出レ使」となっている点をあげたが、[13] もはや論拠とすることはできない。

史料4でもうひとつ注目されるのは、供給地点の表現方法である。前半部では「所レ至之処」という抽象的な表現をとっている。しかし後半部では、「在レ路」という状況下において、「道次駅」（道筋の駅）[14] もしくは「道次州県」が供給地点になると明記している。対する日本令では、「在レ路」の規定は削除されている。おそらくその理由は、日本では一伝の担う逓送距離（隣接する郡までの距離）が概して短いため、一部の長大な郡や交通の難所を抱えた郡を除いて、伝馬の設置場所（伝馬の乗り継ぎの場となる）以外に供給地点を特に設ける必要がなかったからであろう。[15] しかし、広大な領域を誇る唐の場合、一伝の担う逓送距離（隣接する県までの距離）は日本に比べて長く、伝の設置場所以外にも多数の供給地点が必要となる。こうした逓送距離の長さの違いが、「在レ路」規定の有無となって表れたと考えられる。

このように唐の場合、さまざまな供給地点が必要であったため、それらを総括的に示そうとすれば、「所レ至之処」という漠然とした表現をとらざるを得なかったのも頷ける。他方、日本では供給地点は原則として伝の設置場所に等しいので、より具体的に表現することも可能であった。ところが、唐令の「所㆑至之処」という漠然とした表現をそのまま引き継いでしまったのである。したがって「所㆑至之処」という表現から、日唐ともに伝の設置場所を直接知ることはできない。『令集解』厩牧令22条をみても、「所㆑至処、謂、至㆓馬替之処㆒也」（古記）、「所㆑至之処、毎㆑郡供之也」（令釈背或云）といった注釈があるだけで、具体性に乏しい。この問題は第四章で改めて検討したいが、日本では郡家を基本としつつも、幾分かの多様性があったのが実状とみられる。

さて史料4では、使者への供給財源として、「正倉」「官物」「公廨」の三種類が示され、「正倉」を筆頭に優先順位が付けられている。武井紀子氏によれば、「正倉」は外配されずに当州に留められた正租を、「官物」は主として調・庸を、「公廨」は州県の官司財源をそれぞれ指す[16]。武井氏が指摘するように、正租は『通典』巻六食貨六賦税下の天宝中天下計帳における粟の内訳のひとつ「当州官禄及逓糧」に、官物は同計帳における布絹綿の内訳のひとつ「諸道兵賜及和糴、幷遠小州使充㆓官料・郵駅等費㆒」にそれぞれ相当する。この「逓糧」が使者に供給される食糧にあたり、正租が史料4で最優先すべき財源とされたことと対応している。公廨は公廨田と公廨本銭のことで、このうち公廨田は、天聖田令唐35条（第一章史料5）の「其伝送馬、毎㆓一疋㆒、給㆓田二十畝㆒」が該当しよう。公廨の性格からみて、伝馬坊の施設を維持・管理するための財源としての性格が強かったと推測される。そのため公廨は、使者への供給財源として最も優先度が低かった。

最後に、史料4の末尾に「其於㆑駅供給者、年終州司総勘、以㆓正租草㆒填之」とあるのは、伝送制の利用者が駅で供給を受けた場合、乗用した馬や驢が駅で食した草を一年分集計した上で、州司の責任のもと正租を財源に補填すべきことを述べたものであろう。

このように多様な供給財源が設定されていた唐とは異なり、日本では「官物」だけに限定されている。唐でも

「官物」が財源のひとつに想定されているが、その中身は日本とは随分と違うものであった。すなわち、日本の「官物」は、『令義解』が「官物者、郡稲」と注釈するとおり郡稲を指し、唐のような調・庸ではなかった。しかも郡稲は地方財源にすぎず、中央財源である調・庸とは性格をまったく異にする。なお、天平六年（七三四）の官稲混合（『続日本紀』同年正月庚辰条）によって、郡稲が正税のなかに吸収されると、正税が使者への供給財源となる。実際に郡稲や正税が供給財源とされたことは、天平期郡稲帳・正税帳などによって裏づけられる。

第二節　伝馬の規定

1　伝馬・伝送馬の設置規定

つづいて、伝に設置された交通手段について考えてみよう。日本令には伝馬しか登場しないが、天平十年度（七三八）周防国正税帳に「船伝使」の記載があるように、実態としては船も使用された。だが主流は伝馬とみてよい。対する唐令では、本章で示す諸史料にみるように、「伝送馬・驢」と併記された条文が多い。また、『唐律疏議』廐庫律4条に「応レ乗二官馬・牛・駝・騾・驢一者、謂、因レ公得レ乗、伝逓或是軍行」とあり、馬・驢のほかに牛・駝・騾が利用されたこともわかる。このうち牛については、荷物輸送に重点が置かれた唐伝送制の特徴を反映しているように思われる。また唐でも、船を用いることはあったであろう。しかし、唐伝送制の主流は馬・驢とみてよい。そこで以下、伝馬と伝送馬を中心に比較検討してみたい。

日本令では、養老廐牧令16条（史料1）において、「其伝馬毎レ郡各五。皆用二官馬一。若無者、以二当処官物一市充。

通取二家富兼丁者一付之、令三養以供二迎送二」と規定する。[17] 天聖厩牧令唐21条（史料2）の「応レ置二駅及伝送馬・驢一、皆取二官馬・驢五歳以上、十歳以下、筋骨強壮者一充。如無、以二当州応レ入レ京財物一市充。不レ充、申二所司一市給」と比較して、官馬から優先的にとる点については共通する。しかし唐令では、官馬の具体的な条件（五～一〇歳で筋骨強壮であること）も明示されている。また、適当な官馬がいなければ購入されるが、その財源について、日本では「当処官物」（郡稲。天平六年以後は正税）、唐では「当州応レ入レ京財物」（主に調、庸）という違いもある。

さて、史料1・2は伝馬・伝送馬の設置規定であり、馬の補充については別に条文を立てている。

【史料5】養老厩牧令20条

凡駅伝馬、毎レ年国司検簡。其有二太老病不レ堪二乗用一者、随レ便貨売。得直若少、駅馬添二駅稲一、伝馬以二官物一市替。

【史料6】天聖厩牧令唐23条

諸府官馬及伝送馬・驢、毎レ年皆刺史・折衝・果毅等検簡。其有二老病不レ堪二乗騎一者、府内官馬、更対二州官一簡定。両京管内、送二尚書省一簡。駕不レ在、依二諸州例一。並官為二差レ人、随レ便貨売一。得銭若少、官馬仍依レ式、府内供備、伝馬添二当処官物一市替。其馬売未レ售間、応レ飼レ草処、令三本主備二草直一。若無二官物一及無レ馬之処、速申レ省処分。市訖申レ省。省司封レ印、具録二同道応レ印レ馬州名一、差二使人一分レ道、送二付最近州一、委二州長官一印。無二長官一、次官印。其有二旧馬印記不レ明、及在レ外私備替者、亦即印之。印訖、印署及具録二省下州名符一、以レ次逓二比州一。同道州総準レ此。印訖、令下最遠州封レ印、附二便使一送上省。若三十日内無二便使一、差二専使一送、仍給二伝驢一。其入二両京一者、並於二尚書省一呈レ印。

ともに、馬などの毎年の検簡、乗用に堪えない馬の処分法などを定める。検簡者は日本では国司であるが、唐では伝送馬・驢のほかに折衝府官馬も対象となっている関係上、州の刺史に加えて、折衝府の長官（折衝）・次官（果毅）も含まれている。伝馬・伝送馬についてみると、ともに乗用に堪えない馬は売却し、その売却価に官物を加えて新しい馬を購入することになっている。しかし官物の中身に関しては、先述のとおり、日本は郡稲であるのに対し、唐では主に調・庸という相違がある。さらに売却価について、日本令は「得直」、唐令は「得銭」という違いも認められる。日本令が「得銭」としなかったのは、日本の古代社会では銭があまり流通せず、稲が一般的な交換財であったことが関係しよう。そして唐令では、馬が売れるまでの措置や、買い換え後の尚書省への報告、焼印のための手続きなど、きめ細やかな規定が続くが、日本令ではすべて削除されている。

これらとは別に、公事のため馬などを死亡させた場合、日本では養老厩牧令27条を、唐では『天聖令校証』唐厩牧令復原52条を適用して、死馬などの皮と肉を売却し、その代価を本司に納入することになっていた。天平期正税帳には不用伝馬や死馬皮を処分した際の記録が多数あり、養老厩牧令20・27条が空文ではないことを示す。

さらにもうひとつ、伝馬・伝送馬の供給源として、闌遺畜（拾得された家畜）も想定されていた。

【史料7】養老厩牧令23条

凡国郡所レ得闌畜、皆仰二当界内一訪レ主。若経二一季一、無二主識認一者、先充二伝馬一。若有レ余者出売。得価入レ官。（中略）後有二主識認一、勘当知レ実、還二其本価一。

【史料8】『天聖令校証』唐厩牧令復原47条

（前略）其諸州鎮等所レ得闌遺畜、亦仰二当界内一訪レ主。若経二一季一、無二主識認一者、並当処出売。先売二充伝駅一、得価入レ官。後有二主識認一、勘当知レ実、還二其本価一。

唐令によると、一季（六ヵ月）を経ても持ち主が現れない場合、伝送馬や駅馬として売り充てる。対する日本令では、二季を経ても持ち主が不明の場合、先に伝馬に充て、伝馬に余剰があれば売却することになっている。唐令とは違って、駅馬に売り充てることは想定されていない。また、二季を経ても持ち主が現れない場合、直ちに売却せず伝馬に優先的に充て、伝馬に余剰があれば売却する、という手順をたどった点も異なる。余剰があったとき売却されるのは、日本の伝馬は各郡五匹という設置定数があったことが関係していよう。

最後に、焼印について簡単に触れておく。第一章で検討したように、唐では各種の焼印が想定されているが、日本では「官字印」があるにすぎない。天聖厩牧令唐11・13条（第一章史料13・14）によれば、唐の伝送馬にも駅馬とほぼ同じ印が同じ部位に押される。異なるのは、唐13条に「諸駅馬、以二駅字印一、印二左膊一、以二州名印一、印二項左一。伝送馬・驢、以二州名印一、印二右膊一、以二伝字印一、印二左髀一」とある部分だけで、伝送馬・驢の場合、「州名印」が項左ではなく右膊に押され、「伝字印」が左膊ではなく左髀に押された。

これに対して日本では、牧馬由来の伝馬にのみ「官字印」が押印されているにすぎない。ただし天平期正税帳によれば、日本の伝馬は購入されたものが多く、無印の伝馬が圧倒的大多数であったと考えられる。

2　伝送馬主の規定

天聖厩牧令唐21条（史料2）を再度みると、伝送馬・驢の飼養者として「伝送馬・驢主」が登場する。飼養者を「家富兼丁者」（家が富裕で正丁が二人以上）から採用することは、養老厩牧令16条（史料1）にもみえるが、「伝馬主」という名称は使用していない。また唐21条は、伝送馬主を「白丁・雑色邑士・駕士等色」から選定すること、正丁を基本としつつも中男を採用する場合もあることなどを述べるが、[18] ともに日本令に継受されなかった。このように唐21条は、伝送馬・驢主を少し詳しく定めており、ここに唐制の特徴が示されている。

唐で伝送馬主の果たす役割が大きかったことは、次の条文からも推測できる。

【史料9】天聖厩牧令唐22条

諸府官馬及伝送馬・驢、非三別勅差行及供二伝送一、並不レ得二輒乗一。本主欲下於二村坊側近十里内一調習上者聴。其因二公使一死失者、官為二立替一。在レ家死失、及病患不レ堪二乗騎一者、軍内馬三十日内備替、伝送馬六十日内備替、伝送驢随レ闕立替。若馬・驢主、任二流内九品以上官一、及出二軍兵余事一故、馬・驢須二転易一、或家貧不レ堪二飼養一、身死之後、並於二当色一、回二付堪レ養者一。若先闕応二須私備一者、各依下付二馬・驢一時価上酬レ直。即身死家貧、不レ堪レ備者、官為二立替一。

折衝府官馬および伝送馬・驢の調習と死失時の措置を規定する。養老厩牧令19条が対応するが、折衝府官馬に相当する軍団官馬のみに対象が縮小されている。以下、唐の伝送馬の本主、つまり伝送馬主にしぼってみたい。

伝送馬主は、村坊の一〇里以内で調習することが認められた。ただし、馬が非番時に死失したり、病患で乗用に堪えなくなったりすると、伝送馬主は六〇日以内に馬を取り替える義務を負った。老病のため乗用に堪えない伝送馬を売却する際には、天聖厩牧令唐23条（史料6）の「其馬売未レ售間、応レ飼レ草処、令三本主備二草直一」を適用して、売却までの間に馬が食する草の代金を伝送馬主が賠償しなければならなかった。また後述するように、伝送馬主の家は伝送馬の飼料用の官地も耕作する必要があった。このように伝送馬主の負担は極めて重いこともあって、流内官への転任・軍役への従事・家の貧困化などの理由で任が務まらないときの交替規定もある。

さて、唐の伝送馬の大きな特徴は、五匹の伝馬が常備された日本とは違って、分番制をとった点である。

【史料10】天聖厩牧令唐27条

諸当レ路州県置二伝馬一処、皆量レ事分番、於二州県一承直、以応二急速一。仍準二承直馬数一、毎二馬一疋一、於二州県側近一、給二官地四畝一、供二種苜蓿一。当レ直之馬、依レ例供飼。其州県跨二帯山沢一、有二草可レ求者、不レ在二此例一。其苜蓿、常令三県司検校、仰二耘鋤以レ時、手力均出二養レ馬之家一。勿レ使三荒穢及有二費損一。非レ給二伝馬一、不レ得二浪用一。若給用不レ尽、亦任レ収二茭草一。至二冬月一、其比界伝送使至、必知二少乏一者、亦即量給。

伝送馬は分番して州県に承直し、急速の利用に備えたことがわかる。また、伝送馬の上番中は一匹あたり州県側近の官地四畝が飼料用に支給され、「養レ馬之家」つまり伝送馬主の家が耕作した。なお、天聖田令唐35条に「其伝送馬、毎二一疋一、給二田二十畝一」とあり、伝送馬一匹あたり田二〇畝となっている。田一六畝の差額があるが、第一章でも述べたように、田二〇畝は飼料以外の経費をも含めた額であったことによる。また、史料9に「其因二公使一死失者、官為二立替一」とあるように、伝送馬が公務で死失した際には官が立て替えた。

永田英明氏は以上の条文などから、伝送馬には、(A)馬主とともに上番勤務している在勤中の伝送馬、(B)馬主の家で飼養・調習されている非番の伝送馬があり、通常は(A)で対応するが、必要時には(B)も動員して伝送をおこなうという柔軟な体制がとられたと指摘する。[19] また荒川正晴氏は、天聖令が発見される以前に、敦煌文書などを駆使して、伝送馬は日常的に馬主のもとで飼養され、徴発時には馬主とともに業務に従事したことを明らかにしており、[20] それは新出の唐令条文が示す状況とも合致する。

このように唐では伝送馬主の果たす役割が極めて大きく、それは令文からも窺うことができた。これに対して日本令では、「伝馬主」を明確に位置づけていない。しかし、これは日本に伝馬主に相当する者がいなかったことを即座に意味しない。養老厩牧令16条（史料1）に「其伝馬毎レ郡各五。（中略）通取二家富兼丁者一付之、令三養以供二迎送一」とあるように、富裕者をもって伝馬を飼養させる以上、それはおのずと固定化され（富裕者でなければ伝馬を飼養することは難しい）[21]、実質的に伝馬主に相当する者がいた可能性が高いからである。そして、同条の

『令集解』に「通取二家富兼丁者一令レ養、謂、戸内免二雑徭一也。（中略）伝戸不レ免レ役、免二雑徭一」（古記）、「通取二家富兼丁者一、戸内免二雑徭一」（令釈）、「至二於伝戸一、唯免二雑徭一」（義解）などとあるように、雑徭免除と引き替えに飼養させたのである。また、『令集解』賦役令37条古記が臨時に雑徭を徴発する対象として「公使上下逓送従馬」をあげるように、伝馬などの逓送役にも雑徭を充てることになっていた。

このように日本では、雑徭を活用して伝制の人員を集めたわけであるが、これは伝制に限ったことではない。国府・郡家における人的構成を示す史料として著名な『類聚三代格』弘仁十三年（八二二）閏九月二十日太政官符に示されているように、多くの白丁身分の者が国府や郡家（郡家の管轄下にある各種施設を含む）に出仕していた。いわゆる国雑任・郡雑任である。彼らは正式な官人ではないが、雑徭免除と引き替えに、国司や郡司の手足となって国郡行政の各種業務を担った[22]。伝制に関していえば、弘仁十三年太政官符には、①伝馬長、②伝使舗設丁、③伝使厨人、④伝馬丁が登場する。①はもちろんのこと、②～④もある程度固定化していたのではなかろうか。前掲『令集解』厩牧令16条の古記・義解に「伝戸」の語がみえるが、駅戸のような特定編戸ではないにしても、実態をある程度反映している可能性がある。

さて、養老公式令42条（史料16）では、使者の位階に応じた伝符の剋数を通じて使用伝馬の数を規定するが、これにともなって伝馬と同数の逓送役従事者が必要となる。本条に「皆数外、別給二駅子一人一」という規定はあるが、「別皆数外、別給二伝子一人一」の規定はない。『令集解』をみても、令釈一云・跡記を除くと、別給伝子の支給を認めておらず、この付加規定は駅制のみに適用されたと考えられる。青木和夫氏が説くように、日本の駅制において剋数に応じて支給されるのは駅馬のみであった（駅子は支給されない）ため、荷物を運搬したり、使用後の駅馬を連れ帰ったりするためにも、別給駅子を別途支給する必要があったのである[23]。

これに対して伝制では、伝馬ごとに伝子が支給されるため、別給伝子は特に必要がなかった。青木氏が指摘するように、『令集解』諸説をみると、古い注釈書である古記・令釈では、数内の駅伝馬に駅子・伝子が付くかどうかを問題としていないのに対し、新しい注釈書である穴記・跡記・義解では、数内の駅馬・伝馬にも駅子・伝子が付くと解釈しているように読み取れる。こうした新たな法解釈が生まれたのは、伝制の機能が駅制に吸収されるのにともなって、数内の駅馬に対しても駅子を支給するようになった結果であろう[24]。

最後に、日本の伝子と唐の伝送馬主の法的位置づけの違いに関する問題に戻りたい。復除対象者の一覧ともいうべき養老賦役令19条をみると、駅長が課役（調、庸、雑徭）免除対象者、駅子が徭役（庸、雑徭）免除対象者としてあがるが、伝子は登場しない。一方、天聖賦役令唐15条をみると、駅長および伝送馬・驢主が課役（租、調、庸）免除対象者としてみえるが、駅丁はそうなっていない。こうした対照的なあり方は、唐の伝送馬・驢主が固定的存在であるのに対して、日本の伝子は臨時性が強かったことを反映している。もちろん、それはあくまでも令文における法的な位置づけの違いであり、実態は別途考察を要することはいうまでもない。

第三節　伝制利用の規定

1　伝制・伝送制の利用規定①

唐厩牧令には伝送制の具体的な利用対象者を明記した規定が複数あるが、なかでも次の条文は具体性に富む。

【史料11】天聖厩牧令唐35条

諸伝送馬、諸州、令・式外、不レ得二輙差一。若領二蕃客及献物入朝一、如客及物、得レ給二伝馬一者、所二領送一品官、亦給二伝馬一。諸州除二年常支料一外、別勅令レ送二入京及領送品官一、亦準レ此。其従レ京出レ使、応二須給一者、皆尚書省、量レ事差給。其馬令二主自飼一。若応二替還一無レ馬、騰二過百里一以外者、人糧・粟草官給。其五品以上、欲レ乗二私馬一者聴之。並不レ得レ過二合乗之数一。粟草亦官給。其桂・広・交三府、於二管内一応二遣レ使推勘一者、亦給二伝馬一。

第一章の冒頭で触れたように、天聖令が依拠した開元二十五年令（七三七年）までのある段階に追加された可能性がある条文である。ただし、ファム・レ・フイ氏が指摘するように、本条には「桂・広・交三府」（桂州都督府、広州都督府、交州都督府）の語があり、交州都督府は六七九年に安南都護府に改名されるので、それ以前のものとなる。[25] 日本の大宝令が藍本とした永徽令（六五一年）に存在した可能性は十分にあろう。

まず、史料11の冒頭には「伝送馬、諸州、令・式外、不レ得二輙差一」とあり、令や式に規定する場合を除いて、諸州では伝送馬をたやすく差発してはならない、という大原則が述べられる。よく似た趣旨の条文は天聖厩牧令唐22条（史料9）にもあり、「諸府官馬及伝送馬・驢、非三別勅差行及供二伝送一、並不レ得二輙乗一」とみえる。すなわち、「別勅差行」および「供二伝送一」の場合を除いて、折衝府官馬や伝送馬・驢の乗用は禁じられていたのである。このことから逆に、令・式・別勅（皇帝からの特別の許可）があれば利用できたことがわかる。

つづいて、史料11では大きく四つに分けて、具体的な利用対象者を規定する。

第一は、蕃客（外国からの朝貢使節）・献物（皇帝への献上物）の入朝時で、領送の任にあたる官人も伝送馬を利用することができた。これに関連して、『天聖令校証』唐雑令復原51条に「諸蕃使往還、当二大路左側一、公私不レ得下置二当方蕃人一、及畜中同色奴婢上。亦不レ得レ充二伝馬子及援夫等一」という条文がある。これは天聖雑令宋35条「諸蕃使往還、当二大路左側一、公私不レ得レ畜二当方蕃夷・奴婢一。（後略）」からの復原条文で、蕃使（蕃客）と唐在住の蕃人が接触することを回避する狙いがある。後半部の「亦不レ得レ充二伝馬子及援夫等一」という規定の存否については、史料11との関係から存在した可能性が高いであろう。

第二は、唐内の諸州から年常支料を運送する以外の目的で、別勅に応じて入京したり、(献物を)領送したりする場合である。年常支料とは、租・庸・調のことであろう。天聖賦役令唐2・4条によれば、これらの税物を運送するための「(運)脚」(運送費用)は、それらを負担する家が出し、同5条によれば、運送責任者として、州の判司を綱に、県の丞以下を副に充てることになっていた(第五章も参照)。このように租・庸・調は州県の責任・負担で運送する体制であったこともあり、伝送馬の利用は認められなかったのである。

第三は、京から地方へ派遣される使者である。尚書省が事情を勘案して伝送馬の利用を認めた。五品以上の官人を派遣する場合には、私馬の乗用も許された。

第四は、桂・広・交三府の管内における推勘使である。本条の冒頭にあるように、州内で伝送馬をたやすく差発することは禁止されていたが、三府では移動の困難が予想されることもあって、特別に認められたのである。

唐厩牧令にはもうひとつ、伝送馬の利用について規定した重要な条文がある。

【史料12】天聖厩牧令唐25条

諸府官馬及伝送馬・驢、若官馬・驢、差二従軍行一者、即令下行軍長史、共二騎曹一、同知二孔目一、明立二膚第一、親自検領上。軍還之日、令三同受官司及専典等、部領送輸、亦注二膚第一。並齎二死失・病留一、及随レ便附二文鈔一、具造二帳一道一、軍将以下連署、赴レ省句勘訖、然後聴レ還。

これは折衝府官馬および伝送馬・驢の軍行に関わる規定である。注目されるのは、折衝府官馬ばかりでなく、伝送馬・驢もまた軍行に用いられる点である。天聖厩牧令唐21・22・23・26条(史料2・9・6・4)でも、折衝府官馬と伝送馬は一体的に規定されており、両者は極めて近い運用がなされていたことを示唆する。このことは、『唐律疏議』厩庫律4条に「応レ乗二官馬・牛・駝・騾・驢一者、謂、因レ公得レ乗、伝逓或是軍行」とあり、「伝逓」と「軍行」が併記されていることからも窺われる。また、儀鳳三年（六七八）度支奏抄・同四年金部旨符、および総章二年（六六九）沙州敦煌県伝馬坊牒などは、涼州都督府より河西・中央アジア方面へ軍事物資を運送する際に伝送制が利用されたことを伝えている(26)。したがって、次の養老軍防令64条に相当する唐令があったことはほぼ確実であり、「伝送」の語からも伝送制に関わる可能性は十分にあろう。

【史料13】養老軍防令64条

凡蕃使出入、伝二送囚徒及軍物一、須二人防援一、皆量二差所在兵士一逓送。

さて「伝送」の語句は、次の養老賦役令34条にも登場する。

【史料14】養老賦役令34条

凡為二公事一、須二車牛・人力伝送一、而令条不レ載者、皆臨時聴レ勅。（後略）

天聖賦役令宋22条も史料14とほぼ同文で、唐令に由来することは確実である。ここでは車牛と人力が伝送の手段としてあがる。唐厩牧令では伝送制の交通手段は馬・驢しか記さないが、実際には牛・駝・騾も想定されていたことは先に述べた。この賦役令が特に車牛・人力をあげるのは、荷物輸送に重点があったためであろう。

そのほか、天聖厩牧令唐23条（史料6）の末尾付近に「印訖、令下最遠州封レ印、附二便使一送上省。若三十日内無二便使一、差二専使一送、仍給二伝驢一」とあり、尚書省へ焼印を返却する専使に「伝驢」が支給された。

以上のように、唐厩牧令には伝送制の利用対象者を具体的に示した条文が三つあったが（史料6・11・12）、これらは日本の厩牧令には取り入れられなかった。なお、日本の厩牧令で伝制利用を規定した条文としては、超過乗用を禁止した18条、伝馬不足時の対応を定めた21条、使者への供給法を定めた22条があるが、いずれも具体的な利用対象者を定めてはいない。これらに対応する唐厩牧令もまた同様である（第一章第四節第1項）。

つぎに厩牧令以外に目を転じてみよう。唐令では、先述した「伝送」の語がみられる軍防令・賦役令の条文（仮にⓐⓑとする）のほかに、以下の四ヵ条がある。

ⓒ天聖医疾令唐11条…薬品貢進時に「毎二一百斤一、給二伝驢一頭一」。

ⓓ天聖医疾令唐15条…行軍・作役所への医師派遣時に「毎レ給二医師二人一、以二傷折医一兼之、並給二伝乗一」。

ⓔ天聖獄官令唐5条…流移人を配所へ送達する使者に「其使並給二伝乗一」。

ⓕ『天聖令校証』唐獄官令復原17条…配所へ向かう流移人に「其伝馬給不、臨時処分」。

ⓐ～ⓕはすべて日本令にも対応する条文があるが（そもそもⓐⓑⓕは日本令を参考に復原された）、伝制の利用規定に関しては、ⓐⓑⓕに対応する軍防令64条（史料13）・賦役令34条（史料14）・獄令15条（史料17）だけにしか受け継がれず[27]、この三ヵ条も唐令引き写しの可能性が否定できない。特に「伝送」の語がみえる軍防令64条・賦役令34条の場合、唐令の「伝送馬」の語をすべて「伝馬」に言い換えた日本において、果たして伝制に関わる条文として受け止められていたのか疑問が残る。そこで注目したいのが、賦役令34条の「公事」である。これは「私事」に対置される広がりのある語であるが、『令集解』古記・令釈・義解・穴記をみると、蕃客の入京が主に想定されている。これは養老軍防令64条（史料13）および次の同雑令29条と明らかに対応している。

【史料15】養老雑令29条

凡蕃使往還、当二大路近側一、不レ得下置二当方蕃人一、及畜中同色奴婢上。亦不レ得レ充二伝馬子及援夫等一。

第四・五章でみるように、日本律令国家は蕃客が陸路を使って入京することを想定しており、「瓦葺粉壁」の駅館を整備している（『日本後紀』大同元年五月丁丑条）。一方、伝制の使用は想定されていなかった。

このような事例をみると、養老軍防令64条・賦役令34条の「伝送」という語は、唐のような伝送制（日本の場合は伝制）に直接関わる語句というよりも、「伝え送る」という一般動詞として認識されていたように思われる。日本における伝制の具体的な利用のあり方をみても、軍事的緊張度の高い辺要地域を除いて、明確に軍事利用されたといえるものはない（第四章）。その場合、日本で伝馬の利用対象者を具体的に記した条文としては、流移人の交通手段を定めた獄令15条（史料17）だけとなる。しかし後述するように、本条は特殊な場合の伝馬利用を認めた条文であり、あまり積極的な評価は与えられないであろう。

2　伝制・伝送制の利用規定②

日本令では次の養老公式令42条に、伝符の剋数を通じて、利用できる伝馬の数が決められている。

【史料16】養老公式令42条

凡給二駅伝馬一、皆依二鈴・伝符剋数一。事速者、一日十駅以上。事緩者八駅。還日事緩者、六駅以下。親王及一位、駅鈴十剋、伝符卅剋。三位以上、駅鈴八剋、伝符廿剋。四位、駅鈴六剋、伝符十二剋。五位、駅鈴五剋、伝符十剋。八位以上、駅鈴三剋、伝符四剋。初位以下、駅鈴二剋、伝符三剋。皆数外、別給二駅子一人一。其六位以下、随レ事増減。不二必限一レ数。其駅鈴・伝符、還到二日之内、送納。

伝符の形状はよくわからないが、『日本書紀』天武元年（六七二）七月辛亥条では「伝印」と表現されている点、『続日本紀』慶雲二年（七〇五）四月辛未条に、大宰府に飛駅鈴八口とともに伝符一〇枚が支給されている点、天平四年度（七三二）越前国郡稲帳に「壱拾剋漆封伝符壱枚」（一〇剋用伝符の七剋を封じ三剋の伝符としたもの一枚）とある点などから、紙の文書でなかったことは確実であろう[28]。「枚」で数えることから、金属板もしくは木板と考えられる[29]。日本の伝符は、唐の銅龍伝符とは違って、駅馬の利用証ではないし、割符でもなかった。また、使者の滞在中は、駅鈴がそうであったように、携行すべきものとされていた。

史料16で第一に注目されるのは、伝使のほうが駅使よりも数多くの馬を使用できた点である。駅使と伝使の違いを論じる際、同条『令集解』穴記の「事急者乗㆑駅、事緩者乗㆓伝馬㆒」が取り上げられることが多い。駅馬と伝馬の速度を比較すれば、たしかに明瞭な差異が認められる[30]。これは一理ある見方であるが、事の緩急のみが唯一の基準であったとした場合、使用できる駅馬と伝馬の数が異なる理由が十分に説明できない。

第二に注目されるのは、「別皆数外、別給㆓伝子一人㆒」という規定がない点である。それは前述したように、伝制では伝馬ごとに伝子が支給されるため、別給伝子は特に必要がなかったことによる。

このように駅使は使用できる駅馬数が少なく、別給駅子一人を除いて駅子は支給されなかったのに対し、伝使には数多くの伝馬・伝子が支給されていた。こうした違いが生じた理由は、永田英明氏が指摘したように、駅制の本質が高速情報伝達制度であるのに対し、伝制の本質は使者迎送制度であることが関係しよう[31]。

さて、日本の伝符は、諸国にも配備された駅鈴とは異なり、中央の内裏にのみ保管された。第四章で述べるように、大宰府・按察使・節度使にも支給されるようになるが、いずれも国司より上級の準中央官司である。前述のとおり、日本令では伝馬の利用対象者が明確に規定されていないが、公式令42条にほぼ集約させる形で専ら中央政府用の交通制度として構想した、とみることも可能であろう。伝子は伝使の乗った伝馬を牽くことになるが、馬を牽くという行為は一種の服属儀礼でもあった[32]。

なお、詳しくは第四章で検討したいが、日本における伝制利用の実例をみると、伝符を所持していない者も含まれている。そこで問題となるのは、伝符を所持しなくても伝制を利用できた理由である。それは、伝符以外にも、伝制の利用を認める文書が存在したからにほかならない(33)。ここで参考になるのが、日本で伝馬の利用が唯一令文に明記された流移人に関する条文である。

【史料17】養老獄令15条

凡流移人在レ路、皆逓給二程粮一。毎レ請レ粮停留、不レ得レ過二一日一。其伝馬給不、臨時処分。

路中にある流移人に対して食料を供給するという基本原則を示した上で、伝馬の支給を認めるか否かは、臨時に判断するという内容である(34)。獄令13条の冒頭に「凡流移人、太政官量配。符至季別一遣」とあり、『令義解』が「謂、太政官録二配流状一、下二符刑部及国司一也」と注釈するように、配流を決定した太政官符を刑部省と国司に下すことになっていた（『延喜式』刑部式18条も参照）。ファム・レ・フイ氏が指摘するように、このうち配流先となる国司宛ての太政官符には、流移人への逓送・供給を指示する文言が書き込まれ、それによって伝馬の利用が特別に許された可能性がある。流移人に対して伝符が付与されたわけではあるまい。

日本令をみると、獄令15条のほかにも、戸令16・32条や賦役令31条・軍防令61条などで、諸国の往還者に対する供給のことを規定している（第五章）。大日方克己氏によって、路次諸国に逓送・供給を依頼する多様な文書（符、牒、移など）が存在したことが明らかにされているが、上記令文などの法的裏づけがあってのことである。なかでも、獄令15条を理解する上で注目されるのは、次の『令集解』賦役令31条古記である。

古記云、待レ差発遣、謂、若身尫弱路遠、担レ粮不レ堪者、以レ移付二丁匠一、逓送・供給、過遣。若不レ堪二歩行一、亦給二乗馬一。（後略）

尫弱者を「移」によって逓送・供給するが、その者が歩行に堪えられない場合には、特別に乗馬を給うとある。

獄令15条と表現は少し異なるが、よく似た論理構成といってよい。この場合、乗馬を保証したのが「移」形式の文書であったことは明らかである。直接の統属関係にない官司相互の伝達に使用されるという移の性格からみて、この「移」は隣国の国司に対して発給された可能性が高いであろう。

また、『類聚三代格』貞観十三年（八七一）六月十三日太政官符では、貢上御馬使の雑色人らが「官符」なしに「公乗」（駅伝）を用いたことが「曽無二明文一」と問題視されている。「明文」つまり令・格・式などの法的根拠がなかったため、雑任らは逓送・供給を認める官符を受け取れなかったと推測される。ファム氏も指摘するように、逆にいえば、逓送・供給を認めた官符を所持していれば、「公乗」（駅伝）を使用できたことになる。

このように日本の伝制は、伝符という器物を利用証として設定しながらも、実際には多様な文書によって伝馬の利用を認めていた[35]。ただし、伝制の利用対象者は無制限に広がったわけではなく、天皇や中央との深い関わりがあってこそ可能であった。これらの問題は第四・五章で考えたい。

ここで参考になるのは、唐伝送制の利用証に関する知見である。『唐律疏議』衛禁律25条にみるように、伝送制の利用証は「逓牒」と呼ばれる紙の文書で、日本の伝符のような器物ではなかった。荒川正晴氏によれば、逓送を指示した文書が逓牒であり、(イ)馬畜・程糧の支給、(ロ)程糧のみの支給、(ハ)馬畜・程糧ともに不支給、といった幅広い内容があった[36]。伝送制の利用証として使われた逓牒は(イ)に該当する。日本では(イ)を対象に伝符の制を設けたが、そのすべてを網羅するにはいたらず、文書で代用される場合もあったと考えられるのである。

ところで、逓牒は中央の門下省のみならず、地方官司も発給できた。唐の伝送制では、日本の伝符のような器物を独自に設けていないこともあって、逓牒を銅龍伝符と同一条文（銅龍伝符は公式令で規定）に規定するようなことはなかった。この点とも密接に関わるが、唐の伝送馬の支給数は、次のとおり廐牧令において規定された。

【史料18】『天聖令校証』唐厩牧令復原41条（改正後）

諸給㆓伝送馬㆒者、官爵一品、給㆓馬八匹㆒、嗣王・郡王及二品以上、給㆓馬六匹㆒、三品、給㆓馬五匹㆒、四品・五品、給㆓馬四匹㆒、六品、給㆓馬三匹㆒、七品以下、給㆓馬二匹㆒。

これは、天聖厩牧令宋9条「諸応㆘給㆓逓馬㆒出㆖使者、使相㆓給馬十匹㆒。（中略）無㆓逓馬㆒処、即於㆓所㆑過州県㆒差㆓私馬㆒充、転相給替」に対応する復原条文である。宋家鈺氏は『天聖令校証』では別の復原案を提示していたが、間もなく史料18のような復原条文に改めた[37]。宋9条の末尾を重視すると、養老厩牧令21条（第一章史料19）の「若不㆑足者、即以㆓私馬㆒充。其私馬因㆓公使㆒致㆑死者、官為㆓酬替㆒」に類する文章が付加されていた可能性もあるが、ともあれ伝送馬の支給数に関しては従ってよかろう。

この唐厩牧令復原条文と養老公式令42条（史料16）を比較すると、日本のほうが唐よりも高位者を中心に圧倒的多数の馬を利用できたことがわかる。さらに史料16からは、日本では駅馬よりも伝馬のほうが数多く支給されたことが判明する。このように日本の伝制では、数多くの伝馬が使者に支給される点に特徴があった。

ところが、日本の伝馬は各郡に原則五匹ずつしか設置されない。駅馬の場合、大路の駅家は二〇匹、中路の駅家は一〇匹、小路の駅家は五匹と区別されたが、伝馬は交通量の多寡や交通路の重要性にかかわらず、一律五匹の設置となっている。当然、交通量の激しい郡では到底間に合わない。不足時には、養老厩牧令21条に「凡公使須㆑乗㆓駅及伝馬㆒、若不㆑足者、即以㆓私馬㆒充」とあるように、「私馬」を徴発することになっていた。唐の伝送制馬は分番体制をとっており、通常は在勤中の伝送馬で対応し、必要時には非番の伝送馬が動員された。これに対して日本では、私馬を差発して対処することが多かったと考えられる[38]。伝馬の五匹は、小路の駅の駅馬数と一致するが、使者の到来に対する最低限の備えであったと考えられる[39]。

おわりに

本章では、厩牧令を中心に、唐の伝送制と日本の伝制を比較検討した。検討結果をまとめておこう。
①唐では馬・驢が多く用いられたほか、牛・駝・騾なども利用された。日本では馬の乗用が基本であった。
②唐の伝送馬は要路のある州県に、具体的には県の伝馬坊に設置された。唐の伝送制では官馬（主に折衝府官馬）を使用する規定もみられ、要路のない州県では官馬が代用された可能性がある。これに対して日本では、伝馬は全郡に一律五匹ずつ設置され、具体的には郡家に設置されることが多かった。
③広大な領域を誇る唐の場合、一伝の担う逓送距離（隣接する県まで）は日本に比べて概して長く、伝の設置場所以外にも多数の供給地点が必要となる。そこで唐令では、「在ㇾ路」という状況下で、「道次駅」や「道次州県」を供給地点とすることが明示された。しかし日本令では、一伝の担う逓送距離（隣接する郡まで）が短いこともあって、こうした規定は削除されている。
④伝馬・伝送馬は、日唐ともに官馬（唐の場合、五～一〇歳という条件が付く）から充当することになっていた。適当な官馬がいない場合の購入財源は、唐では主に入京予定の調・庸であるが、日本では郡稲（天平六年以後は正税）であった。また唐では、各種の焼印を通じて伝送馬を管理したが、日本ではそうなっていない。
⑤使者への供給財源は、唐では正倉（当州に留められた正租）・官物（主に入京予定の調・庸）・公廨（州県の官司財源）の三種類が想定されていたが、日本では官物（郡稲）とされている。また唐では、伝送馬一匹あたり田二〇畝が支給されたが、日本では特に田地は設定されなかった。多様な財源が設定された唐伝送制に対して、日

本伝制の運営経費は官物（郡稲）に集約されていたのである。財源の集約化は日本の駅制についてもいえるが、駅稲が駅の自己完結型の財源であったのに対し、郡稲はあくまでも諸国の一般財源にすぎなかった。

⑥飼育・逓送業務には、日唐ともに「家富兼丁者」が従事したが、唐の場合、「伝送馬・驢主」として明確に位置づけられている。伝送馬主らは、伝送馬の飼育・伝送業務に加えて、飼料用の官地を耕作しなければならなかった。また、非番時に伝送馬を死失させたり（公務時の死失時には官が賠償）、伝送馬が病患のために乗用に堪えなくなったりすると、六〇日以内に賠償して取り替える義務も生じた。これに対して日本令では、伝馬主について明確に規定されなかった。

⑦五匹の馬を常置する日本とは異なり、唐の伝送馬は分番体制がとられた。伝送馬には、伝送馬主とともに上番勤務している在勤中の馬と、馬主の家で飼育・調習されている非番の馬がいた。通常は在勤中の伝送馬で対応するが、必要時には非番の伝送馬も動員されたのである。このように唐の伝送馬主が固定化していたのに対して、日本では一般公戸から雑徭をもって充てることになっていた。また日本では、五匹の伝馬では不足することが多く、郡内からやはり雑徭の一環として私馬を徴発して補完する体制がとられた。

⑧唐令では、伝送馬の利用対象について、令・式・別勅のある場合を除いて、伝送馬をたやすく差発してはならないと規定されていた。令文としては、蕃客・献物の入朝・領送、地方への使者派遣、桂州・広州・交州の各都督府の管内における推勘使の派遣、従軍、焼印の返送、薬品の貢進、行軍・作役所への薬師・医師の派遣、流移人の配所への送達・移動、などが規定されている。また「伝送」という語から、軍事物資の運送、公事のための伝送も想定できる。このように唐令では伝制の利用対象が具体的に規定されたが、日本令では伝馬の具体的な利用対象として、わずかに流移人の移送が規定されるだけであった。

⑨唐では逓牒という紙の文書を利用証としたが、日本では独自の器物として伝符を設けた。伝符は中央の内裏にのみ保管され（後に大宰府・按察使・節度使といった準中央官司にも支給）、日本では中央発遣使の利用が第一に想定されていた。使用できる馬の数も、日本のほうが高位者を中心に多かった。日本の伝符は、唐とは異なって任務中も使者が所持し、中央権力を象徴する器物としての意味合いが強かった。

⑩唐では、伝送馬が折衝府官馬と併記された条文が複数あり、従軍する場合もあるなど、軍事的側面が認められる。一方、日本の伝制は軍事的性格が希薄であった。

以上をもとに日本古代伝制の法的特徴を改めて整理すると、(A)交通手段・財源が一元化されていたこと、(B)具体的な逓送・供給の場所や利用範囲が明確に定められていなかったこと、(C)軍事的性格が希薄であったこと、この三点が特に重要であろう。このうち(C)の軍事的性格の希薄さは、日本令で一般的に認められる特徴でもある[40]。これは、たえず臨戦態勢にある唐と、そうではない日本との違いを示している。こうした違いが日唐伝制の性格規定にも大きな影響を与えたと考えられる。伝制の成立過程は第八章で、運用実態は第四章で検討したい。

註

（1）大日方克己「律令国家の交通制度の構造」（『日本史研究』二六九、一九八五年）。
（2）永田英明「伝馬制の機能とその成立」（『古代駅伝馬制度の研究』吉川弘文館、二〇〇四年、初出一九九二年）。
（3）拙稿「日本古代伝馬制度の法的特徴と運用実態」（『日本史研究』五四四、二〇〇七年）。
（4）中大輔「北宋天聖令からみる唐の駅伝制」、永田英明「唐日伝馬制小考」（ともに鈴木靖民・荒井秀規編『古代東アジアの道路と交通』勉誠出版、二〇一一年）。

（5）このほか、天平八年度（七三六）摂津国正税帳と永延二年（九八八）尾張国郡司百姓等解文11条に「伝食料」がみえる。

（6）多くの研究があるため、全郡設置説の流れをつくった初期の主要論文に限って示すにとどめる。青木和夫「古代の交通」（『日本律令国家論攷』岩波書店、一九九二年、初出一九七〇年）、米沢康「古代北陸道の伝馬制」（『北陸古代の政治と社会』法政大学出版局、一九八九年、初出一九七六年）、柳雄太郎「駅伝制についての若干の考察」（井上光貞博士還暦記念会編『古代史論叢　中』吉川弘文館、一九七八年）、岡田登「正税帳よりみた伝馬の設置状況」（『皇學館大学紀要』一八、一九八〇年）。

（7）永田英明註（2）論文二三～二六頁、同註（4）論文一二四～一二九頁。

（8）拙稿「国司制の成立と伝馬制」（『続日本紀研究』三〇一、一九九六年）。加筆訂正の上、本書第八章として収録した。

（9）森田悌「伝馬の利用者とその変質」（『日本古代の駅伝と交通』岩田書院、二〇〇〇年、初出一九九八年）四六～四九頁。

（10）門井直哉「律令期の伝馬制と交通路体系について」（『史林』八五―六、二〇〇二年）九九頁。以下、門井氏の見解は本論文による。

（11）馬場基a「駅と伝と伝馬の構造」（『史学雑誌』一〇五―三、一九九六年）。なお、その後発表された同b「駅伝制と地方支配」（『駅家と在地社会』奈良文化財研究所、二〇〇四年）一〇八頁では、「伝」という用語を中心に批判を受けてきたことに対して、「かりに「伝」と称していたものを「郡の交通機能」と置き換えても、私見の駅伝制の構造の理解に変化は生じない」と述べている。筆者も、伝馬制（＝伝制）とは郡の交通機能の一部にすぎないとみており、大局的には馬場説に賛成である。しかし、たとえ用語の問題とはいえ、伝制と伝馬制を区別する見方には反対である。

（12）荒川正晴『ユーラシアの交通・交易と唐帝国』（名古屋大学出版会、二〇一〇年）一八四～二〇二頁など。ただし史料2には「州有二要路一之処」とあり、県よりも州に重点を置いた表現がなされている点は、今後の検討課題である。

（13）馬場基註（11）a論文七〇～七一頁。

（14）『資治通鑑』垂拱二年（六八六）三月胡三省注所引「唐制」には「乗伝日四駅」とある。

（15）駿河国駿河郡では、『日本三代実録』貞観六年（八六四）十二月十日条に「駿河郡帯二三駅・二伝一」とあり、『延喜式』兵部式79条にも伝馬を二ヵ所に設置したことがみえる。そのほか、『延喜式』兵部式78～85条の伝馬の設置数に着目すると、例外的に一〇匹の伝馬が置かれた信濃国伊那郡・美濃国恵那郡、八匹の伝馬が置かれた越後国頸城郡・同古志郡などが候補となる。

(16) 武井紀子「律令と古代財政史研究」（大津透編『律令制研究入門』名著刊行会、二〇一一年）一一三～一一六頁。

(17) なお、「通取二家富兼丁者一付之」の「付之」については、本条の『令集解』古記より、大宝令は「令レ養」もしくは「付之令レ養」であったことがわかる。後者であれば、天聖厩牧令唐21条（史料2）「其伝送馬・驢主、於二白丁・雑色邑士・駕士等色。丁内一、取二家富兼丁者一、付之令レ養、以供二逓送一」の「付之令レ養」をより直接的に引き継いだことになる。

(18) 荒川正晴註(12)著書二一七頁において、トルファン出土文書のなかに、西州が高昌県に対して、無役の中男と兼丁者を合わせて一三人差遣し、逓送に従事させるように命じたものがある。これによって、天聖厩牧令唐21条（史料2）は空文でないことが確かめられる。

(19) 永田英明註(4)論文一二三頁。

(20) 荒川正晴註(12)著書二〇四～二一八頁など。

(21)『延喜式』主税式下1条の正税帳の書式をみると、駅馬の飼料は正税から支出しているのに対し、伝馬はそうなっていない（天平期の郡稲帳・正税帳にも伝馬の飼料に関する記載はみえない）。これは伝馬の飼養者が飼料を負担したことを示す。参考までに『延喜式』左右馬式7条をみると、「其飼レ秣者、冬細馬日米三升、大豆二升、中馬・下馬各米一升、大豆一升、牛米八合。夏細馬日米二升、中馬一升、下馬及牛不レ須」とある。伝馬の具体的な飼料は不明ながら、かなりの負担とみて間違いない。

(22) 中村順昭「郡雑任の諸様相」（『律令官人制と地域社会』吉川弘文館、二〇〇八年）、森公章『地方木簡と郡家の機構』（同成社、二〇〇九年）など。

(23) 青木和夫「駅制雑考」（註(6)著書所収、初出一九七二年）一一七～一二三頁。

(24) この点は、拙稿「律令交通体系における駅路と伝路」（『史学雑誌』一〇五―三、一九九六年）五一～五二頁で指摘した。

(25) ファム・レ・フイ「賦役令車牛人力条からみた逓送制度」（『日本歴史』七三六、二〇〇九年）註(15)。以下、ファム氏の見解は本論文による。

(26) 大津透「唐律令国家の予算について」（『日唐律令制の財政構造』岩波書店、二〇〇六年、初出一九八六年）六一頁、荒川正晴註(12)著書一八四～二一九頁など。

(27) 日本の医疾令は散逸するが、逸文を通じてⓒⓓに対応する条文は復原されており（丸山裕美子a「日唐医疾令の復原と比較」『日本古代の医療制度』名著刊行会、一九九八年、初出一九八八年、同b「唐日医疾令的復原与対比」『法制史研究』（台湾）一六、二〇〇九年など）、伝制の利用規定は確認できない。もちろん、逸文という限界もあるが、伝制利用者について『令義解』厩牧令16条が「謂、国司向レ任、及罪人令レ乗二官馬一者、皆乗二伝馬一之類」と注釈しており、令文としては養老獄令15条だけしか認識していない点を重視すると、日本の医疾令に伝制利用規定はなかったとみてもよかろう。なお、養老獄令15条で配所へ向かう流移人に伝馬利用を認める以上、流移人を送達する使者も伝馬を利用できてよさそうなものであるが、ⓔの「其使並給二伝乗一」が本注の規定にすぎないためか、ⓔに対応する養老獄令13条では削除されている。

(28) 瀧川政次郎氏は、『唐会要』巻六十一館駅に「（開元）十八年六月十三日勅、如レ聞、比来給レ伝使人、為レ無二伝馬一、還只乗レ駅、徒押二伝遞一。事頗労煩。自レ今已後、応レ乗レ伝者、宜レ給二紙券一」とあり、唐では開元十八年（七三〇）に伝符から紙券に切り替わったことと、日本では『続日本紀』慶雲二年（七〇五）四月辛未条「給二大宰府飛駅鈴八口・伝符十枚一。長門国鈴二口」を最後に、伝符を諸国・大宰府に給わった記事が消えることを結びつけ、唐の影響で日本でも伝符は紙券に変更されたと推測した。近年では、渡辺滋氏が瀧川説を再評価し、『令集解』公式令40条古記に「注、過所符者、随レ便用二竹木一。謂、和銅八年五月一日格云、自レ今以後、諸国過所、宜レ用二国印一也」とあるように過所が紙の文書に変更されたのと同じく、伝符も早い段階から紙で作成された可能性が高いと主張する。瀧川政次郎「駅鈴伝符考」（地方史研究所編『出雲隠岐』平凡社、一九六三年）四六八～四六九頁、渡辺滋「任官関係文書に見る当事者主義」（『日本古代文書研究』思文閣出版、二〇一四年）註(5)。

しかし両氏の主張にもかかわらず、日本の伝符が紙の文書であったことを積極的に示す史料はないと思われる。たとえば、①『延喜式』太政官式18条には「凡香取神宮司任符、注下載可レ給二食馬一之状上、不レ給二伝符一。自余神宮司、給二食馬一者准レ此」とあるが、そのもととなった『類聚符宣抄』仁和三年（八八七）五月七日宣旨には「下総国鹿取神宮司、赴レ任之日、承前例、或給二伝符一、或不レ給、事是不レ同」とあり、仁和三年までは伝符が支給される場合もあったことがわかる。また、②新任国司の伝馬利用を規定した『延喜式』太政官式17条には「講読師赴レ任准レ此。唯不レ給二伝符一」という割注があり、諸国に派遣された講師・読師は、伝符こそ支給されないが、伝符を支給された新任国司と同待遇であったことがわかる。①②から判断するに、もし伝符が紙の文書であれば、わざわざ伝符の支給をやめて、紙の文書である任符（任官を通知する太政官符）に供給指示文言を書くようなことはしなかったであろう。日本の伝符は器物であり、紙に切り替わることはなかったと考える。

(29) 永田英明註(2)論文註(9)、松原弘宣「地方官の交通と伝馬制」（『日本古代の交通と情報伝達』汲古書院、二〇〇九年、初出二〇〇二年）一一九～一二〇頁など参照。

(30) 伝馬の速度を明確に定めた令文はないが、公式令88条「凡行程、馬日七十里、歩五十里、車卅里」に関して、『令集解』跡記は「乗二伝馬一、放二此七十里行一耳」と注釈しており、「馬日七十里」が伝馬の一日の行程を規定していた可能性がある。

(31) 永田英明註(2)論文三二頁が指摘するように、駅制は公式令と職制律に文書伝達との関連で規定された条文が存在するのに対し、伝制の場合、獄令15条の流移人の輸送など「人間そのもの」の送達との関係で伝制に言及した条文は存在するが、文書伝達との関わりで伝制に触れた条文はまったく存在しない。

(32) 高橋富雄「古代東国の貢馬に関する研究」（『歴史』一七、一九五八年）、大津透「雑徭から臨時雑役へ」（『律令国家支配構造の研究』岩波書店、一九九三年、初出一九九〇年）など。

(33) 森田悌註(9)論文四六頁は「駅鈴を欠いたまま官符等により駅乗を認められていた無鈴駅使と同様に、伝符を携帯せず官符等の処分に拠り伝使待遇を享けていたと考えられる」と述べ、松原弘宣註(29)論文一一一～一一二頁は、『類聚三代格』天平宝字八年（七六四）十月十日勅に着目し、「この勅では伝符による伝馬使用と遊牒による乗馬との間を区別することなく、「国郡司幷往来之人」に適用するとしていることが注目されるのである」と述べる。両氏ともに、伝符がなくても伝使の待遇が得られたとみている。こうした見方には筆者も賛同するが、その根拠としてあげた事例はあまり適切なものではない。

まず森田氏の見解について。そこで「無鈴駅使」と呼んでいるのは、『類聚三代格』延暦十九年（八〇〇）正月十六日太政官符に出てくる「（太〔大〕宰府）無レ鈴雑使」を念頭に置いたものであろう。こうした大宰府発遣の特殊な「無レ鈴雑使」が誕生したのは、神護景雲二年（七六八）に山陽道の伝馬廃止・駅家への吸収（『続日本紀』同年三月乙巳朔条）にともなって、従来は伝馬を利用していた使者が駅馬を用いるようになったことによる（森哲也「大宰府九箇使の研究」『古代交通研究』一、一九九二年、三六～三九頁）。慶雲二年（七〇五）以後、大宰府には伝符が配備されていたので、大宰府発遣の「無レ鈴雑使」は、もともと伝符の所持によって伝馬を利用していたとみることもできよう。

つぎに松原氏の見解であるが、「遊牒」は天平宝字八年十月十日勅で次のように記載されている。

一、諸国司等、新向二任所一、随二人品一、而給二伝剋一。然今聞、或預放二遊牒一、過二於期日一、不二早赴至一。或伝剋外、更令三多差二人馬等一。（後略）

ここに登場する「遊牒」は、伝符を所持した使者（この場合は新任国司）が、確実に逓送・供給の便宜を得ることを目的として、事前に路次諸国に発した文書と考えられ（第四章）、伝符に替わるものとして「遊牒」を発したわけではなかろう。

(34) 養老獄令6条に、死刑囚を刑場へ連れて行く際、五位以上および皇親であれば馬に乗ることを許すとあるが、流移人の伝馬利用も特別措置とみることができよう。

(35) 加藤友康「日本古代社会における交通と地方社会」（『飯田市歴史研究所年報』一二、二〇一四年）一六頁は、養老厩牧令22条は、各郡に配置された伝馬を伝符の支給された使者は利用できることを定めただけで、伝符を支給された者のみが伝馬を利用できる規定ではないことに留意すべきだと述べている。同様のことは、養老公式令42条（史料16）に関してもいえよう。

(36) 荒川正晴註(12)著書一八一～一八三頁など。

(37) 宋家鈺「唐《厩牧令》駅伝条文的復原及与日本《令》、《式》的比較」（『唐研究』一四、二〇〇八年）。復原の根拠は、『唐律疏議』雑律20条、『新唐書』巻四十六百官志一駕部郎中員外郎、『資治通鑑』垂拱二年（六八六）三月胡三省注所引「唐制」である。なお、第一章註(49)も参照のこと。

(38) 大日方克己註(1)論文五～六頁など。また松原弘宣註(29)論文一一六頁は、日本の伝制は、五匹の伝馬を常置するという制度それ自体では機能せず、それ以上の伝馬が用意できることを前提としており、「郡家が保持する交通機能のなかの国家的な部分を伝馬としたと考えられる」と述べる。

(39) 註(24)拙稿五三頁では、『風土記』の地名起源説話に関する研究（長山泰孝「播磨国風土記と天皇系譜」『古代国家と王権』吉川弘文館、一九九二年、初出一九八九年、仁藤敦史「古代王権と行幸」『古代王権と官僚制』臨川書店、二〇〇〇年、初出一九九〇年、関和彦『日本古代社会生活史の研究』校倉書房、一九九四年など）を参照して、伝馬の全郡一律五匹という画一性に込められた意味を次のように述べた。

とりわけ『播磨国風土記』に顕著なように、地名起源は大王に仮託して語られる場合が多く、大王行幸を話の前提としている点が重要である。もちろん地名起源説話自体は史実ではない。一般にいわれるように、説話の主人公は従来は在地の神であったのが、大和王権との接触の過程で大王に置き換えられていったのであり、大部分の地では大王行幸すらなかったと思われる。この点を確認した上で考えたいのは、大王を中心とする地名起源説話の誕生が与えたインパクトである。そのひとつの効果として、大王行幸地として認識されることにより、それらの土地が大王に服属・奉仕した過去を等しく負うことになった点が考えられる。そして天皇統治を受け入れ続ける限り、かつての大王との関係を維持することが要求されよう。それを制度化したのが各郡一律五疋の伝馬設置ではなかろうか。つまり各郡一律五疋の伝馬負担とは、すべての郡が（そしてその背後の人民が）中央からのミコトモチを等しく受け入れる義務を有することを理念的に表現したものと理解するのである。五疋という数字は小路の駅家における駅馬数と一致し（厩牧令16置駅馬条）、迎送業務を行う上での必要最低数であったと思われる。ミコトモチがいつ何時やってきても対処できるよう、五疋の伝馬が各郡家に常備されたのではなかろうか。この私見が許されるならば、各郡一律五疋の伝馬の設置は、天皇制イデオロギーを支える上でも極めて重要な役割を担っていたことになる。

伝馬の設置場所を郡家に限定している点は微修正を要し、また「天皇制イデオロギー」という用語を安易に用いた点は反省しているが、基本的な考え方は現在も変わっていない。

(40) 吉永匡史「日唐軍防令と北宋天聖令」（『律令国家の軍事構造』同成社、二〇一六年、初出二〇一一年）一三〇～一三六頁、大津透「古代日本律令制の特質」（『思想』一〇六七、二〇一三年）四二～四五頁などが、先行諸研究を踏まえ、総括的に述べる。

第三章　出土文字資料からみた駅制と七道制

はじめに

第一章では日唐律令条文（特に令文）の比較検討を通じて、駅制が緊急用の交通制度として構想された点は日唐間で共通するが、日本では駅の業務を専属的に担う駅戸をあらかじめ設定するなど、具体的な運用法では多くの相違点があることを明らかにした。しかし、それはあくまでも法的な特徴であり、運用実態は別途考える必要がある。そこで本章では、既存の文献史料に加え、出土文字資料（木簡、墨書土器、漆紙文書）を積極的に活用しながら、日本古代の駅制とそれに関係の深い七道制について、その成立過程と運用実態を中心に考えてみたい。

ここで本論に入る前に、出土文字資料を扱う際の注意点を確認しておく。出土文字資料によって、新たに駅家の名前が判明したり、駅家の場所が推定できるようになったりした事例は少なくない。ただし、ある遺跡から駅家関連の文字資料が出土したからといって、その遺跡を駅家であるとは断定できない。たとえば、序章で触れたように、遠江国敷智郡家（遠水海国渕評家）の有力な比定地である伊場遺跡群（静岡県浜松市）では、遺跡の性格と直接関わる郡家の活動を示す多数の文字資料のほかに、駅家に関わる文字資料も一定程度出土している。しかし、郡家と駅家が隣接して設置されていたとみるのか、郡家における饗宴などに駅家の人々が来訪した事実を物語るとみるのか、その判断は容易ではない[1]。こうした点に十分に注意を払いつつ、上記の課題に取り組みたい。

第一節　駅制と七道制の成立

1　駅制の成立時期

日本古代駅伝制度の成立について直接述べた史料は、『日本書紀』大化二年（六四六）正月甲子朔条の大化改新詔第二条である。主文に「初修二京師一、置二畿内・国司・郡司・関塞・斥候・防人・駅馬・伝馬一、及造二鈴契一、定二山河一」とあり、その副文のひとつに「凡給二駅馬・伝馬一、皆依二鈴・伝符剋数一」とみえる。ここでは駅馬・伝馬の設置と駅鈴・伝符の制を定めるが、大化改新詔の信憑性の問題もあり、別途裏づけをとる必要がある。伝制は第八章で国司制の成立と関連させながら検討するので、ここでは駅制の成立について問題にしたい。

『日本書紀』壬申紀には、天武元年（六七二）の壬申の乱に関わって、駅制の施行を窺わせる記事が複数ある。まず、六月二十四日に、大海人皇子（後の天武天皇）は吉野を脱出するにあたり、飛鳥京の留守司から「駅鈴」の入手を試みている。駅鈴を所持することで、駅制が利用できると期待されたからにほかならない。しかし、大海人皇子は駅鈴の入手に失敗し、東国へ急行する。その途次、「隠駅家」と「伊賀駅家」を焼いている。その先の行程では、大海人は主に「郡家」を利用しており、駅家は登場しない。この点はさまざまな解釈が出されているが、大友皇子の母方の勢力圏を突破したことで、追っ手の追撃を恐れて駅家を焼やす必要がなくなったためと考えればよかろう[2]。あえて伊勢国・美濃国などに駅家が存在しなかったとみる必要はあるまい[3]。したがって、畿内とその周辺部だけにしか駅家・駅制は成立していなかったという見解[4]は採用しない。

六月二十六日、大海人皇子の東国入りを知った近江朝廷は、東国・筑紫・吉備に徴兵使を派遣した。このうち東国への使者は、「東方駅使」と呼ばれている。その後、両軍は近江で激突するが、高橋美久二氏が指摘したように、息長横河（→横川駅）、鳥籠山（→鳥籠駅）、安河浜（→篠原駅）、栗太・瀬田橋（→勢多駅）など、後に駅家が置かれた場所の近辺が戦いの舞台となっている。これは近江朝廷軍が駅家に陣を張り、その近くで戦闘があったことを示唆する。(5) 最終的に、壬申の乱は大海人皇子方の勝利で終わった。七月二十二日、戦後処理の一環として、「以西諸国司等」から「駅鈴」「伝印」などを回収している。

以上の『日本書紀』壬申紀の記述から、天武元年までに駅制が成立していたことは確実である。永田英明氏は、壬申の乱における駅路の体系は倭京を核とし、天智六年（六六七）の近江遷都以前に始まると考えられることから、駅制の成立は少なくとも斉明朝（六五五〜六六一）まで遡ると論じた。(6) 現に『日本書紀』斉明三年（六五七）七月己丑条には、筑紫に漂着した覩貨邏国の男二人・女四人を「以レ駅召」したことがみえる。また、同四年十一月甲申条にも、蘇我赤兄が有間皇子謀反の由を「駅使」を遣わして、紀温泉（牟婁温泉）に滞在中の斉明天皇に奏上したことがみえる。この二つの記事は『日本書紀』特有の文飾があると理解されがちであったが、果たして文飾として片付けてよいであろうか。ここで次の平城京跡（奈良市）出土木簡に注目したい。

・紀伊国安諦郡駅戸桑原史馬甘戸同廣足調塩三斗
・　　　　天平四年十月　　　　　　262×20×4　032　城24-30頁上

駅戸は駅家が所在する郡内で設定される原則であるので、天平四年（七三二）には安諦郡（在田郡）に駅家が置かれていたことになる。(7) この時代の南海道駅路は、大和国から紀ノ川沿いに紀伊国へ入り、国府所在郡の名草郡を経て海部郡の賀太駅に向かい、淡路国を経由して四国へ渡るのが基本であった。しかし、この本線とは別に、少なくとも安諦郡まで延びる支線も走っていたのである。斉明朝に都のあった飛鳥から紀温泉にいたる途中に、安諦郡は位置する。天平四年に安諦郡に駅家が存在しているのは、斉明四年の紀温泉への行幸を契機として、飛鳥から紀温泉までの交通路の整備がおこなわれ、その路中に駅家が設置されたことによる可能性がある。

一方、覩貨邏人の駅制利用に関する記事も、すでに大化前代に大和―筑紫間では駅制の前身となる早馬の制度が機能していたとみられる以上、無下に退けるわけにはいかない。すなわち、青木和夫氏が指摘したように、『日本書紀』の崇峻紀以降、大和―筑紫間の連絡に関わって「駅使」「駅馬」「馳駅」の語がみえるようになる（崇峻五年十一月丁未条、推古十一年二月丙子条、皇極元年正月乙酉条、同二年四月庚子条、同六月辛卯条）。これらの古訓は「ハユマ」や「ハイマ」であり、すでに大化前代に早馬の制度が存在したと考えられる。五八九年の隋による中国統一を大きな契機として、東アジアが緊張に包まれるなか、大和―筑紫間に早馬制が整備された可能性が高い[8]。ただし、大化前代において、令制下のように独立性の高い駅家が置かれたとは考えにくい。松原弘宣氏が推測するように、倭王権の影響力の強い屯倉などの拠点に馬を配備し、緊急事態に備えたものと思われる[9]。

以上の点からみて、遅くとも斉明朝までに駅制が成立し、少なくとも畿内近国および大和―筑紫間に限っていえば、ある程度機能していたとみてよいと考える。

2　駅評と馬評

日本古代の駅家について永田英明氏は、専属の駅戸を置き、固有の田地（駅起田）とクラを拠点とした田地耕作や出挙活動（駅起稲）をおこない、そこからあがる収益を基礎に経営するなど、独立性が強いと指摘した。これは大化前代のミヤケ経営をモデルに考案されたもので、固有法的性格が強かったと推定している。

その際に永田氏が注目したのは、伊場遺跡出土の「屋椋帳木簡」である[10]。上端は欠損するが、現状で長さ一一六五ミリもある大型木簡である。同類の木簡を紐で束ねるために、下端には二次的に孔が穿たれている。墨書は表裏ともに七段以上、各段三～五行にわたって、人名とそれに付随する屋・椋の数（合点の可能性もある）[11]が書き連ねられている。そのなかの人物の所属を明記した項目として、「駅評人」が「加□□〔毛江ヵ〕五十戸人」などと同等のレベルで記されていた。「五十戸」は「里」の前身表記で、基本的に天武十年（六八一）以前に使用された。遠水海国渕評家という伊場遺跡の性格[12]も踏まえると、渕評の下に駅評と加毛江五十戸が属していたことになる。しかし渕評・駅評ともに、評という点では同格と考えざるを得ない。そこで永田氏は、評の訓である「コホリ」に着目しながら考察を進め、渕評は敷智地域の領域的なコホリ、駅評は駅家を拠点とした駅戸集団からなるコホリと理解したのである。

領域的コホリではない「評」の事例としては、次の森ノ内遺跡（滋賀県野洲市）出土木簡もあげられる。

・□百廿束馬評□〔甘ヵ〕毎倭
　部連加久支廿束
・刀良女六十束　　(186)×46×7　019　木33-151頁-2号

この木簡の内容とその意義は別稿で論じたことがあるが[13]、若干の補足をしながら再論しておきたい。

形状は上端が欠損する。「人名＋〇束」がひとまとまりをなし、少なくとも三人分の記載がある。表面は現状で上下二段に分けて記されており、表面の左行一文字目「部」は、右行最後の「倭」から続くとみてよい。裏面に「刀良女」という女性名が確認できるので、女性にも貸し付けられた出挙稲に関わる記録木簡と考えられる。「馬」の上は従来「来」と釈読されてきたが、上の二文字が数字となる点からも「束」が正しい。よって「来馬評」とはならない。「馬」に続く「□〔甘カ〕毎」の部分は、「甘」は「寸」、「毎」は「安」の可能性もある。いずれにせよ、「馬評」がひとまとまりの単語をなすことは動かない。

ここで注目したいのは、倭部連加久支なる人物の所属を「馬評」と記している点である。別稿で詳しく検討したように、森ノ内遺跡を含む西河原遺跡群は、安評家（後の野洲郡）の関連施設とみられるので、出挙の対象者は安評の人間であった可能性が高い。すなわち、安評の内部に馬評が存在したことになる。これはまさに、屋椋帳木簡と同じ構造といってよい。この点からも、「駅評」と「馬評」は同義とみてよいと考える。

この私見に対して松原弘宣氏は、八世紀の野洲郡内に馬道里（「馬道里→馬道郷□□里→馬道郷」と変遷）が設置され、その里（郷）名をもつ馬道首が分布する点に着目し、野洲評（安評）のなかに「馬道」などの人的集団が設置され、それが後に里・郷になったと考えた[14]。しかし「馬評（馬道評）」が後に野洲郡馬道里になったとしても、この評が安評に包摂されている点は看過できない。松原氏は「馬評」を「駅評」と同義とみるのに懐疑的であるが、「駅家」を「ウマヤ」と訓む点からも、「駅評」を「馬評」と表記することは十分にある。

実は「馬評」の史料はもう一点存在する。岡山県立博物館所蔵の「馬評」と刻書された土器（出土地未詳）がそれである。かつて伊予国宇摩郡の前身評に相当すると解釈されてきたが[15]、西河原遺跡群出土木簡のなかに「馬評」が存在することが明らかになった現在、あえて伊予国宇摩郡に結びつける必要はなくなった。早く山中敏史氏が見抜いたように、「馬評」は「駅評」と同義と考えてよかろう[16]。

これら駅評（馬評）の出土文字資料は、三点すべて七世紀後半のものであり、地域もそれぞれ異なる点は重要である。遅くとも七世紀後半頃までに、駅戸集団からなるコホリの駅評が全国規模で成立していたと考えられる。しかも駅評について、領域的コホリである一般の評と同じく「評」とされた点は注目される。一般の評の下部機関としてではなく、一般の評と並ぶものとして駅評を設定したことは、駅家の独立性の高さをよく物語っている。駅評が「評」字を含むからといって、評家（後の郡家）の一機能として駅制があったとみる必要はない。組織的にみて、駅家と評家は別個の存在と理解すべきである。

日本律令国家は駅制と伝制という二つの交通制度を構築するが、前者は駅評（馬評）が、後者は一般評が基盤となった。第八章で検討するように、伝制は大化元年（六四五）の東国国司派遣を契機に成立したと考えられる。駅制の具体的な成立時期は不明であるが、伝制に比べて極端に遅れたとは考えにくい。前述したように、遅くとも斉明朝（六五五～六六一）までには成立していたとみてよかろう。長元三年（一〇三〇）の国司交替時に作成された不与解由状の草案（いわゆる上野国交替実録帳）[17]には、天智九年（六七〇）作成の庚午年籍九〇巻がみえ、その内訳は「管郷」八六巻および「駅家戸」四巻となっており、天智九年までに上野国でも駅戸の集団が一般のサトとは別に把握されていた[18]。遅くとも天智朝には、駅制は全国的に成立していた可能性が高い。

駅制を機能させる上では、交通施設に特化した駅家を建設し、そこに専属の駅戸を置くことが肝要となるが、大化前代のミヤケに駅家のモデルを求めたことによって、その早期実現を可能にしたと考えられる。ここには中央政府の強い主導性が認められる[19]。評は孝徳朝（六四五～六五四）に全国的に成立したこと[20]を踏まえると、駅評の設置もこの時点にまで遡る可能性は十分にある[21]。

駅評の具体的な成立年代はひとまず措くとして、駅評も一般評と同じく評と呼ばれたことを重視すると、当初駅評は一般評と並列的な関係にあったという推測が成り立つ。やがて屋椋帳木簡などに示されているように、駅評はサト（五十戸）に準じるものとして扱われ、一般評の下部単位として組み込まれるが、その一方で駅評の呼称は依然として続くことになった。そして大宝令施行（七〇一年）の時点に、もしくはそれまでのある段階に、駅評から駅家里へ呼称が切り替わる、という一連の流れが読み取れよう。

3　七道制の成立と駅路

日本律令国家は、全国を畿内と七道に区分して地方を支配した。七道は都を起点とする方位によって、東の東海道・東山道、北の北陸道・山陰道、西の山陽道・西海道、南の南海道に分かれる（山陰道は西の可能性もある）。七道は行政ブロックの呼称であるが、各国を貫くように都から地方に延びた駅路をも指す。山陽道を例にとると、第一義的には播磨・備前・備中・備後・安芸・周防・長門の各国からなる行政ブロックであるが[22]、これらの地域を貫く「山陽之駅路」（『続日本紀』天平神護二年五月丁丑条）を慣用的に山陽道と呼ぶこともあった。駅路は駅家のある道路であるが、百姓の往来に便宜を与えるために「駅路両辺」に果樹植栽を命じたように（『類聚三代格』天平宝字三年六月二十二日太政官符）、都鄙間を往来する運脚夫や役民らも利用できた。

鐘江宏之氏が明らかにしたとおり、天武十二年（六八三）～十四年の国境画定事業と連動しながら、七道制は整備されたと考えられる[23]。それ以前から国（国造のクニではない）は存在していたが[24]、必ずしも国境が明確になっておらず、また吉備・高志・筑紫・火・豊といった巨大な国もあった。こうした巨大な国を分割したり、その他の一般諸国も所管する評を一部編成替えしたりしながら、令制国の領域が画定されたと考えられる。当時整備されつつあった直線道路も利用しながら国境画定事業は推進され、都から放射状に延びる幹線道路を軸とした畿外諸国の編成ブロックとして、七道が成立するのである。

これを受けて、国名は畿内・七道の順に、七道は東海道から反時計回り、最後は西海道に配列されるのが原則となる。七道制が成立する少し前の天武四年、「大倭・河内・摂津・山背・播磨・淡路・丹波・但馬・近江・若狭・伊勢・美濃・尾張等国」を対象に、芸能者の貢上を命じた勅が出された（『日本書紀』同年二月癸未条）。その配列からみて、①大倭・河内・摂津・山背、②播磨・淡路、③丹波・但馬、④近江・若狭、⑤伊勢・美濃・尾張、というまとまりが読み取れる。これは七道制下における諸国の配列方法とは大きく異なる。

さて、巨大な国を分割して誕生した国の名称は、次のように「ミチ」字を含む点に特徴がある。

備前（キビノミチノクチ）、備中（キビノミチノナカ）、備後（キビノミチノシリ）

越前（コシノミチノクチ）、越中（コシノミチノナカ）、越後（コシノミチノシリ）

筑前（チクシノミチノクチ）、筑後（チクシノミチノシリ）

肥前（ヒノミチノクチ）、肥後（ヒノミチノシリ）

豊前（トヨクニノミチノクチ）、豊後（トヨクニノミチノシリ）

括弧内は『倭名類聚抄』にみえる和訓である。備前を例にとると、「岐比乃美知乃久知」のように一字一音で和訓が記されているが、すべて片仮名に改めて示した。木簡のなかにも、たとえば次のような事例がある。

・吉備道中国加夜評

・葦守里俵六□　　111×24×3　031　評217号

これは飛鳥池遺跡（奈良県明日香村）の南地区（工房地区）から出土した荷札木簡である。他の共伴木簡の年代観からみて、国境画定事業が終わって間もない時期のものと考えられる。「吉備道中国」という表記は、『倭名類聚抄』の示す古訓と合致する。藤原宮跡（奈良県橿原市）からも、「吉備道中国」（評224号）、「備道前国」（藤3–1181号）、「吉備道」（藤3–1488号）と書かれた木簡が出土している。「道」字は入っていないが、「吉備中（国）」（評216・223号、飛10–7頁下）、「吉備後」（藤3–1122号）、「高志前」（飛18–67号）と記された木簡も存在する。

これらの国名の読み方は議論がある。備前・備中・備後を例としてあげると、次の二説が存在する。

Ａ「キビノミチ（吉備道）」の「クチ（前）・ナカ（中）・シリ（後）」

Ｂ「キビ（吉備）」の「ミチノクチ（道前）・ミチノナカ（道中）・ミチノシリ（道後）」

山田英雄・前田晴人両氏はＡ説に立ち、『古事記』崇神・景行天皇段の「東方十二道」や『日本書紀』大化二年（六四六）三月甲子条なども参考にして、諸国を分割する以前の行政区画「道」に関わると理解した(25)。これに対して鐘江氏は、Ａ説の場合、豊前・豊後の分割前が「トヨクニノミチ」となり、「クニ」と「ミチ」の両方が使われるなど、整合的には説明できない部分があると指摘し、新たにＢ説を提示して、交通路である「道」沿いに諸国を分割したことによる呼称とみた。その後、岩本健寿・狩野久両氏が、上記の吉備に関わる木簡を中心に取り上げながら、行政区画としての「吉備道」は認められるとし、Ａ説の再評価を試みている(26)。

このように二説は拮抗しているが、筆者はＢ説により妥当性を感じる。たしかに岩本氏が指摘するように、「前」「中」「後」をともなわない「吉備道」と書かれた木簡（藤3-1488号）は、Ａ説に対して有利に働くかもしれない。しかし本木簡は、全体が「□□□□〔備道カ〕吉備道道」と記された習書木簡であり、この点に一抹の不安を残す。その上、本木簡は四周がすべて欠損しており、下端欠損部に「前」「中」「後」字がなかったとも断定できない。また、Ａ説のように「道」が行政区画であったとした場合、木簡では「道」字の省略事例がやや目立つ点は大きな問題として残ろう。さらに、Ａ説では「道」を総領（大宰）の統括地域として捉える点に特徴があるが、仮に吉備はよいとしても、高志（越）に総領が存在したことを示す史料はない。くわえて、すでに鐘江氏が指摘しているように、Ａ説では豊前・豊後の和訓が説明しがたいという問題が依然として残る。このようにＡ説では全体を整合的に理解できない点がいくつかあり、Ｂ説に従うべきものと考える。

さて、全国の駅名を記す『延喜式』兵部式78〜85条によると、西海道を除く六道は、都から放射状に直接延びる駅路の本線と、そこから外れる国までの支線を基本とし、他道との連絡路はごく一部があるにすぎない。しかし、それは平安時代のことである。奈良時代にはより複線的で巡回路的な駅路が存在したと指摘されている。(27) 発掘調査の所見によれば、奈良時代の駅路は、平野部では道幅九〜一二メートル前後もある直線道路であった。

こうした直線駅路が整備された時期を明確化することは難しいが、歴史地理学者の間では、天智朝（六六二〜六七二）とする見方が有力なようである。(28) 天智二年（六六三）の白村江敗戦を契機に北部九州や瀬戸内海沿岸部では朝鮮式山城が多数築かれたが、直線駅路は山城の近辺を通る傾向が認められるからである。(29) ただし、天智朝に直線駅路が整備されたという確証はなく、開始時期も七世紀後半から八世紀初頭まで少し幅をもたせるのが穏当であろう。すなわち、駅制の成立（特に駅家の成立）に少し遅れて、直線駅路は整備され始めたと考えられる。

注意すべきは、直線駅路の成立以前に、すでに列島各地を結ぶ道路網がそれなりに存在していたことである。そこから重要な道路を選び取って駅家を配置し、（直線道路ではないが）駅路として機能させたと考えられる。近江俊秀氏は直線駅路の前段階に既存路線を利用した「プレ駅路」を想定しており、(30) その具体的な年代をどこに求めるのかを措けば、首肯できる見解である。こうした網の目状に張り巡らされた駅路の存在を前提として、その取捨選択および直線道路としての大整備をおこないながら、七道の体系を成立させたとみてよかろう。

ここで直線道路の大整備を示す貴重な文献史料として、『続日本紀』天平九年（七三七）正月丙申条・同四月戊午条に記された、陸奥按察使・鎮守将軍であった大野東人による奥羽連絡路（陸奥国多賀柵—出羽国秋田村出羽柵）の開通記事に触れておきたい。今泉隆雄氏による検討結果を踏まえて概要を述べると、次のとおりである。(31)

天平五年十二月における出羽柵の秋田村遷移と雄勝村建郡の命令を受けて、奥羽連絡路の開通計画が始まり、同九年二月に道路開通の軍事行動が開始される。陸奥国府から出羽柵（秋田村）に行く道は男勝（雄勝村）を通ることになるが、男勝は未征服地のため、道は「行程迂遠」（道筋が曲がりくねって遠い）であった。そこで、男勝を征服して、「直路」（直線道路）を通そうとした。このときの直接的な軍事行動は、二月二十五日～三月下旬の第一次作戦行動、四月一日～十一日の第二次作戦行動に分かれる。遠征軍の兵数は、陸奥側が坂東からの騎兵一九六人、鎮兵四九九人、陸奥国軍団兵士五〇〇〇人、帰服狄俘二四九人であり、出羽国側が出羽国軍団兵士五〇〇人、帰服狄一四〇人であった。第一次作戦の結果、①「雖㆓物是山野、形勢険阻㆒、而人馬往還、無㆓大艱難㆒」である陸奥国賀美郡家―出羽国最上郡玉野の八〇里（約四二・六キロ）、②「地勢平旦、無㆑有㆓危嶮㆒」である玉野―比羅保許山の八〇里、計一六〇里（約八五・二キロ）が開通した。第二次作戦では男勝の征服を目指したが、こちらは大雪のため実現しなかった。

　こうして第一次作戦で一六〇里の道が開通したが、その工事の状況は「或剋㆑石伐㆑樹、或填㆑澗疏㆑峯」とあるように、岩を刻み、木を切り、谷を埋め、峯を削るなど、地形に大改変を加えるものであった。工事期間は約一ヵ月で、労働力は陸奥・出羽両軍あわせて六五八四人であるので、推算延べ人数は約二〇万人ということになる。その結果、自然地形に左右された「行程迂遠」路は、人工的な「直路」へと生まれ変わったのである。その後、天平宝字二年（七五八）・三年の藤原朝獦による男勝征討を受けて、奥羽連絡路は全通し、同三年、出羽国玉野・避翼・平戈・横河・雄勝・助河、陸奥国嶺基などの駅家が設置される（『続日本紀』天平宝字三年九月己丑条）。

　この奥羽連絡路の開通は八世紀の出来事であり、征夷という特殊性があるとはいえ、七世紀の直線道路建設を考える上でも参考になる点が多い。おそらく、農閑期などに大量に人員を導入して、一気に直線道路を造り上げた推測される。その音頭をとったのは国宰（国司の前身）とみられるが、中央から技術者が派遣されることもあったであろう。八世紀初頭の事例になるが、美濃国から信濃国に通じる岐蘇路を開削した際、美濃国の守・少掾・大目に加えて、匠に対しても褒賞された（『続日本紀』和銅七年閏二月戊午朔条）点が注目される。

第二節　七道制の展開

1　七道制と地方支配

日本の七道制のモデルとなったのは、唐の貞観元年（六二七）に始まる十道制である。『旧唐書』巻三十八志第十八地理一に「自㆓隋季喪乱㆒、群盗初附、権置㆓州郡㆒、倍㆓於開皇・大業之間㆒。貞観元年、悉令㆓併省㆒。始於㆓山川形便㆒、分為㆓十道㆒」とあるように、唐が中国全土を統一する前年の貞観元年、増えすぎた州を併合するために、地勢や交通の便を考慮しながら、領土を一〇のブロックに区分したものである。十道（後に十五道）は地理的区分として始まったが、徐々に地方行政区画としての性格を帯びるようになり、開元二十二年（七三四）に採訪処置使が置かれ、道の治所が設置されると、純然たる地方行政区画へと変貌を遂げる(32)。

武田佐知子氏が指摘しているように、唐の十道のうち六道は京畿とは接しておらず、唐の十道制がある種同心円的な配置をとったのに対して、日本の七道は都から放射状に延びる道を軸に編成されるという特徴がある(33)。それを象徴するのがいわゆる「行基図」で、日本列島の正確な描写よりも七道の記載に力点を置いている。

七道の大きな特徴は、中央政府による地方支配の基本単位として機能した点にある。中央政府は地方に各種の使者（朝使）を派遣したが（第十章）、全国一斉派遣型の朝使は畿内・七道を対象に任命され、路次諸国を順次通過しながら職務を遂行した。特定国へ下向する朝使や国司も、そこへいたる七道の駅路を使用する決まりで、別ルートをとる際には「枉道官符」（道を枉げるための太政官符）が必要であった（『別聚符宣抄』延喜十四年六月十三日太政官符）。中央政府から全国に命令を下す場合も、畿内と七道を対象に計八通の文書を作成し、それぞれ国から国へ順次送る諸国逓送方式がとられた。ある国に文書を下達する場合にも、多くは諸国逓送方式によった（第五章）。

逆に、地方から都へ人や物・情報を送り届ける際にも、七道の駅路をたどるのが原則であった。諸国から中央へ上申する際の駅馬利用範囲も、七道ごとに設定された（公式令51条）。また、調庸物の貢進期限を区別するために、近国・中国・遠国が設定されているが（賦役令3条など）、全国一律の基準ではなかった。『延喜式』主計式上13～76条をもとに、下りの行程日数をみると、近国は半日～六日、中国は四日～一三日、遠国は七日～二五日で、相互に重なり合う部分が多い。だが七道別にみれば矛盾はない。熊田亮介氏が指摘するように、遠国のみからなる西海道諸国を除き、七道それぞれに近国・中国・遠国がすべて揃うように設定した結果である。特に山陽道諸国の場合、他道の基準であれば中国までに収まるにもかかわらず、わざわざ遠国を設定している(34)。

ところで、七道制の原理は国内統治にも応用された。著名な史料であるが、天平八年度（七三六）以前伊勢国計会帳に、次のような興味深い記載がある(35)。

為レ検二水田熟不一、発二遣少掾佐伯宿禰鍬作道前、少目大倭伊美吉生羽道後一符二紙少掾佐伯宿禰鍬作請レ仮。仍替、以二九月三日一、遣二国博士狩忌寸乙麻呂一。少目大倭伊美吉生羽、遣二大神宮幣帛使所一。仍替、以二九月六日一、遣二大目土師宿禰麻呂一。

国府が所在する鈴鹿郡を境に、「道前」は鈴鹿郡を含む北側の六郡、「道後」は南側の七郡を指す。部内を巡行する国司は道前・道後を単位に任命・派遣され、国符も二通作成して郡から郡へ順次送られたことを示す。

こうした国内のブロック化が他国でも実施されていたことは、平川南氏が木簡・墨書土器などの検討を通じて明らかにしている。[36] 代表的な事例のみ示すと、藤原宮跡出土木簡の「上捄国道前」（県藤37号〔釈文一部変更〕）、平城宮跡（奈良市）出土木簡の「（下）□〔総カ〕国道口葛□〔飾カ〕」（城15−23頁下〔釈文一部変更〕）、平城宮跡出土墨書土器の「道口田木郡」（同じ土器に「美濃国安八郡壬生郷」などの記載もあることから、「田木郡」は美濃国多芸郡に相当すると推定できる）など、「道前（道口）」と記されたものがある。また、屋代遺跡群（長野県千曲市）から、八世紀前半の「符　更科郡司等」で書き始める国符木簡が出土している（木22−256頁−2号）。屋代遺跡群は埴科郡に所在するため、千曲川沿いの信濃国北部を「更科郡→水内郡→高井郡→埴科郡」の順に逓送されたとみられる。

同じく平川氏が指摘するように、郡内のブロック化もなされていた。[37] その好例が丹波国氷上郡で、瀬戸内海に注ぐ加古川水系の西部地区と、日本海に注ぐ由良川水系の東部地区に分かれる。西部地区には氷上郡家関連の市辺遺跡（兵庫県丹波市）が、東部地区には郡家別院とみられる山垣遺跡（兵庫県氷上市）が存在する。山垣遺跡からは、冒頭に「符春部里長等　竹田里六人部」と書かれた郡符木簡が出土している（木20−228頁−2号）。「春部里」と「竹田里」は氷上郡の東部地区にあたり、本郡では東西二つに分けて支配していたことを示唆する。郡家別院は全国各地でみつかっており、郡内のブロック化は広く実施されていた可能性が高い。

こうした国内・郡内のブロック化は、七道制の原理を国内統治に応用したものにほかならない。日本律令国家による地方支配は、まさに「道」を通じて実施されたのである。

2　本線と支線

さて、七道の駅路については、本線と支線の違いを区別する必要がある。一例として、『続日本紀』宝亀二年（七七一）十月己卯条を取り上げてみよう。[38]

太政官奏、武蔵国、雖レ属二山道一、兼承二海道一、公使繁多、祗供難レ堪。其東山駅路、従二上野国新田駅一、達二下野国足利駅一。此便道也。而枉従二上野国邑楽郡一、経二五箇駅一、到二武蔵国一、事畢去日、又取二同道一、向二下野国一。今東海道者、従二相模国夷参駅一、達二下総国一、其間四駅、往還便近。而去レ此就レ彼、損害極多。臣等商量、改二東山道一、属二東海道一、公私得レ所、人馬有レ息。奏可。

東山道駅路は上野国新田駅から下野国足利駅へ向かうルートが「便道」であるが、武蔵国が東山道諸国に属しているため、上野国邑楽郡から南下して五駅を経由して武蔵国府へいたるルート（東山道武蔵路）[39]を往復する必要があった。さらに武蔵国には、相模国夷参駅から四駅を経由して下総国府へ向かう東海道駅路も通っていた。このように武蔵国には東山道・東海道の駅路が走るため、公使の到来が頻繁で、逓送・供給役の負担が重かった。こうした現状を改善するために、武蔵国は東山道諸国から東海道諸国へ移管されたのである。

一見すると、東山道の使者は必ず武蔵国を経由したようにもみえるが、実際は違うであろう。武蔵国を経過したのは、東山道諸国全体に派遣された使者や下達文書を国ごとに逓送する際などに限られ、目的地が武蔵国ではなく下野国より先にあれば、上野国から下野国へ直接入るルートを使ったと考えられる。

これに関しては東海道の状況が参考になる。相模国から下総国へ向かうルートとして、宝亀二年条は武蔵国を経由するルートをあげるが、相模国から上総国（安房国を含む）まで海を渡って下総国へ北上するルートがより正式なものであった。しかし、下総国や常陸国に目的地がある場合、わざわざ海路を使って上総国に立ち寄る必要はなく、武蔵国経由ルートを使用したのである。このルートを使う使者の数は多かったようで、神護景雲二年（七六八）には、下総国井上駅・浮嶋駅・河曲駅、武蔵国乗潴駅・豊嶋駅の駅馬数が「中路」相当の一〇匹に増置されている（『続日本紀』同年三月乙巳朔条）。武蔵国経由ルートは当初は支線の扱いであったが、神護景雲二年に本線に準じるようになり、宝亀二年に武蔵国が東海道に移管されると、本線になったと考えられる。

本線と支線の使用区分については、南海道に関してもいえる。四国は［阿波国→讃岐国→伊予国→土佐国］というルートで結ばれていたが、養老二年（七一八）に迂遠・険難という理由で、［阿波国→土佐国］ルートが新設された（『続日本紀』同年五月庚子条）。他方、［阿波国→讃岐国→伊予国→土佐国］ルートも、その後九〇年近く駅路として機能している（『日本紀略』延暦十五年二月丁亥条、『日本後紀』同十六年正月甲寅条）。南海道全体に使者を派遣したり、逓送方式で文書を伝達したりする際には、この迂回路が使われ、土佐国のみに目的がある場合、近道となる［阿波国→土佐国］ルートが使用されたと考えられる。

さらに『延喜式』兵部式81条によれば、若狭国の駅家は弥美駅・野飫駅の二駅で、その書き順から、越前国の松原駅から西方の若狭国府へ向かう北陸道の支線が延びていたことがわかる。しかし奈良時代には、天平四年度（七三二）越前国郡稲帳が示すように、下達文書の伝達時には［若狭国→越前国→能登国］ルートがとられた。これは近江国の三尾駅から若狭国を経由して越前国へ向かうルートである。もちろん、越前国やその先にのみ目的地があれば、近江国から愛発関を越えて越前国へ直接入った。その後、延暦十四年（七九五）に［近江国→若狭国］の駅路は廃止され（『日本紀略』同年七月辛卯条、同閏七月辛亥条）、『延喜式』に記された路線となる。

時期的に少し変遷もあるが、東海道では志摩国・甲斐国・安房国（・上総国）において、東山道では飛驒国（・武蔵国）において、北陸道では若狭国・能登国・佐渡国において、山陰道では丹後国・隠岐国において、山陽道では美作国において、南海道では土佐国において、それぞれルートのズレが生じていた可能性がある。

こうした二つのルートについて、永田英明氏は「巡行の道」「直行の道」と名づけた[40]。このうち前者は、巡察使などの朝使が七道を巡行する際だけでなく、下達文書を諸国逓送する際などにも広く利用されるので、ここでは「巡行・逓送の道」と呼び改めたい。これは可能なかぎり七道諸国が串刺しになるように設定されたルートである。一方「直行の道」は目的地への最短ルートである。中央発の交通の場合、目的に応じて二つのルートを使い分けたと考えられる。これに対して諸国発の交通の場合、調庸物などの運送や上申文書の伝達に際しては、諸国の人間が直接都へやってくるのが原則であるため（第五章）、「直行の道」が多用されたと推定される。そして、後述するように、七道の区別にとらわれず、より通行に便利なルートを選択する場合も少なくなかった。

3　「東日本の幹線路」

七道制は日本律令国家の地方支配の根幹を規定していたが、その一方で七道制の枠組みを越えた交通が展開していた点についても注意を払う必要がある。そもそも、第一節で述べたように、奈良時代の駅路は、平安時代と違って、複線的で巡回路的な様相を呈していた。この点に自覚的であったのが高橋美久二氏で、全国の事例を幅広く概観している[41]。この高橋氏の研究も参考にしながら、七道制の枠組みを越えた交通の問題を考えてみたい。その一例として、伊場遺跡出土木簡を掲げることから始めよう[42]。

・□□□美濃関向京於佐々□□〔事カ〕□□□□　□□□□〔置始部カ〕人

・□駅家　宮地駅家　山豆奈駅家　鳥取駅家

（326）×30×12　019　木30-201頁-19号

これは第七章で取り上げる八世紀前半の「過所木簡」である。ここで注目すべきは、伊場遺跡のあった遠江国から平城京へ向かうにあたって、参河国にあった宮地駅家・山豆奈駅家・鳥取駅家を通過した後、美濃関（不破関）を越えようとしている点である。いうまでもなく、遠江国・参河国は東海道諸国に、美濃関のある美濃国は東山道諸国に属す。東海道諸国から上京する際には、七道制の論理では東海道駅路を最後まで使用することになっているが、実際には途中から東山道駅路が使用されたのである。

同じく平城宮跡からも、「私故」つまり私的理由のために、不破関を越えて故郷の甲斐国に帰国する旨を記した「過所木簡」（第七章史料22）が出土している。また、天平勝宝七歳（七五五）に常陸国の防人が詠んだ歌（『万葉集』巻二十―四三七二番歌）のなかにも、

足柄の　み坂賜り　顧みず　我は越え行く　荒し男も　立しやはばかる　不破の関　越えて我は行く　馬の爪　筑紫の崎に　留まり居て　我は斎はむ　諸は　幸くと申す　帰り来までに

とあり、足柄坂に加えて不破関が登場する。甲斐国・常陸国ともに東海道諸国に属すが、途中で不破関を通過しており、東山道駅路を使用したことがわかる。ちなみに、当時東山道諸国に属していた武蔵国の防人も、歌のなかで足柄坂を詠んでおり（『万葉集』巻二十―四四二一・四四二三番歌）、東海道駅路を使用している。

さらに、天平六年度（七三四）尾張国正税帳によれば、陸奥国から都に進上される御馬や、上野国へ下向する父馬（種馬）が尾張国を通過している。また同十年度駿河国正税帳にも、陸奥国から都に進上される御馬や、陸奥国から摂津職に送られる俘囚、あるいは都から下野国へ下る使者が、駿河国を通過したことがみえる。陸奥国・上野国・下野国ともに東山道に所属するにもかかわらず、東海道に属す尾張国や駿河国を通ったことになる。

川尻秋生氏はこれらを含む各種史料を博捜し、制度上の東海道・東山道とは異なる、次のような「東日本の幹線路」が存在したことを明らかにした[43]。

都→近江国→美濃国→尾張国→参河国→遠江国→駿河国→相模国→武蔵国→（上野国）→下野国→陸奥国→出羽国

「東日本の幹線路」に関わる史料のひとつに、『類聚三代格』承和二年（八三五）六月二十九日太政官符「応下造二浮橋・布施屋一幷置中渡船上事」がある。これによると、

　件等河、東海・東山両道之要路也。或渡船少レ数、或橋梁不レ備。因レ茲、貢調担夫等、来二集河辺一、累レ日経レ旬、不レ得二渡達一。彼此相争、常事二闘乱一、身命破害、官物流失。

という状況であったため、富士河（駿河国）・鮎河（相模国）に浮橋を設け、墨俣河（尾張・美濃の国境）・草津渡（尾張国）・飽海河（参河国）・矢作河（参河国）・大井河（遠江・駿河の国境）・阿倍河（駿河国）・太日河（下総国）・石瀬河（武蔵国）・住田河（武蔵・下総の国境）に渡船を増設し、墨俣河の両岸に布施屋を造立している。川尻氏が指摘したように、太日河・石瀬河・住田河以外はすべて「東日本の幹線路」に含まれる。なかでも墨俣河は注目される。墨俣河には承和二年以前から渡船二隻が置かれていたが、新たに四隻に増やされ、両岸には布施屋も造立された。墨俣河は美濃・尾張の国境を流れ、東海道—東山道の連絡路における交通の要衝であった。この連絡路を貢調運脚夫が往来するという実態があり、国家もまたそれを認めていたのである。

　ところで、武蔵国と上野国を連結する東山道武蔵路は、宝亀二年（七七一）に武蔵国が東海道に移管されると、駅家は廃止されたと考えられる。しかし、その後も活発な交通が展開した。天長十年（八三三）には「管内曠遠、行路多レ難、公私行旅、飢病者衆」という理由で、武蔵国多摩郡と入間郡の境に「悲田処」を置き、「屋五宇」を建てている（『続日本後紀』同年五月丁酉条）[44]。また昌泰二年（八九九）には、「僦馬之党」による「盗二山道之駄一、以就二海道一、掠二海道之馬一、以赴二山道一」という行為が問題視されている（『類聚三代格』同年九月十九日太政官符）。「山道」（東山道）と「海道」（東海道）を結ぶ往来が展開しており、東山道武蔵路が使われた可能性が高い。

　これらの事例は、七道制や駅路の体系に必ずしも拘束されない多様な交通が展開していたことを物語る。

4　東日本の七道連絡路

七道制の枠組みを越えた交通実態は、東日本の幹線路だけに限定されるものではない。この問題を考える上で興味深い八世紀後半頃の木簡が、平城京跡の西大寺旧境内から出土している。(45)

・東海道　伊賀　尾張　遠江　伊豆　上総　常陸　　　　近江　火太　甲斐　下野　□
　　　　　　　　志麻　　　　武蔵　　　　　東巽道　　　　　　　　　　　　□
　　　　伊勢　□河　駿河　相武　下総　阿波　　　　美濃　信野　上野　常奥　□

・紀国　伊刀　海麻　牟呂　淡路国　阿波国□□□□土左国　　阿川
　　　　那賀　安□　　　　御原　板野□□□□長岡□□　□
　　　　名草　日高　　　　津名　三間□□　　　土左　□　土左

(515)×34×6　019　木35-11頁-1号

明らかな二次的習書部分を除いて釈文を掲げた。表面では「東海道」と「東山道」の国名が記され、裏面では南海道の「紀国」「淡路国」「土左国」の郡名が記されている。最も注目されるのは、「東山道」を「東巽道」と表記していることである。「巽」は「撰」に通用するとみられ、東山道（＝東巽道）は「トウサンドウ」ではなく「トウセンドウ」と訓まれたことがわかる。東山道の推定ルート上に「仙道」など「センドウ」地名が遺ること、(46)江戸時代の「中山道」を「ナカセンドウ」と訓むこととも整合的である。

国名についても、「志摩」を「志麻」、「相模」を「相武」、「安房」を「阿波」、「飛騨」を「火太」、「信濃」を「信野」、「陸奥」を「常奥」、「紀伊」を「紀」と表記している点は注目される（「□河」も「三河」と読めそうで、「参河」ではない）。とりわけ「常奥」（常陸の奥）は、都からみて常陸国の奥に立地する陸奥国の表記として面白い。陸奥国は東山道に属すが、東海道諸国の常陸国の延長上に認識されているのである。

また、志麻（志摩）・武蔵は追記のような形で記載され、志麻は東海道の国名の配列順に合わない。阿波（安房）も配列が前後する。志麻・阿波は支線で結ばれた国であること、武蔵は宝亀二年に東海道に配置換えされたことに起因する可能性もある。

さらに興味深いのは、甲斐が東巽道に分類されていることである。甲斐国は一貫して東海道に属していたが、『古事記』景行天皇段の記すヤマトタケル東征伝承において、［足柄坂↓甲斐の酒折宮↓信濃の科野之坂］ルートが示されているように、甲斐国には東海道と東山道を連結する側面もあった。七道制の体系では、駿河国の横走駅から延びる支線を通じて、甲斐国は東海道に組み込まれたが、甲斐国と信濃国を結ぶ交通路が遮断されたわけではなく、その後も長く生き続けたのである。こうした甲斐国の立地上の特質から、その国名の原義を「交ひ」に求める見解[47]や、酒折宮の「サカオリ」は「複数の境界が重なり合う」の意で、交通の結節点（甲斐九筋が交わる）であったという見解[48]も出されている。その当否は措くとしても、甲斐国は『延喜式』駅路の体系からイメージされるような行き止まりの国でなかったことは確実である。

ちなみに甲斐国は、山梨・八代・巨麻・都留の四郡からなり、山梨・八代・巨麻の三郡は甲府盆地を中心とする「国中」地方に、都留郡は「郡内」地方に相当する。都留郡は相模川水系に属する相模文化圏にあたり、立評以前には相模国造の支配下にあったとする意見もある。大隅清陽氏は、御坂路（富士山の東回り）が東海道駅路の支線として採用された結果、駅制を含む御坂路を甲斐側で運営するために、御坂路が通過する都留評を相模国から甲斐国へ編入する必要が生じ、都留評（郡）家も東限の古郡郷（山梨県上野原市）から中央部の大月遺跡（山梨県大月市）へ移転された可能性を指摘している[49]。

東日本の七道連絡路としては、信濃国（東山道）―越後国（北陸道）の駅路も極めて重要である。このルートは

『延喜式』兵部式80条でも確認できる（ただし信濃国内のみとなっている）。田島公氏は、次の大伴家持の歌（『万葉集』巻十九―四一五四番歌）にみるように、「越」にかかる枕詞が「しなざかる」となっており、シナ（科野）より遠ざかってコシ（越）にいたるという意味になっている点に注意を喚起している(50)。

あしひきの　山坂越えて　行き変はる　年の緒長く　しなざかる　越にし住めば　大君の　敷きます国は
都をも　ここも同じと　心には　思ふものから　（後略）

田島氏は、「シナノ」（科野）から「コシ」（後の越後）に出るルートが、越前の敦賀から越国に入るルートより印象深く大和王権の人々に意識され、それが伝承されていった可能性を指摘する。しかし、本ルートは八世紀以降も依然として重要であり続けたのではなかろうか。川尻秋生氏は、北陸道の難所である親不知を避けるためにも、このルートが長く使い続けられたことを論じている(51)。

この信濃国―越後国ルートは、特に七世紀中葉から八世紀初頭において、対蝦夷戦争の上で重要な役割を担っていた。これは次のような柵・柵戸の設置記事からも窺うことができる。

(a)治㆓磐舟柵㆒、以備㆓蝦夷㆒。遂選㆘越与㆓信濃㆒之民㆖、始置㆓柵戸㆒。　（『日本書紀』大化四年是歳条）

(b)勅、割㆓尾張・上野・信濃・越後等国民二百戸㆒、配㆓出羽柵戸㆒。　（『続日本紀』和銅七年十月丙辰条）

(c)（前略）因以㆓陸奥（国）置賜・最上二郡、及信濃・上野・越前・越後四国百姓各百戸㆒、隷㆓出羽国㆒焉。　（『続日本紀』霊亀二年九月乙未条）

(d)以㆓信濃・上野・越前・越後四国百姓各一百戸㆒、配㆓出羽柵戸㆒焉。　（『続日本紀』養老元年二月丁酉条）

このうち(d)は(c)の完了を示す可能性があるので、(a)～(c)を取り上げると、大化四年（六四八）・和銅七年（七一四）・霊亀二年（七一六）時点における辺境の重要拠点であった磐舟柵・出羽柵の柵戸に、越前国・越後国の民のみならず、信濃国の民までもが送り込まれている。また(b)では、尾張国の民が柵戸に選ばれている。その意味で、出羽国の秋田城跡（秋田市）出土の木簡に「尾治部子徳□万呂」（木29−157頁−13号）や「尾張部真鳥」（同19号）がみえるのは興味深い。ちなみに、屋代遺跡群出土の八世紀前半頃の木簡に「尾張部」が登場し（屋118号）、『倭名類聚抄』に信濃国水内郡尾張郷が存在するように、尾張国と信濃国のつながりも深った。その途中に立地する美濃国もまた、『類聚国史』養老四年（七二〇）十一月甲戌条に「勅、（中略）唯遠江・常陸・美濃・武蔵・越前・出羽六国者、免二征卒及廝馬従等調庸幷房戸租一」とあるように、「征卒」を出した国のひとつである。

早川万年氏は、大宝二年（七〇二）に美濃国岐蘇山道（吉蘇路）を開削し、和銅六年（七一三）に完成していること（『続日本紀』大宝二年十二月壬寅条、同和銅六年七月戊辰条）、和銅二年に藤原房前を東海・東山二道へ遣わし関剗を検察していること（同九月己卯条）について、当該期に出羽国の建置をはじめとして、日本海側の蝦夷制圧が重要な課題として浮上しつつあった点と関連するとみている。こうしたなか、信濃国から越後国へ延びるルートの後方拠点として、美濃国・尾張国などが重要な位置を占めたという理解を示している。[52] 従うべき見解である。

越後国から出羽国へいたるルートに関しては、次の山田遺跡（山形県鶴岡市）出土木簡が重要である。[53]

・□駅駅四皿駅子人〔食カ〕□

・大辟部　麻績部　長谷部　六人
大伴部　大日子部　小長谷部　宍人
(245)×46×3　019　木22−146頁−1号

これは八世紀後半頃とされる木簡である。「駅」字を繰り返すので、習書木簡とみるのが穏当であろうが、駅子への食料支給に関わって、この種の歴名木簡が作成されたとしても不思議ではない。本遺跡からは「厨」の墨書土器も出土している。また、本遺跡の北方四キロメートルの西谷地遺跡（鶴岡市）からは「馬」の墨書土器が出土している[54]。これらの状況からみて、山田遺跡の近辺に駅家が置かれていた可能性は十分にあろう。

山田遺跡は庄内平野の南西部に位置する。出羽国田川郡に属し、隣は越後国である。『延喜式』段階までに消失したが、八世紀後半頃には越後国から出羽国へ向かう駅路、すなわち北陸道延長駅路が走っていたのである。出羽国は和銅五年に越後国出羽郡を核に形成される（『続日本紀』同年九月己丑条）という歴史的経緯からみても、当初は北陸道に属していた可能性が高い[55]。その後、出羽国は北陸道から東山道へ移管されるが、関連史料を詳細に検討した永田英明氏が明らかにしたように、それは養老五年（七二一）に出羽国を陸奥按察使の管下に置いた（『続日本紀』同年八月癸巳条）時点と考えられる[56]。

こうして出羽国は東山道諸国に位置づけられ、越後国（北陸道）―出羽国（東山道）ルートは七道連絡路へ生まれ変わる。注目すべきは、山田遺跡出土木簡の年代が八世紀後半頃とみられる点で、出羽国が東山道に移管された後も、少なくとも八世紀後半まで駅路としての位置づけは変わらなかったことを教えてくれる。越後国―出羽国ルートの重要性は、天平四年度（七三二）越前国郡稲帳に、出羽国から都へ進上される御馬が、越前国を通過している点からも窺うことができる。その後、越後国―出羽国ルートは駅路の扱いを受けなくなるが、その他の事例からみても、重要な道であったことに変わりはなかったと考えられる。

東北地方の七道連絡路としては、常陸国（東海道）―陸奥国（東山道）ルートも重要である。養老三年（七一九）、前年に陸奥国と常陸国多珂郡から分置された石城国に駅家一〇処が置かれた（『続日本紀』同年閏七月丁丑条）。これは弘仁二年（八一一）に廃止される「陸奥国海道十駅」（『日本後紀』同年四月乙酉条）に相当する[57]。この「海道」は福島県の浜通り地方を北進する道で、福島県内陸部の中通り地方を北進する東山道駅路（山道）と、石城国と陸奥国の国境付近となる玉前剗・玉前駅で合流した。養老五年八月から十月までの間に石城・石背両国が陸奥国に再併合されると、[58]常陸国から延びる海道は菊多剗が、下野国から延びる山道は白河剗が、それぞれ陸奥国との国境になった。海道と山道は陸奥国の南部を貫く二大ルートで、征夷の上でも重要な役割を担うこととなる。

その後、蝦夷との三八年戦争が終結を迎えるなか、弘仁二・三年の駅家改廃を経て、常陸国と陸奥国を結ぶ連絡駅路は、白河剗の先にある松田駅で東山道と合流するルートに切り替わる（『日本後紀』弘仁二年四月乙酉条、同三年十月癸丑条）。その少し前の延暦二十四年（八〇五）には、不要との理由で「陸奥国部内諸郡伝馬」も廃止される（『日本後紀』同年十一月戊寅条）。こうして海道は駅伝制と無関係になるが、その後も活発な往来は途絶えなかった。第六章でみるように、菊多剗は白河剗とともに重要な関所として維持され続けるのである。

高橋美久二氏は特に取り上げていないが、このほかにも東日本には、飛騨国（東山道）—越中国（北陸道）、陸奥国（東山道）—越後国（北陸道）の各ルートのように、七道連絡路として機能する道は多数存在した。[59]

5　西日本の七道連絡路

西日本の七道連絡路も複数存在していた。なかでも、①播磨国—但馬国、②播磨国—美作国—因幡国、③播磨国—美作国—伯耆国、④石見国—長門国など、山陽道と山陰道を結ぶ道路は重要な役割を担った。山陰道駅路は急峻な山をいくつも越えねばならないこともあり、連絡路を介して山陽道駅路を一部使用することが往々にしてあったのである。『播磨国風土記』を繙くと、山陰道諸国の人々が播磨国にやってきた話を多く目にする。[60]特に注目に値するのは、次に記す飾磨郡条の飾磨御宅の伝承であろう。

所㆔以称㆓飾磨御宅㆒者、大雀天皇御世、遣㆑人、喚㆓意伎・出雲・伯耆・因幡・但馬五国造等㆒。是時、五国造、即以㆓召使㆒為㆓水手㆒、而向㆑京之。以㆑此為㆑罪、即退㆓於播磨国㆒、令㆑作㆑田也。此時、所㆑作之田、即号㆓意伎田・出雲田・伯耆田・因幡田・但馬田一。即、彼田稲収納之御宅、即号二飾磨御宅一、又云二賀和良久三宅一。

大雀天皇（仁徳天皇）の御世という時代設定はともかくも、七道制成立以前の大化前代に、播磨国の飾磨を起点に、意伎（隠岐）・出雲・伯耆・因幡・但馬の五ヵ国に通じる道路があり、都へ向かう中継点となったことを示唆する（この説話は、陸上交通と海上交通の結節点となったことを示す点でも興味深い）。飾磨の地は、上記①〜③ルートの分岐点ともなる交通の要衝にあたり、後に播磨国府が置かれることにもなる。

また美作国は、和銅六年（七一三）に備前国の北方六郡を割いて誕生するが（『続日本紀』同年四月乙未条）、②③ルートが示すように、もともと播磨国との接続がよかった。そこで注目されるのが、藤原京大官大寺跡（奈良県橿原市・明日香村）東南隅部の土坑ＳＫ二四五から出土した荷札木簡である。

讃用郡駅里鉄十連　156×35×6　032　飛藤2-3632号

本木簡は手斧の削屑・土器・瓦などと共伴して出土しており、大官大寺造営用の鉄素材に装着されたものと考えられる。「讃用郡駅里」は、播磨国讃容郡に所在した中川駅に関わる。駅を本貫地とする駅戸は、一般公戸とは区別され、国郡里制の里に準じる位置が与えられていた[61]。したがって「讃用郡駅里」は、中川駅の維持・管理に携わる駅戸集団で構成された里とみてよい[62]。

本木簡は郡里制下のものであるので、時期は大宝元年（七〇一）から霊亀三年（七一七）までの間となる。さらに、大官大寺は未完成のまま焼亡したことが発掘調査で確認されており[63]、『扶桑略記』和銅四年条の火災記事に関連すると考えられるので、大宝元年から和銅四年までの間に限定することができよう。

これに対して高橋美久二氏は、美作国の分国が和銅六年であること、中川駅は美作国へ向かう途中に位置することから、本木簡の時期を和銅八年から霊亀三年までの間と推定している。播磨国から美作国へ向かう道に駅家が設置されるのは、美作分国にともなうという想定によったものである(64)。しかし、美作国への道それ自体は美作分国以前に遡り、その道沿いに駅がすでに設置されていたとしてもおかしくない。前述のような木簡の出土状況を踏まえると、木簡の年代は大宝元年から和銅四年までの間に求めるのが妥当である。本木簡は、美作国の分国以前に中川駅が存在していたことを示す貴重な同時代史料なのである。

果たして、和銅四年以前に②③ルートがともに駅路であったのか不明であるが、少なくとも②はその可能性が十分にある。なぜなら②は、大同三年（八〇八）に莫男駅（因幡国八上郡）・道俣駅（同智頭郡）が廃止される（『日本後紀』同年六月壬申条）まで駅路であったし、著名な『時範記』承徳三年（一〇九九）の因幡国赴任記事にみるように、その後も主要ルートであり続けたからである。

このほか、天平六年度（七三四）出雲国計会帳にも、次のような興味深い記載がある。

ⓧ（七月）二日符壱道向二越前国一筑紫府柁師従八位下生部勝麻呂等合四人状以二七月十三日一到レ国

ⓨ（四月）五日移従二備中国一逓送移文弐道一出雲国隠伎国並遷二貫伯姓一状

ⓩ（七月）廿一日移従二播磨国一送移文壱道誤移文状

まず、ⓧは「筑紫大宰符壱条」にある記載で、筑紫大宰（府）を出発して越前国に向かう柁師一行が、出雲国を通過したことを示している。［西海道→山陽道→北陸道］という七道制に則ったルートではなく、山陽道—山陰道連絡路（長門国—石見国）および山陰道—北陸道連絡路（丹後国—若狭国）という変則的なルートが採用されている。ただし、柁師一行が移動しているため、日本海交通に関わるとみるべきかもしれない。いずれにせよ、都を媒介せずに、西日本と東日本を結ぶ交通が展開されている点は注目に値する。

つぎに、ⓨとⓩは「伯耆国送到移」と推定される項目の記載の一部である。山陽道諸国である備中国や播磨国から、山陰道諸国である出雲国や隠岐国まで移が諸国逓送方式で伝達されたことを示す。具体的なルートは不明ながら、山陽道―山陰道の連絡路が使用されたことは確実である。

6　国府所在地との関連

ところで、諸国の行政の中心地である国府は、七世紀第Ⅳ四半期から八世紀初めにかけての時期に成立の第一の画期があるとされており[65]、駅路に少し遅れて整備されたようである。『出雲国風土記』によれば、駅路本線と隠岐国に向かう駅路支線の分岐点となる場所に、出雲国府・意宇郡家・意宇軍団・黒田駅が近接して置かれていた[66]。『延喜式』段階ではあまり顕著ではないが、元来は国府に付属して駅家が設置されたと推定される事例は全国的にみて決して珍しいものではない[67]。

さて、出雲国がそうであったように、国府は駅路やその他主要路の交点（分岐点）に立地する事例が多い[68]。甲斐国・飛驒国・美作国など、駅路支線の終着点に国府が立地する場合であっても、実際にはその先にも道路は延びており、活発な交通が展開していた。さらに、尾張・武蔵両国に典型的なように、七道間をつなぐ連絡路上に国府を配置した事例もある。国府は単に一国内の中心的拠点であるにとどまらず、隣国との関係も含めた広域ネットワークの核となることも期待されていたのである。

さて、和銅五年（七一二）から養老二年（七一八）にかけて、出羽・丹後・美作・大隅・能登・安房・石城・石背の八ヵ国と和泉監が独立して誕生した。こうした分国はよりきめ細やかな地方支配を意図すると同時に、広域ネットワークの形成をも目指すものであった。北村安裕氏は、美作国は山陽道と山陰道を結びつける役割が課されたという平川南氏の指摘[69]を受けて、丹後国は北陸道と山陰道を、諏方国は東海道と東山道を連結する役割があったと考え、特に後者について、八世紀初頭に整備される吉蘇路（岐蘇山道・伎蘇道とも）・須芳山峰道との関連性を明らかにしている[70]。また前述のように、石城国は分国の翌年に海道が駅路とされたが、東海道と東山道を連結する役割が期待されていたことは明らかである。

日本律令国家は、広域行政ブロックとして七道を設定し、その枠組みを使って地方支配をおこなっていた。しかし、広域行政ブロックは七道の枠組みを越えることもあった。たとえば、養老三年（七一九）に設置された按察使の管轄国をみると、次のように二道にまたがった事例が見出せる（『続日本紀』同年七月庚子条）。

美濃按察使（東山道）…尾張国・参河国（以上、東海道）、信濃国（東山道）を管轄。

※養老五年、諏方国・飛驒国（以上、東山道）も管轄（『続日本紀』同年八月癸巳条）。

武蔵按察使（東山道）…相模国（東海道）、上野国・下野国（以上、東山道）を管轄。

播磨按察使（山陽道）…備前国・美作国・備中国（以上、山陽道）、淡路国（南海道）を管轄。

このうち美濃・武蔵両国は、「東日本の幹線路」である東海道と東山道の結節国に相当する以上、二道にまたがる国を管轄するのは自然といえよう。播磨国が南の瀬戸内海に浮かぶ淡路国を管轄している点は目を引くが、第一節で触れた天武四年（六七五）勅で両国がセットになっているように、もともと一体性の強い地域であった。さらに養老五年には、長門按察使（山陽道）が新設され、当初は備後按察使の管下にあった周防国（山陽道）と出雲按察使の管下にあった石見国（山陰道）を管轄するにいたる（『続日本紀』同年八月癸巳条）。

そして、天平宝字五年（七六一）に設置された節度使の管轄国も、次に示すように、七道の枠組みと厳密には対応していない（『続日本紀』同年十一月丁酉条）。

東海道節度使…遠江国・駿河国・伊豆国・甲斐国・相模国・安房国・上総国・下総国・常陸国（以上、東海道）、上野国・武蔵国・下野国（以上、東山道）を管轄。
南海道節度使…紀伊国・阿波国・讃岐国・伊予国・土佐国（以上、南海道）、播磨国・美作国・備前国・備中国・備後国・安芸国・周防国（以上、山陽道）を管轄。

節度使は天平四年（七三二）にも東海・東山・山陰・西海の各道に設置されている（『続日本紀』同年八月丁亥条）。それぞれの管轄国を明記した史料はないが、山陰道節度使は、因幡国・伯耆国・出雲国・隠岐国・石見国（以上、山陰道）および安芸国・周防国・長門国（以上、山陽道）であったと推定されている[71]。

このほか、厳密には行政ブロックとはいえないが、東海道の足柄坂、東山道の碓氷坂よりも東にあたる「坂東八国」、すなわち東海道の相模国・安房国・上総国・下総国・常陸国、東山道の上野国・下野国・武蔵国（宝亀二年以降の武蔵国は東海道に移管）も、東北経営の後背地として重要な役割を果たした[72]。また、必ずしも国が固定していたわけではないが、国防上の必要性に関わる地域区分として「縁海国」も存在した[73]。

日本律令国家の地方支配が七道制を基本に据えたことは間違いないが、その一方で、地勢や主要交通路を加味した、より実態に即した支配も模索されていたのである。

第三節　駅家経営の実態

1　駅家の構成員と駅家村

駅家関係の出土文字資料が増大し、駅家経営の実態を考える貴重な素材を提供してくれるようになった。平川南氏が一連の出土文字資料研究のなかで、自身が整理した事例を中心に詳しく考察したほか、木本雅康・木下良両氏が幅広い事例を紹介・検討し、[74]筆者も折に触れて言及してきた。[75]このほか、個別事例に関わる研究も少なくない。本節では、これらの研究も参照しながら、筆者の問題関心に即して改めてみていきたい。

　第一章で指摘したように、日本の駅家は、駅のある州ないし隣州から四番交替で駅丁を差発した唐とは異なり、駅家の諸業務を専属的に担う駅戸をあらかじめ設定した点に大きな特徴がある。駅長は駅戸から選出され、国司―駅長―駅戸（駅子）という統括関係のもと、駅家の諸業務に従事した。大日方克己氏が指摘したように、郡司が駅家経営の一端を明確に担うようになるのは、承和五年（八三八）に郡司による駅家の主当が定められた（『類聚三代格』同年十一月十八日太政官符）後のことである。[76]しかし実際には、駅戸は一般公戸と無縁ではなかったし、郡司もすでに八世紀から駅家の経営に一定の役割を果たしていたようである。

　まず、駅戸と一般公戸の関係を示す史料としては、多賀城下の山王遺跡（宮城県多賀城市）出土の漆紙文書が重要である。これは八世紀前半頃の計帳歴名と推定されている。[77]そこには、財部小里の戸に属する財部得麻呂に関して、「割二附駅家里戸主丈部禰麻呂一為レ戸」と注記しており、得麻呂が駅家里の丈部禰麻呂の戸に移貫されたことがわかる。永田英明氏が指摘するように、駅戸は独立性が高いとはいっても、駅家の労働力となる駅子の数に不足が生じた際には、一般公戸から補充されることがあったのである。[78]

　つぎに、郡司による駅家経営に関しては、坂尻遺跡（静岡県袋井市）から出土した墨書土器に注目したい。[79]墨書土器が四八六点、刻書土器が二点あり、その圧倒的大多数は奈良時代のものである。「佐野厨家」など郡家関連の墨書土器に加え、「日根駅家」「□駅」「駅」「駅長」（二点）「駅子」「駅富」「大上日請駅家」「三年水鉢　駅」など、駅家関連の墨書土器も出土している。これらの墨書土器を総合的に検討した原秀三郎氏は、駅家関連の墨書土器九点は奈良時代後半のものであり、「大上日請駅家」と「三年水鉢　駅」を除く七点は同筆かつ近接地点から出土している点に着目した。そして、これらは坂尻遺跡全体に関わるものではないとし、佐野郡家内の東北隅に日根駅家の詰所ないし事務所があったとみている。(80)

その当否は措くとして、ここでは「大上日請駅家」の墨書土器に注目したい。原氏が指摘するように、「大」は郡司の大領の略語で、大領の上日（出勤日）を駅家に問い合わせたものと考えられる。この文言だけであれば、土器に記載されていることからみても、単なる習書と解されなくもない。しかし、カギ型の合点が付けられているのは、実際に文書として使われたためと考えられる。仮に習書だとしても、このような文言が書かれること自体、郡司が駅家で勤務する場合があったことが背景にあろう。

もうひとつ、郡司による駅家経営を示唆するのが、次の箕輪遺跡（新潟県柏崎市）出土の文書木簡である。(81)

・牒　三宅史御所　応□□〔出事カ〕　□幷□〔米カ〕
・□〔時カ〕不過可到来於駅家村勿□□〔怠遅カ〕
(259)×35×5　019　木22–178頁–1号

「三宅史御所」に米などを請求し、それを遅滞なく「駅家村」まで運ぶように命じた牒である。本遺跡からは、「小池御（所）」に急ぎ物品進上を命じた牒の木簡も出土している（木22–179頁–6号）。「三宅史御所」「小池御（所）」ともに現地有力者の経営所であろう。この二点の牒木簡は宛先が異なり、「駅家村」で廃棄された可能性が高い。本遺跡からは、人名「石未〔木〕部大調」と書かれた荷札木簡も出土している（木22–178頁–4号）。品目は省略されているが、荷物をみれば自明なためであろう。この三点を含めて全部で六点の木簡が出土したほか、「上殿」「勅」「十」「丁」の墨書土器、「王」の刻書盤、官人の着装する銅銙・刀子、斎串・人形などの注目すべき遺物もある。「駅家村」は駅家に近接していたはずで、箕輪遺跡の周辺には駅家があったと推定できる。越後国三嶋郡には三嶋駅と多太駅が存在したが（『延喜式』兵部式81条）、箕輪遺跡は三嶋駅に関係する。本遺跡では河川跡や船着き場の可能性のある遺構もみつかっており、陸上交通と水上交通の結節点であったようである。

　ここで問題となるのは、牒の発給主体である。内容的にみて駅家関係者ということになろうが、狭義の官人に含まれない駅長が、果たして現地の有力者に対して命令文書を発することができたのか、やや疑問が残る。中大輔氏は、駅家が国府・郡家・郡家別院などの地方官衙と近接する事例があることから、木簡の「駅家村」も単なる駅家関連施設にとどまらず、旧古志郡の郡家別院のような施設が近接して設置され、郡司クラスの地域豪族が駅家経営に関与していた可能性を考慮すべきであると述べる[82]。筆者もこの見方に基本的に賛成で、牒の発給主体として郡司を有力候補としてあげたい。

　このように駅家は必ずしも郡や一般公戸と無縁の関係ではなかった。しかし相対的にみて、独立性が高かったことは事実である。その意味で注目すべきは、箕輪遺跡出土木簡にみえる「駅家村」という表現である。村名は地名を冠するのが一般的であるのに対し、この場合には施設である駅家にちなんでいる。永田英明氏は、既存の村落を前提としたものではなく、駅家の設置にともなって形成ないし整備された可能性があると指摘している[83]。相澤央氏も、計画村落（公権力によって計画・設定された村落）の一類型として評価している[84]。雑令25条に「凡私行人、五位以上、欲㆓投㆑駅止宿㆒者聴之。若辺遠及無㆓村里㆒之処、初位以上及勲位亦聴之。並不㆑得㆔輙受㆓供給㆒」とあるように、駅家は「無㆓村里㆒之処」に置かれる場合もあったことが想起される。

2　駅家の財源

日本古代の駅家には、独自の財源として駅起田・駅起稲が備わっていた。このうち駅起稲に関わる可能性のある木簡が、大蒲村東Ⅰ遺跡（静岡県浜松市）から出土している(85)。

・駅下稲十五束「□□〔九年ヵ〕□□□」［　］
・合百□〔束ヵ〕［　］

154×29×3　011　木27-75頁-2号

共伴土器の年代観から、「九年」は天平九年（七三七）と推定されている。本遺跡からは別に四点の木簡が出土しており、うち二点も稲に関わる内容である。一点は「大税給春耳十束夏耳四束／戸主物部□〔水ヵ〕麻呂之名附十束夏六束」（木27-75頁-1号）と書かれ、戸主物部水麻呂の名義（名附）で、大税を春に一〇束、夏に四束を支給するという内容である。これは大税出挙の貸し付けに関わる木簡とみてよい。もう一点は「［　］□十二月廿二日記大□□十五束［　］□定田［　］」（木27-75頁-3号）と記されたもので、「十五束」は前掲木簡と共通する。

このように大蒲村東Ⅰ遺跡からは稲の木簡が三点出土している。本遺跡は、天竜川が形成した沖積平野の微高地上に立地しており、遺跡の北東三〇〇メートルには木船遺跡（浜松市）が存在する。木船遺跡では白鳳瓦や官衙関連遺物が多数出土することもあって、遠江国長上郡（和銅二年に長田郡から分割）の郡家の有力な推定地である。木船遺跡に近接する大蒲村東Ⅰ遺跡も含めて、このあたりに長上郡家が置かれていた可能性は高いであろう。特に「大税」と記された木簡は、大蒲村東Ⅰ遺跡が長上郡家の一部を構成していたとみる有力な根拠となる。

これらの点を踏まえて、「駅下稲十五束」の木簡を考えてみたい。「駅下稲」の読み方としては、①「駅の下す稲」、②「駅に下す稲」のいずれかとなるが、駅が郡に稲を下すような事態は考えにくく、①にはならないであろう。②とするのが穏当で、いかなる事情か不明ながら、駅に稲が下されたとみられる。諸国の一般財政を担っていた郡稲の欠乏分を、大税から補充したことはよく知られている（『続日本紀』和銅五年八月庚子条）。同じようなことが、駅起稲に関してもあったのではなかろうか。

さて、駅起稲は、他の雑官稲に遅れること五年、天平十一年に正税（大税の後身）に混合される（『続日本紀』同年六月戊寅条）。駅家経営の独立性が完全に失われたようにもみえるが、必ずしもそうとはいえない。それを示唆するのが、柴遺跡（兵庫県朝来市）から出土した次の付札木簡である。(86)

駅子委文部豊足十束代稲籾一尺　　316×32×5.5　033　木23–59頁–1号

柴遺跡は、丹波国氷上郡から遠阪峠を越えて但馬国朝来郡に入った地点に立地し、粟鹿駅家に関連する可能性が高い。本木簡は、駅子の委文部（倭文部）豊足が、稲一〇束の代わりに稲籾一尺（石）を納めるという内容で、出挙の返済に関わるものであろう。共伴土器などから、八世紀後半～九世紀前半頃のものとされる。駅起稲が正税に混合された後の木簡であるが、平川南氏が指摘するように、クラはそのまま駅家に付属し、従来どおり運用されたことを示していよう。(87)

つぎに深江北町遺跡（兵庫県神戸市）は、「駅」「大垣」などの墨書土器がまとまって出土したこと、駅長宛ての木簡が出土したこと、多数の馬歯が出土したこともあって、摂津国の葦屋駅家に関係する可能性が高まってきた。(88)隣接する津知遺跡（兵庫県芦屋市）と一体的な遺跡と考えられている。深江北町遺跡からは全部で二八点の木簡（うち一点は近世木簡）が出土しており、次のようなものが含まれていた。

・「勘」戸主椋人安道米壱斗国儲　「合」○
　承和十月十日椋人稲継

・「勘合」　○　221×29×3　011　木23–55頁–1号

脱字があるが、承和年間（八三四～八四八）の記録木簡である。戸主の椋人安道に「国儲」として米一斗を支給したことを記す。表裏ともに別筆で「勘（合）」と書き加えられており、米の貸与もしくは返済にあたって（十月という時点から後者の可能性が高い）、照合に使われたことを示す。また、木簡の下端には二次的に穿たれた孔があり、同類の木簡を複数束ねて一定期間管理されたことを物語る。国儲と駅家の関係は不明であるが、駅起稲などの管理を考える上で参考になろう。なお本遺跡からは、上端に二次的穿孔のある「戸主椋人廣男戸馬□〔手カ〕」と書かれた木簡（木36–47頁–1号）や、米の数量を記した木簡（木36–43頁–1号）なども出土している。

小犬丸遺跡（兵庫県たつの市）は山陽道に面し、瓦葺きの建物遺構が検出され、「駅」「布勢井辺家」の墨書土器が出土するなど、播磨国の布勢駅家であったことが確実な遺跡である。(89) 駅家の中心部よりも少し東側にある雑舎群の井戸（八～十一世紀に機能）からは、次のような木簡が出土している。

布勢駅戸主□部乙公戸参拾人　中大女十□／□□女□□〔十カ〕　給穀陸□　　(229)×(18)×4　081　木11–54頁–1号

駅戸の負担は重かったため、借貸稲が貸与されたり、賑恤や復除の対象となったりしたが（『類聚三代格』弘仁十三年正月五日太政官符、嘉祥三年五月二十八日太政官符など）、それに関わる木簡であろう。

天平六年度（七三四）出雲国計会帳にあるように、国司は毎年「駅起稲出挙帳」を中央に提出したが、その基礎として駅家で作成された各種の帳簿があった。駅家で帳簿を整理するにあたり、木簡が伝票的役割を果たしたとみられる。これらの木簡はその一端を示しているのである。

3　駅家の諸活動

交通施設である駅家には多彩な往来者がいた。秋田城跡からは、書状に由来する漆紙文書がみつかっている。釜の収納確認のために派遣された竹田継□が、滞在先の出羽国蚶形駅家から、秋田城介の御館に書状を出して指示を仰いだものである。早朝、卯刻（午前五～七時）の便で「国□□」（国内を巡る国使のことか）に託して発信しており、切封の痕跡も確認される。本文書を詳しく分析した平川南氏が指摘するように、秋田城介からの指示が届くまで継□は蚶形駅家に滞在したとみられ、駅家の郵便・宿泊機能を窺わせる(90)。

また、国府付属の駅家は、木下良氏が指摘するように、社交の場として国府機能の一部を分担していた(91)。『万葉集』によれば、大宰府付属の駅とみられる筑前国蘆城駅家では、大宰府を離任する官人を送別する宴（餞宴）が開かれていた（巻四―五四九番歌題詞、五六八～五七一番歌題詞、巻八―一五三〇～一五三一番歌題詞）。また、『万葉集』に所載された越中守大伴家持の作歌に、左夫流児という名の「遊行女婦」に迷った史生尾張少咋を教え諭す歌（巻十八―四一〇六番歌）や、少咋の先妻という立場で詠んだ「左夫流児　斎きし殿に　鈴掛けぬ　駅馬下れり里もとどろに」という戯歌（同四一一〇番歌）がある。これらは国府付属の越中国「射水郡駅館」（同四〇六五番歌題詞）における饗宴で詠まれたものとみられる。

これに関連して、下総国分寺跡（千葉県市川市）から興味深い墨書土器が出土した。「井」「上」を組み合わせた文字（「井上」の組み合わせ文字）の周囲に、「馬」「牛□」「判」「荷酒」「判」「□人足馬荷」「杼杼」「遊女杼」「荷酒」の語が書かれた土器である(92)。下総国分寺跡は下総国府推定地の国府台遺跡（市川市）のすぐ東に位置する。国府台遺跡からは下総国の駅名である「井上」の墨書土器が出土し、近辺には井上駅があったと推定されている。下総国分寺跡出土墨書土器の「遊女」の語は、下総国府付属の駅家に遊女が出入りしたことを示唆している。『万葉集』の「遊行女婦」も遊女とみてよかろう。多数の使者が到来する国府や大宰府に付属する駅家は、饗宴の場としても最適で、遊女も出入りしたと考えられるのである。

さて、東平遺跡（茨城県笠間市）は、常陸国安侯駅家の推定地であるが、そこから九世紀前半頃のものとみられる「騎兵長／十」と墨書された土器が出土した。騎兵隊が一〇人単位で編成され、それを統率する騎兵長がいたことを示す。平川南氏は、天平九年（七三七）の大野東人による征夷（奥羽連絡路開通工事）の際に、騎兵を出羽国大室駅に集結させた記事（『続日本紀』同年四月戊午条）に着目し、軍隊が移動の際に駅家を利用したことを示す資料として位置づけている[93]。ただし平川氏も述べるように、安侯駅家は弘仁三年（八一二）に廃止されており（『日本後紀』同年十月癸丑条）、この墨書土器が駅家の存続時期のものとは断定できない。しかし駅家が廃止された後も、何らかの施設として維持されたことは十分に想定できよう。

　駅家には疫神などが往来することもあった。粟鹿駅家の推定地である柴遺跡からは、前述の出挙返済木簡とは別に、三点の呪符木簡が出土している。うち一点は、次のようなものである。

（符籙）過　急々如律令
　　　　　　左方□立　　（400）×52×4　041　木23-60頁-4号

　平川南氏は「左方□立」を「左方門立」と釈読し、『日本霊異記』中巻第二十五縁に記された祭祀形態を参考に、門前の左方にこの呪符を立て、右方にもう一本の呪符を立てて、御馳走を土器に盛り、疫神などを饗応するという祭祀行為が実施されたと推定する[94]。そして、残り二点のうち一点は、北斗七星に呼びかける呪句である「咄天罡」と、呪符の定型句「急急如律令」の語が書かれていて（木23-60頁-5号）、もう一点も「咄天罡」とある（木23-60頁-6号）。人や物が活発に往来する駅家は、疫神などが到来する危険性とも隣り合わせであったといえよう。それを振り払うことも駅家の重要な役目であったのである。

　八幡前・若宮遺跡（埼玉県川越市）では、八世紀前半頃の「駅長」と墨書された土器が出土し、付近に東山道武蔵路の駅家があったと推定されている。この場所は入間川の渡河点付近に位置しており、まさに交通の要衝であった。本遺跡の八世紀前半に掘削され九世紀末に廃絶した井戸から、「稲七十束一瓶」という文言を一定の間隔で記した横材木簡（木簡を横長に使い、木目に直交させて文字を記す）が出土している。[95]横材木簡は帳簿の類で使用されることが多く、本木簡も例外ではない。平川氏は、酒五斛につき稲七〇束が必要であったことから（天平九年度豊後国正税帳）、駅使に振る舞う酒を駅家で醸造していたと推定する。[96]

ただし、この木簡は九世紀代に廃棄された可能性があり、宝亀二年（七七一）における武蔵国の東海道への移管後のものとすれば、駅家とは無関係ということになる。とはいえ、第二節で言及したように、東山道武蔵路が駅路でなくなった後も活発な交通が展開したことや、本遺跡の立地を考えるならば、引き続き主要道路の渡河点として継続し、駅家に代わる渡河・滞在宿泊施設として存続した可能性は十分にあるだろう。[97]

少し変わったものとして、葦屋駅家との関連性が高い深江北町遺跡から、次のような木簡が出土している。[98]

・呪願師□朝臣□成
　亀　智　識
・天平十□〔九ヵ〕年八月一日□　　(130)×(38)×3　081　木36-44頁-3号

これとは別に、人名＋銭の数量を列記し、合点が一部付けられた木簡も出土している（木36-43頁-2号）。右の木簡とは直接接続しないが、同一簡の可能性が指摘されている。「智識」（知識）の語がみられ、智識銭に関わる木簡である。天平十九年（七四七）の年号をもち、広範な知識を結集して造営にあたった東大寺の大仏が鋳造の工程に入ろうとしていた時期にあたる。「呪願師」は御斎会などの大きな仏教法会で、呪願文を読み上げる役僧のことである。深江北町遺跡では駅家の遺構そのものが確認されたわけではなく、郡家ないし郡家別院が隣接していた可能性もあるので積極的な評価は難しいが、駅家の多彩な活動を知る上で注意を払っておきたい。

4　末端官衙としての駅家

駅長は狭義の官人ではないが、その執務場の駅家は地方最末端の官衙であった。そのため、駅長らには一定の文筆能力が求められる。それもあって、深江北町遺跡では、次のような『論語』や九九の木簡も出土している。

遠方来不亦楽乎人不知而不慍不亦君子乎　　270×30×5　011　木36-44頁-6号

九々八十一　八九七十二　　132×18×5　011　木23-55頁-2号

栗鹿駅家に関連する柴遺跡からも、次のような『論語』の木簡が出土している。

・□悦乎　有朋自□
・□子乎　有子□　　(100)×24×7　081　木23-60頁-3号

より行政に密着したものとしては、北陸道能登路が通る加茂遺跡（石川県津幡町）出土の加賀郡牓示札（木23-121頁-1号）が注目されよう(99)。加賀国符による勧農一〇ヵ条を受け、うち八ヵ条を加賀郡司が部内に通達したものである。現状で縦二三三ミリ、横六一七ミリであり、当初は縦一尺、横二尺の横長の板であったようである。これは一紙の大きさに相当し、紙に書かれた文書をそのまま木簡に転記したと推定されている。風雨にさらされた痕跡があり、長く屋外に掲示されたことがわかる。

加賀郡牓示札は興味深い内容に満ちているが、ここでは宛所の「深見村□〔諸カ〕郷駅長并諸刀弥〔禰〕等」に着目したい。「深見村」と「□〔諸カ〕郷駅長并諸刀弥〔禰〕等」の関係をめぐっては議論があるが、もとの紙の文書には「諸郷駅長并諸刀弥〔禰〕等」とあり、これを木簡に書き写す際に、便宜的な対象地域として「深見村」が追加されたとみる吉原啓説(100)

が妥当であろう。駅長が一連の地方行政機構のなかに組み込まれていたことを示す事例である。なお、加茂遺跡より南に三キロメートル弱の下中条遺跡（津幡町）から「深見駅」と書かれた土器が出土しており、その近辺が深見駅の有力な比定地となっている(101)。

また、駅長への下達文書としては、深江北町遺跡から次の木簡が出土している。

・□〔屋カ〕□駅長等　□□□
・即走上□〔奉カ〕　(130)×(17)×4　081　木36-44頁-4号

宛所は葦屋駅長と推定される。「上□〔奉カ〕」については、「上」「奉」はいずれも「タテマツル」と訓読することが可能であり、物品の進上を意味しているのであろう。「即走」とあり、緊急を要した様子も窺える。駅長に対して急ぎ物品の進上を命じたもののようにみえるが、断片のため詳細は不明である。

もうひとつ駅長宛ての木簡が、平城宮跡東院地区の二条条間路北側溝から出土している。

・□〔符カ〕山陽道□〔駅カ〕長等□
・「□□□」　(142)×(11)×3　081　城34-22頁下

ある特定の駅家の駅長でなく、山陽道の駅長らに下した符で、たいへん珍しいものである。ただし木簡の出土遺跡が平城宮跡の外周部であることから、実際に下達されたものではなかろう。下書きの可能性もある。しかしそれにしても、通常、中央から駅長に対して直接命令が下されるようなことはなく、国司を介在させるはずである。なぜそうしなかったのか、やや疑問が残る。もしこのような文書が実際に作成されたとしたら、駅ごとに逓送させながら伝達していった可能性があるのではないか。

最後に触れておきたいのが、肥後国から薩摩・大隅両国への分岐地点にほど近い、花岡木崎遺跡（熊本県芦北町）から出土した木簡である。肥後国佐職駅に関わる「佐色」の文字が書かれた木簡（木31－182頁－1号）と、「発向路次駅□〔子カ〕等」の文字が書かれた木簡（木31－182頁－2号）が出土している。この二点は同一材で厚みが近似し、筆運びが相似することから、もとは同一簡であったと推定されている。木簡の内容は、佐色（駅）に所属する駅子を発向させるというものであろう。第四章で取り上げるように、伝制など郡の交通を運用する際に各種の文書のやりとりがなされていたが、駅制についてもそうした側面があったことを示す。

以上みてきたように、駅制を運用するにあたっては、駅家などの諸施設といった物的基盤や、その運営に携わる人的基盤を整備するだけでなく、さまざまな場面で文字を取り交わすことも必要であったといえよう。

おわりに

本章では、出土文字資料を活用しながら、駅制と七道制の実態面を中心に考えた。考察は多岐にわたったが、ここでは次の二点を特に強調しておきたい。

第一は、日本律令国家の交通体系は七道制を基軸に構築されたが、同時に七道制の枠組みを越えた交通も想像以上に展開していたという事実である。そのため、広域行政ブロックを設定するにあたり、日本律令国家は七道制の枠組みを維持しつつも、その枠組みに拘泥しない柔軟性をあわせもっていたのである。

第二は、出土文字資料から窺われる駅家経営がかなり柔軟であったことである。日本では駅家の業務を専属的に担う駅戸を独自に設定し、国司―駅長―駅戸（駅子）という統括関係になっていたが、実際には一般公戸から駅子を補充したり、郡司が駅家経営に関与したりする場面も早くからみられた。また、天平十一年（七三九）に駅家の財源の中心を占めていた駅起稲が正税に混合されるが、名目上はともかくも、その後も従来どおりの運用がなされていた。その他、多彩な駅家の活動などを窺い知ることもできる。「はじめに」で述べたように、出土文字資料の取り扱いには難しい側面もあるが、今後も資料は増大することは疑いようがなく、その資料的性格を十分に認識した上で、より積極的な活用が望まれる。

註

（1）山中敏史「古代地方官衙論」（考古学研究会編『考古学研究会40周年記念論集　展望考古学』一九九五年）、荒木志伸「墨書土器から見た郡家遺跡」（『史学研究集録』二三、一九九八年）など。

（2）中大輔「アズマへの道と伊賀国」（鈴木靖民・吉村武彦・加藤友康編『古代山国の交通と社会』八木書店、二〇一三年）など。

（3）拙著『すべての道は平城京へ』（吉川弘文館、二〇一一年）九七頁では、松原弘宣氏の見解に依拠して、「大海人皇子の伊賀より先の移動ルートは、初期東海道（伊勢南部・志摩→参河）からはずれており、幹線ルートではなかったため駅家が置かれていなかった」と述べたが、撤回したい。田中卓氏の提起した初期東海道論の成立如何にかかわらず（小林宗治・荒井秀規両氏が田中説に批判を加えている）、大海人の移動ルートのうち少なくとも桑名までは駅家が置かれていたと現在は考えている。松原弘宣「令制駅家の成立過程について」（『日本古代の交通と情報伝達』汲古書院、二〇〇九年、初出一九八八年）、田中卓「尾張国はもと東山道か」『田中卓著作集6　律令制の諸問題』国書刊行会、一九八六年、初出一九八〇年）、小林宗治「尾張国はやはり東海道か」（『あいち国文』二、二〇〇八年）、荒井秀規「古代東アジアの道制と道路」（鈴木靖民・荒井秀規編『古代東アジアの道路と交通』勉誠出版、二〇一一年）。

（4）福田和憲「律令的駅伝制の成立」（『史元』一四、一九七三年）、馬場基「駅と伝と伝馬の構造」（『史学雑誌』一〇五―三、一九九六年）七九頁など。

(5) 高橋美久二「古代近江国の東山道」(足利健亮先生追悼論文集編纂委員会編『地図と歴史空間』大明堂、二〇〇〇年)。

(6) 永田英明「古代駅家の成立」(『古代駅伝馬制度の研究』吉川弘文館、二〇〇四年、初出一九九九年) 一八三～一八六頁。以下、特に断らないかぎり、本節における永田氏の見解は本論文による。

(7) 永田英明「九世紀山麓駅家の経営」(『古代山国の交通と社会』前掲註(2)) 一二三～一二四頁。

(8) 青木和夫「古代の交通」(『日本律令国家論攷』岩波書店、一九九二年、初出一九七〇年) 二八三～二八四頁。

(9) 松原弘宣註(3)論文六四～七二頁。

(10) 「屋椋帳木簡」はこれまで何度か読み直しがおこなわれてきた木簡である。最新の釈文は、浜松市生涯学習課(文化財担当)・奈良文化財研究所編『伊場遺跡総括編(文字資料・時代別総括)』(浜松市教育委員会、二〇〇八年) に掲載され、『木簡研究』三〇(二〇〇八年) に反映されている。

(11) 鐘江宏之「伊場遺跡出土木簡にみる七世紀の文書木簡利用」(『学習院大学文学部研究年報』五四、二〇〇八年) 七六～八二頁。

(12) 伊場木簡から古代史を探る会編『伊場木簡と日本古代史』(六一書房、二〇一〇年) など。

(13) 拙稿「西河原遺跡群の性格と木簡」(『飛鳥藤原木簡の研究』塙書房、二〇一〇年、初出二〇〇八年) 五六五～五六六頁。

(14) 松原弘宣註(3)論文補注。

(15) 伊藤純「岡山県立博物館蔵の須恵器銘『馬評』について」(『古代文化』三五―一一、一九八三年)。

(16) 山中敏史『古代地方官衙遺跡の研究』(塙書房、一九九四年) 三三八～三三九頁。

(17) 本史料の基本的性格については、前沢和之「「上野国交替実録帳」についての基礎的考察」(『群馬県史研究』四、一九七六年) 参照。史料の翻刻は、群馬県史編さん委員会編『群馬県史　資料編4　原始古代4』(一九八五年) による。

(18) 天智九年(六七〇)段階におけるサトの表記は「五十戸」であり、「郷」ではないことから疑問を差し挟む余地もあるが、上野国交替実録帳が作成されるまでのある時点で、書き改められたとみればよかろう。木本雅康「古代駅路と国府の成立」(『古代文化』六三―四、二〇一二年) 一三六頁は、群馬県内における発掘調査成果を踏まえ、上野国においては、すでに天智朝（六六二～六七一）に直線計画道としての駅路が開通していたとみる。

(19) 大津透「唐日律令地方財政管見」（『日唐律令制の財政構造』岩波書店、二〇〇六年、初出一九九三年）二八〇～二八一頁は、在地首長制に依拠せざるを得なかった伝制とはまったく独立したものとして、中央政府の軍事・地方統治の要として駅制が導入されたという理解を示している。ただし、伝制と駅制が形成された理由として、「律令国家の地方支配にあたっての、地方の在地首長への依存と対抗という緊張関係」を読み取った点については、「対抗」という解釈に疑問が残る。駅制・伝制の二重構造はあくまでも交通機能の側面から理解すべきであろう。

(20) 鎌田元一氏は『常陸国風土記』の精密な読解を通じて、大化五年（六四九）の全国立評を主張し、これが現在の通説をなす。しかし、榎英一氏が示唆したように、『常陸国風土記』からは大化五年以前における全国立評を読み取ることができる。また、須原祥二氏は、一連の東国国司詔の分析を通じて、東国では大化元年から二年にかけて、非東国では大化二年から三年にかけて、国造のクニがほぼスライドする形で評に転換した可能性があると主張している。そして筆者も、大化三年に渟足柵が、同四年に磐舟柵が設置されている（『日本書紀』大化三年是歳条、同四年是歳条）こともあわせて、大化五年以前に全国立評が実施されていた可能性は十分にあると考える。鎌田元一「評の成立と国造」（『律令公民制の研究』塙書房、二〇〇一年、初出一九七七年）、榎英一「常陸国風土記立郡記事の史料的性格」（『日本歴史』五五五、一九九四年）、須原祥二「評制施行の時期をめぐって」（『古代地方制度形成過程の研究』吉川弘文館、二〇一一年）、拙稿「大化改新と改革の実像」（『岩波講座日本歴史2古代2』岩波書店、二〇一四年）註(21)など。

(21) その意味で象徴的なのが、著名な『常陸国風土記』行方郡条の夜刀神伝承である。そこでは、①人が神を恐れ、谷を開墾できない段階、②人が神を敬いながらも、谷を開墾できた段階（継体朝）、③人が神を打ち殺して谷に池を築き、水田に灌漑施設を設定した段階（孝徳朝）の様相が語られている。これは開発の諸段階を示す史料として貴重であるが、関和彦氏が注意を促すように、曽尼駅家に関わる古老伝承でもある。③段階の開発において、壬生連麿は「令レ修二此池一、要孟活レ民。何神誰祇、不レ従二風化一」と大声を発し、役民に対して「目見雑物、魚虫之類、無レ所二憚懼一、随尽打殺」と命じた。関氏が述べるように、「風化」という天皇制イデオロギーを前面に打ち出して開発がなされ、その結果として、曽尼駅家が建設され、「向二香島一陸之駅道」も通ることになるのである。夜刀神伝承は、孝徳朝（六四五〜六五四）における駅制整備を象徴的に示す貴重な伝承といえよう。関和彦a『風土記と古代社会』（塙書房、一九八四年）一四〜三二頁、同b『日本古代社会生活史の研究』（校倉書房、一九九四年）一六一〜一七六頁など。

(22) 荒井秀規註(3)論文。

(23) 鐘江宏之「「国」制の成立」（笹山晴生先生還暦記念会編『日本律令制論集　上』吉川弘文館、一九九三年）。以下、本項における鐘江氏の見解は本論文による。

(24) 拙稿「飛鳥藤原出土の評制下荷札木簡」（註(13)著書所収、初出二〇〇六年）三八四〜三九二頁など参照。

(25) 山田英雄「もう一つの道制試論」（『日本古代史攷』岩波書店、一九八七年、初出一九七六年）、前田晴人a「「四方国」制の実態と性格」、同b「「四方国＝四道」制の構造」（ともに『日本古代の道と衢』吉川弘文館、一九九六年、初出は順に一九八三年、一九八四年）など。

(26) 岩本健寿「吉備三国の国名表記と大宝令」（『史観』一六一、二〇〇九年）、狩野久「瀬戸内古代山城の時代」（『坪井清足先生卒寿記念論文集　下』坪井清足先生の卒寿をお祝いする会、二〇一〇年）一〇五六〜一〇五七頁など。

(27) 高橋美久二「都と地方間の交通路政策」（『国立歴史民俗博物館研究報告』一三四、二〇〇七年）など。

(28) 中村太一「道と駅伝制」（上原真人他編『列島の古代史4　人と物の移動』岩波書店、二〇〇五年）一九〜二〇頁、木本雅康註(18)論文など。

(29) 松本政春「古代駅路考」（『日本歴史』六八二、二〇〇五年）も、駅路は通過容易な低地の道を避け、尾根筋の通路を採用した場合が多く、軍用道路としての性格が看取される点、八世紀末から九世紀初頭にかけて軍国体制が解体（軍団兵士制・防人制・烽制の廃止）されるなか、駅路の規模も縮小されていく点などに着目し、白村江での敗戦を契機に軍国体制の構築が目指され、駅路が整備されたとみる。

(30) 近江俊秀『古代国家と道路』（青木書店、二〇〇六年）九一〜一〇一頁。

(31) 今泉隆雄「天平九年の奥羽連絡路開通計画」（『古代国家の東北辺境支配』吉川弘文館、二〇一五年、初出二〇〇二年）。

(32) 井上以智為「唐十道の研究」(『史林』六―三、一九二一年)。
(33) 武田佐知子a「道と古代国家」(『評林』一五、一九八八年)、同b「古代における道と国家」、同c「古代における都と村」(ともに『古代日本の衣服と交通』思文閣出版、二〇一四年、初出は順に一九八九年、一九九一年)。
(34) 熊田亮介「「京より一千三百二十五里」」(『新潟県歴史教育論考』五、一九八五年)。
(35) 鐘江宏之「計会帳に見える八世紀の文書伝達」(『史学雑誌』一〇二―二、一九九三年)四五～四六頁など。
(36) 平川南a「古代の籍帳と道制」(『律令国郡里制の実像　上』吉川弘文館、二〇一四年、初出一九九六年)二八～三〇頁、同b「古代木簡からみた地方豪族」(『古代地方木簡の研究』吉川弘文館、二〇〇三年、初出一九九九年)一〇五～一〇六頁、同c「出土文字資料からみた地方の交通」(『古代交通研究』一一、二〇〇二年)など。
(37) 平川南a「郡符木簡」(『古代地方木簡の研究』前掲註(36)、初出一九九五年)一七〇～一七四頁、同b「古代の郡家と所在郷」(『律令国郡里制の実像　上』前掲註(36)、初出二〇一三年)など。
(38) 坂本太郎「乗瀦駅の所在について」(『坂本太郎著作集8　古代の駅と道』吉川弘文館、一九八九年、初出一九五四年)、木本雅康「宝亀二年以前の東山道武蔵路」(『古代官道の歴史地理』同成社、二〇一一年、初出一九九二年)、中村太一「東国駅路網の変遷過程」(『日本古代国家と計画道路』吉川弘文館、一九九六年、初出一九九二年)など。
(39) 東山道武蔵路上にある五駅は、武蔵国府付近に想定される駅を第一駅として、北に向かって第二駅～第五駅と仮称されている。このうち第五駅とみられる駅名を書いた木簡が、平城京跡(長屋王邸跡)から出土している。

・武蔵国策覃郡宅□駅菱子一斗五升

・　霊亀三年十月　　　　178×21×5　京1-69号

表面は当初「武蔵国□□郡宅□駅菱子一斗五升」と釈読されており、東山道武蔵路の具体的なルートを検討した木本雅康氏は、推定ルート上の駅家想定地に「宅地」の小字がかつてあった点に着目し、「宅□駅」を「宅地駅」と考えた。その後、寺崎保広氏は「武蔵国策覃郡宅□駅菱子一斗五升」と釈読を進め、「策覃郡」は埼玉郡を指すことを明らかにした。「宅地」は幡羅郡に所在するため、「宅□駅」は「宅地駅」とはならない。寺崎氏は古代の埼玉郡の郡域に「谷之郷」の地名(埼玉県行田市)

がある点に着目し、「宅□駅」は「宅子駅」となる可能性を指摘した。これを受けて木本氏は、小字「宅地」の付近に第五駅は依然として認められるとした上で、東山道武蔵路から東へ分離する西吉見古代道路跡（吉見町教育委員会編『西吉見古代道路跡』二〇〇二年）に着目し、その延長上に「宅子駅」があった可能性を指摘している。木本雅康註(38)論文補記⑭⑮、寺崎保広「長屋王家木簡郡名考証二題」（『古代日本の都城と木簡』吉川弘文館、二〇〇六年、初出一九九五年）二九一～二九五頁。

(40) 永田英明「七道制と駅馬・伝馬」（『古代交通研究』七、一九九七年）一三一～一三二頁。

(41) 高橋美久二註(27)論文。

(42) 浜松市生涯学習課（文化財担当）・奈良文化財研究所編註(10)書。

(43) 川尻秋生「古代東国における交通の特質」（『古代交通研究』一一、二〇〇二年）。

(44) 『延喜式』主税式上5条は、武蔵国の出挙稲のひとつに「悲田料四千五百束」をあげる。

(45) 奈良市教育委員会編『西大寺旧境内発掘調査報告書Ⅰ（文字資料編）』（二〇一三年）四二号木簡。本木簡については、平川南「「東山道」の呼称」（『律令国郡里制の実像　上』前掲註(36)）を特に参照した。

(46) 一志茂樹『古代東山道の研究』（信毎書籍出版センター、一九九三年）、黒坂周平ａ『東山道の実証的研究』（吉川弘文館、一九九二年）、同ｂ「「海道」と「山道（仙道）」」（『日本歴史』六六一、二〇〇三年）など。

(47) 平川南「古代東国史の再構築に向けて」（『律令国郡里制の実像　上』前掲註(36)、初出二〇〇五・二〇〇六年）七八～七九頁。

(48) 大隅清陽「ヤマトタケル酒折宮伝承の再検討」（『山梨県立博物館調査・研究報告2　古代の交易と道研究報告書』山梨県立博物館、二〇〇八年）。

(49) 大隅清陽ａ「甲斐の勇者」（『山梨県史　通史編1　原始・古代』二〇〇四年）四九七頁。同ｂ「文献からみた古代甲斐国都留郡の諸問題」（『山梨県考古学協会誌』一六、二〇〇六年）も参照。

(50) 田島公「シナノのクニから科野国へ」（長野市誌編さん委員会編『長野市誌2　歴史編　原始・古代・中世』長野市、二〇〇〇年）二六二～二六三頁。

(51) 川尻秋生「山道と海路」(『古代山国の交通と社会』前掲註(2)) 四六～五二頁。
(52) 早川万年「壬申の乱後の美濃と尾張」(『続日本紀研究』三二六、二〇〇〇年) 一一頁。
(53) 山形県埋蔵文化財センター編『山田遺跡発掘調査報告書』(二〇〇一年)。
(54) 高桑弘美「出羽国―山形県」(古代交通研究会編『日本古代道路事典』八木書店、二〇〇四年)。
(55) 中村太一「陸奥・出羽地域における古代駅路とその変遷」(『国史学』一七九、二〇〇三年) 二～八頁。
(56) 永田英明「出羽国の東山道移管と陸奥按察使」(『日本歴史』八一一、二〇一五年)。
(57) 多賀城下の市川橋遺跡(宮城県多賀城市)から「亘理郡□浜駅家厨」の墨書土器がみつかっており、一〇駅のひとつと推定されている(松原弘宣「日本古代交通研究の現状と課題」『日本古代の交通と情報伝達』汲古書院、二〇〇九年、一六頁)。
(58) 佐々木茂楨「古代陸奥国の「名取以南一十四郡」と多賀城・階上二郡の権置」(『国史談話会雑誌』五〇、二〇一〇年)、永田英明「城柵の設置と新たな蝦夷支配」(熊谷公男編『東北の古代史3　蝦夷と城柵の時代』吉川弘文館、二〇一五年) 三五～三六頁。
(59) 前者は鈴木景二「古代の飛驒越中間交通路」(『富山史壇』一三二、二〇〇〇年)、後者は川尻秋生註(51)論文五二～五四頁など参照。
(60) 坂江渉「『播磨国風土記』からみる地域間交通と祭祀」(『日本古代国家の農民規範と地域社会』思文閣出版、二〇一六年、初出二〇一二年) など。
(61) 永田英明「駅伝馬制経営の基本構造」(註(6)著書所収、初出一九九三年) 二〇〇～二〇四頁など。
(62) この荷札木簡と近接する時期の史料として、『播磨国風土記』が存在する。『風土記』の編纂開始が和銅六年(七一三)であること(『続日本紀』同年五月甲子条)、本風土記は郡里制下(七〇一～七一七)のものであることから、和銅六年から霊亀三年(七一七)までの間、特に霊亀三年に近い時期の史料と考えられている。『播磨国風土記』をみても、賀古郡条の(a)「駅家里。土中々。由二駅家一為レ名」、揖保郡条の(b)「邑智駅家。土中下。品太天皇、巡行之時、到二於此処一。勅云、吾謂二狭地一、此乃大内之乎。故号二大内一」の二つしか登場しない。賀古郡条は、賀古という地名の由来を記した後、「比礼墓」をめぐる伝承を記し、そのなかで息長命の墓が「賀古駅西」にあったことを述べている。これに続けて、望理・鴨波・長田の三里に関する記載があり、ついで(a)で駅家里が出てくる。つぎに揖保郡条は、伊刀嶋の伝承を記した後、香山里から桑原里まで全部で一八ある里などの記載が続く。(b)の邑智駅家はそのひとつで、駅家が里に準じる位置づけであったことがわかる。このように『播磨国風土記』には二つしか駅家（里）が存在しない。しかし、現存する『播磨国風土記』は国衙に保存された未清撰本であり、中央には提出されなかったと考えられている。そのため、記載内容に未整理な部分が残されていたり、全体の統一がとれていなかったりする箇所がある。駅家里の記載の有無もそのひとつであろう。とりわけ、中川駅家に関わる駅里の存在がほぼ確実視されるにもかかわらず、『播磨国風土記』に記載されなかった点は重要である。このことは中川駅家に限らず、賀古駅家を除くすべての駅家に関していえよう。駅戸集団からなる駅家里は、播磨国でもごく普通に存在したとみてよいと考える。しかし、上記のような『播磨国風土記』の性格もあって、すべての駅家里が記載されたわけではないのである。

(63) 木下正史『飛鳥幻の寺、大官大寺の謎』（角川書店、二〇〇五年）一一〇～一一一頁など。

(64) 高橋美久二『古代交通の考古地理』（大明堂、一九九五年）一三七～一三九頁。

(65) 山中敏史註(16)著書三八一～三八八頁は、①七世紀第Ⅳ四半期から八世紀初頭にかけて、②八世紀前半から八世紀中頃にかけて、という二つの画期を経て国府は成立したとみる。ただし、①段階は初期国庁の端緒的成立にすぎず、構造面・所在地の面から、八世紀前半以降の国府とは質的な違いが大きいとし、それ以後に続く国府の基本構造が成立したのは②段階とする。これに対して、大橋泰夫a「国郡制と地方官衙の成立」（『古代地方行政単位の成立と在地社会』奈良文化財研究所、二〇〇九年）、同b「古代国府の成立をめぐる研究」（『古代文化』六三―三、二〇一一年）、同c『国郡制と国府成立の研究』（平成24～27年度科学研究費補助金基盤研究（C）研究成果報告書、二〇一六年）は、国庁域の新たな発掘調査成果や土器・瓦年代の再検討などを通じて、七世紀末から八世紀初頭に国府は広く成立していたとみる。なお、『古代文化』六三―三・四（二〇一二年）は「古代国府の成立をめぐる諸問題」の特集を組み、最近の動向をよく示す。

(66) 平石充「出雲国風土記と国府の成立」（『古代文化』六三―四、二〇一二年）が、近年の発掘調査成果も踏まえ、注目すべき指摘をおこなう。『出雲国風土記』巻末にある通道記載の「国庁意宇郡家北十字街」を根拠とした、出雲国庁と意宇郡家を同所とみる有力説（青木和夫『日本の歴史5　古代の豪族』小学館、一九七四年、一〇七頁）を批判した点は特に重要である。
(67) 木下良「「国府と駅家」再考」（『國學院大学紀要』三〇、一九九二年）など。
(68) 中村太一「国府立地の交通条件」（註(38)著書所収、初出一九九五年）、木下良『日本古代道路の復原的研究』（吉川弘文館、二〇一三年）二〇四～二〇六頁。
(69) 平川南「七道の結節国」（『律令国郡里制の実像　上』前掲註(36)）一〇一頁。
(70) 北村安裕「和銅～養老期の地方政策の特質」（『飯田市歴史研究所年報』一一、二〇一三年）。
(71) 北啓太「天平四年の節度使」（土田直鎮先生還暦記念会編『奈良平安時代史論集　上』吉川弘文館、一九八四年）五三五～五三七頁。
(72) 川尻秋生「坂東の成立」（『古代東国史の基礎的研究』塙書房、二〇〇三年、初出一九九九年）など。
(73) 竹中康彦「縁海国考」（『続日本紀研究』二七一、一九九〇年）、渡部育子「広域行政区画の形成」（『律令国司制の成立』同成社、二〇一五年、初出一九九五年）一七一～一七四頁など。
(74) 平川南氏の研究論文は、関係箇所で示す。木本雅康『遺跡からみた古代の駅家』（山川出版社、二〇〇八年）、木下良「『延喜式』に見えない旧駅名と出土文字資料」（『事典　日本古代の道と駅』吉川弘文館、二〇〇九年）。
(75) 拙稿a「律令交通制度と文字」（平川南他編『文字と古代日本3　流通と文字』吉川弘文館、二〇〇五年）、同b「出土文字資料からみた古代の駅家」（『考古学ジャーナル』六六五、二〇一五年）など。
(76) 大日方克己「律令国家の交通制度の構造」（『日本史研究』二六九、一九八五年）。
(77) 多賀城市埋蔵文化財調査センター編『山王遺跡―第17次調査―出土の漆紙文書』（多賀城市教育委員会、一九九五年）。
(78) 永田英明註(61)論文二二〇～二二一頁。
(79) 袋井市教育委員会編『坂尻遺跡　奈良時代編』（一九八五年）。
(80) 原秀三郎a「土器墨書」（註(79)書所収）、同b「土器に書かれた文字」（岸俊男編『日本の古代14　ことばと文字』中央公論社、一九八八年）六二五～六三二頁。

(81) 新潟県教育委員会・新潟県埋蔵文化財調査事業団編『箕輪遺跡Ⅰ・Ⅱ』(二〇〇二・二〇一五年)。
(82) 中大輔「日本古代の駅家と地域社会」(『古代交通研究』一三、二〇〇四年)。
(83) 永田英明「駅家と駅戸」(『駅家と在地社会』奈良文化財研究所、二〇〇四年) 九七頁。
(84) 相澤央「柏崎市箕輪遺跡出土木簡の「駅家村」と交通」(『越後と佐渡の古代社会』高志書院、二〇一六年、初出二〇〇四年)。
(85) 浜松市博物館編『大蒲村東Ⅰ・Ⅱ遺跡』(二〇〇四年)。
(86) 兵庫県立考古博物館編『柴遺跡』(兵庫県教育委員会、二〇〇九年)。
(87) 平川南「山陰道粟鹿駅家」(『律令国郡里制の実像　下』吉川弘文館、二〇一四年、初出二〇〇九年) 一五六～一五七頁。
(88) 報告書としては、神戸市教育委員会編a『深江北町遺跡第9次埋蔵文化財発掘調査報告書』(二〇〇二年)、同b『深江北町遺跡第12・14次埋蔵文化財発掘調査報告書』(二〇一四年) などがある。とりわけ後者に所載された、奈良文化財研究所史料研究室「深江北町遺跡第12・14次調査出土木簡釈文・解説」には詳細な解説があり、有益な指摘が多い。また、葦屋駅家については、森岡秀人「葦屋駅家と古代山陽道路線諸説をめぐっての一考察」(小笠原好彦先生退任記念論集刊行会編『考古学論究』真陽社、二〇〇七年) など参照。
(89) 兵庫県教育委員会編『小犬丸遺跡Ⅰ・Ⅱ』(一九八七・一九八九年)、龍野市教育委員会編『布勢駅家Ⅰ・Ⅱ』(一九九二・一九九四年)、岸本道昭『山陽道駅家跡』(同成社、二〇〇六年) など。
(90) 平川南「蚶形駅家」(註(87)著書所収、初出一九九二年)。
(91) 木下良註(68)著書二〇三頁。なお、駅家の饗宴機能については、松川博一「駅家と餞宴」(『九州歴史資料館研究論集』四〇、二〇一五年) も参照。
(92) 市立市川考古博物館編『下総国分寺跡　平成元～五年発掘調査報告書』(一九九四年)、山路直充「下総国井上駅の所在」(『古代交通研究』五、一九九六年) など。
(93) 平川南「東海道推定安侯駅家跡 (東平遺跡) 出土の「騎兵長」墨書土器」(註(87)著書所収、初出二〇〇〇年)。

(94) 平川南註(87)論文一六〇～一六四頁。
(95) 川越市教育委員会・川越市遺跡調査会編『八幡前・若宮遺跡（第一次調査）』（二〇〇五年）。
(96) 平川南註(36) c論文一三九頁。
(97) 木本雅康「その後の東山道武蔵路」（川越市立博物館編『古代入間郡の役所と道』二〇一五年）七九～八〇頁。
(98) 奈良文化財研究所史料研究室註(88)解説を特に参照した。
(99) 平川南監修・石川県埋蔵文化財センター編『発見！古代のお触れ書き』（大修館書店、二〇〇一年）。
(100) 吉原啓「加賀郡牓示札についての一研究」（『続日本紀研究』三八六、二〇一〇年）一九～二三頁。
(101) 鈴木景二「加賀郡牓示札と在地社会」（『歴史評論』六四三、二〇〇三年）四九頁。

第四章　伝制の運用実態

はじめに

第二章では、厩牧令を中心に唐制との比較を通じて、日本古代伝制の法的特徴として、(A)交通手段・財源が一元化されていたこと、(B)具体的な逓送・供給の場所や利用範囲が明確に定められていなかったこと、(C)軍事的性格が希薄であったことを指摘した。これを受けて本章では、設備面および利用面の観点から運用上の特質に迫るとともに、各種の文書に着目しながら逓送・供給が実現する仕組みを探ってみたい。

第一節　設備面からみた運用上の特質

1　逓送・供給の場と「伝路」

交通量の違いに応じて設置数を異にする駅馬に対して、伝馬は全郡一律五匹と画一的であり、不足時には私馬を差発して対処する決まりであった。大日方克己氏が指摘したように、伝制の前提として、広範な郡による逓送・供給体制があったことは間違いない[1]。しかし、伝制の運用実態の側面に目を向けたとき、郡との関係を強調しすぎる従来の見解には問題があり、郡を統括する国との関わりをもう少し積極的に評価する必要があると考える。この検討を本節の課題とするが、本項では逓送・供給の場という側面から考えてみたい。

まず唐令からみると、天聖厩牧令唐26条に、

諸官人乗㆓伝送馬・驢及官馬㆒出㆑使者、所㆑至之処、皆用㆓正倉㆒、準㆑品供給。無㆓正倉㆒者、以㆓官物㆒充。又無㆓官物㆒者、以㆓公廨㆒充。其在㆑路、即於㆓道次駅㆒供。無㆑駅之処、亦於㆓道次州県㆒供給。其於㆑駅供給者、年終州司総勘、以㆓正租草㆒塡之。

とあり、道次の駅や州県が供給の場として想定されていた。これに対して養老厩牧令22条では、

凡官人乗㆓伝馬㆒出㆑使者、所㆑至之処、皆用㆓官物㆒、准㆑位供給。（後略）

とあるように、「所㆑至之処」という漠然とした規定があるにすぎない。『令集解』は「所㆑至処、謂、至㆓馬替之処㆒也」（古記）、「所㆑至之処、毎㆑郡供之也」（令釈背或云）という注釈を載せるが、具体性に乏しい。

そこで実例から、伝の設置場所を考える必要が出てくる。第二章で述べたとおり、唐では県の伝馬坊に設置された。これに対して日本では、駅馬・伝馬の剋外増乗を禁じる太政官符に「牓㆓示郡家幷駅門㆒、普使㆓告知㆒」とあることを参考にすると（『類聚三代格』延暦元年十一月三日太政官符）、郡家が基本であったと考えられる[2]。郡家の本質的属性のひとつに交通機能があったことは、現在広く知られるところである[3]。

ただし注意すべきは、郡家の諸機能は一ヵ所に集約されるとは限らない点である。発掘調査によって、郡家別院や郷設置の正倉をはじめ、分散したあり方を示す事例が多く知られるようになった。また、一郡内に二つの伝が置かれることもあった。その一例が駿河国駿河郡で、『日本三代実録』貞観六年（八六四）十二月十日条に「駿河郡帯㆓三駅・二伝㆒」とある[4]。門井直哉氏が指摘するように、郡庁の所在地と伝の設置場所は必ずしも重なり合

うわけではないのである。[5] 先述の「馬替之処」「毎レ郡供之」といった具体性に欠く注釈も、こうした実状を踏まえてのものと考えられる。その意味で、「伝馬所」とでもいうべき専用施設が置かれたという見方[6]も誤りではない。日本令で「所レ至之処」という漠然とした規定にとどめたのは、それぞれの郡の実状にあわせて伝馬を配備すればよいと考えられたからであろう。

この問題は伝馬が通った道、いわゆる「伝路」とも密接に関係している。「伝路」とは、駅制と伝制の本質的な相違が究明されるなか、郡家間を結ぶ道として想定されたものである。その先鞭をつけた原秀三郎氏は、駿河国を題材に、日本坂を越える「駅馬の道」と、宇津谷峠を越える「伝馬の道」があると具体的に指摘した。[7] また佐々木虔一氏は、次の『続日本紀』神護景雲二年（七六八）三月乙巳朔条を根拠として、令制前からの交通路である「郡伝路」が存在したと主張した。[8]

山陽道使左中弁正五位下藤原朝臣雄田麿言、本道郡伝路遠、多致二民苦一。乞復隷レ駅、将二迎送一。（中略）詔並許之。

これは山陽道巡察使の上申にもとづき、山陽道の伝馬を廃止し、駅家に付けることにしたものである。佐々木氏は、「本道郡伝路遠」を「本道、郡（の）伝路、遠くして」と訓読し、「伝路」の史料であるとした。木下良氏をはじめとする歴史地理学者からも、「駅路」とは別ルートをとる具体的事例が次々と指摘されるようになり、それを裏づける発掘調査成果もあがってきた。そこで、神護景雲二年条などを参照して、伝制で使用される道を「（郡）伝路」と呼び、駅制で使用される「駅路」と区別する考え方が定着していった。[9]

しかしながら、神護景雲二年条から「（郡）伝路」の存在を導き出すことはできない。かつて指摘したように、漢文の字句構成上、「郡伝路／遠」と切るのは不自然であり、「郡伝／路遠」とすべきである。[10] 永田英明氏も指摘するように、この記事は逓送区間の距離の長さを問題にしたもので、ルートの迂遠を述べているわけではない[11]。伝制の担う逓送距離が駅制よりも長いという状況を改善するために、伝馬を駅に吸収して逓送距離を短くしたものである。『類聚三代格』大同二年（八〇七）十月二十五日太政官符によると、神護景雲二年以降、山陽道本道沿いの各駅には、従来よりも五匹分増えた二五匹の駅馬が置かれている[12]。これは神護景雲二年における各郡五匹の伝馬廃止と連動した措置とみてよい。

「駅路」と書かれた史料は多く存在するが、「伝路」と書かれた史料は皆無である。このような状況であるにもかかわらず、現在も「伝路」の語は使用され続けている。それは「駅路」のみに一元化できない多様な交通ルートが想定され、なかでも郡家間を結ぶ道は看過できないからである。郡の交通の中核を伝制が担っていることから、「駅路」に対比させて、郡家間を結ぶ道を「伝路」と概念化してきたのである。こうした認識のもと、筆者もあくまでも概念語と断った上で「伝路」の語を使用したことがある[13]。しかし、その後検討を進めるなかで問題点のほうが大きいと認識するようになった[14]。ここでは二つの問題点を指摘したい。

第一に、これまで伝制における供給場所を郡家に限定して考える傾向が強く、そのため郡家間を結ぶ道が「伝路」と呼ばれてきた。だが前述のように、郡家（郡庁）の所在地と伝馬の設置場所が必ずしも重なるわけではない。また、郡家が駅路とは離れた場所に立地する場合もある。伝馬の利用者の大半は中央から諸国へ下る使者（朝使）や新任国司（赴任国司）であり、森田悌・門井直哉両氏が指摘したように、都鄙間を結ぶ道として駅路が存在する以上、駅路から大きく逸脱するルートを通ったとは考えにくい[15]。森田氏が何点かの傍証史料を提示しているが、特に注目されるのは、『万葉集』巻五―八八六～八九一番歌の次の題詞である。

大伴君熊凝者、肥後国益城郡人也。年十八歳、以二天平三年六月十七日一、為二相撲使厶国司官位姓名従人一、

参二向京都一。為レ天不レ幸、在レ路獲レ疾、即於二安芸国佐伯郡高庭駅家一、身故也。(後略)

相撲人は伝使の待遇を受けることができ(第二節)、その部領使である相撲使も伝使とみてよかろう。その従者である大伴熊凝が高庭駅家で死亡したという事実は、伝使が駅路を通ったことを示唆している。また、配所へ向かう流移人は伝馬の利用が認められる場合があったが(獄令15条)、謀反のため伊豆国へ流された橘逸勢が、途中の遠江国板築駅で死去している(『日本文徳天皇実録』嘉祥三年五月壬辰条)点も注意される。

第二に「伝路」の用語で問題となるのは、郡は伝制以外にも多様な交通機能を果たしていたことである。郡における交通が伝制のみに限定されない以上、「伝路」と呼ぶことに躊躇を覚えずにはいられない。

この二点からみても、郡家間を結ぶ道を「伝路」と呼称することには問題がある。そこで筆者は新たに、郡を単位とした交通で使用される道を「郡道」と呼ぶことを提唱したことがある。[16] これについては、言葉のもつイメージのほか、中国の唐代の史料のなかに、「駅道」(日本でもこの語は使用される)に対置される道として、「県道」という語が使用された例がある点を参照した。[17] 唐の県は日本の郡に対応するため、「県道」に相当する道として「郡道」は不自然ではないと考えたのである。

具体的に「郡道」として想定したのは、(1)郡家間を結ぶ道、(2)郡関連交通施設を相互に結ぶ道、(3)郡家と郡関連交通施設を結ぶ道、(4)郡家と国府を結ぶ道、(5)郡関連交通施設と国府を結ぶ道である。その上で「郡道」は、郡を単位とした交通の道として使用される(1)〜(3)と同時に、国府と連結されることで諸国逓送時の中心的な道としても機能した(4)(5)点に注意を促した。「郡道」(「郡路」など別語であってもよい)を設定することの是非は議論もあろうが、少なくとも「伝路」の語は安易に使うべきではないことを強調しておきたい。

これまでの研究史を振り返ったとき、発掘調査で直線道路が検出されると、駅路と「伝路」のいずれに相当するのか、という観点から検討される傾向にあったが、大きな問題があるように思われる。[18] たとえば第三章では、駅家が廃止され駅路ではなくなった後も、主要道路として生き続けていった道が少なくないことを指摘した。しかし、この存続した道路が駅路から「伝路」に切り替わった、というわけではなかろう。

また、天平五年（七三三）勘造の『出雲国風土記』にも注目したい。本書では、大きく三ヵ所に道路に関わる詳細な記載がみられる。①各郡の記事の最後にある道度条は、郡家から放射状に延びる道路について記す。郡家から各方面の郡境までの距離を記すとともに、その道路を「路」と「径」に分けて注記する。②巻末の道度条は、出雲からみて都城に近い伯耆国境を起点にして、郡境・郡家・国庁・橋・渡・街などを経由しつつ、隣国へ抜けるまでの道路のそれぞれの距離を記す。③巻末の駅路条は、伯耆国境を起点にして、隣国へ抜けるまでの駅家ごとの距離を記す。中村太一氏は、馬場基氏の駅制・伝制・伝馬制の三重構造論（伝馬制は伝制の一部とみる見解。後述）を参考に、①は「伝路」、②は「伝馬路」、③は「駅路」とみている。[19] このうち③を「駅路」に比定することに異論はない。しかし①②の性格づけについては、伝制と伝馬制を区別する考え方自体に問題がある（後述）のみならず、②のなかには、中央から派遣された伝馬利用者が通ったとは考えにくい道や、コミチを意味する「径」が含まれるといった問題が残る。①の郡の各所を結ぶ道の体系を、中央の視点から取捨選択して記載したものが②であり、伝馬制に引きつけた過大な評価はできないであろう。[20]

さらに「要路」の語にも注意したい。[21] 古代日本における道は、橋とともに、中央では民部省によって管掌されたが（職員令21条）、それは諸国で作成された地図を介してのもので、道の日常的な管理は国司らに任されていた（営繕令12条）。令文では、道路の日常的な管理や津済における船の設置に関わって、「要路」という用語が二ヵ条で使用されている（営繕令12条、雑令13条）。しかし「要路」については、雑令13条の『令義解』に「不㆓必大路㆒。」

当二人往来一、有二要便一者皆是也」とあり、『令集解』逸文に「国郡百姓往来要道。不二必大路一也」（古記）、「百姓往来要道。不二必大路一也」（令釈）とあるように、やや曖昧な注釈しかなされていない。「要路」は「重要な道」程度の意味しかなく、駅路・「伝路」との関連性を議論することはできない。

このわずかな例示からもわかるように、日本古代の道路は必ずしも、駅路、「伝路」、それ以外の道、などと明瞭に分かれるものではない点を確認しておきたい。

2　伝制の財源

つづいて、伝制を支えた財源の側面から検討したい。日本では官物に一元化されている点に特徴があり、当初は郡稲が、天平六年（七三四）の官稲混合（『続日本紀』同年正月庚辰条）以後は正税が使用された。天平期の郡稲帳・正税帳には、伝使ら郡の往来者への供給状況が記載されている。これらは榎英一氏が基礎的整理をおこなっており、当該分野の研究の礎となっている(22)。ただし、鎌田元一氏が注意を促したように、郡稲帳・正税帳はどういう名目・基準でいくら支出したのかを明らかにするための帳簿であり、必ずしも実態を直接反映するものではない点に注意したい(23)。これらをもとに各国の供給方法を整理すると、表2のようになる(24)。

鎌田氏が指摘したように、国府所在郡を数えるかどうか、一郡あたり半日食・一日食いずれを支給するのか、国ごとに異なっていた。しかし、通過する郡の数が給粮米の算定基準となっている点は共通する。郡域の広狭は千差万別であるが、郡の個別事情は捨象され、一国全体の枠組み内で処理されている。なお、国府所在郡では供給をしない事例が多いが、国内行政上の雑多な負担が重くかかる傾向にあったため、それを少しでも軽減させようとする配慮が働いたものと推測される(25)。

表2　天平期郡稲帳・正税帳の往来人供給記載

◎天平4年度以前　播磨国郡稲帳

供給対象者	従者
下任　大宰府少監	3
下任　備前国介	3
下任　備中国掾	3
依病向京　鋳銭司史生	1
上　長門国鋳銭司主典	3
鋳銭司民領	1
鋳銭司民領	2
鋳銭司判官	3
下任　播磨国介	3
下任　播磨国大掾	3
下任　播磨国少掾	3
中宮職美作国主稲	1
大宰府進上紫草部領使備前国上道郡主帳	1
無位物部□□他6人	—

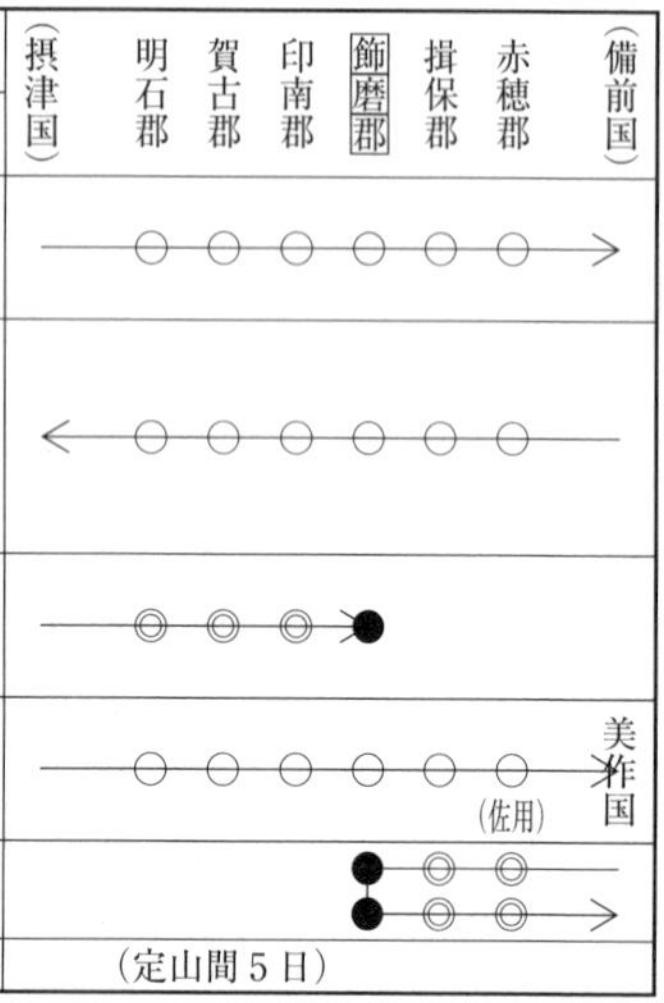

◎天平4年度　越前国郡稲帳

供給対象者	従者
検舶使（4剋伝符）	3
赴任能登国史生（10剋7封伝符）	2
旧防人？44人	—
官符逓送使　若狭国→越前国　10人	—
官符逓送使　越前国→能登国　5人	—
向京越前国相撲人　3人	0

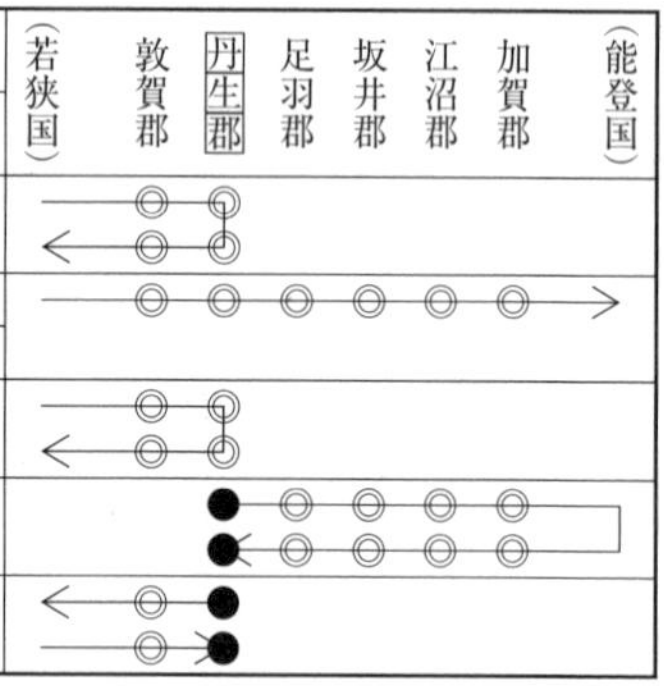

◎天平9年度　但馬国正税帳

	供給対象者	従者
駅使	依奉弐度幣帛所遣駅使　中臣葛連于稲	2
	中臣連尓伎比等	2
	免罪赦書	2
	丹後国→但馬国　丹後国史生	2
	但馬国→因幡国　但馬国大毅	2
	免罪幷賑給赦書	1
	丹後国→但馬国　丹後国目	
	丹波国→因幡国　但馬国史生	

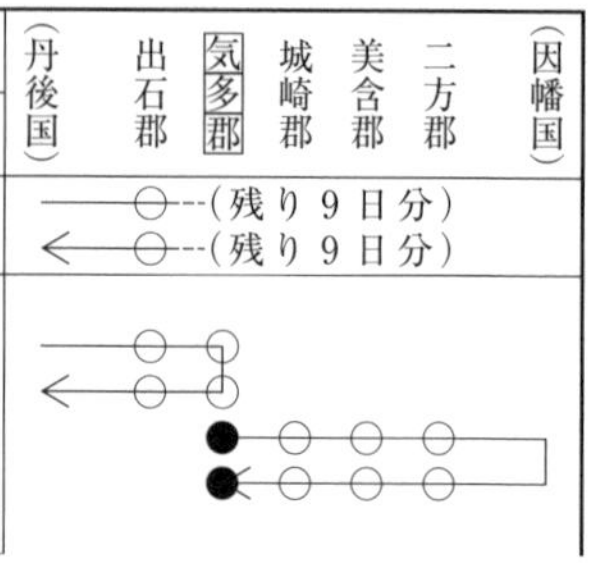

伝使	太政官逓送免田租詔書 丹後国→但馬国　丹後国少毅 但馬国→因幡国　丹後国大毅 太政官逓送疾病者給粥糧料符 丹後国→但馬国　丹後国与謝郡大領 但馬国→因幡国　但馬国気多郡主帳	 1 1 1 1	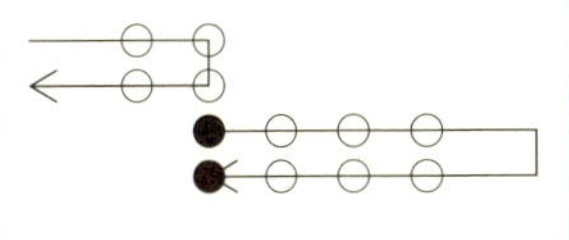
			(丹波国)　朝来郡　養父郡　七美郡　二方郡　(因幡国)
伝使	赴任所弐所伝使　出雲国守 出雲国掾	9 3	
	上下弐箇国中宮職捉稲使	?	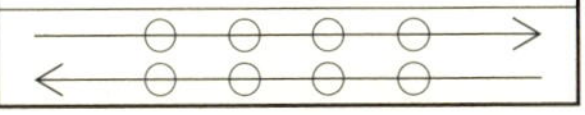

◎天平10年度 駿河国正税帳		(遠江国)　志太郡　益頭郡　有度郡　安倍郡　庵原郡　富士郡　駿河郡　(相模国)
供給対象者	従　者	
下総国印波郡采女 同部領使　　佐弁史生 依病下下野国那須湯　小野朝臣 覔珠玉使春宮坊少属 部内巡行国師明喩　沙弥1人	2 1 12 8 童子1	
山梨郡散事 従上総国進上文石使 従陸奥国進上御馬部領使　図画工 従甲斐国進上御馬部領使　山梨郡散事	1 2 2 1	
検校正税下総国下　兵部大丞 下総・常陸等国国師　賢了 下野国造薬師寺司　宗蔵　助僧2人 旧防人1082人 依病退本土仕丁・衛士・火頭等 {相模国御浦衛士 匠丁 茨木郡仕丁	3 3 9 — — 	
従陸奥国送摂津職俘囚115人 従相模国逓送官奴	— —	
旧防人部領使　遠江国少掾 防人部領使　遠江国史生 官符逓送使（遠江国使）8人　計13回 省符逓送使（遠江国使）8人　計53回	2 1 0 0	
当国防人部領使　史生 防人部領使　安倍団少毅 官符逓送使（当国使）5人　計13回 省符逓送使（当国使）8人　計30回	1 1 0 0	
当国俘囚部領使　史生 俘囚部領使　安倍団少毅 文書逓送使（当国使）3人　計8回	1 1 	
相模国進上御贄部領使　余綾郡散事 俘囚部領使　相模国余綾団大毅 俘囚部領使　相模国大住団少毅	0 1 1	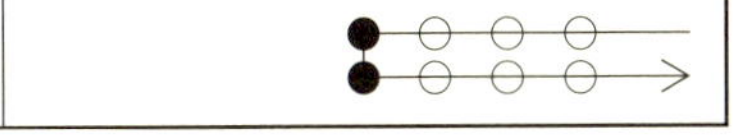

◎天平10年度 周防国正税帳

区分		供給対象者	従者
		俘囚部領使　安芸国佐伯郡擬少毅	
伝使		長門国相撲人３人	1
		従大宰府進上銅竈部領使　筑前国掾	3
		従大宰府進上御鷹部領使　筑後国介	23
		耽羅島人部領使　長門国豊浦郡擬大領	1
		従大宰府捉進上旧防人２人部領使　長門国豊浦団五十長	0
伝使	新任国司	筑後国掾	3
伝使	新任国司	豊後国掾	3
伝使	新任国司	大宰大監	3
伝使	新任国司	壱岐島掾	3
伝使	新任国司	豊後国目	3
伝使	新任国司	豊前国史生	2
伝使	新任国司	対馬島史生	3
伝使	新任国司	肥後国史生	2
伝使	新任国司	薩摩国史生	3
伝使	新任国司	壱岐島史生	2
伝使	新任国司	豊前国目	3
伝使	新任国司	大宰史生	3
伝使	新任国司	長門国目	2
伝使	新任国司	大隅国掾	3
伝使	新任国司	薩摩国目	3
伝使	新任国司	豊後国守	9
伝使	新任国司	大隅国史生	2
伝使	新任国司	大隅国守	3
伝使	新任国司	筑前国目	3
伝使	新任国司	大宰少典	3
伝使		筑紫国国師	7
伝使		大隅国左大舎人、薩摩国右大舎人	1
伝使		大宰故大弐小野朝臣骨送使　対馬島史生	3
船伝使	防人部領使	大宰史生	1
船伝使	防人部領使	大宰小判事	2
船伝使	新任国司	大宰史生	2
船伝使	新任国司	筑前国史生	2
船伝使	新任国司	筑前国史生	2
船伝使	新任国司	大宰史生	2
		俘囚？63人	—
伝使		従大宰府向京　僧	3
		従大宰府進上法華経部領使　大宰少典	3
		大宰故大弐紀朝臣骨送使　音博士	19
		耽羅島人21人	—
		従大宰府捉進上旧防人２人	—
伝使		流人部領使　刑部少解部	2
伝使		周防国相撲人３人	0
伝使		新任国司　周防国史生	2
		流人　周防国佐波郡人	—

（安芸国）　玖珂郡　熊毛郡　都濃郡　佐波郡　吉敷郡　（長門国）

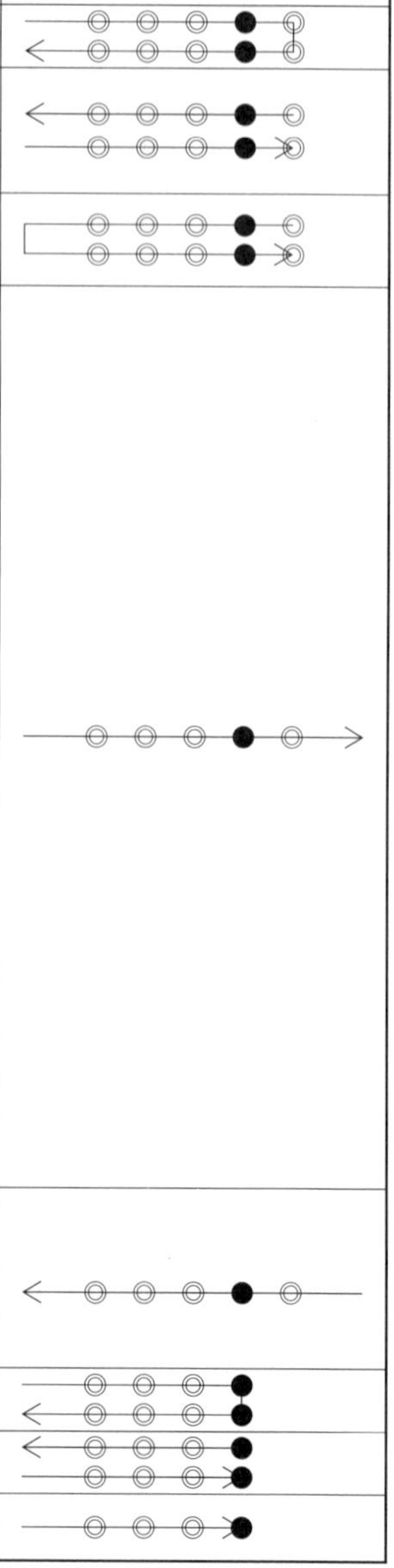

【備考】史料中に「伝使」と明記するもの（伝符記載も含む）はゴチック体で表示した。□□□で囲った地名は国府所在郡、○は半日食、◎は１日食、●は国府所在郡で供給しなかったことを意味する。

ここで駿河国を再度取り上げよう。当国は国府の置かれた安倍郡からみて、西に三郡（志太、益頭、有度）、東に三郡（廬原、富士、駿河）がある。西三郡の通過距離はさほど長くはないが、東三郡では西三郡の二倍近くに及ぶ。だがそれにもかかわらず、国府所在郡以外の六郡は同じ半日食を支給している。前述のように、駿河郡では平安時代に二伝が置かれるが、天平十年時には半日食のみの支給であった。また安倍郡は必ず通過ないし発着するが、当郡では食料を支給していない。これらのあり方は、食料の供給を受ける使者にとって、郡ごとにみれば不合理な面もあるが、一国全体で捉え直せば帳尻が合うと考えられたのであろう。駿河国では郡別半日の基準で食料を供給したが、必ずしも使者は額面どおり一郡ごとに半日分ずつ食したと考える必要はない。使者は駿河国内の七郡を通過する際、六郡から供給された半日食で賄えばよいわけである。実際には地理的状況なども勘案した弾力的運用がなされたに違いないが、これらの多様な実態は正税帳の名目記載の影に隠れてしまっている。

なお、伝制の財源となる郡稲の性格に関して、郡財政としての側面を重視し、大化前代における国造との関連がまま強調される。だが郡稲の用途をみると、新任国司食料、国司巡行食料、土毛交易価料、貢献物進上料など、国務に関わるものが多い点を見逃してはならない。『続日本紀』和銅五年（七一二）八月庚子条に郡稲の乏少時に大税から補充したと記し、天平四年度（七三二）越前国郡稲帳に加賀郡から丹生郡へ郡稲を移送したことがみえるなど、郡稲は一国全体で運用される側面があった点を正当に評価する必要がある[26]。

以上のとおり、伝制の運用は郡レベルでは完結せず、国レベルで各種の調整がなされていた。これまで伝制は郡の交通制度としての側面が強調されてきたが、国の交通制度としての側面をより重視すべきである。郡ごとの独自性があっても、それらが国を単位に最終総括されることで、中央との関係性という点で画一化されるのである。こうした現象は何も伝制に限ったことではない。たとえば職員令をみると、国守は具体的な職掌が多数規定されているが（70条）、郡領は「撫二養所部一、検二察郡事一」という極めて抽象的な規定にとどまっている（74条）。あえて具体的な規定を設けないことで、弾力的な運用を保証する側面もあったのである。

第二節　利用面からみた運用上の特質

1　八世紀前半における伝制の整備

第二章で指摘したように、日本令では唐令の伝送馬利用規定の大部分が継受されていない。しかし、八世紀初頭から前半にかけて実施された諸政策をみると、天聖厩牧令唐35条（以下、唐35条）の伝送馬利用規定がある程度参照された形跡が認められる。それは大きく三点にまとめられる。

第一は、新任国司（赴任国司）に代表される中央発遣使である。日本では伝符が原則として中央に配備されていたこともあり、中央発遣使の利用実例は極めて多い。唐35条のなかには、

其従レ京出レ使、応二須給一者、皆尚書省、量レ事差給。其馬令二主自飼一。若応二替還一無レ馬、騰二過百里一以外者、人糧・粟草官給。其五品以上、欲レ乗二私馬一者聴之。並不レ得レ過二合乗之数一。粟草亦官給。

とあり、伝送馬と私馬の利用を規定している。その意味で、『続日本紀』神亀三年（七二六）八月乙亥条に、

太政官処分、新任国司向レ任之日、ⓐ伊賀・伊勢・近江・丹波・播磨・紀伊等六国、不レ給二食馬一。ⓑ志摩・尾張・若狭・美濃・参川・越前・丹後・但馬・美作・備前・備中・淡路等十二国、並給レ食。ⓒ自外諸国、皆給二伝符一。ⓓ但大宰府并部下諸国五位以上者、宜レ給二伝符一。ⓔ自外随レ使〔便〕駕レ船、縁路諸国、依レ例供給。ⓕ

史生亦准レ此焉。

とあるのは興味深い。ⓔ以下の理解をめぐって諸説あるが、森哲也氏が説くように、全体はⓒとⓓを境に二分され、ⓒに大宰府・西海道諸国は含まれず、ⓕは全体にかかると理解すべきである。[27] この太政官符は畿外諸国を対象に赴任時の供給方法を定めたもので、赴任先に応じて、⑴伝符を支給（伝馬・食料を支給）、⑵食料のみ支給（伝馬は支給されない）、⑶伝馬・食料ともに不支給、に分類している。また、大宰府官人および西海道国司の場合、ⓓ五位以上は⑴伝符を支給され、ⓔ六位以下は便宜的[28]に⑷海路を使って赴任することとされた。これは一部変更をともないつつも、『延喜式』太政官式17条・民部式下44条に継承される。このうち後者は、

凡山陽・南海・西海道等府国、新任官人赴レ任者、皆取二海路一。仍令二縁海国、依レ例給一レ食。但西海道国司到レ府、即乗二伝馬一。其大弐已上、乃取二陸路一。

というもので、森氏が指摘するように、⑷海路赴任が適用されるのは大宰府までで、その先は伝馬を利用した可能性が高い。⑷も伝符が支給されたとみられ、実質的には⑴のなかに含めることができよう。

このように神亀三年には、⑴伝符が支給される国司、⑵食料のみ支給される国司、⑶伝馬・食料ともに支給されない国司、の三区分が成立する。⑵⑶では伝馬が支給されないが、国司が徒歩で赴任したとは考えがたく、実際には私馬に乗用したと推測される。伝馬と私馬の組み合わせは唐制と共通するところである。

第二は、貢上御馬使などの供御使である。『続日本紀』天平二年（七三〇）四月甲子条に、

太政官処分、（中略）又国内所レ出珍奇口味等物、国郡司蔽匿不レ進。亦有下因二乏少一而不上レ進。自レ今已後、物雖二乏少一、不レ限二駅伝一、任レ便貢進。（後略）

とあるように、国内で産出された「珍奇口味等物」、すなわち贄を貢進する際に、駅伝制の利用が認められるこ

とになった。諸国に伝符は配備されていなかったが、こうした法的裏づけもあって、諸国発遣使であっても伝制の利用が可能になったのである。[29] これに対応するとみられるのが、唐35条のなかの次の規定である。

若領二蕃客及献物一入朝、如客及物、得レ給二伝馬一者、所二領送一品官、亦給二伝馬一。諸州除二年常支料一外、別勅令レ送二入京及領送品官一、亦準レ此。

第五章で検討するように、日本では中央への貢納物の運送は、貢納者の自弁ないし本国負担が原則であり、供御物に限って特別に路次諸国から供給を受けることができた。同じく唐においても、年常支料を運送する際には伝送馬を利用できなかったが、皇帝への献物であれば特別にその使用が許されたのである。

唐35条は蕃客の入朝についても規定する。日本の場合、次の『続日本紀』天平元年四月癸亥条が重要である。

為レ造二山陽道諸国駅家一、充二駅起稲五万束一。

高橋美久二氏は、本条の「造」は修造に関わる用語であるという所説[30]を踏まえ、『藤氏家伝』（武智麻呂伝）の「仍営二飾京邑及諸駅家一、許二人瓦屋・赭堊渥飾一」などとも関連づけながら、この頃に山陽道諸国の駅家は、『日本後紀』大同元年（八〇六）五月丁丑条が記す「瓦葺粉壁」に改修されたと理解した。[31] この大同元年条に明記されているように、「蕃客」（新羅使・渤海使などの外国使節）の来朝に備えて、山陽道沿いの駅は特別に瓦葺粉壁に改造されたと考えられる。その背景としては、平野卓治氏が指摘したように、神亀四年（七二七）の渤海使の来航が考えられよう。従前からの新羅に加え、新たに渤海を朝貢国として位置づけることになり、帝国的な賓礼を展開するための儀礼空間として、山陽道沿いの駅家の整備を目指したと考えられる。[32]

だが平野氏が指摘するように、蕃客は実際には海路をとるのが慣例であった。日本側もこのことはよく認識していた。大同元年条は、長門国の駅（臨門駅）は海辺に面して蕃客の目に入るため、「前制」によると記す。この

「前制」とは、永田英明氏が指摘するように、『延暦交替式』12条として所収された延暦十九年（八〇〇）九月二日太政官符を指すとみられる。その内容は、①国司の責任で常に駅家の修理を加え、破損のない状態にすべきである、②もし前任国司の怠慢で交替時に駅家が損失していれば、後任国司は前司が修理するのを待って、解由状を発行し放任する、というものである。永田氏が述べるように、これは延暦十七・十八年の渤海使来朝を契機に、①を基本政策としつつも、②の国司交替時の監察を通じて、その補足を図ったものと考えられる。[33] 蕃客は大宰府を経由するのが建前であったが、渤海使は新羅使とは違って、実際には日本海側に上陸することが多かった。延暦十九年制は、渤海使が通過する北陸道・山陰道の駅家を主な対象としたものであるが、新羅使が通過する可能性がある山陽道の駅家も視野に入っていたと考えられる。

　さて、蕃客の入京に関しては、『延喜式』玄蕃式92条に次のような規定がある。

凡諸蕃使人、将㆓国信物㆒応㆓入京㆒者、待㆓領客使到㆒。其所㆑須駄夫者、領客使委㆓路次国郡㆒、量㆓献物多少及客随身衣物㆒、准給逓送。仍令㆘国別国司一人、部㆓領人夫㆒、防㆗援過㆖境。其在㆑路不㆑得㆓与㆑客交雑㆒。亦不㆑得㆑令㆓客与㆑人言語㆒。所㆑経国郡官人、若無㆑事、亦不㆑須㆓与㆑客相見㆒。停宿之処、勿㆑聴㆓客浪出入㆒。（後略）

これによれば、蕃客が入京する際に必要な駄・夫は路次の国郡から提供され、国ごとに国司一人が人夫を部領して、蕃客が各国の境を通過するのを防援することになっていた。路中において蕃客と交雑したり、蕃客が人と語らったりすることも禁じられていた。国郡の官人も特に用事がなければ、蕃客と相まみえてはならず、停泊地で蕃客がみだりに出入りすることも許されなかった。

　本規定は蕃客の陸路による入京が想定されており、養老軍防令64条「凡蕃使出入、伝㆓送囚徒及軍物㆒、須㆓人防援㆒、皆量差㆓所在兵士㆒逓送」、同雑令29条「凡蕃使往還、当㆓大路近側㆒、不㆑得㆘置㆓当方蕃人㆒、及畜㆗同色奴婢㆖。亦不レ得レ充二伝馬子及援夫等一」とも関連がある。また、養老賦役令34条「凡為二公事一、須二車牛・人力伝送一、而令条不レ載者、皆臨時聴レ勅」に関しても、『令集解』諸説によれば、「公事」としては蕃客入朝が主に想定されている。第二章でも述べたように、唐令にも同様の条文があった可能性が高い。前掲唐35条にみたように、唐では蕃客が入朝する際には伝送制を使用することになっていた（ただし駅制の利用も認められていた。『新唐書』巻四十六百官志一礼部主客郎中など）。一方、日本では伝制の利用という形では継承されなかったが、蕃客が陸路を通ることを想定しており、山陽道の駅家を整備して蕃客入朝の体制を整えたのである。

第三は按察使である。『続日本紀』養老四年（七二〇）三月乙亥条に、

按察使向レ京、及巡二行属国一之日、乗レ伝給レ食。因給二常陸国十剋、遠江国七剋、伊豆・出雲二国鈴各一一。

とあるように、属国巡行・向京する按察使に伝制の利用を認め、伝符を支給している。有力国の国司長官から任命され、隣接管国の行政監察を掌った按察使の伝馬利用については、唐35条に、

其桂・広・交三府、於二管内一応二遣レ使推勘一者、亦給二伝馬一。

とあるように、桂州・広州・交州の三都督府の推勘使が伝送馬利用を特別に認められたことと相通じる。

以上のとおり、八世紀前半の伝制に関する諸政策（一部駅制を含む）をみてみると、日本令には継受されなかった唐35条を摂取しようとする様子が読み取れる。日本令では唐令の伝送馬の利用規定の大半を継受しなかったが、実質的には格式のレベルで唐令を受け継ぐ場合もあったといえよう。日本における唐令の受容は、令文としての受容、格式レベルでの受容、この二段構えで考える必要がある。

こうして伝制の運営は軌道に乗り、中央発遣使の迎送に伝馬が用いられ（貢上御贄使など諸国発遣使の一部利用も可能）、緊急時の情報伝達を第一の使命とする駅制と相俟って、日本律令国家の地方支配を下支えしたのである。

2　正税帳の「伝使」

第二章で明らかにしたように、日本令では伝馬の利用証を伝符に集約させた点に特徴があった。伝符は基本的に中央にのみ保管されたこともあって、おのずと伝馬利用者は中央から派遣された新任国司（赴任国司）や朝使ということにならざるを得ない。この点を強調するのが永田英明氏である[34]。

『延喜式』主税式下1条の正税帳の書式をみると、「伝使」として、①新任国司、②新任講師、③貢上御贄使、④貢上御馬使があがるが、①にだけ伝符に関する記載があり、他はそうなっていない。伝符を携行する使者だけが伝馬を利用できたと理解する永田氏は、②～④の「伝使」は伝符を携行していない以上、伝馬利用者ではないとした。すなわち「伝使」は、伝馬利用者に限定されない、路次諸国の供給を受けつつ往来する使者を広く指す概念と理解する。これに関連して、大日方克己氏の指摘した郡の逓送・供給機能を「伝」制として捉え、その一部を「伝馬」制が構成したとする馬場基氏の見解もある[35]。

かつて筆者は、こうした見解を批判する際に、天平十年度（七三八）周防国正税帳における使者の表記方法の違いに着目したことがある。本正税帳では、(a)伝使、(b)船伝使、(c)部領伝使、(d)船部領伝使、(e)部領使の五種類がみられるが、馬場説によれば「伝」利用者であるはずの(e)に関して、「伝」を明示する表現がとられていない。(e)の六例をみると、たとえば「向京従㆓大宰府㆒進㆓上銅竈㆒部領使」や「向京従㆓大宰府㆒進㆓上法華経㆒部領使」など、いずれも向京使となっている。そこで、本正税帳から向京伝使がないか探したところ、長門国・周防国相撲人と僧法義があるのみで、(c)部領伝使は存在しないことに気がつく。これをもとに、向京部領使は伝使の待遇を得ることはなく、仮にあったとしても極めて稀であったと考え、したがって向京部領使から構成される(e)は(c)とは同一視できず、(e)は文字どおり「伝使」ではないと主張した[36]。

これに対して永田氏は、(e)の部領使は重要な任務をもつことからも、伝馬を利用できなかったとは考えにくいとした。供給を受ける使者一般を「伝使」と表現するなかで、一部の使者についてその職務を明記する必要から特別に「某部領使」などと表現され、「伝使」の語が省略されたのにすぎない、と批判を加えたわけである。これは的確な批判であり、(e)に関する私見は撤回しなければならない。

ただし永田氏が、他国の正税帳にも登場する「伝使」も含めて、路次での供給を受ける諸使を指す一般的概念と捉え、伝馬を利用できる使者はそのなかでも限られた存在とした点は賛成できない。永田氏は伝符携行者だけが伝馬を利用できたと理解するが、第二章で論じたように、実際には各種の文書によって伝馬利用が認められた。また、前項で触れた天平二年太政官処分のように、諸国発遣使の伝馬利用を認めた法令が出されている点にも注意を払っておきたい。伝馬使用の拠り所を伝符にのみ求める見解は、根本的に改められる必要があろう。筆者はいたって単純に、「伝使」＝伝制利用者と理解する。

なお、伝制利用者といえば、伝馬の利用者を通常意味するが、周防国は瀬戸内海に面して海上交通が盛んなこともあり、その一部が伝制のなかに取り込まれた。これが(b)船伝使、(d)船部領伝使が存在した理由であろう。馬場氏は、(b)船伝使の存在をもって、伝と伝馬は必ずしも一対一に対応していないとし、「伝馬」制は「伝」制の一部をなすとする自説の傍証とした。しかし(b)船伝使は、伝馬の利用資格者が船を利用したにすぎず、伝制＝伝馬制という基本的な枠組みまで否定できないと考える。また馬場氏は、伝と伝馬とは一対一の関係が成立しないことを示す論拠に養老厩牧令22条をあげたが、それが論拠たり得ないことは第二章で指摘したとおりである。

以上を踏まえ、天平年間の正税帳に「伝使」と明記された使者について、もう少し詳しくみてみよう。

まず、周防国正税帳から取り上げると、(船)伝使の多くを占めるのは、中央から任地に下向する新任の国司・大宰府官人である。船の利用者は大宰府官人と西海道の国司のみで、前項で触れた神亀三年(七二六)太政官処分の内容とも合致する。このほか、中央からの下向者として、大舎人・赴任国師・流人部領使が確認できる。伝符が中央で保管されている以上、伝使の大半が新任国司を含めた中央発遣使であるのは、ある意味当然といえよう。もちろん、周防国正税帳には地方発の「(船)伝使」も確認できる。慶雲二年(七〇五)に伝符一〇枚が大宰府に特別に与えられているので(『続日本紀』同年四月辛未条)[37]、大宰府発遣の伝使が多く存在することは不思議ではない。むしろ注目されるのは、「伝使」として長門・周防両国の相撲人が登場する点である。両国には伝符は置かれていないが、相撲人に選抜されたことによって、特別に伝制の利用が認められたのである[38]。

つぎに天平九年度但馬国正税帳では、(ア)「当国所レ遣駅・伝使」と(イ)「経過上下伝使」に分けて記す。(ア)は五項目(使者一〇人、従者一五人)の記載があり、最初の三項目(使者六人、従者一一人)は「駅使」と明記する。残りの二項目(使者四人、従者四人)は、「駅使」「伝使」いずれとも記されていないが、(ア)が「駅・伝使」に関わる以上、「伝使」と判断してよかろう。これらの「伝使」は、下達文書を逓送するために国ごとに交替しており、諸国発遣使の事例となる。(イ)は「伝使」四七人、従者一七人からなる。後欠のため、最初の二項目の記載しか確認できない。第一項目は二人の新任国司(使者二人、従者一二人)である。第二項目は二ヵ国(但馬国と以西の某国)の中宮職捉稲使(使者二人、従者二人)である。第三項目以降は欠損するが、使者四三人、従者三人となる。すなわち、圧倒的大多数の「経過上下伝使」は単独の使者で、従者は付かなかったことになる。

つづいて、天平四年度越前国郡稲帳と同十年度駿河国正税帳をみると、従者なしの文書逓送使が数多く認められる。永田氏が推測したように、但馬国正税帳の「経過上下伝使」の大部分も文書逓送使であった可能性が高い。

このように「経過上下伝使」のなかには、数多くの諸国発遣使が含まれていたと考えられる。同じく、従者なしの「伝使」が多数登場するのが、天平八年度薩摩国正税帳である。国府所在郡の高城郡と推定される断簡に、駅使一一人、従者一四人、「伝使」四二人、従者九人がみえる。「伝使」四二人のうち一人が従者六人をともなうので、大部分の「伝使」は従者の付かない単独の使者であったことになる。

以上のとおり、正税帳の「伝使」のなかには、伝符を携行していた中央発遣使（朝使、新任国司）と準中央発遣使（大宰府発遣使）だけでなく、伝符を携行していない諸国発遣使も相当数含まれていた。しかし、伝符を携行していなくても、「伝使」として把握されている以上、伝制を利用（伝馬に乗用）したと考えるべきであろう。ただし、伝符を携行した「伝使」が位階に応じた従者をともなう事例が多いのに対して、伝符を携行していない「伝使」の場合、従者の付かない事例が目立つ点には注意したい[39]。伝符の位階別剋数を定めた公式令42条の「其六位以下。随レ事増減」を準用して、伝馬数を減らす（従者をなくす）方向に働いた可能性がある。

諸国発遣使のなかに、下達文書の伝達に携わる者や、供御と深い関わりをもつ使者が多い点は興味深い。第五章で検討するが、こうした王権・天皇との関わりの深さこそ、諸国発遣使でありながら伝制を利用できた最大の理由と考える。その意味で、中央用の交通制度という伝制の基本的性格はほぼ貫徹しているといえる。

3　伝制の軍事利用の有無

伝制の運用にあたり、令文・格式レベルで唐制が参照されたことは間違いないが、無制限に唐制を受容したわけではない。日本であまり受容されなかったもののひとつに、唐制で顕著であった軍事利用がある。以下、軍事利用の中身について、兵員とその引率者および軍事物資の運送に限定して考えてみたい。

日本伝制の軍事利用を窺わせる条文としては、わずかに軍防令64条「凡蕃使出入、伝二送囚徒及軍物一、須二人防援一、皆量差二所在兵士一逓送」があるにすぎない。しかし第二章で述べたように、これは唐令をほぼそのまま引き写した条文であり、日本では「伝送」は「伝え送る」という一般動詞として認識された可能性がある。この軍防令64条を除外すると、日本古代伝制の軍事利用を明確に示す史料は、宝亀十一年（七八〇）七月二十六日勅がおそらく唯一であろう。本勅は『続日本紀』と『類聚三代格』に収録されており、ほぼ同文である。ここでは『続日本紀』から関係箇所を中心に引用しておく。

　勅曰、筑紫大宰僻二居西海一、諸蕃朝貢、舟檝相望。由レ是、簡二練士馬一、精二鋭甲兵一、以示二威武一、以備二非常一。今北陸之道、亦供二蕃客一、所レ有軍兵、未二曽教習一、属レ事徴発、全無レ堪レ用。安必思レ后、豈合レ如レ此。宜下准二大宰一依レ式警虞上。（中略）応レ機赴レ軍、国司已上、皆乗二私馬一。若不レ足者、即以二駅伝馬一充之。其五。（後略）

北陸道縁海諸国の防衛強化を目的に、全六ヵ条からなる警固式を示したものである。その一一日前に、「宜下仰二縁海諸国一、勒令中警固上。其因幡・伯耆・出雲・石見・安芸・周防・長門等国、一依二天平四年節度使従三位多治比真人県守等時式一、勤以警固焉。又大宰、宜レ依二同年節度使従三位藤原朝臣宇合時式一」という勅が出ており（『続日本紀』宝亀十一年七月丁丑条）、山陰道を中心とする縁海諸国や大宰府管内では、天平四年（七三二）節度使の作成した警固式（備辺式）によるべきとされた。北陸道の警固式は存在しなかったため、七月二十六日になって提示されたのである。「宜下准二大宰一依レ式警虞上」とあるように、それは大宰府管内のものに準じる形で作成された。

その第五条によると、国司が戦場に赴く際に駅馬と並んで伝馬を利用することがみえる。だが注意すべきは、第一に想定されているのは国司の私馬であって、それが不足の場合にのみ駅馬・伝馬を利用することになっている点である。むしろ本記事から読み取るべきは、伝馬の軍事利用は極力抑えられていたという事実であろう。

この旧稿[40]の意見に対して、松本政春氏は、養老厩牧令21条「凡公使須レ乗二駅及伝馬一、若不レ足者、即以二私馬一充。其私馬因二公使一致レ死者、官為二酬替一」をあげ、本条では「私馬」の利用が極力抑えられていたとは読み取れないとし、相互補完関係にあることを述べたにすぎないと批判する。そして、警固式の第五条で私馬の利用がまず規定されているのは、国司以上が緊急時に騎乗する馬となると、まず身近にあった私馬であったからで、ついで不足した場合には、「赴レ軍」のルートとして想定されている駅伝路に配置された駅伝馬となるからとする[41]。

たしかに松本氏が述べるように、国司以上の私馬と駅馬・伝馬とが相互補完関係にあったことは間違いない。しかし、国司以上の私馬の優先度が、駅馬・伝馬よりも高かった点を見逃してはならない。旧稿で上記のように考えたのは、日本の伝馬は各郡わずか五匹しか常置されておらず、伝馬が軍事利用されると日常の交通機能は麻痺してしまう恐れが多分にある、との考え方にもとづくものである。

松本氏は、警固式第五条に関する筆者の旧稿に対して、もう一点疑問を呈する。すなわち、軍事が優先する臨戦態勢下の辺要において、伝馬と軍団官馬が切り離され、伝馬は軍事利用に限定されるという事態が成立するのか、疑問であるという。そして、常備的平時体制の兵制と臨時的戦時動員体制（＝行軍制）を区別すべきとする菊池英夫氏の所説[42]を踏まえ、臨時的戦時動員体制下にある辺要においては、常備的平時体制の兵制にもとづく軍事と民事は明確に分離されていると看做すことには慎重であるべきと述べる。その上で、辺要において郡司や郡司子弟が軍事活動を担っていたことを指摘し、伝制の運営で郡司の比重は大きかったとみられることから、辺要における伝馬は、国司の管轄下、辺要郡司の軍事的職務の一環として、郡司の監督のもとで軍事的機能を果たしていたことは容易に推測できるとする。さらに、軍事物資の運送を規定した前掲軍防令64条を取り上げ、これは前後の条文配列から辺要に深く関わる条文であるとし、「伝送」は「伝え送る」という一般的な言葉であるとしても、その手段として伝馬が辺要において利用された可能性は否定できないであろうと述べる。
松本氏が指摘するように、辺要国と一般諸国の間で伝制が果たす役割が違っていた可能性は十分にある。旧稿では辺要国に対して十分な注意を払っておらず、この点は反省したい。そこで以下、辺要国における伝制の軍事利用について少し考えてみたい。松本氏が指摘するように、次の『日本後紀』延暦二十四年（八〇五）十一月戊寅条は、陸奥国の伝馬が軍事利用されたことを示唆するものである。

停二陸奥国部内海道諸郡伝馬一。以レ不レ要也。

「陸奥国部内海道諸郡」は、陸奥国南部の旧石城国にあたる諸郡である。養老三年（七一九）に石城国に駅家一〇処が設置され（『続日本紀』同年閏七月丁丑条）、駅路が通っていた。これは常陸国から延びる道（海道）で、下野国から延びる東山道駅路（山道）とともに、陸奥国の南部を貫く二大ルートとして、征夷の上でも重要な役割を担った。ところが、延暦二十四年十二月七日の徳政相論によって、征夷と造都の中止が決定される（『日本後紀』同日条）。鈴木拓也氏の研究によって、徳政相論は桓武天皇によって筋書きがつくられた政治的演出であり、すでに一ヵ月以上も前に、征夷と造都の中止という結論を桓武天皇は用意していたことが明らかにされている(43)。海道諸郡の伝馬廃止はこの間の出来事であり、征夷の中止という文脈のなかで理解できる。
これを傍証するのが、弘仁二年（八一一）四月における陸奥国海道一〇駅の廃止である（『日本後紀』同年四月乙酉条）。これ以後、海道は駅路ではなくなり、陸奥国へ入る駅路は山道（東山道駅路）に一本化される。この海道駅路の廃止は、文室綿麻呂の征夷の最中に実施された。文室綿麻呂の征夷は「征夷終結のための征夷」という性格をもっており、それまでの征夷と大きく違う点がいくつかあった(44)。そのひとつに、兵員や物資を坂東諸国などに依存する体制をやめ、すべてを陸奥・出羽両国から調達したことがあげられる。海道駅路は山道駅路と並んで、征夷の遂行に必要な兵員や物資を坂東諸国から送り届けるための主要ルートであったが、征夷が終焉に向かうなか、海道は駅路の扱いを受けなくなるのである。とはいえ実際には、第六章で述べるように、海道上の菊多剗は、山道上の白河剗とともに重視され続け、海道の往来は依然として活発であった。しかし、征夷の終焉にともない、もはや駅路として維持する必要はないと判断されたのである。

このように陸奥国（旧石城国）の海道における駅伝制度の廃止は、征夷の終焉と密接に関わるものであった。ここから逆に考えて、陸奥国の伝馬が軍事利用されたことは認めなければならない。問題は具体的な利用方法であるが、史料上では直接確認できない。ただ少し参考になりそうなのが、元慶の乱における対応である。『日本三代実録』元慶三年（八七九）三月二日条によると、上野・下野両国から各八〇〇人の援兵が出羽国へ派遣されたが、最上郡では「管最上郡、道路嶮絶、大河流急。中国之軍、路必経レ此、迎送之煩、不レ可二勝計一」であったという。東山道駅路を使って奥羽山脈を越えることになるが、必ず通過するのが最上郡で、迎送に苦しんだ様子が語られている。いかなる迎送体制が組まれたのか不明であるが、最上郡には伝馬が五匹、最上駅には駅馬が一五匹配置されており（『延喜式』兵部式80条）、これらの馬がまったく使用されなかったとは考えがたい。

以上のように、陸奥・出羽などの辺要国において伝馬が軍事利用された可能性は十分にある。ただし、臨時的戦時動員体制下と常備的平時体制下を区別すべきとする菊池氏の指摘は、陸奥・出羽両国の状況を考える際にも重要である。両国では伝馬が軍事利用されたが、それは臨時的戦時動員体制下に限られたのではないか。

もちろん、一般諸国と比べて陸奥・出羽両国は、平時にも緊張の度合いが高かった。そのため、他の一般諸国にもある軍団兵士制に加え、独自の兵制である鎮兵制をも敷くという二本立てとされた(45)。しかし征夷事業を遂行する際には、基本的に中央から将軍が派遣され、新たな行軍編成がおこなわれる。また、軍事物資も諸国から送られるが、それは征夷の必要に応じてなされるのが基本であった。この点、軍事物資が恒常的に辺境地帯へ送られ、その手段として伝送制が重要な役割を果たした唐とは違っているのである。

辺要国における伝制利用のあり方は今後の課題として残るが、その他の一般諸国においては、これまで知られている史料をみるかぎり、軍事利用されたことを明確に示すものはない。

第三節　逓送・供給の実現と文書

1　遊牒と国符

郡には、伝使に対して伝馬・人夫（伝子）・食料などを供給し、次の目的地まで逓送していく役目があった。伝使以外の往来者の場合であっても、その者が逓送・供給を指示する官符・移・牒などを携行していれば、郡は交通上の便宜を図った。本節では、郡の逓送・供給はいかに実現したのかを考えてみたい。

考察の出発点として、次の『類聚三代格』天平宝字八年（七六四）十月十日勅の第一条に目を向けたい。

一、諸国司等、新向㆓任所㆒、随㆓人品㆒、而給㆓伝剋㆒。然今聞、或預放㆓遊牒㆒、過㆓於期日㆒、不㆓早赴至㆒。或伝剋外、更令㆔多差㆓人馬等㆒。由㆑茲、路次之国司幷諸百姓公私諸事、悉為㆓停止㆒、多有㆓辛苦㆒。自㆑今以後、更不㆑得㆑然。若有㆔国郡司幷往来之使、違㆓於厳制㆒、則解㆓其任㆒、永不㆓叙用㆒之。

国司が赴任地に向かう際には、位階に応じた剋数の伝符が支給される。しかし赴任国司は、ある者は事前に「遊牒」を放ちながら期日をすぎても赴任せず、ある者は伝符の剋数以上の人馬を差発している。このような状況は望ましくないとし、それらを禁制した勅である。

ここで注目したいのは「遊牒」である。勅の内容からみて、赴任国司（伝使）の到着予定期日や、徴発人馬数などを記した文書であったと推測される(46)。しかし遊牒がどこに放たれたものか、特に触れてはいない。参考になるのが、上下諸使（駅使、伝使）の剋外増乗について述べた『類聚三代格』延暦元年（七八二）十一月三日太政官符である。そこに「或使者馮レ勢、剋外増乗、或国司和レ牒、逓相融通」とあり、遊牒は路次諸国の国司に宛てられたことがわかる。

こうした見方を裏づけるものとして、正倉院蔵鳥兜残欠文書に注目したい。東野治之氏の研究によって、これらは丹後国府から供給された文書群であり、基本的に丹後国符の案文と但馬国移の正文から構成されることが明らかにされている(47)。次に引用するのは、丹後国符の案文のひとつである。

□□竹野・熊野□郡司
求馬飼□
右□□□□□応□□
者依牒旨下宣□〔郡カ〕□承知事□〔々カ〕□
□〔行カ〕供□□乗馬五疋外駄二疋馬□
□□□〔雇カ〕夫一十人如此施行不□〔得カ〕□
□□〔行カ〕

欠損部分もあるが、次のような経過をたどったことは容易に推定できる。

①某所より丹後国司に対して、乗馬・駄馬・雇夫の供給を求める牒が発せられた。

②この牒を受けた国司は、管内の竹野・熊野両郡司に対して、牒の旨によって、乗馬五匹・駄二匹・雇夫一〇人を某所に供給するように命じる国符を下した。
③国符を受け取った竹野・熊野両郡は、所定の乗馬・駄馬・雇夫を徴発し、某所からの使者の来訪に備えた。

さらに『類聚三代格』延喜五年（九〇五）十一月三日太政官符にも、「其諸院宮家之狩使到来、常在二冬時・春月一。各齎二牒状一、借二求夫馬一、国司不レ獲レ已、下二符郡司一」とあり、院宮王臣家は夫馬などの提供を求める牒を路次の国司に宛てたこと、それを受けた国司は郡司に符を下して対処を求めたことが知られる。

さて、国符の発給・伝達方法については、次の天平八年度（七三六）以前伊勢国計会帳も参考になる。

行下符一条

為レ検二水田熟不一、発二遣少掾佐伯宿禰鍬作道前、少目大倭伊美吉生羽道後一符二紙少掾佐伯宿禰鍬作請レ仮。仍替、以二九月三日一、遣二国博士狩忌寸乙麻呂一。少目大倭伊美吉生羽、遣二大神宮幣帛使所一。仍替、以二九月六日一、遣二大目土師宿禰麻呂一。

右付二郡伝一

水田の熟不を調べるための部内巡行国司として、少掾佐伯鍬作が「道前」に、少目大倭生羽が「道後」に派遣されることになった。伊勢国には一三郡があったが、国府の所在する鈴鹿郡を境に、「道前」は鈴鹿郡を含む北の六郡、「道後」は南側の六郡と考えられている。部内巡行国司を道前・道後に派遣するにあたり、二通の国符が作成されたことがわかる。国符の伝達方法を表す「付郡伝」は、「郡に付して伝う」「郡伝に付す」の二つの読み方が可能であるが、馬場基氏が提起した後者とする説に従いたい[48]。この「(郡)伝」とは、郡による逓送とみてよかろう[49]。道前・道後それぞれにおいて、国符が郡ごとに逓送されていったのである。

この伊勢国計会帳の記載によって、国司の部内巡行の実施に先だって、国符による郡司への事前通知があったことがわかる。[50] このことは、次項で取り上げる木簡からも裏づけることができる。

さらに、国司の部内巡行とは別の事例として、『延喜式』に次のような注目すべき規定がある。

(a)凡蕃客往還、若有二水陸二路一者、領客使与二国郡一相知、逐レ便預定二一路一。明注二所レ須船・駄・人夫等数、及客到時日一、逓二牒前所一。応レ須二供客一之物、令二預備擬一、不レ得三臨時改易及有二停擁一。如有二事故一、必須二停滞及改張一者、速告二前所一、勿レ致二費損一。（玄蕃式93条）

(b)凡諸国逓送須レ夫、皆以レ近及レ遠、均通差充。其発遣之司、及綱典幷初給レ逓処、先定二応レ差車馬・人夫数、幷発処時日一、預定二行程一、先与二前所国郡一相知、明為二期会一。不レ得下預集妨二廃生業一、及致中飢寒上。（雑式46条）

(a)は蕃客の往還に関わる規定である。必要となる船・駄・人夫などの数や蕃客の到着日時について、「前所」（次の到着地）に牒を送ることになっている。(b)は諸国逓送にともなう人夫や車・馬の差発に関わる規定である。発遣にあたる官司や運送責任者は、先に車・馬・人夫の差発数や出発日時を定め、あらかじめ行程を定めた上で、事前に次の到着地の国郡とともにお互い知ることになっていた。

以上、いくつかの事例をあげたが、伝使をはじめとする各種の使者は、その往来に先だって、事前通知の牒などを発していたことは明らかである。このような事前通知をおこなった理由は、路次諸国の郡で確実に逓送・供給の便宜を受けるためであったと考えられる。[51]

郡は伝制に限らず各種の交通機能を果たすことが期待されていたが、伝馬はわずかに五匹が常置されるにすぎない。仮に五位の伝使が到来した場合、一〇匹の伝馬が必要で五匹分不足してしまう。六位以下の伝使であっても、同日に複数の往来があれば足りない。天平十年度周防国正税帳をみると、たとえば九月十五日には、三組の国司が伝使として周防国を通過している。全部で一一匹の伝馬が必要となり、各郡六匹の伝馬が不足となる計算である。伝馬の不足時には百姓の私馬を徴発することになっていた。また、逓送役に従事する人夫についても、駅のように専属の駅子が置かれていない以上、一般公民から雑徭として徴発する必要があった。

このような伝制の抱える構造的問題もあって、使者は逓送・供給の依頼をおこなう遊牒を路次諸国の国司にあらかじめ送り、それを受けて国司は管内の郡に国符を下して、使者の到来に備えたのである。

2　国符の伝達

では誰が、遊牒・国符の伝達に携わったのか。遊牒の場合、使者の側が伝達に従事したことは間違いない。しかし国符の場合、国司側であると単純にはいえない。というのも、下達文書を伝達する際、差出が最後まで責任を負うとは限らず、受益者である当事者が伝達業務に携わった事例も少なくないからである。(52) その初期の事例として、早く鈴木茂男氏が注目していた(53)、次の一連の史料をあげたい（大古15一八八～一八九頁）。

[1]国符　坂田郡司

東大寺天平宝字四年料祖（租）米百九十九石五斗三升

右、得㆓造寺司今日五日牒㆒偁、造㆓彼郡石山寺㆒食料、便充㆓件祖（租）㆒者。郡宜㆓承知、依㆑数進上㆒。不㆑得㆓延遅㆒。

符到奉行。

記事忍坂忌寸麻呂

史生山口忌寸真嶋

天平宝字六年四月八日

[2]造東大寺司　牒坂田郡司

合応二進上一米一百九十九石五斗三升去宝字四年料祖〔租〕米
右件米、去年六月以前可二進畢一。然其米迄レ今未レ進。仍差二充散位少初位下工廣道使一、副二国符一枚一令レ向。
郡宜下察二此状一、依レ数早速擢中上石山院所上者。不レ得二延廻一。今具二事状一。故牒。
天平宝字六年四月十一日
主典安都宿禰

これらは「造石山寺解移牒符案」所収の二通である。近江国坂田郡には造東大寺司の封戸が置かれていたが、天平宝字六年（七六二）四月の時点において、同四年の租米一九九石五斗三升が未進のままであった。そこで、この未進米を石山寺造営のための食料米に振り向けることになった。四月八日付けの1は、同月三日付けの造東大寺司牒を受けた近江国司が坂田郡司に対して、未進米を速やかに進上するように命じた国符である。

そして、四月十一日付けの2は、1の発給された三日後に、造東大寺司が坂田郡司に宛てた牒である。2の傍線部に注目したい。未進米を催促するための使者として工廣道を選び、「国符一枚」を添えて坂田郡に向かわせるとある。この「国符」とは、まさに1にほかならない。すなわち近江国符は、造東大寺司の使者によって、坂田郡司のもとへ伝達されたことが判明する。文書を作成した側（近江国司）ではなく、受益者（造東大寺司）の側によって文書が伝達されたのである。

こうした事例があることを念頭に置いた上で、前項の鳥兜残欠文書に再度目を向けてみたい。この丹後国符は竹野・熊野両郡司に下されている。宛所は二ヵ所となっているが、作成された正文それ自体は一通であったと考えられる。宛所となっている両郡司の記載順番、および与謝郡にあった丹後国府との位置関係から、丹後国符は［丹後国府→竹野郡家→熊野郡家］の経路で伝達されたとみて間違いない。そして、丹後国符を実際に伝達したのは、丹後国司に供給を依頼してきた某所の側であったとみるべきであろう。[54]
ここで、十二世紀前半に三善為康が編纂した『朝野群載』巻二十大宰府のなかに、「准擬牒二枚」として収録された二通の文書に注目したい。

ⓧ某国司牒　路次郡司・駅長等
　可二准擬一事
右以二某月日一、為レ向二任国一進発。仍牒送。郡司・駅長、宜二承知、依レ例准擬一。故牒。
　　年　月　日
長官　　　　次官

ⓨ牒　向二太〔大〕宰府一路次国々郡司・駅長等
　可二准擬一事
牒、去二月十六日、任二大弐一既畢。以二月日一出レ京、可レ着二河陽館一。仍可二准擬一状如レ件。路次宜三承知、依レ例准擬、供給雑事、兼従二倹約一。故牒。
　　寛弘七年七月三日
従二位行太〔大〕宰大弐平朝臣親信

森田悌氏はⓧについて、前掲『類聚三代格』天平宝字八年十月十日勅にみえる「遊牒」に相当する文書の書様であることを指摘した。[55] かつて筆者はこの見解に疑義を呈したことがあるが、[56] 現在では「遊牒」は「准擬牒」の祖型になると考えている。この問題はファム・レ・フイ氏が多くの事例を収集して詳細に検討しているので、[57] それを参考にしつつ、現在の私見を述べてみたい。

まず、准擬牒の「准擬」とは、当時のさまざまな史料からみて、「準備する」の意と考えてよい[58]。准擬牒の性格を考える際に参考になるのが、平親信が大宰大弐として下向する際のⓨである。そこにあるように、平親信は寛弘七年（一〇一〇）二月十六日に大宰大弐に任命された。その後、『御堂関白記』同年八月十日条に「此日、大弐奏㆓赴任由㆒云々」とあり、同十三日条に「大弐今日示㆓下向之由㆒」とあるように、八月十三日以降に出京した。ファム氏が指摘するとおり、親信は出京のほぼ一ヵ月前の七月三日にⓨを作成し、大宰府に向かう路次の郡司・駅長に下し、進発の月日と河陽館（山崎駅）に到着する旨を事前に知らせたのである。

このように、使者の側から事前に路次の機関に下され、逓送・供給の準備を依頼する文書であるという点で、准擬牒は遊牒と共通するところがある。よって遊牒は准擬牒の祖型となることを認めたい。ただし、ひとつ大きな相違点がある。それは宛所である。遊牒は路次の国司であるが、准擬牒は路次の駅長・郡司である。そもそも、遊牒は八世紀の史料に、准擬牒は十二世紀の史料に登場し、時代的懸隔が極めて大きい。したがって、この間に変化が生じた可能性を考えるべきであろう。筆者は次のように推測する。

当初、使者は路次の国司に対して、逓送・供給の依頼をおこなう遊牒を発した。これを受けて国司は管内の郡司・駅長らに準備を命じる国符を下す。この国符が実際には当事者側の使者によって伝達された可能性が高いことは、先述したとおりである。その後時代が下ると、使者が路次諸国の国司に遊牒を発する手続きを省略し、逓送・供給の実務に携わる駅長・駅長に対して准擬牒を直接下すようになる。

このように推測するのは、門牓木簡の分析結果[59]が念頭にあってのことである。門牓とは、主に宮外へ物品を搬出する際に使用される門の通行証である（宮衛令25条）。衛門府本司跡の藤原京跡（奈良県橿原市）左京七条一坊から出土した、大宝元年（七〇一）・同二年頃の門牓木簡から一例をあげよう。

・画工司解今加画師十人分布七端□□四両并三品
由布三束

・受志太連五百瀬　佐伯門
「中務省□〔移カ〕出」今持退人使部和尓積木万呂　295×29×5　011　飛藤2-1479号

藤原宮内から佐伯門（西面中門）を通って布・由布など三品を搬出しようとした画工司が、中務省にその許可を求めた門牓申請木簡である。これを受けた中務省は、「中務省□〔移カ〕出」（中務省移し出す）という文言を書き加え、佐伯門からの搬出を許可している。これによって門牓申請木簡は、佐伯門の通行を認める木簡（門牓木簡）へ性格を一変させる。この門牓木簡は「移」の書式をとり、中務省が佐伯門を警備する衛門府の門司に宛てたことがわかる。本木簡では通行する門はひとつしか書かれていないが、なかには二つ書かれたものも存在する（飛藤2-1488号）。もちろん、ひとつの門牓木簡を二ヵ所の門司に送ることはできない。門牓木簡は、書式の上では中務省から衛門府に宛てられているが、実際の伝達に携わったのは物品を搬出する官司の側であり、二ヵ所の門を指定した場合には、いずれか便利な門が選択できたのである。

ところが、この仕組みは長続きせず、物品搬出官司が中務省を介在させずに、宮城門の衛門府門司に門牓木簡を直接宛てるように変質する。平城宮跡（奈良市）南面西門（若犬養門）近くの溝から出土した木簡を例示しよう。

・造西仏殿司移大□〔伴カ〕若犬養門　右為□泉□

・□□□□□□□〔如件録状以移カ〕　□□□□□□□　(278)×(6)×5　081　城15-17頁上（釈文一部変更）

これは造西仏殿司が大伴門・若犬養門（の門司）に宛てた門牓木簡である。隣接する二つの門の名前が記されているが、木簡の出土地点から、実際の通行では若犬養門が選択されたと考えられる。

このように門牓（申請）木簡の動きについて、［物品搬出官司→中務省→衛門府門司］から［物品搬出官司→衛門府門司］へ移行していることが判明する。この例をもってすれば、逓送・供給体制において、［使者→路次の国司→路次の駅長・郡司］から［使者→路次の駅長・郡司］へ移行することは十分に想定できよう。問題はその移行時期である。前掲の諸史料から十世紀初頭まで牒が路次諸国の国司に宛てられたことが確かめられる点、准擬牒の確実な初見がⓨの寛弘七年（一〇一〇）である点から、十世紀初頭から十一世紀初頭までの間と推定される。

3　路次諸国の対応

本項では、逓送・供給の実現に向けて、路次諸国の側ではいかに対応したのかを考えてみたい。路次諸国は逓送・供給の実務にあたる郡に国符を発したが、その先の郡における対応を示す木簡がいくつか出土している。

【木簡1】荒田目条里遺跡（福島県いわき市）第三号溝跡出土木簡(60)

・郡符　立屋津長伴部福麿　可□召
　右為客料充遣召如件長宜承□
・□

(230)×42×3　019　木17–99頁–2号

本遺跡は、夏井川が太平洋に注ぐ河口付近に位置し、近傍には推定磐城郡家である根岸遺跡（いわき市）が存在する。荒田目条里遺跡は郡家そのものではないが、木簡1以外にも郡符木簡が出土していることから（木17–99頁–1号）、郡との関連が深い施設と理解されている。

木簡1は、磐城郡司が立屋津の津長に下した郡符である。文中の「伴部」は弘仁十四年（八二三）に大伴部から改姓されており、それ以降のものである。「客」は中央の権威を帯びた者と考えられる。中央から派遣されて陸奥国磐城郡にやってくる朝使、もしくは部内巡行にあたる陸奥国司の可能性が高い。荒田目条里遺跡の立地から、客人は外洋船を使って立屋津に来着し、そこで川船に乗り換えて、夏井川を経て運河状の河川に入る予定になっていたと推定されている。そうした客人の到来に備えて、磐城郡司が管内の立屋津長の伴部福麿に対して、客料として充て遣わす水手を召喚するように命じたのが、この郡符木簡にほかならない。

この郡符木簡を受け取った津長は、それを提示することによって、管下の挾杪・水手を徴発したのである。そして、津長はこの郡符木簡を持参して召喚先まで挾杪・水手を引率し、そこで郡司らの確認作業を受けた。その後、郡符木簡は用済みとなって廃棄されたと推定される。

【木簡2】香住ヱノ田遺跡（兵庫県豊岡市）溝Ⅰ埋土上部付近出土木簡(61)

・召史生奈胡□何故意□□不召今忩者大夫入坐
・牟待申物曽見々与見々与　六□□日主帳 少□〔領カ〕　477×32×8　011　木18-77頁-1号

本遺跡は、多数の木製祭祀具が出土しており、祓所の可能性が指摘されている。

木簡2は比較的大型の木簡で、和文体で書かれている点に特徴がある。東野治之氏は「召す。史生は奈胡《いかん》□。何なる故に意□□して召さざる。今忩らば、大夫入り坐さむ。待ち申すものそ。見えよ、見えよ。（後略）」と訓読する。(62)「大夫」の到来を目前にして、郡司（少領、主帳）が「史生」を召喚した木簡と考えられる。

「大夫」は、観音寺遺跡（徳島市）出土木簡の「国守大夫」（木21-205頁-1号）、下ノ西遺跡（新潟県長岡市）出土木簡の「掾大夫」（木20-177頁-1号）、安芸国分寺跡（広島県東広島市）出土木簡の「目大夫」（木24-134頁-1号）、鴻臚館

跡（福岡市）出土木簡の「目大夫」（木13–142頁–4号）など、地方木簡では国司の尊称として用いられることが多い[63]。木簡2の「大夫」も同様に理解できる。国司の到来といえば、部内巡行を想定するのが最も自然であろう。問題は「史生」である。通常は国司（広義）の一員である国史生を指す。しかしその場合、郡司が国司（広義）を召喚したことになり、職階的にみて大きな問題があるとともに、国司の部内巡行において郡司が国史生を呼びつける理由が考えられない（いうまでもなく、国史生は部内巡行国司として郡に到来する立場である）。この木簡の「史生」とは、吉川真司氏が指摘しているように、郡書生を指すとみるのが妥当であろう[64]。

本木簡によって、郡司が国司の部内巡行を事前に把握し、それに備えて郡書生を召喚するなど、しかるべき措置を講じていた様子を窺うことができる。

【木簡3】長岡京跡（京都府長岡京市）井ノ内地区自然流路出土木簡[65]

・御司召　上加知園依　上加知虫万呂　秦得万呂「加知乙人」
　　　右三人等為流人送召件人等承知齎
・□□廿合□□□札□物［　］□□□又召民
　右人今々急々□□□□□□□□　［　］七日□□付
　　　　　　　　　353×34×4.5　011　木12–42頁–4号（釈文一部変更）

本遺跡では、木簡が一五点、墨書土器が約一〇〇点出土している。木簡3とは別に「御司召」で始まる木簡が出土しており、郷里制下（七一七～七四〇）のものである。また、墨書土器の大部分も、奈良時代中頃のものである。清水みき氏は、「園司」「園宅」「園」の墨書土器が多数あることから、天皇家供御の蔬菜樹果を生産した「乙訓園」に関わると推定する[66]。よって「御司」は乙訓園の園司を指すと考えられる。

木簡3は、流人移送の役に従事させるため三人（結果的には四人）を召喚するとともに、物品を進上することを急々に命じたものである。遺跡のすぐ近くには山陰道が通っており、路次の逓送役が「御司」にも課せられたことがわかる。軍防令64条に「凡蕃使出入、伝㆓送囚徒及軍物㆒、須㆓人防援㆒、皆量㆓差所在兵士㆒逓送」とあって、軍団が防援を出すことになっている。ところが、延暦十一年（七九二）に軍団制が廃止されたこともあって、『延喜式』刑部式7条に「路次差㆓加防援㆒、令㆑達㆓前所㆒」とあるように、路次諸国が防援を差発することになった。しかし本木簡によって、すでに八世紀前半から、軍団兵士に限らず差発されていたことがわかる。

　裏面の「付」の上の二文字は、この召文を伝達した使者の名前がこよう。この使者は召文を携えて、上加知園依以下を召喚して「御司」のもとへ引率し（この時点で木簡は廃棄）、流人移送の防援に従事させたと理解できる。

【木簡4】下月隈C遺跡群（福岡市）旧河川SR七三五堰出土木簡(67)

・□三人右為皇后宮職少属正八位上

・□□　□□〔馬脚ヵ〕力者宜知状限今日戌時□進来御□〔示ヵ〕到奉行

(354)×44×4　019　木25–186頁–1号（釈文一部変更）

本遺跡群は、大宰府の北西約一〇キロメートルに位置し、御笠川を挟んだ対岸には、水城東門から博多湾へ向かう官道（水城東門ルート）が走り、久爾駅（莚田駅）が近くにあったと推定されている。

　木簡4は八世紀後半以前のものである。上端が欠損するが、坂上康俊氏が述べるように、三名の者に対して、皇后宮職少属正八位上某のために、馬や脚力を使って、当日の戌の時までに、何か物品を送り届けるように命じたものと理解してよかろう(68)。坂上氏が指摘するように、遺跡近辺には九世紀後半に高子内親王（仁明天皇の皇女）家の所領があり（平遺一五四・一五七・一五八・一六〇〜一六二号）、それは遡れば皇后宮職の所領の一部を構成していた可能性がある。だが坂上氏が注意を促したように、使者派遣の目的を皇后宮職の出挙・封戸との関連で理解するには問題もあり、それとは無関係に大宰府に派遣された使者の可能性も否定しがたい（使者は肩書きに沿った役目を負ったとは限らない）。いずれにせよ、上記のような遺跡の立地を考慮するならば、皇后宮職少属の到来を目前にして、何か物品を調達する際に使用された木簡であったとみる余地は十分にあろう。

【木簡5】加茂遺跡（石川県津幡町）北陸道能登路西側溝出土木簡(69)

・謹啓　丈部置万呂　献上人給雑魚十五隻　无礼状具注以解
　　　　　　　　　　□□〔伯姓カ〕消息後日参向而語奉

・　「勘了」　七月十日　潟嶋造□主　480×33×5　011　木18−139頁−1号（釈文一部変更）

加茂遺跡は、北陸道能登路と河北潟へ流れる大溝が交わる交通の要衝で、掘立柱建物群や井戸などがみつかっている。第三章で言及した加賀郡牓示札の出土でも名高い（大溝出土）。

木簡5は、潟嶋造□主が丈部置万呂に差し出した上申文書である。「□□〔伯姓カ〕消息」の語から、国司の部内巡行に関わる可能性が高い(70)。国守は毎年一回、部内を巡行して百姓の様子を視察する決まりであった（戸令33条）。「伯姓消息、後日参向而語奉」とは、後日に国司が加茂遺跡周辺へ巡行したときに、百姓の消息を報告することであろう。「人給雑魚十五隻」の献上も、そうした部内巡行にともなうものと考えられる。「人給」は「供御」の対概念で、人臣への給物を意味する(71)。この木簡の場合には、部内巡行国司への進上物となろう。木簡の文面には出てこないが、「供御」

に仕える者たちへの給物と考えられる。なお、裏面の異筆「勘了」は、丈部置万呂の側で雑魚一五隻を受領した旨を二次的に記したものである。

以上のとおり、逓送・供給の依頼命令を国司から受けた郡司らは、郡符あるいは召文を発して管下の者を速やかに召喚し、逓送・供給役などに従事させていた。近年、郡符や召文の出土が相次いでいるが、召文はもちろんのこと、郡符の大多数もまた、人の召喚を命じた内容である。単に口頭で伝えて管下の人間を徴発するのではなく、木簡の使用が日常的におこなわれていたのである。

ただし、古代の識字率は民衆レベルでは低く、郡符・召文が提示されたとしても、その文字内容を必ずしも理解できたわけではない。公式令75条に「凡詔勅頒行、関二百姓事一者、行下至レ郷、皆令三里長・坊長、巡二歴部内一、宣二示百姓一、使二人暁悉一」とあるように、里以下では口頭伝達が基本であった。加賀郡牓示札の場合も、郡雑任の田領までは文書によって命令が伝達されたが、それより下に対しては「口示」することが求められ、田領らが村ごとに「廻諭」するという方法がとられていた。

地方出土の文書木簡は、長さ二尺の郡符木簡[72]に代表されるように、都城よりも大型なものが多い。識字率の低い地方社会だからこそ、大型の木簡をあえて使用することで、郡司らの権威・権力の大きさを視覚的に訴えかけることが重要であると認識されたのであろう[73]。

おわりに

本章では、日本古代における伝制の運用実態について考察を加えた。各節の要点をまとめておきたい。

第一節では、郡を統括する国を通じて、地域の実情を勘案した弾力的な運用がなされていたことを指摘した。これまで伝制は、郡の交通制度としての側面が強調されてきたが、むしろ国の交通制度としての側面をより重視すべきであると考えた。郡ごとの独自性を含みながらも、それらが国によって最終総括された（その際に各種の調整がなされる）点を見逃してはならない。なお、この点は第五章でも改めて触れたい。

第二節では、伝馬の利用実態を取り上げた。日本の令文は伝馬利用対象について具体性に欠いていたが、唐令を参照して運用する側面があったこと、「伝使」＝伝馬利用者は伝符所持者に限られなかったこと、陸奥・出羽両国のような辺要国では、臨時的戦時動員体制下であれば伝馬が軍事利用されることはあったが、平時はそうではなかった可能性が高いこと、などを指摘した。

第三節では、木簡などを活用しながら、郡の逓送・供給がいかにして実現されたのかを検討した。伝使などの使者は、あらかじめ路次諸国の国司に対して、逓送・供給を依頼する遊牒を届けていた。これを受けて国司は郡司に国符を下し、郡司も管内に命じて使者の到来に備えたことを明らかにした。

第一節でみたように、神護景雲二年（七六八）に「本道郡伝路遠、多致二民苦一」という理由で、山陽道諸国の伝馬は駅家に吸収される形で廃止される。そして延暦十一年（七九二）になると、全国規模で伝馬は廃止される（『類聚三代格』延暦二十一年十二月太政官符所引延暦十一年六月七日勅書）。その後、伝馬は再設置されるが、『延喜式』兵部式78〜85条の伝馬配置状況に示されているように、原則として駅路の通る郡（帯駅路郡）だけを対象にした。これは『延喜式』太政官式17条などの国司赴任時における伝馬の利用規定と基本的に対応している。この伝馬の廃止・再設置の事情[74]をはじめ、検討すべき多くの問題点が残されているが、今後の課題としたい。

註

（1）大日方克己「律令国家の交通制度の構造」（『日本史研究』二六九、一九八五年）。以下、大日方氏の見解は本論文による。

（2）坂本太郎『上代駅制の研究』（『坂本太郎著作集8　古代の駅と道』吉川弘文館、一九八九年、初出一九二八年）九八〜九九頁。

（3）原秀三郎「郡家の構成と交通機能」（『地域と王権の古代史学』塙書房、二〇〇二年、初出一九八四年）、大日方克己註（1）論文による問題提起が大きい。

（4）『延喜式』兵部式79条も、駿河国に設置された伝馬について、「益頭・安倍・廬原・富士・駿河郡、幷横走駅各五疋」と記している。このうち横走駅は駿河郡に所在する。ここにみえる「駿河郡」は駿河郡家ないし関連施設を指すとみられ、明らかに横走駅とは別所である。基本的に伝馬は駅家に設置されることはないが、出羽・肥前・肥後・薩摩・日向といった辺境諸国を中心に、伝馬が駅家に併設された事例が一部みられ、横走駅もその一例である。

（5）門井直哉「律令期の伝馬制と交通路体系について」（『史林』八五―六、二〇〇二年）一〇九～一一二頁。

（6）足利健亮「序説（二）」（藤岡謙二郎編『古代日本の交通路Ⅰ』大明堂、一九七八年）二二頁、森田悌「伝馬考」（『日本古代の駅伝と交通』岩田書院、二〇〇〇年、初出一九九三年）二六～二八頁など。

（7）原秀三郎「古代遠江・駿河両国の東海道」（註(3)著書所収、初出一九八〇年）五一〇～五一一頁など。

（8）佐々木虔一a「律令駅伝制の特色」（『古代東国社会と交通』校倉書房、一九九五年、初出一九八四年）二六四頁、同b「古代の郡家間の交通・通信制度「郡伝」について」（『千葉史学』四八、二〇〇六年）註(31)。松原弘宣「地方官の交通と伝馬制」（『日本古代の交通と情報伝達』汲古書院、二〇〇九年、初出二〇〇二年）も、「郡伝路」（郡の伝わり路）とみる。

（9）多数あるが、初期のものとして、木下良a「近年における古代道研究の成果と課題」（『人文地理』四〇―四、一九八八年）、同b「古代交通研究上の諸問題」（『古代交通研究』一、一九九二年）、木本雅康「下野国の古代伝路」（『古代官道の歴史地理』同成社、二〇一一年、初出一九九三年）をあげるにとどめる。

（10）拙稿「律令交通体系における駅路と伝路」（『史学雑誌』一〇五―三、一九九六年）註(4)。

（11）永田英明a「駅伝馬制経営の基本構造」（『古代駅伝馬制度の研究』吉川弘文館、二〇〇四年、初出一九九三年）二一七頁、同b「七道制と駅馬・伝馬」（『古代交通研究』七、一九九七年）一三五頁。なお、門井直哉註(5)論文一一五頁も、山陽道諸国の『延喜式』段階の駅と帯駅路郡の数を比較し、山陽道諸国では平均的に駅の逓送区間は郡のそれよりも短いと指摘する。

（12）ところが、『類聚三代格』大同二年（八〇七）十月二十五日太政官符によると、同年十月二十日に「筑前国九駅、豊前国二駅、惣十一箇駅、是従二府下一向レ京之大路、元来駅別置二馬廿疋一。而今貢上雑物、減省過レ半、逓送之労、少二於旧日一、人馬徒多、乗用有レ余。望請、駅別減二五疋一、以二十五疋一為レ定」という大宰府解が裁可され、一一駅で計五五匹の駅馬が廃止された。その五日後には「一府之馬、既従㆓減省㆒。路次諸国、亦依㆑件減」という裁可が下され、山城国から長門国までの五七駅において、山城国山崎駅は一〇匹、摂津国の五駅は各駅一五匹、他国の五一駅は各駅五匹ずつ、計三四〇匹もの駅馬が減らされる。大宰府解のいう「貢上雑物」とは、大宰府からの貢納物のことで、具体的には綿・贄・交易雑物・年料別貢雑物・紫草などを指す。これらを運ぶ使者を貢綿使・御贄使・別貢使・紫草使といい（別貢使は交易雑物・年料別貢雑物を運搬）、朝集使・正税帳使・大帳使・調帳使・相撲人使とあわせて「九箇使」と称した（『類聚三代格』大同四年正月二十六日太政官符）。森哲也氏は大宰府九箇使の交通状況に検討を加え、①諸国逓送から専使派遣へ、②諸国供給から大宰府給糧へ、③陸路から海路へ、という大きな流れがあったことを明らかにしている（森哲也「大宰府九箇使の研究」『古代交通研究』一、一九九二年）。こうした流れのなか、山陽道の果たす役割が相対的に低下し、駅馬五匹の減少が可能になったと考えられる。

(13) 註(10)拙稿。
(14) 拙稿「伊勢国計会帳からみた律令国家の交通体系」（『三重県史研究』一六、二〇〇一年）三七～三九頁、拙著『すべての道は平城京へ』（吉川弘文館、二〇一一年）一七～二三頁。
(15) 森田悌「伝馬と駅路」（註(6)著書所収、初出一九九七年）、門井直哉註(5)論文。
(16) 註(10)拙稿三九～四一頁。
(17) 荒川正晴『ユーラシアの交通・交易と唐帝国』（名古屋大学出版会、二〇一〇年）二一九～二二五頁。
(18) 註(14)拙著一八～二三頁。
(19) 中村太一『日本の古代道路を探す』（平凡社、二〇〇〇年）三五～四七頁。
(20) 拙評「書評　中村太一著『日本の古代道路を探す―律令国家のアウトバーン―』」（『古代交通研究』一一、二〇〇三年）。
(21) 望月悠介「古代国家における道路行政の特質」（『ヒストリア』二二三、二〇一〇年）など。
(22) 榎英一「正税帳伝使給粮記事をめぐって」（『日本史論叢』八、一九八〇年）。岡田登「正税帳よりみた伝馬の設置状況」（『皇學館大学紀要』一八、一九八〇年）、大日方克己註(1)論文なども参考になる。
(23) 鎌田元一「木簡からみた但馬国府」（『律令国家史の研究』塙書房、二〇〇八年、初出二〇〇四年）四四二～四四五頁。以下、鎌田元一氏の見解は本論文による。

(24)天平八年度（七三六）薩摩国正税帳・同九年度豊後国正税帳については、わずかな記載しかないため省略した。鎌田元一註(23)論文に基本的に依拠したが、周防国で給粮をおこなわなかった郡については、岡田登註(22)論文四〇～四四頁の意見に従って、養老五年（七二一）に熊毛郡から分立した玖珂郡（『続日本紀』同年四月丙申条）とした。

(25)川尻秋生「郡充制試論」（吉村武彦編『律令制国家と古代社会』塙書房、二〇〇五年）は、国内の諸々の雑務をなるべく各郡に均等になるように割り充てたことを指摘している。

(26)郡稲の基本的理解は、薗田香融「郡稲の起源」（岸俊男教授退官記念会編『日本政治社会史研究　中』塙書房、一九八四年）に従う。

(27)森哲也「律令国家と海上交通」（『九州史学』一一〇、一九九四年）二～三頁。その後、松原弘宣註(8)論文一二四～一二五頁、柳雄太郎「律令伝制の成立と展開」（『律令制と正倉院の研究』吉川弘文館、二〇一五年）一五七～一五八頁が森説に反論をおこなっているが、決定的なものではなく、森説に従っても特に問題ないと考える。

(28)ⓔは「随レ使駕レ船」と記すが、森哲也註(27)論文三頁が述べるように、「随レ使」は「随レ便」に改めるべきであろう。

(29)実際には、貢上御贄使などの貢御使は、伝制よりも駅制を使用するほうが多かったようである（『類聚三代格』承和五年十一月十八日太政官符、同十二年正月二十五日太政官符、同貞観四年六月二十九日太政官符、同十三年六月十三日太政官符、同延喜六年七月二十八日太政官符など）。伝制利用対象者は徐々に駅制を利用するようになり、九世紀には専ら新任国司の赴任用の交通制度の趣が強くなるが、貢御使もそうした一連の流れのなかで理解できよう。

(30)坂本太郎註(2)著書四二頁。

(31)実際に瓦葺粉壁に改修された時期については議論がある。かつて今里幾次氏による播磨国の国府系瓦の検討から、八世紀末という年代観が長らく通説を占めていた。これに対して、春成秀爾氏は、八世紀前半から中頃まで遡る可能性があると指摘し、岸本道昭氏も今里説に疑問を呈す。さらに妹尾周三氏は、長門・安芸・備後は八世紀前半、播磨・備中は八世紀後半とみている。瓦の年代観については、今後の研究の推移を見守りたい。今里幾次『播磨古瓦の研究』（真陽社、一九九五年）一一七～二一一頁、春成秀爾「古代の明石」（発掘された明石の歴史展実行委員会・明石市編『明石の古代』二〇一三年）、岸本道昭「播磨国瓦葺駅家の造駅」（第15回播磨考古学研究集会実行委員会編『播磨国の駅家を探る』二〇一五年）、妹尾周三「瓦から見た古代山陽道の駅家」（『考古学ジャーナル』六六五、二〇一五年）など。
(32) 平野卓治「山陽道と蕃客」（『国史学』一三五、一九八八年）。
(33) 永田英明「律令国家と「ミチ」」（『交通史研究』三五、一九九五年）八～一〇頁。
(34) 永田英明「天平期正税帳にみえる「駅使」と「伝使」」（註(11)著書所収）。以下、本項における永田氏の見解は本論文による。
(35) 馬場基「駅と伝と伝馬の構造」（『史学雑誌』一〇五―三、一九九六年）。
(36) 註(14)拙稿三五～三六頁。
(37) その後、養老四年（七二〇）、按察使の属国巡行・向京用に伝符が支給されている（『続日本紀』同年三月乙亥条）。また、天平六年度（七三四）出雲国計会帳によれば、山陰道節度使（石見国に所在）から出雲国へ帰還する出雲国飯石郡少領や、節度使から出雲国へ派遣された馬射博士が伝馬を利用しており、節度使にも伝符が支給されたと考えられる。大宰府・按察使・節度使いずれも国司の上級官司であり、いわば準中央ともいうべき存在である。
(38) 柳雄太郎註(27)論文一五〇～一五一頁は、『続日本紀』神亀五年（七二八）四月辛卯条に、勅によって相撲人の貢上が命じられていることから、伝符が与えられた可能性があると述べる。しかし本条は、相撲人に伝符を支給することについて何ら述べていない（そもそも相撲人に伝制の利用を認めるという内容ではない）。伝符を付与されなくても伝制を使用できることはあったのであり、相撲人についても同様に考えてよかろう。これを傍証するのが、天平四年度（七三二）越前国郡稲帳である。そこには伝制を利用した新任国司や検船使の伝符に関する記載はあるが、向京相撲人の伝符に関する記載は認められない。
(39) 柳雄太郎註(27)論文一四九～一五六頁。
(40) 拙稿「日本古代伝馬制度の法的特徴と運用実態」（『日本史研究』五四四、二〇〇七年）一二三頁。以下、旧稿とはこれを指す。
(41) 松本政春「延暦十一年の伝馬廃止政策と辺要」（『続日本紀研究』三八九、二〇一〇年）。以下、松本氏の見解は本論文による。
(42) 菊池英夫「日唐軍制比較研究上の若干の問題」（唐代史研究会編『隋唐帝国と東アジア世界』汲古書院、一九七九年）。

(43) 鈴木拓也「徳政相論と桓武天皇」(『国史談話会雑誌』五〇、二〇一〇年)。

(44) 熊谷公男「平安初期における征夷の終焉と蝦夷支配の変質」(『東北学院大学東北文化研究所紀要』二四、一九九二年)、鈴木拓也『蝦夷と東北戦争』(吉川弘文館、二〇〇八年)二三一～二四二頁など。

(45) 軍団制・鎮兵制の変遷については、鈴木拓也a「古代陸奥国の軍制」、同b「古代出羽国の軍制」(ともに『古代東北の支配構造』吉川弘文館、一九九八年、初出は順に一九九一年、一九九二年)など参照。

(46) 永田英明「律令国家における伝馬制の機能」(『交通史研究』二八、一九九二年)九頁。なお、永田氏は本論文を註(11)著書に改稿の上収録した際には、本史料の遊牒に関する言及部分を削除している。いかなる理由か不明であるが、筆者は原論文の見解に基本的に従ってよいと考える。

(47) 東野治之「正倉院蔵鳥兜残欠より発見された奈良時代の文書と墨画」(『正倉院文書と木簡の研究』塙書房、一九七七年、初出一九七四年)。

(48) 前者は彌永貞三「古代志摩国とその条里」(『日本古代社会経済史研究』岩波書店、一九八〇年、初出一九七五年)二六九～二七〇頁、門井直哉註(5)論文一一三～一一五頁、松原弘宣註(8)論文一一五頁など。後者は馬場基註(35)論文七二頁、佐々木虔一註(8)b論文二〇～二三頁など。

(49) 註(14)拙稿三四～三七頁において、第一節で史料引用した『続日本紀』神護景雲二年(七六八)三月乙巳朔条の「郡伝」を参考に、伊勢国計会帳の「郡伝」も伝制に関わると考えた。しかし、門井直哉・加藤友康氏らの批判を受けて、この私見は撤回したい。加藤氏は、天平勝宝三年(七五一)五月二十一日下総国司解の「付㆓国伝㆒貢上如㆑件」(大古3五〇二～五〇三頁)について、「郡伝」に対する「国伝」という独自のシステムの存在を想定する必要はなく、国の逓送機能に関わるとみるべきだとする。この「国伝」の用例からみても、伊勢国計会帳の「郡伝」も郡の逓送を意味していると考え改めた。門井直哉註(5)論文一一三～一一五頁、加藤友康「日本古代社会における交通と地方社会」(『飯田市歴史研究所年報』一二、二〇一四年)一五頁。

(50) 後述する国符の伝達者に関する議論からすると、道前・道後を巡行する国司みずからが国符を持参した可能性も考慮しておく必要がある。しかし、この伊勢国の事例では、国符の伝達方法について「付二郡伝一」と表現されており、部内巡行国司に付けるとは書かれていない。したがって、国符は部内巡行国司とは別人によって伝達されたとみるのが穏当である。その場合、時間的に事後とは考えがたく、事前とみるべきである。

(51) このように伝符と（遊）牒は補い合う関係にあった。前述のように、遊牒には伝使の到着予定期日や徴発人馬数が記されていた可能性があるが、器物である伝符の場合、到着予定期日などを書き込むことはできない。伝使であっても確実に供給を受けるためには、いわば先触れのような形で、あらかじめ遊牒を路次諸国の国司に発しておく必要があったわけである。

(52) 吉川聡「律令制下の文書主義」（『日本史研究』五一〇、二〇〇五年）一八～二六頁。なお、註(14)拙著一九二～二一六頁でも、当事者が伝達に携わった事例を「当事者主義」と呼んだ。こうした見方に対して、渡辺滋『日本古代文書研究』（思文閣出版、二〇一四年）四〇八～四〇九頁は、「伝達手段が極めて限られていた古代社会において、当事者を便宜的に公文書（情報）の運搬主体として利用することがあっても、それは職権主義の原則からの逸脱とは認識されなかった可能性が高い」とし、「効率を重視した処理方式の簡略化と、大方針としての当事者主義の許容・採用とは、厳密に区別する必要がある」と批判を加えた。渡辺著書の全体的な主張である「職権主義から当事者主義へ」という見解の当否については、別途検討する必要があるが、当面の問題としては、当事者が伝達に携わる場合があったことが確認できればよい。

(53) 鈴木茂男「太政官系文書に関する一考察」（『古代文書の機能論的研究』吉川弘文館、一九九七年、執筆一九六三年）二七九～二八一頁。

(54) 大日方克己註(1)論文一九頁も、特に根拠はあげないが、同様の理解を示している。

(55) 森田悌註(15)論文三四～三五頁。

(56) 拙稿「国司任符に関する基礎的考察」（『古文書研究』四七、一九九八年）付記。

(57) ファム・レ・フイ「平安中期以降の「准擬牒」について」（『ベトナムにおける日本研究促進にむけて』越日外交関係35周年記念国際シンポジウム、二〇〇八年）。

(58) 多数の史料が存在するが、『令集解』公式令42条令釈のみ掲げておく。

釈云、数外別給二駅子一人一、唐令、駅子者、駅馬引二導駅家一人耳。何者、駅使鞍具・宿具及束身調度、一事以上、駅家准擬。故除二駅子一外、更无二従人一。此間、駅使、除二飲食一外、一事以上、例必随身。是以、称二駅子一者、馬一疋幷子一人。彼此駅子、文同意殊耳。

(59) 拙稿「門牓制の運用と木簡」（『飛鳥藤原木簡の研究』塙書房、二〇一〇年、初出二〇〇七年）。

(60) いわき市教育文化事業団編『荒田目条里遺跡』（いわき市教育委員会、二〇〇一年）。

(61) 豊岡市出土文化財管理センター編『とよおか発掘情報』一（一九九六年）。

(62) 東野治之「『万葉集』と木簡」（『長屋王家木簡の研究』塙書房、一九九六年）一五九頁。

(63) 平川南「国司を「大夫」と尊称する」（『律令国郡里制の実像　上』吉川弘文館、二〇一四年、初出二〇一〇年）。

(64) 吉川真司「九世紀の国郡支配と但馬国木簡」（『木簡研究』二四、二〇〇二年）二二六頁。なお、浅野啓介「日本古代の末端官衙と木簡」（『木簡研究』三七、二〇一五年）二五九頁は、山口英男氏からの教示として、「単なる召文ではなく、大夫（おそらく史生より上級の国司）がもうすぐ来てしまいそうで、史生を呼ぶのを怠っていた郡司主帳が（慌てて）史生を呼んでいる木簡と考えれば、郡司が史生を呼ぼうとした理由もはっきりし、郡司が国司を呼んだのも理解しやすい」と述べ、あくまでも「史生」を国史生と考えている。つまり、極めて緊急的な召喚の場面を想定しているようであるが、木簡には時刻ではなく日付が書かれている点に着目すると、果たしてそれほど切羽詰まった状況であったのか、疑問が残る。

(65) 京都府埋蔵文化財調査研究センター編『京都府遺跡調査概報』四五（一九九一年）。

(66) 清水みき「八世紀の乙訓園」（中山修一先生喜寿記念事業会編『長岡京古文化論叢Ⅱ』一九九二年）。

(67) 福岡市教育委員会編『下月隈C遺跡Ⅵ』（二〇〇六年）。

(68) 坂上康俊「第七次調査出土「皇后宮職」木簡について」（註(67)報告書所収）。

(69) 平川南監修・石川県埋蔵文化財センター編『発見！古代のお触れ書き』（大修館書店、二〇〇一年）。

(70) 森田喜久男「出土文字資料からみた北加賀の古代」（『市史かなざわ』三、一九九七年）六頁。

(71) 吉野秋二「「人給所」木簡・墨書土器考」（『日本古代社会編成の研究』塙書房、二〇一〇年、初出二〇〇二年）。

(72) 平川南「郡符木簡」(『古代地方木簡の研究』吉川弘文館、二〇〇三年、初出一九九五年)など。

(73) 拙稿「日本古代木簡の視覚機能」(角谷常子編『東アジア木簡学のために』汲古書院、二〇一四年)。

(74) 註(40)拙稿一二三頁では、桓武朝における征夷の展開と関連づけて、伝制の廃止・再設置を考える仮説を提示したが、松本政春註(41)論文の全面的な批判によって、多くの問題点が明らかになった。延暦十一年における伝制の廃止を伝える史料は、次の『類聚三代格』延暦二十一年(八〇二)十二月太政官符所引延暦十一年六月七日勅書である。

謹奉二去延暦十一年六月七日　勅書一偁、ⓐ夫兵士之設、備二於非常一。伝馬之用、給二於行人一。而軍毅非理役使、国司恣心乗用。徒致二公家之費一、還為二姧吏之資一。静言二於此一、為レ弊良深。宜下京畿及七道諸国、兵士・伝馬、並従二停廃一、以省中労役上。ⓑ但陸奥・出羽・佐渡等国及大宰府者、地是辺要、不レ可レ無レ儲。所レ有兵士宜レ依レ旧者。

ⓐによると、軍団兵士とともに伝馬が停廃されることになった。ただしⓑによると、陸奥国・出羽国・佐渡国や大宰府管内では、辺要の地であることを理由に、軍団兵士は維持された。問題となるのは、ⓑでは直接言及していない伝馬の停廃地域に例外があったかどうかである。陸奥国など一部地域では、軍団兵士と同じく廃止を免れたとみるのか(松本政春註(41)論文)、それとも全面廃止を考えるのか、決定的な決め手がない。また、原勅にはⓐⓑに続けて、帯駅路郡の伝馬は旧に依るべしとの趣旨の但し書があったと推定する見解もある(柳雄太郎「駅伝制の再編成」註(27)著書所収、一九五～二〇二頁)。この問題について明快な解答を持ち合わせておらず、今後の課題とさせていただきたい。

第Ⅱ部　都鄙間交通体系と関制

第五章　日本律令国家の都鄙間交通体系
――文書伝達・貢納物運送・役民往来を中心に――

はじめに

第Ⅰ部では、日本律令国家の公的交通制度の中核をなす駅伝制度について、日唐律令条文の比較を通じて法的特徴を探り、郡稲帳・正税帳や木簡などの同時代史料も使いながら、運用実態および展開過程を考えてみた。しかし、日本律令国家の公的交通制度の全体像を明らかにするためには、より広い視野にたった検討が必要となる。

そこで本章では、文書の伝達、貢納物の運送、役民の往来という三つの観点から、日本律令国家の構築した都鄙間交通体系の全体的な特質に迫ってみたい。三つの観点それぞれ一定の研究蓄積はあるが、これまで別々に検討されるのが通常で、統一的な視点から検討されることはあまりなかった。また、駅伝制度の研究においても、それのみを扱うのが一般的で、周辺部をも含み込んだ考察はあまり多くない。こうした研究状況に鑑み、本章では統一的な視点からの説明を試みる。なかでも、聖武天皇の治世下にあたる天平年間（七二九〜七四九）の前半は、大宝令の具体的な注釈で著名な古記、地方財政の収支決算書である郡稲帳・正税帳、文書の授受について記録した計会帳をはじめ、交通の実態を窺わせる史料に恵まれた時代である。これらの史料を積極的に活用しながら、上記の課題に取り組みたい。

第一節　下達文書の伝達

1　下達文書の伝達方法①―専使と便使―

公式令は下達文書として、詔書（1条）、勅旨（2条）、飛駅勅（9条）、符（13条）を掲げる。このうち、諸国に発せられる最も基本的な下達文書が符であった。詔書・勅旨を諸国へ通達する際にも、『令義解』公式令1条に「凡施㆓行詔書㆒、於㆓在京諸司㆒、直写㆓詔書㆒、副㆓官符㆒行下。若其外国者、更謄㆓官符㆒施行」とあり、同2条に「施行之法、一同㆓詔書㆒也」とあるように、その内容を盛り込んだ太政官符（謄詔符、謄勅符）が別途作成された（同様の注釈は『令集解』諸説でもみられる）。緊急時に発せられる飛駅勅を除いて、中央からの命令は符の文書様式で地方に下達されたのである。符の種類としては、太政官の発した官符、八省の発した省符、弾正台の発した台符が存在する。また、大宝令制下には勅符[1]も存在した。公式令13条によると、符式は次のとおりである[2]。

太政官符其国司
其事云云。符到奉行。
大弁位姓名　史位姓名
　年月日　使人位姓名
鈴剋　伝符亦准㆑此。

これは太政官が国司に下した符を例示したものである。符の様式上の特徴としては、ⅰ差出所と宛所がともに初行に記されること、ⅱ施行を命ずる文言（「符到奉行」）を有すること、ⅲ発給者（大弁、史）の位置が本文の次、年月日の前にあることが、早川庄八氏によって指摘されている[3]。このことに大きな異論はないが、石田実洋氏が指摘したように、符の特徴は何よりも、年月日を伝達に関わる事項（使人位姓名、鈴剋もしくは伝符の剋数）と一括して記す点にこそ求めるべきであろう。また、太政官符の場合には弁・史が位置しているが、下達案件の決裁者としてではなく、起草責任者として位置している。つまり符は様式上、下達する案件の決裁過程を明示できなかった。まさに符とは、迅速かつ確実な伝達に特に意を払われた文書なのであった[4]。

公式令40条に「内印、方三寸。五位以上位記、及下㆓諸国㆒公文、則印」とあるように、諸国に下す文書には内印（天皇御璽）が押される[5]。内印の押印を通じて、天皇が諸国に下す全文書を把握する体制がとられたのである。内印の押印された符は、天皇の命令としての性格が視覚的に示された文書といえよう[6]。ところが、養老四年（七二〇）に制度の一部改正がなされる。すなわち、『続日本紀』同年五月癸酉条に、

太政官奏、諸司下㆑国小事之類、以㆓白紙㆒行下。於㆑理不㆑穏。更請㆓内印㆒、恐煩㆓聖聴㆒。望請、自㆑今以後、文武百官下㆓諸国㆒符、自㆑非㆓大事㆒、差㆓逃走衛士・仕丁替㆒、及催㆓年料㆒廻㆓残物㆒、并兵衛・采女養物等類事、便以㆓太政官印㆒印之。奏可之。

とあるように、大事の場合は従来どおり内印を押すが、小事の場合は太政官印（外印）に改められた[7]。『延喜式』太政官式11条、『西宮記』巻七内印文・外印文、『北山抄』巻七請内印雑事・請外印雑事などには、いかなる場合に内印ないし外印を用いるべきか、詳しい規定が載っている。

ではどのように、符は下達されたのか。すでに早川庄八氏によって、直送と逓送の二つの方法があり、前者には特定の使者（専使）に付すものと、他事でその国に赴く使者（便使）に付すものがあることが指摘されている[8]。

しかし、十分に言及されていない問題もあるので、史料をもとに改めて検討しておきたい。

まず最初に確認しておきたいのは、符の年月日の下に記す使人とは、符を伝達する使者であるという点である。『令集解』公式令13条をみると、「使人、謂二此止送レ書之使一。非下検二校事一之使上也」（跡記）、「年月日使人位姓名者、令レ付二送文書一之使是。但可二行事一之使、得二官符一行者、件二云々之前一耳」（穴記所引師説）とあるように、一口に使者といっても、A「送レ書之使」「付二送文書一之使」と、B「検二校事一之使」「可二行事一之使」は異なると認識されていた。符の年月日の下に記入されるのはAであり、Bの場合には事実書の前に記入された[9]。

この点を確認した上で、「使位姓名、謂、或専使、或専・便使同」（穴記）という注釈に注目したい。ここから、符を諸国に伝達する使者として、「専使」と「便使」が想定されていたことがわかる。前述のように、「専使」は宛先まで文書を直接運ぶことを目的にした使者であるのに対し、「便使」は他の用事で諸国に赴く際に、路次諸国の文書の伝達を託された使者である。これらについて、公式令80条に次のように規定されている。

凡京官、以二公事一出レ使、皆由二太政官一発遣。所二経歴一処符移、弁官皆令二便送一。還日、以二返抄一送二太政官一。若使人更不レ向レ京者、其返抄付二所在司一、附二便使一送。即事速者、差二専使一送。

これによると、京官が公事のため使者として出立するとき、太政官に立ち寄ることになっていた。その際、諸国宛ての符・移の伝達を、弁官（広義の太政官構成員）から託される場合があった。諸国に下す文書には内印を押す必要もあって、これらの符・移が太政官に集められていたのである。公式令13条に「其出符、皆須二案成一、并レ案送二太政官一検勾」とあるように、正文となる符は案文ができるのを待って、正文・案文ともに太政官に送って検査を受けることになっていた（その後、押印される）。

便使によって伝達される「所二経歴一処符移」について、『令集解』には「依レ式省台出レ符、余司為レ移也」（令釈）、「省台出符及府庫寮司出移也」（義解）といった注釈が載せられている。ここで注目されるのは、諸国へ下達される文書の中心をなす太政官符があがっていない点である。実態はともかくも法意としては、太政官符は専使による伝達が想定されていたためであろう。

公式令80条の後半部について『令集解』をみると、便使として、赴任する陸奥国司（義解）、竹志（筑紫）方面へ向かう使人（古記）、征東使（跡記）、道奥（陸奥）へ向かう使（穴記）などが例示されている。いずれも長距離移動する使者であり、路次諸国を多く通過するため、便使として適例と考えられたのであろう。

第Ⅰ部でもみたように、中央から派遣される赴任国司や朝使は、緊急時における駅制利用の場合を除いて、伝制を使用するのが本来のあり方であった。その意味で、公式令80条の前半部について、『令集解』穴記私案が「上条、為レ駅遣也。此条、為レ伝遣等有レ用也」と注釈しているのは興味深い。ここでは、駅制利用に関わる「上条」と、伝制利用に関わる「此条」を対比させている。「此条」は公式令80条、「上条」は次の公式令48条を指す。

凡在京諸司、有レ事須レ乗二駅馬一者、皆本司申二太政官一奏給。

これは在京諸司の官人が駅馬を利用する際の条文で、『令集解』では神祇官幣帛使と宮内省御贄使が例示される（古記、令釈、義解、穴記）。これらは文書伝達を主たる任務とした使者ではない。しかし、下達文書を緊急に伝達するために専使を派遣する場合にも、当然のことながら、公式令48条が適用されたとみてよかろう。その傍証となるのが、駅制利用の文書伝達に関わる職制律35条の律疏に、「依二公式令一、在京有二機速事一、（中略）皆合レ遣レ駅」とあることである。ここでいう「公式令」は公式令48条を指し、本条は緊急時の文書伝達にも適用されたことが判明する。さらに、公式令48条の直後に配列された同49条も参考になる。

凡駅使、在レ路遇レ患、不レ堪レ乗レ馬者、所レ有文書、令三同行人送二前所一。若無二同行人一、令三駅長送二前所一。国司差レ使逓送。

これは駅使が路中で病気になった際の文書の送付方法を規定する。ここで問題になっている駅使は、文書伝達のための専使とみて間違いない。この公式令49条と密接に関わるのが、次の職制律34条である。

凡駅使无レ故以レ書寄レ人行之、及受レ寄者、杖一百。若致二稽程一、行者為レ首、駅使為レ従。即為二軍事警急一、而稽留者、以二駅使一為レ首、行者為レ従。有レ所二廃闕一者、従二前条一。其非二専使之書一、而便寄者勿レ論。

駅使が正当な理由なしに文書を他人に寄託した場合の罰則を定めた条文である。末尾の「其非二専使之書一、而便寄者勿レ論」に明らかなように、ここでは専使が想定されている。

以上から、公式令48条＝専使＝駅制利用、公式令80条＝便使＝伝制利用、と理解した穴記私案は、大枠としては間違っていないといえよう。このように各種の符の伝達者として、専使と便使が想定され、駅伝制度を利用すると考えられていたのである。そのため、符の末尾には駅鈴もしくは伝符の剋数が記されたわけである。

2　下達文書の伝達方法②―逓送使―

さて、文書を伝達する使者は、専使と便使だけではなかった。国もしくは駅ごとに替わる「逓送使」を忘れてはならない。その一例として、次の公式令9条に文書様式の示された飛駅勅の伝達者があげられる。

勅其国司官位姓名等。其事云云。勅到奉行。

年　月　日　辰

鈴　剋

飛駅勅は緊急かつ重要度の高い情報を下達する場合に発せられた。永田英明氏が指摘するように、飛駅勅は

『儀式』巻十飛駅儀にみられる飛駅勅符に相当し、内裏において天皇の面前で、飛駅函に封緘して伝達された。そのため、前項でみた符の場合と違って、飛駅勅は太政官を経由せずに下達された。

こうした封函を用いた下達方法は、伝達内容の重要度に応じて、飛駅勅符に加えて、駅伝勅符と駅伝官符を生み出すにいたる。(10) 森哲也氏が指摘するように、飛駅を利用する際には、「飛駅鈴」と呼ばれる一剋の駅鈴が用いられた。駅使には位階に応じて二剋以上の駅鈴が支給されることから（公式令42条）、飛駅鈴は駅使に対して与えられるのではなく、飛駅函に装着される鈴であったと考えられる。(11)

永田・森両氏が明らかにしたように、飛駅勅（飛駅勅符）は、基本的に駅家ごとに使者・駅馬を交替しながら伝達された。これに対して駅伝勅符と駅伝官符は、森氏によれば、国ごとに伝達の使者を替える（駅馬は駅ごとに替える）ことが多かったようである。飛駅勅符・駅伝勅符・駅伝官符を伝達する使者は、駅ないし国ごとに交替するので、逓送使と呼んでよかろう。ただし、飛駅鈴があくまでも飛駅函に付属したことを重視すると、その伝達業務に携わる者は存在するが、厳密な意味での使者とは考えられていなかった可能性もある。(12) 現に前掲公式令9条の飛駅勅の書式をみても、符の場合とは違って、使者について記載するようになっていない。

一方、特に緊急を要さない場合の逓送使も存在した。時代はやや下るが、法的には次の『延喜式』左右京式27条を適用したと考えられる。

凡弁官及省台下二諸国一符、及癃疾仕丁帰二向本郷一等、各受取逓送。

これは京職の規定であるが、京より先の諸国にも準用されたとみてよい。国ごとに使者を交替しながら、下達文書を伝達したのである。たとえ自国に直接関係のない文書であっても、文書の送り先がその先にあれば、路次諸国も伝達の義務を負った。以下、こうした隣接諸国間における伝達の仕組みを、通例に倣って「諸国逓送」と呼ぼう。下達文書を諸国逓送方式で伝達した実例は極めて多いが、明確に規定された令文は存在しない。

ただし、第1項で史料をあげた公式令49条には注意すべきである。駅使が路中で病気になった場合、同行人に文書の伝達を託すが、同行人がいなければ駅長に前所（次の送り先）まで送らせ、国司が使者を差発して逓送するように定める。こうした条文が存在するのも、国司の使者が日常的に文書逓送に従事していたからである。本条の『令集解』穴記は、「問、国司差レ使逓送、行事何」という問いを立て、「答、国伝送遣耳」と答えている。「国伝（送）」とは、「国による伝達」つまり諸国逓送である。それに対して師説は「国伝送者、不レ可レ発レ駅。令二脚力送一耳」と注釈する。これによると、駅制を使用せず、脚力（徒歩）によるのが基本であった。ただし同朱説が「国司差レ使逓送、謂、毎レ至二国府一、相之代耳欤。答、然也。若急速者、如レ无レ国馳駅耳」と述べるように、緊急を要するときには駅制が利用された。また、逓送は国府間で実施されたこともわかる。

ところで、下達文書には、全国を対象とするものと、特定の国を対象とするものがある。前者の場合、中央では八通の下達文書を用意して、畿内・七道を単位にそれぞれ諸国逓送させ、各国司はそれを写し取るという合理的な方法が採用された[13]。これに類似した方法が国内でも採用されたことは、第三章で触れたとおりである。

3　計会制度からみた下達文書の伝達

前項までの考察を通じて、諸国へ下達文書を伝達する使者として、専使・便使・逓送使の三種類が存在することを確認した。本項では少し視点を変え、計会制度の観点から下達文書の伝達方法を探ってみたい。

公式令19〜21条は、A「太政官会二諸国及諸司一式」、B「諸国応二官会一式」、C「諸司応二官会一式」の書式を掲げ、それぞれ説明を加え（19〜21条前半部）、末尾に計会制度の運用方法を示す（21条後半部）。Aは太政官が諸国・

諸司の計会帳と計会するために、B・Cは諸国・諸司が太政官の計会に応じるために、それぞれ作成された。計会作業の場は太政官であり、Aに対してB・Cを使って照合した。Aの書式とその説明文を掲げておこう。

太政官会二諸国及諸司一式
太政官
下其国。省台亦准レ此。
合詔勅若干　条別顕注云、為其事。若有二人物名数一者、即件二人物於前一。
合官符若干　准レ前顕注。
右凡是追徴科造、送二納人物一。物、謂、官物。人、謂、流徒移配、及捕二獲逃亡一之類。除附蠲免、及解二黜官位一、追二徴位記一、皆色別為レ会云、某年月日下レ国某符、其月日付二使人某官位姓名一。若得二返抄一者、云、得二其官位姓名某月日返抄一。若非二官処分一、而国司応下送二人物一、向中京及他国上者、送処領処、亦准レ此為レ会。

以下、主に吉川聡・加藤麻子両氏の研究に導かれながら、本章の関心に沿ってみていきたい(14)。

A太政官帳は下達先の諸国・諸司の官司別に記載された。文書の種類は「詔勅」「官符」に分類されている。ここに「詔勅」があがるのは、『令義解』が「詔勅者、是謄詔勅符。其正詔勅者、無二下レ国之文一故也」と注釈するように、詔書・勅旨はその内容を盛り込んだ太政官符（謄詔符、謄勅符）の形式で諸国に下されるためである（『令集解』諸説も同様の注釈）。また「官符」については、『令集解』朱説・穴記によれば、太政官符のみならず、省符や諸司移・牒も含まれたようである。B諸国帳とC諸司帳も「詔勅」「官符」に分けて記載した。これら「詔勅」「官符」は、A~Cのいずれにおいても、それぞれの文書について一条ずつ「為其事」（標題）(15)を記す。もし人・物の名称や数量があれば、それらは「為其事」の前に書くことになっていた。

ここで注意すべきは、公文書のすべてが計会帳に記載されたわけではない点である。まずAに記すのは、「追徴科造」（諸国人の召喚、諸国未納物の徴収、諸国に命じられた造作）、「送二納人物一」（流人・徒人の移配、逃亡者の捕獲、官物の移動）、「除附蠲免」（戸籍の登載・抹消、課役免除）、「解二黜官位一」（官人の解官）、「追二徴位記一」（官人の位記剥奪）といった特定項目に限られた（括弧内は『令集解』諸説参照）。加藤氏はこれらをまとめて、「律令国家の人民支配と会計・財務に関する項目」と述べる。つぎにBに記すのは「追徴科造等事」となっているが、「等事」という表現からみて、Aと同内容であったと判断してよかろう。Cの場合には「非レ有二人物一則不レ会」とあり、「送二納人物一」のみが対象となったことがわかる。

そして、Aの場合、引用史料に傍線を付したとおり、一条ずつ符を下した日付と「使人」の官位姓名を記す。その直後の本注にあるように、符の返抄（受領証）を得ればその旨を記載した。これに対応して、Bには「其符其月日到レ国。依レ符送二其処一訖。獲二其位姓名其月日返抄一」を記す。符が国に到着した日付を書き、さらに符を受けて人・物を送納したときは、送納を完了し返抄を得た旨も記したのである。Cは「其月日得二某国解送一、依レ数納訖」となっており、人・物を国解によって納入した旨を記した。

さらにAには、「若非二官処分一、而国司応下送二人物一、向中京及他国上者、送処領処、亦准レ此為レ会」という付則規定もある。これはBの付則規定「若両国自相付領者、亦准レ此為レ会、送レ官対勘」と対応している（Cには付則規定は存在しない）。太政官の処分によらずに諸国が人・物の送納をおこなった場合、送付側はAを、納入側はBを準用して計会することを述べたものである。

吉川氏は、計会制度とは「主には、太政官が国に下した「追徴科造」以下の下達文書を、国が正しく受領したかどうか。さらには、その命令が人員や物資の輸送を命じるものであった時に、国司は正しく輸送したかどうか。また官の命令でなくとも、国司が人・物を送納した時に、正しく送納したのかどうか」を確認する制度、つまり「太政官が国に下した下達文書の伝達と、さらには国司による人員・物資の輸送・輸納を確認する制度であった」と述べる。すべての文書を計会の対象にしたとする見解もあるが[16]、吉川説に従うべきであろう[17]。

以上を踏まえた上で、下達文書の伝達者を考えてみたい。前述のとおり、Aには符を下した日付と「使人」の官位姓名が記される。この「使人」は、公式令13条における符式の「使人」に対応する。第1項でみたように、公式令13条の符式の「使人」としては、専使と便使が想定されていた。Aに関する『令集解』朱説も「使人者、専使・便使並約者」と注釈している。そこで、逓送使が伝達する符の取り扱いが問題となるが、逓送使が伝達した飛駅勅に「使人」の記載はなく、それは省略された可能性が高い。その意味で、Aの「其年月日下レ国某符、其月日付二使人某官位姓名一」に直接対応するのが、Bでは「其符其月日到レ国」となっている点は注目される。つまりBでは「使人」の記載が削除されたわけである。これが単なる省略でなければ、符が逓送使によって国にもたらされる場合もあったことを反映している可能性が出てくる。また、Bの「若両国自相付領」に関して、『令義解』が次のような注釈をしている点も注目される。

謂、非二是官処分一、又非二省台処分一、故云二自相付領一。仮如、移二罪人一就二多処一、及先所二併論一之類。其逓送官符者、路次之国、亦応レ為レ会。為レ勘二在レ路遅留一故。但専使送者非。

同じような注釈は『令集解』令釈にもみえ、右の傍線部に対応する箇所は次のようになっている。

問、逓送官符、路次国司計会以不。答、可レ為レ会。為レ勘二在レ路遅留由一故。此謂二路次国司逓送一也。若専使送并由二太政官一使送者非。

ここでは「自相付領」の事例として、路次諸国の国司による官符の逓送をあげている。太政官は逓送業務に直接関与しないが、それが確実に実行されたかどうかを確かめる必要があった。そこで路次諸国に対して、B諸国帳に逓送官符についても記載することを求めたのである。令釈・義解にみるように、官符を専使が伝達した場合には、特に記載する必要はなかった。また、令釈のいう「由二太政官一使送」は、公式令80条の「凡京官、以二公事一出レ使、皆由二太政官一発遣」を踏まえたものであり、便使による伝達にほかならない。この場合も記載の必要はなかった。このように専使・便使と逓送使の間で、計会帳の記載方法に微妙な違いが認められるのである。

以上、計会帳の記載内容の検討を通じて、下達文書の伝達者として専使・便使・逓送使が存在したことをみた。こうして文書が到着すると、諸国は受領の証しに返抄を中央政府に送り返す必要が出てくる。専使・便使が命令文書を伝達した場合には、その者が返抄を届けるのが原則であった。公式令81条に「凡諸使還日、皆責二返抄一」とあり、使者が返抄を提出することになっている。また、前掲公式令80条の後半部にも、便使の帰還を想定して、「還日、以二返抄一、送二太政官一」と規定される。ただし、公式令80条で続けて「若使人更不レ向レ京者、其返抄付二所在司一、附二便使一送。即事速者、差二専使一送」と注記するように、便使が京に戻らない場合、別の使者（こちらも便使）に返抄を託し、急を要する場合は専使を派遣して返抄を送り届けることになっていた。

一方、逓送使が伝達した場合の返抄の返送方法については、特に令に規定されていない。天平六年度（七三四）出雲国計会帳には出雲国が中央へ送った解の記載があるが、返抄は駅制利用時の二点（後掲表4No.6・10）があるにすぎない。こうした実例から判断すれば、諸国逓送方式によって文書が下達された場合、中央に返抄はほとんど送り返されなかった可能性がある。後述するように、諸国逓送のうち相当な比重を占めたのが、逃亡・死亡した仕丁・衛士の代替者の進上を命じた省符（民部省符、兵部省符）である。省符を受け取った国は、新たな仕丁・

衛士を差発し、関係する省（民部省、兵部省）に宛てた解と一緒に京まで送り届ける。これらの解が実質的に返抄の役割を果たしたと考えられる。

4　実例からみた下達文書の伝達

それでは、下達文書の伝達実態はどうであったのか。

まず、天平八年度（七三六）以前伊勢国計会帳からみてみよう。本計会帳は、伊勢国内の文書授受をも記載する点、国衙の文書処理に応じて日付順に記録する点で、公式令の内容との齟齬が大きい。そのため計会帳ではないという見方もあるが、少なくとも関係帳簿であることは間違いない。[18] ここでは八月末の記載に注目したい。

往移四条

令下齎二太政官幷民部・兵部省符一、遣中尾張国上遊牒一紙以二九月三日一来返抄

右付二鈴鹿郡散事石寸部豊足一

齎二太政官幷民部・兵部省符一、従二伊賀国一来使返抄一紙

右付二還使石部赤麻呂一

（後略）

これは、［（大和国→）伊賀国→伊勢国→尾張国（…→）］のルートで、太政官符・民部省符・兵部省符を諸国逓送した際の記録である。諸国逓送にともなって伊勢国が作成した文書が、尾張国宛ての「遊牒」と、伊賀国宛ての「返抄」である。早川庄八氏によれば、遊牒とは「ある物を発送した際にそれに副えて送られた文書」つまり「送納報告書」であり、返抄は「受領確認の報告書」である。[19] この理解は大方の承認するところであるが、遊牒

に関しては、瀧川政次郎氏が一歩踏み込んで述べたように、「そのものが届いたら、すぐに写し取って、そのものを次の国へ又その次の国へと逓送してもらいたいといふ依頼文言のある送り状」とみるべきであろう。[20] このうち返抄の実例が正倉院蔵鳥兜残欠文書にみられる（大古7―二四頁）。

□〔省カ〕□下因幡・伯耆・出雲・石見等国符肆□
右、取今月三日到来此部□〔使カ〕□
検領達二前所一訖。仍付廻□□
知、故移
　天平九□□月□日□

東野治之氏が他の鳥兜残欠文書とあわせて的確に指摘しているように、これは但馬国移の正文で、「因幡・伯耆・出雲・石見等の国へ下された符を、但馬国で検領した上、符を但馬国へ送り届けてきた国（丹後国―筆者註）に対し、但馬国が次の送付先（前所）へ達し訖った旨を通報した返抄」とみることができる。[21]

伊勢国計会帳に戻ると、次のように処理されたことがわかる。まず、おそらく八月末日のことであろうが、伊賀国から石部赤麻呂によって官符・省符が伊勢国にもたらされた（それには伊賀国から伊勢国宛ての遊牒が添えられていた）。その後、伊勢国は（官符・省符が伊勢国に関係あれば、それを写し取るなどした上で）、尾張国宛ての遊牒を添えて、官符・省符を石寸部豊足に託し、尾張国へ送り届けさせる。また、伊勢国は伊賀国宛ての返抄を作成して、この返抄の伝達を伊賀国へ戻る石部赤麻呂に託す。一方、官符・省符を受け取った尾張国でも、伊勢国宛ての返抄を作成して石寸部豊足に託し、それは九月三日に伊勢国に到着した。

つづいて、天平六年度出雲国計会帳を取り上げよう。[22] 本計会帳は文書の様式別に分けて記載されており、符部・解部・移部からなる。各部は相手の官司別に日付順に整理されている。符部は、出雲国に発せられた符のすべてを発行日・内容・使者とともに記す。解部は、出雲国が発した解のすべてを発行日・内容・使者とともに記す。移部は、逓送で出雲国にもたらされた符・移のすべてを、隣国の発した移（遊牒、返抄）の日付・内容とともに記す。なお、移部の符・移のなかには、出雲国に直接関係のないものも含まれる。

表3は、符部・移部をもとに、中央が発行した符の伝達状況を整理したものである。これによると、№6・8を除いて、符は逓送使によって伝達されている。三二例中三〇例という圧倒的大多数である。このうち№17・29・30は、伝達日数の短さから駅制利用とみて間違いない。

まず、№17太政官符「地震状」は、天平六年四月七日の大地震（『続日本紀』同日条）に関わる。なお、その五日後にあたる『続日本紀』天平六年四月癸卯条に、「遣二使畿内七道諸国一、検下看被二地震一神社上」とあるように、使者を全国に派遣して、神社の被害状況を調べさせているが、これとは直接の関係はない[23]。

つぎに、№29勅符「（赦書？）」と№30太政官符「遊書状」は一連で、№29の添状として№30が付けられるという関係であった。天平六年七月十二日に天災にともなう大赦が発せられており（『続日本紀』同日条）、これを伝えたものである。№29を大宝令勅符とする見方もあるが、飛駅勅符の可能性がより高いであろう[24]。年次は違うが、駅制を使った赦書の伝達事例は、天平九年度但馬国正税帳にもみえる（第四章表2）。

一方、**表3**で逓送使によらない伝達は、№6・8の兵部省符の二例があるにすぎない。先に№8からみると、逃亡衛士の代替者を差し出すことを求めたものである。同類の兵部省符・民部省符は逓送使が伝達している。わざわざ専使を立てたとは理解しにくく、便使が伝達したと考えられる。つぎに№6は、伝達に一〇〇日も要している。専使でそのような事態は考えがたく、やはり便使に託されたとみるべきであろう。したがって、**表3**のな

表3　出雲国計会帳にみえる在京諸司からの符の伝達

No.	符	内容	符発行日	伯耆国遊牒発送日	出雲国到着日	隠伎国返抄発送日	石見国返抄発送日
1	民部省符	応編戸状				5. 8. 22	5. 8. 9
2	太政官符	進紫草停状		1. 24	(1. 26)	なし	
3	太政官符	官稲混合状	(1. 18以後)	2. 8	(2. 10)	3. 3	
4	太政官符	国司等貸状	(1. 21)				
5	民部省符	仕丁火頭等逃亡状		2. 17	(2. 19)		
6	兵部省符	(欠　失)	2. 5？	なし	5. 15	なし	
7	民部省符	給食封状		2. 26	(2. 28)	なし	
8	兵部省符	右衛士出雲積三国等合3人逃亡状	2. 27？	なし	3. 17	なし	
9	民部省符	雇民逃亡状		3. 2	(3. 4)	なし	
10	民部省符	税稲為穀状				なし	
11	太政官符	応説最勝王経状		3. 8	(3. 10)	4. 17	
12	太政官符	進鱒瓠状	(1. 13)	3. 9	(3. 11)	なし	
13	民部省符	匠丁逃亡状		3. 11	(3. 13)	なし	
14	民部省符	当国雇民逃亡状		4. 8	(4. 10)	なし？	なし？
15	民部省符	隠伎国不動穀倉応修理状					なし？
16	兵部省符	衛門府衛士勝部臣弟麻呂逃亡状	3. 23		4. 10		
17	太政官符	地震状	(4. 7以後)	4. 16	(4. 17？)		
18	民部省符	逃亡仕丁火頭等状		4. 19	(4. 21)		
19	太政官符	許売買牛出堺状	(4. 23以後)	5. 7	(5. 9)		
20	民部省符	造難波宮雇民逃亡状					
21	民部省符	匠丁逃亡状		5. 14	(5. 16)		
22	民部省符	匠丁逃亡状					
23	民部省符	調緋絲加進上状		6. 4	(6. 6)		
24	民部省符	健児正身田租免并雑徭減半状	(4. 23以後)				
25	民部省符	雇民逃亡状		6. 12	(6. 14)		
26	民部省符	雇民逃亡状		7. 2	(7. 4)		
27	民部省符	兵衛免課役状		7. 5	(7. 7)		
28	兵部省符	右衛士私部大嶋死亡状	6. 25	7. 11	7. 13		
29	(勅符)	(赦書？)	(7. 12以後)	7. 19	(7. 20？)		
30	太政官符	遊書状	(7. 12以後)				
31	太政官符	新任国司状					
32	(民部省符)	仕丁匠丁火頭等逃亡并死去状		7. 26	(7. 28)		

【備考】鐘江宏之註(13)論文所収の表を参考に一部私見を交えて作成。(　　)内は推定。No.1以外は天平6年(734)。

かに専使の確実な事例はないことになる。

表3をみると、符の内容としては、仕丁・衛士・匠丁・雇民らの逃亡を伝える民部省符・兵部省符が目立つ（No.5・8・9・13・14・16・18・20〜22・25・26・28・32）。これは逃亡代替者を諸国で点定し、都まで進上するように命じたものである。前掲『続日本紀』養老四年（七二〇）五月癸酉条に、小事における省符の一例として「差㆓逃走衛士・仕丁替㆒」がみえるのも、逃亡関係の内容が省符のかなりの数を占めたことを物語る。

計会帳以外の実例として、天平期の郡稲帳・正税帳にも目を向けたい。第四章の表2をみると、下達文書の伝達に際して、少なくとも次の回数分の諸国逓送が実施されたことがわかる。

《天平四年度越前国郡稲帳》 官符　若狭国10　→越前国5　→能登国
《天平九年度但馬国正税帳》 詔書　丹後国2　→但馬国2　→因幡国
　　　　　　　　　　　　　 官符　丹後国2　→但馬国2　→因幡国
《天平十年度駿河国正税帳》 官符　遠江国13　→駿河国13　→相模国
　　　　　　　　　　　　　 省符　遠江国53　→駿河国30＋α　→相模国

以上のとおり、下達文書の諸国逓送は広く実施されていた。では誰が、諸国間の逓送業務に従事したのか。伊勢国計会帳をみると、［伊勢国→尾張国］の文書伝達には、伊勢国府の所在する鈴鹿郡の郡散事が従事していた。また［伊勢国→伊賀国］の文書伝達には「還使」があたっている。「還使」は任務を終えて帰還する使者を意味する。還使の石部氏は、伊賀国府のある阿拝郡に所在した氏族であり（天平勝宝元年十一月二十一日伊賀国阿拝郡柘殖郷墾田売買券〔大古3三三四〜三三五頁〕）、郡散事であった可能性が高いであろう。

駿河国正税帳によれば、遠江・駿河両国では、国府所在郡（遠江国磐田郡、駿河国安倍郡）の郡散事が逓送業務の大部分に従事している。しかも、特定の人物が逓送業務に従事する傾向も読み取れる。

このように諸国間の逓送業務には基本的に白丁身分の郡散事が従事したが、重大事項の場合には、郡司以上の官人が任命されることもあった。たとえば、天平九年に全国に猛威を振るった疱瘡の対処方法を記した太政官符は、西海道を除く六道に送られたが（このときは急を要していたため、手間のかかる内印ではなく、外印を押印するという便法もとられた）、次のように文書の伝達方法を指示している（『類聚符宣抄』同年六月二十六日太政官符）。

仍条二件状一。国伝送之、至宜下写取、即差二郡司主帳已上一人一充レ使、早達二前所一、無上レ有二留滞一。其国司巡二行部内一、告二示百姓一。

路次諸国はこの太政官符を写し取って、郡司の主帳以上を逓送使に選んで、次の国まで滞りなく送達させ、さらに国司が部内を巡行して百姓へ告示するように、との指示である。天平九年度但馬国正税帳には、この太政官符の伝達状況が記載されており、その指示どおり、郡司が逓送業務に従事したことが確かめられる。但馬国正税帳からは、勅書・詔書の逓送使として、国司・軍団職員が起用されたこともわかる。文書の重要度も加味しながら、逓送使の選出がなされたとみてよかろう。

最後に、諸国逓送の内部構造について簡単に触れておきたい。諸国逓送は国単位でなされるが、その際に中継点が設けられ、食料・夫馬・宿泊などを提供した。駅使の資格を得た使者の場合には、駅家が中継点となる。駅使以外の者（伝使、その他）に対しては、郡稲帳・正税帳にあるように、郡単位で（主として郡家において）供給をおこなっている。また、第四節で述べるように、軍団が諸国逓送を担うこともあった。このように諸国逓送といっても、国府間に複数の中継点が存在するのが通常であった。しかし、下達文書を実際に伝達する者は、基本的に中継点ごとに変わらず、あくまでも国を単位としていた点に注意を促しておきたい。

第二節　上申文書の伝達

1　上申文書の伝達方法

前節では下達文書の伝達方法について検討し、専使・便使・逓送使のうち、逓送使によって諸国逓送される場合が圧倒的に多かったことをみた。それでは、諸国から中央へ上申文書を伝達する際はどうであったのか。

上申文書を代表するのが、被管官司が所管官司に宛てた解である。公式令11条に例示された文書様式は「式部省解　申其事」で書き出し、八省のひとつ式部省から太政官に宛てたものである。在京官司間で使用する文書様式を例示したこともあって、「使人」に関する記述はみえない。そこで、国司から中央に宛てた解の実例を調べてみると、本文の末尾に、①「附二〇〇一」、②「便二附〇〇一」、③「遙二附〇〇一」と記されるのが一般的である。①は専使が、②は便使が上申したものである。③は在京している使者に託したものである。[25]

解とは別の上申文書として、公式令10条には飛駅奏が規定されている。

其国司謹奏
其事云云。謹以申聞謹奏。
年　月　日　　守　位　姓　名　上
鈴　剋

これは飛駅勅と反対の関係にあり、国守による「奏」の文書様式をとった。永田英明氏が指摘するように、通常、国司から上申された文書（国解）は、弁官を経て必要に応じて「太政官奏」として天皇に奏上された。その過程では太政官によって奏上の可否に関する審査も受けた。これに対して飛駅奏は、国守らの奏がそのままの形で天皇に届けられ、国守の奏を収めた飛駅函の開封も天皇の御前でなされた[26]。伝達にあたっては、駅家ごとに使者を交替しながら逓送された。右の文書様式にみるように、駅鈴の剋数は記されるが、「使人」の記載はない。飛駅勅の伝達者がそうであったように、正式な使者とは看做されなかったからであろう。

さて、飛駅奏と同類の封函による上申文書として、「駅伝奏」と「駅伝解」がある。次掲の『延喜式』太政官式44条に弁官が封題を取り調べるとあるように、封函による上申文書の伝達に関わる規定とみられる。

凡在外官附レ駅逓送文書到、官即監二封題一。注二奏字一者、先申二大臣一、然後奏進。注二解字一者、直進二大臣一。

国司などの外官から駅制を使って上申された文書が到着すると、弁官は封題を調べて、「奏」字が書いてあれば大臣に申して天皇に奏進してもらい、「解」字が書いてあれば直ちに大臣に進上した。前者が駅伝奏、後者が駅伝解である。「附レ駅」という表現から、伝達者は駅ごとに交替したと考えられる。

同じく緊急を要する場合であっても、専使を馳駅して上申することもあった。令の示す具体的な馳駅の対象としては、没落外蕃人の帰国・化外人の帰化に関する報告（戸令16条）、在外国司の死亡・解免報告（選叙令8条）、誤って烽を放った際の事後報告（軍防令76条）、大瑞・軍機・災異・疫疾・境外消息の報告（公式令50条）、援軍要請を受けて発兵した際の報告（捕亡令3条）、謀叛以上の罪があった場合などの報告（獄令33条）がある。

飛駅では純粋に文書だけで意思が伝達されるが、意を十分に尽くせない場合には、専使を馳駅した。たとえば、対蝦夷戦争中の宝亀十一年（七八〇）に、陸奥持節副将軍大伴益立らに下された勅には、わざわざ「宜レ申二委曲一。如書不レ尽レ意者、差二軍監已下堪レ弁者一人一、馳駅申上」と記している（『続日本紀』同年六月辛酉条）。

また、諸国から定期的に上京する四度使（朝集使、計帳使、正税帳使、貢調使）も、駅馬もしくは「当国馬」を使用することになっていた。『令集解』公式令51条に、「問、自余乗二当国馬一、未レ知、誰馬。答、百姓之馬。又問、百姓之馬、当二雑徭之分一不以。答、充二雑徭一人一日一相替耳。其朝集使致レ京、馬即返下。臨二可レ退時一迎来耳」（古記）、「賃二百姓馬一、以折二雑徭一耳。徭一日、充二馬庸一日一」（令釈）、「謂、賃乗二民間一、准二折雑徭一。即以二一日馬力一、折二一日人徭一」（義解）とあるように、管国の「百姓之馬」を雑徭分として徴発して、[27]京との往還に使用したのである。『類聚三代格』養老六年（七二二）八月二十九日太政官符も「皆齎二食粮一、乗二当国馬一入レ京」と記す。

このように四度使の交通手段は本国で確保するのが原則であり、その上で一部の者については、特別の恩典として駅馬の利用が認められた。[28]その本国の負担分を定めたのが、次の和銅五年（七一二）五月十六日格（『令集解』賦役令37条古記所引）と考えられる。

和銅五年五月十六日格云、ⓐ国司、不レ乗二駅伝一而向下者、長官馬七疋、判官以下五疋、史生二疋。ⓑ其還代者、長官馬廿疋、夫卅人。以下節級給之。ⓒ其郡司向レ京、関二公事一者、並給二馬夫一。ⓓ其取二海路一者、水手准二陸夫数一。

ⓐは駅伝を使用しない国司が向京・下国する場合に支給される馬数の規定であるが、[29]駅馬不支給の四度使もその対象であったと考えられる。[30]

このほか、上中文書の伝達方法を窺わせる規定として、次の公式令47条があげられる。

凡国司使人、送レ解至レ京、十条以上、限二一日一申畢。廿条以上、二日了。卌条以上、三日了。一百条以上、四日了。

冒頭の記載から、「国司使人」が解を送るために上京したことは明らかである。[31]「国司使人」について、『令集解』朱説は国司の史生以上に限定するが、『令義解』が「謂、其為二国司一所二差遣一者、郡司及雑任皆是」と注釈するように、郡司・雑任も含まれたとみてよかろう。このうち郡司に関しては、前掲和銅五年格のⓒにおいて、公事のため上京する際には馬・人夫を支給することが規定されている。

2　公用稲（国儲）の設置

前項でみたように、諸国から中央に上申する文書は、諸国の国司・郡司・雑任らが直接もたらすのが原則であった（逓送使が伝達した飛駅奏・駅伝奏・駅伝解などを除く）。その交通手段は駅馬もしくは当国馬である。当国馬はもちろん本国が負担したが、駅馬を利用した場合であっても、京の滞在経費は本国が負担しなければならなかった。その財源が神亀元年（七二四）に設置される。その後の経緯も含めて、『延暦交替式』38条として所収された延暦二十二年（八〇三）二月二十日太政官符が参考になる。

太政官符

一、定下割二公廨一置二国儲一数上事

大国壱萬弐仟束計二公廨利率一、一万束、割二取一千一、以為二国儲一。若公廨有二増減一者、一依二此率一准折。上中下国、亦同二此例一。

上国玖仟束

中国陸仟束

下国参仟束志摩国幷壱伎・対馬・多褹三嶋、不レ入二此例一。

右検二案内一、去神亀元年三月廿日格偁、割二正税稲一、出挙取レ利、各為二国儲一、以充下朝集使還国之間、及非時差役幷繕二写籍帳一書生、幷除レ運二調庸一外向レ京担夫等粮食上。其出挙法、大国四万束、上国三万束、中国二万束、下国一万束者。至二天平十七年一、始置二公廨一、即停二国儲一。天平宝字元年十月十一日式、唯称下割二公廨内一、置中国儲物上、未レ立二割置之数、充用之色一。因レ茲、諸国所レ置、多少無レ限。或有下貪吏不上レ免二贓汚一。自レ今以後、宜三依レ件為レ定、以充二公用一。其充二給粮食一之色、准二神亀元年格一。但税帳・大帳・貢調等使、亦充二粮料一。其長官・佐職、各逓奉レ使、品秩雖レ異、使務是同。如聞、或国、一使之料、上下別レ数、事実不レ穏。宜二一使粮料、高卑同一レ法。但四度使料、多少之数、量二事閑繁一、増減定之。若違二此制一、輙私犯用者、計レ贓科レ罪、一同二官物一。

（中略）

以前、被二右大臣宣一偁、奉レ勅、如レ右者。諸国承知、依レ件行之。

延暦廿二年二月廿日

傍線部にあるように、神亀元年に「国儲」が設置された。一方、天平期の正税帳や計会帳によって、「公用稲」という名称の官稲が存在し、天平六年（七三四）に正税に混合されたことが知られる。薗田香融氏が指摘したように、国儲と公用稲は基本的に同じものを指す[32]。ただし、山里純一氏が説くように、公用稲は論定稲として正税とは別個に出挙されたのに対し、国儲は論定稲ではなく出挙利稲からなる特定財源で、両者は厳密には区別される[33]。天平六年の官稲混合後、公用稲は再設置されず、正税ないし公廨の出挙利稲の一部を充てた国儲が存在する時期があるだけだった。なお、天平六年以前には、公用稲の出挙利稲が国儲に相当する。

さて、神亀元年格については、『続日本紀』神亀元年三月甲申条に次のようにみえる。

令下七道諸国、依二国大小一、割二取税稲四万已上、廿万束已下一、毎レ年出挙、取二其息利一、以充中朝集使在京、及非時差使、除レ運二調庸一外向レ京担夫等粮料上。語在二格中一。

『延暦交替式』所収のものと比べると、法令の日付、官稲の名称の有無、用途、国別の数量など、多くの相違点がある。このうち国別の数量の違いはかなり大きいが、寺内浩が指摘するように、『続日本紀』の数量が正税からの割取量を示すのに対し、『延暦交替式』の数量は出挙量を示すとみれば、特に矛盾するわけではない[34]。

用途に関していえば、①「朝集使還国之間（粮米）」と「朝集使在京（粮料）」、②「非時差役（粮米）」と「非時差使（粮料）」、③「繕二写籍帳一書生（粮米）」と記載なし、といった相違がある。用途で内容が一致するのは、④「除レ運二調庸一外向レ京担夫（粮米ないし粮料）」だけである。『延喜交替式』107条にも国儲の規定があり、①「四度使（粮食）」、②「臨時差使（粮食）」、③「繕二写籍帳一書生（粮食）」、④「除レ運二調庸一外向レ京担夫（粮食）」が用途としてあがる。以下、当面の問題となる①②について、私見を述べてみたい。

まず①について。『延暦交替式』の「朝集使還国之間」は、帰還時だけを意味するようにもみえる。だが養老六年（七二二）以後、朝集使の大部分は駅馬を利用して往還することになっており、それにともなって路次諸国の駅家から供給を受けることができた。したがって、「還国之間」が帰還時だけを指すとすれば、わざわざ供給用の財源を設定する必要はない。供給が必要となるのは、京に滞在する期間であろう。したがって、「還国之間」は「還国までの間」の意と考えられ、『続日本紀』の「朝集使在京」と同義ということになる[35]。

つぎに②について。『延暦交替式』『続日本紀』『延喜交替式』それぞれ微妙に表現は異なるが、「非時」と「臨時」に大きな意味の違いはない。問題は「差役」と「差使」であるが、『続日本紀』『延喜交替式』が共通して記す「差使」を採用すべきであろう。これは臨時に上京する使者を指すと考えられる。これらの使者は基本的に駅制を利用できなかった。また、第1項で取り上げた和銅五年（七一二）五月十六日格でも、特に雑任の規定はなかった。そのため、往還時の路粮および京での滞在費を国儲から支弁したと考えられる。

こうして神亀元年に公用稲（国儲）が設置されたものの、天平六年には正税に混合されてしまう。その後、前掲延暦二十二年太政官符によると、まず、天平十七年の公廨稲設置にともなって国儲が停止される。天平六年から同十七年までの間に特に変化がなかったとすれば、山里氏が述べるように、正税利稲のうち従来の公用稲の用途に充てられる配分稲を、国儲と称したと考えざるを得ない。つぎに天平宝字元年（七五七）式によって、公廨稲の一部を割く形で国儲が再設置される（『延暦交替式』34条も参照）。ついで、延暦二十二年太政官符では特に言及していないが、『類聚国史』延暦十七年正月甲辰条に「停二止公廨一、一混二正税一、割二正税利一、置二国儲及国司俸一」とあるように、公廨稲の廃止にともなって、国儲に正税利稲を充当するようになる。ところが、延暦十九年に公廨稲が再設置され（『類聚国史』同年九月丁酉条）、国儲は公廨稲の利稲を配分するようになる。

このような少し複雑な変遷を経て、延暦二十二年太政官符が出される。それは国儲の設置数と用途が不明確な状態を改善することを目指すものであった。そこで、国のランクに応じた国儲の設置数を明示するとともに、用途は神亀元年格に準じるものとし、新たに朝集使以外の三度使も粮食の対象として加えた。『延喜交替式』107条でも、四度使の粮食が国儲の用途のひとつとして規定されている。

なお、『弘仁式』主税式88条に「凡諸国朝集雑掌二人、在京日給二公粮一、人日米一升五合、塩一勺五撮」とあるように、朝集使の随行員である朝集雑掌に対しても公粮が支給された。天平九年度但馬国正税帳や同十年度の淡路・駿河両国の正税帳には、朝集雑掌への供給について記載されており、これが八世紀まで遡ることを示す。延暦二十二年以後、四度使の雑掌に対しても給粮されたようで、『日本三代実録』元慶五年（八八一）二月二十三日条に「備後国司言、此国依レ格、割二公廨十分之一一、為二国儲料一、充二四度使雑掌等粮一、常苦二不足一、過二用他色一、放還成レ煩。望請、四箇年之間、割二十分之二一、以為二国儲一。詔聴之」とみえる。

以上のとおり、神亀元年以後、諸国から上京する使者の京中滞在費などが順次保証されていった。これらの使者が滞在した京内の施設が、いわゆる調邸（『延喜式』弾正台38条では「諸国調宿処」）にほかならない[36]。東市・堀川の近くに置かれた相模国調邸には、朝集使の国史生や郡司関係者が滞在していた。その名称が示すように、調庸物などの収納・保管や運脚夫の宿泊所として使われた。あわせて、東西市などにおける経済活動の拠点でもあり、諸国からの各種の諸使の在京施設としての役割も果たした。

3　実例からみた上申文書の伝達

つづいて、上申文書伝達の実態を窺ってみよう。その格好の素材が、天平六年度（七三四）出雲国計会帳である。その解部には、表4に整理したように、出雲国から中央の諸官司に宛てた多彩な解に関する記載があり、主に「附㆓〇〇㆒進上」という形式で解の進上者も記されている[37]。前述のように、解の末尾付近には「附㆓〇〇㆒」と書かれることが多く、それを写し取ったものと考えられる。計会帳の解部で完存するのは「解中務省解文」（中務省に宛てた解）のみで、弁官・式部省・民部省・兵部省関連の記載は一部欠損し、治部省関連は完全に失われている。刑部省・大蔵省・宮内省関連の記載は確認できないが、兵部省の次に節度使がくるという配列の仕方からみて、元来なかったと判断してよい。以下、上申文書の伝達者（進上者）を四つに分けてみていく。

第一は四度使で、朝集使（№4・18・26）、大帳使（№3）、貢夏調使（№1・9・14）、貢調使（№11・24）が該当する。二月三十日までに上京する決まりの正税帳使が確認できないのは、「解弁官解文」「解民部省解文」ともに当該時期の記載が欠損するためである。また、貢夏調使と貢調使の二つが登場するが、前者は七月三十日以前に調糸を持参する使者、後者は十一月三十日までに調庸物一般を貢上する使者で、後者が中心となる。

なお、天平五年の貢夏調使は出発時期が少し遅れたこともわかる。表4に明らかなように、四度使はさまざまな公文を中央に届けている。鐘江宏之氏が指摘したように、これらは帳簿を主体とし、基本的に「巻」で数える巻子と「紙」で数える一枚物に分かれ、弁官宛ての目録も作成された[38]。

ところで、解部の「附二〇〇一」の〇〇は、実際の伝達者ではないこともあった。早川庄八氏が指摘した遙附である[39]。たとえば、八月十九日に進上された№14は、貢夏調使（運調使）が持参したように記すが、この使者はすでに八月二日に№1を進上するために上京しており、同じ八月十九日に進発した大帳使（計帳使）が実際の伝達者と考えられる。夏調に関する№14は貢夏調使がもたらす建前であるため、そのように書いたのである。また、十二月某日の№18と十二月十六日の№26も朝集使に付したとあるが、朝集使はすでに十月二十一日に№4を進上するために上京しており、№18・26を朝集使が伝達することは不可能である。四度使のもたらすべき公文が厳密に定まっていたからこそ[40]、こうした遙附がおこなわれたといえる。

第二は駅制利用者で、「附二駅使〇〇一」と「附二駅家一」に分かれる。前者からみると、№6の「駅使」は出雲国が発した返抄を伝達する使者である。この駅使は神社の破壊状況を調べるため出雲国に赴いた内舎人で、『続日本紀』天平六年四月癸卯条の「遣二使畿内七道諸国一、検下看被二地震一神社上」に関わる。このときの使者は畿内・七道を単位に任命・派遣された可能性が高い。この内舎人は四月十二日に都を出発し、山陰道諸国を順次たどりながら神社の被害状況を調べていった。出雲国に到着したのは五月十二日の少し前とみられ、その後隠岐国や石見国に向かったと考えられる。内舎人は神社の破壊状況を調べるために派遣された専使で、その者に返抄が託されたのである。これは公式令80条に規定された、専使が返抄を持ち帰った事例となる。

後者の「附二駅家一」は、逓送使によった可能性が高い。№5は欠損するが、移部によれば、隠岐国から出雲国

表4　出雲国計会帳にみえる在京諸司宛ての解

No.	年日付（天平）	進上者	公文	宛先
1	5．8．2	運調使	進上公文7巻4紙	弁官
2	5．8．9	?	夏調過期限遅進事	
3	5．8．19	大帳使	進上水精玉150顆事 進上主当調庸国郡司歴名事 進上無国司等営造家事 進上主当地子交易国司目正八位下小野臣淑奈麻呂事 進上公文18巻3紙 進上駅起稲出挙帳1巻 進上真珠30顆 進上水精玉100顆事	
4	5．10．21	（朝集使）	進上公文19巻2紙 進上公文26巻4紙	
			（欠損部）	
5	6．5．?	駅家	?	
6	6．5．12	駅使	申送検看諸社返抄事	
7	6．6．23	相撲人	進上相撲人蝮部臣真嶋等2人事	
8	6．7．2	駅家	進上茂浜藻御贄2荷事	
			（欠損部）	
9	6．7．?	夏調使	? ? 進上公文7巻7紙	
10	6．7．26	駅家	進上返抄2道	
11	5．11．14	貢調使	進上筆100管事 進上采女養絲120斤事	中務省
12	5．8．19	?	申送欠郡司歴名事	式部省
			（欠損部）	
13	5．8．1	意宇郡人	進上雇民若帯部□男等2人逃亡替事	民部省
14	5．8．2	貢夏調使	進上下番匠丁并粮代絲価大税等数注事	
	5．8．19		運夏調綱出雲郡大領外正八位下日置臣佐堤麻呂事	
15	5．8．21	楯縫郡人	進上雇民伊福部依瀬等合13人逃亡替事	
16	5．9．27	神門郡人	進上雇民刑部身麻呂等4人逃亡替事	
17	5．11．14	?	進上賀茂神税交易絲100斤事 進上鹿皮40張事	
			（欠損部）	
18	5．12．?	朝集使	? ? 進上蘇合3升5合盛壺5口事	
			（欠損部）	
19	6．3．6	秋鹿郡人	進上仕丁廝火頭匠丁雇民等26人逃亡事	
20	6．3．26	大原郡人	進上雇民若倭部都都美等4人逃亡替事	
21	6．4．8	秋鹿郡人	進上匠丁三上部羊等3人逃亡替事	

22	6．5．15	大原郡人	進上仕丁火頭財部木足等７人逃亡替事	民部省
（欠 損 部）				
23	5．?．?	?	□麻呂等４人死去替事	兵部省
24	5．11．14	貢調使	進上兵衛養絲120斤事	
25	5．11．24	神門軍団五十長	進上勝部建嶋２日盲替事	
26	5．12．16	朝集使	進上意宇郡兵衛出雲臣国上等３人勘五比籍事 進上兵衛出雲臣国上等３人事	
27	6．4．8	意宇軍団二百長	進上衛士逃亡并死去出雲積首石弓等３人替事	
28	6．4．20	神門軍団五十長	進上衛士勝部臣弟麻呂逃亡替事	
29	6．7．23	熊谷軍団百長	進上衛士私部大嶋死去替事	

に「函」に入れた地震返抄解が逓送されている。「函」は飛駅函で、駅制を使って逓送されたことがわかる。同じく出雲国も駅制を使って地震返抄解を逓送したと考えられる。No.8は御贄進上である。No.10は、移部に隣国の伯耆国から勅符（地震にともなう大赦）とその添状の遊書状を逓送したことがみえ、これらの返抄を送り返したものである。この勅符は飛駅勅符の可能性があり(41)、その返抄も飛駅を使って中央に送られたと推定できる。

なお、朝集使・大帳使も駅馬に乗って上京したはずであるが、これらは特に駅使とは書かれていない。駅使であることよりも四度使であることのほうが、情報としてより重要であったためであろう。

第三は相撲人（No.7）である。天平六年七月七日の相撲節（『続日本紀』同日条）に参加するために貢進され、その関係文書の伝達にも関与した。「便附」とあるのは興味深く、本来は相撲人が持参すべき文書ではない、との意識が垣間みられる。第四節で述べるように、この時期の相撲人は伝使の資格を得て上京することが多かった。

第四は郡人と軍団職員である。「解民部省解文」に七例の「郡人」（No.13・15・16・19〜22）が、「解兵部省解文」に四例の軍団職員（No.25・27〜29）がみえる。郡人（郡散事）は逃亡した仕丁・雇民・匠丁の代替者を進上し、軍団職員は逃亡・死去した衛士の代替者を進上している。仮に両者ともに逓送使であれば、たとえば民部省宛ての解を軍団職員が運んでもよいが、実際にはそうなっていない。両者間で明確に分かれるのは、郡人は民部省に、軍団職員は兵部省に出頭することが求められたからであろう。なお、逃亡を告げる民部省符・兵部省符が到着してから、出雲国で代替者を選び出して国解（第一節で述べたように、これは一種の返抄であろう）を作成するまで二〇日前後である。舘野和己氏が指摘するように、衛士は仕丁・雇民・匠丁に比べて日数が短く、衛士の逃亡のほうが重大視されていたことを示す[42]。

こうした逃亡代替者を進上する際に作成される解の実例が、次の天平宝字五年（七六一）十二月二十三日甲斐国司解である（大古4五二三～五二四頁）。

甲斐国司解　申貢上逃走仕丁替事
坤宮官廝丁巨麻郡栗原郷漢人部千代年卅二 左手於疵
右、同郷漢人部町代之替
以前、被二仁部省去九月卅日符一偁、逃走仕丁如レ件。国宜三承知、更点二其替一、毎レ司別レ紙、保良離宮早速貢上者。謹依二符旨一、点二定替丁一、貢上如レ件。仍録二事状一、附二都留郡散仕矢作部宮麻呂一申上。謹解。
天平宝字五年十二月廿三日従七位上目小治田朝臣朝集使
正六位上行員外目桑原村主足床
従五位下行守山口忌寸佐美麻呂

逃走仕丁の代替者の貢上を命じた仁部（民部）省符を受けて、同郷の漢人部千代を新たな仕丁に点定し、貢上する旨を記した甲斐国司解である。「附二都留郡散仕矢作部宮麻呂一申上」とあるように、都留郡散仕によって解は運ばれた。当然、都留郡散仕は仕丁を引率する役目も担った。民部・兵部省符の圧倒的大多数が逓送使によって伝達されたのとは対照的に、解は専使が中央まで直接もたらすのが一般的であった。

以上、出雲国が作成した中央宛ての解は、駅制利用の一部の事例（№5・6・8・10）を除いて、出雲国の人間が中央まで持参していたことを明らかにした(43)。同様のことは、天平期の郡稲帳・正税帳からもいえる（第四章表2）。そこでは、下達文書を逓送する使者への食料供給の記載は多くみえるが、上申文書を逓送する使者は確認できない。また伊勢国計会帳にも、上申文書を諸国逓送したことを示す記載はない。

このように天平年間頃の実態として、中央への上申文書を諸国逓送方式で伝達することは、あまり一般的ではなかった。第1項でみた公式令47条からも、これは令制下の原則といっても過言ではなかろう(44)。

4　中央との直結性

ではなぜ、諸国から中央に文書を上申する際には、諸国逓送が基本的におこなわれず、諸国の人間がわざわざ都まで直接もたらしたのであろうか(45)。それは、単に上申文書を送ればよいというわけではなく、必要とあらば中央での勘問の際に口頭で答える必要があったからであろう。それをよく示すのが、次の『続日本紀』和銅五年（七一二）五月乙酉条である（他に『類聚三代格』大同五年三月二十八日太政官符、同嘉祥二年三月八日太政官符など）。

詔二諸司主典以上并諸国朝集使等一曰、（中略）又国司因二公事一入レ京者、宜乙差下堪レ知二其事一者上充甲使。々人亦宜下問二知事状一、并惣中知在レ任以来年別状迹上。随レ問弁答、不レ得二礙滞一。若有二不レ尽者一、所由官人及使人、並准レ上科断。（後略）

公事のため入京する国司について、勘問に堪える「堪レ知二其事一者」を選出するように命じている。先述のような遙附がなされたのも、国衙の上申文書は四度使が上申して勘問に立ち会う必要があったからにほかならない。

もうひとつ考えたいのは、三度使（朝集使、計帳使、正税帳使）が上京する際に、伝馬ではなく駅馬を利用した理由である。当初は「当国馬」を使用するのが一般的であったことからみても、緊急性という観点からのみでは説明がつきにくい。『続日本紀』養老四年（七二〇）三月乙亥条に「按察使向レ京、及巡二行属国一之日、乗レ伝給レ食」とあったように、伝馬の利用であってもよかったはずである。

ではなぜ、三度使の場合は駅馬であったのか。少し観念的な説明になるが、中央と諸国の直結性を保つためには、路次諸国における郡の逓送・供給機能に全面的に依拠する伝制を使用するよりも、郡から相対的に独立した駅制を使用するほうが望ましいと考えられたからではないか。

類例として第一に、『続日本紀』大宝二年（七〇二）二月庚戌条「是日、為レ班二大幣一、馳駅追二諸国国造等一入レ京」、同天平十三年（七四一）三月乙巳条「前年（天平九年―筆者註）、馳駅増二飾天下神宮一」（「馳駅」は「馳使」とする写本もあるが、駅制利用という点では変わらない）をあげたい。緊急性を要するという事情もあろうが、馬場基氏が指摘するように、在地の神と中央が直接個別的な関係を結ぶため、中途で他の在地社会との社会的関係を省略できる王権直属の制度として駅制を利用した可能性がある。[46] 奉幣使（幣帛使）は駅制を利用する機会が多かった（天平九年度但馬国正税帳、『令集解』公式令48条など）ことについても、同じように理解できるのではないか。

第二に蕃客（新羅使、渤海使など）の入京をあげたい。次の『延喜式』玄蕃式92条が注目される。

凡諸蕃使人、将二国信物一応二入京一者、待二領客使到一。（中略）其在レ路不レ得二与レ客交雑一。亦不レ得レ令二客与レ人言語一。所レ経国郡官人、若無レ事、亦不レ須二与レ客相見一。停宿之処、勿レ聴二客浪出入一。（後略）

これによれば、諸蕃使人（蕃客）は路中での会話が禁止され、宿泊地での出入りも禁止された。蕃客の視線を強く意識して、山陽道の駅家を大陸風の「瓦葺粉壁」に造った（『日本後紀』大同元年五月丁丑条）ことは著名である。

しかし実際には、蕃客のうち新羅使は瀬戸内海を使用するのが一般的で、渤海使も日本海側から入京することが多かった。山陽道の陸路を蕃客が通ったことを示す確実な事例は存在しない[47]。実態はともかくも、蕃客は山陽道をたどり、駅家に宿泊する原則であった点が重要である。

山陽道の駅家のうち、発掘調査によって駅家の遺構が確認された落地遺跡の飯坂地区（兵庫県上郡町）は、後期段階の野磨駅家に該当するが、山間の奥まった場所に立地し、集落のある場所からはやや離れる。また、布勢駅家に比定される小犬丸遺跡（兵庫県たつの市）も、同じく峠の少し手前の場所に立地する[48]。木本雅康氏は、他の駅家の推定地の立地もあわせ、蕃客が外へ逃げ出しにくい場所を選んで駅家を設けた可能性を指摘する[49]。落地遺跡・小犬丸遺跡に関していえば、第一義的には、京へ向かう蕃客の視線を意識して、峠の手前にある高台に駅家を設けたようにみえるが、蕃客が地域社会と接触できなくする配慮も同時に働いたと考える。

周知のとおり、蕃客の滞在施設として、京・難波・大宰府などには客館（鴻臚館）が置かれていた。客館について田島公氏は、「ムロツミ」という和訓および関係史料をもとに、蕃客を宿泊させて食料・衣料を提供する場所であるとともに、一般人から隔離して管理する閉鎖的な空間でもあったことを指摘している[50]。こうした客館の閉鎖性は、発掘調査で確認された大宰府鴻臚館跡（福岡市）の状況[51]をみれば即座に了解できる。

地域社会との接触が極力抑制され、閉鎖的な空間に隔離すべき存在であった蕃客が、山陽道の駅家に宿泊することが想定されていた点は注目に値する。中央との直結性を保つためには、伝制（伝制に関わる施設）よりも駅制（駅制に関わる施設）を利用するほうがふさわしいと認識されていたのである。

二節にわたる考察を通じて、［中央→諸国］の文書伝達は諸国逓送が一般的であったのに対して、［諸国→中央］の文書伝達は諸国の人間が上京するのが一般的で、諸国逓送は稀であったことを明らかにした。

第三節　貢納物の運送と役民の往来

1　律令に規定された貢納物の運送

日本律令国家の負担体系は、物実貢納と労働奉仕を基本的内容とした。これらの義務を果たすために、多くの人間が上京した。本節では、第1～4項で貢納物の運送を、第5項で役民の往来を取り上げる。

まず、貢納物運送に関する律令の原則を確認しておこう。中央への各種貢納物のうち、その中核をなす調・庸と、租の一部を割いて充てた舂米を取り上げたい。次の賦役令3条は、調庸物の運送を規定したものである。

凡調庸物、毎レ年八月中旬起輸。近国十月卅日、中国十一月卅日、遠国十二月卅日以前納訖。其調糸、七月卅日以前輸訖。若調庸未レ発二本国一間、有二身死一者、其物却還。其運脚均出二庸調之家一。皆国司領送、不レ得二僦勾随レ便羅輸一。

調庸物は毎年八月中旬から納入し始め、近国は十月三十日、中国は十一月三十日、遠国は十二月三十日までに、それぞれ中央へ完納することになっていた。近国・中国・遠国の具体的な国名は、和銅五年（七一二）以前成立の「民部省式」[52]（『令集解』賦役令3条古記所引）や、『延喜式』民部式上2～8条にみえる。これらは畿外諸国が対象となっており、遷都の影響もあって両史料の間には若干の相違がある。また『延喜式』民部式上12条によると、越後・佐渡・隠岐の三国は来年七月、長門国は来年四月、伊予国は来年二月（ただし宇和・喜多両郡は来年三月）までに調庸物を納入すればよくなっている。

賦役令3条に戻ると、これら一般の調庸物に対して、調糸（夏調糸）は一足早い七月三十日を中央への納入期限とした[53]。また、本国出発までに納入者が死亡した場合には、調庸物は返還された。そして、運送のための「運脚」は、それを負担する家が等しく出すことになっていた。『令集解』に「毎レ人均出レ物、運レ調功食充之」（古記）、「謂、庸調之家、毎レ人均出レ物、充二運脚功食一也」（令釈、義解）といった注釈があり、調庸物の負担者が運脚料を均等に出したのである。より具体的には「検二養老二年六月四日案内一云、庸調運脚者、量二路程遠近、運物軽重一、均出二戸内脚一、奨二資行人労費一者」（『続日本紀』養老四年三月己巳条[54]）という方法がとられた。調庸物納入者の一部が運脚夫となって都まで赴き、残りの者は運脚料を負担したわけである。

さて、調庸物を領送するのは国司であった。すなわち、四度使のひとつ貢調使である。ただし、『令義解』に「依レ律、郡司亦領送也」とあるように、郡司もまた領送の任にあたった。『令集解』でも「郡司亦領送。律為レ有二国郡綱典一故」（令釈）、「郡司文略。為二律国郡綱典一故也」（穴記）とあり、律（厩庫律）に「国郡綱典」の語があったことを根拠に、郡司も領送すると解釈している。いわゆる綱領郡司である。

調庸物を領送する際、「僦勾」と「羅輸」は禁止されていた。『令集解』の諸説にみるように、代価をとって民の代わりに客運するのが僦勾であり、別の財貨を輸送し市で交換するのが羅輸である。『令義解』では、

> 謂、依レ律、国司取レ賃代レ民客運、是為二僦勾一也。応レ送二課物一者、皆須下従二所出一輸納上。而齎二他財貨一、詣二所レ輸処一市羅充者、是為二随レ便羅輸一也。

とあるように、「律」（厩庫律）に依拠した注釈を施している。日本の厩庫律は失われているが、母法とした唐の厩庫律は残存している。僦勾・羅輸は『唐律疏議』厩庫律23・26条に規定されており、ほぼ同文の日本律疏もあったはずである。少し問題となるのは「国郡綱典」に関する日本律疏であるが、『唐律疏議』厩庫律22条に、

疏議曰、応レ輸課税、謂二租調地税之類一。（中略）主司知二其廻避詐匿・巧偽湿悪之情一、而許行者、各与同罪。不レ知レ情者、減二罪四等一。県官応二連坐一者、亦節級科之。州官不レ覚、各逓二減県官罪一等一。州県綱典不レ覚、各同二本司下従一科レ罪。（後略）

とあるので、「州県綱典」を「国郡綱典」に改めた律疏が日本の厩庫律にもあったとみてよかろう(55)。後述するように、唐賦役令では、州の判司を綱に充て、県の丞以下を副とすることを規定していた（後掲(D)）。このように唐では律（疏）と令の内容が対応するが、日本では律（疏）は国司・郡司、令は国司だけというように、少し齟齬がみられる。一般に日本律は唐律をそのまま引き写す傾向が顕著である。日本律疏は唐律疏の「州県綱典」を機械的に「国郡綱典」に置き換えたにすぎないが、令のほうは意図的に国司が領送する規定に改めたと考えられる。しかし実際には、日本でも綱領郡司が領送の任にあたったのである(56)。

つづいて、舂米に目を転じたい。賦役令3条の調・庸の運送規定は、舂米にも適用された。日本の租は地方に留め置かれた点に大きな特徴があるが、一部は舂米として京に運ばれた。田令2条には次のようにみえる。

凡田租、准二国土収穫早晩一、九月中旬起輸、十一月卅日以前納畢。其舂レ米運レ京者、正月起運、八月卅日以前納畢。

田租は収穫時期の早晩に応じて、九月中旬から納入し始め、十一月三十日までに完納するとある。田租は基本的に当国に貯蓄されるので、納入先は各郡の正倉と考えられる。ただし、田租の一部は舂米として京まで運ぶことになっており、正月から運送を開始し、八月三十日以前に完納する必要があった。令文に舂米の運送規定はないが、『令義解』に「謂、輸レ租之処、均出二脚力一、送二大炊寮一。猶如レ運二送調庸一也」とあるように、調庸物と同じく運脚夫が運ぶのが原則であった。『令集解』諸説でも同様に理解されている。このうち古記をみてみよう。

古記云、其春米運レ京者、謂、租税造レ米、送二大炊寮一也。問、運丁雑徭免不。答、不レ免。己戸租春進送故。如二調庸一、均輸二脚力一運耳。唯依レ格、公粮給。（後略）

後半部において、春米運丁の雑徭が免除されるかどうかを問題にしている。これに対して、運丁は自分の戸の春米を進送するという理由で、雑徭は免除しないと答えている。調庸物がそうであったように、均しく脚力を使って春米を運ぶとしている。つまり古記は、春米の運京には雑徭を使用すべきではないと考えている。ただし、「格」によって、公粮は支給すると注記している（公粮支給の問題は第3項で触れる）。春米の運京は雑徭を使用しない点では調庸物と共通するが、公粮が支給される点において調庸物とは異なっていたのである。

ちなみに、春米の運京に雑徭を用いないとする解釈は、他の条文における古記の注釈でもみられる。すなわち、雑徭を規定した賦役令37条に関して、「令条之内、不レ在二雑徭之限一」として一四ヵ条をあげたなかに、「賦役令云、調庸運脚、均出二庸調之家一者」と並んで、「田令云、其春米運レ京者」がみられる。また、斐陀国（飛驒国）の匠丁を規定した賦役令39条において、

請辞〔曰〕、運二調庸・春税一之類不レ云也。但作二新池堤及倉、他処路橋一之類者、充二雑徭一。

とあるように、「請辞」を引用している。東野治之氏が明らかにしたように、『令集解』古記・令釈などにみえる「請辞」（他に「請事」「起請辞」）は、大宝令施行下のもので、令の規定の不足を補ったり、細則を定めたりする性格が濃厚であった[57]。東野氏が指摘するように、この請辞が賦役令37条の注釈にも反映されたことは明らかである。請辞には公的な裁定が含まれるので、一定の効力があったと考えられる。古記はこの請辞を踏まえ、春米の運京には雑徭を使用しないという注釈をおこなったのである。

このように春米を運京する際には、調庸物と同じく戸内から運脚夫を立てることとし、雑徭を使用しないのが

本来のあり方であった。しかし第3項で述べるように、その後、舂米運京の場合には雑徭が充てられるようになる。当初は調庸物と同じ歩みをたどった舂米であったが、その後袂を分かつことになるのである。

2　唐令との比較

本項では、前掲賦役令3条の母法となった唐令との比較を通じて、日本における貢納物運送の特徴を抽出してみたい。従来は『唐令拾遺（補）』の復原条文に依拠せざるを得なかったが、北宋天聖令が発見されたことによって、しかも該当条文が不行唐令であったことによって、より正確な比較が可能になった意義は極めて大きい。大津透・渡辺信一郎・加藤友康らの諸氏の包括的研究[58]も適宜参照しながら、筆者なりに改めて検討してみたい。

(A)諸庸調物、毎レ年八月上旬起輸、三十日内畢。九月上旬、各発二本州一。庸調車舟未レ発間、有二身死一者、其物却還。其運脚出二庸調之家一、任二和雇一送達。所レ須裹束調度、並折二庸調一充、随レ物輸納。（天聖賦役令唐2条）

(B)諸租、準二州土収穫早晩一、斟二量路程険易遠近一、次第分配。本州収穫訖発遣、十一月起輸、正月三十日納畢。
江南諸州従二水路一運送之処、若冬月水浅、上レ埭艱難者、四月以後運送、五月三十日納畢。（後略）（天聖賦役令唐3条）

(C)諸租須二運送一、脚出二有レ租之家一。如欲三自送及雇二運水陸一、並任二情願一。其有二課船一処、任下以二課船一充上。（天聖賦役令唐4条）

(D)諸輸二租庸調一、応二送レ京及外配一者、各遣二州判司充レ綱部二領其租一。仍差二県丞以下一為レ副。不レ得二僦句随レ便羅輸一。（後略）（天聖賦役令唐5条）

(D)の冒頭に「諸輸二租庸調一、応二送レ京及外配一者」とあるように、唐の租・庸・調は、京送される以外に、外配（辺境など指定された場所へ配送）されるものもあった[59]。日本の場合、調庸物の外配規定がなかったこと、租は原則として当国に保管されたことが、唐制とは大きく異なっている。この基本的性格を踏まえた上で、日本令との違いに留意しながら、唐賦役令の各条文の内容をみてみよう。

まず、(A)は調庸物の納入期限と死者分の返却などを定める。調庸物は八月上旬から納入を始めて三〇日以内に完納し、九月上旬に本州を出発するとある。中央への納入時点ではない点は日本との大きな違いである。こうした違いが生じたのは、唐の場合、領土が極めて広大であったため、令文で中央への納入時期を段階的に定めようとすると、日本のように三段階で済まず煩雑になる恐れがあったこと、京送以外に外配されるものもあったため、納入時期を具体的に定めるのが困難であったことが考えられる（天聖賦役令唐25条も道ごとに遠近を測って到着期限を定めるように規定する）。また(A)では、日本のような夏調の規定もない。さらに(A)では、裹束調度（調庸物を包装するのに必要な調度類）を調庸物から充当することも定めるが、日本令では削除されている。

そして、何よりも注目されるのは、唐令では「庸調車舟未レ発間」とあるように、車・舟による調庸物運送を前提とした条文になっている点である。一方、日本令は車や舟による運送については特に述べていない。さらに、「運脚」を庸調を負担する家が出すことは共通するが、唐令では続けて「任二和雇一送達」とあり、「運脚」は和雇（強制的ではない雇用）による運送財源とされている。すなわち、唐令でいう「運脚」とは、和雇のための運送費用を意味していたのである。日本令の「運脚」にも運送費用の意味は含まれるが、あくまでも運脚夫の路料として使われるものであった。次のような関市令の日唐間の違いに着目すると、むしろ日本の「運脚」は運脚夫を指す意味合いのほうが強いと考えられる。

＊凡丁匠上役、及庸調脚度レ関者、皆拠二本国歴名一、共二所レ送使一勘度。其役納畢還者、勘二元来姓名・年紀一、同放還。　（養老関市令5条）

＊諸丁匠上役度レ関者、皆拠二本県歴名一、共下所二部送一綱典上勘度。其役了還者、勘二朱印鈔幷元来姓名・年紀一、同放還。（天聖関市令唐2条）

これらは、関を通過する際に使用された「本国（本県）歴名」に関する規定である。その対象者として、日本令では唐令になかった「庸調脚」が付け加わっている。これは調庸物の運脚夫と考えざるを得ない。これに対応して、唐令の「其役了還者」が、日本令では「其役納畢還者」に改変されている点にも注意したい。日本令で「納」字が新たに付加されているのは、日本では運脚夫が京まで運送したことを物語っている。

このように等しく「運脚」といっても、日本では運脚夫の意味合いが強いのに対して、唐ではほぼ完全に運送費用の意味で使用するなど、その内容を異にしている。なお、菊池英夫氏が早く指摘しているように、唐令に「任二和雇一送達」とあって「任」としているのは、本来は和雇ではなかったことを暗示している[60]。中国でも「運脚」の本来の意味は運脚夫であったが、その後運送費用に変化した可能性が高い。

つぎに、租の運送を定めた(B)をみてみよう。日本の租が第一義的には当国に留め置かれたのとは異なって、唐の租は京送され、外配もなされる。それもあって唐令では、租の運送に際して、収穫時期の早晩に加えて、路程の難易度や遠近も勘案される。各州での収穫後に発遣し、十一月から運送を開始して、翌年の正月三十日までに完納するのが原則であった。ただし、水運を利用する江南諸州（江淮地方）では、冬期に水量が少なく早瀬を遡行することが困難な場合には、四月以後に運送を開始し、五月三十日までに完納すればよかった[61]。日本でも一部の租は京へ送られるが、納入時期は唐と異なっている。

(C)は租の運送方法を定める。租を運送する際の脚（運脚）は、租を負担する家から出すとある。運送方法には、自送（みずから運ぶ）、雇運（人を雇って運ぶ）、課船（租の運脚を用いて造った船）による運送、の三種類があった。日本令では、上記のような租の基本的性格もあって、租の運送方法についての規定はない。この唐令を調庸物の運送規定に置き換えてみても、日本令で唯一該当するのは、運脚（運脚夫）から想定される自送だけである。つまり、日本令では雇運・課船の規定が継受されなかったのである。

日本令では租の運送手段を特に記さなかったのに対し、唐賦役令には(B)・(C)に加えて、外配について規定する天聖賦役令唐25条に「其租、若路由二開河一及従二水運一者、亦令二水未レ凍前、到レ倉輸納一」とあって、運河や水運による租の運送が述べられている点も参考になろう。この唐令も日本令には継受されていない。

最後に(D)は、租・庸・調の運送責任者などを定める。唐では、州の判司を綱に充て、県の丞以下を副とした。運送の際に僦句（僦勾）・羅輸を禁止したことは、日本令と同じである。ただし本条を、日本令では調庸物の京送規定に限定して受容した点が異なる。また日本令では、運送責任者も州の官吏に対応する国司のみに限り、県の官吏に対応する郡司については特に触れていない。前掲関市令において、唐令の「本県歴名」「所二部送一綱典」が日本令では「本国歴名」「所レ送使」に改変されている点も、このことと密接に関係するであろう。

このように、日唐令文の間には多くの相違点が認められる。特に次の二点が重要であろう。

(i)「運脚」の語を、唐令では運送費用（和雇の財源）の意味で使うが、日本令では運脚夫の意味合いが強い。

(ii)唐令にあった車・船の使用規定や雇運・課船による運送規定が、日本令では削除されている。

このうち(ii)に関連して、行程を定めた日唐公式令について触れておきたい。『唐令拾遺』公式令復旧44条には、

諸行程、馬日七十里、歩及驢五十里、車卅里。其水程、重船遡流、河日卅里、江卅里、余水卌五里。空船河卌里、江五十里、余水六十里。重船・空船順流、河日一百五十里、江一百里、余水七十里。其三硤砥柱之類、不レ拘二此限一。若遇レ風水浅不レ得レ行者、即於二随近官司一、申牒験レ記、聴レ折二半功一。

とあり、馬・歩・驢・車・船の行程を定める。だが養老公式令88条は、次のように馬・歩・車に限定した。

凡行程、馬日七十里、歩五十里、車卅里。

日本に驢は生息しないため、これを削除したのは頷ける。問題は船である。唐令は諸条件に左右されやすい船の行程を細かく定めるが、日本令ではすべて削除した。前掲(B)で江南諸州からの水路運送を規定したように、唐では江淮地域を中心に船運が大きな比重を占めた。そこで公式令でも、船の行程を詳しく定めたと考えられる。

もうひとつ(ii)に関連して、次の天聖倉庫令唐19条が注目される。

諸贓贖及雑附物等、年別附㆓庸調車㆒送輸。若多、給㆓官物㆒須㆓雇脚㆒者、還以㆓此物㆒迴充雇運。（後略）

本条は、贓（不正に取得した財物）・贖（罪人が罪を贖うために納めた財物）・雑附物（例年の常貢を補う税物）を「調庸車」に付けて送り納めること、贓贖物・雑附物の量が多い場合には「雇脚」「雇運」の対価（本来は官物が使用される）に充てることを定めており、車の使用・雇運という点で注目される。武井紀子氏が指摘するように、本条は京送について規定しており、当該年度に州県で徴収された贓贖物はまず州県の用途に用いられた後、その残物が京送されたことを示している。これに対して日本では、贓贖物が国郡で徴収された後、京へ送られることはなかった。武井氏が指摘するように、天聖倉庫令唐19条は日本令に継受されなかった可能性が高い(62)。

唐で調庸物の運送時に車が使用されたことは、天聖倉庫令唐14条「諸送㆓庸調㆒向㆑京、及納㆓諸処貯庫㆒者、車別科㆓籧篨四領、縄二百尺、籖三十茎㆒」からも確かめられる。また、防人が使用する塩を規定した天聖倉庫令唐9条に、塩を運ぶ手段のひとつとして「州有㆓船車㆒送㆑租」の活用が想定され、塩の運送・保管時の損耗を規定した同10条の冒頭に「塩車・運船」がみえる。この三ヵ条についても、日本の倉庫令に継受された形跡はない。

以上の日唐令文の比較検討を通じて、日本の貢納物（特に調庸物）運送の特徴として、運脚夫による自送を想定していること、車・船の使用や雇運・課船の規定を削除していることが確認できる。

こうした点もあって、日本律令国家の貢納物運送は陸路・人担が原則であった、という見方が広く受け入れられてきた。たとえば松原弘宣氏は、運送における合理性の追求を等閑視して、調庸物の人担方式がとられたのは、それを納めるべき対象が地方豪族ではなく律令国家であることを明確化するためであったと考えた[63]。また武田佐知子氏は、日本の古代官道（特に駅路）が都に収斂される直線的計画道路である点に着目し、調庸物運京の旅で一直線に確実に都に続く道を踏みしめることによって、国家との不可分の結びつき、調庸の民としての逃れられない宿命を実感として認識させる役割があり、陸路の体系が選び取られたと推測した[64]。これに対して加藤友康氏は、本貫地主義にもとづく交通政策の発現としての橋・道路の未整備状況や、隔地間輸送における車と船の有機的構成の未確立という日唐の技術的到達段階の差異を考慮すべきであると述べる[65]。

これらの側面があったことは否定しがたいが、森哲也氏が疑問を呈したように、陸路・人担が原則であったとまで主張するのは難しいであろう[66]。日本の賦役令3条に関しては、唐のように交通手段を特に明記しなかったまで、と考えることもできる。公式令88条の行程規定も、船の規定は削除しているが、車の規定は残されている。唐令の船の行程規定は、大河川を有する中国ならではの、詳細かつ具体的なものである。それに類した規定を作成するのは煩雑であるし、このような詳細な規定はあまり必要ではないため、日本令では「別式」などに委ねたとみることもできる。日本令の簡略化について、あまり過大な評価はできないと考える。

陸路・人担の原則の有無は措くとして、日本でも船・馬による貢納物の運送は珍しいことではなかった。『延喜式』主税式上116条には、国別の「諸国運二漕雑物一功賃」が記されている。これは『弘仁式』まで遡る可能性が高いが[67]、船や駄馬による運送が公認されており、平安京の近辺では車も使っている。また『延喜式』主税式下1

条では、「年料進上雑米料」として海船・川船・雇車などの運賃料が計上されており、同主計式上8～76条の国別行程日数では、陸路に加えて海路の日数が書かれた国が存在する。このように『延喜式』では、船・馬・車を組み合わせた運送を公認していた。『類聚三代格』寛平六年（八九四）七月十六日太政官符に「進二上調物一、以レ駄為レ本、運二漕官米一、以レ船為レ宗」とあるが、これは九世紀末になって初めて現れた現象ではあるまい。

3　運脚夫への路粮の支給

第1項の整理からもわかるように、日本における運脚夫の路粮は自弁が原則であった。和銅五年（七一二）・同六年の詔では、運脚夫らに和同開珎を携行させ、路中で粮食を交易入手できるようにしている（『続日本紀』和銅五年十月乙丑条、同六年三月壬午条）。また霊亀二年（七一六）の詔では、貢調脚夫が入京した日に携行する食料の備えなどを調べて、国司の考課に反映させるように命じている（『続日本紀』同年四月乙丑条）。これらの詔から、帰郷時の粮食欠乏を特に問題視していたことがわかる。ただし、この時点では路粮は公的に支給されなかった。

転機は養老四年（七二〇）に訪れる。百姓救済を目的に六項目からなる太政官奏が出され、次の第五項にみるように、路粮の支給が開始されることになった（『続日本紀』同年三月己巳条）。

太政官奏、（中略）又検二養老二年六月四日案内一云、庸調運脚者、量二路程遠近、運物軽重一、均出二戸内脚一、奨二資行人労費一者。抛レ案、唯言下運二送庸調一脚直上。自余雑物送レ京、未レ有二処分一。但百姓運レ物入レ京、事了即令二早還一。為レ無二帰レ国程粮一、在レ路極難二艱辛一。望請、在京貯二備官物一、毎下因二公事一送レ物還上、准レ程給レ粮。庶免二飢弊一、早還二本土一。（中略）奏可之。

これによると、養老二年に調庸運脚夫の脚直を運脚夫以外の者が出すようになった。ところが、調庸物以外の雑物を運ぶ百姓は対象外であったため、帰国用の粮食に事欠く有り様であった。そこで、調庸物以外の雑物を運ぶ百姓の粮食について、帰国時に限ってではあるが、京に貯備した官物から支給することとなった。(68)

それから四年後の神亀元年（七二四）には、第二節でみたように、公用稲（国儲）が設置され、「除レ運二調庸一外向レ京担夫」に粮食が支給されるようになる。つまり、帰国時以外にも対象が広がった。ちなみに、第1項でみたように、『令集解』田令2条古記は、「格」によって、舂米の運丁に公粮を支給すると注釈していた。この「格」とは、後述するように、神亀元年格を指すと考えてよかろう（養老四年制が含まれた可能性も残る）。

その後の状況については、次の『類聚三代格』大同五年（八一〇）二月十七日太政官符が参考になる。

太政官符

応レ給二向レ京担夫食料一事

右、得二尾張・美濃・因幡国解一偁、太政官去延暦廿二年二月廿日下二五畿内七道諸国一符偁、除二調庸一外向レ京担夫粮食、准二神亀元年格一、用二国儲一充之者。国儲之用、率レ国立レ数、充用之色、触レ事繁多。謹案二太政官去神護景雲二年二月廿日符一、東海道巡察使従五位下式部大輔紀朝臣広名等解偁、舂米諸国百姓申云、運二舂米一者、元来差レ徭、人別給レ粮。而自二天平勝宝八歳一以来、徭分輸レ馬令レ運、只給二牽丁之粮一。窮弊百姓、無二馬可一レ輸。望請、依レ旧運送、人別給レ粮者。官議申聞。奉　レ勅、依レ奏者。望請、依レ旧擬二用正税一。謹請レ裁者。今被二右大臣宣一偁、奉　レ勅、依レ請。諸国准レ此。其調庸之外、運レ物之粮、且宜レ給之。

大同五年二月十七日

これによると、延暦二十二年（八〇三）二月二十日太政官符によって、神亀元年格に準じて、「除二調庸一外向レ京担夫粮食」を国儲から充当することになった。第二節でみたように、公用稲が天平六年（七三四）に正税に混合された後、再設置された国儲は用途に曖昧な点があったらしく、延暦二十二年になって、神亀元年格に記す国儲の用途に倣うこととされた（くわえて四度使全体にまで対象が拡大した）。しかし大同五年になると、国儲の使途は多岐にわたるという理由によって、旧来の神護景雲二年（七六八）二月二十日太政官符（傍線部）に従って、「除二調庸一外向レ京担夫粮食」には正税を用いることになった。

神護景雲二年太政官符によると、舂米運送の際、雑徭を差発して人別に給粮していたが、天平勝宝八歳（七五六）に雑徭分として馬を供出させ、その牽丁に対してのみ給粮する方式に改められた。だが窮弊百姓は馬を使用できないため、神護景雲二年に旧来の運送方法に戻し、人別に給粮することにしたという。第1項でみたように、舂米の運丁には雑徭を充ててはならなかったが、天平勝宝八歳までに変質したのである。しかも給粮まで実施されている。その財源は、神護景雲二年太政官符を引用する大同五年太政官符の趣旨からみて、正税と考えるのが妥当であろう。これを傍証するのが、次の天平二十年（七四八）格（『令集解』賦役令8条令釈所引）である。

天平廿年格云、運二送封戸租米一脚夫公粮者、准下運二官物一之夫上、以二正税稲一給レ粮。自レ今以後、永為二恒例一。

封戸租米を運ぶ脚夫への公粮を、「運二官物一之夫」に準じて、正税稲から支給することを定める(69)。この「官物」が舂米を指すことは明らかであろう。天平二十年以前から、舂米を運送する脚夫に対して、路粮として正税が支給されていたことが判明する。小市和雄氏は、『続日本紀』天平十一年五月辛酉条、

詔曰、天下諸国、今年出挙正税之利、皆免之。諸家封戸之租、依レ令二分、一分入レ官、一分給レ主者。自レ今以後、全賜二其主一、運送傭食、割二取其租一。

に着目し、封戸租の運賃を租内から割いた点に重大な変更を読み取り、これを契機に天平十一年頃から舂米の運京者に給粮されるようになったとみる(70)。この小市氏の見解の背後には、神亀元年格の「除二調庸一外」には舂米が

含まれない、という独自の見解がある。たしかに小市氏が述べるように、舂米の運京には調庸物と同じく雑徭を使用してはならないのに対し、『令集解』賦役令37条古記が雑徭を充てる例として「御贄獦贄送」をあげるなど、舂米・調庸物と他の雑物とでは運送方法に違う面があった点は否定できない。

とはいえ、神亀元年格の「調庸」のなかに舂米まで含めるのは、かなり無理のある解釈といわざるを得ない。天平十一年の措置に関していえば、舂米運送者の路粮が正税から支弁されているのに倣って、新たに封戸租の路粮に対しても正税から支給するようにした、とみることも十分に可能である。その契機としては神亀元年格以外には考えがたい。筆者は、神亀元年以来、舂米運京時にも公粮が支給されたとみる。

公粮の財源について、当初は公用稲（国儲）が設定されていたが、天平六年に公用稲が正税に混合されると、延暦二十二年に国儲の用途が明確化されるまでの間は、正税が使用されたと考える。その後、延暦二十二年から大同五年まで、公廨稲の利稲を配分した国儲が財源とされるが、大同五年以後は旧来どおりの正税に切り替わる。

以上のとおり、養老四年制および神亀元年格が出された結果、調庸物以外の貢納物を運送する際には、公粮が支給されることになった。『延喜式』民部式下をみると、年料舂米について「各以二正税一舂運。（中略）其運送徭夫、並給二路粮一」（49条）、年料別貢雑物について「其運送徭夫、各給二路粮一」（53条）、年料租舂米について「其精代・運賃用二正税一」（51条）、交易雑物について「以二正税一交易進。其運功食、並用二正税一」（63条）とそれぞれ規定されている。また、西海道諸国から大宰府へ納める銀などの貢進物について、「其運脚者並給二功食一」（54条）とみえる。このうち「功食」は第三者を雇って運送するための功賃と食料である[71]。これは雑徭を徴発して食料のみ支給する年料舂米・年料別貢雑物の運送とは区別される。なお、年料租舂米は少しわかりにくいが、「運賃」は功賃を指すとみられ、雑徭によらなかったのであろう。

ここで改めて注意しておきたい点は、これらの公粮は路次諸国が支出するものではなく、あくまでも本国が負担したという事実である。このことは、『延喜式』主税式上116条に「諸国運㆓漕雑物㆒功賃」が国別に規定されている点、同下1条の正税帳の書式のなかに、年料進上御履牛皮・年料進上雑米の担夫らへの「程粮」（往復の食料）が計上されている点からみても明らかである。

これは天平期正税帳からも確認できる。(72) 一例として、天平九年度但馬国正税帳をみてみよう。

運㆓雑物㆒向京夫壱仟陸拾人　行程壱拾日（向京六日　還国四日）
　往還単壱万陸伯日（向京六千三百六十日　還国四千二百卌日）充稲参仟参伯玖拾弐束（向京日別四把　還国日別二把）
造難波宮司雇民食鮨伍斛　運担夫弐拾捌人　盛缶壱拾肆口（一十三口別納三斗六升　一口納三斗二升、缶別充担夫二人）
醤大豆弐拾陸斛　運駄壱拾陸匹（々別一斛）
　牽夫壱拾陸人　担夫弐拾人（々別荷五斗）　合夫参拾陸人
蘇伍壺　担夫壱人
御履皮弐張　担夫弐人
（後欠）

雑物を運送する向京夫一〇六〇人に対して、向京六日・還国四日の行程で、一人一日あたり向京時は稲四把、還国時は稲二把の割合で、合計して稲三三九二束もの支給をおこなっている。一〇六〇人の内訳として、現存部には、造難波宮司雇民食鮨の担夫二八人、醤大豆の運駄一六匹・牽丁一六人・担夫二〇人、蘇の担夫一人、御履皮の担夫二人がみえる。これによって、食鮨・蘇・御履皮は担夫が運送したのに対し、醤大豆は担夫に加えて駄馬も使用されたことがわかる。後欠部には、澤田吾一氏が指摘しているように、米五六六斛四斗を九九三人の担夫・牽丁を使って運送した際の記載があったと推定できる。仮に人担五斗・駄馬一斛五斗の運送量を想定すると、担夫九二三人、駄馬七〇匹（牽丁七〇人）という計算になる。あるいは、人担五斗・駄馬一斛の運送量を想定すると、担夫八五三人、駄馬一四〇匹（牽丁一四〇人）となる（ただし、担夫一人のみ四斗を運送）[73]。ともあれ、こうした膨大な数の向京夫に対して、正税を財源に路粮が支給されていたのである。

4　調庸運脚夫と脚直

前項でみてきたように、自弁原則から公粮支給へ移行するなか、調庸運脚夫は最後まで公粮支給の対象外であった。このことは、たとえば、国儲の設置された神亀元年（七二四）に「除レ運二調庸一外向レ京担夫」とあるように、調庸物を除外していることからも明らかである。ここで『延喜式』民部式上20条をみてみよう。

ⓐ凡調庸及中男作物送レ京、差二正丁一充二運脚一。余出二脚直一、以資二脚夫一。ⓑ預具二所レ須之数一、告二知応レ出之人一、依レ限検領。ⓒ准レ程量レ宜、設二置路次一。ⓓ起二上道日一、迄二于納レ官、給二一人日米二升・塩二勺一、還日減レ半。ⓔ剰者廻二充来年所レ出物数一、別簿申送。

まずⓐによって、運脚夫以外の者に脚直を出させ、それを運脚夫の資養物に充当したことがわかる。第1項で触れた、養老二年（七一八）の「庸調運脚者、量二路程遠近、運物軽重一、均出二戸内脚一、奨二資行人労費一」という政策が、長く継承されたことを示す。『延喜式』で調庸物と中男作物が併記されているのは、養老元年に正丁の調副物と中男の正調を廃止して中男作物の制が始まったように（『続日本紀』同年十一月戊午条、『類聚三代格』同年十一月二十二日勅）、中男作物が調の系譜を引くことが関係しよう。

つぎにⓑからは、あらかじめ必要となる脚直の数量を算出し、それを脚直の負担者に告知した上で、脚直を検査・領収したことがわかる。主語は明記されていないが、国司とみてよかろう。ⓓによると、運脚夫一人一日あたり、本国を出発した日から官に納めるまでは米二升・塩二勺、帰国時はその半分の米一升・塩一勺を支給することになっていた。この支給額に従って、国司は必要となる脚直の数量を算定したと考えられる。

ついでⓒによると、「程」つまり諸国から京までの行程に応じて、出発前に路中の要所に脚直を設置し、運脚夫がその地点に到着した際に支給する体制であったことがわかる。これによって、運脚夫の荷物が軽量化されるばかりでなく（和銅五・六年に和同開珎を携行させたことを想起されたい）、食料も一括して調理することが可能となり、効率的であると考えられたのであろう。[74]

調庸物・中男作物の行程については、『延喜式』主計式上8～76条に国別の規定がある。これらは国ごとの調・庸・中男作物の一覧の冒頭に記されたもので、上（諸国から平安京への上り）と下（平安京から諸国への下り）の陸路による日数が示されている（国によっては海路の日数もあわせて記載）。それによると、下りの日数は上りの日数のほぼ半分となっている。榎英一氏が指摘するように、下りの日数はほとんどあり得ない速度であり、上りの日数も道中の渋滞などを見込んだものではない。これらはあくまでも旅行中の食料支給基準を示すためのものであり、これをそのまま実際の日数と考えるのは危険である。[75] ⓓにみるように、支給食料額が上京時と帰国時で二倍の差が設けられたこととあわせ、帰国時の路粮を低く抑えようとする意図を読み取ることができる。

最後のⓔは、脚直に剰余が生じた場合、来年の分に充て、その旨を「別簿」に記し、この帳簿を中央へ申し送ることを規定する。『政事要略』巻五十七交替雑事（雑公文）に調帳枝文として「脚直帳」がみえ、これが「別簿」に該当する可能性がある。[76] こうした帳簿が作成されたのは、国司が脚直を管理したことによる。

その一端を示すのが、秦太草啓紙背文書（大古25―二六二～二六三頁）である。[77] これは、天平勝宝六年（七五四）～

天平宝字四年（七六〇）作成と推定される帳簿断簡である。正税が利率三割、脚直稲が利率五割で出挙されたことを示す。正税の内訳として大安寺稲・薬師寺稲がみえ、駿河国ないし常陸国のものとなる。このうち常陸国は、『類聚三代格』弘仁二年（八一一）二月十七日太政官符によると、「此国去レ京、行程遙遠、貢調脚夫、路粮絶乏」であったため、霊亀年間（七一五～七一七）に「郡発稲」を設置し、「毎レ年出挙、以レ利充レ粮。其用度者、附レ帳言上」という。その後、大同四年（八〇九）になって、官符を被らず出挙していたことが主税寮によって問題視され、「勘出」処分を受けた。そこで、二年後の弘仁二年に、旧来どおり「郡発稲」出挙の実施を申請し、それが認められている。この「郡発稲」は常陸国に限定して設置されたが、その内容から脚直稲に該当する可能性が高く、秦太草啓紙背文書は常陸国の某郡に関わると推定できる。

史料的にみて、脚直稲を出挙した事例は常陸国しか確認できない。しかし、弘仁二年太政官符に記す「其用度者、附レ帳言上」という措置は、「帳」は前述の脚直帳を指すとみられ、他国にも当てはまるであろう。脚直は最終的に国司によって管理され、常陸国のように出挙される場合もあったのである。

このほか特例的な措置がとられた国として相模国があり、承和十五年（八四八）には救急院の地子稲が調庸運脚夫に支給されている（『類聚三代格』同年三月二十一日太政官符）。このように若干の特例的措置はあったが、調庸運脚夫に公粮が支給されることは基本的になかった点を強調しておきたい。

最後に、脚直に関連して、課船について少し触れておく。第2項でみたように、唐賦役令に規定があった課船が日本令では削除された。しかし、日本に課船が存在しなかったわけではない。『令集解』営繕令13条古記が次のような注釈を付けている（令釈もほぼ同様の注釈をする）。

古記云、有二官船一之処、謂、除二摂津・大宰一以外諸国時在也。唯在二諸国一課船、雖レ不レ在二私船一、不レ入二官船之限㆒。為㆓百姓脚直料作㆑船故。即此不㆑在㆓兵士看守之例㆒也。

傍線部の解釈をめぐって諸説あったが、森哲也に従って右のとおり一部返り点を改め、「ただし諸国にある課船は、私船ではないが、官船の限りには入れない。なぜならば課船は、百姓脚直料をもとに造った船だからである」と理解すべきであろう。[78] 課船は日本令では継受されなかったが、実態としては存在したのである。

5　役民の往来

前項まで貢納物の運送についてみたが、本項では上京する役民を取り上げる。その主な者として、年一〇日の歳役に従事する正役丁（賦役令4条）、強制的に雇用される雇役丁（同22条）、五〇戸（一里）ごとに二名ずつ貢進される仕丁（同38条）、国ごとに一～四人ずつ貢進される女丁（同上）、飛驒国から里ごとに一〇人ずつ差発される匠丁（同39条）、軍団兵士から割かれて左右衛士府と衛門府に配された衛士と、その炊事にあたる火頭（軍防令12・20条など）が令に規定されている。なお、歳役は庸を代納するのが一般的で、正役丁はごく少数であった。

これらの役民の交通手段や路粮について、令文には特に明記されていない。このうち路粮については、各条の『令集解』諸説やその後の展開からみて、自弁を原則としたことは明らかである。[79]

また、厳密には上京する役民とはいえないが、東国からは防人が徴発され、難波津を経由して、対馬・壱岐や北部九州まで辺境警備のため赴いた。軍防令56条に「凡防人向㆑防、各賷㆓私粮㆒。自㆑津発日、随給㆓公粮㆒」とあるように、東国の出身地から難波津まで私粮を持参したが、難波津から先は公粮が支給された。また、任務を終えて帰郷する際にも、軍防令60条に「凡旧防人替訖、即給㆓程粮㆒発遣」とあるように、程粮が支給される決まりであった。このように防人に対してのみ特別な配慮がなされたのは、列島横断にともなう移動距離の長さや、三年間も郷里を離れて辺境警備にあたる（軍防令8条）という任務の苛酷さのためであろう。防人といっても、郷里の東国から難波津までの路粮は自弁であった点を看過してはならない。

平城京遷都から間もない和銅五年（七一二）、帰郷役民の粮食欠乏が問題化し、二度にわたって詔が出されている（『続日本紀』同年正月乙酉条、十月乙丑条）。平城宮・京の造営には多大な労働力を要する。それは遷都後も変わらず（遷都の時点で平城宮・京が完成していたわけではない）、全国から多くの役民が集められていた。しかし、和銅五年に打ち出された対策は、路次諸国の国司に撫養・賑恤を命じたことや、郡稲を割いて交通の便利な場所に別置して交易できるようにすることであった。路粮支給にまではいたっていない。

役民に路粮を支給するようになったのは、運脚夫より二五年以上も遅れた天平十年（七三八）のことである。『続日本紀』同年十二月戊寅条の「仕丁役畢還レ郷、始給二程粮一」がそれである。仕丁といえば、『類聚三代格』養老六年（七二二）二月二十二日勅の一節「壮年入レ役、白首帰レ郷、永離二父母一、遂陥二法網一」が思い起こされる（『続日本紀』同年二月甲午条も参照）。この勅によって仕丁・衛士の任期は三年となった[80]。同じく任期三年の苛酷な任務にあたる者として、防人がいた。旧防人の帰還時には路粮が支給されていた点を考慮して、旧仕丁にも帰還用の粮を支給したのであろう。『延喜式』民部式上70条に、

凡諸国匠丁還レ郷者、本司録移二送省一。省申レ官給二路粮一。一人日米一升、塩一勺。仕丁准レ此。

とあるように、匠丁も仕丁と同じく支給の対象とされ、一人一日あたり米一升・塩一勺であった。これは調庸運脚夫の帰国時の路粮と同じ分量で（前掲『延喜式』民部式上20条）、国別の行程日数に応じて支給された。

つぎに、『続日本紀』天平宝字元年（七五七）閏八月壬申条に、

勅曰、大宰府防人、頃年、差二坂東諸国兵士一発遣。由レ是、路次之国、皆苦二供給一、防人産業、亦難二弁済一。

（後略）

とあるように、路次諸国が防人に供給していたことがわかる[81]。防人役の苛酷さを考慮して、すべての路粮を支給したのであろう。公粮を支給する際には、長距離の路粮を捻出する必要があり、本国・摂津職・大宰府などに全面的に負担させるのが困難であったため、路次諸国に負担を転化させたものと思われる。

帰還防人の路粮に関しては、天平十年度（七三八）の諸国正税帳に記録がある。まず筑後国正税帳には、

依レ勅、還レ郷防人、起二筑紫大津一迄二備前児嶋一十箇日粮春稲壱仟伍伯肆拾捌束

とあり、筑紫大津から備前児嶋までの海路の粮を筑後国が支出している。大宰府の財政は管内の西海道諸国（基本的に筑後国など六ヵ国）が支えており[82]、旧防人の程粮も西海道諸国が負担したと考えられる。また周防国正税帳によれば、これとは別に前般・中般・後般に分かれて帰還した防人が存在し（このほか、大宰府が捉え進上した旧防人二人を長門国軍団職員が部領している）、路次の周防国が路粮の一部を負担している[83]。

天平十年の防人帰郷は、東国防人の廃止（『続日本紀』天平九年九月癸巳条）を受けたもので、旧防人が一斉に帰還するという特殊事情があった。そこで大宰府・西海道諸国の財政負担を軽くするために、周防国など路次諸国に特別に供給をおこなわせた可能性がある。軍防令60条の「給二程粮一発遣」に合致するのは、筑後国正税帳に記載された支給方法と考えられる（ただし、備前児島までの路粮しか支出していない）。しかし、おそらく難波津から先の程粮については、大宰府は関知せず、駿河国正税帳にみるように、路次諸国が供給の義務を負ったと考えられる。

その他、『日本後紀』弘仁六年（八一五）正月癸巳条に「発二尾張・参河・美濃・越前・但馬・美作・備前等国役夫一万九千八百人一、修二理朝堂院一。其食幷往還路粮、並用二正税一」とあり、平安宮朝堂院の修理にあたる役夫に食料と往還路粮を正税から支給した事例がある。

本節では、唐制との比較も交えつつ、貢納物運送ならびに役民の往来について検討をおこなった。日本では、貢納物の運送にあたる運脚夫や役民が都鄙間を往来する際、当初は自弁を原則としていたこと、その後路粮が徐々に公給されるようになるが（ただし調庸運脚夫のように、最後まで路粮が公給されなかった者も存在した）、多くの場合は本国負担であったことを明らかにした。もとより、運脚夫・役民が路中で病気などにかかれば、次節で取り上げるように、路次諸国からの供給を受けることができた。しかしそれは、非常時の例外的な措置にすぎない。通常、運脚夫・役民は路粮を自弁ないし本国負担のもと都鄙間を往来したのである。

前節では、諸国から中央に文書を上申する際に、一部の駅制利用の場合を除いて、諸国逓送方式が採用されるようなことはなく、都まで上申文書を持参したことをみた。本節では、これに類似した措置が運脚夫・役民の都鄙間往来時にも認められることを明らかにした。すなわち、諸国の人間が上京する際には、食料・交通手段などを自弁ないし本国で準備することになっており、路次諸国による逓送・供給は一般的ではなかったのである。

第四節　供御物運送と在路窮乏者

1　供御物の運送

前節でみたように、中央への貢納物の運送に際して、それに要する路粮は自弁ないし本国負担が原則であった。これに対して、御馬・御贄・御鷹などの供御物を運送する場合には、特別に路次諸国が供給をおこなった。また、相撲節に供奉する相撲人に対しても、往来時に路次諸国から食料・馬が特権的に与えられた。このことは、次のとおり、天平期の郡稲帳・正税帳からも確認できる(84)。

《御　馬》出羽国進上御馬（天平四年度越前国郡稲帳）、陸奥国進上御馬（同六年度尾張国正税帳、同十年度駿河国正税帳）、甲斐国進上御馬（同十年度駿河国正税帳）、阿波国進上御馬（同十年度淡路国正税帳）

《御　贄》相模国進上御贄（天平十年度駿河国正税帳）

《御　鷹》大宰府進上御鷹（天平十年度周防国正税帳）

《相撲人》越前国相撲人（天平四年度越前国郡稲帳）、長門国相撲人、周防国相撲人（以上、同十年度周防国正税帳）

これらの場合、なぜ路次諸国から逓送・供給を受けることができたのか、御馬から順に検討したい。

『延喜式』によれば、中央への貢上馬には、御牧馬（甲斐国、武蔵国、信濃国、上野国）、繋飼馬（遠江国など一一ヵ国）、国飼馬（山城国など畿内および近国の八ヵ国）の三種類があった（左右馬式1・4・27条など）。大日方克己氏が指摘しているように、繋飼馬・国飼馬と比べて、御牧馬は貢上時に特権的な扱いを受けた(85)。すなわち、御牧馬は路次諸国から飼秣・牽夫の提供を受けながら、一日一駅ずつゆっくりと進み、引率する使者に対しても人夫や馬が支給された（主税式上107条、左右馬式1条、雑式50条）。これに対応して、正税帳に飼秣や使者の項目がある（主税式下1条）。一方、繋飼馬は路次諸国から飼秣・牽夫が提供されず（左右馬式4条）、また国飼馬についても、専当国司を差発し牧子に牽送させるが（左右馬式20・27条）、飼秣や牽夫の食料はその貢上国が負担することになっていた（主税式上105条(86)）。なお、『延喜式』主税式上105・107条の規定は、少なくとも『弘仁式』主税式まで遡る。

よく知られているように、勅旨牧である御牧から進上された馬は、駒牽の儀で使用された。駒牽の儀とは、毎年八月に御牧からの貢上馬を天皇の前で牽き、左右馬寮や諸臣に分配する儀式である。貢馬を進上する東国諸国の服属を表現すると同時に、儀式に参加した貴族・官人たちの臣従をも表す重要な儀式であった(87)。こうした重要な馬であったからこそ、御牧馬は特権的に路次諸国によって逓送・供給されたのである。『類聚三代格』貞観十三年（八七一）六月十三日太政官符には、甲斐など四ヵ国の貢上御馬使が、「貢御」（天皇への貢納）を口実に「公乗」を濫用する情景が描かれている。また、同貞観四年六月二十九日太政官符においても、上下諸使の剋外乗用を禁制した天平宝字二年（七五八）七月十九日・延暦元年（七八二）十一月三日・承和五年（八三八）十一月十七日・同十二年六月二十三日に出された四つの太政官符が一括され、「上下諸使、皆有㆓違犯㆒。就㆑中、貢御馬使、放濫尤甚。国司知之、曽不㆓拘制㆒。路次郵駅、煩擾無㆑息。雖㆔使人愚昧、妄犯㆓格制㆒、而牧宰其人、寧肯㆓容忍㆒」という状況が問題視されている。

ただし一般的には、御牧（勅旨牧）の整備は天平神護元年（七六五）の内厩寮創設（『続日本紀』同年二月甲子条）を機に信濃国から進められ、弘仁・天長年間（八一〇〜八三四）頃に四ヵ国の御牧体制が固まり、『弘仁式』の規定が整備されたと理解されている[88]。また、駒牽の儀の初見も、『日本紀略』弘仁十四年（八二三）九月乙亥条「幸㆓武徳殿㆒、覧㆓信濃国御馬㆒。賜㆓親王已下、参議已上各一疋㆒」であった。

そのため、天平期において直ちに右のようにはいえないが、その原形態を認めることは可能である。第一に、大化前代より甲斐の黒駒は駿馬として都まで知れ渡り（『日本書紀』雄略十三年九月条、『扶桑略記』推古六年四月条）、天平三年（七三一）にも神馬として甲斐国の黒駒が貢上される（『続日本紀』同年十二月丙子条、同乙未条）など特別視されていた[89]。第二に、八世紀初頭の長屋王家木簡の出土によって、その家政機関のひとつ「馬司」の構成員に、甲斐・信濃・上野三ヵ国の人々がいたことが判明した[90]。御牧は既存の牧をもとに成立したとされるが[91]、これらが天平期に他の一般の牧と区別されていたとしても不思議ではない[92]。

さて、天平期正税帳には、出羽・陸奥・淡路の各国から進上された御馬も登場する。このうち、出羽・陸奥両国は駿馬の産地であり、それを買い求めて、王臣家らが使者を頻繁に派遣して蝦夷と交易するほどであった[93]。陸奥国進上御馬は御牧馬ではないが、駒牽と密接な関係のある馬であり[94]、御牧馬に準じたと考えられる。出羽国進上御馬は駒牽との関係は不明ながら、陸奥国のそれに近い存在であったとみられる。九世紀に下るが、『類聚三代格』承和十二年正月二十五日太政官符によれば、陸奥・出羽両国の御馬進上使を含む貢上雑物使が「使威」を借りて路次諸国に臨んでいる点が参考になろう（『続日本後紀』同日も参照）。『扶桑略記』養老二年（七一八）八月乙亥条に「出羽幷渡嶋蝦夷八十七人来、貢二馬千疋一、則授二位禄一」とあるように、八世紀初頭以来、蝦夷からの朝貢品として特別な意味をもって、馬が都まで進上されたと考えられる。

一方、淡路国進上御馬は、『延喜式』段階では御牧馬・繋飼馬・国飼馬のいずれにも該当しない。ただし鷺森浩幸氏が指摘しているように、勅旨牧が甲斐・武蔵・信濃・上野の四ヵ国に固定される弘仁・天長年間よりも以前には、延暦二十二年三月九日太政官符（『類聚三代格』弘仁三年十二月八日太政官符所引）に示された遠江・甲斐・武蔵・美濃・信濃・上野・陸奥の各国や大宰府管内などのように、四ヵ国を含みつつも、それに限定されない国々に勅旨牧が置かれていたと考えられる[95]。淡路国については、勅旨牧の設置は確認できないが、天平十年時点には存在していた可能性も排除できない。

つづいて、御贄・御鷹の進上使についても、御馬進上使と同じく、「貢御」を口実に路次諸国から特権的な待遇を受けている点に注目したい[96]。贄は理念的には天皇が食するものであり、鷹も度重なる私養鷹の禁止令からもわかるように、天皇の独占物であった点が重要である[97]。

もっとも、御贄に関しては、天平八年度薩摩国正税帳・同十年度淡路国正税帳にみられるように、貢上国が運脚夫の路粮を負担することもあった。このうち、前者は大宰府までの運送であり、その先は不明である。また後者は、畿内近国の贄戸系による貢上とみられ、全国的な服食系の贄貢進とは別個に扱う必要性があろう(98)。畿内近国の贄戸系による贄貢上は日常的なものであり、全国から年に数回だけ貢進される服食系の贄とは性格を異にする。贄に装着された荷札木簡も両者間で違いは大きい(99)。したがって、特別に貢上される贄と日常的に貢上される贄とでは、その運送方法に違いがあったとしても特に不思議ではない。

相撲人についても、『類聚三代格』延喜六年（九〇六）七月二十八日太政官符にみるように、「供節」を口実に路次諸国に乱悪をなしていた。「節」は相撲節のことで、天皇と密接な関係を有した儀礼であった(100)。

永田英明氏が的確に指摘しているように、「調庸物や交易雑物が文書行政の上では民部省によって受理され大蔵省等の保管官司に収納されるのに対し、贄・馬・鷹・相撲人等はいずれも民部省の文書行政の枠外に存在し、宮内省被管官司や衛府・馬寮等、王権に近い関係にある官司に直接収納される」という特徴をもつ(101)。叙上の点とあわせて、こうした王権・天皇との深い関わりこそ、御馬・御贄・御鷹などの進上使や相撲人が特権的に路次諸国から逓送・供給を受けることのできた理由と考えられる。諸国からの貢進物一般が、中央との直接的な関わりのもと、路次諸国との接触が必要最小限に抑えられたのに対し、これらの供御物貢進では貢進国に加えて、あえて路次諸国をも逓送・供給業務に参加させることによって、天皇による全国支配の深化が目指されたのである。

2　在路窮乏者

繰り返し述べてきたように、運脚夫や役民が都鄙間を往来する際、基本的に路次諸国によって逓送・供給されなかった。しかし、路中において病気になった場合、特例措置がとられた。次のような令文がある。

[1]（前略）如在レ路病患、不レ能二自勝一者、当界郡司、収付二村里一安養。仍加二医療一、并勘二問所由一。具注二貫属一。

患損之日、移二送前所一。（戸令32条）

②凡丁匠往来、如有二重患一、不レ堪二勝致一者、留二付随便郡里一、供給飲食。待レ差発遣。若無二粮食一、即給二公粮一。（賦役令31条）

③凡防人、向レ防及番還、在レ道有二身患一、不レ堪レ渉レ路者、即付二側近国郡一、給二粮幷医薬一救療。待二差堪一レ行、然後発遣。仍移二本貫及前所一。（後略）（軍防令61条）

いずれも路中で病気になった者を対象とする。防人の場合、粮・医・薬が支給されるが（③）、丁匠（丁、匠丁）は粮食がないとき公粮が支給された（②）。また、特に対象者の限定はないので、防人・丁匠以外が該当するであろうが、路中で病気になった場合には、村里に付けて安養させることになっている（①）。これについて、『令集解』戸令32条をみると、古記は公粮を支給すると注釈するが、令釈・義解は官物を支給しないとする。

このように公粮を支給するかどうか、防人・丁匠・その他で微妙な違いがあった。丁匠とその他に関していえば、前者は「重患」者であるのに対し、後者は「病患」者で、病気の程度の違いが考慮されたのかもしれない。とはいえ、古記が①も公粮支給の対象とするように、両者の境界は曖昧なものであった。

『令集解』戸令32条古記に「以二移状一、付二病者一、逓送・供給、達二前所一」とあるように、病者には「移状」が与えられたようである。同賦役令31条古記にも「若身尫弱路遠、担レ粮不レ堪者、以レ移付二丁匠一、逓送・供給、過遣。若不レ堪二歩行一、亦給二乗馬一」とあり、やはり「移」のことを述べる。これらの移（移状）は、病気を発症した国から隣接する国に対して、病人の逓送・供給を依頼する文書であったと推測される。移は病人がみずから持参することになっており、その逓送業務にあたる使者は存在しなかったと考えられる。なお、病人の移動方法が原則として徒歩であったことは、前掲古記の「若不レ堪二歩行一、亦給二乗馬一」から逆に判明する。

このほか賦役令32条では、丁匠が道中で死亡したとき、所在の国司が官物をもって棺を作って支給し、路次に埋殯することなどを規定している。また、[3]の後略部において、防人が道中で死去した際に棺を支給して焼埋することなどを規定する。以上の条文は、次の『延喜式』民部式下39条に継承されることになった。

[4]凡諸国往還百姓、在レ路困飢病患、無レ由レ達レ郷者、専当国司一人巡看、附二随近村里一、以二正税一収養。得レ療之日、依レ法送達。若有二死去者一、斂二埋便処一、具顕二貫属・姓名一、牓二示其上一。有二漏怠一者、国郡司等、随レ事科処。其専当国司者、録レ名申レ官。

この規定で注目されるのは、専当国司が設定されていること、正税を財源に収養すると明言していることである。弘仁十一年（八二〇）、「在レ路飢病無レ由レ達レ郷幷不レ能二自存一百姓等」を収養する財源に正税（上限額が設定）を充てること、専当国郡司の名前を毎年報告することが定められたが（『類聚三代格』同年五月四日太政官符）、それを受けたものである。

さて、天平十年度（七三八）駿河国正税帳によれば、病を得て故郷に戻る仕丁・衛士・火頭・匠丁らに対しても供給がおこなわれている。このうち仕丁に関しては、『延喜式』に次のような法的根拠がみえる。

[5]凡弁官及省台下二諸国一符、及癃疾仕丁帰二向本郷一等、各受取逓送。（左右京式27条）

[6]凡仕丁重病、不レ堪二駆使一者、本司移レ省、検レ実申レ官、充二給食馬一、逓二送本郷一。諸家仕丁、令二家送一之。随即差レ替。（民部式上71条）

ともに仕丁のみを対象とする。しかし、仕丁・衛士・匠丁は白丁から差発され、中央官司に勤務するという共通性をもつ。火頭（廝丁）も衛士・匠丁から充当される。[102] よって、病を得た衛士・火頭・匠丁についても、[5]と[6]の仕丁に関する規定を根拠に逓送・供給された可能性が高い。発病場所が都か路次かという違いはあるが、病者を逓送・供給する点で共通している。この『延喜式』規定は先の令文を継承する側面があるといえよう。

また、天平十年度周防国正税帳には耽羅島人がみえる。当時、耽羅は新羅に服属していた。森公章氏が指摘するように、唐・新羅・渤海の使節が来着した際には、中央派遣の領客使によって京まで部領されるが、耽羅島人の場合には長門国の郡司が部領している。これは、『日本書紀』持統三年（六八九）正月壬戌条「詔二出雲国司一、上下送遣二値風浪一蕃人上」など、漂着者への対応の仕方と類似する。森氏が述べるように、天平十年時の耽羅島人の向京も漂着による措置とみるのがよく（少なくとも日本律令国家はそう認識していた）、このことは外国使節とは桁違いに少ない供給額からも裏づけられる。(103) 耽羅島人への適用条文は不明であるが、往来困難者の逓送・供給を路次諸国が担うという点で、上記の事例と共通している。

こうした「在路窮乏者」とでもいうべき人々に対する配慮は、しばしば詔や勅などの形でも示された。

[7]詔曰、諸国役民、還レ郷之日、食粮絶乏、多饉二道路一、転二塡溝壑一、其類不レ少。国司等、宜下勤加二撫養一、量賑恤上。若有二死者一、且加二埋葬一、録二其姓名一、報二本属一也。（『続日本紀』和銅五年正月乙酉条）

[8]詔曰、諸国役夫及運脚者、還レ郷之日、粮食乏少、无レ由レ得レ達。宜下割二郡稲一別貯二便地一、随二役夫到一任令中交易上。又令下行旅人必齎レ銭為レ資、因息二重担之労一、亦知中用レ銭之便上。（『続日本紀』和銅五年十月乙丑条）

[9]勅、先後逆党、一切皆従二原宥一。其情三願留二住配処一者、宜二恣聴一之。如窮乏之徒、无レ資レ帰レ郷者、路次諸国、量給二食馬一。（『続日本紀』宝亀元年十一月乙酉条）

まず[7]の詔は、路次諸国の国司に対して、帰郷する諸国役民の撫養・賑恤をおこなわせ、もし死人が出た場合には埋葬して本貫地に報告するように命じたものである。

同様の措置は他にもみられる。すなわち、天平宝字元年（七五七）十月六日勅では、京職・国司が諸国庸調脚夫や行旅病人に粮米・医薬を支給し、彼らが本郷に到達できるように命じている。また同三年五月九日勅では、前年冬に市辺で飢人が多く存在し、それは諸国調脚が帰郷できないことに起因するという認識から、諸国に常平倉を設置するように命じている（以上、『続日本紀』同日条）。延暦二十四年（八〇五）四月四日勅でも、「法令」（和銅五年詔、天平宝字元年勅）に従って、窮乏する貢調脚夫に対して医療を施し、供給するように命じている（『日本後紀』同日条）。そして前述のように、弘仁十一年五月四日太政官符を経て、4の『延喜式』規定につながる。

つぎに8の詔は、7と同じ和銅五年に出されたものである。諸国役夫と運脚夫が帰郷時の粮食の欠乏に苦しんでいる状況を改善するために、郡稲を割いて交通の便利な場所に別置し、役夫や運脚夫が交易できるように命じている。また、粮食用に重い荷物を担がなくても済むように、和同開珎の携行を奨励している。翌年の詔でも、運脚夫の往還時に銭の携行を義務づけるとともに（和銅五年詔のように帰郷時に限定されていない）、富豪から米を購入できるようにしている（『続日本紀』和銅六年三月壬午条）。

最後に9の勅は、橘奈良麻呂の変・藤原仲麻呂の乱にともなう流人を赦したものである。その際に、帰郷する「窮乏之徒」に対して路次諸国が食料・馬を提供するように命じている。

ここで想起されるのは、『日本書紀』大化二年（六四六）三月甲申条である。各種の旧俗廃止を命じる長大な詔であるが、そのなかに次の四つの「愚俗」が伝えられる。①帰郷中の役民が路頭で病没した際、路頭の家が死んだ役民の仲間に祓除を強要する。②百姓が河で溺れ死んだ際、それに出会した者が役民の仲間に祓除を強要する。③役民が往還の途次、路頭の家で飯を炊ぐのを嫌って祓除を強要する。④百姓が甑を借りて炊飯したとき、これを覆しただけで、持ち主が祓除を強要する。さらにこれらに続けて、⑤参河・尾張では、両国を経て上京する人から財を得て馬を預かりながら、帰路に馬を返さず、もし牝馬が自分の家で孕めば、祓除を強要し、その馬を奪ってしまうことが問題視されている。

上記[1]～[9]のような救済措置は、特に①～④と裏腹の関係にある。在路窮乏者への救済措置を令文として明文化し、天皇が繰り返し命令を出すことによって、都鄙間交通を阻害する「愚俗」の克服を目指したのである。ただし、それがどの程度効果があったのかは別問題である。『東大寺諷誦文稿』には調庸運脚夫の亡霊を供養する文言がみえる。鈴木景二氏は、僧侶が修造した布施屋や船瀬などにおいて、苛酷な旅の途中にあった運脚夫たちを前にした法会において唱えられた可能性を指摘している[104]。都鄙間交通の背後にあった寺院・僧侶の果たした役割の大きさについて、今後さらに考える必要がある。

3　罪人の移送

在路窮乏者への路次諸国による逓送・供給に類するものとして、罪人の移送をあげることができる。獄令のうち代表的な条文を三つ掲げよう。

[10]凡流移人、太政官量配。符至季別一遣。（中略）逓差㆓防援㆒、専使部領、送㆓達配所㆒。（後略）（獄令13条）

[11]凡逓㆓送死囚㆒者、皆令㆓道次軍団大毅、親自部領㆒。及余逓㆓送囚徒㆒、応㆓禁固㆒者、皆少毅部領。并差㆓防援㆒、明相付領。（獄令14条）

[12]凡流移人在㆑路、皆逓給㆓程粮㆒。毎㆑請㆑粮停留、不㆑得㆑過㆓二日㆒。其伝馬給不、臨時処分。（獄令15条）

右のとおり、流移人の配所への送達に際しては、専使（『延喜式』刑部式7条は兵衛とする）、あるいは路次にある軍団の大毅・少毅が部領し、途中「防援」として軍団兵士を徴発して警護にあたらせ（軍防令64条）、流移人には程粮（場合によっては伝馬も）を支給することになっていた[105]。

実例としては、天平六年度（七三四）出雲国計会帳の「伯耆国送到移」に盗人の移送のことが、同十年度周防国正税帳に刑部少解部による専使部領のことが、それぞれ記されている。また第四章で取り上げたように、長岡京跡・井ノ内地区（京都府長岡京市）からは、「御司」が流人移送のため上加知園依ら三人（追筆があり、実際には四人）を召喚した、八世紀前半頃の木簡が出土している。

そのほか、罪人の移送に類するものとして、俘囚（天平十年度駿河・周防・筑後国正税帳）、官奴（同十年度駿河国正税帳）、浮浪人（天平八年度以前伊勢国計会帳）が指摘できる。(106) ではいかなる事情のもと、これらの者は逓送・供給されたのであろうか。

まず俘囚から考えてみたい。俘囚移配の契機を征夷に求め、その囚人としての側面に着目すれば、獄令の[10]～[12]が法的根拠となろう。あるいは、もと化外の民である蝦夷が、日本律令国家の化内に取り込まれて俘囚になった側面に注目すれば、次の戸令の条文が想定できるかもしれない。(107)

[13]凡没二落外蕃一得レ還、及化外人帰レ化者、所在国郡、給二衣粮一。具レ状発二飛駅一申奏。化外人、於二寛国一附レ貫安置。没落人依二旧貫一。無二旧貫一、任於二近親一附レ貫。並給レ粮逓送、使レ達二前所一。（戸令16条）

俘囚の性格づけの問題とも関連して、いずれの条文が俘囚に適用されたのか判断は難しい。(108) だが[10]～[13]で対象となっているのは、路次諸国の援助なしには往来できない者という点で共通する。いずれの条文が適用されたとしても大勢は変わらない。複数の条文が適用されたとみる余地もあろう。

これに関連して、次の『日本後紀』弘仁二年（八一一）十月甲戌条に注目したい。

[14]勅二征夷将軍参議正四位上行大蔵卿兼陸奥出羽按察使文室朝臣綿麻呂等一曰、省二今月五日奏状一、斬獲稍多、帰降不レ少。将軍之経略、士卒之戦功、於レ此而知矣。其蝦夷者、依レ請須レ移二配中国一。唯俘囚者、思二量便

宜㆒、安㆓置当土㆒。勉加㆓教喩㆒、勿㆑致㆓騒擾㆒。又新獲之夷、依㆓将軍等奏㆒、宜㆓早進上㆒。但人数巨多、路次難㆑堪。
其強壮者歩行、羸弱者給㆑馬。

文室綿麻呂による征夷の成果を受けて、蝦夷を中国（日本律令国家の支配地域）に移配することになったが、路次諸国の負担が大きいため、強壮者は歩行させ、羸弱者に対してのみ馬を支給するようにしている。

そして、俘囚・蝦夷の諸国逓送と似た事情が想定されるのが、浮浪人である。『類聚三代格』弘仁二年八月十一日太政官符は浮浪人の編附に関わる格を多く引用するが、ここでは次の部分に注目したい。

15 天平八年四月七日格偁、養老五年四月廿七日格云、見獲㆓浮浪㆒、実得㆓本貫㆒、如有㆓悔㆑過欲㆑帰、逓㆓送本部㆒者。逓㆓送本土㆒、更煩㆓路次㆒。請、随㆓其欲㆑帰、与㆑状発遣、不㆑労㆓逓送㆒。又云、自余無㆑貫、編㆓附当処㆒者。請、不㆑用㆓編附㆒、直録㆓名簿㆒、令㆑輸㆓調庸㆒者。（中略）至㆓宝亀十一年㆒、願㆑留之輩、編㆓附当処㆒、願㆑還之侶、差㆑綱逓送。

本貫地への帰還を希望する浮浪人は、養老五年（七二一）に本貫地まで逓送されることとなった。しかし、路次諸国の煩いを招いていることもあって、天平八年（七三六）に「状」を本人に与えて発遣する方式に改められた。その後、宝亀十一年（七八〇）に逓送方式に戻された（『続日本紀』同年十月丙辰条も参照）。

本史料より、浮浪人を逓送する際に、「綱」が差発されたことがわかる。伊勢国計会帳によれば、浮浪人の諸国逓送には「路次団」（路次の軍団）が関わっていた。「綱」には軍団兵士を充てることが多かったであろう。11は軍団による囚徒の逓送を規定しており、浮浪人の逓送もこれに準拠したとみられる。[109]

それでは、官奴の場合はどうか。駿河国正税帳の事例では、官奴は相模国から遠江国に向かって、つまり平城京方面へ逓送されている。そこで二つの可能性が浮上する。相模国へ逃亡した官奴が捕まった場合と、相模国の者が没官されて官奴として京に送られた場合である。ともに犯罪という事情が考えられ、⑩～⑫が準用されたと理解できよう。なお、官奴に関しては、逃亡官賤を貢上した際の天平勝宝三年（七五一）五月二十一日下総国司解に、「仍禁二正身一、付二国伝一貢上、如レ件」とみえる（大古3五〇二～五〇三頁）。「国伝」は国ごとの逓送の意で、官奴を諸国逓送によって平城京方面に送ったことと相通じる。

以上みてきたように、罪人らも含めた在路窮乏者に対して、路次諸国に逓送・供給をおこなわせる仕組みが設けられていた。これらは儒教的徳治主義にもとづく措置であり、律令国家・天皇からの特別の思し召しという側面があったと考えられる。北康宏氏が指摘するように、「新しい天皇はその公民に対して撫育を施す責任があるという観念―新しい「公」観念と儒教的な生民思想―の成立」を重視する必要がある(110)。

最後に、天平十年度駿河国正税帳に登場する下総国印波郡采女について一言しておきたい。この采女は下総国に下向した年内のうちに上京しているが、この措置を采女一般に適用することは難しい。まったくの憶測ではあるが、天皇の寵愛を受けた采女であったため、特別に供給された可能性もあろう。在路窮乏者への供給事情とは異なるが、天皇による特別の恩典という点では同様に考えられる。

おわりに

本章では、天平期の郡稲帳・正税帳、出雲・伊勢両国の計会帳などを活用しながら、日本律令国家の公的都鄙間交通の特徴を探ってみた。そこで浮かび上がってきたのが、隣接諸国間における諸国逓送の重要性である。諸国逓送は郡・駅家・軍団などを単位とした交通の集合体として成り立っていたが、その中心をなすのは郡を単位とした交通である。それは諸国逓送のみならず、国符の下達や国司の部内巡行など、国内交通の際にも重要な役割を果たした。いわば郡を基本とした交通体系が前提としてあり、それが国レベルで総括され、諸国逓送においても有効に活用されたのである。

さて、都鄙間交通において諸国逓送された主な対象は、①中央が発行した下達文書、②御馬・御贄・御鷹・相撲人、③在路窮乏者であった。このなかには、中央（①）や天皇（②）を体現しているものが含まれる。③についても、その供給の命令主体として天皇が現れる場合があった点は看過できない。何らかの形で天皇・中央を体現しているからこそ、特権的に諸国間を逓送され、供給を受けることができたと考えられる。さらに、供給は当時「タテマツリモノ」と意識されていた点に注目すれば[11]、諸国逓送を通じて、中央・天皇への路次諸国の従属関係が再生産される側面があったといえよう。特に②について、それらの部領使や相撲人が「貢御」「供節」を口実に路次諸国に高圧的に臨んだことは、天皇の存在を強く植え付けたに違いない。

しかし諸国逓送の意義として、天皇・中央への服属面をあまり過度に強調するのは問題である。まず、①の諸国逓送業務の従事者のうち、供給を受けなかったとみられる者が存在する。それを示唆するのが天平十年度（七三八）周防国正税帳で、五月の一部と六月～十二月の供給状況を詳細に記録するが、文書逓送使は出てこない。もちろん、文書の下達は便使に託されることもあったため、多数存在した「下（船）伝使」が伝達した可能性は残る。しかし駿河国の事例から判断して、文書逓送使が皆無であったとは少し考えにくい。実際には文書逓送使が存在したが、供給には及ばなかったため、正税帳に記載されなかったのではないか。もしそうであれば、文書逓送使に対して供給するかどうかは、国ごとに対応を異にしたことになる。

つぎに、都鄙間交通に考察対象を限定した本章では触れなかったが、諸国から諸国に宛てた移（都鄙間交通に付随して発給される遊牒・返抄を除く）の伝達に際しても、諸国逓送方式が採用された点を付け加えておきたい。天平六年度出雲国計会帳の「伯耆国送到移」には、次のような記載がみられる。

（四月）五日移従二備中国一逓送移文弐道一出雲国隠伎国並遷二貫伯姓一状

（五月）廿六日移従二因幡国一送来移弐紙並割二附伯姓一状

（七月）三日移因幡国逓送移文弐道一除二附伯姓一乞レ人状

（七月）廿一日移従二播磨国一送移文壱道誤移文状

また、天平十年度駿河国正税帳にも、有度郡散事三人による八回分の諸国逓送に関する記載がある。石上英一氏が指摘するように、官符・省符の東方面への逓送使は安倍郡散事が従事していることから、有度郡散事は駿河国より遠江国へ西上する逓送使であったと考えられる。[112]可能性があるのは解と移であるが、第二節の考察結果を踏まえれば、解であったとは考えがたく、諸国から諸国に宛てた移とみるべきである。

こうした移が諸国逓送の全体に占める割合は、出雲国・駿河国ともに低いが、諸国同士は基本的に対等である以上、ここに従属・被従属の関係を読み取ることはできない。

③在路窮乏者への逓送・供給に関しても、前述したように、新しい「公」観念や儒教的徳治主義にもとづいた措置とみられ、服属関係の構築という視点のみで説明するのは適切ではない。

日本律令国家の成立は、人・物・情報の活発な移動現象をもたらした。その多様な移動を支える交通体系を創出する一環として諸国逓送方式が整備された側面についても、正当に評価する必要がある。

ただし、日本律令国家は無制限に諸国逓送を認めていたわけではない。諸国逓送が原則として回避されることも多々あった。すなわち、諸国が中央に文書を上申したり、調庸物を送ったり、役民を部領したりする際などである。一部の駅制利用の場合を除いて、これらは路粮などを自弁ないし本国負担のもと都鄙間を往来する決まりで、路次諸国は原則として供給をおこなわなかった。この背景には、中央と地方を直接的に結びつけようとする意図が働いていたと考えられる。それは日本律令国家の中央集権的性格をよく示している。

註

(1) いわゆる大宝令勅符である。後述する飛駅勅符・駅伝勅符とは別物で、養老令では消える。その性格をめぐっては諸説あるが、比較的新しい代表的な研究に次のものがある。鹿内浩胤「大宝令勅符の再検討」(『歴史』七五、一九九〇年)、吉川真司「勅符論」(『律令官僚制の研究』塙書房、一九九八年、初出一九九四年)、加藤麻子「大宝令勅符とその削除の意義」(『続日本紀研究』三五八、二〇〇五年)など。

(2) 養老公式令13条は符の様式を示した後、細則を掲げるが、それは大宝令と少し相違があった。詳細は、加藤麻子「公式令符式条の改訂とその意義」(『史学』七四—四、二〇〇六年)など参照。いずれにせよ、以下の本論に特に影響はない。

(3) 早川庄八「公式様文書と文書木簡」(『日本古代の文書と典籍』吉川弘文館、一九九七年、初出一九八五年)二三一〜二四頁。

(4) 石田実洋「官省符・国符」(平川南他編『文字と古代日本1　支配と文字』吉川弘文館、二〇〇四年)一五五〜一五八頁。

(5) 印を押す場所は、公式令41条に「凡行公文、皆印₂事状・物数、及年月日、幷署・縫処、鈴・伝符剋数₁」と記されている。ただし大宝令では、本条の趣旨の大部分は、前条の公式令40条に組み込まれていたようである。彌永貞三「大宝令逸文一条」(『史学雑誌』六〇—七、一九五一年)。なお、公式令40条の大宝令と養老令は、外印と諸司印に関して重大な相違点があるが(第九章で言及する)、内印に関する規定は共通している。

(6) 大津透「天日嗣高御座の業と五位以上官人」(『古代の天皇制』岩波書店、一九九九年、初出一九九四年)四八頁は、「かつて大王が手形をおそらく朱(聖なる血をイメージするのは世界的通例である)で押して効力を示したことを、内印は継承しているのだろう」と指摘する。

(7) この措置が、前年における養老公式令40条の先行施行と密接に関わることは、吉川真司「外印請印考」(註(1)著書所収、初出一九九六年)三一八～三一九頁参照。

(8) 早川庄八「天平六年出雲国計会帳の研究」(註(3)著書所収、初出一九六二年)。

(9) Bの記入方法は、第九章で検討する任符の場合とよく似ている。鈴木茂男「太政官系文書に関する一考察」(『古代文書の機能論的研究』吉川弘文館、一九九七年、執筆一九六三年)第一章註四二。

(10) 永田英明「駄駅制度と文書伝達」(『古代駅伝馬制度の研究』吉川弘文館、二〇〇四年、初出一九九七年)。

(11) 森哲也「律令制下の情報伝達について」(『日本歴史』五七一、一九九五年)。

(12) それもあってか、上下飛駅函が鈴鹿・不破関などで開見される(『続日本紀』延暦八年四月乙酉条)、一国宛ての駅伝官符が通過国で開見される(『類聚三代格』承和八年八月二十日太政官符、『続日本後紀』同年八月戊午条)などの弊害も生じている。

(13) 早川庄八註(8)論文三二三頁、鐘江宏之「計会帳に見える八世紀の文書伝達」(『史学雑誌』一〇二―二、一九九三年)四二～四三頁など。

(14) 吉川聡「律令制下の文書主義」(『日本史研究』五一〇、二〇〇五年)五～一四頁、加藤麻子「律令計会制度考」(『古文書研究』七一、二〇一一年)二五～三二頁。

(15) 鐘江宏之「計会帳作成の背景」(『正倉院文書研究』五、一九九七年)七～一二頁は、唐では案件処理の過程で「為〇〇事」という書式の標題が記されたが、このやり方は日本には定着しなかったことを指摘する。

(16) 早川庄八註(8)論文三〇五～三〇九頁、山下有実「計会制度と律令文書行政」(『日本史研究』三三七、一九九〇年)二七～三五頁など。

(17) 計会の対象文書を限定的に考える見方は、瀧川政次郎「律令の計会制度と計会帳」(『法制史論叢4　律令諸制及び令外官の研究』角川書店、一九六七年、初出一九六三年)、寒川照雄「計会制度に関する一考察」(森克己博士古稀記念会編『史学論集対外制度と政治文化2』吉川弘文館、一九七四年)などにもみえる。

(18) 加藤麻子註(14)論文三四～三六頁は、出雲国計会帳が送付側と受領側の計会帳照合によって個々の公文書授受を確認するのに適しているのに対し、伊勢国計会帳は各官司がおこなう文書処理と履行を確認するのに適しており、両計会帳は公式令規定にもとづく制度目的を遂行する上で補完関係にあったと指摘する。

(19) 早川庄八註(8)論文三一一頁。

(20) 瀧川政次郎「伊勢国計会帳と大神宮」(『神道史研究』一一—四・五、一九六三年)(下)三頁。

(21) 東野治之「正倉院蔵鳥兜残欠より発見された奈良時代の文書と墨画」(『正倉院文書と木簡の研究』塙書房、一九七七年、初出一九七四年)二八七～二八九頁。

(22) 以下の叙述は、早川庄八註(8)論文、鐘江宏之註(13)論文三六～四三頁を多く参照した。

(23) これと直接関係するとみる見解もあるが(平川南「出雲国計会帳・解部の復原」『漆紙文書の研究』吉川弘文館、一九八九年、初出一九八四年、三六三頁)、鐘江宏之註(13)論文が指摘するように、遣使の場合には使者が文書を携行した可能性が高く、逓送方式のとられた№17は十二日よりも前に発行されたとみるべきである。若干補っておくと、出雲国計会帳の解部をみると、天平六年五月十二日に「申下送検二看神社一返抄上事」という内容の解を駅使に付して弁官に送っており(表4№6)、出雲国にも使者が到来したことがわかる。第二節で述べるように、この駅使は四月十二日に都を出発し、山陰道を通りながら路次諸国の神社の被害状況を調査し、五月十二日の少し前に出雲国に到着したと考えられる。こうした時間的な経緯からみても、この駅使は№17の伝達には関与していないと考えるべきである。

(24) 吉川真司註(1)論文註(51)、森哲也註(11)論文四～五頁など。

(25) 早川庄八註(8)論文三四六～三四八頁。

(26) 永田英明註(10)論文一二四～一二七頁。

(27) 望月悠祐「律令国家における駄馬」(『続日本紀研究』三七二、二〇〇八年)二二頁は、「准折」には「割引する」「彼此互に差し引きできること」、「折」には「さしひく」という語義があることを踏まえ、「実際は雑徭を充て私馬を徴発する形態を、雇運により補完する構造であった」と理解する。

(28) 宝亀元年(七七〇)には、国講師も朝集時に駅馬利用が認められた(『続日本紀』同年五月乙丑条)。

(29) 松原弘宣氏は、「向下」を向京・下国の意とみた森哲也氏の見解を批判して、京より任地に向かう場合のみとする。しかし森氏がすでに注意を促しているように、和銅五年格は『令集解』賦役令37条で雑徭を徴発する事例として引用されている以上、本国で徴発することになる向京が含まれることは明らかといってよい。松原弘宣「地方官の交通と伝馬制」（『日本古代の交通と情報伝達』汲古書院、二〇〇九年、初出二〇〇二年）一三〇～一三一頁、森哲也「律令国家と海上交通」（『九州史学』一一〇、一九九四年）註(36)。

(30) ⓐの「駅伝」からは、駅制のみならず、伝制を使用したように読めなくもない。しかしこれは、字句を整えるために、駅制のことを「駅伝」と表現したにすぎないであろう。伝制が使用されたことを全否定しないが、法的には駅制が主に想定されていたと考える。

(31) 『令集解』公式令89条古記に、「八十一例」の逸文と推定される「凡解移送二諸司一者、主典以下、史生以上、随二事軽重一相送」という規定がある。しかしこれは、早川庄八「奈良時代前期の大学と律令学」（『日本古代官僚制の研究』岩波書店、一九八六年、初出一九七八年）四二八頁が指摘するように、公式令に規定がない内官（京官）相互の伝達方法を定めたものとみられる。よって、国司の主典以下・史生以上が解・移を諸司に伝達することを述べたものではなかろう。

(32) 薗田香融「出挙」（『日本古代財政史の研究』塙書房、一九八一年、初出一九六〇年）五四～五五頁。

(33) 山里純一「公用稲と国儲」（『続日本紀研究』一九七、一九七八年）。以下、特に断らないかぎり、公用稲に関する山里氏の見解は本論文による。

(34) 寺内浩「雑官稲について」（『続日本紀研究』二五八、一九八八年）三一～三三頁。

(35) 山里純一「国衙行政費」（『律令地方財政史の研究』吉川弘文館、一九九一年、初出一九八八年）二五四頁も「四度使には国儲と称する特定の財源から食料が支給されることになっていたが、彼等は上下の際には、前述のように、往来使として路次の国から食料を支給されるので、国儲から支出される分は主に滞京費に充てられていたのだろう」と述べる。山里氏の「還国之間」に関する具体的な解釈は不明ながら、実質的には筆者と同様に解釈しているように思われる。

(36) 栄原永遠男「奈良時代の流通経済」（『奈良時代流通経済史の研究』塙書房、一九九二年、初出一九七二年）四四～四七頁、

舘野和己「相模国調邸と東大寺領東市庄」（『日本古代の交通と社会』塙書房、一九九八年、初出一九八八年）、川尻秋生「口頭と文書伝達」（平川南他編『文字と古代日本2　文字による交流』吉川弘文館、二〇〇五年）一四〜一六頁など。

（37）「附二〇〇一進上」とは別に、「差二〇〇一充二部領一進上」と記されたものもある。後者の形式は、逃亡代替者を進上する際の解にみられる。解の進上もさることながら、逃亡代替者を部領する点に重点が置かれた表現といえる。しかし、逃亡代替者を進上する際の解であっても、「附二〇〇一進上」と記載する場合もあり、実質的な違いはないと考えられる。

（38）鐘江宏之「公文目録と「弁官―国司」制」（『続日本紀研究』二八三、一九九二年）。

（39）早川庄八註（8）論文三四六〜三四八頁。

（40）№18の蘇については、朝集使貢献物として認識されていた可能性がある。

（41）森哲也註（11）論文四〜五頁。

（42）舘野和己「日本古代の都鄙間交通」（註（36）著書所収、初出一九八七年）三八八〜三九〇頁。

（43）このことは、出雲国計会帳の移部からも裏づけられる。前述のように、諸国逓送の際には隣接諸国間で遊牒や返抄のやりとりがなされ、それが移部に記載されるが、そこに中央宛ての解の進上者は認められない。とりわけ「隠伎国送到移」は完全に残るにもかかわらず、その記載がみられないことは、一部の駅制利用による逓送の場合を除いて、解が諸国逓送によって運ばれなかったことを示す決定的な証拠となろう。なお、「隠伎国送到移」には、山陰道節度使（石見国に所在）宛てと考えられる「地震返抄解状」と「置レ烽解状」がみえるが、中央宛ての解ではない。

（44）次の『類聚三代格』承和八年（八四一）八月二十日太政官符について一言述べておく。

太政官符

応レ禁三止開二見駅伝官符并言上解文一事

右被二右大臣宣一偁、国家之事、厳密為レ先。而如レ聞、指二一箇国一所レ下官符、路次諸国、各開見、載記之旨、未レ達二彼国一、途説之輩、満二溢内外一。寔是、専輙開見所レ致之漸也。宜下告二下諸国一、自レ非二国別奉行一以外、駅伝所レ下之符、及言上解文、並不上レ得レ令レ開。若不二遵行一、猶致二開犯一、随レ状勘責、永懲二将来一。国司検察、莫レ致二乖違一。

承和八年八月廿日

ここでは「駅伝官符」と「言上解文」を路次諸国が開封することを禁止している。「言上解文」も諸国逓送されたことになるが、どのように考えたらよいのか。ここで本官符に対応する『続日本後紀』承和八年八月戊午条の勅に着目したい。この勅は大宰府―京間で伝達する「国裏機急、境外消息」に関する情報が山陽道諸国に漏洩されている状況に対処するもので、それを四畿六道に敷衍したものである。「国裏機急、境外消息」のうち、後者は公式令50条「凡国有㆓大瑞、及軍機・災異・疫疾・境外消息㆒者、各遣㆑使馳駅申上」の傍線部に対応しており、駅制を利用したことがわかる。前者もこれに準じて考えられよう。つまり、諸国逓送とはいっても、駅制利用による諸国逓送であったのである。

(45) 拙稿「伊勢国計会帳からみた律令国家の交通体系」(『三重県史研究』一六、二〇〇一年)で、「もちろん「国司使人」が中央政府で弁申を行う必要性もあって、諸国逓送されることが一般的でなかった点も評価しなければならない」(注㉑)と断った上で、「当時の観念として、中央政府に文書を上申する際、路次諸国が関与することはあまり望ましくないという意識があったと想定されるのである」と述べた(二〇頁)。これに対して、中村太一「道と駅伝制」(上原真人他編『列島の古代史4　人と物の移動』岩波書店、二〇〇五年)四〇頁は、「これは、「意識」というよりも文書の開封権や宛先の問題であろう」という批判を加えた。「意識」という曖昧な説明をした点は反省しており、現在は後文で記すように「必要とあらば中央での勘問の際に口頭で答える必要があった」ことをより重視すべきであると考えている。

(46) 馬場基「駅制の基本的性格と成立について」(『古代交通研究』七、一九九七年)註(39)。

(47) 平野卓治「山陽道と蕃客」(『国史学』一三五、一九八八年)三一～四一頁。

(48) 両遺跡の最新の研究成果および関係文献については、第15回播磨考古学研究集会実行委員会編『播磨国の駅家を探る』(二〇一五年)参照。

(49) 木本雅康「歴史地理学からみた古代山陽道」(考古学研究会例会委員会編『考古学研究会例会シンポジウム記録5　畿内弥生社会像の再検討・「雄略朝」期と吉備地域・古代山陽道をめぐる諸問題』二〇〇六年)二九九～三〇〇頁。

(50) 田島公「大宰府鴻臚館の終焉」(『日本史研究』三八九、一九九五年)一六～一八頁。

(51) 古代の博多展実行委員会編『古代の博多　鴻臚館とその時代』（鴻臚館跡発掘20周年記念特別展図録、二〇〇七年）など。

(52) 井上辰雄「『民部省式』をめぐる諸問題」（『日本歴史』二六二、一九七〇年）、野村忠夫「律令的行政地名の確立過程」（『律令政治と官人制』吉川弘文館、一九九三年、初出一九七八年）二二八～二三三頁、桑原正史「古記所引「民部省式」における諸国遠近に関する覚書」（『新潟史学』二七、一九九一年）など。

(53) 夏調糸の特殊性については、大津透「貢納と祭祀」（註(6)著書所収、初出一九九五年）八二～八七頁参照。

(54) 新日本古典文学大系『続日本紀二』六八・七〇頁は、「庸調運脚者、量㆓路程遠近、運物軽重㆒均出。戸内脚奨㆓資行人労費㆒者」と返り点を付けるが、山里純一「律令制における運脚の路粮について」（『国史学』一〇五、一九七八年）二七頁の指摘に従って、本文のように改めた。

(55) 利光三津夫『律令制とその周辺』（慶應義塾大学法学研究会、一九六七年）九～一〇頁、森田悌「水運について」（『日本古代の政治と地方』高科書店、一九八八年、初出一九八五年）二八四～二八六頁など。

(56) 今津勝紀「税の貢進」（舘野和己・出田和久編『日本古代の交通・交流・情報1　制度と実態』吉川弘文館、二〇一六年）六九頁は、伊予国では郡によって納期が異なること（『延喜式』民部式上12・13式）、貢納時期を違えた「貢㆓調庸㆒郡司」に対する処罰規定があること（同24条）などから、実際の輸送のキャラバンは郡を単位に編成された可能性を指摘する。

(57) 東野治之「『令集解』に引かれた奈良時代の請事・起請」（『日本古代史料学』岩波書店、二〇〇五年、初出一九七四年）。

(58) 大津透「唐日賦役令の構造と特色」（『日唐律令制の財政構造』岩波書店、二〇〇六年、初出二〇〇二年）二〇二～二〇三頁、渡辺信一郎「北宋天聖令による唐開元二十五年賦役令の復原並びに訳注（未定稿）」（『京都府立大学学術報告　人文・社会』五七、二〇〇五年）八七～九二頁、加藤友康a「貢納と運搬」（上原真人他編『列島の古代史4　人と物の移動』岩波書店、二〇〇五年）など。なお、天聖令発表以前の論文ではあるが、加藤友康b「日本古代における輸送に関する一試論」（『原始古代社会研究』五、一九七九年）二二四～二三二頁も参考になる点が多い。

(59) これら京送分と外配分のほかに、州に留められたものもあった。第一・二章でみたように、唐では駅伝制の運営財源の一部として租・庸・調が組み込まれていた。

(60) 菊池英夫「唐賦役令庸調物条再考」(『史朋』四、一九七六年) 一～四頁。
(61) 江淮地方の米は唐の財政上重要な位置を占めており、その運漕について大きな関心が払われていた。浜口重国「唐の玄宗朝に於ける江淮上供米と地税との関係」(『秦漢隋唐史の研究　下』東京大学出版会、一九六六年、初出一九三四年)、外山軍治「唐代の漕運」(『史林』二二―二、一九三七年)、清木場東『唐代財政史研究(運輸編)』(九州大学出版会、一九九六年)など。
(62) 武井紀子「古代日本における贓贖物の特徴」(『東方学』一二五、二〇一三年) 四一～四八頁。
(63) 松原弘宣 a『日本古代水上交通史の研究』(吉川弘文館、一九八五年) 一六六～一八七頁、同 b「古代水上交通研究の現状と課題」(『古代国家と瀬戸内海交通』吉川弘文館、二〇〇四年) 一〇～一二頁、同 c「古代の民衆交通」(註(29)著書所収、初出二〇〇五年) 五五～五七頁。
(64) 武田佐知子「古代における道と国家」(『古代日本の衣服と交通』思文閣出版、二〇一四年、初出一九八九年) 一一頁。
(65) 加藤友康「日本古代における交通・輸送と車」(『古代交通研究』一三、二〇〇四年) 六〇～六一頁。
(66) 森哲也註(29)論文一二～一三頁。
(67) 松原弘宣註(63) a著書二一三～二一六頁。
(68) 「在京貯₂備官物₁」について、新日本古典文学大系『続日本紀二』七〇頁脚注二は、「大炊寮の舂米をあてるか。諸国が米塩を京送し在京の施設に貯えて支出したとする説がある(村尾次郎)」と注釈する。中央財源を充てるようなことは考えがたく、後者の説に従うべきであろう。村尾次郎『律令財政史の研究　増訂版』(吉川弘文館、一九六四年、初版一九六一年) 三七二～三七三頁。
(69) それ以前には、天平十一年(七三九)詔によって、封戸租を封主に全給したのにともなって、「運送傭食」は封戸租から割き取ることになっていた(『続日本紀』同年五月辛酉条)。天平二十年格が出されてから『弘仁式』が編纂されるまでの間に、天平十一年制に戻されている(『弘仁式』主税式57条、『延喜式』主税式上32条)。
(70) 小市和雄「舂米運京の粮料と国儲」(『日本歴史』四〇三、一九八一年) 二四～二七頁。
(71) 功賃の支給は地子を貢進する際にもおこなわれ、『弘仁式』主税式56条に「其功賃、便用₂数内₁」とあり、功賃を地子から割き取ったことが知られる。

(72) 天平六年度（七三四）尾張国正税帳、同八年度薩摩国正税帳、同九年度但馬国正税帳、同十年度淡路国正税帳、同十年度駿河国正税帳。このうち駿河国正税帳は、中宮職交易絁・皇后宮交易雑物を運送する担夫に対して、その「庸賃」（功賃）が正税から支出されたように記載しているが、他とは少し事情が違うようである。加藤友康註(58)a論文一五三～一五四頁によれば、中宮職交易と皇后宮職交易の物品の運送経費までを含んだ一万一三六〇束は、正税に加算混入された中宮職税一万四四二束七把半とほぼ同額であり、これは天平九年の私出挙禁止令を受けての措置で、本来は中宮職税から庸賃が支出されていた可能性があるという。

(73) 澤田吾一『復刻　奈良朝時代民政経済の数的研究』（柏書房、一九七二年、初出一九二七年）四九五～五〇一頁。このなかには、年料舂白米三〇〇斛の担夫らも含まれ、天平九年（七三七）時に舂米運京担夫の路粮が正税から支出されたことを示す。これは前述した舂米運京担夫の路粮の問題を考える上で注目される。

なお、小市和雄註(70)論文二四頁は、この年の但馬国では疫病のため田租が免除されていた点に着目し、舂米の運京は田令2条を根拠とするため、田租免除によって京への輸送も免除されたはずであるとし、特別に雑徭を差発し、正税から路粮を支給して対処した可能性を指摘する。しかし、松原弘宣「舂米運京制度と大税の成立」（『日本歴史』四六三、一九八六年）一四～一五頁が批判するように、当時の舂米は正税穎稲を舂いていたことから、田租免除を特別の理由にすることはできない。

(74) ⓒの解釈については、榎英一「延喜式諸国日数行程考」（『立命館文学』六〇五、二〇〇八年）を参照した。

(75) 榎英一「延喜式諸国行程の成立」（薗田香融編『日本古代社会の史的展開』塙書房、一九九九年）、同註(74)論文。

(76) 「別簿」の解釈については、虎尾俊哉編『訳注日本史料　延喜式　中』（集英社、二〇〇七年）一三三九頁補注を参照した。

(77) 水野柳太郎「大安寺の食封と出挙稲」（『日本古代の食封と出挙』吉川弘文館、二〇〇二年、初出一九五五年）三〇～三二頁、榎英一「秦太草啓紙背文書について」（『立命館文学』五〇九、一九八八年）など参照。

(78) 森哲也註(29)論文一二～一四頁。

(79) 坂本太郎『上代駅制の研究』（『坂本太郎著作集8　古代の駅と道』吉川弘文館、一九八九年、初出一九二八年）一一八～一二〇頁など参照。

（80）養老賦役令38条によると仕丁は三年交替、同軍防令14条によると衛士は一年交替が原則とされている（『続日本紀』和銅四年九月甲戌条によると、このときも衛士は一年交替）。つまり、衛士は一年交替から三年交替に改悪されたことになる。

（81）『続日本紀』和銅六年（七一三）十月戊午条に「詔、防人赴レ戍時、差二専使一。由レ是、駅使繁多、人馬並疲。宜二逓送発一焉」という記事がある。難波津以西での移動は船を使用したと考えられることから、当記事は、本国の国司によって難波津まで部領するという原則（軍防令20条）を改めて、路次諸国の逓送に委ねることを述べたものであろう。だが本詔によって、防人に対してまで路次諸国から路粮が支給されるようになったのか不明である。なお、『万葉集』巻二十所収の防人歌より、天平勝宝七歳（七五五）の時点では防人は諸国部領使によって引率されており、和銅六年方式はその後廃止されたことがわかる。一方、長洋一「古代西辺の防衛と防人」（『古代文化』四七―一一、一九九五年）四三～四四頁は、防人の配備地を「戍」と呼んだ史料があることから（『続日本紀』天平神護二年四月壬辰条、『類聚三代格』延暦十四年十一月二十二日太政官奏など）、『続日本紀』和銅六年条の「防人赴レ戍時、差二専使一」は、大宰府に来た新防人を、大宰府の防人司が専使となって配備地（＝戍）に赴かせたことを示すものと解釈している。和銅六年条の理解については今後の課題としたい。

（82）平野邦雄「大宰府の徴税機構」（竹内理三博士還暦記念会編『律令国家と貴族社会』吉川弘文館、一九六九年）など。

（83）坂上康俊「文献から見た鞠智城」（熊本県立装飾古墳館分館歴史公園鞠智城・温故創生館編『鞠智城とその時代』二〇一一年）によれば、筑後国正税帳にみえる防人三八七人は筑紫大津の至近距離に配置され、周防国正税帳にみえる防人は、前般八〇〇人が筑紫大津から離れた九州本土に、中般九五三人が壱岐に、後般一二四人が対馬に配置された可能性があるという。

（84）このほか、上総国進上文石（天平十年度駿河国正税帳）、大宰府進上紫草・銅竈・法華経・故大宰大弐紀朝臣骨（天平四年度以前播磨国郡稲帳、同十年度周防国正税帳）などの部領使に対しても、路次諸国から供給がおこなわれている。これらについて、大宰府からの貢進物が目立つ点に注意したい。大宰府から中央への貢進物としては、貢綿（調庸物）・御贄・年料別貢雑物・交易雑物などがあったが、平野邦雄註(82)論文が指摘するように、いずれも西海道諸国から大宰府に納入されたもの（西海道諸国から送られた原材料をもとに、大宰府によって生産された物資をも含む）の一部を中央に貢進したものである。西海道諸国から大宰府への貢進は、西海道以外の諸国が中央へ貢進するのと同様の意味をもっていた。こうした「遠の朝廷」としての大宰府の性格もあって、大宰府進上物を部領する使者は路次諸国から特別に給粮されたのであろう。なお八世紀後半以降になると、山陽道諸国の負担を軽減する意図もあり、逓送・供給方式がとられなくなる（森哲也「大宰府九箇使の研究」『古代交通研究』一、一九九二年）。上総国進上文石の詳細は不明であるが、御贄に準じて扱われた可能性がある。

(85) 大日方克己「八月駒牽」（『古代国家と年中行事』吉川弘文館、一九九三年、初出一九八七・一九八八年）一六一～一六三頁。

(86) 貢上馬には以上の三種のほかに、近都牧馬も存在した。近都牧馬は路次諸国によって逓送されたが（左右馬式50条）、貢上後の国飼馬を近都牧で放飼させた二次的な貢上馬であることに注意したい。

(87) 高橋富雄「古代東国の貢馬に関する研究」（『歴史』一七、一九五八年）一八～二二頁、大日方克己註(85)論文。

(88) 山口英男「八・九世紀の牧について」（『史学雑誌』九五―一、一九八六年）二〇～二八頁、川尻秋生「御牧制の成立」（『古代東国史の基礎的研究』塙書房、二〇〇三年、初出一九九九年）など。これに対して、佐藤健太郎「内厩寮と勅旨牧の成立について」（『日本古代の牧と馬政官司』塙書房、二〇一六年、初出二〇〇六年）は、天平勝宝八歳（七五六）以前に勅旨所が成立していたという見解（田島公「美濃国東大寺領大井荘の成立事情」『ぐんしょ』六〇・六一、二〇〇三年）を受けて、この頃には勅旨牧も成立していたと考えている。

(89) 磯貝正義「古代官牧制の研究」（『郡司及び采女制度の研究』吉川弘文館、一九七八年、初出一九七一年）三九六～三九九頁。

(90) 森公章「王臣家と馬」（『長屋王家木簡の基礎的研究』吉川弘文館、二〇〇〇年、初出一九九七年）一九四～一九九頁。本論文には長屋王家木簡の「馬司」関係木簡の釈文も掲げられている。

(91) 山口英男註(88)論文二七～二八頁。

(92) 北村安裕「古代における地方の牧」（『飯田市歴史研究所年報』一〇、二〇一二年）は、信濃国を中心に御牧系の歴史的展開を詳論する。これらは大化前代に有力豪族によって開発された牧に淵源をもち、早い段階から大王・王族と深い関係を結び、八世紀初頭にも天皇の私領的性質を保持し、八世紀中葉に内厩寮が成立すると、その所管となって国家機構に包摂され、平安期には左右馬寮の所管する御牧としてより重視されたと見通している。

(93)『類聚三代格』延暦六年（七八七）正月二十一日太政官符、同弘仁六年（八一五）三月二十日太政官符（『日本後紀』同日条もほぼ同様）、『藤原保則伝』など。

(94) 大日方克己註(85)論文一五八〜一六〇頁参照。

(95) 鷺森浩幸「奈良時代の牧と馬の貢上」（『奈良学研究』一五、二〇一三年）三〇〜三三頁。本論文は、儀礼の場を中心に国飼馬および勅旨牧からの貢上馬である櫪飼馬を管理し、供御の馬や天皇家の家産の馬を管理する機能をもつ官司として、馬寮監が和銅四年（七一一）に成立したと考え、この頃には勅旨牧（その原形）が成立していたとみている。

(96)『類聚三代格』承和十二年正月二十五日太政官符（『続日本後紀』同日条もほぼ同様）、同貞観元年（八五九）八月十三日太政官符など。

(97) 秋吉正博『日本古代養鷹の研究』（思文閣出版、二〇〇四年）。

(98) 勝浦令子「律令制下贄貢納の変遷」（『日本歴史』三五二、一九七七年）、鬼頭清明「『延喜式』と贄」（『古代木簡の基礎的研究』塙書房、一九九三年、初出一九七八年）など。

(99) 樋口知志「律令制下の贄について」（『東北大学附属図書館研究年報』二一・二二、一九八八・一九八九年）、渡辺晃宏「志摩国の贄と二条大路木簡」（『続日本紀研究』三〇〇、一九九六年）、拙稿「御食国志摩の荷札と大伴家持の作歌」（『万葉集研究』三三、塙書房、二〇一二年）二一七〜二三三頁など。

(100) 大日方克己「相撲節」（註(85)著書所収）。

(101) 永田英明「駅制運用の展開と変質」（註(10)著書所収、初出一九九六年）一〇九頁。

(102) 松原弘宣「火頭についての一考察」（『続日本紀研究』一八九、一九七七年）。

(103) 森公章「耽羅方脯考」（『古代日本の対外認識と通交』吉川弘文館、一九九八年、初出一九八五年）二二三〜二二六頁。

(104) 鈴木景二「都鄙間交通と在地秩序」（『日本史研究』三七九、一九九四年）四七〜四九頁。

(105) 紅葉山本『令義解』獄令56条の書き入れによると、令釈の引用として、
天平勝宝九年〔歳〕七月廿九日官符云、給二流人一粮、不レ論二良賤・男女・大小一、一人日米一升、塩一勺。至二来歳春一、量二給種

子一、秋収之後、一依二百姓之例一。

とあり、天平勝宝九歳（七五七）に流人への給粮などが定められている。これは『弘仁式』主税式90条、『延喜式』主税式上103条、同民部式上132条にも継承されている。配流先で流人に衣食支給することを定めた獄令56条に引用されていることから、配流先の規定とみるべきであるが（特に後半部）、前半部の規定は移送する際の給粮にも関わる可能性は十分にある。なお、天平勝宝九歳よりも古くなるが、天平十年度（七三八）周防国正税帳に記された流人への給粮も、一日あたり稲二把（＝米一升）・塩二勺となっており、稲（米）の支給量については合致する。

(106)『日本後紀』延暦十五年（七九六）七月辛亥条に「生江臣家道女、逓二送於本国一。家道女、越前国足羽郡人。常於二市廛一、妄説二罪福一、眩二惑百姓一。世号曰二越優婆夷一」とあるが、この生江家道女の本国への逓送も浮浪人と類似の事例となろう。

(107) 貞観十二年（八七〇）、新羅人を諸国に配置するにあたって、路次諸国が「食馬・随身雑物」を支給しているが（『日本三代実録』同年九月十五日条）、戸令16条が適用された可能性がある。

(108) 俘囚移配の事情として、防人の任に就かせることが想定されることもある。その際には、防人・旧防人に関する規定があげられよう。なお、俘囚移配を取り扱った研究としては、武廣亮平「エミシの移配と律令国家」（千葉歴史学会編『古代国家と東国社会』高科書店、一九九四年）、熊谷公男「蝦夷移配策の変質とその意義」（熊田亮介・八木光則編『九世紀の蝦夷社会』高志書院、二〇〇七年）などがある。

(109) 瀧川政次郎註(20)論文（下）九～一〇頁。なお『日本三代実録』貞観七年（八六五）五月十日条には、出雲国に浮宕して国郡に対捍し百姓を陵轢した源永らを入京させる際、「防援」を差し加えたことがみえる。

(110) 北康宏「古代交通覚書」（森浩一・門脇禎二編『旅の古代史』大巧社、一九九九年）二九六頁。

(111) 早川庄八「「供給」をタテマツリモノと読むこと」（『中世に生きる律令』平凡社、一九八六年、初出一九八〇年）。

(112) 石上英一「駿河国正税帳復原の基礎的研究」（『日本古代史料学』東京大学出版会、一九九七年、初出一九九二年）一八二頁。

付論一　伊勢国計会帳の作成年代と浮浪人の逓送

はじめに

伊勢国計会帳の作成年代は、竹内理三編『寧楽遺文』上巻（一九四三年）三二二頁が「伊勢国延暦二年計会帳大目正八位上安□□□」という継目裏書を収録することから、延暦二年（七八三）とされてきた。しかし、正倉院庫外流出文書とみられる本計会帳について、延暦二年作成とみる場合、正倉院に残る他の公文書との年代差が著しくなる。また『寧楽遺文』より早く刊行された『大日本古文書』二十四巻（一九三九年）五四七頁には、「ソノ年ヲ詳ニセズト雖モ、天平年中ノモノナルベシ」とあり、先の継目裏書は映らなかったようである。

この継目裏書の問題について、山下有美氏が伊勢国計会帳の伝来という観点から検討を加え、『大日本古文書』載録のための原本調査時には、背面の継目裏書は表装などのため確認できなかったこと、『寧楽遺文』は原本調査でなく写本調査を通じて継目裏書を収録できたこと、などを指摘した。(1)これによって、伊勢国計会帳の原本に継目裏書（当時のもの）があったという確証がないと示されたことは重要である。

その後、鐘江宏之氏は、伊勢国計会帳に登場する「少目大倭伊美吉生羽」に着目し、その作成年代は天平九年（七三七）十二月以前とする注目すべき見解を示した。(2)しかし、伊勢国計会帳の別の記載に着目すると、さらに一年ほど作成年代を古く遡らせることが可能となる。以下、この点を述べてみたい。

第一節　鍾江宏之氏の見解

最初に、鍾江宏之氏がいかなる考証によって、伊勢国計会帳の作成年代を天平九年（七三七）十二月以前とみたのか、この点を確認しておこう。鍾江氏が使用した主な史料は、次の七点である。(3)

【史料1】伊勢国計会帳15〜20行目

行下符一条

為レ検二水田熟不一、発二遣少掾佐伯宿禰鍬作道前、少目大倭伊美吉生羽道後一符二紙少掾佐伯宿禰鍬作請レ仮。仍替、以二九月三日一、遣二国博士狩忌寸乙麻呂一。少目大倭伊美吉生羽、遣二大神宮幣帛使所一。仍替、以二九月六日一、遣二大目土師宿禰麻呂一。

右付二郡伝一

【史料2】平城京跡（奈良市）二条大路濠状遺構SD五三〇〇出土木簡

「□　□　□□　[ ]」
「進上」　道足　人足　君足　□□」
・伊勢国少目大倭生羽進上　「道」
「伊勢」　「人足　上足下　足　足」
「及乃大連人□」（建物墨画）　「人足　上足 [ ]」
・（人物墨画）　「天平八年十二月廿日飯主阿刀乃」
・　天平八年（側面）

335×(55)×12　061（文書函の蓋）　京3-5003号

【史料3】平城京跡（奈良市）二条大路濠状遺構SD五三〇〇出土木簡

阿刀連飯主（墨画・天地逆）「大」
飯主

320×(60)×15　061（文書函の蓋）　京3-5004号

【史料4】平城京跡（奈良市）二条大路濠状遺構SD五三〇〇出土木簡

「和泉」　「□　事　者　□」
・和泉監　「和泉監」　「一□詔請道及乃　是」
　「上」
・天平八年八月廿八日　「恭恭」（人物墨画・天地逆）
（332）×60×14　061（文書函の蓋）　京3-5002号

【史料5】『続日本紀』天平九年（七三七）十二月丙寅条

改二大倭国一、為二大養徳国一。

【史料6】『続日本紀』天平十九年（七四七）三月辛卯条

改二大養徳国一、依レ旧為二大倭国一。

【史料7】『続日本紀』天平宝字三年（七五九）十月辛丑条

天下諸姓、着二君字一者、換以二公字一、伊美吉以二忌寸一。

鐘江氏は、史料1の「少目大倭伊美吉生羽」に着目し、およそ次のような考証をおこなった。まず、史料2は凸型をした箱（函）の蓋であり、凹型の箱に取り付く。蓋の外表面に書かれた「伊勢国少目大倭生羽進上」は、同じ面の他の文字とは異なって整った書風であることから、箱本来の目的のために記されたものとする。箱の長さが三三五ミリである点も踏まえ、大倭生羽が文書を提出する際に使用した箱とする。この面の他の文字や裏面の文字は明らかに習書であり、また側面の「天平八年」についても、「伊勢国少目大倭生羽進上」とは別筆であり、同様の習書と判断した。

その上で鐘江氏は、史料2と近接する場所から出土した史料3・4に目を向ける。これらにも同じ人物が記したと思われる習書（史料4の「天平八年八月廿八日」も習書とする）があることから、史料2～4のような文書の箱を複数入手した人物が、比較的近接した時期に一群の箱の蓋に習書したと考える。そして、習書に天平八年八月の日付があることから、習書の時期もその頃とする。そこで、これらの蓋が本来の目的のために使用されたのは天平八年以前であると推定し、ＳＤ五三〇〇出土木簡の年代観（年紀は天平八年以前ばかりで、殊に天平七・八年のものが多い）がそれを裏づけるとした。

そして、文書が目的地に到着した時点で、文書箱はほぼその役割を終え、長期保管されることは少ないとみられることから、習書の施された天平八年をそれほど遡らない時期に、「伊勢国少目大倭生羽進上」が見任であったと考える。伊勢国計会帳（史料1）の「大倭伊美吉生羽」も伊勢国の少目であり、人名と官職の共通性から、本計会帳は天平年間ないしそれに近接した時期に作成された可能性があるとする。

さらに時期をしぼるため、鐘江氏は史料5〜7を使って、「大倭」と「伊美吉」の漢字表記のなされた時期をおさえる。史料5・6は国名ヤマトの漢字表記の変化を伝えるが、ウジの名称としてのヤマトの表記の仕方もそれに対応して変化することが指摘されている[4]。また、計会帳のような中央へ進上される公文書であるならば、漢字表記にも厳密であったと考えられる。これらを前提として鐘江氏は、「大倭」「伊美吉」が共通して使用された時期として、①天平九年（七三七）十二月以前、②天平十九年三月〜天平勝宝年間（七四七〜七五七）、の二つがあるとする。その上で、天平八年以前に伊勢国少目であった人物が天平十九年まで同一官職であった可能性が低いことから、伊勢国計会帳の作成は①の時期に該当する可能性が高いとした。

以上、鐘江氏の見解を紹介したが、説得力のある考証といってよい。鐘江論文の発表後、史料2とセットで使用されたと覚しき木簡が報告されたので（城30–6頁下）、これについても簡単に触れておきたい。

それは長さ二九四ミリの円柱状の棒軸で、両木口に同文で「伊勢国／天平八年封戸／調庸帳」と記されたものである。平城宮・京跡を中心に長さ三〇センチ前後の長さをもつ棒状の文書軸が複数みつかっており、刳り抜きの文書箱とセットになって、地方から中央に公文を進上する際の正式な作法で用いられたことが判明している。(5)渡辺晃宏氏は、史料2・3に登場する「阿刀（連）飯主」が藤原麻呂邸に仕えた資人の一人であったこと、伊勢国飯高郡下枚郷に藤原麻呂の封戸が置かれたとみられることを踏まえ、伊勢国天平八年封戸調庸帳を収めて、史料2の文書箱が藤原麻呂の邸宅に進上された可能性が高いとした。(6)

これに関連して、文書箱としての用途を終えた後に習書された「天平八年八月廿二日」という日付について一言述べておきたい。この日付に意味があるとすれば、㋐天平八年封戸調庸帳の作成日、㋑天平八年封戸調庸帳の到着日、㋒習書をおこなった日、のいずれかとなる。

まず㋐㋑から考えてみよう。調庸物は八月中旬に百姓から輸し始め、伊勢国のような近国の場合、十月三十日までに中央に納入を終える決まりであった（賦役令3条）。これは封戸にも適用されたと考えられる。調庸物の納入日程からみて、八月二十二日はかなり早い日付となるが、封戸のみ一足先に納入されたとみる余地がある。その場合、㋐㋑のいずれも成立し得るが、㋐のほうが若干時間的に余裕が生じる。つぎに㋒については、習書をする日までに天平八年封戸調庸帳が到着している必要があり、㋑よりもさらに日程的に厳しくなる。

以上の理由から、㋐〜㋒のなかでは、㋐とみるのが最も穏当であろう。

このように「伊勢国／天平八年封戸／調庸帳」と書かれた棒軸の発見によって、史料2の文書箱がそれとセットになって天平八年に進上された可能性が新たに出てきた。しかし、この点を加味しても、鐘江氏の提示した伊勢国計会帳の作成時期（天平九年十二月以前）が崩れるようなことはない。

ところが、この鐘江氏の研究を前提とした上で、さらに伊勢国計会帳の別の記載に着目すると、天平九年十二月以前という作成年代よりも、幾分か古く遡ることに気がつく。節を改めよう。

第二節　作成年代に関する新たな視点

筆者が着目するのは、伊勢国計会帳の「往移四条」の後半二ヵ条にあたる次の記載である。

【史料8】伊勢国計会帳9～14行目

　齎㆓遠江国浮浪人㆒従㆓尾張国㆒来使返抄一紙
　　右付㆓廻使水取少嶋㆒
　令㆘齎㆓遠江国浮浪人㆒遣㆗伊賀国㆖遊牒一紙以㆓九月三日㆒来返抄
　　右付㆓路次団㆒

これは八月末日における文書（遊牒、返抄）の授受を記載したもので、次の三点が読み取れる。

①遠江国の浮浪人が［（遠江国→参河国→）尾張国→伊勢国→伊賀国（…→）］というルートで逓送された。

②「路次団」（路次の軍団）が浮浪人の逓送業務にあたり、[7]浮浪人は自由に移動していたわけではない。

③隣接間諸国では「遊牒」「返抄」の授受がなされ、次の国への逓送の依頼とその履行を確認しあった。

つまり、浮浪人は軍団によって諸国逓送されたのである。ここで軍団が関与しているのは、獄令14条「凡逓㆓送死囚㆒者、皆令㆓道次軍団大毅、親自部領㆒。及余逓㆓送囚徒㆒、応㆓禁固㆒者、皆少毅部領。并差㆓防援㆒、明相付領」を準用したためとみられ、[8]浮浪人が罪人として扱われたことを示している。

右の点を踏まえた上で、次に掲げる天平八年（七三六）格に注目したい。そこでは養老五年（七二一）格が引用されており、当該部には傍線を付しておく。

【史料9】『類聚三代格』弘仁二年（八一一）八月十一日太政官符所引天平八年（七三六）四月七日格

天平八年四月七日格偁、養老五年四月廿七日格云、見獲二浮浪一、実得二本貫一、如有二悔レ過欲レ帰、逓二送本部一者。逓二送本土一、更煩二路次一。請、随二其欲レ帰、与レ状発遣、不レ労二逓送一。又云、自余無レ貫、編二附当処一者。請、不レ用二編附一、直録二名簿一、令レ輸二調庸一者。

【史料10】『類聚三代格』天平八年（七三六）二月二十五日勅

勅、養老五年四月廿七日格云、見獲二浮浪一、実得二本貫一、如有二悔レ過欲レ帰、逓二送本土一者。更煩二路次一。宜下随二其欲レ帰、与レ状発遣上。又云、自余無レ貫、編二附当処一者。宜下停二編附一、直録二名簿一、全輸二調庸一、当処苦役上。[9]

天平八年二月廿五日

まず、養老五年四月二十七日格からみていこう。

前年、逃亡して六年以上たった者が過ちを悔いて本貫地に帰還する場合には、復一年が与えられることになった（『続日本紀』養老四年三月己巳条）。逃亡して六年以上たった者とは、戸令10条の三周六年法によって除帳された浮浪人にほかならない。岡崎玲子氏が明快に指摘しているように、いま問題としている養老五年格は、この養老四年の措置と密接な関係にあり、除帳後の者が対象であったと考えられる[10]。すなわち、除帳された浮浪人のうち、前半部が過ちを悔いて旧本貫地へ帰還することを希望する者について、後半部がそれ以外の帰還を希望しない者について、それぞれ規定しているのである。

しかし、本貫地であれ、所在地（逃亡先）であれ、浮浪人を籍帳に編附する点では共通する。令制の原則では、逃亡して六年を経過した者は除帳され（戸令10条）、こうした絶貫者は所在地に編附されるが、本貫地への帰還を希望すればそれも許された（同17条）。

このように養老五年格は令制の原則に則ったものであるが、一方で岡崎氏が指摘するように、除帳後の絶貫者を本貫地へ逓送することを定めた点に新しさも認められる。岡崎氏が述べるように、霊亀三年（七一七）に郷里制を施行してから最初となる養老五年の造籍を前にして、絶貫者への処置を明確にし、本貫地に帰すことができる者は積極的に帰し、絶貫者を確実に再び籍帳支配に組み込む目的があったと考えられる。

つぎに天平八年格をみたい。史料9は四月七日、史料10は二月二十五日で少し日付のズレがあり、表現も幾分か異なっているが、基本的に同内容とみてよい(11)。

天平八年格は養老五年格を改正したものであるので、除帳された浮浪人が対象となる。旧本貫地へ戻ることを希望する浮浪人を送還するにあたって、路次の煩いになるという理由で、本人に「状」を与えて発遣する方式に改めている。すなわち、路次諸国が護送しながら逓送するというやり方をやめ、浮浪人本人に「状」を携行させて旧本貫地まで帰還させることにしたのである。

また、現地に留まることを希望する浮浪人に対しては、籍帳に編附するのではなく、一般公民とは別枠の「名簿」によって把握し、調庸物と力役（懲罰主義的な色彩の濃い「苦使」(12)）を課すことになった。

その後、宝亀十一年（七八〇）になると、次の史料にみるように、再び養老五年格の方式に戻される（「養老三年格式」とするが、「養老五年格式」の誤りの可能性が高い）。

【史料11】『続日本紀』宝亀十一年（七八〇）十月丙辰条

又勅、（中略）宜下依二養老三〔五カ〕年格式一、能加二捉搦一、委問二帰不一、願レ留之輩、編二附当処一、願レ還之侶、差レ綱逓送上。（後略）

史料9を引用した『類聚三代格』弘仁二年（八一一）八月十一日太政官符にも「至二宝亀十一年一、願レ留之輩、編二附当処一、願レ還之侶、差レ綱逓送」とあり、同内容のことが書かれている。除帳者のうち、現地滞在希望者は現地の籍帳に編附し、帰還希望者は引率責任者の「綱」を差発して本貫地まで逓送させたのである。

ところが、そのわずか五年後には、『類聚三代格』延暦四年（七八五）六月二十四日太政官符に「自レ今以後、停二編附之格一、依二天平八年二月廿五日格一」とあるように、除帳者を現地の籍帳に編附することをやめ、天平八年格に定める「名簿」で把握する方式に戻されてしまう。これをもって浮浪人を公民とは別枠で把握する体制が固まり、延暦九年を初見にして（『続日本紀』同年十月癸丑条）、土人（籍帳に登録された公民）・浪人（名簿に把握された浮浪人）を同列に扱う「不レ論二土浪一」の政策が多数出されるようになる。(13)

さて、延暦四年格では、本貫地へ帰還することを希望する者への対処法について明記されていない。岡崎氏が指摘するように、延暦四年格は浪人身分を定着させた点に歴史的意義がある。本貫地への帰還が否定されたわけではなかろうが、実際には所在地で浪人として把握するのが通例になったと考えられる。(14) したがって、延暦四年格によって、養老五年格を踏襲した宝亀十一年格に定める逓送方式は放棄されたとみることができる（ただし、天平八年格の定める「状」を携帯させて発遣する方式を採用したかどうかは不明）。

以上の変遷を踏まえると、浮浪人の諸国逓送を記載する伊勢国計会帳は、次のいずれかの時期のものとなろう。

[ア]養老五年（七二一）四月二十七日〜天平八年（七三六）四月七日（あるいは二月二十五日）

[イ]宝亀十一年（七八〇）十月二十六日〜延暦四年（七八五）六月二十四日

このうち、先に紹介した鐘江宏之氏の研究を踏まえることで、[ア]を採用することができる。とすれば、問題の伊勢国計会帳の作成年代について、天平九年十二月以前とする鐘江説よりも幾分か時期が古くなることになる。

ただし、このように結論づけるためには、さらに二点ほど検討を要する問題がある。第一は、以上のような送還方式が適用できるのは、三周六年法の適用を受けて除帳された浮浪人であり、除帳されていない浮浪人の場合、厳密にいえば不明なことである。第二は、伊勢国計会帳にみえる浮浪人の本貫地が、畿外諸国とは違った対応がなされ得る、畿内諸国であった可能性が残ることである。この二点について、節を改めて検討しておきたい。

第三節　浮浪人の本貫地への送還

第一の問題については、以下の理由から、除帳前の浮浪人の送還方法も除帳後の場合と同様と考える。まず、除帳前の浮浪人の処遇に関する法令を確認しよう。岡崎玲子氏が指摘したように、五保の追訪による本貫地への送還、五保ないし戸口の代輸を規定した戸令10条を除けば、次の霊亀元年（七一五）格が該当する。(15)

【史料12】『続日本紀』霊亀元年（七一五）五月辛巳朔条

勅二諸国朝集使一曰、天下百姓、多背二本貫一、流二宕他郷一、規二避課役一。其浮浪逗留、経二三月以上一者、即云断輸二調庸一、随二当国法一。（後略）

浮浪して三ヵ月以上を経た者（除帳前の浮浪人）を対象に、従来からの本貫地での代輸（戸令10条）に加えて、新たに浮浪先で調庸物を収取するという内容である。除帳前の浮浪人の処遇を定めた法令は、これ以後特に出されていない。『類聚三代格』延暦四年（七八五）六月二十四日太政官符に、「無頼之徒、規二避課役一、容二止他郷一、巧作二方便一。彼此共検括、同科二課役一、戸口不レ減、調庸増益」とあるように、霊亀元年格は少なくとも延暦四年まで現行法であり続けたとみてよい。(16)

かつて霊亀元年格は、史料12の「云断」について、「土断」とする写本に注目して、浮浪人を現住地に編附するものと理解されてきた。しかし、それが当たらないことは、すでに鎌田元一・吉村武彦両氏が明らかにしている。[17] すなわち、霊亀元年格は「欲レ令三浪人還二本土一」という趣旨の法令と認識されていたのであり（『類聚三代格』弘仁二年八月十一日太政官符）、本貫地と現住地での二重収取を通じて、浮浪人の本貫地への帰還を促すものであった。霊亀元年格は、浮浪人を現住地に編附することを定めた法令ではないのである。除帳前の浮浪人に対しては、従来の戸令10条の原則どおり、いわゆる本貫地主義がとられていた。

しかし一方で、調庸物などの二重収取を受け入れるかぎり、浮浪人は現住地への滞在が可能であった点にも注意する必要がある。霊亀元年格は本貫地主義を原則としているとはいえ、浮浪人を本貫地に直ちに強制的に帰還させることまで命じておらず、いわば浮浪人の自発性に委ねる形で帰還を促しているにすぎない。その意味で、長山泰孝氏が指摘するように、浮浪人を現住地で把握する方向性が打ち出された側面があったといえる。[18]

すなわち、霊亀元年格は、除帳前の浮浪人を本貫地へ帰還させる意図をもちつつも、浮浪先での逗留を容認する面もあったのであり、本貫地へ戻るか現住地に留まるかの選択は、浮浪人の意志に委ねられていたのである。先にみた養老五年（七二一）格・天平八年（七三六）格・宝亀十一年（七八〇）格でも、やはり本貫地へ戻るかどうかの選択は浮浪人がおこなった。除帳以前か以後かという相違こそあるが、この点では共通しているといえよう。

このような共通性を念頭に置くとき、浮浪人を本貫地へ送る際の方法について、除帳の前後で特に相違があったとは考えにくい。伊勢国計会帳の作成年代との関連で問題となるのは、除帳後の浮浪人を本貫地に送還するにあたって、諸国逓送の措置をとらなくなった天平八年四月七日から宝亀十一年までの間である。この期間中に、除帳前の浮浪人が諸国逓送されたか否かが問題となる。しかし、霊亀元年格で強力な本貫地への送還政策が出されたならばいざ知らず、実際には浮浪人の自発性に依存するにすぎなかった。よって除帳前の浮浪人を本貫地へ送還する際にも、天平八年格が述べるように路次諸国の煩いになることもあって、除帳後の浮浪人と同じく諸国逓送されなかったとみるのが穏当であろう。

ところで、霊亀元年格そのものは、除帳前の浮浪人の送還方法に関して何ら言及するところがない。この点について、第五章で史料引用した[10]獄令13条、[11]同14条、[12]同15条、[13]戸令16条のような令文が準用された可能性がある。[19] [10]～[12]は浮浪人の犯罪人としての側面に、[13]は浮浪人が本貫地に戻る側面に着目してのものである。これらのなかでは、第二節でも史料引用した[11]が特に関係が深いように思われる。ともあれ、養老五年格が除帳後の浮浪人の逓送について規定した背景には、このような令文の存在があったとみることもできよう。

しかし、たとえ浮浪人の諸国逓送に関わる法的根拠が令文にあったとしても、所詮は令文に明示されたものではなかった。これに対して養老五年格は、浮浪人を逓送することを明示している。養老五年格それ自体は除帳前の浮浪人を対象としていないが、そこで浮浪人の逓送を明記したことの意義は大きい。ここに、特定の規定をもたない除帳前の浮浪人の場合についても、養老五年格に法的根拠を求めることになるのではないか。他方、それは養老五年格の制約を受けることにつながり、養老五年格から天平八年格に変更されたとき、除帳前の浮浪人を諸国逓送する法的根拠も失われることになる。

さらに、浮浪人の所在地における現実的対応という側面も考えておく必要がある。これまでの叙述では、三周六年法を基準として、その浮浪人が除帳されているかどうかを問題としてきた。しかし、この区別は本貫地では可能であるが、浮浪先の国々では困難ではなかろうか。戸令17条は三周六年法によって除帳（絶貫）された者を所在地で編附することを規定するが、その冒頭部「凡浮逃絶レ貫」に関する『令集解』の注釈に目を向けたい。

【史料13】『令集解』戸令17条義解・令釈・跡記

＊（義解）謂、（中略）其絶貫之由、即問二浮逃之人一。不三更牒二於本貫一也。（後略）

＊釈云、（中略）絶貫状、止問二浮逃人口一、定二絶不一而附レ貫耳。不三更移二於本貫一也。（後略）

＊跡云、（中略）逃過二三周六年一者、不レ移二於本国一、而直合レ附二所在貫一。（後略）

いずれも絶貫かどうかの確認は浮浪人に問うのみで、本貫地に対して連絡しないと注釈している。天平十年頃に成立した古記に、このような法解釈はみられないが、こうした浮浪先での現実的対応が八世紀以来のものであった可能性は十分にある。その場合、浮浪人の逗留先の国で実際にできたことといえば、浮浪人の希望に添う形で、本貫地へ送還するか、現住地に留めるか（編附するかどうかは変遷がある）のいずれかとなろう。問題の天平八年から宝亀十一年までの時期に、帰還を望む浮浪人を本貫地へ送還するにあたって、除帳前の者＝諸国逓送、除帳後の者＝諸国逓送せず、という区別をしていたとは考えにくいのである。(20)

第二の問題の検討に移ろう。すなわち、伊勢国計会帳にみえる浮浪人の本貫地について、畿内諸国であった可能性が残るという問題である。本計会帳から直接わかる［尾張国→伊勢国→伊賀国］ルートの先には、大和国などの畿内諸国が控えている。浮浪人の送還先が伊賀国ないし畿内諸国を越えた先の西国諸国であれば問題はないが、畿内諸国の場合、微妙な問題が生じてくる。

それは現存の京畿計帳の記載に関わる問題である。原島礼二氏が指摘しているように、神亀三年（七二六）山背国愛宕郡出雲郷計帳・天平五年山背国愛宕郡某郷計帳には、それぞれ一八年前ないし二五年前の和銅元年（七〇八）以来の逃亡が多数みられ、畿外諸国とは異なり、畿内諸国では三周六年法の除帳規定が適用されなかった。(21)和銅元年の七年後、つまり除帳年にあたる霊亀元年には、先に検討した霊亀元年格が出されており、それとの関連で除帳規定が不適用になった可能性がある。

このことから大津透氏は、逃亡者を何年たっても除帳しないことは、本貫地への帰還をいつまでも期待することになるという点で、霊亀元年格を徹底させたものであると考え、畿内では強力な個別人身支配がなされていたと評価している。(22) もしこのような見解が成立するならば、畿内諸国に本貫地を有する浮浪人は帰還することがより強く求められることから、いま問題の天平八年から宝亀十一年までの間についても、特別に諸国逓送の措置がとられた可能性が出てくることになる。

しかしながら、大津氏のように強力な畿内支配を想定する考え方には問題がある。京畿計帳の特質として、多数の「逃亡年＋逃＋国（郡）名」注記があるが、それは和銅年間（七〇八～七一五）に特に集中している。大津氏が述べるように、霊亀元年格を受けて全国で浮浪人の追訪調査をおこなった結果、和銅年間の逃亡者が摘発されたとみる余地がある。(23) だがこの点を認めるにしても、次の事実こそ重要であろう。すなわち、徹底した調査がなされて所在地が掌握されていながら、京畿計帳にみるように、現実には本貫地に帰還していない者が多数存在したという事実である。長山泰孝氏は大津説を批判するなかで、次のような重要な指摘をしている。(24)

（前略）強大な権力をもち、逃亡者がでた場合には民部省符を下してこれを追求している律令政府が、畿内の場合のみ、時によっては二〇年近くもこれを放置し、ただ課役をとり続けることによって自発的な帰還をうながしたというのは、あまりにも迂遠な策であり不自然であろう。むしろそうしようとすれば容易に行えたはずの直接的な追求を行っていないことから、大津とは逆の結論を導きだすことも可能なのである。

既述のとおり、霊亀元年格は浮浪人の現地滞在を容認する面があったが、畿内諸国の場合も例外ではあるまい。畿内諸国から逃亡した浮浪人を送還する際の方法が、特に畿外諸国と異なっていたと考える必要はなかろう。現に養老五年格・天平八年格・宝亀十一年格をみても、畿内と畿外を区別するような記述はない。

ただし大津氏が強調するように、三周六年法の除帳規定が不適用であったのは畿内諸国のみであった点は看過できない。しかし原島礼二氏が指摘しているように、天平七年山背国隼人計帳に逃注記がみえない点や、天平十年頃に成立した古記が三周六年法の不適用という特殊性に触れていない点などから、天平七年には畿内諸国でも除帳するようになっていた可能性がある。(25) また、京畿計帳において和銅年間に集中する「逃亡年＋逃＋国（郡）名」という注記についても、養老年間（七一七〜七二四）以降になると「逃亡年＋逃」注記が主流になるが、それは養老五年格が出されて追訪調査をしなくなった結果である、とする大津説は注目に値する。(26)

これらを総合的に判断して、天平八年から宝亀十一年までの間、浮浪人を畿内諸国に送還するにあたり、特例的に諸国逓送するようなことはなかったと理解できよう。

以上、検討を要する二点の問題について私見を述べた。結局のところ、いかなる浮浪人であっても、養老五年格・天平八年格・宝亀十一年格の規定に従って、本貫地への送還が実施されたとみてよいと考える。

最後に、浮浪人の諸国逓送に関する二つの史料に触れておきたい。(27)

【史料14】天平六年度出雲国計会帳「伯耆国送到移」

（正月）七日移壱道浮浪人状

（七月五日）同日移弐道　一出雲臣麻蘇売除㆓本貫㆒附㆓出雲国㆒貫状
一浮浪人物部首石足掩㆓捕正身㆒送来状

右の「移」は、伯耆国から隣国の出雲国に対して送られた文書で、伊勢国計会帳（史料8）の用語を使うと「遊牒」に相当する。これらの記載によって、天平六年正月・七月の時点に、浮浪人の諸国逓送が実施されたことが判明する。これは養老五年格にもとづく措置とみて間違いあるまい。

【史料15】平城宮跡（奈良市）南北基幹排水路ＳＤ二七〇〇出土木簡

□〔人カ〕逓送事合浮浪□

(152)×(17)×4　081　城17-7頁下（釈文一部変更）

これは「逓送」と「浮浪」の語がみえ、浮浪人の逓送を示唆する木簡である。ただし、この木簡は奈良時代を通じて機能した溝から出土したため、残念ながら厳密な時期を特定することは難しい。

第四節　伊勢国計会帳の作成年代

これまでの考察に大過ないとすれば、伊勢国計会帳（史料8）に記載された浮浪人の諸国逓送は、養老五年（七二一）四月二十七日～天平八年（七三六）四月七日（あるいは二月二十五日）に実施されたことになる。下限については、天平八年格が諸国に伝えられるまでの時間差も考慮する必要があるが、伊勢国は平城京に近いため一〇日前後を見込んでおけばよかろう。さらに別の観点も加味して、伊勢国計会帳の作成年代に迫ってみたい。

まず踏まえるべきは、伊勢国計会帳に示された浮浪人の逓送は、某年八月末日頃の出来事であったという点である。浮浪人逓送の中止を決めた天平八年格が出されたのは、二月二十五日（史料10）ないし四月七日（史料9）であった。いずれであれ、時間的な関係からみて、遠江国を出発して諸国逓送された浮浪人が、天平八年の八月末頃に伊勢国を通過するようなことは考えにくい。したがって、某年は天平七年以前とみるべきである(28)。

つぎに踏まえるべきは、大倭生羽が伊勢国少目であった期間である。当該期における国司の任期は四年であったが、平野邦雄氏は実例の検討にもとづいて、奈良時代は四年に満たない場合が多かったことを指摘している(29)。ここではひとまず四年間在任したとし、かつ史料2に記された天平八年を最終年（四年目）と仮定した場合、大倭生羽が伊勢国少目として伊勢国計会帳（史料1）に登場する某年九月の某年は、天平五年以後となる。

この二つの条件を満たす某年は、天平五～七年である。大倭生羽が四年以上にわたって伊勢国少目であり続けた可能性も皆無ではないので、上限の天平五年はやや不確実であるが、下限の天平七年は確実なものである。この点を確認した上で、計会制度の手続きをみておくことにしよう。

【史料16】養老公式令21条

（前略）以前応㆑会之事、以㆓七月卅日以前㆒為㆑断。十二月上旬勘了。（本注略）附㆓朝集使㆒、送㆓太政官㆒。（後略）

これは養老令文であるが、後掲史料17などを根拠として、大宝令においては、傍線部は「十二月上旬」ではなく「十月卅日以前」であり、波線部は「朝集使」ではなく「計帳使」であったと推測されている(30)。

大宝令・養老令いずれにおいても、計会帳は七月三十日が年度の区切りとなる。この規定は伊勢国計会帳の場合にも守られたはずであるので、その記載内容は最も新しい作成年代を考えて、天平七年八月一日から天平八年七月三十日までの間ということになる。

ところで、計会帳を中央まで進上する者は、養老令では朝集使であるのに対して、大宝令では計帳使であった。伊勢国のような畿外諸国の場合、朝集使は十一月一日までに（考課令1条）、計帳使は八月三十日までに（戸令18条、賦役令5条）、それぞれ上京する決まりである。こうした上京期間に対応する形で、太政官における計会帳の勘会作業は、養老令では十二月上旬までに、大宝令では十月三十日までに終えることになっていた。

さて、大宝令制下に作成された伊勢国計会帳は、右にみた計会制度の日限から考えて、八月中には完成していなければならない。現に天平六年度出雲国計会帳からは、天平五年度の計会帳一巻が同年八月十九日出発の大帳使（計帳使）に付されているのが確認できる。しかし、七月三十日を計会帳の年度の期限とする以上、この大宝令方式は時間的にやや厳しかったようである。それを示す、次のような史料が存在する。

【史料17】『令集解』公式令21条古記

古記云、問、十月卅日以前勘了、未レ知、太政官乎、国司乎。答、謂二太政官会一。又計帳使者、皆待二集了一、乃為レ会。故十月勘会也。然今行事者、朝集使勘会、計会〔帳カ〕使者不レ為。

「今行事」は古記の成立した天平十年頃の実態を示していると考えられる。当時、朝集使が計会帳の勘会作業に従事していたようであり、すでに養老令制とほぼ同様のあり方であったとみられる。とすれば、伊勢国計会帳も九月ないし十月中に完成されたと理解すべきかもしれない。

以上を総合して、伊勢国計会帳が作成された時期は、天平八年以前（おそらく天平六年以後）の八月から十月までの間となる。つまり天平八年十月以前に作成されたと考えられる。年度でいえば、天平八年度以前となる。

おわりに

この付論では、鐘江宏之・山下有美両氏の研究を前提にした上で、浮浪人の逓送という観点を導入して、伊勢国計会帳の作成年代を考えてみた。得られた結論は、本計会帳は天平八年（七三六）十月以前に作成されたというものである。年度でいえば、天平八年度以前となる。鐘江氏の想定した年代を一年ほど遡らせたにすぎないが、数少ない計会帳であるだけに年代考証にも一定の意義があると考え、稿をなした次第である。なお、伊勢国計会帳の継目裏書の問題が残されているが、原本調査によって最終解決する必要がある。現状では事情が許さず、今後の課題としたい。

註

（1）山下有美「計会制度と律令文書行政」（『日本史研究』三三七、一九九〇年）三七～三八頁。
（2）鐘江宏之「伊勢国計会帳の年代について」（『日本歴史』五三七、一九九三年）。以下、鐘江氏の見解は本論文による。
（3）史料2～4について、鐘江宏之氏は『平城宮発掘調査出土木簡概報二四』によったが、その後正式な報告書である『平城京木簡三』が刊行されたので、ここではその釈文を掲げる。特に鐘江氏の論旨に影響を与えるものではない。
（4）平野邦雄「ヤマトの国号」（『史論』二五、一九七二年）。
（5）杉本一樹「律令制公文書の基礎的観察」（『日本古代文書の研究』吉川弘文館、二〇〇一年、初出一九九三年）一一五～一一七頁、渡辺晃宏「墨書のある木製品とその機能」（角谷常子編『東アジア木簡学のために』汲古書院、二〇一四年）二五九～二六一頁など。
（6）渡辺晃宏『平城京一三〇〇年「全検証」』（柏書房、二〇一〇年）二一一～二一五頁。
（7）遠江国浮浪人の逓送業務に携わった者は、［伊勢国→伊賀国］では「路次団」となっているが、［尾張国→伊勢国］ではそうなっていない。浮浪人の［尾張国→伊勢国］という移動の後、伊勢国は尾張国に対して返抄を発給しているが、その伝達に携わったのは「廻使」の水取少嶋であった。本史料の「廻使」とは、早川庄八「天平六年出雲国計会帳の研究」（『日本古代の文書と典籍』吉川弘文館、一九九七年、初出一九六二年）三一一頁が、他の史料にみられる用例から推測したように、使者本来の目的とは無関係な文書をもたらした者を指す可能性がある。そうであるとすれば、［尾張国→伊勢国］の逓送をおこなったのは水取少嶋ではなかったことになる。おそらく［伊勢国→伊賀国］の場合と同様、路次の軍団が浮浪人を逓送したのであろう。
（8）瀧川政次郎「伊勢国計会帳と大神宮」（『神道史研究』一一―四・五、一九六三年）（下）九～一〇頁。
（9）「宜下随二其欲一レ帰、与レ状発遣上」については、「宜乙随下其欲二帰与一状上発遣甲」とする国史大系本の返り点を改めた。
（10）岡崎玲子「律令国家の浮浪・逃亡対策」（『国史談話会雑誌』三四、一九九三年）八～九頁。本論文は、小市和雄「浮浪・逃亡対策の再検討」（『続日本紀研究』二二三、一九八二年）二一～二四頁、加藤友康「浮浪と逃亡」（日本村落史講座編集委員会編『日本村落史講座4　政治1』雄山閣出版、一九九一年）一八五頁などを批判的に継承したものである。

(11) 史料9・10で日付が異なっている点については、史料9に「請」の語が二度出てくるように、上申に応じた勅であった点に注目すると、二月二十五日が上申した日、四月七日が勅が出された日とみる余地があるかもしれない。しかし、上申されてから勅が出されるまでの間隔がやや長いことが難点で、単なる誤記の可能性も否定できない。

(12) 坂江渉「律令国家の社会編成原理の転換と浮浪人認識」（『日本古代国家の農民規範と地域社会』思文閣出版、二〇一六年、初出一九九九年）一二九頁。

(13)「不レ論二土浪一」政策の評価については、坂江渉註(12)論文参照。

(14) 岡崎玲子「律令国家の浪人支配」（『日本歴史』五九九、一九九八年）五～六頁・註(19)。

(15) 岡崎玲子註(10)論文六～八頁。

(16) 小市和雄註(10)論文二〇・二八頁、岡崎玲子註(10)論文一二頁。ただし、霊亀元年格は『弘仁格』に単独で収録されておらず、延暦四年以後も現行法であり続けたといえるのか疑問である。

(17) 鎌田元一「律令国家の浮逃対策」（『律令公民制の研究』塙書房、二〇〇一年、初出一九七二年）、吉村武彦「律令制的百姓支配の特質」（『日本古代の社会と国家』岩波書店、一九九六年、初出一九七三年）一八〇～一八四頁。

(18) 長山泰孝「奈良時代の浮浪と京畿計帳」（『律令負担体系の研究』塙書房、一九七六年、初出一九六七年）一八〇～一八二頁。

(19)『令集解』戸令17条穴記に、次のような問答がみえる。

穴云、（中略）問、浮逃罪、徒罪。依二獄令一、徒人役訖、逓二送本国一者、何会作。答、此条、為レ絶レ貫生レ文。未レ絶者、依二彼令一。（後略）

一見すると、獄令19条「凡流徒罪居作者、皆着二鈦若盤枷一。有レ病聴レ脱。不レ得レ着レ巾。毎レ旬給二仮一日一。不レ得レ出二所レ役之院一。患仮者陪レ日。役満逓二送本属一」が、除帳前の浮浪人を本貫地へ逓送することを定めた法的根拠にみえなくもない。しかし、穴記の問答は、除帳（絶貫）された浮浪人を所在地で編附することを規定した戸令17条に付けられた点に注意する必要がある。この問答は、除帳前の浮浪人は、除帳後の場合と異なって所在地には編附せず、本貫地へ帰還させる原則であったことを導くための論理として、獄令19条の「逓二送本属一」に着目したにすぎず、明法家特有の議論というべきであろう。

(20) ちなみに、この期間中にあたる神護景雲三年（七六九）の出来事として、『日本霊異記』下巻第十四縁にみられる越前国加賀郡の「浮浪人之長」に関する説話は興味深い。そこに、浮浪人を探して雑徭に駆使し調庸物を徴収していた浮浪人の長が、優婆塞として山中で修行していた京戸の小野庭麿を浮浪人と決めつけ、「何不レ輸レ調」と述べ、縛り打って雑徭に駆使した話がみえる。神護景雲三年は、現地に留まる浮浪人を編附せず「名簿」に録して調庸物を出させ、当処で苦役することを決めた天平八年格（史料9・10）が施行されていた時期にあたり、説話の内容とも合致する（寺崎保広「奈良時代の浮浪逃亡と浮浪人の長」『日本歴史』三八九、一九八〇年、三一頁）。

この『日本霊異記』の説話で注目したいのは、小野庭麿が除帳前か除帳後か特に問題とされていない点である。前述のように、天平八年格は直接には除帳後の浮浪人が対象とみるべきであろうが、この説話に窺われるように、実際には区別していなかった可能性がある。この時期、帰還を希望する浮浪人は本国に送還することになっていたが、諸国逓送をしないという律令国家の消極的対応からみて、現地で浮浪人身分のまま把握することに比重が置かれていたと考えられる。それが浮浪人の長の強圧的な態度に表れている可能性がある。

(21) 原島礼二「京畿計帳の逃注記について」（『日本古代社会の基礎構造』未来社、一九六八年、初出一九六五年）四八〇～四八二頁。

(22) 大津透「律令国家と畿内」（『律令国家支配構造の研究』岩波書店、一九九三年、初出一九八五年）二五頁。

(23) 大津透註(22)論文二四頁。

(24) 長山泰孝「国家と豪族」（『岩波講座日本通史3　古代2』岩波書店、一九九四年）一七八頁。

(25) 原島礼二註(21)論文四八二頁。

(26) 大津透註(22)論文二四頁。

(27) 天平期郡稲帳・正税帳には浮浪人の諸国逓送に関する記載は確認できない。

(28) 某年が天平八年にならないことは、史料2の文書箱の記載からもいえる可能性がある。あくまでも憶測にとどまるが、参考までに述べておく。まず、第一節で述べたように、この文書箱には天平八年封戸調庸帳が収められ、封主である藤原麻呂に進上されたとみられる。文書箱の当初の記載に「伊勢国少目大倭生羽進上」とあるように、進上したのは伊勢国少目の大倭生羽である。進上後の習書のひとつに、「天平八年八月廿二日」という日付がある。この日付に意味があるとすれば、第一節で述べたように、天平八年封戸調庸帳の作成日とみるのが最も穏当である。もし大倭生羽がみずから天平八年封戸調庸帳を進上したとすれば、同年九月初旬に伊勢国を部内巡行することは、時間的にかなり厳しくなる。ただし、大倭生羽が別人に託して進上した可能性もあり、絶対的な推定ではない。

(29) 平野邦雄「八世紀における国司の人的構成」（『日本歴史』六〇・六一、一九五三年）。

(30) 坂本太郎「正倉院文書出雲国計会帳に見えた節度使と四度使」（『坂本太郎著作集7　律令制度』吉川弘文館、一九八九年、初出一九三二年）三二一七頁。

第六章　日本古代関制の特質と展開

はじめに

交通の要衝には、人・物・情報の流れを遮断・統制するために関所が置かれることが多く、その果たした主要な役割は時代・地域によって異なる。日本古代の関制については、喜田新六氏が基礎的研究をおこなって以降、一定の研究蓄積がある。(1) なかでも、舘野和己氏の一連の研究は、現在の研究の到達点を示している。

舘野氏は、日本律令国家の人民支配の最大の特徴は、戸籍・計帳にもとづく支配、すなわち本貫地主義にあるとした。本貫地主義の最大の矛盾は不法な移動（浮浪、逃亡）として現れるので、それを物理的に取り締まる手段として、五保の制と関・過所の制度があったとし、関・過所による交通検察について詳しく検討した。日本古代の関は、国境を挟む二つの国のうち、都からより遠い側の国の国境付近に配置されるという原則を読み取り、外敵に備えるものというよりも、国内支配の観点（本貫地主義の維持など）から設けられたとした。そして、本貫地主義を維持するための交通検察は、津をはじめとする交通路上の要衝に置かれた兵士によって勘問という形でもおこなわれ、関の補完的機能を果たしていた点に注意を促した。また、国境を越える交通を保証するために、過所以外にも、過所様木簡をはじめ多様な文書木簡が用いられたことを指摘した。(2)

この舘野氏の研究によって、日本古代関制の特質が明らかとなってきたが、いくつか問題点も残している。そのひとつが、「関」と「剗」の関係である。舘野氏は両者を同一視して論を展開したが、近年疑問が出されているように、法的にみて別個の存在と考えられる。正式な「関」は極めて限定的な存在であることを認識した上で、日本古代関制について再考すべき段階にきている。

さて、関制については関市令・軍防令・衛禁律などに規定があり、特に中心をなすのが関市令である。北宋天聖令の発見によって唐関市令の全貌がほぼ明らかとなった結果、日本関市令との精密な比較が可能になった意義は極めて大きい。日唐令文の比較という視点から、日本古代関制の特質について考え直す必要がある。

以上の視点に立って本章では、近年の諸研究に導かれながら、とりわけ日唐関市令の比較を通じて、日本古代関制の特質を探るとともに、その展開過程を考えてみたい。なお、関制と不可分の関係にある通行証をめぐる問題は第七章で取り上げるので、ここでは必要最小限触れるにとどめる。

第一節　日本古代の関と剗

1　関と剗の法的違い

これまで「関」と「剗」の違いに十分な注意が払われてこなかったが、近年、永田英明・吉永匡史両氏が指摘したように、両者は法的にみて明確に区別されるべきである(3)。本節では、日本古代関制について考察する前提として、「関」と「剗」の違いを確認しておきたい。以下、一部を除いて、「関」と「剗」のカギ括弧を外すが、両語を厳密に使い分けて叙述することを明記しておく。

【史料1】養老衛禁律25条

凡私度レ関者、徒一年。謂、三関者。摂津・長門減二一等一。余関又減二二等一。越度者、各加二一等一。不レ由レ門為レ越。

（後略）

これは、私度（過所などの通行証なしで関を越えること）・越度（関以外の場所を越えること）の量刑を定めた条文である。私度の場合、三関（鈴鹿関、不破関、愛発関）は徒一年、摂津関・長門関は一等低い杖一〇〇、余関は二等低い杖九〇とする。また、過所に関する不法行為の量刑を定めた養老衛禁律26条でも、摂津・長門と余関の量刑を段階的に下げて規定しており、明らかに三関が頂点として念頭に置かれている。これらの律文から、日本古代の関は、次のように三区分されていたことが判明する。

三関（鈴鹿関、不破関、愛発関）―摂津関・長門関―余関

一方、養老衛禁律25・26条に対応する唐衛禁律25・26条をみると、日本のように関を等級づけて規定していない。そもそも、日本の律令条文では三関を特別扱いする規定が多い点に特徴があるが（後述）、唐の律令条文ではそのようなことはなかった。しかしだからといって、唐の関に等級の違いがなかったわけではない。

【史料2】『唐六典』巻六尚書刑部司門郎中員外郎

凡関二十有六、而為二上・中・下之差一。京城四面関有二駅道一者、為二上関一。上関六、京兆府藍田関、華州潼関、同州蒲津関、岐州散関、隴州大震関、原州隴山関。余関有二駅道一及四面関無二駅道一者、為二中関一。中関一十三、京兆府子午・駱谷・庫谷、同州龍門、会州会寧、原州木峡、石州孟門、嵐州合河、雅州邛萊、彭州蠶崖、安西鉄門、興州興城、華州渭津也。他皆為二下関一焉。下関七、梁州甘亭・百牢、河州鳳林、利州石門、延州永和、綿州松嶺、龍州涪水。所下以限二中外一、隔二華夷一、設二険作固一、閑レ邪正上レ暴者也。

これによると唐でも、次のような三区分がなされていた。

上関（六関）―中関（一三関）―下関（七関）

上関は駅道が通る京城四面関を指す。中関は、駅道の通る余関、および駅道の通らない京城四面関を指す。下関はその他となる。京城四面関は長安への出入り口となる関で、礪波護氏は、上関の六駅のほかに、中関のうち子午・駱谷・庫谷・龍門・木峡の五関が該当すると推定している[4]。このほか渭津も、上関である潼関と同じ華州に置かれたことから、京城四面関に含まれるかもしれない。ともあれ唐の関は、京城四面関がかなりの数を占め、等級も高かったことがわかる。たとえば鉄門関のように西方の辺境にも関は置かれるが、大半の関は三都（京兆府、河南府、太原府）の周辺に配置されるという特徴が認められる。唐の関は明らかに京城の防衛に重点があり、吉永氏が指摘したように、この点で日本の三関重視と相通じるところがある[5]。

ここで注意すべきは、唐は広大な領域を誇るにもかかわらず、関の数が二六と極めて少なく、しかも唐の領土全体でみれば西北部に偏在しているという事実である。隋代には四四の関が置かれていたが、礪波氏が指摘するように、唐代には洛陽周辺の一〇関や山東の四関など国内の諸関を中心に廃止され、京城周辺の四面関や辺境の諸関はあまり変化がなかった。唐の関はかなり限定された存在であったのである。

それでは、日本の関はどの程度置かれたのか。日本の各種史料をみると、三関・摂津関・長門関のほかにも、さまざまな関や剗が登場する[6]。そのなかには、たとえば「相坂関」（『日本文徳天皇実録』天安元年四月庚寅条）と「相坂剗」（『日本紀略』延暦十四年八月己卯条）のように、関と剗が通用するものもあり、両者に実質的な違いはないと漠然と考えられてきた。この見方に立った場合、「剗」とも記されるセキは、養老衛禁律25条にいう「余関」に含まれることになる。だが永田・吉永両氏が指摘したように、この見方は大いに疑問である。関と剗を法制的に区別すべき最大の根拠となるのが、次の史料である。

【史料3】『類聚三代格』承和二年（八三五）十二月三日太政官符

太政官符

応下准二長門国関一勘中過白河・菊多両剗上事

右得二陸奥国解一偁、検二旧記一、置レ剗以来、于レ今四百余歳矣。至レ有二越度一、重以決罰。謹検二格律一、無レ見二件剗一。然則、雖レ有レ所レ犯、不レ可二輙勘一。而此国俘囚多レ数、出入任レ意。若不二勘過一、何用為レ固。加以、進官雑物、触レ色有レ数、商旅之輩、窃買将去。望請、勘過之事、一同二長門一。謹請二 官裁一者。権中納言従三位兼行左兵衛督藤原朝臣良房宣、奉 レ勅、依レ請。

承和二年十二月三日

陸奥国（旧石背国）・下野国の国境に置かれた白河剗や、陸奥国（旧石城国）・常陸国の国境に置かれた菊多剗では、越度を取り締まったが、両剗には「勘過」の権限がないため、俘囚らの自由な出入りが可能な状況にあった。「勘過」とは、養老関市令4条に「凡行人齎二過所一、及乗二駅伝馬一、出二入関一者、関司勘過、録白案記」とあるように、行人の過所などの通行証を取り調べた上で、通過させることである。白河・菊多の両剗は法的にみて関ではないため、通行人を勘過する権限をもっていなかった。そこで、両剗に長門関と同等の勘過の実施を認めたのである。律令法において、過所は関を通過するための文書であり、過所の勘過にあたるのが関司であった。永田氏が指摘するように、養老関市令3・4条・考課令49条ならびに養老衛禁律26条疏などから、過所・関・関司の三者が一体的な関係にあったことは明らかである。

関を通過するための基本的な通行証は過所であったが、養老衛禁律25条疏に「謂、公使有二鈴・符一。軍防・丁夫有二惣歴一。自余各請二過所一而度」とあるように、公使であれば「鈴」（駅制の利用証である駅鈴）もしくは「符」（伝制の利用証である伝符）によって、軍防・丁夫であれば「惣歴」（名簿）によって、それぞれ代用することができた。公的な移動の場合、駅鈴・伝符・惣歴が存在しており、逆にいえば、公務以外の移動で使用されたのが過所であったといえる。戸籍・計帳による本貫地主義を採用した日本律令国家にとって、浮浪・逃亡を招きかねない私的移動は極力制限する必要があり、厳密な手続きを経た上で過所を発給したのである。

これら過所・駅鈴・伝符・惣歴を取り調べる権限をもっていたのが関であり、剗はそうでなかった。もちろん、剗の自由な通行が許されたわけではない。天平宝字元年（七五七）に謀反を密告された橘奈良麻呂は、取り調べの際、藤原仲麻呂の失政のひとつに「又置二剗奈羅一、為二已大憂一」をあげている（『続日本紀』同年七月庚戌条）。舘野和己氏が強調するように、日本律令国家は浮浪・逃亡を取り締まるために、交通の要衝では兵士による勘問をおこなっていた。そのため移動者は、たとえ正式な過所でなくても、不法な移動ではないことを証明する文書を携行する必要があったのである。これらの文書を取り調べる権限は剗にもあったと考えられる。とはいえ、剗には過所を取り調べる正式な権限はなく、この点で関とは明確に区別される。

2　関と剗の姿

日本古代の関と剗の違いをもう少し具体的にみてみよう。

まず関について、養老衛禁律25条（史料1）などから、三関―摂津関・長門関―余関というランクが窺われる。しかし令の規定をみると、三関をその他の関と区別する意識がより強く認められる。以下、三関との対比という観点から、養老令の規定（特に断らないかぎり、大宝令もほぼ同文）を中心に、関の特徴を整理してみたい。

さて、関は一種の軍事施設であり、兵士（軍団兵士）が上下交替で守固した（軍防令54条）。しかし三関の場合、兵士に加えて、通常は軍団に配備される鼓吹（鉦鼓・大角・小角などの軍隊指揮具）や軍器（弓箭・刀などの兵器）が置かれ、国司が交替して守固することになっていた（軍防令54条、職員令70条）。

関には関司が置かれたが（関市令3・4・7条、考課令49条）、唐のような専属官ではなかった。『令義解』軍防令54条では、「国司分当守固」について、「謂、目以上也。言、三関者、国司別当守固。其余差二配兵士一」と注釈しており、三関の関司は国司の目以上から任じられたが、他の関司はそうでなかったらしい。ちなみに、三関が置かれた伊勢・美濃・越前の各国司は、文官でありながら特別に帯剣が認められた（公式令52条）。

三関国には関契（大宝令では木契）[7]と呼ばれる割符が二枚ずつ支給され、長官（不在時は次官）が管理した（公式令43条）。これらの対になる関契は、後宮十二司の蔵司で保管された（後宮職員令5条）。三関を開閉する際には、蔵司にあった関契を持参して三関に赴き、三関国の守（不在時は介）による照合を要した（職員令70条）。こうした任務の重要性から、三関国の守が欠けると直ちに馳駅して都に報告される（選叙令8条）。さらに三関国の百姓らを帳内・資人に任用することも禁じられていた（軍防令48条）[8]。

こうした三関の軍事的性格を象徴するのが、養老賊盗律27条の「凡盗二節刀一者、徒三年。宮殿門・庫蔵、及倉廩、筑紫城等鑰、徒一年。国郡倉庫、陸奥・越後・出羽等柵、及三関門鑰亦同」という規定である。本条は唐賊盗律27条を大幅に改変したものであるが、三関が「筑紫城」（西海道の城柵）や「陸奥・越後・出羽等柵」（東北・越後の城柵）と同等に扱われたことを示している。また、辺城門の開閉と管鎰の取り扱いを定めた養老軍防令52条に登場する「城主」とは、今泉隆雄氏が指摘するように、令の本意は「辺城」（筑紫城、陸奥・越後・出羽等柵）の城主を指すにもかかわらず、『令義解』は三関の関司を念頭に置いて、「謂、城主者、掌レ城之国司。即拠二三関国一。自余者非也」という誤った注釈をしている。こうした誤った注釈がなされたのも、軍防令54条に記す三関の守衛形態が、同52条の本来の辺城城主の守衛形態と類似するためであった[9]。

三関のうち鈴鹿関・不破関は、文献史料や発掘調査成果・地形観察を踏まえた研究が進められている[10]。不破関跡（岐阜県関ヶ原町）では、北辺約四六〇メートル、東辺約四三一メートル、南辺約一一〇メートルの土塁、藤古川からの急峻な段丘崖からなる西辺で区画された外郭があり、その内部には望楼状遺構も取り付く築地塀で囲まれた方一町程度の内郭があったことが判明している。鈴鹿関跡（三重県亀山市）は一部の調査にとどまるが、文献的には「西内城」あるいは「西中城門」が存在し、そこに大鼓が置かれたこと（『続日本紀』宝亀十一年六月辛酉条、同天応元年三月乙酉条）、また「城門」と「守屋四間」があったこと（同天応元年五月甲戌条）がわかる。「内城（中城）」（内郭）がある以上、外城（外郭）も当然想定できる。「城門」は外郭の城門に該当する可能性もあろう。「守屋」は兵士の詰め所と推定される。三関は辺城にも相当するような堅牢な施設であったとみてよい。

一方の剗は、『令集解』職員令70条では、「塹柵之所」（義解）、「柵」「閤」「塹柵之所」「関左右小関」（令釈）、「在二関辺一垣」（跡記）、「諸人往来可レ障」（伴記）と注釈されている。剗は主に塹壕や柵列を指し、見張り台や土塁も備わっていたが、小規模であったらしい。関の注釈は「検判之処」（義解）で、検問所のような施設とする。これらの注釈は直接には三関の構成要素である「関」と「剗」の違いを説明したもので[11]、どこまで一般化できるか難しい面もあるが、剗が関に比べて簡易な遮断施設であったことは確実である。

そのため、剗は構築・撤去が比較的容易であった。天平宝字三年（七五九）に伊勢大神宮の境界をめぐって伊勢国と志摩国との間で係争がおきると、剗が尾垂から葦淵に移される（『続日本紀』同年十月戊申条）。また、天平五年（七三三）勘造の『出雲国風土記』によれば、出雲国から伯耆・備後・石見の各国に通じる一二路の国境に剗があり、常設の剗が七ヵ所、臨時の剗が五ヵ所であった。このうち常設の手間剗・戸江剗は、都からより遠い側の国の国境付近に置くという関の配置と合致するが、残りの一〇ヵ所の無名の剗は反対の位置関係になっている。また、九世紀頃の多賀城跡（宮城県多賀城市）出土木簡に出てくる「玉前剗」（第七章史料24）のように、国内に置かれた剗も存在した。ただし、玉前剗は養老二年（七一八）に陸奥国から石城国が分国した際に設置された（『続日本紀』同年五月乙未条）可能性があり、[12]石城国が存続した数年間に関していえば、都からより遠い国の国境付近に置かれた事例となる。だが玉前剗は、東山道駅路（山道）と東海道延長道路（海道）の合流点付近の交通の要衝ということもあって、石城国が陸奥国に合併した際に消滅するようなことはなかった。このような剗のあり方からすれば、永田・吉永両氏が述べるように、基本的に国司の裁量で設置できたとみてよかろう。[13]

以上のように関と剗は、法的にみても、構造面・設置主体からみても、明らかに区別される。もっとも、剗を「関」と記した史料が少数ながら存在する。しかし、文字表記の多彩な木簡や、文学的修辞の施されやすい『万葉集』については、額面どおり受け取ることはできないであろう。[14]関・剗のいずれも（さらに塞も）、和語でいえばセキとなるからである。[15]また、平安時代（九世紀末まで）の六国史のなかにも、先述の「相坂関」のように問題を残す史料もあるが、[16]延暦八年（七八九）の三関・摂津関の廃止を受けて、関制は大きく変容する（後述）点に注意が必要である。舘野氏は関と剗の基本的性格・機能の共通性を重視するが、氏自身が明らかにしたように、各種の交通の要衝において交通検察が実施されていた点を想起するならば、あまり基本的性格・機能の共通性を強調しすぎると、かえって関と剗の性格の違いが曖昧になる危険性がある。

唐の場合がそうであったように、日本においても正式な関はごく少数にすぎなかったと考えるべきである。律令制当初の段階には、三関・摂津関・長門関だけであった可能性も十分にある。前述のように、唐の関は辺境にも存在するとはいえ、三都の周辺に重点配置されており、同様の傾向が日本の関にもあるといえよう。

第二節　関市令の日唐比較

唐関市令の全貌は長らく不明であったが、北宋天聖令の発見を契機に、孟彦弘・榎本淳一・吉永匡史らの諸氏によって検討が加えられ、[17]その大要が明らかになってきた。復原される唐関市令は全部で二七ヵ条からなり、前半の一六ヵ条が関の関連条文、後半の一一ヵ条が市の関連条文である。表5は、主に吉永氏の研究成果に依拠して、関の関連条文一六ヵ条の概要を整理したものである。吉永氏によると、①過所の申請・発給（復原1～2条）、②関における勘過（復原3～10条）、③禁物の出入制限（復原11～15条）、④関門の管理（復原16条）に分類できる。日本令では唐令一六ヵ条のうち一〇ヵ条しか継受しておらず、しかも内容を改変した部分が少なくない。したがって、日唐関市令の比較を通じて、日本古代関制の特質が明らかになると期待される。

ここで特に注目したいのは、A通行証の種類、B交易活動と関の関係、の二点である。このうちAは第七章で検討する。結論のみ述べると、多様な関の通行を想定して各種の通行証を規定した唐令と異なり、日本令では都鄙間交通での使用に重点を置いて通行証を規定し、隣接地域間の交通にはあまり配慮していない。この点も念頭に、本章ではBを中心にみていきたい。Bに関わる問題については、天聖令発見以前から榎本氏が詳細に検討しており、[18]以下引用する唐関市令の条文復原をはじめ、氏の研究に多く依拠したことを明記しておく。なお、唐関市令の復原条文番号および養老関市令の条文番号は、「復○」「養○」と示す場合がある。

まず、日唐間で顕著な違いがみられる条文からみておこう。

表5　日唐関市令の関制関係条文

復原	宋	唐	復原唐令の主な内容	唐令拾遺（補）	養老令
1	1		過所の申請手続き	1甲・乙	1
2		1	来文の複写		
3	2		関・津における勘過	2	2・3
4	3		関司による過所・駅券・逓牒の記録		4
5	4		駅伝馬に乗る行人・護送する囚人等の勘過		
6	5		兵馬・鎮戍烽の勘過	3	
7		2	丁匠の勘過		5
8		3	互市目的で関を通過する行人の勘過		
9		4	隣接地域での勘過業務の特例措置		
10		5	関司官人・その家口の過所申請、関所在州県に属する百姓への特例措置		
11		6	諸蕃・縁辺諸州に対する禁物の互市禁止、禁物の品目、西辺・北辺諸関外戸口への特例措置	（補1）	6
12	6		蕃客の勘過	（補2）	7
13	7		関における禁物没官、没収物の分配		8
14	8		関外に在住する者や蕃客などに対する関における禁物出入の特例措置	4	9
15		7	鉄の交易を禁ずる地域の百姓が鉄製農具等を入手する際の特例措置		
16	9		関門の開閉		10

【備考】「復原」は吉永匡史註（5）論文による復原唐令の条文番号。「宋」は天聖令宋令、「唐」は天聖令不行唐令の条文番号。網掛けは日本令があるもの。

【史料4】唐関市令復原11条

諸錦・綾・羅・縠・繡・織成・紬・絲絹・絲布・犛牛尾・真珠・金・銀・鉄、並不レ得下与二諸蕃一互市、及将入上蕃。綾不レ在二禁限一。所レ禁之物、亦不レ得下将度二西辺・北辺諸関一、及至二縁辺諸州一興易上。其錦・繡・織成、亦不レ得三将過二嶺外一。金・銀不レ得三将過二越巂道一。如有二縁身衣服一、不レ在二禁例一。其西辺・北辺諸関外戸口、須レ作二衣服一、申二牒官司一、計二其口数一斟量、聴下於二内地一市取上。仍牒レ関勘過。

【史料5】養老関市令6条

凡弓箭兵器、並不レ得下与二諸蕃一市易上。其東辺・北辺、不レ得レ置二鉄冶一。

史料4は天聖関市令唐6条による。冒頭には、諸蕃との互市（交易）ならびに諸蕃への持ち出しが禁止された物品（禁物）が多数列挙されている。禁物は、西辺関（鉄門関）・北辺関（河浜関）・嶺外（嶺南）・越巂道から持ち出したり、縁辺諸州で交易したりしてはならなかった。縁辺衣服に関わる場合には規制の対象外となったが、西辺関・北辺関よりも外側の戸口が、衣服作成の必要性から内地で禁物を購入する際には、官司から牒の発給を受ける必要があるとする。

これに対して日本令（史料5）では、前半部は交易禁止品として弓箭兵器を示すにすぎず、交易場所の限定もない。また、東辺・北辺における鉄精錬施設の設置を禁止した後半部は、西辺・北辺を対象とした唐雑令（天聖雑令宋10条からの復原条文）をもとに作文したものである。[19] 榎本氏が指摘するように、これは兵器の原料となる鉄素材を蝦夷に奪われないための配慮と考えられる。

すなわち、この二つの条文は諸蕃との禁物の交易を禁止するという趣旨は共通するが（日本の禁物は弓箭兵器しか示されないが）、唐令では縁辺諸州における交易が具体的に想定されていること、交易に加えて関外などへの持ち出しも禁止されていることが、日本令と大きく違っている。このことは、禁物の私度に関する罰則を定めた唐衛禁律30条が、日本律に受容されなかったことにもよく示されている。榎本氏が指摘しているように、唐では貴重な品々の輸出を制限し、それらを回賜品としてのみ与えることで、朝貢国を招き寄せることを意図したが、日本の場合、そのような貴重品がないため、無断持ち出しに神経を尖らせる必要もなかったのである。

もうひとつ、日唐間の違いが顕著に示されている条文をみておこう。

【史料6】唐関市令復原13条

諸齎二禁物一私度レ関、已下過所関司捉獲者、其物没官。若已度レ関及越度、被二人糾獲一、三二分其物一、二分賞二捉人一、一分入レ官。若私共二化外人一交易、為レ人糾獲、其物悉賞二糾人一。如不レ合三将至二応レ禁之地一、為レ人糾獲者、皆二二分其物一、一分賞二糾人一、一分入レ官。若官司、於二其所部一捉獲者、不レ在二賞限一、其物没官。

【史料7】養老関市令8条

凡官司未二交易一之前、不レ得下私共二諸蕃一交易上。為レ人糺獲者、二二分其物一、一分賞二糺人一、一分没官。若官司、於二其所部一捉獲者、皆没官。

史料6は天聖関市令宋7条からの復原条文である。『天聖令校証』では二ヵ条に分割した復原案が提示されているが、榎本氏の考証に従い、史料6のような一ヵ条とする案を採用したい。禁物を関から持ち出すのを防止する目的で、違反者の逮捕に協力した者への報賞を規定した条文である。未遂の場合には二分の一、関を已度・越度した場合には三分の一、関を已度・越度して化外人と交易した場合には全部、それぞれ禁物を逮捕協力者に与えるとする。なお、本条と密接に関わるのが唐衛禁律31条で、縁辺の関塞を越度して、化外人との間で私交易・禁兵器の輸出・婚姻をおこなった際などの罰則を定めている。

対する日本令（史料7）では、官司先買の原則を独自に定めた上で、違反者の逮捕に協力した者への報賞を規定する。しかし、日本令では関に言及しておらず、禁物の持ち出しを防止する規定でもない。また、唐衛禁律31条も日本律に受容されていない[20]。榎本氏が説くように、東アジアの後進国であった日本では、他国から要望されるような文物がないため、輸出規制をする必要はなく、むしろ蕃客がもたらす先進文物や貴重品を国家が独占的に入手することが重視され、大幅に条文が改変されたのである。官司先買は日本の対外交易を特徴づけるもので、十世紀初頭においても確認できる（第三節）。

もちろん、次の条文があるように、日本でも禁物の輸出を禁止する意図が皆無であったわけではない。

【史料8】養老関市令9条

凡禁物、不レ得レ将二出境一。若蕃客入朝、別勅賜者、聴レ将二出境一。

これは禁物を国境から出すことを禁止した条文である。ただし、入朝した蕃客への別勅賜物の場合には、特例として国境から出すことを許可している。この日本令は次の唐令を継承したものである。

【史料9】唐関市令復原14条

諸禁物、不レ得二将出一レ関。若蕃客入朝、別勅賜者、連二写正勅一、牒レ関聴レ出。

史料9は天聖関市令宋8条の本文を一部改変した復原条文である。宋8条の末尾に「即蕃客在レ内賜物、無レ勅施行者、所司勘当知レ実、亦給レ牒聴レ出」という本注があるが、これは採用していない。史料8・9の趣旨は同じであるが、表現が少し異なっている。何よりも注目すべきは、唐令の「関」を、日本令で「境」に改めたことである。唐の場合、西辺関・北辺関のように辺境の関が存在するが（史料4）、日本にはそのような関が存在しないためである。このことは、日本では関で禁物流出を阻止する考えがなかったことを示している。また唐令では、蕃客が別勅賜物を持ち出す際に使用する文書も規定されているが（第七章）、日本令では削除された。

次の条文にみるように、蕃客への対応の仕方についても、日唐間で異なっている。

【史料10】唐関市令復原12条

諸蕃客初入朝、本発遣州給二過所一、具二姓名・年紀・顔状一、牒二所レ入関一勘過。所レ有一物以上、関司共二当客官人一、具録申二所司一。入二一関一以後、更不レ須レ検。若無レ関処、初経二州鎮一、亦准レ此。即出レ関日、客所レ得賜物及随身衣物、並申二所属官司一、出二過所一。

【史料11】養老関市令7条

凡蕃客初入レ関日、所レ有一物以上、関司共二当客官人一、具録申二所司一。入二一関一以後、更不レ須レ検。若無レ関処、初経二国司一、亦准レ此。

史料10は天聖関市令宋6条の冒頭部「諸蕃客初入京」を少し改変した復原条文である。榎本氏は「入朝」ではなく「入レ関日」の可能性もあるとするが、大勢に影響はない。本条によると、次のような手続きをとった。まず、蕃客が初めて入朝したとき、それを受け入れた州が、蕃客の姓名・年齢・顔の特徴を書いた過所を発給するとともに、これから入ることになる関に対して牒を発し、蕃客は関で勘過を受ける。ついで、関司は蕃客の接待役の官人と一緒に蕃客の所持品を調査し、具に記録して所司に報告する。

こうして蕃客は最初の関（基本的に辺境の関であろう）を通過すれば、その先の関では所持品の検査を受ける必要はなかった。また、関がない場所では、州や鎮が検査することになっていた。

逆に、蕃客が関から出て行く場合、つまり帰国するときには、蕃客の賜物や随身衣物を所属官司に申請して、過所を発給してもらうことになっていた。

一方、日本令（史料11）では、蕃客の過所に関する規定が完全に削除されている。また、蕃客の入関日（入朝時）の対応については規定するが、帰国時の措置は削除されている。唐令では蕃客の所持品の管理に大きな注意が払われているのに対し、日本令ではそうした意識がやや希薄であるといえる。

以上の日唐関市令の条文比較から明瞭に浮かび上がってくるのは、唐では辺境の関において禁物の交易・輸出を制限しようとしたが、日本ではそうした発想が極めて乏しいという事実である。このことは、諸蕃との交易である互市に関する次の二つの唐令が、日本令に受容されなかった点からも窺うことができる。

【史料12】唐関市令復原26条

諸外蕃与二縁辺一互市、皆令二互市官司検校一。其市四面穿レ塹及立二籬院一、遣レ人守レ門。市易之日卯後、各将二貨物・畜産一、倶赴二市所一、官司先与二蕃人一、対定二物価一、然後交易。

【史料13】唐関市令復原8条

諸将レ物応レ向二互市一、従レ京出者、過所司門給。従二外州一出者、従二出レ物州一給。皆具載二色数一。関司勘過。

史料12は天聖関市令宋17条のうち『白氏六帖事類集』に対応する部分によった。これによると互市は、唐領土内の国境付近となる縁辺において、互市官司（互市監）の管理下で実施された。その際、四面を塹壕と籬で囲まれた互市所が臨時に設けられ、互市官司が蕃人と対面して物価を決めた上で、交易に及んだことがわかる。

史料13は天聖関市令唐3条による復原条文である。交易品を持参して互市に参加しようとする者は、京を出発する際には尚書省刑部司門から、外州を出発する際には物品を出す州から、それぞれ過所の発給を受けることになっていた。過所には物品の種類と数量を書き、関司の勘過を受ける必要があったのである。

これまで取り上げてきた唐関市令は、辺境の関や縁辺諸州における交易・輸出を制限するものであったが、唐の内地においても、京城周辺の四面関をはじめ、複数の関が設置されており、自由な移動は制限されていた。これは交易活動に対しても影響を与え、次のような特例措置を定めた唐令が設けられている。

【史料14】唐関市令復原10条

（前略）若比県隔レ関、百姓欲レ往二市易及樵采一者、県司給二往還牒一、限二三十日内一、聴二往還一。過レ限者、依レ式更翻レ牒。其興州人至二梁州一、及鳳州人至二梁州・岐州一市易者、雖レ則二比州一、亦聴レ用二行牒一。

これは天聖関市令唐5条による。関を越えて隣接する県や州に市易などに行く場合の対応を定めた部分を史料引用した。本来、関を越えるためには過所が必要となるが、隣接州県への移動であることから、往還牒や行牒をもって過所の代用とすることを特別に認めている。過所を発給するためには煩雑な手続きを要するが、往還牒や行牒であれば、比較的簡単に発給されたはずである。なお、ここで興州・梁州・鳳州・岐州といった具体的な地名があがっているのは、興州と梁州の間には興城関と百牢関が、鳳州と梁州の間には斜谷関と甘亭関が、鳳州と岐州の間には大散関が、それぞれ存在したことによる[21]。

この史料14によって、たとえ隣接する県・州であっても、その間に関があれば自由な通行ができなかったこと、市易を願う者に対しては、往還牒や行牒という簡易型の通行証を発給して対処したことがわかる。

さらに「禁鉄之郷」と呼ばれる地域では、次のような条文が設けられ、鉄製品の購入が厳しく制限されていた。

【史料15】唐関市令復原15条

諸居二在禁鉄之郷一、除二縁身衣服一之外、所レ須乗具及鍋・釜・農器之類要レ須者、量給二過所一。於レ不レ禁二郷市一者、経二本部一申牒、商二量須数一、録二色目一、給レ牒聴レ市。市訖、官司勘二元牒一無レ賸、移二牒本部一知。

天聖関市令唐7条による復原条文である。これによると、「禁鉄之郷」に居在する者が縁辺衣服以外に鉄製品を用いる必要が生じたときには、（市で購入するにあたって）過所の発給を受けることになっていた。ただし、郷市の禁止されていない場所においては、過所ではなく、牒の発給を受ければよかった。なお、本規定は復11（史料4）とも少し重なるところがあるが、対象地域は縁辺諸州に限られないこと、取扱品も鉄製品に限定されることが異なっている。

これら史料14・15は内地における交易と密接に関わる条文であるが、いずれも日本令には継受されなかった。

以上の日唐関市令からみた相違点については、第一に、周囲を海で囲まれた日本と、そうでない唐という地理的状況が何といっても大きい。唐令で西辺関・北辺関のことを特記しているのも、外蕃との国境が陸上であったからにほかならない。第二に、日本と唐では商業活動の発展度がかなり異なっていた点も看過できない。大津透氏が指摘するように、中国で関市令という篇目が成立した背景には、関が軍事的意味をもっていただけでなく、ソグド人商人らによる異民族との貿易と密接に関わっていたという事情がある。だが日本ではそうした側面は希薄であった。そのため養老関市令では、前半の関規定（1～10条）と後半の市規定（11～20条）に内容上分離してしまい、唐令のように有機的に結合していないのである。また、士農工商の四民の規定（『唐令拾遺』戸令復旧26条）が養老令では削除される（大宝令では存在）など、日本の商業未発達を示唆する条文の改変がみられる。[22] 禁物の取り扱いについても、榎本氏が指摘するように、優れた文物を作り出した唐とそうでない日本との違いが大きく関係していた。

本節では、交易活動と関の関係という観点から、日唐関市令を比較検討してみた。その結果、唐では特に辺境の関において禁物の交易・輸出を制限しようとしたが、こうした考え方は日本ではほとんど取り入れられなかったことを確認した。それでは実態はどうであったのか、節を改めて検討することにしよう。

第三節　三関・摂津関から辺境の関へ

1　三関・摂津関の停廃と長門関の存続

日本では三関（鈴鹿関、不破関、愛発関）が最も重要な関であった。いずれも近江国境の外側に置かれ、大津宮（六六七〜六七二）を基点に東国に入るルート上に位置している。また『日本書紀』壬申紀をみると、「鈴鹿関司」が登場し、「鈴鹿山道」や「不破道」の封鎖が壬申の乱の勝敗を左右した様子も窺える。これらの点からみて、三関は天智朝（六六二〜六七一）に構想された可能性が高い[23]。なお、壬申の乱のときに軍を置いて塞いだ対象が「関」でなく「道」であることなどから、三関はいまだ十分に機能しておらず、壬申の乱の教訓もあって、天武朝（六七二〜六八六）以降に本格的に整備されたという意見もある[24]。たしかにその可能性は完全に否定できないが、天智朝にすでに何らかの遮断施設があったこと自体は認めてもよかろう。

とはいえ、鈴鹿関跡・不破関跡の発掘調査成果によると、構造物の本格的な整備は八世紀になってからのことである。また、三関の成立と、三関を伊勢・美濃・越前の三国が管掌する三関国のシステムの成立とは分けて考える必要があり、後者は大宝律令の制定・施行（七〇一年）が大きな画期になった可能性が高い[25]。

ちなみに不破関跡では、外郭の土塁を築く際に和同開珎（七〇八年初鋳）を埋納した遺構がみつかっており、外郭の土塁は和銅年間（七〇八〜七一五）頃に造営されたと推定されている。その意味で、和銅二年（七〇九）に「関剗」の検察および風俗の巡省を目的として、藤原房前が東海・東山の二道に遣わされた（『続日本紀』同年九月己卯条）ことは注目に値する。これは鈴鹿関・不破関の整備状況を確かめる目的があったと考えられる。

そして和銅七年には、常布を使った交易を禁止するにあたり、「制、以二商布二丈六尺一為レ段、不レ得レ用レ常。（中略）帯レ関国司、商旅過日、審加二勘捜一、附レ使言上」という制が出ている（『続日本紀』同年二月庚寅条）。「商旅」と呼ばれる人々が、交易のために常布を携行して都鄙間を往来していたことを示す興味深い史料である。和銅七年制はそれを取り締まったもので、三関における勘過がある程度機能していた様子を窺わせる。前節でみたように、日本の関市令では関を通じた交易活動の規制という側面が明確ではないが、実態としてはあったことを示す。ただし、勘過をおこなった場所が畿内周辺の三関であり、後述する九世紀のような辺境の関でない点には注意しておきたい。なお、天平神護元年（七六五）、淡路廃帝に心を寄せる人々が「商人」であると偽り称して、多く淡路国に向かっていることが問題視されているが（『続日本紀』同年二月乙亥条）、畿内の周辺では商人の活動が珍しくなかったことを物語っている。

よく知られているように、天皇・太上天皇の死去や謀反など異変が都で発生すると、即座に勅使を三関に派遣して関を封鎖した。これを固関といい、その勅使を固関使と呼ぶ。養老五年（七二一）に元明太上天皇が死去した際の固関が初見で（『続日本紀』同年十二月己卯条）、三関停廃後も固関使は派遣され続けた[26]。三関は都からみて東側の国、しかも都に近い側の国境付近に置かれることから、外敵が都へ攻め込むのを防ぐためというよりも、都からの反逆者が東国へ逃亡するのを防ぐことを主な目的にしたと考えられてきた[27]。

だが永田英明氏が指摘するように、奈良時代に反乱を起こした橘奈良麻呂や藤原仲麻呂も、勅命や官の許しを得てみずからの勢力が三関を封鎖することを試みており、固関使を派遣する際に意識されていたのは、むしろ三関が敵対する勢力に掌握・占拠されることに対する危惧であったとみるべきであろう[28]。当時、三関を維持することは「朝庭乃護」（『続日本紀』天平神護元年十一月庚辰条）と意識されていた。王権をめぐる政治抗争に対して備えるためにも、三関に厳重な警備体制を敷き、それを掌握しておく必要があったのである。いずれにせよ、内政的な関心のもと、三関が設置されたことは動かない。[29]

ところが延暦八年（七八九）、桓武天皇は次のような勅を発して、三関を停廃してしまう。

【史料16】『続日本紀』延暦八年（七八九）七月甲寅条

勅二伊勢・美濃・越前等国一曰、置レ関之設、本備二非常一。今正朔所レ施、区宇無レ外。徒設二関険一、勿レ用二防禦一、遂使下中外隔絶、既失二通利之便一、公私往来、毎致中稽留之苦上。無レ益二時務一、有レ切二民憂一。思革二前弊一、以適二変通一。宜下其三国之関、一切停廃、所レ有兵器・粮糒、運二収於国府一、自外館舎、移中建於便郡上矣。

これに対応する『類聚三代格』延暦八年七月十四日勅も同趣旨であるが、「三国之関」という限定はなされていない。舘野和己氏は、延暦八年時には三関のみを対象としていたが、その後三関以外の関も順次廃止されたことを受けて、延暦八年勅を『弘仁格』に収載する際に改変したと理解する。[30] たしかに『弘仁格』の編纂にあたって、弘仁十年（八一九）段階の有効法とするために、もとの格文に改変を施す場合があった。[31] しかし今回の事例に関していえば、八世紀段階の関は三関・摂津関・長門関ぐらいしか存在せず、しかも弘仁十年に長門関が依然として機能していたことに鑑みて、大きく改変されたとは考えにくい。永田氏も述べているが、『類聚三代格』（『弘仁格』）延暦八年勅は三関廃止に関わると理解して差し支えないであろう。

三関停廃の理由について、従来の見解では、長岡京造営の便宜を図るための交通促進政策、行財政機構の整理などの側面から説明されるのが一般的であった。[32] これに対して永田氏は、史料16の「今正朔所レ施、区宇無レ外」という表現には、かつてのような王位継承をめぐる政治不安など存在せず、「朝庭乃護」として三関を維持しておく必要はすでになくなった、という主張が込められていると指摘する。奈良時代の天皇は天武の皇統に連なったが、桓武天皇の父である光仁天皇以降、天智の皇統となる。王権安定化のため三関を維持せざるを得なかった奈良時代との違いを強調するためにも、桓武天皇は三関の停廃に踏み切ったという理解である。桓武天皇がさまざまな手法によって新王朝誕生を演出したことはよく知られており、永田説が成立する可能性は高い。

三関停廃によって、その兵器・粮糒は国府へ運び収められ、関司らの館舎は所在郡に移築された。こうして三関の施設は解体した。しかし大同元年（八〇六）の桓武天皇死去にともない、伊勢・美濃・越前三国の「故関」（かつての関）を固守するために固関使が派遣される（『日本後紀』同年三月辛巳条）。これを嚆矢として、非常事態の際には固関使が派遣されるようになる。しかし、孫王の畿外への出入りが問題視されているように（『類聚三代格』仁寿三年四月二十六日太政官符）、三関の日常的な勘過機能が回復することはなかった。

さて、三関が停廃されて約四ヵ月後、摂津職による勘過が停止され（『続日本紀』延暦八年十一月壬午条）、摂津関も廃止される。しかし、摂津関とともに瀬戸内海の交通検察を担ってきた長門関は廃止されなかった。長門関は対岸の豊前門司とともに、その後も存続するのである。その理由を考えるため、次の史料に注目したい。

【史料17】『類聚三代格』延暦二十一年（八〇二）十二月太政官符

太政官符

応㆔依㆑旧置㆓兵士㆒事

右得㆓長門国解㆒偁、謹奉㆓去延暦十一年六月七日　勅書㆒偁、夫兵士之設、備㆓於非常㆒。伝馬之用、給㆓於行人㆒。而軍毅非理役使、国司恣心乗用。徒致㆓公家之費㆒、還為㆓姧吏之資㆒。静言㆓於此㆒、為㆑弊良深。宜㆘京畿及七道諸国、兵士・伝馬、並従㆓停廃㆒、以省㆗労役㆖。但陸奥・出羽・佐渡等国及大宰府者、地是辺要、不㆑可㆑無レ儲。所レ有兵士、宜レ依レ旧者。検二案内一、兵部省去天平十一年五月廿五日符偁、被二太政官符一偁、奉 レ勅、諸国兵士、皆悉暫停。但三関幷陸奥・出羽・越後・長門幷大宰管内諸国等兵士、依レ常勿レ改者。然則、此国依レ旧与二大宰府管内一接レ境、勘二過上下雑物一、常共二警虞一、無レ異二辺要一。亦山陰人稀、差発難レ集。若有二機急一、定致二闕怠一。望請、依レ旧置二兵士五百人一、以備二不虞一。非常之儲、不レ可レ不レ申。謹請二　官裁一者。右大臣宣、奉 レ勅、依レ請。

延暦廿一年十二月□

摂津関廃止から三年後の延暦十一年、陸奥・出羽・佐渡国や大宰府管内を除いて、軍団兵士制が廃止された。これは長門関の守固体制に深刻な影響を与えた。一方、天平十一年（七三九）に軍団兵士制が一時廃止されたとき、長門国は対象外であった。そこで、長門国は延暦二十一年（八〇二）になって、天平十一年の事例を引き合いに出し、「此国依レ旧与二大宰府管内一接レ境、勘二過上下雑物一、常共二警虞一、無レ異二辺要一」という状況にあると主張し、軍団兵士五〇〇人の復置を願い出る解を太政官に提出した。太政官もこれを裁可している。

この長門国解で注目すべきは、「無レ異二辺要一」という表現である。ここから長門国は辺要国に準じるとする意識が窺えるが、ひいては長門関を辺境の関として捉える認識にもつながるであろう。ちなみに、第一節で取り上げた承和二年（八三五）十二月三日太政官符（史料3）も、白河・菊多の両剗を長門関に準じる扱いにするという内容であった。白河・菊多は陸奥国の出入り口に置かれ、長門関も西海道の出入り口に設けられており、いずれも辺境の関として共通する点に着目したい。

ここで興味深いのは、新しく戸に附ける際の規定である養老戸令14条についての『令集解』諸説である。条文中の「其先有二両貫一者、従二本国一為レ定。唯大宰部内、及三越・陸奥・石城・石背等国者、従二見住一為レ定」、およびそれに続く「若有二両貫一者、従二先貫一為レ定」について、「関国」を「他国」と対比させながら、両貫ある場合の対処法について記している（令釈、義解、穴記或云）[33]。また、「関国」ではなく、「禁国」（跡記）ないし「城国」（讃説、讃説或云）の語を使用した注釈もみられる。これらの注釈場所から、「関国」「禁国」「城国」が大宰部内・三越（越前、越中、越後）・陸奥・石城・石背の各国を総称したことは明らかである。

このうち「禁国」「城国」という表現については特に違和感はない[34]。問題は「関国」である。「三関（国）」を特別扱いした律令条文が多数あったように、「関国」といえば三関国を指すのが通常である。そして、『続日本紀』天平元年八月癸亥条に「陸奥鎮守兵及三関兵士」とあり、同宝亀十一年（七八〇）三月辛巳条に「除二三関・辺要一之外」とあるように、三関国は陸奥国などの辺要国とは明らかに区別される。

それにもかかわらず、なぜ平安時代の明法家は、大宰部内・三越・陸奥・石城・石背の各国を総称して「関国」と表現したのであろうか[35]。この一風変わった「関国」の用例は、延暦六～十年に成立したと推定されている令釈[36]が早い例となる。令釈がもし三関の停廃された延暦八年以後の注釈であれば、これを契機に「関国」の観念が変化した可能性を考えてみる必要が出てこよう。すなわち、奈良時代は三関・摂津関のように、畿内と畿外を理念的に画する関が重視されていたが、平安時代になると辺境の関が注目を集め、新たな「関国」の観念が生まれた可能性についてである。以下、その当否を確かめてみたい。

2　長門関の展開

まず、森哲也氏による総括的研究[37]を適宜参照しながら、長門関の状況についてみていく。

【史料18】『類聚三代格』延暦十五年（七九六）十一月二十一日太政官符

太政官符
　応レ聴下自二草野・国埼・坂門等津一往中還公私之船上事
右得二大宰府解一偁、検二案内一、太政官去天平十八年七月廿一日符偁、官人・百姓、商旅之徒、従二豊前国草野津、豊後国々埼・坂門等津一、任レ意往還、擅漕二国物一。自レ今以後、厳加二禁断一。但豊後・日向等国兵衛・采女・資物、漕二送人物一船、取二国埼之津一、有二往来一者、不レ在二禁限一。除レ此以外、咸皆禁断者。府依二符旨一、重令二禁制一。上件三津、尚多二奸徒一。旧来越度、不レ得二禁断一。又雖レ有二過所一、而不レ経二豊前門司一。如レ此之徒、咸集二難波一。望請、便令三摂津国司勘二検過所一。若无二過所幷門司勘過一者、依レ法科断。然則、奸源自清、越度亦息。謹請二官裁一者。被二大納言正三位紀朝臣古佐美宣一偁、奉レ勅、自レ今以後、公私之船、宜レ聴下自二豊前・豊後三津一往来上。其過所者、依レ旧府給、当処勘過、不レ可三更経二門司一。但承前所レ禁、不レ在二聴限一。長門・伊予等国、亦宜二承知一。
　　延暦十五年十一月廿一日

　ここに引用された天平十八年（七四六）七月二十一日太政官符によると、「官人・百姓」と「商旅之徒」が、豊前・豊後の三津（草野津、国埼津、坂門津）から任意に往還し、勝手気ままに「国物」を運漕していた。そこで、豊後・日向両国出身の兵衛・采女やその資養物を運漕する船が国埼津を経由する場合を除き、三津からの運漕が禁止された。この天平十八年太政官符に従って、大宰府は禁制を加えてきたが、その後も三津からの越度はやまなかった。また、過所を所持していても豊前門司を経由せず、これらの者が難波に集結するという問題が生じていた。そこで、延暦十五年になって大宰府は、摂津国司が勘過をおこなうこと、過所とそれへの門司の勘過文言がなければ処罰することを求める解を太政官へ提出した。

しかし、この大宰府の申請を太政官はほぼ却下し、公私の船が三津から往来することを認めてしまう。つまり、出発地で大宰府の発行した過所の勘過を受ければ、豊前門司を経なくてもよいとしたのである(38)。また太政官は、摂津国司による勘過の復活も認めなかった。これ以後、大宰府が過所を発給し、①豊前門司・長門関、②草野津、③国埼津、④坂門津、このいずれかで勘過する体制が定着することになる。

一見すると、豊前門司・長門関の位置づけが低下したかのようである。しかしこれは、三津の利用実態を一定の制約を付けて追認したものにすぎない。現に以下の諸史料にみるように、これ以後も豊前門司・長門関への期待度は高かった。

【史料19】『日本後紀』大同元年（八〇六）七月乙未条

勅、関津之制、為レ察二衆違一。苟有二阿容一、何設二朝憲一。今聞、長門国司、勘過失レ理、衆庶嗷嗷。自レ今以後、不レ得二更然一。若有二違犯一、特寘二重科一。

「長門国司、勘過失レ理」とあり、長門国司が勘過業務をおこなったことが確認できる。しかも「衆庶嗷嗷」という表現からは、長門国司による長門関での勘過がかなり厳しいものであった様子が読み取れる。

【史料20】『続日本後紀』承和八年（八四一）八月戊午条

勅曰、聞、下二大宰府一駅伝官符、幷彼府言上解文、路次諸国、長門関司等、毎各開見。縦国裏機急、境外消息、不レ可三必令二万民咸知一。而解文委曲、未レ来二京華一、下レ符辞状、無レ達二宰府一、載記之旨、諠二嘩民間一、途説之輩、満二溢内外一。寔是、専輙開見所レ致之漸也。宜下告二山陽道諸国司一、更莫上レ令レ然。亦四畿六道之内、指二一ヶ国一所レ下之符、同無レ令レ開。

ここで問題になっているのは、「国裏機急」「境外消息」の情報が記された、大宰府に下達される駅伝官符や大宰府から言上される解文を、長門関司らが「開見」（封函内の文書を開き見る）したことである。この翌年、新羅人による「寄二事商賈一、窺二国消息一」という行為が問題化しているように（『類聚三代格』承和九年八月十五日太政官符）、当時は機密情報の漏洩に神経を尖らせていた。そこで上記のような勅が出されたのである。

関司が文書を開見していたことは、『続日本紀』延暦八年（七八九）四月乙酉条「先レ是、伊勢・美濃等関、例上下飛駅函、関司必開見。至レ是、勅、自レ今以後、不レ得二輙開一焉」からも知ることができる。ここでは伊勢関（鈴鹿関）・美濃関（不破関）といった三関での文書開見が問題視されている。その約三ヶ月後、三関は停廃されるが、その後も存続した長門関では、従来どおり文書を開見し続けていたのである。関では厳密な勘過をおこなう関係上、それに付随して各種の文書も取り調べる必要があったからである。

そして貞観八年（八六六）には、唐商人の任仲元が過所を所持せず入京するという衝撃的な事件がおこる。

【史料21】『日本三代実録』貞観八年（八六六）四月十七日条

譴二責豊前・長門等国司一曰、関司出入、理用二過所一。而今唐人入京、任レ意経過。是国宰不レ慎二督察一、関司不レ責二過所一之所レ致也。自レ今以後、若有二警急一、必処二厳科一。

【史料22】『日本三代実録』貞観八年（八六六）五月二十一日条

唐人任仲元、非レ有二過所一、輙入二京城一。令下加二譴詰一、還中大宰府上。重下二知長門・大宰府一、厳二関門之禁一焉。

任仲元が過所を所持せず入京したことを受けて、四月十七日、豊前・長門などの国司が譴責されている。ついで五月二十一日には、長門・大宰府に「関門之禁」を厳しくするように命じている。過所を発給する大宰府、豊前門司を管掌する豊前国司、長門関を管掌する長門国司、それぞれの責任が問われたのである。このこともまた、豊前門司・長門関の重要性を物語っている。

この任仲元の入京事件や、貞観十一年の博多津における新羅海賊事件（『日本三代実録』同年六月十五日条、同十二月十四日条など）の影響もあって、下関（長門関）の「関戍」として、軍毅一人・主帳一人・兵士一〇〇人を配備し、警備体制を強化することになった（『類聚三代格』貞観十一年九月二十七日太政官符）。「戍」は兵営のことである（養老衛禁律32条）。豊後・伊予の国境に置かれた戍では、霊亀二年（七一六）以前から自由な往還を取り締まっていた（『続日本紀』同年五月辛卯条）。貞観十一年設置の「関戍」は、関を守固する軍団兵士を指す。もちろん、長門関にも当初は軍団兵士が配備されていた。しかし森氏が述べるように、延暦十一年の軍団兵士廃止を契機に、同二十一年の復活後も軍団兵士が長門関を守固しない状態が続いたのである。

さて、長門関・豊前門司に期待された重要な役割として、森氏が指摘するように、西海道諸国からの物資持ち出しの防止があった。『延喜式』雑式40条に「凡王臣家及諸商人船、許レ出二入太〔大〕宰部内一。但不レ得下因レ此擾二労百姓一、及糴レ米買上馬。若有レ違者、依レ法科レ罪」とあるように、米と馬が特に厳しく取り締まられた[39]。

まず米については、『類聚三代格』大同四年（八〇九）正月二十六日太政官符が参考になる。それによると、大宰府管内から米を持ち出すことは禁止されており、神護景雲二年（七六八）に、大宰府管内の五位以上国司らの位禄・季禄料の春米や、大宰府九箇使の料米に限って認められた。ところが、「官人任レ意運レ米、郡司・百姓、寄二事他物一、詐受二過所一、往来商賈、相続不レ絶」という状況であったため、延暦十二年に再禁止された。大同四年に国司・九箇使などによる持ち出しが解除されたが、その他の米は依然として禁制の対象であった。

つぎに馬に関しては、『日本三代実録』貞観十二年二月二十三日条が参考になる。大宰大弐の藤原冬緒によって四件の起請がなされるが、その二番目は次のような内容である。

【史料23】『日本三代実録』貞観十二年（八七〇）二月二十三日条

参議従四位上行大宰大弐藤原朝臣冬緒、進二起請四事一。（中略）其二曰、比年之間、公私雑人、或陸或海、来集深入遠尋、営二求善馬一、及二其帰向一、多者二三十、少者八九疋。惣二計過所一、年々出レ関之数、凡千余疋。夫機急之備、馬尤為レ用。而无頼之輩、毎レ年捜取。若有二罄乏一、如二非常一何。今将レ施二禁制一、翻致二謗讟一。望請、下二知豊前・長門両国一、四ヶ年間、禁二止出レ馬。（中略）詔並従之。

傍線を付したように、さまざまな人々が陸海を通じて大宰府管内に深く入り込み、善馬を探し求めて持ち帰ってしまい、過所を総計したところ、関を通過して大宰府管内から運び出された馬は一〇〇〇匹を越えたという。そこで、四年間の限定を付けた上ではあるが、馬の持ち出し禁止を申請し、それが認められた。それから九年後の元慶三年（八七九）にも、大宰府および豊前国・長門国などで境内の馬を持ち出すことが禁止されている（『日本三代実録』同年十月十五日条）。

以上の諸史料のなかには、過所に言及したものが少なくない（史料18・21～23）。九世紀においても依然として過所制は機能していたのである。史料23からは過所を通じて出馬数を把握できた様子も窺われるが、過所には携行する馬・牛が記載されるためである（養老公式令22条）。長門関・豊前門司で過所を厳密に勘過することによって、米・馬の不法な持ち出しを抑止しようとしたのである。

さらに、大宰府管内における対外交易を統制する役割も、長門関・豊前門司には期待されていた。

【史料24】『類聚三代格』延喜三年（九〇三）八月一日太政官符

太政官符

応レ禁三遏諸使越レ関私買二唐物一事

右左大臣宣、頃年如聞、唐人商船来着之時、諸院・諸宮・諸王臣家等、官使未レ到之前、遣レ使争買。又墎内富豪之輩、心愛二遠物一、踊レ直貿易。因レ茲、貨物価直、定准不レ平。是則、関司不レ慥二勘過一、府吏簡二略検察一之所レ致也。律曰、官司未二交易一之前、私共二蕃人一交易者、准レ盗論、罪止二徒三年一。令云、官司未二交易一之前、不レ得下私共二諸蕃一交易上。為レ人糺獲者、二二分其物一、一分賞二糺人一、一分没官。若官司、於二所部一捉獲者、皆没官者。府司須下因二准法条一、慎中其検校上、而寛縦不レ行、令二人狎侮一。宜下更下知、公家未二交易一之間、厳加二禁遏一、勿中復乖違上。若猶犯レ制者、没レ物科レ罪、曽不二寛宥一。

延喜三年八月一日

唐人商船が博多津に来着すると、院宮王臣家の派遣した使者が「官使」（蔵人所が派遣する唐物使）に先んじて唐物を争い買い、大宰府管内の富豪の輩も唐物を愛でて高値で交易するため、貨物の価格が一定しないという弊害が生じていた。律（推定養老雑律）・令（養老関市令8条〔史料7〕）を引用しているように、日本律令国家は官司先買の原則をとっていたが、それは十分に遵守されていなかった。そこで、大宰府による検察と長門関・豊前門司における勘過の徹底によって、事態の打開を図ろうとしたのである。

このうち大宰府による検察に関しては、すでに天長八年（八三一）に「商人来着、船上雑物一色已上、簡二定適用之物一、附レ駅進上。不レ適之色、府官検察、遍令二交易一。其直貴賤、一依二估価一」ということが命じられている（『類聚三代格』同年九月七日太政官符）。大宰府の府官が海商の積み荷を差し押さえ、「適用之物」は京へ進上し、「不レ適之色」のみ現地での交易が許された。八世紀には蕃客（新羅使、渤海使）に付随して京を中心に交易活動がおこなわれた。しかし、宝亀十年（七七九）の来日を最後に新羅使は途絶え、九世紀以降には海商が交易の主な担い手となる。こうしたなか、天長八年に大宰府の管理下で海商と交易する仕組みを整えたわけである。[40] その後、中央の蔵人所から唐物使を派遣するようになる。[41] 官司先買権の直接的な行使は唐物使に委ねられるが、大宰府の協力が必要な状況に変わりはない。延喜三年（九〇三）八月一日太政官符で大宰府に検察を命じたのも当然といえる。

他方、長門関・豊前門司における勘過の徹底化について、対外交易の統制という文脈から出されたのは、延喜三年太政官符が最初の事例となる。その狙いは、唐物使と競合関係にある院宮王臣家の使者を無闇に大宰府管内に入れない点と、彼らが違法に得た交易品が京へ流入するのを阻止する点にあったと考えられる。

この延喜三年太政官符が出された当時、院宮王臣家が富豪層と私的に結合し、さまざまな不法活動を展開していた。九世紀末から十世紀初頭にかけて、院宮王臣家の活動を抑圧するための政策が多数出されるが、あまり効果がなかったと考えられる[42]。それは延喜三年太政官符も同様であろう。やがて延喜十一年になると、その意図をめぐっては諸説あるが、海商の来航間隔を取り決めた年紀制が制定されるにいたる[43]。

以上、八世紀末から十世紀初頭にかけての長門関・豊前門司に関する史料をみてきた。いくつかの問題点を抱えながらも、一定の勘過機能を果たし続けており、国家側からの期待も大きかったといえる。

3　白河剗・菊多剗の展開

長門関と並んで九世紀に重視されたのが、東北地方に置かれていた白河剗と菊多剗である。窪田大介・永田英明両氏の研究[44]を参照しながら、両剗をめぐる状況をみてみよう。

まず、白河剗と菊多剗の成立時期から確認しておくと、承和二年（八三五）十二月三日太政官符（史料3）は、「検二旧記一、置レ剗以来、于レ今四百余歳矣」と記している。しかし、これは関所一般の起源を述べたものとみる余地があり、両剗が五世紀半ばに成立したと考える必要はない。永田氏は、養老五年（七二一）八月から十月にかけて実施された石城・石背両国の陸奥国への再併合[45]を契機に、南奥地域を含む広域陸奥国の国内資源を国内に留め、辺境支配の財源として活用する一連の政策[46]が打ち出される点に着目し、陸奥国内からの資源流出を抑止するシステムとして、白河剗と菊多剗が設置されたと理解している。その直接のモデルは長門関であったと思われるが、あくまでも「剗」にすぎず、一段低い扱いを受けていた。

だが八世紀末頃、新たな事態が生じる。窪田氏が指摘するように、宝亀五年（七七四）に「蝦夷俘囚」の入朝が停止された（『続日本紀』同年正月庚申条）結果、王臣家らは都で蝦夷と交易する機会を失い、使者を陸奥国などに派遣するようになったのである。『類聚三代格』延暦六年（七八七）正月二十一日太政官符の一節に、

王臣及国司等、争買二狄馬及俘奴婢一。所以、犬羊之徒、苟貪二利潤一、略レ良窃レ馬、相賊日深。加以、無知百姓、不レ畏二憲章一、売二此国家之貨一、買二彼夷俘之物一。綿既着二賊襖冑一、鉄亦造二敵農器一。

とあるように、王臣家と国司が争って狄馬・俘奴婢を買い、「犬羊之徒」（夷俘）[47]が莫大な利益をあげていること、百姓と夷俘の間で交易が展開し、綿・鉄が賊地へ流れていることが問題視されている。鉄はいうまでもなく、綿もまた兵器（襖冑）に転化される危険性があったためである。なお、蝦夷に鉄素材が奪われることへの警戒感は、唐令を抜本的に改変して成立した養老関市令6条（史料5）の規定にも反映されている。

この延暦六年太政官符については、次の弘仁六年（八一五）三月二十日太政官符でも言及されている（傍線部）。

【史料25】『類聚三代格』弘仁六年（八一五）三月二十日太政官符

太政官符

禁二断出レ馬事

右中納言兼右近衛大将従三位行陸奥出羽按察使勲三等巨勢朝臣野足奏状偁、軍団之用、莫レ先二於馬一。而権貴

之使、豪富之民、互相往来、捜求無レ絶。遂則、託二煩吏民一、犯二強夷獠一。国内不レ粛、大略由之。非二唯馬直踊貴一、兼復兵馬難レ得。仍去延暦六年下二騰　勅符一、特立二科条一。而年久世移、狎習不レ遵。望請、新下二厳制一、更増二禁断一者。被二右大臣宣一偁、奉　レ勅、宜下強壮之馬、堪レ充二軍用一者、勿上レ出二国堺一。若違二此制一者、罪依二先符一、物則没官。但駄馬者、不レ在二禁限一。其出羽国、宜レ准レ此。

弘仁六年三月廿日

「権貴之使」や「豪富之民」が軍用に堪える馬を求める動きを受けて、馬の値段が上がり、兵馬が得がたい状況にあったことが述べられている。桓武天皇は三次に及ぶ征夷を実施するが、第一次となる延暦八年征夷に向けた準備の意味合いもあって、延暦六年太政官符（騰勅符）が出されたものと推測される。

その後も陸奥・出羽両国における私交易は続いた。『類聚三代格』延暦二十一年六月二十四日太政官符に、

渡嶋狄等来朝之日、所レ貢方物、例以二雑皮一。而王臣諸家、競買二好皮一、所レ残悪物、以擬二進官一。仍先下レ符、禁制已久。而出羽国司寛縦、曽不二遵奉一。

とあるように、渡嶋蝦夷のもたらした良質な毛皮を王臣諸家が先に買い占めてしまっていた。

弘仁六年太政官符（史料25）をみても、陸奥国では依然として強壮馬を求める動きが強かったことがわかる。そこで陸奥・出羽両国において、軍用に堪える強壮馬を「国堺」から出すことを禁止している。ただし、駄馬は例外とされた。この例外規定の影響と思われるが、その後も馬の国外持ち出しはやまなかった。そこで貞観三年（八六一）には、弘仁六年太政官符の内容を確認した上で、馬の持ち出しを改めて禁じている（『類聚三代格』同年三月二十五日太政官符）。ただし、このときも「新増二厳制一、堪二軍用一者、不レ論二牝牡一、皆咸禁断、以備二警固一」とあるように、軍用に堪えない馬であれば許す、という含みをもたせてしまっている。[48]

他方、次の史料にみるように、陸奥・出羽両国から鹿尾・熊膏・昆布・沙金・薬草などを貢上するために都に向かった使者も、これら公物のみならず大量の私荷を運送し、路次諸国に多大な迷惑をかけていた（『類聚三代格』承和十二年正月二十五日太政官符も参照）。

【史料26】『続日本後紀』承和十二年（八四五）正月壬申条

美濃国言、凡上下諸使、随二其位階一、乗二用人馬一、灼立二条章一。而貢二御鹿尾・熊膏・昆布幷沙金・薬草等一使、或以二遷替之国司一、便充二綱領一、或差二浮遊之輩一、令レ得二公乗一。而公物有レ限、私荷無レ数。使等偏仮二威勢一、不レ憚二憲法一。駅子無レ由二告訴一、運二送山谷一。人馬斃亡、職此之由。望請、除レ非下貢二御鷹馬一幷四度使上之外諸使等、以二初位已下子弟一、被二差充一之者。勅、依レ請。宜下仰二陸奥・出羽両国及東山道諸国一、令上レ知二此制一。

このように陸奥・出羽両国では、王臣諸家や富豪の民らが良馬や毛皮などを求めて、活発な私交易を展開しており、国司もまた違法行為に及んでいたことがわかる。

こうした不法活動を抑止するためであろう、延暦十八年には、白河・菊多の「剗守」として外散位六〇人が配置されている（『河海抄』所引同年十二月十日太政官符）。しかし承和二年太政官符（史料3）に、(i)「俘囚多レ数、出入任レ意」、(ii)「進官雑物、触レ色有レ数、商旅之輩、窃買将去」とあるように、事態は一向に改善されなかった。本官符に対応する『続日本後紀』承和二年十二月甲戌条をみると、「夷俘出レ境、禁制已久。而頃年任レ意、入京有レ徒。仍下二官符一、譴二責陸奥出羽按察使幷国司鎮守府等一」とある。ここでは(i)を「夷俘出レ境、禁制已久。而頃年任レ意、入京有レ徒」と表現しており、交易[49]あるいは入京越訴[50]を目的とした上京であったと推定されている。(ii)は『続日本後紀』では特に言及されていないが、「進官雑物」の中身については、窪田氏が指摘するように、馬・鷹・砂金・昆布など陸奥国から中央に進上される特産品とみてよかろう。

こうした不法行為がやまないのは、勘過の権限がない「剗」であるためという認識から、白河・菊多の両剗を長門関に準じて格上げし、勘過機能を強化したのである。これが一定の効果をあげたことは、『類聚三代格』貞観八年正月二十日太政官符からわかる（『日本三代実録』同日条も参照）。陸奥国内の鹿嶋苗裔神を祠る三八社(51)への奉幣が弘仁年間（八一〇～八二四）以来途絶えており、嘉祥元年（八四八）に再開されることになったが、

　仍去嘉祥元年、弁㆓備幣帛㆒、請㆓当国移文㆒、向㆓於彼国㆒。而称㆑無㆓旧例㆒、不㆑聴㆑通㆑関。爰道継（鹿嶋神宮寺禰宜中臣部道継—筆者註）身留㆓関下㆒、不㆑得㆑向㆑社、所㆑齎幣物、祓㆓棄河頭㆒、空以廻来。

とあるように、入国拒否にあっている。「当国移文」とは、鹿嶋社のあった常陸国が発行した移で、隣国の陸奥国に宛てたものである。これを過所の代用としたが、「無㆓旧例㆒」という理由で、「関」（菊多剗）の通過は許されなかった。承和二年に菊多剗が関として扱われるようになった結果、正式な過所がなければ通過できなくなっていたのである。そのため貞観八年になって、鹿嶋苗裔神へ奉幣する使者の出入りを緩和するまでになる。

そして元慶四年（八八〇）には、「関門有㆑禁、其来久矣。而頃年、遊蕩之輩、往還任㆑情、煩㆓擾吏民㆒」という状態であったため、「遊蕩之輩」と称される内外官人や諸司・諸家雑色らの陸奥国流入を抑止するという目的で、白河・菊多両剗に一分官（国史生など）を月交替で派遣し、不法乱入者を拘束させている（『類聚三代格』同年九月五日太政官符）。なお、軍団兵士を両剗に派遣していないのは、東北では軍団兵士・鎮兵・健士といった常備兵は国府を含む城柵に配備され、それ以外の場所に置かれなかったことによる(52)。

以上みてきたとおり、延暦八年の三関・摂津関の停廃と入れ替わるかのように、辺境の関ともいうべき長門関・白河剗・菊多剗への注目度が高まっていった。その背景には、八世紀末以降、新羅使の派遣停止、海商の出現、蝦夷の上京朝賀の停止にともなって、大宰府管内・陸奥・出羽などを主要舞台として、王臣家・富豪層らの

交易活動が活発化したことが考えられる。こうした新たな動きは旧来の秩序を破壊する危険性があったため、長門関・白河剗・菊多剗の勘過機能を維持・強化することで対処しようとしたのである。唐関市令を参照して日本令を作成する際、唐令にあった辺境の関・交易活動の取り締まりに関する規定を受容しなかったが、八世紀末以降の状況変化を受け、新たな展開を遂げたといえよう。

さて、本節第1項の最後において、平安時代の明法家が大宰部内・三越・陸奥・石城・石背の各国を総称して「関国」と呼んだ理由を問題にした。以上の考察を踏まえると、三関・摂津関の停廃以後、辺境の関とでもいうべき長門関・白河剗・菊多剗が重視されるようになったことを、その背景として想定してもよかろう。長門関・白河剗・菊多剗の設置された長門国・旧石背国・旧石城国を含めたその先の国が、「関国」として認識されたのではなかろうか。この「関国」には三越が含まれないこと、逆に長門国が含まれることが少し問題であるが、重なり合う部分が大きい点をより重視すべきであると考える。

おわりに

本章では、日本古代関制の特質と展開について検討した。第一節では、関と剗は明確に区別されるべきで、前者は三関・摂津関・長門関など限定的存在であったことを確認した。第二節では、新発見の北宋天聖令を活用して、関と交易活動の関係という観点から日唐関市令を比較し、日本古代関制の法的特徴を探った。第三節では、実態面を中心に考察を加えた。第二・三節の検討結果を中心にまとめると、次のようになる。

唐関市令では、辺境地帯における交易活動を前提とした規定が多数あり、関で禁物などの交易・輸出を制限する意図が明確であるのに対し、日本令ではそうした発想は乏しかった。これは日本と唐の地理的環境の違いや商業活動の発展度合いの違いが大きい。また日本の関は、三関・摂津関に象徴的なように、都の周辺に重点的に配置されていた。この点は唐とも共通するが、唐では辺境の関も重要な位置を占めていた。もちろん、日本にも長門関があったが、摂津関とセットで瀬戸内海の交通検察にあたる点に主眼があり、辺境の関とはいいがたい。

ところが、延暦八年（七八九）に、三関・摂津関は停廃される。しかし長門関は停廃されず、陸奥国の白河剗・菊多剗とあわせ、辺境の関として位置づけ直される。八世紀末頃以降、新羅使の派遣停止、海商の出現、蝦夷の上京朝賀の停止を受けて、大宰府管内・陸奥・出羽などを舞台に、王臣家・富豪層らが交易活動を活発化させる。この新たな動きに対処するためにも、長門関・白河剗・菊多剗の勘過機能を維持・強化したのである。

ところで、九世紀末以降、足柄関・碓氷関の設置に典型的なように、関の役割は治安維持の比重が高くなっていく（『類聚三代格』昌泰二年九月十九日太政官符、同三年八月五日太政官符）。さらに中世になると、関では通行料を徴収するのが一般化し、経済面が強くなる。[53] これらの検討は今後の課題としたい。

註

（1）喜田新六「上代の関の研究」（『歴史地理』五七―四、一九三一年）。他の研究は必要に応じて言及する。

（2）舘野和己a『日本古代の交通と社会』（塙書房、一九九八年）、同b「古代の関と三関」（『条里制・古代都市研究』二四、二〇〇八年）、同c「木簡から探る日本古代の交通」（藤田勝久・松原弘宣編『東アジア出土資料と情報伝達』汲古書院、二〇一一年）、同d「三関と山国の交通」（鈴木靖民・吉村武彦・加藤友康編『古代山国の交通と社会』八木書店、二〇一三年）、同e「関と交通検察」（舘野和己・出田和久編『日本古代の交通・交流・情報1　制度と実態』吉川弘文館、二〇一六年）など。以下、舘野氏の見解はこれらによる。

（3）永田英明「奈良時代の王権と三関」（『今泉隆雄先生還暦記念論文集　杜都古代史論叢』二〇〇八年）六～八頁、吉永匡史「律令制下における関剗の機能」（『律令国家の軍事構造』同成社、二〇一六年、初出二〇一二年）一七六～一八二頁。以下、特に断らないかぎり、本節における両氏の見解はこれらによる。

（4）礪波護「唐代の畿内と京城四面関」（『隋唐都城財政史論考』法藏館、二〇一六年、初出一九九二年）八四～八七頁。以下、礪波氏の見解は本論文による。なお、関に関するデータについては、青山定雄『唐宋時代の交通と地誌地図の研究』（吉川弘文館、一九六三年）一四四～一五〇頁に掲載された表が参考になる。

（5）吉永匡史「律令関制度の構造と特質」（註(3)著書所収、初出二〇〇九年）一五九～一六二頁。

（6）八・九世紀を中心とする「関」「剗」の一覧表は、永田英明註(3)論文の表2、吉永匡史註(3)論文の表8など参照。

（7）関契（木契）については、勝浦令子「日本古代の割符「契」について」（『史学論叢』一〇、一九八二年）三三～三六頁を参照。なお、江戸時代のものであるが、寛文三年（一六六三）・宝永六年（一七〇九）に作成された実物も伝わっている（田良島哲「郵政資料館所蔵の寛文三年固関木契」『郵政資料館研究紀要』二、二〇一一年、平林盛得「固関木契」『書陵部紀要』三九、一九八八年）。ただし、勝浦論文が指摘するように、延暦八年（七八九）の三関廃止および大同元年（八〇六）の固関の復活を経て、関契は常設から臨時作成になることをはじめ、いくつかの変化が想定される点には注意する必要がある。

（8）帳内・資人の任用を定めた養老軍防令48条は、後半部に「並不ㇾ得ㇾ取三関及大宰部内、陸奥・石城・石背・越中・越後国人一」という任用禁止国を載せる。このうち石城・石背の二ヵ国は養老二年（七一八）設置のため（『続日本紀』同年五月乙未条）、大宝令に規定がなかったことは確実である（瀧川政次郎『律令の研究』刀江書院、一九三一年、五〇八～五〇九頁）。問題はそれ以外である。和銅五年（七一二）に三関人を帳内・資人に任用することが禁止されている（『続日本紀』同年九月乙未条）点に注目すると、大宝令には三関国の規定がなかったか、あるいは後半部の一句全体がなかった可能性がある（野村忠夫『律令政治の諸相』塙書房、一九六八年、一五七～一五八頁など）。なお、和銅五年以後に、三関国の百姓を事業・位分資人・大臣資人にすることも禁止された（『続日本紀』神亀五年三月甲子条、同天平神護元年三月丙申条）。永田英明註(3)論文九頁が指摘するように、聖武天皇による天平改元の詔には、三関兵士は陸奥鎮守兵と並んで、生死を顧みず敵と勇敢に戦うことが求められており（『続日本紀』天平元年八月癸亥条）、三関国から優秀な兵力が流出することを恐れたと考えられる。

（9）今泉隆雄「古代東北城柵の城司制」（『古代国家の東北辺境支配』吉川弘文館、二〇一五年、初出一九九〇年）二〇七～二〇九頁。

（10）極めて多くの研究があるが、発掘成果に関わるものとして、亀山市教育委員会編『鈴鹿関跡　第1次発掘調査概報』（二〇〇七年）、亀山市編『Ｗｅｂ版　亀山市史　考古編』（二〇一一年）、山中章「鈴鹿関の位置と構造」（『国士舘考古学』六、二〇一四年）、岐阜県教育委員会・不破関跡調査実行委員会編『美濃不破関』（一九七八年）をあげるにとどめる。以下、鈴鹿関跡・不破関跡の発掘調査成果はこれらによる。

（11）舘野和己註（2）b論文二〇～二二頁などは、三関には主要道を抑える「大関」と脇道を抑える「小関」があり、『令集解』職員令70条令釈の「関左右小関、亦可レ云レ剗也」という解釈を参考に、小関が剗に相当するとみる。

（12）今泉隆雄「多賀城の創建」（註（9）著書所収、初出二〇〇二年）三八四～三八五頁参照。

（13）舘野和己註（2）e論文四九頁は、延暦十四年（七九五）における相坂剗の廃止記事（『日本紀略』同年八月己卯条）に着目し、「もし剗が国司が自己の裁量で設置したものであるなら、国史がその廃止記事を特に載せるであろうか」と疑問を呈す。しかし、山背・近江の国境に置かれた相坂剗は、延暦三年の長岡京遷都によって山背国に都が置かれたために、その重要性が増した結果、国史に廃止記事が載せられたとみることも可能である。舘野氏の批判にもかかわらず、剗は国司の自由裁量によって置くことができた可能性は十分にあると考える。

（14）「木乃関守」（『万葉集』巻四－五四五番歌）、「川口関務所」（宮1-79号）、「関々司」（同2-1926号）など。

（15）和語のセキについて、石神遺跡（奈良県明日香村）から「勢岐」と表記した木簡（飛17-6号）が、藤原宮跡（同橿原市）から「塞」と表記した木簡（藤1-12号）が出土している。また、『万葉集』巻十八－四〇八五番歌に「刀奈美能勢伎」がみえる。

（16）「相坂関」（『日本文徳天皇実録』天安元年四月庚寅条）、美濃国－信濃国間の「関」（『日本三代実録』元慶三年九月四日条）など。このうち「相坂関」に関する史料は、

始置㆓近江国相坂・大石・龍花等三処之関剗㆒、分㆓配国司・健児等㆒鎮守之。唯相坂是古昔之旧関也。時属㆓聖運㆒、不㆑閉㆓門鍵㆒、出入無㆑禁、年代久矣。而今国守正五位下紀朝臣今守、上㆔請加㆓一処関㆒、而更始置之也。

というものであるが、そこに「関剗」とある点を重視すると、「剗」の史料とみることも不可能ではなかろう。相坂と併記された大石・龍花についても同様である。

(17) 孟彦弘「唐関市令復原研究」（天一閣博物館・中国社会科学院歴史研究所天聖令整理課題組校証『天一閣蔵明鈔本天聖令校証　下冊』中華書局、二〇〇六年）、榎本淳一a「北宋天聖令による唐関市令朝貢・貿易管理規定の復原」（『唐王朝と古代日本』吉川弘文館、二〇〇八年）、同b「天聖令からみた唐日奴婢売買の諸問題」（大津透編『日唐律令比較研究の新段階』山川出版社、二〇〇八年）、吉永匡史註(5)論文、同「唐代における水関と関市令」（『工学院大学研究論叢』五〇―一、二〇一二年）など。

(18) 榎本淳一註(17)著書。以下、同註(17)a論文も含め、榎本氏の見解は本著書による。

(19) 三上喜孝「北宋天聖雑令に関する覚書」（『山形大学歴史・地理・人類学論集』八、二〇〇七年）九三頁も参照。

(20) 日本律は令に比べて写本の伝来に恵まれず、衛禁律については、その後半部のみが廣橋家旧蔵「養老衛禁律」の写本として伝わるにすぎない。これを唐律の該当部分と比べると、唐衛禁律22・30・31条に相当する条文がみえない。このうち唐衛禁律22・30条が日本律で削除されたことは特に異論はないが、唐衛禁律31条に相当する条文の存否については議論がある。しかし榎本氏が綿密に考証しているように、唐衛禁律31条に相当する日本律はなかったとみるべきであろう。

(21) 佐藤ももこ「唐代の通行証に関する一考察」（『史泉』一二〇、二〇一四年）一三頁。

(22) 大津透「古代日本律令制の特質」（『思想』一〇六七、二〇一三年）三九～四二頁。

(23) 喜田新六註(1)論文六三～六四頁、横田健一「大和国家権力の交通的基礎」（『白鳳天平の世界』創元社、一九七三年、初出一九六二年）三五六～三五七頁、胡口靖夫「三関について」（『近江朝と渡来人』雄山閣出版、一九九六年、初出一九九四年）三〇三～三一三頁など。

(24) 柴田博子「鈴鹿関と不破関」（佐藤宗諄編『日本古代の国家と城』新人物往来社、一九九四年）二四二～二五一頁など。

(25) 柴田博子註(24)論文二五一頁、永田英明註(3)論文一七～一八頁、吉永匡史註(3)論文三～六頁など。

(26) 仁藤智子ａ「固関儀の展開と王権」、同ｂ「固関儀の構造と特質」(ともに『平安初期の王権と官僚制』吉川弘文館、二〇〇〇年、ａは初出一九九六年) など。

(27) 岸俊男「元明太上天皇の崩御」(『日本古代政治史研究』塙書房、一九六六年、初出一九六五年) 一七七～一八二頁。

(28) 永田英明註(3)論文一五頁。以下、本節における永田氏の見解は、すべてこれによる。

(29) 松本政春「古代三関考」(『律令兵制史の研究』清文堂出版、二〇〇二年、初出一九九四年) は、三関の基本的属性は対外的機能を果たすことにあったとみるが、従いがたい。

(30) 舘野和己「律令制下の交通と人民支配」(註(2)ａ著書所収、初出一九八〇年) 四六～四八頁。

(31) 吉田孝「類聚三代格」(坂本太郎・黒板昌夫編『国史大系書目解題　上』吉川弘文館、一九七一年) 三六五～三六八頁、川尻秋生「『弘仁格抄』の特質」(『日本古代の格と資財帳』吉川弘文館、二〇〇三年、初出二〇〇一年) など。

(32) 論文として明記したものは少ないが、前者に喜田新六註(1)論文三六七～三六八頁、後者に新井喜久夫「「固関の国」の律令制支配」(浅香年木編『古代の地方史4　東海・東山・北陸編』朝倉書店、一九七八年) 一五一～一五二頁などがある。また、永田英明註(3)論文の発表後となるが、中尾浩康「征討における軍粮・兵力数の一考察」(『続日本紀研究』四〇二、二〇一三年) 一四～一五頁は、征夷と造都における交通・流通経済の促進と、情報伝達の迅速化を指摘し、特に征夷との関連に注意を促している。

(33) 参考までに『令義解』戸令14条の該当部分を掲げておく。

＊謂、仮令、母在二関国一、父在二他国一。其子従レ母在二関国一者、従レ母為レ定。是為下従二見住一為上定。若父在二関国一、母在二他国一、仍復有二両貫一者、自須レ依下従二本国一之法上也。

＊謂、父母各在二関国一、仍復有二両貫一者、不レ論二父国・母国一、従二先貫一為レ定也。

(34) まず「禁国」の表現を使った理由は、養老軍防令48条が帳内・資人への任用禁止国として「三関及大宰部内、陸奥・石城・石背・越中・越後国」をあげている点が関係しよう。養老戸令14条の「大宰部内、及三越・陸奥・石城・石背等国」と比較すると、養老軍防令48条では伊勢・美濃の二ヵ国がはみ出す点を除けば、重なり合っている。したがって、養老軍防令48条を念頭に「禁国」と表現することで、養老戸令14条の関係国はすべて網羅できる。

つぎに「城国」に関しては、養老軍防令52条「凡辺城門、晩開早閉。若有二事故一、須二夜開一者、設備乃開。若城主有二公事一、須二出レ城検行一者、不レ得二倶出一。其管鎰、城主自掌。執レ鑰開閉者、簡二謹慎家口重大者一充之」を念頭に置いた表現と推測する。第一節でも触れたが、今泉隆雄註(9)論文二〇七〜二〇九頁が考証しているように、「辺城」は西海道と陸奥・出羽・越後三国の城柵を指すと考えられる。「城国」が「辺城国」の略称であるとすれば、養老戸令14条の関係国で登場しないのは、石城・石背・越前・越中の四ヵ国となる。このうち石城・石背の二ヵ国はごく短期間しか存続しなかったので、除外しても差し支えないであろう。越前・越中の二ヵ国が除外される点は少し問題を残すが、「(辺)城国」という総称によって、養老戸令14条の関係国の大部分は網羅できることになる。

(35) 第一節で触れたように、三関の守衛形態が辺城の守衛形態と類似していたこともあって、『令義解』軍防令52条では、辺城城主を三関国の関司と誤って理解する。これは「辺城（国）」＝「三関国」という認識である。これを一歩進めて、「城国」＝「関国」という認識を読み取ることも不可能ではない。このような認識のもと、大宰部内・三越・陸奥・石城・石背の総称として「城国」を想起し、これを媒介に「関国」という表現を思いついた可能性もある。しかしそうであったとしても、本来「辺城国」と「三関国」はまったく別個の存在であった以上、両者を等しく認識するようになった契機を探る必要がある。

(36) 以下の諸研究によって、令釈の成立年代がしぼられてきた。黛弘道「令釈の成立年代について」（『史学雑誌』六三―七、一九五四年）、井上辰雄ａ「令釈をめぐる二、三の問題」（『続日本紀研究』一〇―八・九、一九六三年）、同ｂ「「令集解」雑考」（坂本太郎博士古稀記念会編『続日本古代史論集　中』吉川弘文館、一九七二年）、亀田隆之ａ「令釈説」、同ｂ「令釈説についての二、三の問題」（ともに『日本古代制度史論』吉川弘文館、一九八〇年、初出は順に一九六五年、一九六六年）など。

(37) 森哲也「下関の成立」（下関市市史編集委員会編『下関市史　原始―中世』二〇〇八年）。

(38) 「草野」の地名が隣接する延永ヤヨミ園遺跡（福岡県行橋市）の発掘調査によって、港湾施設の遺構がみつかり、「津」の墨書土器が発見されたことなどから、本遺跡が三津のひとつ草野津であることがほぼ確定した。本遺跡出土の木簡・墨書土器の内容から豊前国京都郡の関連施設とみられ、京都郡司が草野津の管理に関わっていたようである。勘過業務も京都郡司が担っていた可能性が出てきた。酒井芳司・松川博一「福岡・延永ヤヨミ園遺跡」（『木簡研究』三二、二〇一〇年）、森哲也「瀬戸内の海上交通」（『日本古代の交通・交流・情報1　制度と実態』前掲註(2)）一八一〜一八二頁、酒井芳司「九州地方の軍事と交通」（同上書所収）二五一〜二五二頁。

(39) 森哲也註(37)論文二九一〜二九五頁のほかに、同「大宰府九箇使の研究」（『古代交通研究』一、一九九二年）四〇〜四三頁を参照。

(40) 多くの研究があるが、総括的なものとして、田中史生「国際交易の中心と周縁」（『国際交易と古代日本』吉川弘文館、二〇一二年）をあげるにとどめる。

(41) 唐物使の初見史料は、松原弘宣氏によって貞観五年（八六三）に比定された正月四日陳泰信書状（平遺四五三九号）の「従京中朝使」が一般に考えられているが、唐の大中六年（日本の仁寿二年〈八五二〉）に比定される十月二十一日徐公祐書状（『高野雑筆集』下巻末収文書）の「京使」に求める田中史生・山崎覚士両氏の見解もある。松原弘宣「陳泰信の書状と唐物交易使の成立」（『続日本紀研究』三一七、一九九八年）、田中史生「唐人の対日外交」（註(40)著書所収、初出二〇〇六年）一七八頁、山崎覚士「九世紀における東アジア海域と海商」（『中国五代国家論』思文閣出版、二〇一〇年、初出二〇〇七年）一八〇〜一八四頁など。

(42) 拙稿「九世紀畿内地域の富豪層と院宮王臣家・諸司」（『ヒストリア』一六三、一九九九年）、吉川真司「院宮王臣家」（同編『日本の時代史5　平安京』吉川弘文館、二〇〇二年）一四八〜一五九頁など。

(43) 石井正敏「一〇世紀の国際変動と日宋貿易」（田村晃一・鈴木靖民編『新版古代の日本2　アジアからみた古代日本』角川書店、一九九二年）、山内晋次「中国海商と王朝国家」（『奈良平安期の日本とアジア』吉川弘文館、二〇〇三年、初出一九九三年）、渡邊誠a「年紀制と中国海商」、同b「年紀制の消長と唐人来着定」（ともに『平安時代貿易管理制度史の研究』思文閣出版、二〇一二年、ともに初出二〇〇九年）、同c「年紀制に関する補説」（『史人』六、二〇一五年）、中村翼「平安中期における貿易管理体制の変容」（『待兼山論叢　文化動態論篇』四九、二〇一五年）など。

(44) 窪田大介「承和二年十二月三日官符の歴史的意義」(『弘前大学国史研究』一一二、二〇〇二年)、永田英明「古代南奥のみちと政治」(入間田宣夫監修・菊池勇夫・斎藤善之編『講座東北の歴史4　交流と環境』清文堂出版、二〇一二年)二九～三九頁。以下、本節における両氏の見解はこれらによる。

(45) 再併合の時期については、長らく議論があった。永田英明註(44)論文三四～三五頁では、養老六年(七二二)ないし神亀元年(七二四)頃とする説を採用していたが、同「城柵の設置と新たな蝦夷支配」(熊谷公男編『東北の古代史3　蝦夷と城柵の時代』吉川弘文館、二〇一五年)三五～三六頁では、佐々木茂楨「古代陸奥国の「名取以南一十四郡」と多賀・階上二郡の権置」(『国史談話会雑誌』五〇、二〇一〇年)を受けて、養老五年八月から十月にかけての間としている。

(46) その具体的な中身については、熊谷公男「養老四年の蝦夷の反乱と多賀城の創建」(『国立歴史民俗博物館研究報告』八四、二〇〇〇年)、今泉隆雄註(12)論文三九九～四一六頁などの総括的な研究を参照。

(47)「犬羊之徒」については「弘羊之徒」に作る写本もあり、いずれをとるべきか議論がある。窪田大介註(44)論文四～六頁が指摘するように、エミシの心情を「犬羊」の語で表現する例があることからも(『類聚国史』弘仁八年九月丙午条、『日本三代実録』元慶二年三月二十九日条)、「犬羊之徒」を採用すべきと考える。

(48) 熊田亮介「九世紀における東北の地域間交流」(『古代国家と東北』吉川弘文館、二〇〇三年、初出二〇〇〇年)二〇三頁。

(49) 蓑島栄紀「古代の陸奥・出羽における交易と交易者」(『古代国家と北方社会』吉川弘文館、二〇〇一年)一五八～一六〇頁、窪田大介註(44)論文など。

(50) 鈴木拓也「蝦夷の入京越訴」(熊田亮介・八木光則編『九世紀の蝦夷社会』高志書院、二〇〇七年)六九～七六頁。

(51) 熊田亮介「「征夷」と鹿嶋苗裔神」(註(48)著書所収、初出一九八四年)参照。

(52) 鈴木拓也「軍制史からみた古代山城」(『古代文化』六一―四、二〇一〇年)九七～九八頁。

(53) 多くの研究があるが、相田二郎『中世の関所』(畝傍書房、一九四三年)、豊田武『豊田武著作集3　中世の商人と交通』(吉川弘文館、一九八三年)、新城常三『中世水運史の研究』(塙書房、一九九四年)をあげるにとどめる。

第七章　過所木簡に関する一試論

はじめに

律令制下において、関を越える際には「過所」と呼ばれる通行証が必要であった[1]。宛名として「過所」と記された中国漢代の封検があるように、過所は本来「通過する所」（通過する機関）の意であり、その制度は古くまで遡る。北宋の時代になると「公憑」が用いられるようになるが、それ以前の唐代には過所が使用されており、同時代の日本にも影響を与えた。公式令は過所の書式を記し、関市令は過所の発給・運用法を定めている。また、衛禁律には過所制度に関わる諸々の罰則を規定している。

日本古代の過所の形態を考える際、和銅八年（＝霊亀元年、七一五）五月一日格が重要な意味をもつ。

【史料1】『続日本紀』霊亀元年（七一五）五月辛巳朔条

勅二諸国朝集使一曰、天下百姓、多背二本貫一、流二宕他郷一、規二避課役一。其浮浪逗留、経二三月以上一者、即云断輸二調庸一、随二当国法一。（中略）始レ今、諸国百姓、往来過所、用二当国印一焉。

【史料2】『令集解』公式令40条古記

古記云、注、過所符者、随レ使用二竹木一。謂、和銅八年五月一日格云、自レ今以後、諸国過所、宜レ用二国印一也。

史料1では、浮浪百姓の取り締まりと並んで、百姓の過所に当国印を押すように命じている。史料2によると、大宝令（七〇一年）段階の過所は「竹木」（木簡）が認められていた。和銅八年に国印を押すことになったので、これ以後の過所は紙で作成されるようになったと考えられる。和銅八年格が出た八日後、京職に印が支給されるが（『続日本紀』霊亀元年五月己丑条）、京職は国司と並んで過所の発給に携わる官司であるので、これは過所の整備と関わる措置とみられる。日本古代の紙の過所の実物は残存していないが、天平八年度（七三六）以前伊勢国計会帳に「判給百姓過所廿五紙」とあり、その実在は確実である。

このように和銅八年格を契機に過所はすべて紙に切り替わったと考えられるが、それ以後の時期の過所を思わせる木簡が複数出土している。以下、これらの木簡を便宜的に「過所木簡」と呼びたい。「過所木簡」に関しては、佐藤信・平川南・小里峰加・永田英明・松原弘宣・舘野和己らの諸氏が検討しているが(2)、いまだ定説をみない。これまで主に日本の史料を使って「過所木簡」の性格が議論されてきたが、中国の制度を念頭に置くことで、新たな視点を得ることができると期待される。以下、私見を述べてみたい。

第一節　関市令に規定された通行証

1　衛禁律疏に登場する通行証

これまで通行証の種類を示すものといえば、次の史料に着目するのが一般的であった。

【史料3】『唐律疏議』衛禁律25条

疏議曰、水陸等関、両処各有二門禁一。行人来往、皆有二公文一。謂、駅使験二符券一、伝送拠二逓牒一、軍防・丁夫

有二総暦一。自余各請二過所一而度。（後略）

【史料4】養老衛禁律25条疏

謂、公使有二鈴・符一。軍防・丁夫有二惣歴一。自余各請二過所一而度。（後略）

これらは私度（通行証なしで関を越えること）・越度（関以外の場所を越えること）の量刑を定めた律文に付けられた注釈である。史料3より、唐代の通行証は、駅使のものは「符券」、伝送のものは「逓牒」、軍防・丁夫のものは「総暦」、それ以外のものは「過所」と呼ばれたことがわかる。これらは、公務にともなって使用される「符券」「逓牒」「総暦」と、それ以外の移動（基本的に私的な移動）の際に使用される「過所」に大別される。前者はそれぞれ固有の役割があり（たとえば「符券」であれば駅制の利用証としての役割が第一義）、それに付随して関の通過が認められたが、後者の「過所」は関の通行に特化した文書といってよい。

史料4によると、日本の通行証は、公使のものは「鈴」（駅制の利用証である駅鈴）もしくは「符」（伝制の利用証である伝符）、軍防・丁夫のものは「惣歴」、それ以外のものは「過所」となっている。対応する日唐駅伝制における利用証の相違に応じて若干の名称の違いはあるが、基本的に唐と同じような通行証が想定されている。

ところが、関市令（第六章表5）に示された通行証を比較してみると、やや違った状況が浮かび上がってくる。以下、比較検討したいが、唐令条文の復原は吉永匡史氏の見解に大きく依拠したことを明記する。(3) また、唐関市令の復原条文番号および養老関市令の条文番号は、「復○」「養○」と省略して示す場合がある。

最初に日本の養老関市令からみると、通行証として「駅鈴」（養4）、「伝符」（養4）、「本国歴名」（養5）、「過所」（養1・3・4）が登場する。衛禁律疏（史料4）と比較して、「本国歴名」のみ「惣歴」とあり名称は違っているが、内容的には同じものとみて特に差し支えない。実例としては、天平六年度（七三四）出雲国計会帳にみえる「運調脚帳」が該当し、調庸運脚夫らの名簿とみてよかろう。

このように日本では、衛禁律疏と関市令に登場する通行証は基本的に合致している。これに対して唐では、関市令に登場する通行証は極めて多彩であり、衛禁律疏に示された通行証の枠内に収まりきらない。

まず、『唐律疏議』衛禁律25条（史料3）と対応するものから列挙すると、「駅券」（復4）、「逓牒」（復4）、「本県歴名」（復7）、「過所」（復1〜4・8・10・12・15）となる。「駅券」は「符券」、「本県歴名」は「総暦」の異称とみてよい。また後述するように、「部領兵将文帳」（復6）は「総暦」の一種とみることができ、「鎮戍烽文帳」（復6）もそれに準じる可能性がある。次の復5に登場する「逓移」についても、「逓牒」と近い関係にある。

【史料5】唐関市令復原5条

諸乗㆓駅伝馬㆒度㆑関者、関司勘㆓聴往還㆒。若送㆑囚度㆑関者、防援人亦準㆑此。其囚験㆓逓移㆒聴㆑過。

これは天聖関市令宋4条の冒頭部「諸乗㆓逓馬㆒度㆑関」のみ、唐代の実態にあわせて改めた復原条文である。前半部は駅馬・伝馬に乗って関を越える場合の規定で、天聖関市令宋3条を少し改変した復4「諸行人齎㆓過所㆒、及乗㆓駅伝馬㆒、出㆓入関㆒者、関司勘㆓過所㆒、案記。其過所・符券・逓牒、並付㆓行人㆒自随」と一部重複し、少し問題を残す。だが吉永氏が指摘するように、後半部の囚が関を越える際に「逓移」を必要とするのは独自規定である。これは囚徒の移送を規定した唐断獄律13条とも対応し、唐令に存在した可能性が高い。復5は日本令には継受されなかった条文である。

「逓移」とは、移式で書かれた囚人の逓送を指示する内容の文書であろう。ただし、「移」と「牒」はしばしば通用したことを考えると、「逓移」は「逓牒」とみることが可能かもしれない。荒川正晴氏が指摘するように、逓送を指示した文書が「逓牒」であり、(イ)馬畜・程糧の支給、(ロ)程糧のみの支給、(ハ)馬畜・程糧ともに不支給、といった幅広い内容があった(4)。伝送制の利用証としての「逓牒」は(イ)にあたる。囚人を移送する場合、特別に伝馬の利用が許されることもあったが（『天聖令校証』唐獄官令復原17条）、基本的には徒歩が原則であった（第二章）。したがって、囚人逓送に関するものの多くは、(ロ)もしくは(ハ)と考えられる。仮に「逓移」が「逓牒」とは別個であるとしても、両者が極めて近しい関係にあることは動かない。

一方、唐関市令の復6・9～12・14・15に登場する通行証（それに準じるものも含む）は、『唐律疏議』衛禁律25条に明確な形では出てこない。うち四ヵ条（復6・9・10・15）は日本令に継受されず、残り三ヵ条（復11・12・14）も大幅な改変を被って日本令に継受され、通行証の規定は取り入れられなかった。したがって、この七ヵ条の検討を通じて、唐の通行証の特質が浮かび上がるものと期待される。

2　衛禁律疏に登場しない通行証

本項では、通行証に着目しながら、唐関市令の復6・9～12・14・15を順次検討していきたい。

【史料6】唐関市令復原6条

諸兵馬出レ関者、但得二本司連写勅符一、即宜二勘出一。其入レ関者、拠二部領兵将文帳一検レ入。若鎮戍烽、有二警急事一、須レ告二前所一者、関司験二鎮戍烽文帳一、即宜レ聴レ過。

これは天聖関市令宋5条をそのままの形で示した。前半部の規定は、『唐律疏議』衛禁律29条に「準レ令、兵馬出レ関者、依二本司連写勅符一勘度。入レ関者、拠二部領兵将文帳一検レ入」とあり、唐令に由来することは明らかである（「即宜二勘出一」は「勘度」になる可能性もある）。ここでは、兵馬を関の外側へ出す際の「本司連写勅符」（本司の連写せる勅符）、兵馬を関の内側へ入れる際の「部領兵将文帳」（部領せる兵・将の文帳）が登場する。

まず「本司連写勅符」は、尚書省が符式で下達した発日勅であろう。内容は発兵に関するものとみられる。発日勅を施行する際、そのままの形で地方に下達されることはなく、尚書省が発日勅を写し取った上で「奉レ勅連写如レ右」などの文言を付し、符式で下達されるのが一般的であった[5]。

つぎの「部領兵将文帳」は、『唐律疏議』衛禁律25条（史料3）に示された、軍防が通過する際の「総暦」が該当しよう。そうであるとすれば、部領する兵士・将校の名簿ということになる。

史料6の後半部の規定についても、吉永匡史氏が述べるように、鎮・戍が重視されたのは唐代であることから、唐令に遡るとみてよかろう。「鎮戍烽文帳」の解釈は難しいが、『武経総要』前集巻五烽火所引唐職方式に、

凡掌二烽火一、置二帥一人・副一人一。毎レ烽置二烽子六人一、並取下謹信有二家口一者上、充二副帥一、往来検校。烽子五人、分二更刻一望視、一人掌レ送二符牒一。（後略）

とあり、烽子が符・牒の送達を職掌としていた点に着目すると、鎮・戍・烽の使者が伝達する文書のようにもみえる。しかし、「鎮戍烽文帳」は「部領兵将文帳」と同じく「文帳」であることからすると、鎮・戍・烽の伝達業務者の名簿とみるほうがよいのではないか。もしそうであれば、「総暦」の一種ということになろう。

さて、史料6は唐衛禁律29条と対応関係にある。これは、人兵が関を越えるときに、無関係者が紛れて越えた際の罰則を定めている。この唐衛禁律29条は、後半部の「有二過所一者、関司自依二常律一。将領主司知レ情、減二関司故縦罪一等一。不レ知レ情者不レ坐」を除いて、養老衛禁律29条にも継受された。過所を所持した場合の関司に対する罰則規定は削除されたとはいえ、人兵が関を越えるときに発生する違法行為への処罰を定めている点において、養老衛禁律29条は唐衛禁律29条と特に変わるところはない。現に、養老衛禁律25条疏（史料4）にも「軍防・丁夫有二惣歴一」とあり、軍防が関を通過することが想定されている。

このように律のレベルでは、日本でも唐と同じく人兵（軍防）が関を通過することが想定されている。ところが、唐衛禁律29条と対応する唐関市令（史料6）はあるが、養老衛禁律29条に対応する養老関市令は存在しない。一般的に、日本令が唐令の条文を取捨選択して受容したのに対し、日本律は唐律をそのまま引き写すことが多かった。養老衛禁律29条は唐律の全面的な引き写しではないが、史料6を継受しなかったところに、日本の特徴が示されていると考える。日本令は唐令の軍事関係条文を削除する傾向にあり、これもその一例といえよう。

【史料7】唐関市令復原9条

諸隔レ関属二州県一者、毎レ年正月、造レ簿付レ関。其須二往来一、就二関司一申牒、勘レ簿判印聴レ過。日収連為レ案。其州県雖レ別、而輸二課税之物一者、亦拠二県牒一聴レ過。随レ了即停。

天聖関市令唐4条による復原条文で、関で隔てられた州・県の移動について規定する。まず、州・県が同じ場合には、毎年正月に「簿」を作成して関に備え付けておき、通行者本人が往来ごとに関司に牒をもって申請をおこない、「簿」との照合を経た上で通行できるようにしている。同一州県内で比較的頻繁な往来が想定される者については、あらかじめ「簿」（名簿の類であろう）に登録しておくことによって、その都度州県に対して通行証の発給を申請しなくても済むようにしたわけである。

つぎに、州・県が別の場合であっても、課税物の輸送であれば、「県牒」によって通行を許すとする。

【史料8】唐関市令復原10条

諸関官司及家口、応三須出二入余処関一者、皆従二当界一請二過所一。其於二任所関一入出者、家口造二簿籍一、年紀勘過。若比県隔レ関、百姓欲レ往二市易及樵采一者、県司給二往還牒一、限二三十日内一、聴二往還一。過レ限者、依レ式更翻レ牒。其興州人至二梁州一、及鳳州人至二梁州・岐州一市易者、雖レ則二比州一、亦聴レ用二行牒一。

これは天聖関市令唐5条による。ここでは、さまざまな特例が規定されている。

まず、関官司とその家口について、任地以外の関へ出入りするときは「過所」が必要であったが、任地の関を出入りする場合には、家口は「簿籍」を作成し（関官司は特に通行証は必要なし）、年紀（年齢）を調べることになっていた。史料7の「簿」と同じく、「簿籍」は関に備え付けられていたとみてよかろう。

つぎに、市易や樵采（薪取り）を願う百姓が隣の県に行く際には、県司発給の「往還牒」で通行できるとする。そして、興州人が隣の梁州に、鳳州人が隣の梁州・岐州に市易に出向く際には、「行牒」を用いることを許すとある。佐藤もも子氏が指摘するように、興州と梁州の間には興城関と百牢関が、鳳州と梁州の間には斜谷関と甘亭関が、鳳州と岐州の間には大散関が、それぞれ存在した。これらの関を通過するために「行牒」の使用を許したのである。佐藤氏は、「往還牒」が往復用であったのに対し、「行牒」は片道用とみている(6)。しかしながら、県・州という違いこそあるが、隣接地域へ移動する際に使用されたのが「往還牒」と「行牒」である以上、共通する機能を考えるのが自然であり、「行牒」も往復用と考えてよいのではないか。

【史料9】唐関市令復原11条

（前略）如有㆓縁身衣服㆒、不㆑在㆓禁例㆒。其西辺・北辺諸関外戸口、須㆑作㆓衣服㆒、申㆓牒官司㆒、計㆓其口数㆒斟量、聴㆘於㆓内地㆒市取㆖。仍牒㆑関勘過。

これは天聖関市令唐6条による。本条は日本令に継受されたが、抜本的な改変を被っている（第六章）。前略部では、西辺関（鉄門関）・北辺関（河浜関）・嶺外（嶺南）・越嶲道・縁辺諸州において、諸蕃との間で禁物を交易・輸出することが禁止されている。ただし、縁辺衣服に関われば禁止の対象外となった。西辺関・北辺関よりも外側の戸口が、衣服作成の必要から内地で禁物を購入する際には、官司に対して申請をおこない、官司はその戸口の戸数を斟酌した上で、関を通行するための「牒」を発給した。後掲の復15（史料12）を参照すると、「牒」には購入予定品の数量も記載されていた可能性がある。

【史料10】唐関市令復原12条

諸蕃客初入朝、本発遣州給二過所一、具二姓名・年紀・顔状一、牒二所レ入関一勘過。所レ有一物以上、関司共二当客官人一、具録申二所司一。入二一関一以後、更不レ須レ検。若無レ関処、初経二州鎮一、亦准レ此。即出レ関日、客所レ得賜物及随身衣物、並申二所属官司一、出二過所一。

天聖関市令宋6条の冒頭部「諸蕃客初入京」を少し改変した復原条文である。これに対応する日本令は、養7の「凡蕃客初入レ関日、所レ有一物以上、関司共二当客官人一、具録申二所司一。入二一関一以後、更不レ須レ検。若無レ関処、初経二国司一、亦准レ此」で、蕃客のための通行証に関する記載がないこと、帰国時の対応の仕方を規定していないことが大きく異なっている。

史料10によると、唐では入朝する蕃客が最初の関を越える際には、「過所」と「牒」という二種類の文書が必要であった。ともに蕃客を受け入れた州が発給した。「過所」には蕃客の姓名・年齢・顔の特徴が書かれた。もうひとつの「牒」は、榎本淳一氏が指摘したように、『新唐書』巻四十六百官志一礼部主客郎中に「殊俗入朝者、始至之州給レ牒、覆二其人数一、謂二之辺牒一」とみえる、人数を知らせるための「辺牒」に該当する可能性が高い[7]。蕃客の通行証としては「過所」が存在するが、それを補完するものとして「牒」も併用されたのである。

【史料11】唐関市令復原14条

諸禁物、不レ得二将出レ関。若蕃客入朝、別勅賜者、連二写正勅一、牒レ関聴レ出。

これは天聖関市令宋8条を一部改変した条文である。禁物は関の外側への持ち出しが禁止されていたが、蕃客が皇帝から賜った別勅賜物（回賜品）は特別に輸出が許可された。回賜品であることを証明するために、正勅を連写した「牒」が作成され[8]、関に提示されたことがわかる。復12（史料10）によると、蕃客が帰国する際には「過所」が発給され、そこには蕃客が入手した賜物（回賜品）と随身衣物について記載された。この「過所」が関の通行証となるわけであるが、回賜品の証明文書として、正勅を連写した「牒」も併用されたのである。

【史料12】唐関市令復原15条

諸居二在禁鉄之郷一、除二縁身衣服一之外、所レ須乗具及鍋・釜・農器之類要レ須者、量給二過所一。於レ不レ禁二郷市一者、経二本部一申牒、商二量須数一、録二色目一、給レ牒聴レ市。市訖、官司勘二元牒一無レ賸、移二牒本部一知。

これは天聖関市令唐7条による。「禁鉄之郷」に居在する者が鉄製品を購入する際には、郷市が禁止されていない場所であれば「牒」を、郷市が禁止された場所であれば「過所」を、それぞれ必要としたことがわかる。本条に「関」の語は特にないが、「過所」が登場する以上、関の通過が想定されているとみてよかろう。

後半部の規定によると、鉄製品の購入を希望する者は、本部（本貫）を経て申請することになっていた。（官司は）必要数を調べ、購入予定品の種目（あわせて数量も）を記録して、「牒」を発給する。この「牒」によって鉄製品の購入が許された。そして購入し終わると、官司はもとの「牒」を勘検し、剰余分がなければ（「牒」に記載された以上の鉄製品を購入していなければ）、その旨を本部に連絡して知らせるとする。もちろん、「過所」に比べれば、「牒」の入手は容易であったはずであるが、それなりに厳密な手続きがとられた様子が窺える。

3　唐の通行証と日本の通行証

以上みてきたように、唐関市令に登場する通行証（もしくはその役割を果たすもの）は実に多彩である。最も基本となる通行証は「過所」（復1～4・8・10・12・15）であるが、さまざまな代用品があった。

まず、公務にともなう移動の場合、「駅券」（復4）、「逓牒」（復4）、「逓移」（復5）、「本司連写勅符」（復6）、「部領兵将文帳」（復6）、「鎮戍烽文帳」（復6）、「本県歴名」（復7）、「県牒」（復9）によって関を通過できた。このうち「県牒」は、隣接する州県の間にある関を通過することを主眼に発給されたものである。しかし残りについては、関の通行に特化して発給されたわけではなく、付随的に関の通行が可能になったと考えられる。

つぎに私的な移動の場合には、「簿」（復9）、「簿籍」（復10）、「往還牒」（復10）、「行牒」（復10）、「牒」（復11・15）によって関を通過できた。本来「過所」が必要なところ、同一州県内・隣接州県間の移動ということもあって、特例的に使用が許されたものである。過所に比べれば簡単な手続きで作成もしくは発給されたとみてよかろう。これらは「簿（籍）」と各種の「牒」に大別でき、関に常置される前者がより簡便な通行証といえる。

このほかに、「過所」と併用される文書として、「（辺）牒」（復12）、正勅を連写した「牒」（復14）がある。いずれも蕃客に関わっている。

一方、日本の関市令に登場する通行証は、「過所」（養1・3・4）のほかに、「駅鈴」（養4）、「伝符」（養4）、「本国歴名」（養5）があるにすぎない。唐の通行証と比較して、蕃客関係のものを除外すれば、関に常置される「簿（籍）」や、通行の都度発行される各種の「牒」が存在しない点が特に目を引く。これらの通行証は、同一地域内・隣接地域間の関を通行する際に使用される点で共通する。いわば、ある特定の関だけを通過するための通行証といってもよかろう。

このように日本では、特定の関を通行するための簡便な通行証は受容されなかった。その理由のひとつとして考えられるのが、関の配置場所である。日本の関は令制国の境に限って置かれた。これに対して唐では、日本の国に対応する州の境のみならず、日本の郡に相当する県の境にも関が設置される場合があり（史料7・8）、その往来にも配慮しなければならないという事情があった。しかし、これだけでは十分な理由とはならない。日本なりにある種の構想があったはずである。そこで改めて、日本で取り入れた通行証をみてみると、「過所」を除く三点は主に都鄙間交通で使用されるものであることに気がつく。

まず、伝制の利用証である「伝符」は中央のみに保管され（後に大宰府・按察使などにも支給）、主に中央から地方に派遣される朝使や新任国司が利用することが想定されていた（第二・四章）。日本の「伝符」に対応するのは唐では「逓牒」であるが、中央の門下省のみならず、地方の官司も発給することができた。第二章で厩牧令の日唐比較をおこない、唐伝送制の大きな特徴に軍事利用があることを指摘したが、そのひとつに軍事物資の運送がある。[9] 渡辺信一郎氏が指摘するように、唐の財政は、供御（中央）財政と供軍（辺境軍事）財政から成り立ち、後者は外配によって諸州から前線地帯へ軍事物資を回送するシステムが採用されていた。[10] 後者の大きな支えとなったのが伝送制であるように、「逓牒」は都鄙間交通に限定して発給されたものではない。

つぎに、日本の「本国歴名」は、丁匠や調庸運脚夫が上京する際に作成されることになっている。その母法となった唐令と比較してみると、看過できない相違点が見出せる。

【史料13】養老関市令5条

凡丁匠上役、及庸調脚度㆑関者、皆拠㆓本国歴名㆒、共㆓所㆑送使㆒勘度。其役納畢還者、勘㆓元来姓名・年紀㆒、同放還。

【史料14】唐関市令復原7条

諸丁匠上役度㆑関者、皆拠㆓本県歴名㆒、共㆘所㆓部送㆒綱典㆖勘度。其役了還者、勘㆓朱印鈔并元来姓名・年紀㆒、同放還。

史料14は天聖関市令唐2条による。日本令（史料13）は、唐令（史料14）にあった「丁匠上役」を継承するとともに、「庸調脚」（調庸運脚夫）を付加したことが一目瞭然である。第五章でみたように、調庸物の輸納に関して、唐賦役令では供御財政と供軍財政に対応して「送㆑京」と「外配」の二つを規定しているが、日本令ではその区別がなく、当然中央に送るべきものとされた。しかも唐賦役令では、車や船による運送や和雇送達（州司が脚銭によって運送人を直接雇用し、運送を監督する）を認めているが、日本令ではそうした規定は削除された。日本令では、調庸物を負担する家から選ばれた運脚夫がみずから中央まで運ぶべきものとされたのである。このように日本では、調庸物の輸納は都鄙間交通を代表するものであり、その通行証が関市令にも明確に位置づけられていた。

最後に、駅制の利用証である「駅鈴」について。駅鈴は中央と諸国に保管されているため、諸国に保管された駅鈴を使った諸国間交通も可能であった。現に次のような令文が存在している。

【史料15】養老公式令46条

凡国有㆓急速大事㆒、遣㆑使馳駅、向㆓諸処㆒、相報告者、毎㆑年朝集使、具録㆓使人位姓名㆒、幷注㆓発時日月、給馬疋数、告事由状㆒、送㆓太政官㆒。承㆑告之処亦准㆑此。太政官勘当、有㆑不㆑応㆑発㆑駅者、随㆑事推科。

朝集使による諸国発駅の事後報告と、それに対する太政官の事後調査について規定した条文で、諸国間における駅制利用を想定している。だが永田英明氏が指摘しているように、本条は実施された形跡はなく、実際には空文規定であった可能性が高い[11]。仮に空文ではないとしても、その他の駅制関係条文は都鄙間での使用が主に念頭に置かれている点は重要である。

このように日本令では、都鄙間交通で必要となる通行証に焦点を定めて条文を規定した点に特徴がある。そのため、同一地域内・隣接地域間で必要となる通行証が除外されることになったと考えられる。
本節では、主に関市令の日唐比較を通じて、唐令に規定された多彩な通行証のうち、日本令では都鄙間交通で必要となる通行証を中心に取り入れたことを明らかにした。

第二節　標準型の通行証と簡易型の通行証

本節では、通行証を代表する過所について考えてみたい。唐代の実例をみると、文中には「過所」や「公験」の語が往々にして書かれているため、両者の関係をめぐって議論されてきた[12]。実例の緻密な検討にもとづき、現在最も説得力のある説明をしているのは、荒川正晴氏であろう[13]。

荒川氏によれば、過所は、発給する官司の管轄領域を外れて、唐の広大な領内での通行を目的地まで保証した。それは一旦発給されると、目的地までの通行に時間的な制約はあまりなかった。さらに経由する州（府）の許可を得れば、通過する関津の指定はあっても、目的地までのルートをみずから設定することもできた。

もう一方の公験については、荒川氏によれば、次の二種類があった。

㋐州（府）・県の発給する牒式通行証

㋑通行証申請者の辞や牒に官側の判辞を加えた簡易型通行証

㋐㋑ともに発給する官司の管轄領域に限ってのみ有効なものである。州（府）が発給すれば、隣接する州府までの通行を一定の時間内で許可したことになる。

これに対して桜田真理絵氏は、公験とは広く公的証明書を指す語であり、通行証申請時の文書中における「公験」は「過所」の字義を含んだ用語であるので、どちらの語を使うかで文書の性格や通行証の区分はできないと批判した。[14] 傾聴に値する見解であるが、荒川氏が明らかにしたように、空間的・時間的制約の緩い通行証と、空間的・時間的制約の厳しい通行証があることは確実である。関市令に規定された過所が前者に相当することは間違いない。問題は後者で、それを「公験」と呼んだことが無用な混乱を招いたように見受けられる。

今回新たに判明した唐関市令をみると、隣接地域間の往来で使用される各種の「牒」が目を引く。単に「牒」と表現されることもあるが、往来の側面から「往還牒」や「行牒」と呼ばれることもあった。また、発給主体の側面から「県牒」と呼ばれることもあり、さらに用語としては出てこないが、州司が発給した「牒」もあること から「州牒」も想定できる。「往還牒」と「行牒」に関していえば、前者は「県牒」、後者は「州牒」ということになる。このように「牒」にはさまざまな名称があるが、唐代の通行証の実例に「行牒」と呼ばれたものがあるので、[15] 以下この語で代表させたい。

さて、荒川氏のいう公験㋐と公験㋑のうち、牒式で作成された㋐こそ行牒にほかならない。一方、申請文書に判署を加えただけの略式タイプの㋑は、本来㋐とすべきところを簡便に処理したものであるので、簡易型の行牒として捉えることができよう。そこで以下、㋐と㋑を一括して行牒として取り扱い、必要に応じて、㋐を「標準型の行牒」、㋑を「簡易型の行牒」と区別して呼びたい。

ここで日唐の過所を比較してみよう。日本の過所の場合、「過所木簡」以外の実例は知られていないが、養老公式令22条から書式がわかる。[16] 対する唐の過所は、公式令の過所式は散逸するが、実例から書式を推定できる。

【史料16】養老公式令22条

過所式

其事云云。度二某関一往二其国一。
某官位姓。三位以上、称レ卿。資人、位姓名、年若干。若庶人称二本属一。従人、某国某郡某里人姓名年。奴名年、婢
名年。其物若干。其毛牡牝馬牛若干疋頭。
　年　月　日　　主　典　位　姓　名
次　官　位　姓　名
　右過所式、並令下依レ式具録二二通一、申中送所司上。々々勘同、即依レ式署。一通留為レ案、一通判給。

【史料17】荒川正晴氏復原の唐過所の書式

発給都督府・州名
　発給対象者と同行の人・畜の内訳
目的地＋「已来（路次）」～「幸依二勘過一」
　　　　　　「府」官員名
「戸曹参軍」『官員名［自署］』
　　　　　　「史」官員名
　　　　　某年某月某日＋「給」

史料16は、公式令の規定する過所式である。書式としては、「其事云云」で始まり、「次官位姓名」で終わる。「右過所式」以下の文章は、過所を作成するにあたっての説明文である。石田実洋氏が明快に指摘したように、日本の過所は、申請文書（「其事云云」から「其毛牡牝馬牛若干疋頭」まで）に対して、日付と判署（「年月日」から「次官位姓名」まで）を加えたものであった(17)。

史料17は、唐の地方の都督府・州より発給される過所の書式と推定されるものである。中央の尚書省刑部司門が発給する際には、符式に準じて作成され、最後の「給」字も「下」字となる。

養老関市令1条には「凡欲レ度レ関者、皆経二本部・本司一、請二過所一。官司勘検、然後判給」とあり、その『令集解』諸説も参照すると、日本の過所は次のような手順で作成されたとみてよい。

まず申請者が、移動の事由、越える関の名前、目的国の名前を冒頭に記し、本人の官位姓、同行する資人・従人、携行する荷物、交通手段となる馬牛の数を書き上げた申請文書を二通作成する。申請者が官人の場合は本司（所属官司）に、非官人の場合は本部（本貫）に提出し、所属官司や郡は申請内容を審査する。そして、申請者が京の人であれば京職が、京外の人であれば国司が、日付と判署を加えて過所は完成する。完成した二通の過所のうち、一通は発給官司で保存され、一通は申請者に判給される。

このように、唐の過所が発給官司によって新たに作成されたのに対して、日本の過所は申請文書に判署を加えるだけで完成した。『延喜式』雑式23条に「凡京職・諸国造二過所一者、具録二馬毛尺寸歳歯一、依レ実勘過、以糺二奸欺一」という規定があるので、日本でも京職や国司が新たに過所を作成する場合もあったと推測される。しかし、公式令では唐に比べて簡易な過所が想定されている。唐の行牒も含めて、次のように整理できよう。

ⓧ発給官司で新たに作成した通行証…唐の過所、唐の標準型の行牒

ⓨ申請文書に判署を加えた通行証……日本の過所、唐の簡易型の行牒

ここで桜田氏の見解が想起される。桜田氏は文書の形式から、①申請者の申請書類に担当官が「任為二公験一」「任為二憑拠一」などと記して、そのまま通行証として使用した「簡易型」と、②申請書類の内容をもとに、通行発給者が新たに書状を作成した「標準型」があるとした。②の発給手続きは厳密になされ、税金の代理納税者や

随行品・携行品にいたるまで調査が必要とされたため、取得にかなりの日数を要した。これに対して、①は簡略な調査で済み、短期間で発給されたと指摘する。そして、①の実例をみると、入唐僧である最澄・円珍、ソグド商人である米巡職・石染典らのような、均田制にもとづく納税の義務をともなわない外国（異国）人に発給されている点に着目し、戸籍の把握や徴税に支障がなかったため、発給業務を簡略にしたと推定する。また、入唐僧である円珍に対して、福州都督府・温州横陽県などが簡易型を発給する一方で、越州都督府・尚書省刑部司門が標準型を発給しているが、後者は入京のため他の場所とは異なる厳しい審査が必要とされたと述べる。

この桜田氏の見解は過所と行牒の相違に着目して導かれたものではないが、たしかに①②の違いは認められる。筆者のⓧⓨの分類は、桜田氏の①②を包み込むとともに、過所と行牒の違いをも表したものといえよう。また、ⓧⓨの区別をもたらした理由について、唐代の通行証は桜田氏の見解によってある程度説明できるが[18]、日本の場合には別途考察をする必要がある。

さて、通行証に標準型・簡易型の二タイプがあるという視点は、時代と地域を超えて有効と考える。たとえば中国漢代には、「伝」「符」と呼ばれた通行証が存在した。「伝」が複数の関を越えるために使用されたのに対し、「符」は二枚一組で使用される割符（一枚は往来者が携行し、もう一枚は関に配備される）で、特定の関を越えるために使用された[19]。唐代とは少しズレがあることを承知の上で述べれば、「伝」が標準型に、「符」が簡易型にあたるといえよう。近年、肩水金関（中国甘粛省）出土木簡のすべてが公表され[20]、さまざまな種類の通行証が存在したことが明らかになってきたが、大きくみれば標準型・簡易型に分別できそうである。

以上、通行証は大きく、標準型・簡易型の二タイプが存在することを述べた。その具体的なあり方については、時代や地域の別に応じて多様であったと考える。

第三節　「過所木簡」の性格をめぐって

1　「過所木簡」の概要

本節では、これまでの考察を踏まえた上で、日本の「過所木簡」の性格を考えてみたい。

「はじめに」で述べたように、和銅八年（七一五）五月一日格を受けて、過所はすべて紙に切り替わるが、大宝令では「竹木」（木簡）の使用も認められていた。その可能性があるのが、次の木簡である。

【史料18】平城宮跡（奈良市）下ツ道西側溝ＳＤ一九〇〇出土木簡

・関々司前解近江国蒲生郡阿伎里人大初上阿□〔伎カ〕勝足石許田作人

・同伊刀古麻呂大宅女右二人左京小治町大初上笠阿曽弥安戸人右二
送行乎我都　鹿毛牡馬歳七　里長尾治都留伎

656×36×10　011　宮2-1926号

これは平城宮造営時に埋め立てられた下ツ道の西側溝から出土した木簡である。郡里制下（七〇一～七一七）の木簡であることもあわせて、八世紀のごく初頭の木簡となる。近江国蒲生郡阿伎里の阿伎勝足石のもとへ田作人として出かけていた阿伎勝伊刀古麻呂と大宅女の二人が、藤原京左京小治町の笠阿曽弥安のもとへ戻る際に使用された木簡である。阿伎里長が発給したもので、「関々司」に通行許可を求める書式をとる。「乎我都」は従者である奴婢の名前とみられ、馬の記載もある。近江国から藤原京へ向かう途中、山背―大和国境の奈良山を少し越えた地点（公的施設が存在した可能性がある）で回収・廃棄された。先行研究でほぼ意見が一致しているように、内容的に過所とみて大きな不都合はない。ただし、制度的には近江国司が過所を発給すべきところ、阿伎里長が発給している点は問題として残る。また、本来書くべき日付がない点にも注意しておきたい。

さて、飛鳥の北玄関口ともいうべき石神遺跡（奈良県明日香村）北方からも、史料18の冒頭部とよく似た表現をもつ木簡断片が出土している。

【史料19】石神遺跡（奈良県明日香村）土坑ＳＫ四〇六〇出土木簡

・□〔道カ〕勢岐官前□

・代□　(122)×(30)×6　081　飛17-6号

出土遺構から、七世紀後半頃とみられる木簡である。「勢岐官」は「セキノツカサ」と訓め、「道」は道次（道筋）といった意味合いと考えられる。本木簡は下端が二次的に切断されているため詳細は不明であるが、史料18の冒頭表現と類似することは明らかで、「過所木簡」となる可能性が高い。なお、本遺跡の同一調査区内から、別の遺構ながら、「伎」「官」「白」などの語を習書した木簡も出土している（飛17-98号）。

さらに、七世紀代の「過所木簡」としては、遠水海国渕評家（後の遠江国敷智郡家）と推定されている伊場遺跡（静岡県浜松市）出土の次の木簡もある。切り込みがあり、荷物運搬時に使用されたとみられる木簡である。

【史料20】伊場遺跡（静岡県浜松市）東部地区枝溝出土木簡

・己亥年□〔三カ〕月十九日渕評竹田里人若倭部連老末呂上為

・持物者馬□□□〔小稲カ〕□人□□　史□〔佐カ〕評史川前連□　305×39×4　031　木30-205頁-55号

「己亥年」は文武三年（六九九）。駿河国史佐評（後の志太郡）の史が発給したもので、隣国の伊場遺跡で回収・廃棄された。若倭部連老末呂は運送責任者、小稲は従人の可能性があり、馬の記載もあるが、通過する関所名は書かれていない。過所そのものではなく、荷物に付けられた運搬責任者と馬・人夫などを記した身分証明的機能を果たす木簡といった見方が有力である（小里説、松原説、舘野説）。

つづいて、問題となる和銅八年以後の「過所木簡」についてみていこう。

【史料21】平城宮跡（奈良市）内裏地区土坑ＳＫ八二〇出土木簡

謹解　川口関務所　本土返還夫人事　伊勢国（二次的習書多数）

（349）×（64）×8　019　宮1−79号

共伴木簡との関係などから、天平年間（七二九〜七四九）前後とみられる木簡である。「夫人」は人夫の意と推定されている。幅広の材の中央に丁寧な字体で書かれているが、実際には「過所木簡」として使用されず、廃棄後に多数の習書がなされている。幅広のため携行にふさわしくなく、もともと習書ないし下書きとして書かれたものという指摘もある（舘野説）。だが史料18のような大型木簡も存在しており、使用が想定されていたとしても不思議ではない。「還」字を「邏」と書き誤り、廃棄後に正しい「還」字を左下に記すことから、誤字意識の大きさを示すという意見もある（平川説）。過所として作成されたが途中で放棄（平川説）、過所申請文書（紙）の案（小里説）、本国歴名と関連するもの（佐藤説）、本国歴名を申請した解文の習書（松原説）、路上での交通検察に備えて、身分保証のために人夫の本司が作成した木簡ないし習書（舘野説）、といった多彩な意見がある。

【史料22】平城宮跡（奈良市）東院地区二条条間大路南側溝ＳＤ五七八八出土木簡

依私故度不破関往本土甲斐□〔国ヵ〕戸口□人万呂□

（268）×37×4　081　城6−7頁上（釈文一部変更）

共伴木簡との関係などから、やはり天平年間前後とみられる木簡である。「私故」（私的な理由）のため不破関を越えて本土の甲斐国に帰国する際のものである。記載内容は過所で必要な記載項目の多くを満たすが、木簡の出土地点からみて、実際には使用されなかったと考えられる。過所（佐藤説）、過所発行官司に残された過所（平川説）、過所申請文書（紙）の案（小里説）、過所申請手続きのなかで作成された木簡（永田説、松原説）、路上での交通検察に備えて身分保証のために丁匠の本司が作成した木簡ないし習書（舘野説）、といった説が出されている。

【史料23】伊場遺跡（静岡県浜松市）大溝出土木簡

・□□□美濃関向京於佐々□□〔事カ〕□□□□／□□□□〔置始部カ〕人

・」駅家　宮地駅家　山豆奈駅家　鳥取駅家　（326）×30×12　019　木30‒201頁‒19号

大溝には七世紀から十世紀にかけての木簡が投棄されているが、史料23は八世紀のものと考えられている。「置始部」は、長らく「浜津郷」と釈読され、本貫地に関する記載と理解されてきた。この理解のもと、過所の支給を受けた官司に留め置かれた木簡（平川説）、過所申請手続きのなかで作成された木簡（永田説）、本国歴名と関連するもの（佐藤説）、移動に際して経由地の駅名を記したメモか何らかの文書の案（小里説、松原説）などの評価が下されてきた。しかし新たな釈読の結果、二行書き部分には本貫地ではなく、人名が連記されていた可能性が高まった。新たな釈文にもとづき、京へ送る複数の丁匠に関わる報告であり、本国歴名に相当するという見方が出されている（舘野説）。だが従前の見方も依然として残るであろう。

【史料24】多賀城跡（宮城県多賀城市）外郭西辺内溝ＳＤ一五二六出土木簡

畢番度玉前剗還本土安積団会津郡番度還　（他にも習書多数）

安積団解　□□番□□事　540×37×5　011　多370号

出土遺構の状況から、九世紀頃とされる木簡である。こちらも近年の再釈読の結果、四次の書写がなされたことが判明した[21]。釈文を示した部分は二次的な記載である。長らく一次文書と目され、過所（平川説）、本国歴名に準じる性格（舘野説）といった意見が出されていた。しかし、長大な材の上半部に書かれており、二次的な墨書である点からも、習書であることは明らかである。

安積軍団が上申する解で、多賀城での上番勤務を終え、玉前剗を越えて、本土である会津郡へ帰還できるように申請している。これは習書であるが、いわば下書き的な役割を果たしている。安積軍団の職員はこの種の申請文書を作成する必要があって、こうした下書きをおこなっていたのである。多賀城跡からは「白河団進上」で始まる習書木簡も出土しており（多6号）、文書の起草をおこなう軍団の幹部が多賀城で活動していたことを示す[22]。玉前剗は東山道駅路（山道）と東海道延長道路（海道）が合流する交通の要衝に設置された剗で、陸奥国の南部に赴く際には必ず通過することになる。この安積団解の宛先は陸奥国司とみることもできるが、史料18・19・21のようにセキノツカサに宛てたものも存在するので、玉前剗とみることも不可能ではなかろう。

一方、関名は書かれていないが、北陸道支線（能登路）が通過する加茂遺跡（石川県津幡町）から出土した次の木簡も、「過所木簡」として著名なものである。

【史料25】加茂遺跡（石川県津幡町）大溝出土木簡

・往還人□丸羽咋郷長官
　路□〔作ヵ〕□不可召遂〔逐〕　「保長羽咋男□〔伎ヵ〕丸」（異筆1）

・道公□乙兄羽咋□丸　「二月廿四日」（異筆2）

181×29×4　011　木23-121頁-2号

これは九世紀中葉頃の木簡である。嘉祥元年（八四八）十二月三十日に能登国に来着した渤海使（『続日本後紀』同日条）の入京にあたって、能登国から加賀国にいたる道の修理が命じられ、羽咋郷の人が動員された可能性が指摘されている（平川説）。極めて小型であり、関所の記載はない。想定「深見剗」を越えるための過所的な機能をもった木簡（平川説）、交通者の身分証明（松原説、舘野説）といった評価がなされている。

以上のとおり、「過所木簡」の評価はいまだ定まっていない。これまで主に日本の史料を使って議論されてきたが、中国の制度を念頭に置くことで、新たな視点が得られると期待される。項を改めたい。

2 「過所木簡」の性格

「過所木簡」の性格を考えるにあたり、以下の四点に注目する必要があろう。

第一に、制度的にみて過所を発給できるのは京職と国司であるが、これに反する事例が少なくない。すなわち、史料18は里長が、史料20は評史が発給しており、国司ではない。また、実際には使用されなかった史料21・22も、木簡の出土地点からみて、京職が作成したものとは考えにくい。

もちろん、当時、京職や国司が過所をまったく発給しなかったわけではない。まず、「はじめに」で触れたように、天平八年度（七三六）以前伊勢国計会帳には「判給百姓過所廿五紙」とあり、伊勢国司が過所を発給していたことが確かめられる。石田実洋氏が指摘しているように、これは一日の判給数と考えられる。したがって、伊勢国ではかなりの数の紙の過所が発給されていたことになる。それは、伊勢国に鈴鹿関があったことが関係しよう。第六章でみたように、日本で過所の取り調べをおこなっていた関は、鈴鹿関を含む三関や摂津関・長門関など少数であったことを想起したい。

つぎに、天平勝宝二年（七五〇）五月二十四日造東大寺司移案があげられる（大古3四〇一～四〇二頁）。その内容は、造東大寺司が多忙を理由にして、過所の申請に際して京職に送るべき文書の作成を省略し、二人の「請過所使」の口頭による依頼で替えることを願い出たものである。申請が文書・口頭のいずれであれ、京職が過所を発給したことに変わりない。

このうち伊勢国の事例は明らかに紙の過所である。紙で作成される正規の過所は京職や国司が発給するのが原則といえよう。これに対して「過所木簡」の場合、京職・国司ではなくても発給できたということは、それが正規の過所ではなかったことを示唆する。

第二に、史料18・21・22・24のように、本貫地へ戻る際の事例が目立つ。本貫地へ戻る以上、それに先だって本貫地を離れたことになる。したがって、これらの事例は復路用の「過所木簡」であった可能性が出てくる。ここで復路用の過所の発給手続きを確認しておこう。養老関市令1条には「還者連二来文一、申牒勘給。若於二来文外一、更須レ附者、験レ実聴之」とあり、唐令にも同文があったと推定されている。往路で使用した過所（来文）を、申請書に添えて所在の官司に申し出て、官司はそれらを確認し（追加事項があれば、その実情調査もおこなう）、復路の過所を発給することになっていた。また、本国歴名についてもみておくと、養老関市令5条（史料13）によれば、往路は本国歴名が必要であったが、復路は関で姓名・年齢を申告し、それが上京時の関における勘検記録と合致すればよかった。復路は新たに本国歴名を作成する必要はなかったのである。

唐代の過所の実例によれば、往路の場合、保人・里正・兄弟・作人への尋問を実施するなど、厳格な審査がなされた。『唐律疏議』衛禁律26条が記すように、「征役」（軍役）・「番期」（衛士など）に対する過所発給の制約もあった。本貫地主義を標榜する唐としては、その離脱につながる人々の移動は極力抑制する必要があり、それが往路における厳しい尋問となったのである。一方、復路の場合には、すでに厳密な審査を経て往路の過所を入手した者が対象となる。さらに、関などを通過する際に勘検を受け、過所には関司などの判署が書き加えられるなど、往路で使用された過所がそれまでの移動が適切なものであったことを証明していた。そのため、復路の過所は比較的容易に取得できたと考えられる。日本の場合も同様に理解できよう。

このように本貫地や本務地を離れる往路と比べて、そこへ帰還することになる復路は取り締まりが緩やかであった。それが日本において「過所木簡」の使用を許す要因となった可能性がある。

第三に、史料24は本国内での移動、史料20・25はともに隣国への往来に関わるように、通行範囲が限られたものがある。美濃関を越えて入京する際の史料23についても、裏面には隣国である参河国の駅家の名前しか書かれていない。この木簡は上端が折れているが、下端は原形をほぼ保っている。裏面に記された参河国の駅家の名称は、東側（遠江国側）から西側（尾張国側）へ向かう形で記されているので、裏面の上端欠損部に尾張国以西の駅家の名称が記されていた可能性はほぼ皆無といえる。つまり、史料23それ自体は、隣国へ往来する効力しかなかった可能性があるのである。

第四に、史料21～24のように、実際には未使用のもの（習書も含む）が多く存在している（史料19も未使用の可能性がある）。これは逆に、実際に使用された「過所木簡」がそれなりにあったことを示唆している。

以上の四点を踏まえると、日本の「過所木簡」は次のように理解できよう。

まず、「過所木簡」は簡易型の通行証にあたる。紙の過所とは違い、京職や国司ではなくても発給できた。日本においては、紙の過所が標準型の通行証となろう。紙の過所の場合、前述の天平勝宝二年造東大寺司移案より、発給にいたるまでに相応の時間を要したと推測される。正倉院文書のなかに、天平九年（七三七）～同十一年頃の皇后宮職関係の注文があり、調乙麻呂の従人一人と伎佐麻呂の従人三人の本貫地・姓名・年齢が記載されている（大古24五五六頁）。これは養老公式令22条（史料16）の「従人、某国某郡某里人姓名年」という規定とよく合致している。石田実洋氏が指摘したように、皇后宮職から左京職に過所を申請する過程で作成・使用されたメモと推定される。これらの資料も使いながら、紙の過所は発給されたのであり、過所の取得は決して容易ではなかった。これに比べると、「過所木簡」の取得は容易であり、発給の機会も多かったのではないか。

つぎに「過所木簡」のような簡易型の通行証が許容されたのは、①本貫地（本務地）への帰還、②本国内での移動、もしくは③隣国への往来、といった場面においてであったと考えられる。①は復路での使用ということもあって、日本では紙の過所をわざわざ発給しなかった可能性がある。②③は唐であれば行牒などが使用されたであろうが、日本の関市令では都鄙間交通で使用する通行証が主に想定されていたため、行牒は受容されなかった。だが②③のような移動であっても、その移動が不法なものではないことを証明する必要が出てくる。そのための通行証として、日本では「過所木簡」が発給されたのではなかろうか。

そもそも、令文としては受容されなくても、運用に際して唐令が参照された事例はいくつもある。過所を取り上げると、日本令では史料16の過所式にみるように、馬の年齢を記載することは求められなかった。これに対して、唐関市令では、天聖関市令宋1条に「諸欲レ度レ関者、皆経二当処官司一、請二過所一。（本注略）具注二姓名・年紀及馬牛騾驢牝牡・毛色・歯歳一、判給」（復1）とあるように、馬の年齢を記載することになっている。三上喜孝氏が指摘するように、これは日本令には取り入れられなかったが、八世紀初頭の史料18の実例では馬の年齢が記されており、『延喜式』雑式23条にも「凡京職・諸国造二過所一者、具録二馬毛尺寸歳歯一」とみえる。[23] こうした事例がある以上、唐の行牒などの一変形として「過所木簡」を捉えることは十分に可能であろう。[24]

以上を要するに、①本貫地（本務地）への帰還、②本国内での移動、③隣国への往来、に際して使用される簡易型の通行証、これが「過所木簡」の本質であったと考えられるのである[25]。

第六章でみたように、日本では厳密な意味での関は限られていたが、剗であれば各所に設けられており、不法な移動を取り締まっていた。また、舘野和己氏が指摘するように、津をはじめとする交通路上の要衝に置かれた兵士による勘問もあった。これらによって、本貫地主義を維持しようとしたのである。過所が使用される関は限られていたが、「過所木簡」をはじめ、過所の代用文書が必要となる場面は決して少なくなかった。

おわりに

本章では、唐代の通行証を視野に入れながら、日本の「過所木簡」の基本的性格を探ってみた。

第一節では、新出の天聖関市令を活用して、日唐関市令に規定された通行証を中心に比較検討した。『唐律疏議』衛禁律では、駅使の「符券」、伝送の「逓牒」、軍防・丁夫の「総暦」、それ以外の「過所」を規定するにすぎないが、唐関市令にはその枠内に収まりきらない多彩な通行証が規定されている。『唐律疏議』には登場しない通行証として、関に常置される「簿（籍）」や、通行の都度発行される各種の「牒」が特に注目される。これらは同一地域内・隣接地域間の移動で使用される点に特徴がある。本来であれば「過所」が必要となるが、煩雑な手続きを要することもあって、簡便に発給できる通行証をもって代用させたのである。したがって、唐の通行証は都鄙間交通における使用に特に限定されるものではなかった。これに対して日本律令では、駅使の「駅鈴」、伝使の「伝符」、軍防・丁夫の「惣歴」（本国歴名）、それ以外の「過所」を規定するにすぎない。日本の通行証は、都鄙間交通での使用に重点を置くものであり、隣接地域間の交通にはあまり配慮していなかった。

第二節では、通行証には、発給官司で新たに作成した通行証（標準型）、申請文書に判署を加えた通行証（簡易型）、の二タイプがあることを指摘した。過所について、唐公式令では尚書省刑部司門や都督府・州などが作成する標準型を規定していたと推定されるのに対し、日本令では申請文書に京職や国司などが判署を加えただけで完成する簡易型を規定した。通行証を考える際には、過所に限らず、標準型・簡易型の二タイプを念頭に置く必要がある。また、標準型・簡易型の実態については、時代や地域の別に応じて多様であったと考えられる。

第三節では、日本では法的には存在しないはずの「過所木簡」に目を向け、唐関市令に規定された多彩な通行証を念頭に置くことで、新たな解釈を試みた。本貫地（本務地）への帰還、本国内での移動、隣国への往来に際して使用される簡易型の通行証、これこそが「過所木簡」の本質であると結論づけた。

ところで、第六章で永田英明氏らの見解に導かれながら、関と剗は明確に区別すべきことを確認した。関は過所を取り調べる権限があったが、剗はそうではなかった。そこで永田氏は、里長やその他の下級官人から関所に対する「上申」型の「過所木簡」について、三関などの「関」の通行には通用せず、専ら「剗」の通行において意味をもったとみている(26)。たしかに、剗で「過所木簡」が使用されたことは、史料24からみて間違いないであろう。だが上申型ではないが、「過所木簡」には史料22・23のように三関も登場する。本貫地（本務地）への帰還、隣国への往来といった場面であれば、三関のような正式な「関」であっても、「過所木簡」での通行が許容された可能性が残る。ただし、史料22・23は実際に不破関（美濃関）を越える際に使用されたものではないので、本当に三関で「過所木簡」が通用したのか、事例の増加を待って最終判断したい。

註

（1）過所制度全般に関わる先駆的な研究として、瀧川政次郎a「過所考」（『日本歴史』一一八～一二〇、一九五八年）、同b「難波の水上の関所「津」について」（『國學院大学政経論叢』六―三、一九五八年）があり、本章でも多く参照した。

（2）佐藤信「過所木簡考」（『日本古代の宮都と木簡』吉川弘文館、一九九七年、初出一九七七年）、平川南a「過所木簡」、同b「小型の過所木簡」（ともに『古代地方木簡の研究』吉川弘文館、二〇〇三年、bは初出二〇〇一年）、小里峰加「過所木簡の再検討」（『日本歴史』六六九、二〇〇四年）、永田英明「通行証」（平川南他編『文字と古代日本3　流通と文字』吉川弘文館、二〇〇五年）、松原弘宣「関の情報管理機能と過所」（『日本古代の交通と情報伝達』汲古書院、二〇〇九年、初出二〇〇八年）、舘野和己「木簡から探る日本古代の交通」（藤田勝久・松原弘宣編『東アジア出土資料と情報伝達』汲古書院、二〇一一年）など。以下、諸氏の見解はこれらによる。

（3）吉永匡史a「律令関制度の構造と特質」、同b「日唐軍防令と北宋天聖令」（ともに『律令国家の軍事構造』同成社、二〇一六年、初出は順に二〇〇九年、二〇一一年）。以下、吉永氏の見解はこれらによる。

（4）荒川正晴『ユーラシアの交通・交易と唐帝国』（名古屋大学出版会、二〇一〇年）一八一～一八三頁など。

（5）中村裕一a『唐代制勅研究』（汲古書院、一九九一年）、同b『隋唐王言の研究』（汲古書院、二〇〇三年）など参照。そこでも指摘されているように、律令規定としては、『唐律疏議』職制律21条の「注云、騰㆓制勅㆒符・移之類、謂、奏㆓正制勅㆒、更騰已出符・移・関・解・刺・牒、皆是」があげられる。

（6）佐藤ももこ「唐代の通行証に関する一考察」（『史泉』一二〇、二〇一四年）一三～一五頁。

（7）榎本淳一「北宋天聖令による唐関市令朝貢・貿易管理規定の復原」（『唐王朝と古代日本』吉川弘文館、二〇〇八年）一一四頁。

（8）『唐律疏議』職制律21条（註(5)）から、正勅を写し取った牒が存在したことが確かめられる。

（9）荒川正晴註(4)著書一八一～二一九頁など。

（10）渡辺信一郎「唐代前期律令制下の財政的物流と帝国編成」（『中国古代の財政と国家』汲古書院、二〇一〇年、初出二〇〇九年）。大津透「唐律令国家の予算について」（『日唐律令制の財政構造』岩波書店、二〇〇六年、初出一九八六年）八九～九四頁、武井紀子「律令財政構造と軍事」(『唐代史研究』一三、二〇一〇年)七一～七三頁なども参照。

(11)永田英明「駅制運用の展開と変質」(『古代駅伝馬制度の研究』吉川弘文館、二〇〇四年、初出一九九六年)九〇頁。

(12)多くの研究があるが、杉井一臣「唐代の過所発給について」(布目潮渢博士記念論集刊行会編集委員会編『東アジアの法と社会』汲古書院、一九九〇年)、礪波護「唐代の過所と公験」(『隋唐佛教文物史論考』法藏館、二〇一六年、初出一九九三年)をあげるにとどめる。

(13)荒川正晴註(4)著書三八五～四四三頁。

(14)桜田真理絵「唐代の通行証」(鈴木靖民・荒井秀規編『古代東アジアの道路と交通』勉誠出版、二〇一一年)一九三～二〇〇頁。以下、桜田氏の見解は本論文による。

(15)トルファン出土文書の「開元二十一年西州都督府案巻為勘給過所事」。

(16)大宝令では養老令と少し違って、署名の「主典位姓名」は「其職　大属位姓名」に、「次官位姓名」は「大夫位姓名　亮位姓名　大進位姓名　少進位姓名」になっており、左右京職が判給する形の書式をとっていた(佐藤信註(2)論文三四一頁など)。また、大宝令では「過所符者、随レ便用二竹木一」という本注もあったと推定されている(鎌田元一「日本古代の官印」『律令公民制の研究』塙書房、二〇〇一年、初出一九九四年、二三九～二四〇頁)。

(17)石田実洋「正倉院文書続修第二十八巻の「過所」についての基礎的考察」(『古文書研究』五一、二〇〇〇年)六～七頁。以下、石田氏の見解は本論文による。

(18)ただし、佐藤ももこ註(6)論文九頁が指摘するように、外国人である日本人僧(最澄、円珍)に対して、入京目的でないにもかかわらず、「標準型」とみられる事例があり、さらに検討を要す。

(19)大庭脩「漢代の関所とパスポート」(『秦漢法制史の研究』創文社、一九八二年、初出一九五四年)、冨谷至「通行行政」(『文書行政の漢帝国』名古屋大学出版会、二〇一〇年)、鷹取祐司『秦漢官文書の基礎的研究』(汲古書院、二〇一五年)五六～七一頁、藤田勝久『中国古代国家と情報伝達』(汲古書院、二〇一六年)など。

(20)甘粛簡牘保護研究中心等編『肩水金関漢簡　壱～伍』中西書局、二〇一一～二〇一六年)。

(21) 宮城県多賀城跡調査研究所編『多賀城跡木簡Ⅱ』(二〇一三年)五六〜五九頁。

(22) 吉野武「出土文字資料」(熊谷公男編『東北の古代史3　蝦夷と城柵の時代』吉川弘文館、二〇一五年)一九二〜一九五頁など。

(23) 三上喜孝「唐令から延喜式へ」(大津透編『日唐律令比較研究の新段階』山川出版社、二〇〇八年)二六三〜二六六頁。

(24) 念のため述べておくが、唐の行牒の働きをするものは「過所木簡」だけであったと筆者は考えているわけではない。たとえば『類聚三代格』貞観八年(八六六)正月二十日太政官符によると、常陸国の鹿嶋神宮司から陸奥国内の苗裔神へ奉幣するために派遣された使者は、「当国移文」によって国境の菊多剗を越えようとしているが、「当国移文」は紙の文書とみられる。

(25) 舘野和己「関津道路における交通検察」(『日本古代の交通と社会』塙書房、一九九八年、初出一九八四年)一五四頁は、日本の「過所木簡」と唐の公験の性格には共通するところが大きいと指摘し、考察内容は異なるが本章の結論と符合する。

(26) 永田英明「奈良時代の王権と三関」(『今泉隆雄先生還暦記念論文集　杜都古代史論叢』二〇〇八年)七〜八頁。

第Ⅲ部　国司と朝使

第八章　国司制の成立と伝制

——国司職分田制との関係から——

はじめに

日本律令国家の地方支配は、国―郡―里制の枠組みが基本であった。中央から派遣された国司が、現地の豪族から任用された郡司らとともに、地方支配にあたったのである。国司の職掌を規定した職員令70条をみると、祠社、戸口簿帳、字㆓養百姓㆒、勧㆓課農桑㆒、糺㆓察所部㆒、貢挙、孝義、田宅、良賤、訴訟、租調、倉廩、徭役、兵士、器仗、鼓吹、郵駅、伝馬、烽候、城牧、過所、公私馬牛、闌遺雑物、及寺、僧尼名籍事が示されており、国司は国の行政に関わる権限の大部分を委ねられていたことがわかる。日本律令国家の地方支配の上で、国司が果たした役割は極めて大きいといわねばならない。

しかし地方を支配するにあたって、中央から派遣されたのは国司だけではない。西海道では、国司の上級官司として大宰府の官人が派遣されている。また、国司らの監察、民政への積極的関与、重要政策の推進などを目的として、中央から臨時の使者（朝使）が地方に派遣され、広い意味で地方支配の一翼を担った。

これら国司・大宰府官人や朝使は、都鄙間を往来した代表的な存在でもある。第Ⅲ部では、このうち国司と朝使に着目し、両者の都鄙間交通のあり方に注意しながら検討を進め、日本律令国家の地方支配の一端に迫ってみたい。まず本章では、「国司」が臨時派遣使（朝使）から地方常駐官へ変貌を遂げる過程を考えてみる。

第一節　ミコトモチから常駐地方官へ

「国司」の名称が成立したのは大宝令の制定（七〇一年）によるもので、それ以前は「国宰」あるいは単に「宰」と呼ばれた。これは従来からも指摘されていたが、淡路国司を「粟道宰」と書いた封緘木簡が藤原宮跡（奈良県橿原市）から発見され（飛11-11頁下）、それが裏づけられることになった[1]。

「宰」に関して、『釈日本紀』巻十一述義七は「私記曰、師説、令レ持二天皇御言一之人也。故称二美古止毛知一」と注釈しており、「天皇御言」を伝達する人であるため、「ミコトモチ」と称するという。一般にミコトモチといえば、特定の任務を帯びて地方に臨時派遣された使者（朝使）が想起される。国司制成立に関する研究においても、大化前代に「播磨国司」として『日本書紀』にみえる山部小楯[2]は、大嘗供奉料の調達を目的に派遣されたことから、ミコトモチと呼ばれることが多い。一方、令制下の国司（以下、大宝令以後の「国司」は単に国司と記す）は、地方に一定期間滞在して行政に携わるため、しばしば「常駐地方官」と呼ばれる。国司制成立を論じた先行研究では、その指標のひとつとして、ミコトモチから常駐地方官への転換を重視してきた[3]。その際に必ず問題となるのが、大化の「東国国司」に対する評価である。前代的性質の強いミコトモチにすぎないのか、常駐地方官派遣の嚆矢として評価すべきなのか、意見の一致をみていない。

しかしそもそも、ミコトモチと常駐地方官は何をもって区別されるのか。ミコトモチという語から、多くの論者は前代的な「国司」像を思い浮かべるであろう。ところが、その具体像は極めて多様であり、いかなる点で常駐地方官と異なるのかわかりにくい。「播磨国司」であれば特に問題は生じないが、大化の「東国国司」など転換点に位置する「国司」を考察する際には、両者を区分する基準を明示しないかぎり、議論は水掛け論に終始せざるを得ない。そこで本章では、両者を区分する客観的基準から考えてみたい。

議論に先だって、用語の問題に触れておく必要があろう。上記の点とも密接に関わるが、ミコトモチと常駐地方官を対比させることへの疑問である。第一に、常駐地方官の国司もその古訓は「クニノミコトモチ」であり、天皇の御言を地方に伝える者を意味するのであって、地方滞在期間の長短とはあまり関係がない。第二に「常駐」の意味が甚だ曖昧である。つまり「国司」が地方に滞在する期間が長いことを意味するのか、または「国司」が恒常的に地方政治に携わっている状態をいうのか、あるいは「国司」が全国的に派遣される形態を指すのか、それとも以上すべての条件を満たした状態を意味するのか、そうではなく、まったく違う状態をいっているのか、極めて漠然としている。(4) こうした用語の混乱が、国司制成立に関する議論を噛み合わなくさせてきた面は否めない。そこで本章では、余計な先入観を排除するために、「播磨国司」に代表される前代的「国司」を「A型国司」、令制「国司」を「B型国司」と仮称して議論を進めたい。

改めて本章の課題を示すと、A型国司とB型国司の本質的な相違点を解明し、その転換に関わる客観的基準を提示することである。この課題に迫るため、令制下の国司と朝使の比較検討をおこなう。従来の研究では、比較の対象がA型国司とB型国司に直接向けられるのが常だった。しかし、移行段階にある二者を比較するのは難しく、この方法では相対的な基準以上の結果はあまり期待できない。A型国司と規定した「播磨国司」は、大嘗供奉料の調達という特定任務を遂行するために播磨に遣わされた者であり、令制下における朝使に相当しよう。そしてB型国司の典型は令制国司であった。これらの点に着目し、令制下における国司と朝使の相違点を見出すことによって、A型国司からB型国司への転換を考えてみたい。

そのための分析の視角として、特に国司・朝使への供給のあり方に注目する。国司・朝使ともに中央を離れて地方へ赴く以上、その行動を支える食料・馬・人夫・宿泊などの供給システムは、その存続を左右する根幹的な問題であり、両者の本質的違いを見抜く上で重要な手がかりになると考えるためである。これを第二節でおこない、そこで得られた基準を指標にして、第三節ではA型国司からB型国司への転換時期に迫りたい。

第二節　伝制と国司職分田制

1　国司の伝制利用

国司および朝使の行動様式を単純化して示すと、次の三段階に区分できる。

〔1〕都を出発し目的地へいたるまでの下向段階

〔2〕目的地となる地方で一定期間（長短は問わない）滞在し、任務を遂行する段階

〔3〕国務を終了した後、都へ戻る帰京段階

本節では、各段階の違いに注意を払いながら、令制下における国司と朝使の相違点を明確にし、ひいては「A型国司」から「B型国司」への転換の指標を提示したい。そのための視点として、伝制利用のあり方に着目する。国司・朝使ともに伝制を利用したが、そのあり方には大きな違いが認められるからである。この点に着目することによって、両者の本質的な違いに迫ってみたい。

まず、朝使から取り上げると、伝馬の利用証である伝符を所持することによって、〔1〕～〔3〕の全段階で

伝制を利用できたとみてよい。なぜならば、公式令42条は伝符の返還を「還到二日之内、送納」と定めるが、後述のように「還到」とは帰京を意味し、その間、伝符を随身し続けた朝使は伝使として処遇されたと考えられるからである。実際、天平期の郡稲帳・正税帳をみると、〔1〕〔3〕段階の朝使が伝使として扱われた事例を多数確認できる。〔2〕段階についても、天平九年度（七三七）豊後国正税帳によれば、準朝使ともいうべき大宰府発遣使が豊後国内を巡行する際に伝使の待遇を受けており[5]、また同但馬国正税帳によれば、但馬国に派遣された伝使の中宮職捉稲使に対して、同国滞在中の粮米が支給されている。

これに対して、国司が伝制を利用できたのは〔1〕段階のみであった。だが従来の研究では、伝馬は各郡一律五匹ずつ設置されることもあって、伝馬を国司の部内巡行用の交通手段であると看做され、あるいは伝制が公的交通制度であるため、国司の帰京時も赴任時と同じく利用したと漠然と考えられてきた。しかし、こうした見解は成立しない[6]。それを端的に述べているのが、次の『延喜式』雑式45条である。

凡国司不レ乗二駅伝馬一。但正税・大帳・朝集等使、乗二駅馬一。国司新向レ国、乗二伝馬一。（後略）

国司は赴任時を除いて、伝馬に乗用できなかったことがわかる。ただし、この規定が律令制定以後の改変を受けていないかどうかを検証する必要がある。そこで、大宝令が施行されて約一〇年が経過した後の状況を示す、次の『続日本紀』和銅五年（七一二）五月甲申条に注目したい。

初定下国司巡行并遷代時、給二粮・馬・脚夫一之法上。語具二別式一。（後略）

後略部には、国司が郡司・百姓を評価するための基準などを示した太政官奏がみえ、史料引用した「国司巡行」と密接に関係している。「巡行」が部内巡行を意味することは問題ないが、「遷代」はやや注意が必要である。『令義解』選叙令9条が「謂、自二卑官一遷二高官一」と注釈するとおり、「遷代」は官職の移動を示す語である。

「遷代国司」といった場合、他の官から国司に遷り代わる者ではなく、国司から他の官に遷り代わる者（遷任国司）や、国司の任を去って次の官に就任しない者（解任国司）を指す。(7) つまり遷代国司とは旧任国司のことで、基本的に帰京国司ということになる。

このように和銅五年になって、部内巡行国司と遷代国司への「粮・馬・脚夫」支給が定められた。それは、国司が〔1〕段階を除いて伝制を利用できなかったことが関係しよう。『延喜式』の原則は八世紀初頭まで遡るとみてよい。なお、この「粮・馬・脚夫」支給が伝制と無関係であることは、第3項で論証したい。

さらに、天平期郡稲帳・正税帳に再度目を向けたい。まず部内巡行に関して、天平九年度豊後国正税帳によると、国司は大宰府使と一緒に部内巡行したにもかかわらず、前述のように大宰府使は伝使とされたのに対し、国司は伝使とされていない。(8) つぎに、赴任国司への給粮記載は多数あるが、遷代国司については確認できない。こうした実例からも、〔2〕〔3〕段階の国司は伝制を利用できなかったことがわかる。

以上のように、朝使は〔1〕～〔3〕の全段階で伝制を利用できたのに対し、国司は〔1〕段階における使用のみにとどまった。こうした見解を裏づける史料はさらに存在するが、その理由・背景を検討することで、この点はより明瞭になると思われるので、つぎにその考察に進むことにしたい。

2　国司職分田制と伝制

まず確認しておきたいのは、伝使は伝符を所持することによって、伝馬と人夫（伝子）はもちろんのこと、食料や宿所も提供されるという事実である。そこで想起されるのが、国司の給与として職分田が支給された点と、宿所となる国司館が存在した点である。こうした事情によって、国司は〔1〕段階を除けば、伝制を利用する必要がなかったのではなかろうか。以下、国司職分田制の検討を通じて、この見通しを確かめてみたい。

さて、国司などの在外諸司（外官）は、在京諸司（京官）のように季禄や月料が支給されない（ただし大宰府官人などには特別に季禄も支給）代わりに、大宝令の用語でいえば「公廨田」が、養老令の用語でいえば「職分田」が支給された[9]。ここでは養老令の関係条文を掲げ[10]、便宜的に「職分田」の語を用いることにする[11]。

Ⓐ凡在外諸司職分田、（中略）大国守、二町六段。上国守、大国介、二町二段。中国守、上国介、二町。下国守、大・上国掾、一町六段。中国掾、大・上国目、一町二段。中・下国目、一町。史生如レ前。（田令31条）

Ⓑ凡在外諸司職分田、交代以前種者、入二前人一。若前人自耕未レ種、後人酬二其功直一。闕官田用二公力一営種。所レ有当年苗子、新人至日、依レ数給付。（田令34条）

Ⓒ凡外官新至レ任者、比レ及二秋収一、依レ式給レ粮。（田令35条）

国司職分田は、Ⓐに規定されているように、国の等級と官職の違いに応じて、田地の広さが決まった。『令集解』田令31条古記に「公廨田、不輸租。問、国司公廨田、以二誰人一作。答、役二事力一作也」とあるように、国司職分田（公廨田）は不輸租であり、事力が耕作をおこなった。事力は外官の官職に応じて支給数が定まっており（軍防令51条）、それは職分田の面積に概ね対応している。

このように職分田は国司がみずから経営に参加し、その獲稲が在任中における国司給与の基本となった。ただし、国司は数年ごとに交替するため、交替にともなう国司職分田の帰属などを定めておく必要が出てくる。それがⒷである。これによれば、国司「交代」時において、㋐旧任国司が職分田の田植えを完了していた場合、穫稲はすべて旧任国司に帰属したのに対し、㋑耕作は終えたが田植えをしていない場合には、新任国司が旧任国司に「功直」（耕作に要した労働の代償）を支払うことで、穫稲が新任国司に与えられた。なお、㋒旧任国司が耕作しなかった場合の規定はないが、職分田が新任国司に帰属することは自明なためであろう。

これらについて新任国司の立場からみると、まず㋑と㋒の場合、今年度の職分田の収獲物は新任国司のものとなるが、秋の収穫を迎えるまでは無収入である。ましてや㋐の場合など、今年度の穫稲は旧任国司に帰属するため、翌年の秋まで無収入となってしまう。こうした状況を回避するための条文が、秋の収穫までの間、新任国司に食料支給することを定めた(C)である。本条の『令集解』によると、その支給方法は、職分田の穫稲に準じた額を日割計算して支給する「公廨食法」と、従者数に応じて支給する「巡行食法」の二通りがあった。従来の研究では、［公廨食法→巡行食法→公廨食法］という変遷を想定してきた[12]。これに対して渡辺晃宏氏は、(C)新任国司への食料支給は、①赴任年の秋までのつなぎの食料、②赴任年の職分田獲稲の配分に預かれなかった場合にそれに替わって支給される食料、という本来趣旨の異なる二つの支給を含み込む点に注意を促し、①は二つの食法をめぐって時期的変遷があるが、②は奈良時代を通じて公廨食法であったことを明らかにしている[13]。

職分田の帰属について、令文では田植えの完了・秋の収穫というやや曖昧な基準であったが、次に掲げる養老八年（七二四）正月二十二日格（『令集解』田令34条令釈所引）によって、四月三十日以前・五月一日以後、八月三十日という具体的な日付で示されることになった[14]（その内容は『延喜交替式』124条にも継承）。

(D)養老八年正月廿二日格云、凡新任外官、五月一日以後至レ任者、職分田入二前人一。其新人給レ粮、限二来年八月卅日一。若四月卅日已前者、田入二後人一、功酬二前人一。即粮料、限二当年八月卅日一。

以上を踏まえた上で、〔1〕～〔3〕段階における国司職分田制の位置づけを考えてみたい。そのための前提として、(B)の「交代」、(C)(D)の「至レ任」がいつの時点を指しているのかを確認しておこう。

まず、(B)の「交代」については、その『令集解』諸説より、国司任官の時点ではなく、任符が任国に到着した時点であることがわかる（跡記、朱説所引先説）。国司は任命と同時に赴任するのではなく、装束仮が与えられるため（仮寧令13条）、国司が赴任する前に任符が任国に下されたとする見解もあるが、そうではなかろう。(15)第九章で詳しく検討するように、任符はその携行者が新任国司本人であることを赴任先に証明・告知する公文書である。任符を所持することで交替は可能となるのであり、それを伝達するのは基本的に新任国司であった。よって(B)の「交代」は、任符を携行した新任国司が任国に到着した時点を指す。

つぎに、(C)(D)の「至ㇾ任」については、それぞれの主語が「外官」「新任外官」である以上、新任国司本人が任国に到着した時点となる。結局のところ、田令が述べる(B)の「交代」と(C)の「至ㇾ任」は、新任国司の任国への到着時という同一の時点を指していたことになる。このように考えたとき、両者を連結させ基準を明確にした(D)養老八年格が「至ㇾ任」のみで表現した点も自然に理解できる。

右の考察より、まず〔1〕段階の国司に対して、職分田制に関わる給与はなかったことが判明する。

つづいて、〔2〕〔3〕段階について、(D)養老八年格をもとに、旧任国司の立場から職分田の帰属問題を考えてみよう。旧任国司にとって最も条件が悪いのは、新任国司が四月三十日に任国に到着した場合である。だがその場合でも、旧任国司には前年度の穫稲が四ヵ月分（四月三十日～八月三十日）残されている。

もちろん、旧任国司が帰国できたのは、新任国司の到着時点ではなく、引き継ぎ終了後であった。『続日本紀』天平宝字二年（七五八）九月丁丑条によると、引き継ぎ期限は従来未定であったが、「官符到後、百廿日内、付了帰ㇾ京」ということになった（一二〇日以内の交替原則は『延喜交替式』12条にもみえる）。つまり、前年度における穫稲の残り四ヵ月分は、この間の旧任国司への経済的保証になったと考えられる。

なお、引き継ぎに一二〇日を要する場合、旧任国司への職分田給与は〔2〕段階にとどまるが、これは最も条

表6　公廨食法と伝使食法

A. 公廨食法

	大国守	上国守 大国介	中国守 上国介	下国守 大・上国掾	中国掾 大・上国目	中・ 下国目	史　生
職分田	2町6段	2町2段	2町0段	1町6段	1町2段	1町0段	6段
獲　稲	1300束	1100束	1000束	800束	600束	500束	300束
日　料	3.61束	3.06束	2.78束	2.22束	1.67束	1.39束	0.83束

B. 伝使食法

	親王・ 一位	三位以上	四　位	五　位	八位以上	初位以下
伝符剋数	30剋	20剋	12剋	10剋	4剋	3剋
従者数	29人	19人	11人	9人	3人	2人
稲	9.1束	6.1束	3.7束	3.1束	1.3束	1.0束
塩	4.55合	3.05合	1.85合	1.55合	0.65合	0.50合
酒	1升	1升	1升	1升	1升	1升
日　料 (稲換算)	9.47束	6.40束	3.93束	3.32束	1.47束	1.17束

件の悪い場合である。逆に、新任国司が五月一日に任国に到着すれば、〔3〕段階の旧任国司には一年分もの職分田給与が残る。これらは極端な場合であるが、多くの旧任国司にとって、〔3〕段階における職分田給与が幾分か存在した点は認めてよかろう。

以上の考察より、〔2〕〔3〕段階の国司は基本的に職分田給与が保証されていたが、〔1〕段階はそうではないことが判明した。これは国司の伝制利用のあり方と対照的である。すなわち、国司への経済的保証としてみれば、伝制と職分田制は補い合う関係になっている。この点に着目すると、〔2〕〔3〕段階の国司が伝制の利用を禁止された理由について、国司は職分田制にもとづく経済的保証を得ており、伝使として食料などを支給されずとも済んだためと考えられる。

これを別の角度から裏づけるのが、公廨食法が「伝使食法」（伝制媒介の食料支給法）に類似しているという薗田香融氏の指摘である。[16] 表6は、薗田氏の作成した表に一部改変を加えたものである。[17] これをみると、薗田氏も述べるように、伝使食法では五位と八位以上（六位以下）の間に大きな断絶があるが、これは伝馬が各郡五匹しか設置されなかった点と関係があり、伝馬の利用をなるべく定数内に抑えようとする配慮による。比例関係に従って、六位に八剋伝符、七位に六剋伝符が支給されたと仮定すると、日料（稲換算）は順に二・七〇束、二・〇九束となり、公廨食法と伝使食法の支給額はさらに近くなる。こうした点に着目した薗田氏は、職分田制成立以前における「国司」の給与体系は伝使食法と類似していたと想定し、東国国司詔の検討を通じてこの点を確かめている。第三節で検討するように、薗田氏の東国国司詔に関する史料解釈には若干の問題があるが、その想定は基本的に支持できる。

これまでの考察に大過ないとすれば、職分田制成立以前における「国司」への食料支給のあり方は、臨時に中央から派遣された使者である朝使と何ら異ならないことになろう。この点より、A型国司からB型国司への転換を示す指標のひとつとして、職分田制の成立をあげたい。職分田は国司の地方支配を成り立たせるための重要な経済基盤である。こうした職分田をもつ段階と、それをもたず地方からの援助を必要とした段階とでは、質的にみて大きな違いがあるといわねばなるまい。[18] 国司職分田制の成立は、A型国司からB型国司への転換を示す基準のひとつに十分なると考える。

3　和銅五年五月十六日格

本項では、『続日本紀』和銅五年（七一二）五月甲申条「初定下国司巡行幷遷代時、給二粮・馬・脚夫一之法上。語具二別式一」に検討を加えることによって、これまでの考察結果をさらに補強しておきたい。

本条でいう「別式」から確認しておくと、次の和銅五年五月十六日格を指す。

1和銅五年五月十六日格云、国司巡二行部内一、将従、次官以上三人、判官以下二人、史生一人。並食二公廨一。日米二升、酒一升。史生酒八合。将従一人、米一升五合。
（『令集解』田令35条令釈所引）

2和銅五年五月十六日格云、国司、不レ乗二駅伝一而向下者、長官馬七疋、判官以下五疋、史生二疋。其遷代者、長官馬廿疋、夫卅人。以下節級給之。其郡司向レ京、関二公事一者、並給二馬夫一。其取二海路一者、水手准二陸夫数一。
（『令集解』賦役令37条古記所引）

1は部内巡行時の、2の傍線部は遷代時の、それぞれ「粮・馬・脚夫」の支給額を定める。以下、これらが伝制とは無関係である点を論証したい。そこで取り上げたいのが、ⓐ『類聚三代格』貞観八年（八六六）十月八日太政官符、ⓑ同承和十二年（八四五）正月二十五日太政官符である。

まずⓐは「応レ停レ給下不レ帰二故郷一国司并博士・医師交替丁上事」の事書をもち、次の越中国解を引用する。

右得二越中国解一偁、謹検二和銅五年五月十六日格一偁、諸国司等、遷代之日、充二給夫馬一、令レ送二故郷一者。承前国宰、偏依二此格一、浪人便任二史生以上一、及土人被レ拝二博士・医師一之輩、充二給件丁一、其来尚矣。夫交替丁者、既作二送レ帰之資一、非二是輸物之備一。而不レ熟二格旨一、歴世給来。因レ茲、貪人求レ利、苛二勘功物一、彫弊之民、挙レ門逃亡。（後略）

本史料から、国司遷代時に支給される「脚夫」は、「交替丁」と呼ばれたことがわかる。

さて、『類聚三代格』弘仁十三年（八二二）閏九月二十日太政官符[19]は、国府・郡家などで働く各種の徭丁について、定員のある前半部とそうでない後半部に分けて記すが、後半部の次の二項目に注目したい。

㋐国司交替并貢調使国郡司送丁及持二公文一丁

㋑伝使厨人并駅子及伝馬丁渡子等

㋐の徭丁は「国司交替并貢調使国郡司送丁」と「持二公文一丁」に大別でき、前者はさらに「国司交替丁」と「貢調使国郡司送丁」に分類できる。このうち「国司交替丁」は、ⓐに出てくる「交替丁」、つまり和銅五年条の「脚夫」を指すとみて間違いない。㋑は伝制関係の徭丁を中心とする。㋐と㋑が併記されている以上、和銅五年条の「脚夫」が㋑の「伝馬丁」と別個の存在であることは明白である。

いま一度ⓐをみると、国司遷代時における交替丁が、帰郷用の人員という本来の目的とは別に、物資（国司の私物か）輸送に駆使された様子が窺われる。それでは、交替丁や馬などを提供していたのは、伝制の場合と同じく路次諸国であったのかといえば、決してそうではない。それを示しているのが、㋐において「国司交替丁」と「貢調使国郡司送丁」が併記されている点である。「貢調使国郡司送丁」は「貢調使たる国・郡司を送る丁」と訓むことができる[20]。国内の行政状況を中央に報告する役目を担った四度使（朝集使、計帳使、正税帳使、貢調使）のうち、貢調使のみ最後まで駅馬の利用が認められなかった（第一章）。その代わりに「当国馬」に乗用することになっていたが、これは管国の「百姓之馬」を雑徭分として徴発したものである（第五章）。人夫も牽丁として馬に付随することになり、貢調使のそれが「貢調使国郡司送丁」にほかならない。当然、「貢調使国郡司送丁」は任国で調達される。したがって、それと一括された「国司交替丁」も、京まで遷代国司に従ったと考えられる。

つづいて、ⓑ承和十二年正月二十五日太政官符を取り上げよう。これは「応下陸奥・出羽両国貢上雑物使等以二初位已下子弟一差充進上上事」の事書をもち、次の美濃国解に応じたものである。

得二美濃国解一偁、凡上下之使、随二其位階一、乗二用人馬一、詳立二条章一。而件両国貢二雑物一使等、或以二遷替之国司一、便差二充綱領一、或差二遊蕩之輩一、量令レ得二公乗一。因レ此、偏仮二使威一、不レ憚二憲法一。駅子苦二於重担一、伝馬

疲ニ於過程一。積習為レ例、経レ代不レ停。人馬費亡、不レ可ニ更論一。（後略）

使者の位階に応じて人馬を利用すべきところ、陸奥・出羽両国の貢上雑物使に任命された「遷替之国司」や「遊蕩之輩」が、権威を笠に着て違法行為に及んだことが問題視されている。非官人とみられる「遊蕩之輩」が「公乗」を得られないのは致し方ない面がある。だが「遷替国司」の場合、貢上雑物の「綱領」を務めていることからも、「公乗」が得られてもよさそうなものである。そうなっていないのは、遷代国司は伝馬を利用できないという原則が存在したこと、和銅五年以降の遷代国司への「粮・馬・脚夫」支給について、これまでの考察に誤りがなければ、それは旧任国の義務であったことが考えられる。

ⓑに対応する『続日本後紀』同日条には、「公物有レ限、私荷無レ数」という文言がみえる。この点も踏まえれば、美濃国の不満は次の点にあったとみられる。すなわち、遷代国司は旧任国から人馬等の提供を受ける以上、限りのある「公物」を運ぶために路次諸国の人馬等を使用せずともよいではないか、ましてや遷代国司の膨大な「私荷」を運ぶために路次諸国の人馬等を徴発されるのは納得がいかない、と。いずれにせよ、遷代国司は本来的に路次諸国の人馬を使用できる立場になかったことは確実である。

以上の検討によって、遷代国司に支給された「粮・馬・脚夫」は本国が負担するもので、伝制とは別系統であったことが判明した。部内巡行国司に関する明確な史料はないが、『続日本紀』和銅五年五月甲申条で「巡行」と「遷代」が併記されている点からも、同様に伝制とは別体系であったと考えてよかろう。

ところで前項では、国司への経済的保証として、伝制と国司職分田制が重なり合っていないことを指摘した。とすれば、和銅五年格は特に必要なかったはずである。それにもかかわらず、和銅五年格が出されたのはなぜか。それは、職分田給与は〔2〕〔3〕段階の国司への経済的保証として機能したにすぎず、「馬・脚夫」支給をも含めた交通全般の保証とはなっていないからであろう。また、新任国司の到着時点によっては、〔3〕段階の経済的保証がないという事態も生じるため、それを補う意図もあったと考えられる。よって和銅五年格は、職分田の給与体系を否定するものではなく、それを補完する役割を果たした点に意義が見出せる。この点をさらに明確化させるために、和銅五年格の①と②に示された「粮・馬・脚夫」の支給額を検討したい。

まず、部内巡行時の規定である①からみよう。表7に和銅五年格の食料支給法（巡行食法）を示したが、[21]表6の公廨食法および伝使食法と比べて支給額が少ない。したがって、国司給与の基本はあくまでも職分田にあり、巡行食法は補助的なものであったことがわかる。[22]ただし国史生の場合、巡行食法の支給額が公廨食法のそれに匹敵するが、それは部内巡行用に従者一人が認められたためである。部内巡行使としての威厳を保つためにも、国史生に従者を付けないわけにはいかなかったと考えられる。[23]これは特例として処理できるので、国司給与体系の全体からみれば、巡行食法よりも職分田給与を重視すべきである。

表7　巡行食法（和銅5年格）

	次官以上	掾以下	史　生
将従数	3人	2人	1人
米 酒	6.5升 1升	5升 1升	3.5升 0.8升
日　料 （稲換算）	1.44束	1.14束	0.81束

つぎに遷代に関わる②の傍線部をみたい。「以下節級給之」とあり、簡略化された記載となっている。次に示す『貞観交替式』53条所収の「式」が、『延喜式』雑式47条に継承されることからみても、和銅五年格の全体像を示している可能性が高い。

式云、凡国司遷代者、皆給㆓夫馬㆒。長官夫卌人、馬廿疋。六位以下官長夫廿人、馬十二疋。判官夫十五人、馬九疋。主典夫十二人、馬七疋。史生以下夫六人、馬四疋。其取㆓海路㆒者、水手之数、准㆓陸道夫㆒。但依㆑犯解任之輩、不㆑在㆓給限㆒。

和銅五年格が対象とした遷代国司は、もともと任期満了者であったようである。これは、天平八年（七三六）四月七日太政官符（『延暦交替式』5条、『貞観交替式』54条）に、

太政官符。検二和銅五年五月十六日格一云、遷代官人、給二夫并馬一者。今有二在任一二年而得レ替者、若為処分者。不レ論二年数一、替者令レ給。

とあることから判明する。和銅五年格は天平八年になって、在任一〜二年で交替する遷代国司にも適用されるようになったのである。また、その少し前の出来事として、『続日本紀』天平五年二月乙亥条に、

太政官奏、遷替国司等、赴レ任之日、官給二伝駅一。入レ京之時、何乗来帰。望請、給二四位守馬六疋、五位五疋、六位已下守四疋、介・掾各三疋、目・史生各二疋一放去。若歴レ国之人者、依レ多給、不レ給二両所一。縁レ犯解却、不レ入二給例一者。勅、許之。

とみえ、和銅五年格との関係が少し問題になる。森哲也氏は、天平八年四月七日太政官符に付けられた「私記」に、「但尋二式本意一、外国司等給二夫馬一者、送二妻子及随身資具等一也」とある（『政事要略』巻五十九）点に着目し、和銅五年格は本来的には国司の家族や所持品を送るためのもので、国司本人の乗用馬は公的に規定されていなかったため、天平五年太政官奏が出されたとみている。森氏が述べるように、天平五年太政官奏は早く制度としては消滅したようで、その後は和銅五年格にもとづく馬を利用した可能性が高い[24]。

ともあれ、ここで確認しておきたいのは、遷代時における馬・人夫の支給額は、部内巡行時と比べてはるかに多いという事実である。しかし、これらを負担したのは、路次諸国ではなく旧任国であった。『令集解』賦役令37条古記が雑徭を充てる一例として[2]を引用しているように、本国の雑徭を使って人夫や馬を徴発したのである[25]。ここに地方に独自の拠点をもたず、諸国からの供給を全面的に必要とした朝使との違いが認められる。

以上、和銅五年格は伝制とは別系統の交通保証であり、職分田給与を補完する役割があったことを論じた。

本節では、令制下における朝使と国司の相違点に着目することによって、A型国司からB型国司への転換の指

標として、国司職分田制の成立があげられることを指摘した。

第三節　A型国司からB型国司への転換時期

1　諸国における伝符・伝印

本節では、国司職分田制の成立を主たる指標にして、A型国司からB型国司への転換時期に迫ってみたい。ただし、浄御原令などは現存せず、国司職分田制の存在を史料から直接確認できるのは大宝令施行以後である。そこで視点を少し変えることにしたい。前節でも触れたが、国司職分田制成立以前における「国司」の給与体系は、伝使食法と類似していた可能性が大きい。この点に着目することによって、国司職分田制の成立時期は、どれだけ遡っても七世紀末が限度であることを明らかにしたい。

さて、『日本書紀』天武元年（六七二）七月辛亥条に次のような記事がある。

将軍吹負、既定二倭地一、便越二大坂一、往二難波一。以二余別将等一、各自二三道一進、至二于山前一、屯二河南一。即将軍吹負、留二難波小郡一、而仰二以西諸国司等一、令レ進二官鑰・駅鈴・伝印一。

これは壬申の乱の終戦処理に関わる記事のひとつである。大海人皇子の側に立って活躍した大伴吹負が難波小郡において、「以西諸国司」から「官鑰・駅鈴・伝印」を進上させたことを示す。本史料は国司制の成立過程を考える際に必ず言及されるものである[26]。ここで注目したいのは、「国司」が「伝印」を所持していた点である。「伝印」は「ツタヒノシルシ」という古訓をもち、「伝符」と同じものを指すと考えられる。本史料は、「国司」

が〔1〕～〔3〕の全段階で、令制下の伝制と類似した制度（以下「原伝制」と仮称）を利用したことを示す、最も新しい時期の史料と考える。以下、その理由を述べてみよう。

まず何よりも重要なのは、永田英明氏が指摘しているように、令制下には伝符が基本的に諸国に置かれなかったことである[27]。このことは、公式令42条の「其駅鈴・伝符、還到二日之内、送納」に関して、『令義解』が、

謂、還二到於京一送納日限。其案二唐令一、使事未レ畢之間、便二納所在官司一。今於二此令一、既除二其文一。故知、使人在レ国之間、仍合二随身一也。

と注釈しており、在国中の伝使（新任国司は除く。後述）が伝符を随身すると理解している点からもいえる。すなわち、伝符は諸国に一時保管されることもなかったのである。

公式令42条の「還到」が帰京を意味する（「還」と「到」に分解しない）という法解釈は、他の『令集解』諸説（令釈一云、朱説、穴記或云など）にもみえる。唐公式令にあった「使事未レ畢之間、便二納所在官司一」の文言を削除して継受した結果、必然的にそうなり、まず誤りのない事実であろう[28]。しかし一方で、令釈は、

還、謂レ詣二於京一也。是職制律、用二駅鈴一、事訖応二輸納一、而稽留者、一日笞五十、十日徒一年。伝符減二三等一是也。到、謂レ到二指所之国一也。擅興律、其駅鈴違レ限不レ納者、笞四十。伝符減二一等一是。

と注釈している。こうした、職制律は京に「還」った場合に、擅興律は国に「到」った場合に、それぞれ適用されるという法解釈は、他の『令集解』諸説（令釈一云、跡記、朱説など）にもみえる。このように、所在官司に返納しなかったときの罰則を規定した擅興律が存在する点は重要である[29]。

そこで注目されるのが朱説である。「還到」は帰京を意味し、職制律がそれに対応するとした上で、

但擅興律、為二新任国司一立レ文耳。凡新任国司乗二駅伝馬一、到二任所国一、必進二納国府一、更差レ使可レ進二上京一耳。

と述べる。前節で明らかにしたように、〔2〕〔3〕段階の国司には伝制を利用させない方針をとっていた。そのためには、使用済みの伝符は速やかに回収するのが望ましい。したがって、新任国司は任国に到着した後、（二日以内に）伝符を一旦は国府に納めるものの、中央に返却するための使者を派遣した可能性は十分にある。

たしかに日本では、中央で伝符を保管するという大原則もあって、使者滞在中の伝符であっても、所在官司に便納されるようなことはなかった。しかし、伝使として任国に到着した新任国司の場合、次の〔2〕〔3〕段階に伝制を利用させないためにも、伝符を一時的に国府に納めさせる必要があった。唐令継受時における「使事未レ畢之間、便二納所在官司一」という規定の削除と、擅興律の存在とは何ら矛盾しない。

ただし、以上の見解は論理的要請にもとづく。朱説と類似した法解釈をする令釈一云は、

但擅興律、不レ納者、新任国司乗レ駅到レ任之類。其鈴可二返上一之類是也。此説、伝符難。

と述べる。擅興律は新任国司が任国に到着した際の罰則規定とする点では朱説と同じであるが、伝符は駅鈴とは違って適用に無理があるとする点で解釈を異にする。擅興律は伝符も規定していること、かつ新任国司は伝符を使用するのが一般的であったことから[30]、擅興律の対象者は駅制利用の新任国司に限定されないと考えられる。それだけに、令釈一云は平安時代初期の実態を示している可能性が高い。ではどのような事情があったのか。

第一に想起したいのは、『日本後紀』弘仁三年（八一二）五月乙丑条に「伝馬之設、唯送二新任之司一。自外無レ所二乗用一」とあるように、平安時代には伝馬の利用者が減少している点である。第二は、使者に伝符を与えた場合、諸国に下達される符には伝符の剋数も記載され（公式令13条）、伝使であることを証明するものは携行する伝符だけではなかった点である。九世紀末になるが、伝符を携行していない神宮司であっても、その所持する任符に「可レ給二食馬一」と注記することで伝馬の利用が可能となっており（『類聚符宣抄』仁和三年五月七日宣旨）、伝符

の役割は低下していた。こうしたなか、駅鈴に比べて伝符の罰則内容は数等分低いという事情もあって、元来は駅制・伝制を使用した新任国司すべてを対象とした擅興律が、駅制利用の新任国司のみに対象が限定されるようになった可能性がある。この実態を念頭に注釈したのが、令釈一云であったと理解したい。

明法家の法解釈にどこまで信頼を寄せてよいのか難しいが、少なくとも伝符を諸国に置くという令文が存在しない以上、国司以外の伝使が随身する伝符を除いて、諸国に使用可能な伝符がなかったことは確かであろう。

以上を踏まえて、前掲『日本書紀』天武元年条に目を向けると、「以西諸国司等」が「伝印」（伝符）を所持していたことは、律令の原則と大きく異なるだけに注目される。天武元年には伝印の回収が命じられており、当時、伝印の果たした役割の大きさが窺える。したがって、仮に当時「国司」の原伝制利用が〔1〕段階のみに限られていたならば、直ちに伝印を返上させたはずである。そうなっていないのは、国司職分田制はいまだ整備されておらず、「国司」は〔1〕～〔3〕の全段階で原伝制を利用せざるを得ない状況にあったためと考えられる。この点を傍証するために、次項では、初期伝制に関わる史料として脚光を浴びている東国国司詔を検討したい。

2　東国国司詔の検討

皇極四年（六四五）六月十二日、蘇我入鹿が飛鳥板蓋宮で暗殺され、翌日には父の蝦夷も自害に追い込まれた。六月十四日に孝徳天皇を中心とする新政権が誕生し、その後、「大化改新」と称される中央集権国家構築に向けた諸改革が始まる。「東国国司」の派遣もそのひとつであった。「東国国司」への詔は、大化元年（六四五）八月五日、同二年三月二日、同二年三月十九日の三回出されており（以下「東国国司第一～三詔」）、『日本書紀』孝徳紀のなかでも具体性に富み史料の信憑性が高いとされる。このうち、原伝制成立に関わる部分を中心に掲げたい。

【東国国司第一詔】『日本書紀』大化元年（六四五）八月庚子条

拝㆓東国等国司㆒。仍詔㆓国司等㆒曰、（中略）又国司等、[a]在㆑国不㆑得㆑判㆑罪。[b]不㆑得㆘取㆓他貨賂㆒、令㆖致㆓民於貧苦㆒。[c]上㆑京之時、不㆑得㆔多従㆓百姓於己㆒。唯得㆑使㆑従㆓国造・郡領㆒。[d]但以㆓公事㆒往来之時、得㆑騎㆓部内之馬㆒、得㆑飡㆓部内之飯㆒。[e]介以上奉㆑法、必須㆓褒賞㆒。違㆑法、当㆑降㆓爵位㆒。判官以下、取㆓他貨賂㆒、二倍徴之。遂以㆓軽重㆒科㆑罪。[f]其長官従者九人、次官従者七人、主典従者五人。若違㆑限外将者、主与㆓所㆑従之人㆒、並当㆑科㆑罪。[g]若有㆓求㆑名之人㆒、元非㆓国造・伴造・県稲置㆒、而輙詐訴言、自㆓我祖時㆒、領㆓此官家㆒、治㆓是郡県㆒。汝等国司、不㆑得㆔随㆑詐便牒㆓於朝㆒。審得㆓実状㆒、而後可㆑申。（後略）

【東国国司第三詔】『日本書紀』大化二年（六四六）三月辛巳条

詔㆓東国朝集使等㆒曰、（中略）以㆓去年八月㆒、朕親誨曰、[ア]莫㆘因㆓官勢㆒、取㆗公私物㆖。[イ]可㆑喫㆓部内之食㆒、可㆑騎㆓部内之馬㆒。[ウ]若違㆑所㆑誨、次官以上、降㆓其爵位㆒、主典以下、決㆓其笞杖㆒。入㆑己物者、倍而徴之。（後略）

東国国司第三詔は第一詔を簡単に言い換えたものであり、[b]と[ア]、[d]と[イ]、[e]と[ウ]が対応関係にある（[c]が[イ]と対応しないことは後述）。この点を確認した上で、本史料を伝制との関連で考察した、薗田香融・佐々木虔一・松原弘宣・山尾幸久らの諸氏の見解[31]を検討してみたい。

結論から先にいえば、東国国司詔を伝制との関連で筆者も理解しており、その点で諸氏の見解と大きく違わない。だがあえて検討を試みるのは、諸氏の史料解釈に若干の疑問を感じているためである。その疑問とは、[d]の「以㆓公事㆒往来」が部内巡行を意味する点を明確にさせることなく、伝制的なイメージを先行させている点である。もっとも松原氏の場合、部内巡行に関わると正しく理解しているが、論拠を詳しく述べておらず、「公事を奉じて向京する」と解釈した薗田氏[32]や、「地方官の任地への往来」と理解した佐々木氏らに対する批判はまったくない。そこで以下、「以㆓公事㆒往来」が部内巡行を意味すると考える理由を提示したい(33)。

第一の理由。[c]と[d]について、仮に「以㆓公事㆒往来」が公事のための上京を意味する場合、「東国国司」が上京するとき、「得㆑騎㆓部内之馬㆒、得㆑飡㆓部内之飯㆒」ことは許可しないが、「以㆓公事㆒往来」という条件を付すことによって特別に許可したことになる。しかし、公事以外の目的による「東国国司」の上京など果たして想定できるのか。大化元年八月に遣わされた「東国国司」は、翌二年二月までに全員帰還しており(34)、こうした限られた期間のうちに、「東国国司」が公事以外の目的で上京する事態など考えがたい。

第二の理由。ひとまず[d]と[イ]を除いて全体を見渡すと、「東国国司」が地方支配にあたって守るべき注意事項を中心に構成されている点に気がつく。一見すると反証事例となりそうな[c]も、その主たる関心は上京する際の出発時点にあり、路中にあるのではない。また[e]についても、「東国国司」への褒賞・科罪を定めるが、「東国国司」に「奉㆑法」を促す点に関心があり、地方支配の注意事項のひとつと看做せる。

このように東国国司詔の内容は、「東国国司」がそれぞれの管轄内で守るべき注意事項を中心に構成されている以上、[d]についても同様に考えるべきであろう。

このことは、[ア]と[イ]に着目することでさらに明瞭となる。[b]と[ア]、[d]と[イ]がそれぞれ対応することは前述した。[ア]で「東国国司」の恣意的な収奪を禁止し、それに対する見返りとして[イ]が規定されている。同じように[b]と[d]の関係も考えられよう。ただし東国国司第一詔には独自規定として[c]がある。そこで問題となるのは、[c]と[d]の文章構造である。従来の研究では、

上㆑京之時……。唯……
但以㆓公事㆒往来之時……

と正しく理解せず、つまり「上レ京之時」と「以二公事一往来之時」が対句になっている点に気がつかず、

　　上レ京之時……｛唯……
　　　　　　　　　 但……

と誤って理解した結果、cとdをひとつの内容として捉え、それをイに対応させてきた。そのため薗田氏らは、「部内」の中身として、「東国国司」の管轄地域外の路次諸国まで含めてしまった。しかし「部内」は国司の管轄地域を指すのが一般的で、この解釈には相当な無理がある。cとdは切り離して理解すべきであり、イと対応するのはdのみである。アとイの関係と同様に、bとdの関係も捉えるべきであろう。

このように「以二公事一往来」とは、「公事」のため「部内」を巡行することを意味する。dの規定は、「東国国司」がその管轄地域を巡行する際、「部内」から馬や食料を徴発することを許可したものなのである。

つぎに問題になるのは、dとイに伝制的な要素が認められるかどうかである。そこで注目したいのは、東国国司第一詔の従者規定fが令制下における伝制の従者規定と類似している、という薗田氏の指摘である。薗田氏は、fはdに関連する付帯条項であることを指摘した上で、「東国国司」の長官を五位相当、次官を六位相当、主典を七位相当と仮定し、従者数について、公式令42条と次のような対応関係がある点に着目した。

	(親王・一位)	(二・三位)	(四位)	(五位)	(六位)	(七位)	(八位)	(初位以下)
【公式令42条】	二九人	一九人	一二人	九人	三人	三人	三人	二人
【東国国司詔】				九人	七人	三人		

両者間で直接対応するのは五位だけである。しかし薗田氏が指摘するとおり、公式令42条では、五位の一〇剋伝符と八位以下（六位以上）の四剋伝符との間に大きな断層がある。比例関係に従えば、六位に八剋伝符、七位

に六剋伝符を支給してもよかったはずであるが、公式令42条ではそうなっていない。薗田氏が述べるように、伝馬の設置数が五匹であり、伝馬の利用をなるべく定数内に抑えようとした結果と考えられる。

これに対して東国国司詔では、長官は一〇匹の馬、次官は八匹の馬、主典は六匹の馬を使用できるとし、特に馬の数を低く抑えていない。このことは、東国国司詔の段階では、伝馬の設置数を五匹に制限していなかったことを示唆する。ここではd と イ について、「東国国司」が部内巡行をする際に、伝制的な原理で馬・食料を支給することを定めた規定と理解できる点を確認するにとどめておく[35]。

残念ながら、東国国司詔から直接導き出せるのはここまでである。原伝制が文字どおり伝制の原形であれば、〔2〕段階のみならず、〔1〕〔3〕段階の交通手段としても機能したはずであるが、果たしてどうであろうか。

まず〔3〕段階について、先述のとおり、c と d が対句になっている点に着目したい。c と d は「但」で結ばれていることから、上京時の馬や食料は部内から支給されなかったと考えられる。つぎに〔1〕段階についても、もちろん部内からは支給されない。しかし、伝制を支える雑徭が「クサグサノミユキ」と呼ばれたように、大化前代の大王行幸時に差発された労役を継承しているとすれば[36]、〔1〕〔3〕段階の「東国国司」も路次諸国から馬や食料などの提供を受けた可能性は十分にあり得る。

さらに、f の従者規定に再び注意したい。これは「東国国司」に認められた全従者であろう。〔1〕〔3〕段階の「東国国司」が路次諸国から馬や食料などを徴発するにあたり、この従者数によって支給額が決定されることになる。これぞ伝制そのものではなかろうか。

以上の理由から、東国国司詔は原伝制の整備を意図した詔として位置づけてよいと考える[37]。たしかに東国国司詔それ自体は、原伝制の全体像を明確には提示していない。だがそれは、東国国司詔の主たる関心が、これから新たに構築すべき地方支配のあり方にあったためである。

ところで、東国国司第三詔の後略部には、「東国国司」の犯した数々の違反行為が指摘されている。そのなかには、次のように馬に関連する違反が複数みえる。(38)

＊其巨勢徳禰臣所レ犯者、於二百姓中一、毎レ戸求索。仍悔還レ物。而不二尽与一。復取二**田部之馬**一。

＊其介朴井連・押坂連並闕レ名。二人者、不レ正二其上所一レ失。而飜共求二己利一。復取二**国造之馬**一。

＊其紀麻利耆拕臣所レ犯者、使二人於朝倉君・井上君、二人之所一、而為牽二来**其馬**一視之。復使二朝倉君作一レ刀。復得二朝倉君之弓布一。復以二国造所レ送兵代之物一、不二明還一レ主、妄伝二国造一。復於二所レ任之国一、被二他偸一レ刀。復於二倭国一、被二他偸一レ刀。

＊其阿曇連闕レ名。所レ犯者、和徳史有レ所レ患時、言二於国造一、使レ送二官物一。復取二**湯部之馬**一。

＊其介膳部臣百依所レ犯者、草代之物、収二置於家一。復取二**国造之馬**一、而換二他馬一来。

「東国国司」が「田部之馬」「国造之馬」「湯部之馬」を取ったり、牽いて来させて視たりしたことが問題視されている。大化前代に屯倉制・国造制・部民制を通じた逓送・供給の実態があり、その慣習に従ったまでであろう。しかし、旧来の制度を国―評に一元化させる形で新たに伝制を成立させようとしていた(39)矢先であったため、大きな問題になったのである。原伝制の成立は、単に理念にとどまらず、孝徳朝の全国立評と連動しながら実現したと考えられる。なお、毛利憲一氏が指摘するように、七世紀初頭頃からミコトモチが「国」（『隋書』倭国伝の「軍尼」）を単位に派遣されており、条件がすでに整いつつあった点も正当に評価する必要がある。(40)

東国国司詔の「部内」とは、前述のようにその管轄域内を指すが、より実態に即していえば、屯倉制・国造制・部民制を止揚して新たに成立する評とみるべきであろう。もちろん、その止揚の仕方は、評の歴史的由来に応じて多様であったとみられる。中央政府としては、各評に原伝馬を設置できさえすればよく、あえて評の内部にまで口出しをしなかったと考えられる。第四章で論じたように、日本の伝制は、郡を前提としつつも、最終的には国に統括されている点に特徴があるが、「部内」にはそうした意味合いが込められていよう。

ところで、孝徳朝の伝制関係史料としては、大化改新詔の第二条（『日本書紀』大化二年正月甲子朔条）も存在する。その主文は「初修㆓京師㆒、置㆓畿内・国司・郡司・関塞・斥候・防人・駅馬・伝馬㆒、及造㆓鈴契㆒、定㆓山河㆒」である。「国司・郡司」の設置に示される地方行政区画の設定と並行する形で、伝馬を設置することを謳っており、東国国司詔の趣旨と相通じるものがある。また、第二条の副文のひとつに「凡給㆓駅馬・伝馬㆒、皆依㆓鈴・伝符剋数㆒」があり、伝符の剋数に応じて伝馬を給うことを定めている。第二章で日本古代伝制の法的特徴として、交通手段を伝馬に、財物を官物（郡稲）に一元化させ、伝符という独自の器物を設けたことを指摘したが、これらの要素が大化改新詔に濃縮されているのは興味深い。大化改新詔の信憑性をめぐっては議論があるが、ひとまず伝制に限っていえば無下に退けるべきではない[41]。

以上のとおり、「東国国司」の派遣された孝徳朝に、伝制の原形ともいうべき交通制度が整備されたと考えられる。これによって、「国司」が〔1〕～〔3〕の全段階で原伝制を利用できる体制が構築されたのである。前項でみたように、壬申の乱以前の「国司」は、〔1〕段階のみならず、〔2〕〔3〕段階にも伝制を使用していたが、それは孝徳朝における原伝制のあり方を継承するものにほかならない。

本節の検討によって、明確な時期こそ不明であるが、国司職分田制の成立時期は、どれだけ遡っても七世紀末が限度であるといえる（大宝令制定時であった可能性も十分にある）。この時期は初現的な国府が登場する時期とも合致し[42]、A型国司からB型国司への転換点はここに求めることができる。

おわりに

「ミコトモチ」から「常駐地方官」へという図式で、国司制の成立は論じられることが多い。だが両者を区別する基準は意外に不明瞭であり、両語の多義性・曖昧性も影響したため、議論は十分に噛み合ってこなかった。こうした研究状況を打開する試みとして、本章では「播磨国司」に代表される前代的「国司」を「A型国司」、令制「国司」を「B型国司」と仮称し、地方での供給方法の違いを手がかりに、両者を区分する指標を考える作業から始めた。その結果、国司職分田制の成立が指標になることが判明した。これをもとにA型国司からB型国司への転換点を求めると、七世紀末から大宝令制定（七〇一年）にかけての時期となる。

ところで、国司制成立に関しては、黛弘道氏から早川庄八氏へ発展・継承された研究[43]が強い影響を与えてきた。それによれば、「国司」の権限は、《Ⅰ期》壬申の乱以前（黛氏は大化以後、早川氏は斉明朝ないし天智朝以後とする）、《Ⅱ期》天武・持統朝（六七二〜六九七）および浄御原令施行期、《Ⅲ期》大宝令制で異なっていたとする。すなわち、Ⅰ期の「国司」は財政権・軍事権・行政権のすべてを掌握した巨大な権限をもつ地方行政官であった。しかし、壬申の乱を契機に財政権・軍事権を失い、天武期末年に軍事権を再び委譲されたが権限は小さく、Ⅲ期にいたって三権すべてにわたる権限を一身に体した令制国司が誕生すると見通す。

だが本章で明らかにしたように、Ⅰ期「国司」は、国司職分田という独自の経済基盤をいまだもたず、派遣先からの供給を必要不可欠とした存在であった点を見逃してはならない[44]。詳細は今後の課題としたいが、国造らの地方支配を認めた上で、それを監督するために「国司」を派遣するという体制は、推古朝（五九二〜六二八）頃には形成されていた可能性が高く（特に西国では）、こうした前代からの連続性も考えてみる必要性を感じる(45)。それを示すのが、十七条憲法第十二条の「国司・国造勿ㇾ斂㆓百姓㆒」である（『日本書紀』推古十二年四月戊辰条）。続く舒明・皇極朝（六二九〜六四五）に、百済大宮・大寺の造営にあたって、用材と丁を調達するため、近江と越、東は遠江、西は安芸までの地域に「国司」を派遣している（『日本書紀』舒明十一年七月条、同皇極元年九月乙卯条、同月辛未条）ことを想起すると、検討の価値は十分にあろう。

その後、いわゆる大化改新を経て、令制国に直接つながる行政単位としての「国」が誕生する。それを示す最古の同時代史料は、現在のところ、次の石神遺跡（奈良県明日香村）出土の荷札木簡である(46)。

・乙丑年十二月三野国ム下評
・大山五十戸造ム下部知ツ
　従人田部児安　　152×29×4　032　評荷102号

これは「乙丑年」（天智四年、六六五年）の年紀をもっており、この時期までに国―評―五十戸という重層的な地方行政区分が成立していたことを示す。この「国」は国造のクニではなく、令制国に直接つながるものである。こうした地方行政単位としての「国」の存在を前提とした上で、天武十二年（六八三）〜同十四年に国境画定事業が推進される（『日本書紀』天武十二年十二月丙寅条、同十三年十月辛巳条、同十四年十月己丑条）(47)。天武十四年には七道制の成立を受けて巡察使が遣わされ（『日本書紀』同年九月戊午条）、朝使派遣による「国司」の監察も始まる（第十章）。持統四年（六九〇）には「国司」に遷替制が適用される（『日本書紀』同年七月辛巳条）。そして、本章で重視した国司職分田制も、この頃に成立する。国府もその本格的な建設は八世紀前半期であるが、一部の地域ではその初現的な形態を現すようになる。そして、八世紀初頭の大宝令施行段階になると、複数の「国司」を統括していた総領も廃止され、田領・税司主鎰の職掌も「国司」に委ねられる（『続日本紀』大宝元年四月戊午条、同二年二月乙丑条）。こうして、職員令70条に規定された大幅な権限をもつ令制国司が誕生するのである。

註

（1）薗田香融「律令国郡政治の成立過程」（『日本古代財政史の研究』塙書房、一九八一年、初出一九七一年）三二六〜三二七頁、直木孝次郎「藤原宮木簡にみえる「粟道宰」について」（『飛鳥奈良時代の考察』高科書店、一九九六年、初出一九九三年）など。

（2）『日本書紀』清寧二年十一月条、同顕宗即位前紀、同元年四月丁未条、同仁賢即位前紀。なお、『古事記』清寧天皇段は「針間国之宰」、『播磨国風土記』美嚢郡条は「針間国之山門領」と表現する。

（3）たとえば、鐘江宏之「「国」制の成立」（笹山晴生先生還暦記念会編『日本律令制論集　上』吉川弘文館、一九九三年）など。なお、国司制成立を扱った研究は数が極めて多いため、必要に応じて最小限触れるにとどめる。研究史と主要な論点については、鐘江論文、中村順昭「国司制と国府の成立」（『古代文化』六三―四、二〇一二年）、渡部育子『律令国司制の成立』（同成社、二〇一五年）などを参照されたい。

（4）本章のもとになった旧稿「国司制の成立と伝馬制」（『続日本紀研究』三〇一、一九九六年、以下旧稿）二頁において、このように述べたことに対して、渡部育子「天武・持統・文武朝の国司」（註(3)著書所収、初出一九九八年）八三〜八四頁は、常駐という語の具体的内容として、次の三つの条件を満たす場合には、常駐国司とみることができるとした。

（a）地方行政遂行のために一定期間、任地に滞在すること。

（b）一つの任務ではなく大宝・養老令のように複数の多岐にわたる任務が課せられていること。

（c）a・bのような条件を満たす官人が、人の交替はあっても恒常的に派遣されていること。

そして、国司常駐の体制は、その執務施設や周辺の空間も含む国府の成立、国司職分田の成立、国司遷替の事実によって確認できるとし、また国司監察制度の整備も国司常駐を前提としたものと述べる。

(5) 榎英一「正税帳伝使給粮記事をめぐって」(『日本史論叢』八、一九八〇年) 九二～九三頁、原秀三郎「郡家の構成と交通機能」(『地域と王権の古代史学』塙書房、二〇〇二年、初出一九八四年) 五七六～五七九頁など。

(6) この点は現在ほぼ通説化している。しかし旧稿を発表した時点では、黒髪和裕「律令制下における国司の往来について」(『國學院雑誌』八一―三、一九八〇年) 二三頁、永田英明a「律令国家における伝馬制の機能」(『交通史研究』二八、一九九二年) 六～九頁などの指摘があるにすぎなかった。このうち永田a論文は、同b「伝馬制の機能とその成立」として改題・改稿の上、『古代駅伝馬制度の研究』(吉川弘文館、二〇〇四年) に所収されている。

(7) 福井俊彦『交替式の研究』(吉川弘文館、一九七八年) 九一頁、黒髪和裕註(6)論文二二～二三頁、森哲也「律令国家と海上交通」(『九州史学』一一〇、一九九四年) 六～七頁・註(36)など。

(8) 榎英一註(5)論文九二～九三頁、原秀三郎註(5)論文五七六～五七九頁など。

(9) 『類聚三代格』延暦十二年 (七九三) 三月九日太政官符によると、難波大宮の停廃にともなって、摂津職から摂津国司に改められた際、季禄と月料が停止されている。摂津職は京官の扱いであったが、摂津国司は外官であるため、季禄と月料は支給されなくなったのである。

(10) 大宝令では、(A)(B)の「職分田」は「公廨田」であった。さらに(B)は、仁井田陞著・池田温代表編集『唐令拾遺補』(東京大学出版会、一九九七年) 一三二六～一三二八頁に示された諸説や、鎌田元一「新任国司への給粮と養老八年格」(『律令国家史の研究』塙書房、二〇〇八年、初出一九九九年) 四一六～四一七頁など、複数の案が併存している。また、(C)の「依レ式給レ粮」は、大宝令では「量給二公粮一」となっていた。しかし、いずれの相違点も本章の論旨に特に影響を与えるものではない。

(11) 大津透氏らが指摘するように、基本的に日本では、唐のように官衙に付属する田地 (公廨田) は設定されておらず、国司など在外諸司の田地は実質的に国司個人の給与としての性格が強かった。そのため、養老令では「職分田」に名称が改められたと考えられる。一方、渡辺晃宏氏によれば、天平六年 (七三四) の官稲混合以前における官衙経費の財源として「公廨」があり、それは公廨田の獲稲を主体とし、純然たる職分田とはいいがたい面があるという。このように「職分田」「公廨田」いずれの語を使うべきか難しいが、本章では国司給与としての側面をより重視し、「職分田」の語を使う。大津透「唐日律令地方財政管見」（『日中律令制の財政構造』岩波書店、二〇〇六年、初出一九九三年）、渡辺晃宏「公廨の成立」（笹山晴生編『日本律令制の構造』吉川弘文館、二〇〇三年）一四七～一五二頁。なお、国司職分田制については、高橋崇『律令官人給与制の研究』（吉川弘文館、一九七〇年）一三九～一九四頁、榎英一「外官職分田制の二・三の問題」（『日本史論叢』四、一九七四年）も基礎的研究として多く参照した。

(12)『令集解』田令35条令釈より、大宝令の「量㆓給公粮㆒」が養老令では「依㆑式給㆑粮」に改変されたこと、この「式」が国司の部内巡行に関する和銅五年（七一二）五月十六日格（後掲[1]）を指すこと、宝亀三年（七七二）六月二十日格「充㆓新任国司㆒公廨、宜㆘停㆓巡行之法㆒、依㆓公廨㆒賜㆖之。自㆑今以後、永為㆓恒例㆒」が出されたことがわかる。これらをもとに、榎英一註(11)論文七一～七二頁などは、［公廨食法→巡行食法→公廨食法］という変遷を想定してきた。また、薗田香融「郡稲の起源」（岸俊男教授退官記念会編『日本政治社会史研究　中』塙書房、一九八四年）七一～七二頁は、公廨食法は大宝令の食料支給法、国司巡行食法は養老令の食料支給法とみた。

(13) 渡辺晃宏「二つの新任国司食料支給と公廨食法・国司巡行食法」（『藤枝市史研究』二、二〇〇〇年）は、巡行食法は、和銅五年（七一二）から宝亀三年（七七二）までの間、①に関わってのみ実施された（当該期であっても②は公廨食法によった）とみる。天平八年度（七三六）薩摩国正税帳によれば、新任国史生の韓柔受郎は、着任後八月末まで（①に該当）は巡行食法によって、九・十月（②に該当）は公廨食法によって、それぞれ給粮されている。二つの食法を交えていることから、これまで薩摩国の特殊事例とされてきたが、実は原則に適ったものとして理解できる。本論文が指摘するように、天平期正税帳では公廨食法の事例が圧倒的大多数を占めているが、それは新任国司の着任が九月以降であったことによる。

(14) 養老八年格については、鎌田元一註(10)論文が詳しい。正税帳の理解をはじめ、職分田制に関して随所に重要な指摘がみられる。

(15) 榎英一註(11)論文七〇頁は、国司の赴任前に任符が任国に下されたと考え、職分田の帰属を決定する基準は、田令34条と養老八年（七二四）格で異なっていたとする。だが本論文も取り上げたように、『令集解』田令35条令釈は「外官新至㆑任者、以㆓任符㆒、可㆑為㆓新至㆒也」と注釈している。これについて、「任官から着任までの間が著しく長期になり、給粮を受けることが権利と見なされるようになって後の、本来の令意とは離れた解釈であろう」とする。しかし、任符を携行・伝達するのは新任国司であり、令釈は令意を正確に伝えていると思われる。よって職分田の帰属に関しても、一貫して新任国司の任符が任国に到着した時点が基準であったと考えてよかろう。詳しくは第九章、特にその註(34)を参照されたい。

(16) 薗田香融註(12)論文五六一頁。

(17) A公廨食法の日料は獲稲を三六〇日で除し、小数点第三位以下は四捨五入した。B伝使食法の日料は次の『延喜式』主税式上83条の数値を使い、米一升＝稲〇・二束、酒一升＝稲〇・一四束の換算率に従って計算した。なお、塩については、註(21)で述べるような理由で除外した。

《官人》米二升、塩二勺、酒一升

《従者》米一升五合、塩一勺五撮

(18) 山下信一郎氏は、日本律令国家における給与体系の特質として、季禄支給の京官に対し、外官の場合、職分田支給である点を指摘する。そして、外官に季禄支給をおこなっていた唐制を改変した理由について、地方で自立した存在の在地支配者にとっては、その地の収穫物（稲）を受けることに意味があったためと考える。山下信一郎「律令俸禄制と賜禄儀」(『日本古代の国家と給与制』吉川弘文館、二〇一二年、初出一九九四年）三三三頁。

本章での関心から興味深いのは、両者の給与体系の相違が、国司（外官）・朝使（京官）の伝馬利用の相違とも重なり合う点である。次項で検討するとおり、〔2〕〔3〕段階における国司は一貫して伝馬利用対象者から排除されており、朝使に伝馬を提供する側であった。その背景は今後の課題としたいが、国司の位置づけをおこなう上でも、京官と外官の違いに着目する視点を深める必要があろう。その試みのひとつに、大隅清陽「律令官制における京官と外官」(『律令官制と礼秩序の研究』吉川弘文館、二〇一一年、初出一九九四年）がある。

(19) 吉田孝「雑徭制の展開過程」(『律令国家と古代の社会』岩波書店、一九八三年）三八七～三八九頁の校訂に従う。

(20) 賦役令3条に「凡調庸物、毎ㇾ年八月中旬起輸。（中略）其運脚均出二庸調之家一。皆国司領送」とあり、国司が貢調使になることが規定されている。その『令集解』諸説が説くように、郡司も領送の任にあたっており、郡司も貢調使の一員に含めてよい。郡司の場合「貢調使」と呼ばれることはないが、『類聚三代格』承和十一年（八四四）十一月十五日太政官符、『日本三代実録』元慶七年（八八三）十一月二日条などに「貢調郡司」という表現がみえる。

（21）①和銅五年（七一二）五月十六日格では、米・酒の支給にとどまり、塩の支給については述べない。天平期正税帳においても、国ごとに塩の支給方法は区々で、まだ制度的には確立していなかったようである。その後、『弘仁式』が編纂されるまでに、官人・番上であれば塩二勺、傔従であれば塩一勺五撮に定まることになる（『延喜式』主税式上83条も同額）。表7の日料（稲換算）には塩を加えていないが、『弘仁式』主税式83条および『延喜式』主税式上83条の食法では、米・酒に加えて塩も支給される。塩も加味した日料（稲換算）は、次官以上一・四七束、掾以下一・一七束、史生〇・八三束となる。塩の支給については、亀田隆之「古代の勧農政策とその性格」（『日本古代用水史の研究』吉川弘文館、一九七三年、初出一九六五年）三七六～三七七頁、向林八重「日本古代社会における塩の支給」（『続日本紀研究』三六四、二〇〇六年）一七～二〇頁など参照。

（22）渡辺晃宏註(13)論文が明らかにしたように、赴任年の職分田獲稲の配分に預かれなかった場合にそれに替わって支給される食料が、一貫して巡行食法ではなく公廨食法であったことも、このことと関係しよう。

（23）実例では、次のような目的の部内巡行において、国史生一人・従者一人の組み合わせが認められる（☆は国医師の事例）。
《天平八年度薩摩国正税帳》☆正税出挙幷収納、☆検校庸席、☆検校伯姓損田、☆賑給、賑給
《天平九年度和泉監正税帳》修理池
《天平九年度豊後国正税帳》賑給貧病人幷高年之徒、責計帳手実、検校牧馬、収庸、検田熟不
《天平十年度駿河国正税帳》二寺稲収納、幣帛奉

（24）森哲也註(7)論文六～七頁。

（25）遷代国司に「馬・脚夫」が提供されたことは確実であるが、「粮」が支給されたかどうかは不明である。〔3〕段階における職分田給与の大きさを考えれば、「粮」の支給はなかった可能性がある。なお、雑徭を使った馬の徴発については、『令集解』公式令51条古記・令釈・義解などにみることができる（第五章）。

（26）先行研究の主な論点については、渡部育子「壬申の乱と国司」（註(3)著書所収、初出一九八三年）など参照。

(27) 永田英明註(6)b論文一七頁など。

(28) 旧稿とほぼ同時期に発表された永田英明「駅制運用の展開と変質」(註(6)著書所収、初出一九九六年)九四頁も、「還到」の語は「還りて(某所に)到る」と使用されるのが通例であることを指摘する。

(29) 異説として、朱説或云や穴記或云などは、二日以内に駅鈴・伝符を返却しなかった際、それから一日未満に返却すれば擅興律を適用し、一日以上経てば職制律を適用すると注釈する。慎重な議論を要するが、本章のような理解でよいと考える。

(30) 駅鈴の使用は、在任国司の死亡・解免を受けて、新任国司が駅制を使って赴任する場合(選叙令8条)などに限られていた。

(31) 薗田香融註(12)論文五七九～五八六頁、佐々木虔一「律令駅伝制の特色」(『古代東国社会と交通』校倉書房、一九九五年、初出一九八四年)二七二～二七四頁、松原弘宣「令制駅家の成立過程について」(『日本古代の交通と情報伝達』汲古書院、二〇〇九年、初出一九八八年)七三～七八頁、山尾幸久「大化年間の防禦・通信体制」(『立命館文学』五三三、一九九四年)四八～五四頁。以下、東国国司詔に関する諸氏の見解はこれらによる。

(32) 薗田香融註(1)論文三二二頁では、cとdを「朝集および部内巡行に際しての注意」と述べ、部内巡行と正しく解していたが、同註(12)論文五八二頁では「公事を奉じて向京する」という誤った解釈に改められている。

(33) 長谷川暁「東国国司と部内供給」(千葉歴史学会編『古代国家と東国社会』高科書店、一九九四年)七五頁も、部内巡行と理解しているようであるが、特に理由を述べていない。なお、当史料を伝制との関連で理解する研究が多いなか、柳雄太郎「駅制から見た朝集使と国司」(『続日本紀研究』二一〇、一九八二年)は、駅制未成立段階の国司または朝集使の交通方式と理解し、次の公式令51条の「当国馬」徴発に関わる規定と考える。

凡朝集使、東海道坂東、東山道山東、北陸道神済以北、山陰道出雲以北、山陽道安芸以西、南海道土左等国、及西海道、皆乗二駅馬一。自余各乗二当国馬一。

従来の研究では、「以二公事一往来」が部内巡行のみを意味する点を明確にさせなかったため、柳説批判は不十分であった。だが柳説が成立するためには、「以二公事一往来」が公事による上京を意味する必要がある。以下の叙述は柳説批判も兼ねる。

(34) 早川庄八「選任令・選叙令と郡領の「試練」」(『日本古代官僚制の研究』岩波書店、一九八六年、初出一九八四年)二一七三～二七四頁。

(35) もし東国国司詔の段階で五匹以上の伝馬が設置されていたとすれば、大宝令制定（七〇一年）までのある時期に五匹に削減されたことになる。その可能性が最も高いのは、軍団制の成立時点であろう。磯貝正義「評及び評造制の研究(二)」（『郡司及び采女制度の研究』吉川弘文館、一九七八年、初出一九七二年）などが指摘するように、軍団制が成立する以前には、評が民政および軍政を担っていた。馬の特質上、潜在的に軍事的性格を有するが、日本では軍団制の成立にともない、伝馬と軍団官馬は切り離され、伝馬は平素の民事利用に限定されたと考えられる。各郡（評）の伝馬五匹という設置数は決して多くなく（使者の往来に対する最低限の備えにしかならない）、軍事利用をすると日常の交通機能は麻痺する恐れが多分にある。第四章で日本の伝制の非軍事的性格について述べたが、こうした事情が背景にあったと推測する。

(36) 吉田孝註(19)論文三六二～三六九頁、大日方克己「律令国家の交通制度の構造」（『日本史研究』二六九、一九八五年）一九～二〇頁など。これは雑徭の和訓「クサグサノミユキ」の「ミユキ」を「行幸」に当てるものである。しかし本論文が断るように、「ミユキ」を「身行」に当てる可能性も依然として残る。雑徭に関する新たな研究として、吉野秋二「雑徭制の構造と展開」（『日本古代社会編成の研究』塙書房、二〇一〇年、初出二〇〇三年）など参照。

(37) このように理解した旧稿に対して、永田英明・中村太一両氏から、柳雄太郎註(33)論文の理解に従って、朝集使などとして上京する際に、管国内から「当国馬」を徴発する際の規定とみるべきであるとの批判を受けた。また、柳雄太郎氏は、旧稿に対して特に触れるところはないが、その後公表した論文によると、自説を保持し続けている様子が窺われる。永田英明註(6)b論文、中村太一「日本古代国家形成期の都鄙間交通」（『歴史学研究』八二〇、二〇〇六年）二八～二九頁、柳雄太郎「律令伝制の成立と展開」（『律令制と正倉院の研究』吉川弘文館、二〇一五年）一三七～一四二頁。

以下、具体的な根拠をあげて旧稿を批判した永田英明註(6)b論文に対して、再批判を試みてみたい。まず、永田氏の示した主たる根拠をみておくと、次の二点にまとめることができよう。

①dの「但」はcを踏まえた上での例外事項とみなすべきである。

②dの「公事」という語は、四度使としての上京やその他雑物運京など、中央政府に対する義務・責務というニュアンスで

使われる語である。

①については、c⃞に「唯」とある点を見逃すべきではない。「唯」「但」という二つの例外事項を記すとみるよりも、本文でも述べたように、c⃞「上レ京之時」とd⃞「但以二公事一往来之時」を対句と理解するほうがよい。この点に関しては、仮に対句として理解できるとしても、c⃞「上レ京之時」に対して、d⃞を管国内での往来と看做さなければならない理由はない、との批判を永田氏より受けている。しかし史料は全体として、東国国司が地方支配にあたって守るべき注意事項で構成されている以上、d⃞を管国内での往来とみても特に不自然ではない。これは上京に関わるc⃞に関しても同様であり、その主たる関心は上京時の出発時点にあり、路中にあるのではない。さらに注目すべきは、f⃞の従者数からわかる使用可能な馬の数である。本文で述べたように、長官が五位相当、次官が六位相当、主典が七位相当と仮定すると、公式令42条と一定の対応関係がみられる。一方、朝集使などの上京に関わる規定であれば、使用駅馬数は公式令42条が関係することになるが、それとはまったく対応しない。また、「当国馬」を利用する場合についても、八世紀には和銅五年（七一二）五月十六日格（前掲2⃞）の「国司、不レ乗二駅伝一而向下者、長官馬七疋、判官以下五疋、史生二疋」が適用されるが、こちらとも全然対応しない。

つぎに②について。たしかに「公事」の用例をみると、永田氏の指摘は一見妥当なものにみえるが、実際には厩牧令27条「凡因二公事一、乗二官私馬牛一」、賦役令34条「凡為二公事一、須二車牛・人力伝送一」、軍防令52条「若城主有二公事一、須二出レ城検行一者」などのように、より広い意味での「公事」の用法が存在する点を見落とすべきではなかろう。

以上、永田氏のあげた①②については反論の余地が十分に残されており、旧稿は依然として成立し得ると考える。

(38) 松原弘宣註(31)論文七五～七八頁は、これらの史料について、大化前代に伝馬的機能をもつ「国造早馬制」と、駅馬的機能をもつ「屯倉早馬制」が併存していた傍証として使い、孝徳立評時に、それぞれの機能を統合することなく併せもたせたまま「評家駅家制」を整備したという理解を示す。しかしながら、律令国家は最終的に駅制・伝制という独立した交通制度を確立させたことを想起するとき、大化前代にすでに二系統の交通体系が存在したならば、それらを発展させる形で駅制と伝制に継承させるのが自然である。たとえ併存の形であれ、わざわざひとつの「評家駅家制」にする必然性が見出しがたい。たしかに筑紫―大和間のような幹線道路の場合、推古朝（五九二～六二八）には連絡手段がある程度確立していたとみられ、本論文が想定するように、屯倉間を結ぶラインができていた可能性は否定できない。だがより現実的に考えるならば、大化前代においては、国造・屯倉など多様な経営体のなかから、ミコトモチが地域の実情や慣習などに応じて、ときには恣意的に、馬などの徴発をおこなう形態だったと思われる。とすれば、原伝制の成立意義は、慣習的・恣意的に馬を徴発するという旧制を廃し、交通手段を「部内之馬」に一元化することを企図したものと理解できよう。

(39)『延喜式』兵部式78～85条の伝馬配置規定によると、出羽・肥前・肥後・薩摩・日向といった辺境諸国において、伝馬が駅家に併設された事例が目立つ。その理由のひとつとして、これらの地域は日本律令国家の支配に取り込まれる時期が遅く、国造に代表される逓送・供給慣行の実態がなかったか、あまり発展していなかったため、これらを利用して伝制を成立させることができなかったことが考えられる。

(40)毛利憲一「六・七世紀の地方支配」(『日本史研究』五二三、二〇〇六年)。なお、山尾幸久『「大化改新」の史料批判』(塙書房、二〇〇六年)三六七頁は、旧稿に対する批判として、東国国司詔は、原伝制の新たな整備を意図したものではなく、中央からの使者に馬匹・食事・宿所を提供する国家的交通網がすでに整備されていることを前提にしており、六四〇年代にこうした詔が出されることはないと主張する。だが仮に、東国国司詔の内容が山尾論文のようなものだとしても、七世紀初頭以来のミコトモチの派遣実績を踏まえるならば、六四〇年代に決して実現が無理であったとはいえない。「部内之馬」「部内之食」による逓送・供給体制は、七世紀前半から整備されつつあり、孝徳朝(六四五～六五四)の全国立評を契機に一元化が加速すると考える。

(41)大化改新詔でもう一点注意したいのは、第四条の副文のひとつに「凡官馬者、中馬毎㆓一百戸㆒、輸㆓一匹㆒。若細馬毎㆓二百戸㆒、輸㆓一匹㆒。其買㆑馬直者、一戸布一丈二尺」とあることである。松原弘宣註(31)論文七六～七七頁は評家による官馬の獲得を読み取っており、その可能性は十分にあると考える。

(42)第三章註(65)参照。

(43)黛弘道「国司制の成立」(『律令国家成立史の研究』吉川弘文館、一九八二年、初出一九六〇年)、早川庄八「律令制の形成」(『天皇と古代国家』講談社、二〇〇〇年、初出一九七五年)。以下、黛・早川両氏の見解はこれらによる。

（44）黛弘道・早川庄八両氏が重視するのが、『日本書紀』天武元年七月辛亥条の「仰二以西諸国司等一、令レ進二官鑰・駅鈴・伝印一」である。「官鑰」を正倉や兵庫の鑰と考え、ここに行政権のみならず、財政権・軍事権をも掌握したⅠ期「国司」像を構築し、「官鑰・駅鈴・伝印」没収により財政権・軍事権を失ったⅡ期「国司」を想定する。だがすでに批判があるとおり、本史料は乱にともなう一時的な処置とみられ、これを契機に「国司」の権限に劇的な変化があったとは考えがたい。

（45）山尾幸久「大化改新論序説」（『思想』五二九・五三一、一九六八年）（上）二八～三二頁、平野邦雄『大化前代政治過程の研究』（吉川弘文館、一九八五年）三四五～三五一頁など。

（46）本木簡の意義については、拙著『飛鳥の木簡』（中央公論新社、二〇一二年）五八～七七頁など参照。

（47）大町健「律令制的国郡制の特質とその成立」（『日本古代の国家と在地首長制』校倉書房、一九八六年、初出一九七九年）。

第九章　国司任符の伝達と受信

はじめに

唐では、職事官・散官・勲官を問わず、任官を本人に告知するため、「告身」と呼ばれる文書が発給された(1)。一方、日本の場合、叙位を告知する「位記」は存在したものの、任符・充文・公験など一部を除いて、任官の証拠となる文書は交付されなかった(2)。日本は律令制を導入するにあたり、唐令の任官規定の多くを叙位規定に改変したことはよく知られており、位階制に関する研究も少なくない。これに対し、日本古代の任官を扱った研究はそれほど多くなく、多くの問題が未解決のまま残されている。

そのひとつに任符がある。任符とは、国司などの外官が任命された際に発給された太政官符である。任符は「籤符」や「罷符」ともいう。『類聚符宣抄』第八任符から、永観元年（九八三）の事例を例示しよう。

　太政官符太〔大〕宰府　内

　　従五位下（平）朝臣維叙

右去年八月　日、任㆓肥前国守㆒畢。府宜㆔承知、官物一事已上、依㆑例令㆓分付㆒。縁海之国、亦宜㆑給㆑粮。符到施行。

弁　　　　　　　史

永観元年九月十三日

これは受領国司の任符である。ここから任符の発給・伝達・受信に関する情報を引き出すことができる。まず、発給について、国司任命と任符発給の日が異なっていること、奉勅・上卿宣であることを示す文言はなく、弁官局（弁、史）が専当して文面が作成されたこと[3]、内印が押されたことがわかる[4]。つぎに、任符の伝達に関しては、「縁海之国、亦宜レ給レ粮」という供給指示文言があり、赴任国司は路中で食料などの供給を受けたことがわかる。さらに任符の受信に関わって、「府宜三承知、官物一事已上、依レ例令二分付一」の文言より、それが国司交替の際に機能した様子も窺える。宛先が新任国司本人ではない点にも注意したい。

本章では、史料の豊富な国司任符を取り上げ、その伝達・受信時の機能を掘り下げて検討する。ここでいう国司とは、守・介・掾・目の四等官からなる狭義の国司ばかりでなく、国史生・国博士・国医師・傔仗らも含めた広義の意味で用いる。なお、国司任符の正文は現存しないが、宇多天皇宸筆『周易抄』の紙背文書として残された案文（内案）[5]や、各種の編纂史料などを通じて、任符の実例を知ることができる（表8）。

国司任符に関する研究史を繙いてみると、諸研究のなかで一部言及されたり、辞書類で説明されたりすることはあっても、専論と呼べるものは、本章ならびに付論二の原形をなす二編の旧稿[6]を除けば、皆無であった[7]。旧稿発表後、渡辺滋氏が「律令制文書主義」から「中世的文書主義」への転換という文脈から本格的な検討を加え[8]、小原嘉記氏も平安時代における任用国司の性格を捉える材料として注目している[9]。なかでも渡辺氏の研究は、史料を博捜して立論しており、随所に重要な指摘がみられる。後述するように、奈良時代における任符の伝達方法をめぐって私見との隔たりは大きいが[10]、一方で旧稿の主張を補う指摘も少なくない。これらの成果も一部取り入れながら、基本的には旧稿に沿う形で検討を進めていきたい[11]。

第一節　国司任符の伝達

1　供給指示文言

国司任符のなかには、伝制の利用証である伝符の剋数を記したものや、路次諸国・縁海諸国に対して食料・馬などを国司へ供給するように指示したものが多く認められる（No.は表8による。以下同じ）。

ⓐ伝符壱枚　某剋　（No.1～11、18）
ⓑ縁海之国、亦宜レ給レ粮　（No.12、21、22、25）
ⓒ路次之国、亦宜レ給レ食　（No.17）
ⓓ路次之国、亦宜レ給ニ食馬一　（No.15、19、26）

このうちⓐは公式令13条の符式に従って日付の左横に注記されるが、ⓑ～ⓓは事実書に組み込まれている。これらによって、新任国司みずからが任符を携行して任国に赴いたこと、新任国司は赴任の際に縁海諸国や路次諸国から食料などの供給を受けたことが判明する。

さて、史料的制約の関係上、国司任符の実例は九世紀末以降のものしか確認できない。しかし、このような供給指示文言は、それ以前に遡ると考えられる。ⓐがそれを間接的に証明してくれる。ⓐは九世紀末のもの（No.1～10）、十世紀末以降のもの（No.11・18）に大別できる。このうち後者は実質的な意味がなかったと考えられる。それを示すのが、次の『類聚符宣抄』永延元年（九八七）七月二十日太政官符である。

表8　国司任符の実例一覧

No.	宛先	任命官	位階	姓名	任命年月日	任符発給年月日	分付・任用	供給指示	出典	参考
1	陸奥国司	陸奥国少目	正八位下	秦忌寸福貴	寛平五年（八九三）二月十六日	寛平九年（八九七）三月二十六日	任用	伝符一枚（四剋）	周	内案
2	常陸国司	常陸国権少掾	従六位上	□旬□今氏	寛平八年（八九六）正月二十六日	寛平九年（八九七）四月三日	任用	伝符一枚（四剋）	周	内案
3	出羽国司	出羽国少目	正六位上	大石漢人益継	寛平九年（八九七）正月十一日	寛平九年（八九七）三月七日	任用	伝符一枚（四剋）	周	内案
4	陸奥国司	陸奥国陰陽師	大初位上	平松宿禰□	寛平九年（八九七）二月十四日	寛平九年（八九七）三月七日	任用	伝符一枚（三剋）	周	内案
5	常陸国司	常陸国権博士	大初位下	□在主	寛平九年（八九七）二月五日	寛平九年（八九七）三月二十六日	任用	伝符一枚（三剋）	周	内案
6	常陸国司	常陸国権博士	従六位下	道守朝臣藤吉	寛平九年（八九七）二月五日	寛平九年（八九七）四月七日	任用	伝符一枚（四剋）	周	内案
7	出羽国司	出羽国権□師	従□位下	壬生連春氏	寛平九年（八九七）二月五日	寛平九年（八九七）四月七日	任用	伝符一枚（四剋）	周	内案
8	出羽国司	出羽国権博士	従八位下	宗我朝臣高茂	寛平九年（八九七）二月十二日	寛平九年（八九七）四月七日	任用	伝符一枚（四剋）	周	内案
9	常陸国司	常陸国権博士	従八位上	石上部今□	寛平九年（八九七）二月二十九日	寛平九年（八九七）三月二十六日	任用	伝符一枚（四剋）	周	内案
10	飛騨国司	飛騨国史生	従七位上	曰佐□□	寛平九年（八九七）二月？日	寛平九年（八九七）四月八日	任用	伝符一枚（四剋）	周	内案
11	？	？	？	？	？	天元六年（九八三）三月一日	分付	伝符一枚（十二剋）	類	
12	〔大〕太宰府	肥前国守	従五位下	（平）朝臣維叙	永観元年（九八三）八月？日	永観元年（九八三）九月十三日	分付	縁海之国、亦宜給粮	類	内印注記
13	近江国司	近江国少掾	正六位上	文室真人清扶	寛和二年（九八六）十一月三十日	寛和三年（九八七）二月十九日	任用		類	内印注記
14	摂津国司	摂津国史生	従七位上	秦宿禰春友	永延元年（九八七）十二月五日	永延二年（九八八）二月二十五日	任用		類	内印注記

15	但馬国司	但馬国博士	従七位上	多治真人廣光	永延元年（九八七）十二月二十五日	永延二年（九八八）二月二十五日	任用	路次之国、亦宜給食馬	類	
16	近江国司	近江国権介	従四位下	平朝臣惟仲	永延二年（九八八）十二月十九日	永延三年（九八九）三月二日	分付		類	内印注記兼任
17	若狭国司	若狭国権掾	正六位上	巨勢朝臣為延	長徳二年（九九六）正月二十五日	長徳二年（九九六）二月十一日	任用	路次之国、亦宜給食	大	
18	陸奥国司	陸奥国権少掾	正六位上	於保宿禰公親	寛仁三年（一〇一九）正月二十三日	寛仁三年（一〇一九）十二月七日	任用	伝符一枚（肆剋）	除	
19	美作国司	美作国少目	従七位上	秦忌寸今重	承暦二年（一〇七八）正月二十日	承暦二年（一〇七八）二月一日	任用	路次之国、亦宜給食馬	大・魚	
20	丹波国司	丹波国権掾	正六位上	秦忌寸成季	承暦三年（一〇七九）正月二十七日	承暦三年（一〇七九）八月十日	任用		魚	
21	淡路国	淡路国少掾	従七位上	伴宿禰久永	寛治四年（一〇九〇）正月二十六日	寛治四年（一〇九〇）二月二十六日	任用	縁海之国、亦宜給粮	朝	
22	讃岐国司	讃岐国掾	正六位上	粟宿禰貞延	寛治四年（一〇九〇）正月二十六日	寛治四年（一〇九〇）三月二十一日	任用	縁海（之）国、亦宜給粮	魚	
23	近江国司	近江国少掾	正六位上	乙訓宿禰延名	寛治五年（一〇九一）十二月九日	寛治六年（一〇九二）？	任用		魚	
24	石見国司	石見国少掾	正六位上	日下部宿禰石国	寛治七年（一〇九三）二月五日	寛治七年（一〇九三）二月九日	任用		魚	
25	伊予国司	伊予国大掾	正六位上	越智宿禰貞吉	永久五年（一一一七）十二月二十日	元永元年（一一一八）六月十日	任用	縁海之国、亦宜給粮	大・魚	
26	美濃国司	美濃国少掾	従七位上	藤原朝臣秋霧	元永三年（一一二〇）正月二十八日	元永三年（一一二〇）三月六日	任用	路次之国、亦宜給食馬	大	
27	越前国司	越前国権介	正五位下	三善朝臣為康	大治五年（一一三〇）正月二十八日	大治五年（一一三〇）二月二十六日	任用		朝	兼任

【備考】任符発給年月日の明記された実例に対象を限定した。「分付・任用」のうち、「分付」は「国宣承知、官物一事已上、依例分付」、「任用」は「国宣承知、至即任用」の略である。出典は以下の略記号によった。周：『周易抄』紙背文書（『大日本史料』第一編、補遺、別冊一）、類：『類聚符宣抄』第八、大：『大間成文抄』第二、除：『除目申文抄』、魚：『魚魯愚抄』、朝：『朝野群載』巻二十二。

太政官符出羽国 外

権掾正六位上藤原朝臣貞光

右太政官今日下二彼国一件貞光任符、注二伝符一枚四剋一、而不レ給二其実一。国宜二承知、依レ例行一之。符到奉行。

弁　　　　　史

永延元年七月廿日

藤原貞光の任符に「伝符一枚四剋」という注記があったが、実際には伝符は支給されなかった。その旨を承知させるために、右の太政官符が任符とセットで同日に発給されたことが判明する。また、「外」とあるように、右の太政官符には外印（太政官印）が押されたこともわかる。

こうした伝符の不支給時に出された太政官符は、次の『本朝世紀』天慶八年（九四五）八月五日条の一節からもわかるように、少なくとも十世紀中葉までには誕生していた。

又色々官符、有二内印事一。又陸奥権大掾藤原利経任符、在二此中一。参議右大弁在衡朝臣、着二結政所一、官符令レ捺二外印一。触二斎王事一符二枚、利経計歴符・不給伝符、唐人安置符等也。

藤原利経の「不給伝符」に関する太政官符について、任符と同日に発給されたこと、外印が押印されたことが判明する。これらは永延元年太政官符とも共通する。したがって、すでに十世紀中葉において、ⓐのような伝符の剋数記載が実質的な意味を失っていたことは明らかであろう。ⓐのような記載は伝制の機能していた九世紀末以前にこそふさわしく、少なくとも十世紀末以降については前時代の名残りと考えなければならない。

八・九世紀、新任国司の多くは伝制を使って赴任した。『延喜式』太政官式17条には次のようにある。

凡新任国司赴レ任者、㋑伊賀・伊勢・近江・丹波・播磨・紀伊等六国、並不レ給二食馬一。㋺志摩・尾張・参河・美濃・若狭・越前・丹後・但馬・美作・淡路等十国、准レ位給二食幷蒭一。㋩山陽道備前以西、及南海・西海三道等国、並取二海路一、給レ食如レ法。㋥自余諸国、及大宰帥・大弐、皆給二伝符一。講読師赴レ任准レ此。唯不レ給二伝符一。

これによると、畿外諸国の新任国司（大宰府官人も含める）は、その赴任先の距離に応じて四つに区分された。

㋑食料・馬ともに供給されない国司

㋺食料・蒭のみ供給され、馬は供給されない国司

㋩海路を取り、食料を供給される国司

㋥伝符を付与される国司（伝符の剋数に応じて、食料・馬ともに供給される国司）

先にⓐ伝符の剋数記載は九世紀末以前にもあったと推定したが、それはまさしく㋥に対応している。太政官式17条には「弘」の標注があり、『弘仁式』に由来する可能性が高い[12]。また、時代の推移にともなう若干の変動があるとはいえ、『続日本紀』神亀三年（七二六）八月乙亥条の太政官処分にまで遡る（第四章）。となると、㋺㋩の任符でもそれぞれ供給指示文言が記載されたはずで、㋺はⓒ、㋩はⓑのような表現と考えられよう。

さて、大日方克己氏が明らかにしたように、駅鈴・伝符以外にも、路次諸国に逓送・供給を依頼する多様な文書（符、牒、移など）が存在した[13]。任符もまさにその一例である。任符に付されたⓑⓒのような文言によって、赴任時に路次諸国や縁海諸国から供給を受けることができたのである。㋥の国司は伝符を携行することで、それが可能になった。だが㋺㋩の国司の場合、伝符に相当する器物が与えられたわけではない。伝符を所持しない国司への供給を保証するためにも、任符への注記は不可欠となる。したがって、実例こそ確認できないが、すでに八・九世紀段階から、ⓐ～ⓒのような文言があったとみなければならない。

以上のように、ⓐと㋥、ⓑと㋩、ⓒと㋺、という対応関係が想定できる。ここにⓓは登場しない（㋑の場合は供

給を指示する文言は必要ではない）。その理由は、十世紀以降になって、ⓐに代わってⓓが新たに誕生したことによる。『類聚符宣抄』仁和三年（八八七）五月七日宣旨の次の一節に注目したい。

> 下総国鹿取神宮司、赴レ任之時、承前例、或給二伝符一、或不レ給。事是不レ同。今拠二勘式文一、新任国司、赴レ任之日、可レ給二伝符一。至二于宮司一、無二可レ給之文一。自レ今以後、宜レ令下停レ給二伝符一、官符内、注中載可レ給二食馬一之由上。諸神宮司、可レ給二食馬一者、亦准レ此。

これによると、鹿取神宮司（香取神宮司）が赴任する際、承前の例では伝符を支給する場合とそうでない場合があった。「式文」（『弘仁式』ないしそれを補訂した『貞観式』であろう）を調べたところ、新任国司が赴任する際に伝符を支給することはみえるが、神宮司の場合はそうなっていない。そこで今後は、鹿取神宮司に伝符を支給することをやめ、「官符」に「可レ給二食馬一之由」を注載するものとし、他の神宮司もそれに準じるように指示している。この「官符」とは任符にほかならない。なお、本宣旨は『延喜式』太政官式18条「凡香取神宮司任符、注下載可レ給二食馬一之状上、不レ給二伝符一。自余神宮司、給二食馬一者准レ此」に継承される。

再度、新任国司の伝馬利用を規定した『延喜式』太政官式17条をみると、末尾の割注に「講読師赴レ任准レ此。唯不レ給二伝符一」とあり、諸国に派遣された講師・読師は、伝符こそ支給されないが、伝符を支給された国司と同待遇であったことがわかる。先に『本朝世紀』天慶八年条で確認したように、十世紀以後、新任国司に伝符が支給されなくなることを踏まえると、講師・読師も当初は伝符が支給されたとみられる。

これらの史料から、伝符の支給を停止する代わりに、任符に「可レ給二食馬一」の文言を書き加えるようになったと理解できよう[14]。伝制利用者は伝符を携行することによって（任符のⓐの記載にも反映される）、路次諸国から伝馬・食料などの供給に預かることができた。しかし伝符を携行せずとも、ⓓの文言が記入された任符があれば、同等の待遇を受けることができたのである。[15]

伝制は駅制と違った独自の機能が本来あったが、利用機会は徐々に減り、『日本後紀』弘仁三年（八一二）五月乙丑条に「伊勢国言、伝馬之設、唯送㆓新任之司㆒。自外無㆑所㆓乗用㆒」と記載されるまでになる。そして先述のとおり、十世紀以後には赴任国司の伝符も発給されなくなる。その結果、ⓐに代わって、ⓓが主流になる。十世紀以降はⓓのほうが実態に即しており、ⓐであっても実質的にⓓと同じとみるべきであろう。

以上のとおり、時代や赴任先に応じて供給指示文言にⓐ〜ⓓのような相違はあったが、これらによって供給を受けることが可能になった点では変わりない。すなわち、新任国司は任符（㈡の場合は伝符もあわせて）を携行して任地に赴き、それを路次諸国で提示することによって、供給を受けることができたのである。

これに対して渡辺滋氏は、『類聚符宣抄』承和四年（八三七）七月二十七日宣旨に「頃者、給㆓新国司㆒任符、多後㆓装束程㆒。不㆑守㆓法制㆒之所㆑致也」とあることから、九世紀中頃に新任国司が一人一通の任符を携行して任地に赴いていたことは間違いないが、八世紀の任符は新任者みずからが持参することはなかったと異論を唱える。渡辺氏によれば、九世紀中葉までに新任国司が任符を新たに持参するようになったが、①新たに任符に通行証としての機能が付与されたこと、②中央官司から地方官司宛ての符の送付方式が、逓送・専使などによる直送から、地方官司側の代理人である在京雑掌などを通じた送達に変化したことによるという。こうした状況のもと、確実に目的地へ赴く新任国司本人を、便使として文書送付に利用するようになったと理解する。

この渡辺氏の見解のうち、②は一般論として認められるが、だからといって、任符の送付方式までもが変化したとは必ずしもいえない。符の一般的な伝達方法ではなく、任符そのものの伝達方法を問題にする必要がある。[16]そして、何よりも問題は①であり、項を改めて批判を試みてみたい。

2　過所的機能

本貫地主義を標榜していた日本律令国家は、不法な移動を取り締まるために関や剗を置いた。関（関司）には過所を取り調べる権限があったが、剗はそうではなかった。日本の関は三関（鈴鹿関、不破関、愛発関）・摂津関・長門関など、ごく限られた存在であった（第六章）。関を通過するためには過所が必要であったが（関市令1・3・4条）、公使はその所持する駅鈴・伝符によって（同4条）、上京する丁匠・調庸運脚夫は引率者の所持する「本国歴名」によって（同5条）、それぞれ代用できた。「本国歴名」は「惣歴」とも呼ばれ、丁匠・調庸運脚夫の上京のほか、軍隊の移動時にも作成された（衛禁律25条疏。ただし後者には疑問が残る。第七章）。このように公務移動の際には過所が不要であった。逆にいえば、私的な移動時に過所が必要とされたことになる。

いうまでもなく、国司の赴任は公務による移動である。伝符を与えられた赴任国司の場合、その所持する伝符によって関を越えることができた。しかし、すべての赴任国司に伝符が支給されたわけではない。それでは、新任国司が過所を所持していたかというと、それを示すような史料も存在しない。筆者は、次の『続日本紀』天平元年（七二九）五月庚戌条を根拠に、新任国司は任符によって関を越えたと考える。

太政官処分、准レ令、諸国史生及傔仗等、式部判補。赴レ任之日、例下二省符一、符内仍偁二関司勘過一。自レ非二弁官一、不レ合二此語一。自レ今以後、補任已訖、具注二交名一、申二送弁官一、更造レ符、乃下二諸国一。

これによれば、式部判補の国史生や傔仗らに対して、「関司勘過」（関司は通行者を取り調べの上、関を通過させてあげるように）と書かれた「省符」（式部省符）が下されていた。しかし「関司勘過」の文言は、弁官以外（式部省）が用いるべきではないとの理由で、今後は弁官が「符」（太政官符）を作成するように命じている。

ここで問題とされているのは、国史生と傔仗の「省符」「符」の発給主体をめぐってである。律令制下の官職には、勅任・奏任・官判任・式部判補の四区分があった（選叙令3条）。このうち最下位の式部判補の場合、式部省が補任権を有しており、太政官以上の許可を得る必要はなかった。それもあって、天平元年までは、国史生や傔仗が赴任の日に式部省が「省符」を下していたのである。

この「省符」（式部省符）と「符」（太政官符）は、赴任時に作成される公文書であり、まさに任符と判断してよかろう。(17)国史生は国司四等官には含まれないが、それに準じる位置づけであった。表8をみれば、国史生の任符の実例も確認できる（№10・14）。傔仗も『続日本紀』和銅元年（七〇八）三月乙卯条に「其考選・事力及公廨田、並准二史生一」とあるように、その待遇は国史生に準じていた。次項で史料を掲げるように、鎮守府将軍の傔仗の任符の実例もある。このように国史生・傔仗の任符が存在したことは確実である。

これに対して渡辺滋氏は、問題となる『続日本紀』天平元年条を引用した上で、次のように述べている。

> 関連条文に見える「出二入関一者、関司勘過」（『養老関市令』四賫過所条）などの規定もふまえれば、「関司勘過」という文言を含む符が、通関の際に必要な公文書であることは明らかである。また官人の通行証は所属官司が発給すること（『養老関市令』一　欲度関条）を前提とすれば、ここでいう「符」とは過所・伝符などの通行証を指すと考えざるを得ない。

まず確認しておきたいのは、伝制の利用証である伝符について、渡辺氏は紙の文書と考えていることである。だが第二章で述べたように、その可能性はほとんどない。通常考えられているように、伝符は器物とみるべきである。そうであれば、伝符そのものに「関司勘過」の文言を書くことはできない。なお、緊急時は伝符ではなく駅鈴が支給されるが、駅鈴も文字どおり鈴であって、「符」でないことは改めていうまでもない。

つぎに、天平元年条の「符」を過所とみる点も疑問である。右の引用部分から察するに、渡辺氏は過所を官人の所属官司が発給するものと考えているようであるが、もしそうであれば誤りである。第七章でみたように、中央官人であれば、その所属官司が過所の申請文書を作成し、これを受け取った京職が判署を加えて過所は完成した（関市令1条、公式令22条など）。実際には京職が新たに過所を作成することもあったが（『延喜式』雑式23条）、少なくとも京職の官人でないかぎり、その所属官司が過所を独自に作成するようなことはなかった。

さらに渡辺氏自身も述べているように、過所の書式を示す公式令22条が「符」の文書様式をとらない点も大きな問題である。この点について渡辺氏は、公式令22条に規定する過所は、京職・大宰府・摂津職・諸国が発給する書式であって、太政官が発給する場合には「符」形式で作成されたと考えてよいとする。しかし太政官が過所を作成したことを示す根拠を示していない。渡辺氏は、過所のなかに「過所符」が存在することを指摘しているので、これを太政官が発給した過所と考えているのかもしれない。「過所符」は『令集解』公式令40条古記に、

注、過所符者、随レ便用二竹木一。謂、和銅八年五月一日格云、自レ今以後、諸国過所、宜レ用二国印一也。

とあり、大宝令（過所の書式を定めた公式令22条か）[18]の本注に出てくる用語である。

渡辺氏が別の論文で指摘しているように、元来「符」は割符を意味する語であった[19]。中村圭爾氏によると、中国で本来割符を意味した符は、後漢末から三国時代末にいたると文書としての用例が現れ始める（一方で割符の用例も存続した）。西晋時代になると、尚書から博士への通達や州へ下される文書など、それまでとは違った用例が出始め、東晋時代に唐公式令符式の原型となる符が出現する、とのことである[20]。また、漢代の符を詳細に検討した鷹取祐司氏は、すべてが割符であったわけではなく、封泥匣の付いた木簡のなかにも、符と呼ばれるものがあった点に注意を促している。そして、漢代の符は携帯される点に特徴があり、通行証として用いられた封泥匣

付きの簡や割符の総称と理解すべきと述べる(21)。

このように「符」を単純に下達文書と理解することはできない。大宝令に規定された「過所符」の「符」も、符の本来の意味である割符ないし通行証に関わる語とみるべきであろう。そのため「竹木」を用いることも許容されたのである。しかし、古記が和銅八年五月一日格を引用するように、これ以後、国印を過所に押印しなければならなくなった。その結果、「竹木」の過所が存在する余地はなくなり、養老令からも削除される。日本で割符形式の過所が存在したことを示す確実な史料はなく、唐令などを不用意に写し取った可能性もある。ひとまずここでは、「過所符」の「符」が下達文書の呼称でないことが確認できればよい。

以上から明らかなように、天平元年条の「符」を伝符・過所いずれとみることもできない（既述のとおり、駅鈴でもない）。渡辺氏は「過所・伝符などの通行証」という表現をしており、「など」に深い意味が込められているとすれば、別の通行証を指す可能性についても一応考えておく必要があろう。

そこで想起されるのは、発掘調査で出土する「過所木簡」である。第七章で検討したように、唐関市令では通行証として、隣接する州や県の移動時に用いられる行牒などを規定していたが、日本令には受容されなかった。その代わりに、「過所木簡」を作成・使用したと考えられる。しかし新任国司が赴任する際に、正式な過所ではなく、「過所木簡」を通行証として用いたとは考えにくい。また、下達の「符」の文書様式で書かれた「過所木簡」も確認されていない。したがって、天平元年条の「符」が過所木簡を指す可能性もほぼ皆無である。

渡辺氏は、奈良時代の新任国司は任符を携行せずに赴任したと考えたため、任符とは別に、独自の通行証を想定しなければならなくなった。だが以上みてきたように、そのようなものが存在したことを示す徴証はない。これに対して、私見はいたって単純に、天平元年条の「符」は任符を指すと理解する。任符の複合的機能のひとつとして、通行証としての機能も果たしたとみるわけである。

ところで渡辺氏は、天平元年条の「符」を任符とみた私見に対して、「関司勘過」の文言が任符に付された形跡はないと批判を加えた。たしかに、天平元年条を除くと、私見を裏づける史料はない。だが注意すべきは、現存する国司任符は寛平九年（八九七）以降のものである点である。天平元年から寛平九年にいたるまでの間に、「関司勘過」の文言が消滅する出来事があったとすれば、話は違ってくる。そこで注目したいのが、第六章でみたように、延暦八年（七八九）に三関・摂津職が廃止されたことである。もともと、過所の取調権限をもっていた正式の関は少なかったが、頂点にある三関とそれに次ぐ摂津関が相次いで廃止された影響は極めて大きい。

本来、東国方面へ赴任する国司は三関を越えなければならず、西国へ赴任する国司もまた、瀬戸内海交通を利用する場合には摂津関を通過しなければならなかった。多くの新任国司にとって、三関・摂津関の通過は切実な問題となる。伝符が支給されない比較的近国へ赴任する際には過所が必要となるが、それを独自に作成する手間を省くため、赴任時に持参する任符に「関司勘過」の文言を書き加え、過所的な機能を付与したのであろう。ところが、延暦八年に三関・摂津関が廃止されると、赴任国司が関を通過する機会は格段に減り[22]、必ずしも「関司勘過」の文言は必要とならなくなる。その結果、任符に「関司勘過」の文言が消えたと推測できる。

以上の私見に大過なしとすれば、すでに天平元年以前から、新任国司は任符を携行して赴任したことになる。これは令制当初からの基本原則とみてよいであろう。

3　遙授国司の任符と連符形式の任符

本項では少し特殊な事例として、赴任を合法的に免除された遙授国司（遙任国司）[23]の任符、ならびに複数の人事異動が記された連符形式の任符について取り上げてみたい。まず考察の出発点として、次の『別聚符宣抄』延喜十九年（九一九）五月二十三日宣旨に注目したい。

　左大弁橘朝臣澄清伝宣、右大臣宣、諸国五位□□二人者、符依レ例給之。若任二三人一者、其一人任符者、申上□仰者。留京不レ在二此限一。

　　延喜十九年五月廿三日　　左大史菅野清方奉

本史料は文字が一部欠損しており、少し意味の取りにくいところがある。渡辺滋氏は「諸国五位」の下に「任符任」の三文字があったと推定しており、その可能性は十分にあると思われる。本史料は渡辺氏が述べるように、複数の地方官を同時に同国で任命することになった場合、任符をどのように作成するかを指示したものとみられる。渡辺氏が指摘しているように、次の二点を読み取ることができよう。

Ａ本来、同日における同司への複数名の任命を一通の任命で済ます原則が存在した。

Ｂ「留京」＝遙授国司の任符は、実際に赴任する国司の任符と別扱いになっていた。

考察の都合上、Ｂからみていきたい。遙授国司に対しても任符が発給されたことは、その得分として支給された公廨稲が任符の任国到着日を基準に支給されたこと（第二節）からも明らかである。また表8には、兼任国司の任符が二点確認できる（No.16・27）。このうちNo.16の近江国司は、畿内に隣接する近江国は供給指示文言を記す必要がない国であるため、遙授国司であるかどうかわからない。だがNo.27の越前国司の場合、赴任先からみて「路次之国、亦宜レ給レ食」といった文言があってもよさそうである。そうなっていないのは、遙授国司であったことに起因しよう。ここに遙授国司の任符の実例が確認できるのである。

では誰が、遙授国司の任符を伝達したのか。遙授国司には「留京官符」[24]が発給されるので（『類聚符宣抄』延喜二十年六月十九日近江史生丸部安沢解）、留京官符と任符をセットにして代理人が任国まで伝達した可能性がある。ただし八世紀段階には、新任国司の立てた使者ではなく、第三者が伝達した可能性もある。それを示唆するのが、天平六年度（七三四）出雲国計会帳の「伯耆国送到移」にある次の記載である。

（七月）十九日移　勅符壱道　太政官下符弐道 一遊書状 一新任国司状 合参道

伯耆国を経由して出雲国に逓送された文書について記したものである。もともと「十九日移勅符壱道遊書状太政官下符壱道／同日移太政官下符壱道新任国司状」と書かれていたが、それを刷り消して右のように訂正されている(25)。そのなかの「新任国司状」について、渡辺氏は任符を指すと考え、八世紀の任符は新任国司みずからが持参しなかったことを示す根拠のひとつとした。しかし「新任国司状」が留京官符の類を指す可能性もあろう。仮に任符を指すとしても、これを果たして一般化してよいのか。なぜならば、前項までに明らかにしたように、新任国司みずからが任符を伝達するのが八世紀以来の原則であったからである。留京など何か特殊な事情があったため、「新任国司状」が諸国逓送方式によって伝達されたとみる余地も残されているのである。

今度はAについて考えてみたい。『令集解』田令34条跡記に、次のような注釈がみえる。

跡云、謂、依二任符至日一為レ限。若同符有二二人相代一、而一人種訖、一人下レ苗而未レ種者、已種人者得、未レ種之人不レ得耳。（後略）

任符の到着日をもって在外諸司職分田の帰属が決まったことを示すが（この点は第二節第2項で改めて触れる）、ここでは「若同符有二二人相代一」に着目したい。渡辺氏が指摘するように、「同符」は一通で二名の地方官の新任を通達した任符を指すと考えられる。渡辺氏が述べるように、この種の複数の案件・固有名詞などの列挙された下達文書は「連符」と表現されることがあるので、以下「連符形式の任符」と呼びたい。その実例として、鎮守府将軍の傔仗に関わるものであるが、『朝野群載』康保二年（九六五）五月二十五日太政官符を掲げておく。

太政官符　陸奥国司幷鎮守府
正六位上文室真人季延
正六位上道公方行
右、去四月十九日、任二鎮守府将軍従五位下源朝臣信孝傔仗一畢。国・府宜二承知一。符到奉行。
右中弁源朝臣保光　　左少史吉志宿禰
康保二年五月廿五日

渡辺氏は、新任者の文室真人・道公ともに、陸奥国内の居住例も確認できる氏族なので、任命時点ですでに国内にいた（現地出身者を採用）可能性があるとする。また『延喜式』太政官式19条に、

凡少掾転二大掾一、少目転二大目一之類、籤符連二修一紙一。大宰監典・諸国郡領亦准レ此。

とあり、同一の地方官司内で昇任する場合、複数の人事異動を一枚の籤符（任符）にまとめてよいとする。渡辺氏は、京からの赴任を前提としないため、各人一通ずつの任符を作成せず、まとめて一枚で済ませたとみる。一方、九世紀以後に新たに新任国司みずから任符を携帯して赴任するようになると、任符に通行証としての機能が付与されたこともあって、新たに一人一枚の任符が必要になり、同日付けで同国の国司に任命された場合であっても、別々に任符が作成されるようになったとみる。その後も連符形式の任符が作成されたのは、遠距離移動を前提としない人事の場合であったとする。

しかし繰り返し述べているように、八世紀においても、任符は赴任国司が持参するのが原則であった。渡辺氏は「「連符」形式で任符を作成された新任者が一緒に赴任したとは考えにくく」と述べており、新任者が連れ

立って赴任したとはみていない。ところが、同日に同一官司に任命されたとすれば、同じ時期に赴任することになるはずであり、一緒に赴任するのが原則であったとしても特に差し支えなかろう。

任符の最も重要な役割は、新たな任官を赴任先に通知する点にある。この役割からみても、同日の任官であれば連符形式の任符を一通作成すればよい。同日に同国の国司に任命された新任者は、最上位の者が代表して任符を携行し、一緒に赴任するのが原則であったのではないか。したがって、連符形式の任符が令制当初に遡るからといって、もともと新任国司は任符を携行せずに赴任したと主張することはできないであろう。

たしかに、寛平九年（八九七）二月五日除目で新任された二人の常陸国権博士に対して別々の任符が作成された事例（表8№5・6）を渡辺氏があげているように、連符形式ではない任符も存在する。だがそれは、必ずしも新方式であったとは限らない。付論二で明らかにするように、前官の解由状を得ていなかった場合などには、少納言局は新任官の任符に対して請印をしないのが原則であった。こうした事情のため、別々に任符を作成せざるを得ないような事態も十分に想定されるからである。

渡辺氏が明らかにしたように、平安時代の中後期になると、当初は官司間の情報伝達を目的として作成された任符が、新たに当事者の身分を保証する公験の機能をもつようになる。こうした傾向が強まると、同一官司で同日に任官されたとしても、任符を別々に作成するようになることは十分に考えられる。しかし、こうした変化が生じたのは、平安時代前期の九世紀ではなく、もっと後になってからである。九世紀に新たに国司が任符を携行して赴任した結果、任符が一通ずつ作成されるようになったわけではない。

本節では、国司任符の伝達について考察を加えた。第一・二項では、多くの国司任符には、伝符の剋数もしくは路次諸国や縁海諸国に対して赴任国司へ供給するように指示する文言があることを確認し、延暦八年（七八九）

に三関・摂津関が廃止されるまでは「関司勘過」の文言も記されており、過所的な機能も果たしていたことを指摘した。第三項では、やや特殊な事例として、遙授国司の任符と連符形式の任符を検討した。連符形式の任符が存在したことなどをもって、新任国司は本来任符を持参せずに赴任したとみる渡辺説に対して、そのようには主張できないことを述べた。以上を総合して、すでに令制当初の段階から、新任国司みずから任符を携行して赴任するのが原則であったとみてよかろう。(26)

第二節　国司交替時における任符の役割

1　国司交替と任符

本節では、国司交替時の任符の役割を考えてみたい。表8に整理したように、受領国司と任用国司の間で次のように文面の書き分けが認められる。

《受領国司》国宜㆓承知、官物一事已上、依㆑例分付㆒。

《任用国司》国宜㆓承知、至即任用㆒。

こうした文言の相違は、よく知られているように、交替時に官物の分付・受領をしなければならない受領国司、その必要のない任用国司、という違いが反映されている。(27)八・九世紀における国司任符の実例は確認できないが、九世紀に受領国司と任用国司の相違が明確になる過程で、文面の違いが生み出された可能性がある。

つぎに、表8で注目すべきは、任符の宛先は赴任先の国司となっており、新任国司本人ではない点である。

西海道諸国の場合、「はじめに」に掲げた任符の実例にみるように、大宰府に宛てているが、これは大宰府によって管轄された西海道地域の特殊性による。『延喜式』太政官式33条に「凡被管諸司解由、及不与解由状、惣官押署進之。大宰管内国、陸奥鎮守府、諸国講読師等、准レ此。」とあり、『延喜交替式』34条に「凡被管諸司、解由与不之状、惣官押署。陸奥国押二署鎮守府一、大宰府押二署管内諸国一状、准レ此」とあるように、大宰府は西海道諸国の惣官として解由状・不与解由状に押署する立場にあった。このように大宰府は管内諸国の国司交替に関わったため、西海道諸国の国司任符の宛先も大宰府とされたのである。

これと類似したものに鎮守府の将軍・傔仗の任符があり、宛先を「陸奥国司并鎮守府」とする（『類聚符宣抄』永延二年十月五日太政官符、『朝野群載』康保二年五月二十五日太政官符）。宛先に鎮守府まで含まれている点については、西海道諸国と鎮守府の相違点として検討を要する[28]。しかし、惣官である陸奥国司が宛先の最初に記載されている点は重要で、鎮守府官人の交替業務に陸奥国司が関与したことを物語っている。

これら西海道諸国などを除けば、国司任符の基本的な宛先は赴任先の国司とみてよい。任官した本人ではないのである。唐の場合、任官を本人に告知するため「告身」が交付されたが、日本では叙位を告知する「位記」に改変しており、原則として任官の証拠となる文書を本人に交付しなかった。任符は任官時に発給されるが、本原則に抵触しない。任符は国司任官の事実を赴任先に伝える点に意味があったのである。

このように任符は国司交替と密接な関係にあったと考えられる。この点をさらに追究してみよう。

2　任符「奉行」の儀

十二世紀前半に三善為康が編纂した『朝野群載』巻二十二には、受領国司の心得をまとめた「国務条事」が収録されており、平安時代の国司制を考える上で重要である。その第10・11条に任符に関する記載がみえる。

一、着レ館日、先令レ奉二行任符一事

着レ国之日、先有二此事一。其儀、或先新司、以二任符一授レ目、目召二史生一、令二庁覧一。々畢、長官以下、登時
奉行。

一、受二領印鎰一事

択二定吉日一、可レ領二印鎰一。但領二印鎰一之日、即令三前司奉二行任符一、乃後領之。（後略）

第10条は、国司館へ到着する日に、まず任符を「奉行」させることを述べる。具体的には、新任国司が持参した任符を、赴任先の目（国司の主典）に渡し、目は史生を召して、（その場に居合わせた長官以下の国司に）任符の文面を国庁において確認させ、それが終わったら、長官以下が直ちに「奉行」するというものであった[29]。

この「奉行」とは、一体いかなる行為か。太政官符である任符は、「符到奉行」で書き止められる。「奉行」はこれに関わる。より具体的にいえば、任符を持参した者が新任国司に任命されたことを赴任先の国司が把握し、新任国司を受け入れる体制を整えることと考えられる。だがそうはいっても、第10条は任符「奉行」の儀について述べている以上、任符の文面確認後におこなわれた「奉行」は、何らかの儀式作法をともなったに違いない。

そこで筆者の推測であるが、任符の奥に「奉行」という文字と日付を記入し、長官以下が順次署名を加え、国印を押すことであったとみる。このように推測するのは、高田郡司関係文書のひとつ、永保三年（一〇八三）六月七日の高田郡大領藤原頼方任符の正文には、奥に次のような書き入れがあり、この部分に安芸国印四顆が押されているからである（平遺一二〇〇号）[30]。

奉行　応徳二年二月十六日

　　　　　　　　　　　　　掾佐伯
大介源朝臣（花押）
介藤原朝臣（花押）
　権介平

これは応徳二年（一〇八五）二月十六日（もしくはその少し前）に国府に到着した頼方の任符に対して、同日、四名の安芸国司が「奉行」した証しにほかならない。安芸国印が押されているのも、そのためである。これは郡司任符の事例であるが、国司任符の場合も同様の措置がとられたはずである。文書の奥に「奉行」の文字を書き入れた実例は決して珍しくなく、当時の一般的な文書施行の作法であったと考えられる。(31)ただし、このような書き入れは常になされたわけではない。任符の正文としては、他に高田郡司関係文書に二通が認められるが（平遺一二三九〇・一七〇四号）、こちらには特別な記入はない。任符の文面の確認だけで「奉行」の儀が済む場合もあったようである。

第11条は、「印鎰」を受領する際に、前任国司による任符の「奉行」が必要であることを述べる。「印鎰」はもともと国印と正倉のカギを指すが、平安期以降は「国印を納めた印櫃のカギ」を意味する用例が一般化すると考えられている。(32)いずれにせよ、受領国司の権限を象徴する器物である。第11条では「択二定吉日一、可レ領二印鎰一」とあって、任符の「奉行」は必ずしも任国への到着日になされたとはいえず、また任符を「奉行」する者が前任国司であるなど、第10条の想定する任符「奉行」とは別個のようである。第11条は受領国司に適用され、その交替時に任符「奉行」の儀が二度実施されたことになるが、実際には一度で済ませることも多かったであろう。

つづいて、任符「奉行」の実例を検討してみたい。まず『時範記』承徳三年（一〇九九）二月十五日条を取り上げる。この日、因幡国に入って境迎の儀をおこなった記主の平時範は、智頭郡駅家を経て、その日の夜までに惣社西仮屋に到着している。そこで酒肴を供給された後の出来事を次のように記している。

于レ時戌剋、着二束帯一、着二惣社西舎一。騎馬。先以二官符一、令レ給二税所一。官人先以奉行。次行二請印一。次以レ鎰、置二下官傍一。亦給レ封、令レ付二印櫃一。（後略）

束帯を着して惣社西舎にやってきた時範は、まず「官符」（任符）を税所の官人に渡し、任符が「奉行」された。具体的には任符の文面の確認であろうが、「奉行」という文字や日付、署名などの書き入れも含んでいるかもしれない。というのも、その後、国印の請印がおこなわれているからである。これは時範の任符に国印を押すためともみられ、高田郡司藤原頼方の任符と類似した処置がとられたことを推測させる[33]。

ついで「鎰」が時範の傍らに置かれた。引き続き国印を印櫃に入れて封じているので、この「鎰」は印櫃のカギ、つまり印鎰を指すと考えられる。すなわち、任符「奉行」の後、印鎰が時範に引き継がれたのである。これが国務条事第11条に対応することは明らかである。くわえて第10条にも対応しており、任符の「奉行」が一度にまとめて実施されたことがわかる。

別の事例として、『小右記』寛弘二年（一〇〇五）七月十日条もみてみよう。記主である藤原実資のもとに、大宰大弐として赴任した藤原高遠から、次のような内容の書状が到来した。

大弐去月十六日書今日到来云、六月十四日巳剋、着二水城一、請二取印鎰一。午剋、着二府庁宿所一。先令レ奉二行任符一之後、着二庁座一、定二神宝行事官人一、并請二取諸司鎰等一。自余事、不レ遑二記事一。

大宰府庁の宿所に到着した高遠は、まず任符を「奉行」させている。これは国務条事第10条に対応する。そして任符「奉行」が終了すると、高遠は諸司の鎰などを受領した。これは国務条事に直接対応する項目はないが、第11条に準じたとみられる。問題は、高遠が任符を「奉行」する前に印鎰を受領した点である。これは第11条の内容と明らかに矛盾している。だが注意すべきは、次の国務条事第8条である。

　一、境迎事

　官人・雑任等、任レ例来向。或国随二身印鎰一参向、或国引二卒官人・雑任等一参会。其儀式、随二土風一而已。
参着之間、若当二悪日一者、暫返二国庁一、吉日領之。

境迎の儀は「随二土風一」とあり、国ごとに多彩であった。そのため、迎える国司が印鎰を随身して境迎の儀に及ぶ国も存在した。この場合、「参着之間、若当二悪日一者、暫返二国庁一、吉日領之」から判断して、悪日でなければ、境迎の際に印鎰が受け渡されたとみてよかろう。つまり国によっては、国庁などにおける「奉行」に先だって、印鎰が受け渡される場合もあったのである。高遠が水城で印鎰を受領したのも、同様の事例と考えられる。

しかし、こうした場合であっても、本人確認を経て印鎰が受け渡されたはずで、任符の所持が決め手になったとみられる。すなわち、境迎の儀などで印鎰を受け渡す際に、任符を確認したと考えられる。これも任符「奉行」の一種ということができよう。第8条と第11条で印鎰の受領に関して若干の相違はあるが、それは国ごとの作法の多様性を示すもので、印鎰受領時に任符の「奉行」を必要とした点で共通する。

以上のとおり、任符「奉行」の儀にいくつかのバリエーションはあったが、新任国司が任国に到着した際に、決して欠くことができない重要儀式であった。その背景には、国司交替は任符到着をもって始まるという原則があった。これは第11条からも窺われるが、さらに史料を追加してみよう。

まず、国司など外官の職分田の帰属を規定した田令34条「凡在外諸司職分田、交代以前種者、入二前人一。若前人自耕未レ種、後人酬二其功直一」の「交代」について、『令集解』に次のような注釈がみえる。

＊穴云、（中略）問、於二京官一、以二何日一、為二交代日一。答、以二任官日一耳。若於二任符給之説一、一如二外官一也。

＊跡云、謂、依二任符至日一、為レ限。（後略）

＊朱云、（中略）先云、（中略）問、交代前後、依レ何可レ定。答、以二任符至一、為レ定耳。明知レ代之故也。（後略）

京官は任官日を交替日とした（穴記）[34]のに対し、外官の場合、任符の任国到着をもって交替の基準としている（跡記、朱説所引先説）。したがって、国司職分田も任符の任国到着日を基準に支給されたとみてよい[35]。

つぎに、天平十七年（七四五）に国司の得分として設定された公廨稲も、次の『続日本後紀』承和八年（八四二）十月己巳条にみるように、正任国司・権任国司を問わず、籤符（任符）の任国到着を基準に支給している。

制、延暦廿三年格、権任之人、不レ異二正任一。年分全給、理合二一同一。又弘仁十一年格偁、令云、諸禄並依レ日給。京官拠二詔書出日一、外官拠二籤符到（日）一給之者。今賞之所レ行、理無二偏頗一。独給二全給一、事乖二通猷一。宜下不レ論二権正一、拠二籤符到（日）一給之、其間公廨、遍共給上之。

これは『延喜交替式』第101条「凡新任国司公廨、不レ論二権正一、拠二籤符到一給之」に継承される。

このように任符の任国到着が交替の基準となっており、それだけに任符「奉行」の儀が新任国司の任国到着にあたって重要となるのである。任符「奉行」の儀を経ることで、任国の国司は任符持参者の任命を把握し、必要な限りにおいて、その新任者を受け入れるための体制を整えたことであろう。先に藤原頼方の郡司任符を取り上げたが、その任符「奉行」の儀がおこなわれた同じ日に、次の安芸国符が高田郡に下されている（平遺一一二九号）[36]。これにも安芸国印が四顆あり、正文とみられるものである。

国符　高田郡

散位藤原朝臣頼方

右人、依二永保三年六月七日太政官符之旨一、補二任大領職一如レ件。郡宜二承知、依レ件用一之。符到奉行。

大介源朝臣（花押）　　掾佐伯
介　藤原朝臣（花押）
権介平
応徳二年二月十六日

郡司任符の宛先は赴任先の国司であったが、もちろん国司が任官を把握するだけでは不十分である。郡に対しても通知する必要があり、右の国符が下されたのである。任符の「符到奉行」という書止文言は、こうした新任外官を受け入れるために必要な措置全体を命じたものと考えるべきであろう(37)。

なお、右の国符の位署にも注意したい。十一世紀初頭以後の国符の大多数は受領国司の単独署判であるだけに(38)、四名分の位署欄があり、うち大介（受領国司）・介の花押が据えられている点は注目に値する。これらの位署は、頼方の郡司任符を「奉行」した者と完全に一致し、国印の押された数も同じである。国務条事第10条によると、長官以下が任符を「奉行」することになっていた。この頼方の郡司任符の「奉行」もそれと対応する形で実施されたため、大介のみならず、介・権介・掾までの位署欄が用意されたのであろう。

3　任符と解任符

次の『続日本紀』天平宝字二年（七五八）九月丁丑条にあるように、これまで国司交替の引き継ぎ期間は未定であったが、「官符」到着後一二〇日以内に帰京することが新たに決められた。

先レ是、国司交替、未レ有二程期一。仍令二明法博士論定一。明法曹司言、（中略）官符到後、百廿日内、付了帰レ京。若応レ過レ限者、申レ官請レ裁。（中略）自レ茲以後、為レ例行之。

これまでの検討を踏まえると、右の「官符」は新任国司の任符を指すと考えられる。ところが、「遷任する旨の官符」とみて、旧任国司が任務を離れるべきことを知らせる官符とする見解がある。[39] これは次の嘉祥元年（八四八）十二月十四日太政官符（『類聚三代格』貞観九年十一月十一日太政官符所引）に登場する「解任符」の類を想定しての見解と思われる。

(A)太政官去嘉祥元年十二月十四日下二諸国一符偁、権官秩満年終、待二所司申一、下二解任符一。其延レ歴者、更不レ下レ符。而或漏失不レ行、使二人致一レ疑。或稽延未レ到、於レ事成レ累。誠遷替之限、憲章已明。至二於権任一、何煩二仰下一。右大臣宣、奉レ勅、宜下停レ下レ符、直令上レ去レ任。唯独為二官長一者、可レ待二受領之人一。若介在レ任、便即勘付者。

権任国司[40]の秩満年終時には「解任符」を下していたが、漏失・延滞という事態が生じていたため、権官が官長（この場合は受領であろう）の場合を除いて、解任符を下すことをやめ、直ちに任を去らせるとある。

同様の措置は、次の『続日本紀』宝亀五年（七七四）三月丁巳条にもみえる。

(B)勅、比年、員外国司、其数寔繁。徒有二煩擾之損一、弥乖二簡易之化一。永言二其弊一、理合二廃省一。宜下仰二所司一、歴任五年已上、一皆解却上。其未二秩満一者、毎レ満二五年一、解任放上。不二必待一レ符。

ここでは単に「符」とするが、本史料は員外国司の廃止を述べており、後任者がいたとは考えがたい。よって任符ではあり得ない。「符」は員外国司の秩満年終時に出されており、解任符と理解するのが妥当であろう。

このように本来、権任国司・員外国司ともに秩満年終時には解任符が下されていた。それでは、天平宝字二年条の「官符」も解任符であるかといえば、そうではなかろう。それを最も端的に示すのが、『別聚符宣抄』延喜十年（九一〇）六月二十三日宣旨の次の一節である。[41]

(C)奉レ勅、国司秩満之後、依二籤符一遷替、明存二式文一。□日、早不レ従レ事、空過二一秩一、不レ向二任所一。自或得□二三任、永居二本職一、多費二公俸一。是則、新除之人、□不レ向、本任之輩、待レ符之所レ致也。自レ今以後、秩満之人、除二受領一之外、宜レ給二停任符一者。

欠失部分が多いが、およそ以下のことを述べている。国司は任期満了の後、籤符（任符）によって遷替する決まりであるため、新任国司の任符が到着するのを待つ必要があった。だが現実には、新任国司の赴任は遅れがちであったため、旧任国司は遷替できないでいる。そこで今後は、受領の場合を除き、旧任国司に秩満年終時に「停任符」（解任符と同類であろう）を下すこととし、任符の到着を待たなくてもよいものとする。

このように解任符は正任国司に元来下されておらず、天平宝字二年条の「官符」は解任符とはならない。(C)の波線部に明記されているとおり、旧任国司は任符を基準に「遷替」するのが原則であった。「遷替国司」といった場合、遷任国司（国司から他の官に遷り替わっていく者）と解任国司（国司の任を去って次の官に就任しない者）の双方を含むように、「遷替」には（国司の任を終えて）帰京するという意味が含まれている（第八章）。これは天平宝字二年条の内容と合致し、その「官符」が任符であったことが証明される。

さて、『続日本紀』天平宝字二年条の「官符」が任符であることは、当該条の「付了」という語からも導かれる。明法曹司が「倉蔵及文案孔目、専当官人交代之日、並相分付、然後放還」という倉庫令逸文11条を引用している点を参考にすれば、「付了」は、倉蔵や文案（官司が受領した公文書と発行した公文書の控え）の条目などを、前任国司が後任国司に引き継ぎ終えることを意味しよう。その際、旧任国司のみならず、新任国司の存在が不可欠となる。当然、新任国司が到着しないと、交替業務は開始できない。新任国司は任符を携行して赴任するのが原則であったため、新任国司の任国到着は任符の到着をも意味した。そのため、任符の到着は交替業務の開始を告げる側面をもつ。これを天平宝字二年条は「官符到」と表現したと考える。

少し問題になるのは、「新任国司到後…」と表現しなかった理由である。それは付論二で述べるように、新任国司に任命された場合であっても、解由状未取得などのため、任符を入手できないことが往々にしてあった点が関係しよう。任符の取得は国司への正式な任官を意味する側面があった。新任国司の到着よりも任符到着のほうが新旧交替時の基準としてより適切なこともあって、「官符到後…」という表現が採用されたと考えられる。

国司にとって任符が重要であったことは、以下の諸史料からも窺うことができる。

(a)延喜七十一四、大宰府言上、帥友于朝臣任符、不レ注二分付字一。依レ請。（『西宮記』巻八太〔大〕宰帥大弐赴任事）

(b)今日、請二印大和守保昌任符一。件任符、先日捺印。而於二途中一落失。従レ国申二関白一。仍如二捺漏一、亦更作二請印一、云々。（『小右記』万寿二年十月二十二日条）

(c)中将云、越前守為盛任符落失。今日重成二任符一。（『小右記』長元元年七月五日条）

(d)又晩頭、有二内印事一。是大宰権帥季仲卿任符紛失由、自二西府一被二申上一之故也。（『本朝世紀』康和五年十月八日条）

(a)は任符の文言に不備があったため、(b)〜(d)は任符を紛失したため、それぞれ任符の再発給を求めたものである。後者は任符そのものを保持しておらず、また前者も「分付」という交替を指示する重要文言が欠落している。これでは任符「奉行」を実施できないため、任符の再請求がなされたのである。

これらの事例では、本人の任国到着と任符到着の時点がずれるが、後者が交替基準になったと考えられる。なぜならば、『中右記』嘉保元年（一〇九四）九月六日条に「諸国吏不レ賜二任符一、不レ可レ着二国庁一之故也」とあるように、任符を賜ることなく赴任したとしても、国庁に着す（正式な国司となる）ことはできなかったからである。

また、『本朝世紀』久安五年（一一四九）正月十六日条では、任符が請印されないまま任国に下向した伊予守高階盛章を「頗希代事也」と記している。これも任符取得後に赴任するのが通例であったからにほかならない。任符なしに下向しても、国司交替をおこなうことはできず、正式な新任国司として受け入れられなかったのである。

以上の考察から、『続日本紀』天平宝字二年九月丁丑条の「官符」が任符を指すことは確実であろう。任符の到着によって、国司の交替は開始される。新任国司が任国にもたらす任符は、新任国司の業務開始を告げるだけでなく、旧任国司の業務停止を伝える側面もあったのである。

最後に、解任符の存在意義について簡単に触れておく。(C)によると、正任国司（受領国司は除く）の秩満年終時にも、延喜十年以降になると解任符（停任符）が下されるようになったが、それは任符の到着が遅れがちのためであった。すなわち、旧任国司の業務停止を伝えるという任符の一役割を補完するために、解任符が下されたのである。解任符は権任国司・員外国司の秩満年終時にも下されたが(A)(B)、これも同様に考えられよう。なぜならば、権任・員外国司は臨時的性格が強く、必ずしも後任者の任符によって交替を告げられないからである(43)。

このようにみてくると、もともと正任国司に対して解任符が下されなかった理由も明瞭になってくる。この場合、新任国司が任国にもたらす任符によって、旧任国司の解任が判明するからである(44)。

本節では、国司任符の任国到着が新旧交替の基準となったことを明らかにした。新任国司が任国に到着すると、任符「奉行」の儀をおこない、新任国司を受け入れる体制を整えたことも指摘した。前節では、国司任符の供給指示文言や過所的な機能について検討したが、国司交替時に任符が必要不可欠であったからこそ、国司はみずから任符を携行して赴任する必要があったのである。国司任符の本質は、何よりも国司交替の局面に求めるべきである。このことは選叙令20条の検討からもいえる。節を改めたい。

第三節　任符の本質――選叙令20条の検討――

1　選叙令20条の適用対象

律令条文に「任符」の語は存在しないが、次の選叙令20条に登場する「印文」が該当するとみてよかろう(45)。

凡官人至レ任、若無二印文一者、不レ得二受代一。

後掲の『令集解』古記に「問、若无二印文一者、不レ得二受代一、有レ限以不」とあり、大宝令も同文であったことはほぼ確実である。本条を考察する上で、次の『令集解』令釈は注目される。

釈云、此条官人、非二唯長上一。何者、外国史生・郡司・軍団、被レ任之日、必有二印文一。此是、挙レ重包レ軽之義耳。今時行事、京官之中、武官有二任文一、(文)官无二任文一。

国史生・郡司・軍団職員を含めた外官全般の「印文」は存在する。しかし京官の場合、武官の「任文」はあるが、文官の「任文」は存在しないとする（「印文」と「任文」という表現の相違は後述する）。「今時行事」とある以上、令釈が成立したと推定されている、延暦六年（七八七）から同十年までの間の実態を踏まえた注釈といってよい。

他方、跡記や穴記などのように、雑任以上の京官の「印文」も存在したという注釈がある。跡記や穴記は令釈よりも若干遅れて成立するとはいえ、ほぼ同時代の明法注である。跡記や穴記は、当時の実態を述べたものというよりも、令の本意・建て前を述べたものといえなくもない。しかし筆者は、次の二つの理由により、選叙令20条の本意は外官の交替を規定することにあったと考える。

第一に、当条文の「至㆑任」という表現に着目したい。これは遠方への赴任を暗に示唆しており、その「官人」は外官とみるのが自然な解釈であろう(46)。事実、本条を継承した『延喜交替式』1条に「凡官人至㆑任、若無㆓印文㆒者、不㆑得㆓受代㆒。其内官、詔書出日、即得㆓相代㆒」とあり、「内官」(京官)との対比から、「官人」が外官を指すことが裏づけられる。そもそも日本の場合、第二節で取り上げた『令集解』田令34条穴記に「問、於㆓京官㆒、以㆓何日㆒、為㆓交代日㆒。答、以㆓任官日㆒耳」とあるように、京官の交替は任官日(47)によるという時間的関係や、京内での交替という空間的関係などもあって、わざわざ「印文」によって交替する必然性に乏しい。となると、当該条を京官も含めて理解する跡記や穴記のような注釈が施された理由が問題となるが、「官人」という一般的な語に引きずられた解釈とみておきたい。

第二に「印文」という語に着目したい。「印文」つまり「印せる文」とは、印の押された文書の意と考えられる。押印された施行文書にいかなるものがあるのかを検討することによって、「印文」の実態に迫ることが可能となろう。そこで、公印について規定する養老公式令40条を取り上げたい。

> 天子神璽。謂、践祚之日寿璽。宝而不㆑用。内印、方三寸。五位以上位記、及下㆓諸国㆒公文、則印。外印、方二寸半。六位以下位記、及太政官文案、則印。諸司印、方二寸二分。上㆑官公文及案、移・牒、則印。諸国印、方二寸。上㆑京公文及案、調物、則印。

内印(天皇御璽)以下が公印の規定である。それによると内印は、五位以上位記、諸国に下す公文(詔勅、太政官符、諸司符など)に押される。外印は、六位以下位記、太政官の発給する公文(太政官符、太政官牒)とその案文に押される。諸司印は、諸司から太政官に上申される文書(諸司解)およびその案文、さらに諸司の発する移や牒に押される。国印は、諸国から中央に上申される文書(諸国解)およびその案文、調物に押される。

このうち選叙令20条の「印文」が国印の押された文書でないことは自明なので、残り三つの公印の可能性の有無を探ってみたい。その際に留意すべきは、彌永貞三・吉川真司両氏が明らかにしているように、大宝令ではかなり違う規定であったという事実である。(48) まず、大宝令では諸司印が規定されていなかった。諸司印が養老令に規定されるようになるのは、養老三年（七一九）に主要諸司に印が一斉に頒下された（『続日本紀』同年十二月乙酉条）後のことである。つぎに、外印の用途について、養老令の「太政官文案」にあたる部分が、大宝令では「太政官及諸司案文」になっていた。養老令の「文案」は同条にみえる「公文及案」の言い換えで、施行文書とその案文の双方を指す。ところが大宝令の「案文」は文字どおり案文のみを指し、施行文書は含まれない。つまり大宝令段階の外印は、六位以下の位記を除けば、施行文書に押されなかったのである。

これらの点を踏まえると、大宝令段階における選叙令20条の「印文」として想定できるのは、内印の押された諸国へ下される公文だけとなる。仮に京官の「印文」が存在したとすると、交替時の必要文書という性格から考えて、諸司宛ての施行文書の形式をとったはずである。ところが、そこには押すべき公印は存在しない。(49) すなわち、京官の「印文」は大宝令段階では想定できないのである。

それでは、養老令段階における選叙令20条の「印文」はどうであろうか。選叙令20条は大宝令・養老令ともに同文である以上、その中身が異なるとは考えにくい。しかし、京官が交替する際にも「印文」が使用されたとする跡記や穴記の注釈も存在するので、その可能性の有無も検証しておきたい。

仮に京官が交替する際の「印文」があったとすると、諸司宛ての施行文書となるので、外印の押された官符・官牒や、諸司印の押された移・牒などが想定できよう。養老令の全面施行は天平勝宝九歳（七五七）に下るが（『続日本紀』同年五月丁卯条）、その一部は単行法令として先行施行されていた。養老公式令40条の施行時期についても、主要諸司に諸司印が一斉に頒下された養老三年（七一九）の時点と推測されている[50]。

したがって、養老三年以降であれば、京官用の「印文」は完全に否定できない。しかし、その実在性は極めて疑わしい。まず、前掲の令釈に「今時行事、京官之中、武官有二任文一、（文）官无二任文一」とあるように、平安時代初期の実態として、京官のうち武官の「任文」は存在するが、文官の「任文」はないと認識されていた。それでは、奈良時代はどうであったのか。天平十年（七三八）頃に成立した古記をみてみよう。

古記云、問、若无二印文一者、不レ得二受代一、有レ限以不。答、外国不レ限二遠近・貴賤一、皆得二印文一。史生・主政・主帳等、皆同耳。唯畿内不レ合。

古記は京官にまったく言及していない。ここで問題とされているのは、外官のいかなる範囲に「印文」が発給されたかである。これは大宝令の注釈書としての性格を考えれば当然かもしれない。しかし何よりも注目すべきは、「畿内不レ合」とあるように、畿内の外官の場合、「印文」によって交替しないとする点である。これは京官一般に準じた措置と考えられ、京官の「印文」が存在しなかったことを示す。五位以上の官人が畿外に出る際には奏聞を要するが、畿内であれば奏聞する必要がなかったこと（仮寧令11条）、外官が赴任する際、赴任先が畿外であれば二一歳以上の子弟を随行することが許されなかったが、畿内の場合は許されたこと（公式令87条）をはじめ、日本における畿内の特殊性が改めて注目されるところである。

養老三年から天平十年まで約二〇年の歳月が流れている。しかし、京官一般の「印文」を窺わせる史料は皆無であるし、大宝令制からの連続性より考えても、京官の「印文」を想定することは難しい。

以上二点より、選叙令20条は外官の交替原則を規定した条文と理解してよかろう。その「印文」は内印の押された諸国への下達文書を指し、それは任符を除いて想定しがたい。国司任符が国司交替の際に必要不可欠であったことは、前節で詳しく論じたとおりである。

ただし、以上のように主張するためには、なお解決すべき問題がある。第一は、選叙令20条が「印文」と表現した理由である。たとえば賦役令11条には「凡応レ免二課役一者、皆待二蠲符至一、然後注レ免」とあり、「蠲符」の語が使用されている。なぜ選叙令20条は「任符」の語を使わなかったのか。第二は、令釈にいう京官の武官（五衛府の官人）の「任文」をどう理解するかである。いずれも難問であるが、項を改めて見通しを述べてみたい。

2　「印文」と任符・太政官符・式部省符

第一の問題について。最初に「任符」という語の初見史料を確認しておくと、『令集解』田令35条令釈の「外官新至レ任者、以二任符一、可レ為二新至一」である。前述のように、令釈の成立は延暦六年（七八七）から同十年までの間と推定されている。それ以前はどうかというと、まず『続日本紀』天平宝字二年（七五八）九月丁丑条では「官符」と表現していた（第二節第3項）。『類聚三代格』天平勝宝四年（七五二）閏三月八日太政官符でも、国師（講師）の任符[51]を「国師赴レ任之日、受二得官符一」と記す。さらに遡って『続日本紀』天平元年（七二九）五月庚戌条においても、国史生・傔仗の任符を「省符」「符」と表現している（第一節第2項）。

史料的制約もあるが、「任符」の呼称が律令当初から一般化していなかった様子が窺われる。もちろん、任符は太政官符の一種である以上、その呼称が成立した後も「官符」と呼ばれることはあった。それはこれまで取り上げてきた史料からも明らかである。したがって、「任符」という語が延暦年間以前に確認できないからといって、その呼称が定まっていなかったとは即断できない。しかし、天平元年以前には、太政官符として固定していなかった点は看過できない。少なくとも八世紀初頭には、「任符」という呼称は未成立であったのではないか。

ではなぜ、選叙令20条で「印文」の語が使用されたのか。唐令継受の側面もあろうが、対応する条文は発見されていない。仮に該当する条文があって「印文」と書かれていたとしても、この語を日本側で受容した理由が問われなければなるまい。これは難問であるが、公印制との関連から説明できると考える。

ここで注目すべきは、公印制は大宝令で初めて本格的に整備されたという事実である。(52)『続日本紀』養老四年（七二〇）五月癸酉条によると、小事の際には無印の「白紙」文書が諸国に下されるという実態があった。新たな公印制を実施するにあたって、こうした事態は十分に予測できたはずである。そこで、外官の交替時には必ず内印の押された符を必要とする意味を込めて、あえて「印文」と表現したと考えてみてはどうだろう。換言すれば、外官交替の際、無印の文書であってはならない旨を強調したかった、と理解するわけである。(53)

つぎに第二の問題、令釈にいう武官の「任文」の検討に移りたい。この「任文」については、坂上康俊・武光誠両氏が指摘するように、次の『延喜式』兵部式37条が関係すると考えられる。(54)

兵部省移二某司一

位姓名（年若干、某京人。）　元某司某官

右人某月日任二（若番上把笏称レ補。）某司某官一訖。仍移送如レ件。移到任用。故移。

年　月　日　録位姓名

輔位姓

これは兵部省から五衛府に出された移で、別名を「充文」といった。坂上・武光両氏は、五衛府が太政官の管轄外にあったため、連絡の必要上から充文が作成されたと理解している。この当否は措きたいが、このような文書にもとづいて五衛府の官人の交替がおこなわれた点は確かであろう。一見すると、選叙令20条は特に外官のみを想定した条文と看做す私見は崩れ去るかのようである。

しかし注意したいのは、令釈が文官には「印文」という語を使用しながら、武官（五衛府）の場合にはあえて「任文」としたことである。その事情を考えてみると、養老三年以前には、兵部省印は存在していなかったという事実に思いあたる。すなわち、養老三年までの充文は「印文」ではなかったのである。こうした事情もあって、あえて「任文」と表現したのではなかろうか。単なる言葉の置き換えの可能性も否定できないが、「印文」は外官の交替のみを対象としたものとする私見は崩れない。おそらく、充文が任符と類似した性格をもつため、選叙令20条の令釈において言及されたのであろう。

以上の検討を通じて、国司などの外官は「印文」をもとに交替する原則であったことが判明した。京から離れた諸国では、交替時に新任者の本人確認をする必要があり、「印文」がその証明機能を果たしたと考えられる。

前述のとおり、天平十年頃、畿内の外官には任符が発給されていなかった。それは畿内の外官が準京官とされていたためであろう(55)。それを除けば、外官交替の際、任符は必要不可欠であった。第二節でみた任符奉行の儀は、選叙令20条の「印文」の機能を裏づけるものといってよい。「印文」は任符にほかならず、その携行者が新任外官本人であることを赴任先に証明する公文書と考えて間違いあるまい。

しかし、任符は単なる身分証明書ではない。任符の実例のなかには、押領使・追捕使・郡司・国造・神宮司の一部など地方任用者のものが確認できる(56)。こうした場合、地方在住の者にとって、新任者が本人か否かは一目瞭然のはずである。単に本人であることを証明するためだけに、任符が発給されたとは少し考えにくい。

そこで着目したいのが、任符には内印（天皇御璽）が押される決まりであった点、および任符の宛先は赴任先の国司となっている点である。前者について、方三寸の「天皇御璽」という朱の陰影をもつ任符は、天皇から任命されたことを視覚的に示すという側面がある。後者については、新たに「国」という行政区画が形成されると、「中央」対「地方」の関係は、「地方」では「国」が基本的に前面に出されるようになる点を想起したい。中央からみて、「国」は地方そのものなのである。その代表者が国司である以上、理念的には国司の背後にある地方社会に対して任符が宛てられた側面がある。任符と性格の類似した文書に、鎌倉時代の地頭の補任状があるが、その宛先が関係地域の住人となっている点は実に示唆的である[57]。

こうした点も踏まえるならば、「印文」つまり任符とは、国司を中心とした赴任先の地方全域に対して、その携行者が新任の外官として天皇から認められたことを証明・宣言する点に本質を認めるべきであろう。このような天皇権威を背景として、新旧国司の交替が可能になったと考えられる。

おわりに

本章では、国司任符を主な題材として、新任国司の赴任・着任という二つの局面において、任符がどのように機能しているのかを検討した。第一節では、国司任符に伝符の剋数記載や供給指示文言がある点や、延暦八年（七八九）に三関・摂津関が廃止される以前は「関司勘過」の文言も任符にあった点などから、任符は新任国司みずから携行して赴任するのが原則であったと考えた。もともと任符は新任国司とは別々に送付されるのが原則であったという見方も出されているが、それは成立しがたいことも確認した。第二節では、国司任符の任国到着が新旧国司の交替の基準となったこと、交替時には任符「奉行」の儀が実施されたことなどを指摘した。第三節では、選叙令20条の「印文」（印せる文）が任符に相当し、内印（天皇御璽）の押された文書であることを論じた。そして、国司任符は、赴任先の地方全域に対して、その携行者が新任国司として天皇から認められたことを証明・宣言する点に本質があると結論づけた。

以上、国司などの外官が交代する際に、任符が重要な役割を果たしていたことを明らかにした。任符「奉行」の儀を経て初めて、新任の外官は任務に就くことができたため、任符の取得は外官にとって必要不可欠となる。次に問われるべきは、いかなる仕組みで任符が発給されたかである。この点は付論二で検討しよう。

註

(1) 大庭脩「唐告身の古文書学的研究」(『唐告身と日本古代の位階制』皇學館大学出版部、二〇〇三年、初出一九六〇年)など。

(2) 坂上康俊・武光誠「日本の任官文書と唐の告身」(『史学論叢』七、一九七七年)三〜四頁、早川庄八「八世紀の任官関係文書と任官儀について」(『日本古代官僚制の研究』岩波書店、一九八六年、初出一九八一年)註(12)など。例外的に本人に交付される文書として、四等官以外の把笏を許されていない者に与えられた「公験」がある。註(17)参照。

(3) 森田悌「太政官発給文書」(『日本古代の政治と地方』高科書店、一九八八年、初出一九八六年)九〇頁。

(4) 『延喜式』太政官式11条にも、内印を押すべき公文書として「新任国司幷諸司在二外国一者赴レ任」がみえる。

(5) 飯田瑞穂「宇多天皇宸筆『周易抄』紙背文書　紹介」(『飯田瑞穂著作集4　古代史籍の研究　下』吉川弘文館、二〇〇一年、初出一九八一年)、田島公「『周易抄』紙背文書と内案」(『日本歴史』六〇八、一九九九年)。田島論文は、天皇の御覧のために奏上された任符の案文であり、内案に相当することを指摘する。

(6) 拙稿a「国司任符に関する基礎的考察」(『古文書研究』四七、一九九八年)、同b「国司任符の発給について」(『延喜式研究』一四、一九九八年)。

(7) 主な辞書類のみあげておけば、瀬野精一郎「任符」(『国史大辞典　一一』吉川弘文館、一九九〇年)、関口力「任符」(『平安時代史事典　下』角川書店、一九九四年)などがある。任符について関説した論文は、必要に応じて言及したい。

(8) 渡辺滋a「任官関係文書に見る当事者主義」(『日本古代文書研究』思文閣出版、二〇一四年)。これは、同b「日本古代における任官関係文書の特質」(『日本史研究』五一四、二〇〇五年)を大幅に改稿したもので、実質的に新稿といってもよい。以下、特に断らないかぎり、渡辺氏の見解はa論文による。

(9) 小原嘉記「平安後期の任用国司号と在庁層」(『日本歴史』七三五、二〇〇九年)。

(10) 拙著『すべての道は平城京へ』(吉川弘文館、二〇一一年)二〇一〜二〇三頁などにおいて、二〇〇五年発表の渡辺滋註(8)b論文に対して疑問を呈したが、二〇一四年発表の渡辺滋註(8)a論文を受けて、今回改めて検討するものである。

(11) 註(6)拙稿aの第一章第2節「往来者に対する供給システム」は、本書の第四章第三節に組み込んだ。また、註(10)拙著二一四〜二一六頁で簡単に触れた国司任符の過所的機能、渡辺滋註(8)a・b論文に接してその重要性を認識した連符形式の任符について、それぞれ新たに論じた。また、本章第二節第1項も、第二節の主題に迫る前提として書き加えた。

(12) 早川万年「弘仁式・貞観式研究の成果と課題」(虎尾俊哉編『弘仁式貞観式逸文集成』国書刊行会、一九九二年)二四二〜二四四頁によれば、『延喜式』に付された標注は、概して信頼できるとのことである。

(13) 大日方克己「律令国家の交通制度の構造」(『日本史研究』二六九、一九八五年)一〇〜一二頁。

(14) 渡辺滋註(8)a論文一〇三頁は、「仁和三年宣旨の「官符の内に食・馬を給ふべきの由を注し載す」という措置は、伝符支給の代わりとして任符の奥に「伝符〇枚□剋」と記載し、(実際には伝符の現物を支給しないまま)同等の待遇を受けさせる方式」と述べる。しかし伝符を支給しない以上、任符の奥に「伝符〇枚□剋」と記入しなくなるのではないか。任符の実例によれば、ⓐ「伝符壱枚 某剋」とは別に、ⓓ「路次之国、亦宜レ給二食馬一」が存在する。伝符が支給されなくなるのにともない、ⓐからⓓへ表記が変化したとみるべきであろう。「食・馬を給ふべきの由を注し載す」は、ⓐよりもⓓのほうがふさわしい。

(15) このことから逆に、たとえば任符のような携行する文書に逓送・供給を依頼する文言を書き加えることで済んだにもかかわらず、あえて伝符(緊急時の場合は駅鈴)を支給したのはなぜかが問題になろう。拙稿「律令交通制度と文字」(平川南他編『文字と古代日本3　流通と文字』吉川弘文館、二〇〇五年)一七四〜一七五頁では、次のように述べた(改行は省略)。

それはやはり、天皇権力を象徴する器物としての駅鈴・伝符がもつ性格に帰するのではなかろうか。駅鈴・伝符を保持すること自体に重要な意義があったと考えられる。ところが、器物としての駅鈴・伝符にも欠点がある。剋数によって利用可能な馬の数を示すことは可能だが、紙券の類ではないため、駅使・伝使の名前など他の情報を記すことはできないのである。だがここで注意すべきは、駅使・伝使は何らかの官命を帯びた使者である以上、官命の内容を示す文書も携行していたと考えられる点である。その文書には、公式令41条に「凡そ行はむ公文には、皆事状・物数、及び年月日、并びに署・縫処、鈴・伝符の剋数に印せよ」とあるように、駅鈴・伝符の剋数が記載されていた（前述の国司任符における注記もその一例である）。また公式令13条に示された太政官符の書式をみると、駅鈴・伝符の剋数を注記すると共に、年月日の下には「使人位姓名」を書くことになっている。飛駅を発するような緊急性を要する場合にも、やはり公式令9条にみるとおり、駅使発遣の時刻を文書に記載する決まりである。すなわち、駅鈴・伝符には使者の名前や発遣した日時などは記せないものの、官符などの文書にはそのような内容を注記することが可能なのである。駅使・伝使は駅鈴・伝符に加え、こうした文書をあわせもつことで、使者としての正当性をより確かなものにできたのではなかろうか。使者を受け入れる側としても、その者が正当な使者であることを確認する上で、やはり紙の文書の存在は不可欠であったと思われる。天平期の諸国正税帳・郡稲帳には、供給を受けた使者の名前が記されているが、人名を把握する手段として、使者の所持した文書の勘検が必要であったことは容易に予想がつこう。

(16) 渡辺滋註（8）a論文一〇七頁は、新任国司による任符の伝達を「便使」として理解するが、疑問が残る。

(17) 天平元年条の「省符」について、把笏を許された者を除く、四等官以外に与えられた「公験」とみる向きがあるかもしれない。だが公験は、次の『延喜式』式部式上111条に示された書式にみるように、符でないことは明らかである。

式部省
　位姓名年若干、某国某郡人。
右人、元某色。今補㆓某司某色㆒、任為㆓公験㆒。
　　年　月　日　録位姓名
輔位姓名

このすぐ後に付された説明文にも「仍即給与、随身為レ験」とあり、公験は補任された者に交付された点でも異なる。

(18) 鎌田元一「日本古代の官印」(『律令公民制の研究』塙書房、二〇〇一年、初出一九九四年)二三九～二四〇頁。

(19) 渡辺滋「官符」(註(8)著書所収)三六頁。

(20) 中村圭爾「晋南北朝における符」(『大阪市立大学文学部紀要　人文研究』四九―六、一九九七年)。

(21) 鷹取祐司『秦漢官文書の基礎的研究』(汲古書院、二〇一五年)五六～六四頁。

(22) 三関・摂津関の停廃時、法的に「関」といえるのは長門関だけであろう。その後、承和二年(八三五)には、白河剗と菊多剗が長門関に準じる扱いとなる(『類聚三代格』同年十二月三日太政官符)。また、昌泰二年(八九九)には、相模国足柄・上野国碓氷においても、僦馬の党による掠奪行為を抑制するために関を設置し(『類聚三代格』同年九月十九日太政官符)、同三年には過所の勘過を命じるようになる(『類聚三代格』同年八月五日太政官符)。しかし、長門・白河・菊多・足柄・碓氷の諸関はいわば辺境の関であり、八世紀末までの関とはその期待されていた役割が違う。詳しくは第六章を参照されたい。

(23) 遙授国司は未赴任国司と同義ではない。未赴任国司のなかには、赴任を免除された遙授国司に加え、本来は赴任すべきだが下向しない国司も含まれる。非合法的な後者は特に考慮に入れなかった。原田重「遥授国司について」(『日本歴史』一〇五、一九五七年)、木内基容子「遥授国司制の成立について」(『古代・中世研究と資料』三、一九八八年)など参照。

(24) 『類聚三代格』貞観十二年(八七〇)十二月二十五日太政官符の「造式所起請」に、「頃年、国司到二任所一後、未二勘知一前、申二請官符一、規二要留レ京」という現状認識がみえる。この「官符」も留京官符と考えられる。これによって、留京官符は赴任以前のみならず、任所に到着した後にも発給されたことがわかる。いずれの場合も、留京官符を入手することによって、留京が合法的に認められたわけである。

(25) 鐘江宏之「計会帳に見える八世紀の文書伝達」(『史学雑誌』一〇二―二、一九九三年)。

(26) 渡辺滋註(8)a論文は、本節で紹介した事項以外にも、次の三点を指摘し、奈良時代の任符は新任者みずからが持参する性格の公文書ではなかったとする主張の根拠としている。

① 『令集解』田令35条令釈に「外官新至レ任者、以二任符一、可レ為二新至一也」とあり、任符が任地に到着した時点を「新至」とす

る認識が示されている。ここでは、新任国司と任符が別々に到着するという前提で論じられている。
②唐代の官吏新任の際に発給される告身は、赴任先の官司を経由して受け取る仕組みになっていた。『類聚三代格』弘仁十年（八一九）十二月二十五日太政官符が引用する永徽禄令の逸文に「諸禄並依レ日給。京官拠二詔書出日一、外官拠二籤符到日一給」とあり、唐代に新任の決定が発効するのは本人の到着時点ではなく、告身の任所への到着時点と認識されていた。
③選叙令20条「凡官人至レ任、若無二印文一者、不レ得二受代一」は、交替の厳密化を目的とした条文で、新任者自身に任符の携行を義務づける規定とまでは解釈できない。
このうち②③は特に異論はない（選叙令20条は第三節で詳しく検討する）。①についても、前半部は同意できる。これらの指摘（①の後半部は除く）はいずれも妥当であるが、しかし新任国司が任符を持参しなかったことを直接示す根拠とはならないであろう。とりわけ②の場合、唐の告身は日本の位記に相当し、官人本人に与えられるだけに、唐の告身の伝達方法をもとに日本の任符を類推することはできないはずである。

(27) 寺内浩「平安初期の受領と任用」（『受領制の研究』塙書房、二〇〇四年、初出一九九一年）二二三〜二二四頁、佐藤泰弘「受領の成立」（吉川真司編『日本の時代史5　平安京』吉川弘文館、二〇〇二年）一〇三〜一〇五頁など。

(28) なお、実例の知られる鎮守府将軍の任符として、永延二年（九八八）十月五日に発行された藤原文条の事例があるが（『類聚符宣抄』第八）、その文言は「国・府承知、至即任用」で、任用国司と同じ表現となっている。これは熊谷公男氏が指摘するように、鎮守府将軍は制度上、受領陸奥守の任用官として位置づけられていたことを示している。ただし熊谷氏が詳細に論じたとおり、鎮守府将軍は実質的には受領的な性格が濃厚であり、『日本三代実録』元慶二年（八七八）六月九日条「勅曰、従五位下小野朝臣春風、今月八日、任二陸奥鎮守将軍一訖。事須二依レ格分付受領一」からもわかるように、交替業務をおこなう必要があり、実質的には受領的な立場にあった。こうした微妙な立場が、鎮守府官人の任符の宛先にも表現されている。熊谷公男「「受領官」鎮守府将軍の成立」（羽下徳彦編『中世の地域社会と交流』吉川弘文館、一九九四年）一四〜一五頁。

(29) 事書が「着レ館」とするのに対して、本文が「着レ国」と微妙に表現が異なっているのは、国庁で任符「奉行」をおこなった後、国司館に入ることになっていたことの反映と考えられる。佐藤信監修・朝野群載研究会編『朝野群載巻二十二　校訂と註

釈』（吉川弘文館、二〇一五年）二六六～二六九頁。

(30) 周知のとおり、厳島神社所蔵の高田郡司関係文書には多くの偽文書が含まれており、内印三顆・国印四顆の押された本史料の取り扱いにも注意を要する。だが渡辺滋氏が論じているように、偽文書とみる必要はなかろう。万が一、偽文書だとしても、それが一定の効果をもつためには、当時の実態に近づけたはずであり（特に本文書が偽作であったとすれば、手が相当込んでおり、なおさらである）、以下の考察に大きな差し支えはなかろう。渡辺滋「厳島神社文書の史料性をめぐる諸問題」（『ヒストリア』二三七、二〇一三年）。荻野三七彦『印章』（吉川弘文館、一九六六年）六八～六九頁も参照。

(31) 坂内三彦「九・十世紀の地方行政文書について」（『紀尾井史学』三、一九八三年）三一～三二頁は、「官省符の奥に加えられる国司の奉行は、国牒や国符案文を交付する代わりに官省符施行を保証するものである」という重要な指摘をする。なお、奉行については、虎尾俊哉『延喜式』（吉川弘文館、一九六四年）一四八～一四九頁に重要な指摘があるほか、渡辺滋註(8)著書の各所で多くの事例が紹介・検討されている。

(32) 牛山佳幸「印鎰神事と印鎰社の成立」（『日本歴史』三六五、一九七八年）五二～五六頁。

(33) 佐藤泰弘「倉印と受領の執印」（『日本中世の黎明』京都大学学術出版会、二〇〇一年、初出一九九六年）三〇九～三一〇頁も、この『時範記』の記事を「（前略）そこで因幡守への補任を命じた太政官符（任符）を税所官人に渡し、在庁官人等が任符の奥に奉行の文言を記し、それに印を押した」と解釈する。なお、土田直鎮「国司の任国下向と総社」（『古代の武蔵を読む』吉川弘文館、一九九四年、初出一九六四年）二五七頁は、「請印というのは、普通には文書に印を押すことをいいますが、この場合には印を押すのではなく、印を受領するということです」と述べているが、任符「奉行」と関連づけて解釈すれば、「請印」も通常どおりの理解が可能であろう。

(34) 穴記については、紅葉山本『令義解』田令34条のなかの傍書のひとつとして、次のような記載がある。

穴云、問、於二京官一、以二何日一、為二重代〔交カ〕日一。答、以二任官日一耳。人代〔交カ〕之心、新人未レ到之前司種者、亦同全得二其獲一。見二倉庫令一。

本史料については、武井紀子「日本倉庫令復原研究の現在」（『弘前大学国史研究』一三八、二〇一五年）一四～一六頁が詳しく検討しており、それを参考にみていく。紅葉山本『令義解』の書き入れは誤字や脱字が多いことで知られ、右の史料でも「交代」を「重代」や「人代」と書き誤っている。「人代〔交カ〕之心」以下の記述は、『令集解』所収の穴記にはみえないが、紅葉山本『令義解』の書き入れは現状の『令集解』には収載されていない諸説を多く含み、穴記の一部であることを一概に否定できない。それはともあれ、本論文が述べるように、「人代〔交カ〕之心」以下は「（官人の）交代の本質・原則からすれば、新人が（任所に）未だ到らないのに、前司が植えれば、すべてその獲稲を得るのだ。（このことは）倉庫令にみえる」ということを述べたものと考えられる。ここでいう「倉庫令」とは、官人交替時における倉庫の出納責任の所在を規定した諸条文を指す。本論文一六頁は、「外官に対する職分田の支給が任符によって保証されたことは跡記や朱説など集解諸説から確認されるが、実際の後任者の到着と任符の到着時点との関係は、両者を同時とみるか、時間的差異を想定するか、両論がある。本史料（紅葉山本『令義解』の書き入れ―筆者註）も、倉庫令の規定に従って、前後司の切り替わりが両者相対しての時点であると述べている点で、この問題に関わる当時の一つの解釈を示すものとして評価することができるように思う」と指摘する。この指摘は、国司本人が任符を持参するのが原則であったとみる本章の見解を補強してくれよう。

(35) ただし、『延喜式』民部式上110条および貞観十二年（八七〇）十二月二十五日太政官符にみるとおり、遙授国司および赴任後に留京する国司の場合、国司職分田は支給されない。

(36) 本史料も偽作の多い高田郡司関係文書のひとつであるが、偽文書と看做すべき積極的な理由はなく、渡辺滋註(30)論文に従って、正文とみるべきであろう。荻野三七彦註(30)著書二〇六～二〇八頁も参照のこと。

(37) 任符「奉行」後の国司任符の行方について触れておきたい。これについては、『類聚三代格』承和十一年（八四四）十一月十五日太政官符が参考になる。国分寺・国分尼寺の僧尼が死亡ないし還俗した際に、度縁・戒牒を治部省に速やかに進上すべきであるが、本人が所持するため改修がままならないことから、「准二国司任符一、続二収国庫一、其身死補替之日、随即将レ進レ官」と指示されている。これによると、任符は国庫に収められ、国司の任終了後は太政官に進められて処分されたようである。註(6)拙稿a註(29)ではこのように考え、鈴木茂男「太政官系文書に関する一考察」（『古代文書の機能論的研究』吉川弘文館、一九九七年、執筆一九六三年）一〇〇頁、渡辺滋註(8)a論文一〇〇頁も同様の理解を示す。これは「准二国司任符一」が「続二収国庫一、其身死補替之日、随即将レ進レ官」全体にかかるとみた場合の解釈である。しかし、「准二国司任符一」が「続二収国庫一」のみにかかるとみる余地も残されている。その場合、「奉行」後の国司任符は、歴代の任符と張り合わせて国庫に保管されたことになる。いずれの解釈が妥当なのか、今後の課題としたい。

(38) 富田正弘「平安時代における国司文書」(『中世公家政治文書論』吉川弘文館、二〇一二年、初出一九七五年)。

(39) 新日本古典文学大系『続日本紀三』二八九頁脚注一九。

(40) 本官符に対応する『続日本後紀』嘉祥元年(八四八)十二月丁酉条より、国司四等官のみならず、国史生・国博士・国医師をも含めた広義の権任国司であったことがわかる。

(41) 新訂増補国史大系本は「是則新除之人□不レ向二本任一之輩。待レ符之所レ致也」とするが、字句構成上から本文のように改めた。ここでは「新除之人」と「本任之輩」が対になっており、前者は新任国司を、後者は旧任国司を指している。□には「過レ限」といった語句が入り、「永居二本職一、多費二公俸一」の原因は、新任国司が装束の期限をすぎても赴任せず、旧任国司は籤符の到着を待つ点にあることを述べているとみられる。

(42) 倉庫令は散逸しており、当条に「専当」という語があったかどうか議論があったが(吉岡眞之「『延暦交替式』二題」『古代文献の基礎的研究』吉川弘文館、一九九四年、初出一九七八年など)、天聖倉庫令宋17条に「専当」の語が確認でき、日本令でもこの語が存在した可能性が高まった。「専当」の語義をめぐる問題もあわせて、武井紀子「日本古代倉庫制度の構造とその特質」(『史学雑誌』一一八―一〇、二〇〇九年)一一～一四頁を参照のこと。

(43) それにもかかわらず、Ⓐで権任国司の解任符を下すのをやめ、またⒷで員外国司に解任符の到着を待たずに解任させることにしたのはなぜか。ここで注目すべきは、ⒶⒷともに、秩満年終時、つまり任期満了時の交替を想定している点である。平野邦雄「八世紀における国司の人的構成」(『日本歴史』六〇・六一、一九五三年)が実証したように、八世紀の国守の在任期間は二～三年が最も多く、平均して二年六ヵ月未満であり、国守任期を満了する者は稀であった。これと対比するとき、権任・員外国司ともに任期満了時までその任に就くのが一般的であったのは、まさに公廨稲収入を得るためであったと考えられよう。秩満年終時まで任にあるのであれば、解任の時点は任命の年月日から機械的に計算できる。したがって、解任符がなくても、権任国司本人が解任時点を認識することは可能である。こうした背景から、解任符が不要となったのであろう。

(44)『延喜式』太政官式23条に「凡諸国一分已上遙授・兼任之輩、遷二任他国幷京官一者、早下二官符一、停二止本任一」とあり、正任国司の解任符が皆無であったわけではないが、あくまでも「遙授・兼任之輩」という限定付きである。

(45)福井俊彦『交替式の研究』（吉川弘文館、一九七八年）六二三頁、坂上康俊・武光誠註(2)論文三〜四頁、早川庄八註(2)論文註(6)、西本昌弘「八・九世紀の内裏任官儀と可任人歴名」（『日本古代儀礼成立史の研究』塙書房、一九九七年、初出一九九五年）三六三〜三六五頁など。

(46)単に「官人」と表記しただけで外官を意味する令文としては、田令29条「(前略)其官人於二所部界内一、有二空閑地一、願レ佃者、任聴二営種一。替解之日、還レ公」もあげられる。

(47)前掲『延喜交替式』1条は、任官日を「詔書」の出された日とする。①任符・充文・公験を除き、日本では任官の証拠となる公文書は本人に交付されなかったこと、②本規定が「諸禄並依レ日給。京官拠二詔書出日一、外官拠二籤符到日一給」という唐永徽令禄令（『唐令拾遺』禄令復旧4条）を下敷きに書かれた可能性が高いことなどから、この「詔書」を文字どおり詔書と受け取ることは難しく、任官儀式の際に任官者に読み聞かされた召名と考えている。

(48)彌永貞三「大宝令逸文一条」（『史学雑誌』六〇―七、一九五一年）、吉川真司「外印請印考」（『律令官僚制の研究』塙書房、一九九八年、初出一九九六年）三一六〜三二〇頁。以下、吉川氏の見解は本論文による。

(49)位記に準じて印が押された可能性も否定できないが、位記はあくまでも個人に宛てた文書であり、諸司に宛てた文書と同列には扱えないであろう。周知のとおり、日本律令官僚制の基本は位階にあり、官人にとって位階の授与は特別な意味をもっていた。そのため、位階の授与を告知する全位記にあえて印が押されたと考えられる。

(50)吉川真司註(48)論文三一八頁。

(51)『延喜式』玄蕃式46条、『西宮記』巻七内印文、『北山抄』巻七請内印雑事などに、講読師の任符についてみえる。

(52)鎌田元一註(18)論文二四〇〜二四六頁参照。

(53)ただし現実には、天平元年（七二九）以前、国史生・傔仗の任符（式部省符）発給に弁官が関与していなかったように見受けられ（『続日本紀』同年五月庚戌条）、内印は踏印されなかった可能性がある。内印を押すためには、少納言による請印の儀を経る必要があるが、その前段階には請印要請の牒が弁官から少納言に出される原則であり（『延喜式』太政官式8条）、弁官の関与が不可欠とみられるからである。式部省符である任符にも内印を押すのが律令本来の原則であり、官人至任条の「印文」もそれを意図した表現であったが、現実には守られなかったのである。

(54) 坂上康俊・武光誠註(2)論文三～四頁。

(55) ただし、表8№14にみるように、遅くとも十世紀末には畿内の国司にも任符が発給されていたようである。当事者の身分を保証する公験の機能を任符が新たにもったことや、畿内制が変容したことと関係しようが、詳細は今後の課題としたい。

(56)『周易抄』紙背文書、『類聚符宣抄』第一・七・八、『朝野群載』巻六・二十二、『別聚符宣抄』、平遺一二〇〇・一三九〇・一七〇四・三四一三号、など参照。

(57) 河音能平「日本中世の補任状＝下文における宛所と受給者」（『河音能平著作集5　中世文書論と史料論』文理閣、二〇一一年、初出一九七九年）参照。

付論二　国司任符の発給

はじめに

この付論では、その取得が新任国司にとって不可欠であった国司任符が、いかなる仕組みで発給されたのか、それはいかなる意義があったのかを検討してみたい。『類聚符宣抄』第八任符には、任符の発給を考える上で重要な史料が多く所収されているので、それらを積極的に活用しながら論を展開することにしよう。

清水潔氏によれば、『類聚符宣抄』は、源経頼によって長元三年（一〇三〇）にはすでに編纂に着手されたが、長暦三年（一〇三九）八月に経頼が急逝したため完成にいたらず、その後、少なくとも保安二年（一一二一）までに女院号に関する一六通の文書が増補されて、現在の形になったものである。『左経記』の記主でもある源経頼は、約二五年にもわたって弁官の職務に従事し、受領国司や少納言・勘解由使長官も歴任している[1]。弁官や少納言は、以下に明らかにするように、国司任符の発給に直接関わる官司である。また、勘解由使は不与解由状を審査する官司であるが、解由状の取得が任符発給の条件とされたことは、やはり後述するとおりである。このような官歴からみて、経頼が任符の発給にも多大な関心を寄せていたことは間違いなく、それが『類聚符宣抄』に反映されたと考えられる。

このような認識のもと、『類聚符宣抄』第八任符を主たる素材に、国司任符の発給について考えてみたい。

第一節　弁官局による国司任符の文面作成

第一・二節では、国司任符の発給手続きを検討する。その第一段階となるのが、弁官局（弁、史）による文面の作成である。本節では、弁官局が任符の素材とした資料について考えてみたい。広義の国司は、A奏任の国司四等官、B官判任の国博士・国医師、C式部判補の国史生・傔仗に大別できるので、分けて検討したい。

まず、式部省が詮擬・任命したCからみよう。次の『続日本紀』天平元年（七二九）五月庚戌条が注目される。

太政官処分、准レ令、諸国史生及傔仗等、式部判補。赴レ任之日、例下二省符一、符内仍偁二関司勘過一。自レ非二弁官一、不レ合二此語一。自レ今以後、補任已訖、具注二交名一、申二送弁官一、更造レ符、乃下二諸国一。

国史生や傔仗は式部判補で、赴任の日に、通例として「関司勘過」の文言が記された式部省符が下されていた。しかし本来、この文言は弁官以外が使用してはならなかった。そこで今後は、国史生・傔仗の補任を終えたら、式部省は補任者の名前を記した「交名」を弁官局に送り、弁官が太政官符を作成して諸国に下すことになった。第九章で詳しく検討したように、この式部省符・太政官符ともに任符を指すとみてよい。本史料より、式部省の作成した交名が任符の素材となったことがわかる。

つぎに、A奏任の国司四等官について。奏任官は勅任官と同じく、除目詮擬を経て補任された(2)。京官・外官・武官の順に闕官名を列挙した「大間」が用意され、執筆の大臣が主導しながら、彼の奏と天皇の仰せによって任官者が決定され、大間に順次書き込まれていった。そして最終決定を経た大間から、勅任官・公卿の兼官兼国・奏任官を書き出して、それぞれ官名・位階・氏・姓・名を列挙した「召名」（清書、除目簿）が作られる。順に

「勅任召名」「奏任別紙召名」「奏任召名」と呼ぶ。次の『類聚符宣抄』仁和元年（八八五）十月十三日宣旨にみるように、こうした召名が任符の素材になったと考えられる。[3]

(a)右大臣宣、奉レ勅、能登権掾矢集安吉、去月廿九日召名、宿禰字誤注レ造。宜下雖レ未二刊正一、且（請）中印其任符上。

仁和元年十月十三日　大外記高丘五常奉

召名にカバネが誤って記載されており、それがいまだ訂正されていなかったが、特別に任符に請印することを認めている。これによって、召名の記載ミスがあると、任符への請印が停止されたことがわかる。

また、『西宮記』巻二除目に「畢上卿立出二召名一、二省以二正文一上二外記一、写二一通一上二任符所一、又写二一通一進二蔵人所一」とあるように、任官儀礼を終えると、式部省・兵部省が召名の正文を外記に渡し、外記が召名の写しを二通作って「任符所」[4]と蔵人所に各一通ずつ送ることになっていた。『延喜式』式部式上23条にも「凡除目簿案一通、除目後五日内、加二勘合一、進二弁官一」とあり、召名の写しと考えられる「除目簿案」を、除目後五日以内に式部省の勘合を加えて弁官局に進上させている。これらの史料もまた、弁官局が任符を作成する際の素材として召名が使われたことを物語っている。

召名と式部省の密接な関連は、次の『類聚符宣抄』仁和三年六月十日宣旨からも明らかである。

(b)中納言従三位源朝臣能有宣、奉レ勅、備前権守藤原朝臣諸藤召名、誤不レ注二権字一。而依レ有二内裏穢一、不レ得下正二召名一、以仰中式部省上。宜二彼任符、在先請印一者。

仁和三年六月十日　少外記紀長谷雄奉

召名が内裏に保管されていたこと、召名を訂正する際には式部省に通常仰せたことなどが判明する。式部省は文官の人事を掌握しているため、召名の写し（除目簿案）を使って、式部省に除目の結果が通達されたのである。

最後に、B官判任の国博士・国医師をみたい。元来、国博士らは現地採用で、『令義解』選叙令27条に「国司簡二択才術之可レ用者一、申二太政官一。即式部判補也」とあるように、C式部判補であった[5]。しかし、『続日本紀』大宝三年（七〇三）三月丁丑条に「下レ制曰、依レ令、国博士、於二部内及傍国一取用。然温レ故知レ新、希レ有二其人一。若傍国無二人採用一、則申レ省。然後、省選擬、更請二処分一」とあるように、現地に適任者がいない場合には、式部省が詮擬し太政官が処分を与えることになった。すなわち、国博士は官判任の扱いを受けたのである。

官判任方式への傾斜は、国医師にも当てはまる。和銅元年（七〇八）、中央で補任された国博士・国医師の考選は国史生に準じることになった（『続日本紀』同年四月癸酉条）。中央派遣の国博士・国医師は、大学寮の学生や典薬寮の医生のうち受業者から任用する決まりであったが、実際には非業者からも任用された（同霊亀二年五月丁酉条）。九世紀半ばに受業者と非業者の待遇面などの差別化が始まり、次の『日本三代実録』仁和元年三月十五日条に記すような措置がとられるにいたる。

式部省言、式云（中略：国博士・国医師の受業と非業の違いを述べた部分）。今案二件文一、受業・非業、才用不レ同。六年・四年、秩限各異。而補任不レ弁二其由一、籤符随無二其状一。本任之国、量レ状任用。（中略）望請、上件受業之徒、補任解文、姓名之下、挙二各本業一、明注二其生一、任符之面、随被二注載一。非業之人、自如二恒例一。（後略）

従来曖昧であった国博士・国医師の受業・非業の区別を明確化するために、「補任（解文）」に書かれた姓名の下に、受業者の場合はその旨を注記し、非業者は注記しないことになった。注記の有無は籤符（任符）にも反映されることから、補任解文が任符の素材になったことが判明する。任符における注記の有無によって、その国博士・国医師が受業・非業のいずれであるのかを判断できる仕組みである。これは『延喜式』太政官式25条「凡諸国受業博士・医師補任解文幷籤符、名下注二各本業一」にも継承された。

それでは、国博士・国医師の補任解文はどこに上申されたのか。A・Cの考察を踏まえれば弁官局となるが、そう言い切る際に問題となる恐れがあるのが、次の『延喜式』太政官式2条である（『弘仁式』もほぼ同文）(6)。

> （前略）其考選目録、及請二印六位以下位記一者、中務・式部・兵部三省、不レ経二弁官一、直申二太政官一。中務申二夏冬時服一、及式部補二文学・家令以下傔仗一、簡下遣二諸国一使人上亦直申。

これは太政官に対する諸司の上申方法のひとつ、三省申政（直申型）に関する規定で、その内容は基本的に八世紀まで遡る(7)。家令は官判任で（選叙令3条）、文学も同様であった（『令義解』同条）(8)。一方、傔仗は式部判補である（『続日本紀』天平元年五月庚戌条）(9)。つまり「文学・家令以下傔仗」は官判任・式部判補の双方を含む（そう解釈することで「以下」の表現もいきる）。本史料によって、官判任・式部判補の補任にあたって、式部省は弁官局を経ずに太政官に直申したことが判明する。官判任の国博士・国医師も当然対象となろう。そこで、右の『日本三代実録』仁和元年条との関係が問題になるが、結論からいえば直接には関係しない。

まず、式部判補の国史生・傔仗の場合、先述のように、式部省が弁官局に補任者の交名を送った。他方、式部省は太政官に対しても直申している（式部判補といっても、太政官は完全に無関係ではなかった）(10)。太政官への直申の際に交名は使用されておらず、別個の文書（内容は交名と類似しよう）によったと考えざるを得ない。なお、『延喜式』太政官式3条に「凡諸司申二政於太政官一者、先経二外記一、然後令レ申」とあるように、太政官へ直申するといっても、あらかじめ外記に申政することになっていた点には注意しておきたい。

こうした二つの文書の流れは、官判任に関しても該当しよう。ただし官判任は、式部省が詮擬し太政官が補任するので、式部省が太政官に直申したのは、太政官の裁定を得る目的もあったと考えられる。だが『延喜式』太政官式2条の「式部補二文学・家令以下傔仗一」を素直に読めば、直申以前に官判任の補任は実質的に決定されており、式部判補と大差ないように見受けられる[11]。勅任官と奏任官の区別があまりなかったように、官判任と式部判補もほぼ同様に扱われた可能性がある（官判任の国博士・国医師の待遇が、式部判補の国史生にほぼ準じたことも想起されたい）。そのため太政官式2条で、官判任と式部判補が一括して規定されたのであろう。

このように官判任の場合も、弁官局・外記の双方に別個の補任者名簿が上申されたと推定できる。それを裏づけるかのように、『延喜式』式部式上177条に「凡諸国博士・医師補任解文幷補任帳、姓名之下、受業者注二各本業一」とあり、「補任解文」と「補任帳」が登場する。前者は仁和元年条の「補任解文」に相当する。これを素材に任符が作成されるので、こちらが弁官局に送られたと考えられる。とすれば、後者の「補任帳」は外記に上申されたことになろう。後述するように、現に『延喜式』太政官式26条には、外記による「補任帳」勘会がみえる。

やや煩雑な考察となったが、式部省から弁官局に上申された補任解文を素材に、国史生・傔仗の任符の文面が書かれたことを述べた。結局のところ、広義の国司の任符はすべて、式部省より送られた人事結果を記した資料（除目簿案、補任解文、交名）を使って、弁官局で作成されたということになる。

第二節　少納言局による国司任符の請印

1　国司任符の請印

弁官局によって国司任符の文面が作成されると、内印（天皇御璽）を押印するために、少納言局（少納言、外記[12]）

による「請印」がおこなわれる。[13] これにともなって、『延喜式』太政官式8条に、

凡左右弁官、各録下入奏并請印文書、及請二進駅鈴・伝符等一色目上、牒二送少納言一。少納言・外記、録下入奏・請印、及請二進駅鈴・伝符一訖之状上、牒二弁官一。（後略）

とあるように、弁官局は少納言局に請印要請の牒を送り、少納言局もその履行報告のための牒を弁官局に送った。

さて、『続日本紀』養老四年（七二〇）八月丁亥条に「詔、諸請二内印一、自レ今以後、応レ作二両本一。一本進レ内、一本施行」とあるように、内印を請印する文書は二通を作成し、一通は内裏に進め、一通は（内印を押印して）施行することになった（『延喜式』太政官式13条に継承）。内裏に進めるのは内裏で保管するためで、いわゆる「内案」を成立させた詔である。[14]『西宮記』巻七内印文に「内案小二書枚文半紙一」とあるように、内案は半紙に小さな文字で書くことになっている。興味深いことに、東山御文庫には任符の内案が伝わっている。宇多天皇の宸筆として著名な『周易抄』の紙背文書がそれで、国司任符（陰陽師も含める）一〇通、郡司任符一通、神宮司任符一通からなる。調査にあたった田島公氏によれば、自署以外は細字（方格約一センチ未満）で、文字全体が袖側に極端に寄せて書かれているという。任符の内案の紙背を利用して『周易抄』が書写されたことは、内案が実際に宇多天皇に奏上され、御覧を経た後に天皇の身近かな場に保管されたことを示す。[15]

それでは、国司任符の発給上、少納言局による内印請印はいかなる意義があったのか。

前掲(a)(b)の宣旨から、召名の記載に誤りがあった際、請印が停止されたことがわかる。そして、解由状が未進の場合にも請印は実施されなかった。それを物語るのが、次の二つの宣旨である（ともに『類聚符宣抄』第八）。

(c)　越後守従五位下藤原朝臣遠成

右大臣宣、奉レ勅、件人雖レ未レ進二本任解由一、且任符入二請印一者。

延喜十六年七月五日　　大外記伴宿禰久永奉

(d)　正五位下行武蔵守藤原朝臣高風元常陸介

右従三位守大納言兼右近衛大将行皇太子傅藤原朝臣道明宣、奉レ勅、件人宜下不レ待二本任放還一、且請中印任符上者。

延喜十七年四月十一日　　大外記小野美実奉

本任（もとの任）の解由状を進上して放還されるので(16)、(c)と(d)はほぼ同趣旨といってよい。本来であれば、解由状を進上して（放還された上で）、新たに任官した国司の任符に請印すべきところ、それを待たずに請印を特別に認める宣旨である。以下「不待本任放還宣旨」と呼びたい。

前述のとおり、召名の記載ミスや解由状の未進があると、少納言は任符の請印を停止した。しかし、こうした場合であっても、前掲(b)に「宜二彼任符、在先請印一」とあるように、弁官局は任符の文面を書いており、後は請印を待つばかりであった。だが問題があれば、少納言局は請印しなかったのである。このことは、少納言局によるチェック機能が働いていたことを物語る。現に『類聚符宣抄』延暦十三年（七九四）六月十五日宣旨に、

右官符、少納言・外記加二覆勘一、後日捺印。而即日捺、頓不レ能レ勘。自レ今以後、宜二入日細勘、後日捺印一。当番案主、亦宜レ知之。

とあり、少納言局が太政官符の内容を細かく検閲した後、後日に押印する原則であったことがわかる。『延喜式』太政官式14条に「凡請印文書、初入之日、外記細加二検察一、明日捺印」とあるように、直接検閲したのは少納言局のうち外記であった。国司任符の検閲に関しては、『類聚符宣抄』延喜十八年（九一八）十月二十一日宣旨に、

被二右大臣宣一偁、未レ得二解由一者、不レ可二叙用一之由、法式既存、不レ可二違失一。但五位已上者、事是分明、更

無レ所レ疑、至二于六位一、頗難二詳知一。若誤任二内外諸司一者、内官者、可レ執二申事由一、外官者、作二上任符一之日、慥能尋勘、莫レ関二請印一。事依二　勅語一、不レ可二疎漏一者。

とあるのが参考になる。これによると、解由状の未取得者は新たな官に叙用できない決まりであったが、実際には六位以下[17]は確認が困難なため、誤って内外諸司に任命してしまうことがあった。しかしそのような場合であっても、任符作成時に十分に検閲して、解由状の未取得が発覚すれば請印してはならないとする。

一般に延喜年間（九〇一～九二三）の諸法令は復古的・教誡的な色彩をもつとされ[18]、それは本史料も例外ではない。後述のように、当時の実態からやや遊離した記述もみえる。だがそれだけに、本来の原則が端的に示された面もある。解由状未取得者の任符に請印しない方針であったことは、(c)(d)からも裏づけられる。国司任符請印の際に、少納言局が解由状の取得状況を調べ、未取得であれば請印しないという原則があった点は認めてよかろう。

このように少納言局による任符の請印は、任符の文面の確認や、解由状の取得状況の確認など、実質をともなうものであった。なかでも解由状の取得状況の確認は重要である。項を改めよう。

2　解由状の取得状況の確認

少納言局は解由状の取得状況を確認していたが、解由状は式部省と勘解由使に各一通ずつ提出され（『延喜式』太政官式32条[19]）、少納言局に解由状が渡った形跡は認められない。したがって、少納言局は式部省もしくは勘解由使から報告を受ける必要がある。結論から先に述べると、式部省が報告したと考える。

ここで再び(c)(d)をみてみたい。一見すると、この宣旨を奉じた外記がその旨を少納言に伝え、直ちに任符の請印が実施されたかのようである。だが実際には若干違っていたと思われる。請印に先だって式部省に報告されたと考えられる。(c)(d)に類似した次の『類聚符宣抄』延喜十四年（九一四）五月七日宣旨に着目したい。

(e)
刑部少録真髪部良助元越前権少目　　河内守脩平王元山城守
甲斐守藤原朝臣貞淵元上総介　　美濃守源朝臣悦元大宰大弐
出雲守凡河内宿禰弘恒元大隅守
右大納言藤原卿宣、件等人、不レ向二任国一。宜レ莫レ責二本任放還一者。
延喜十四年五月七日　　大外記阿刀宿禰春正奉

赴任しなかったことを理由に、本任放還を責める必要がないとする宣旨である。この種の宣旨は『類聚符宣抄』第八任符で「免本任放還事」として一括収録されており、以下「免本任放還宣旨」と呼びたい。次の『類聚符宣抄』所載の一連の史料から、免本任放還宣旨は式部省に下されたことがわかる。

(f)大蔵少丞清原常松謹言
請レ被下免二本任放還一之宣旨下中式部省上状
右常松去二月十四日、任二掃部允一。而沈二重病一、未レ向二任官一之間、去四月廿八日、遷二任大蔵少丞一。望請、宣旨下二式部省一、被レ免二件責一。今注二事状一、謹言。
延喜十一年五月十五日　　大蔵少丞清原常松

(g)大蔵少丞正六位上清原真人常松
右被二右大臣宣一偁、件人去二月十四日、任二掃部允一。而詔後依二身病一、未レ到二彼寮一之間、去四月廿八日、遷二任大蔵少丞一。宜下仰二式部省一、莫上令レ責二本任放還一者。
同年六月十三日　　大外記菅原利蔭奉

仰二式部少録安野逸群一了

(f)には「宣旨下二式部省一、被レ免二件責一」と明記されている。そのため、免本任放還に関する命令を右大臣から奉じた大外記菅原利蔭は、(g)末尾の注記にみるように、その旨を式部少録安野逸群に仰せている。つまり免本任放還宣旨は、外記が奉じた後、式部省に仰せられるものであった。

これは京官の事例であるが、国司の場合も、延喜二十年六月十九日の近江史生丸部安沢による「式部省、称レ不レ進二本任国解由一、未レ申二補任一」の非を訴えた解文を受けて、次のような免本任放還宣旨が出されており（『類聚符宣抄』第八）、同様であったと考えられる。

(h)右大臣宣、奉レ勅、宜下仰二式部省一、莫上レ令レ責二件安沢本任放還一者。

同年閏六月廿八日　大外記伴宿禰久永奉

このように免本任放還宣旨が外記を介して式部省に仰せられたのは、式部省が解由状の取得状況を掌握していたからにほかならない。免本任放還の仰せを奉じた外記は、式部省と連携しながら請印をおこなったのである。一方、不待本任放還宣旨は少納言局に請印を要請するもので、式部省には下されない。しかし、この宣旨も解由状が未取得の際に出されている以上、少納言局は請印時にその旨を式部省に報告したと考えられる。

以上のように、少納言局は式部省から任用者の解由状の取得状況の報告を受けていた。それは、A［式部省→弁官局→少納言局］の任符作成ルート、B［式部省→少納言局］の直接ルートが想定できる。

A［式部省→弁官局→少納言局］ルート

前節でみたとおり、式部省からの人事関係の資料を素材に、任符は作成された。それらの資料に解由状の取得状況も記されていたと想定するのが、本ルートである。

『延喜式』式部式上23条に「凡除目簿案一通、除目後五日内、加㆓勘合㆒、進㆓弁官㆒」とあるように、式部省は除目から五日以内に「除目簿案」に勘合を加え、弁官に進上することになっている。解由状の取得状況が勘合されたとすれば、弁官局もまた解由状の取得状況を把握したことになる。この場合、解由状の未取得者に対して弁官局がとる道は二つ考えられる。すなわち、任符の文面を作成するのをやめるか、任符の文面は作成した上で、解由状が未取得であることを少納言局に報告するかである。不待本任放還宣旨は外記の奉じたもので、少納言局に請印を要請する内容であった点を想起すれば、後者に従うべきである。

ただし、このように言い切る前に、次の『北山抄』巻六下宣旨事を検討しておく必要があろう。

受領不㆑待㆓本任放還㆒給㆓任符㆒事

下㆓弁官㆒、又仰㆓外記㆒。但旧例、先召㆓本司官人於蔵人所㆒、被㆑問㆓雑怠有無㆒、々㆓其怠㆒時宣下、云々。近例、不㆑仰㆓外記㆒、官副㆓宣旨㆒、作㆓上任符㆒、云々。

「下㆓弁官㆒、又仰㆓外記㆒」とあり、受領の不待本任放還宣旨は、外記に仰せられるほかに、弁官に下される場合もあったことがわかる。後者については、鎌倉時代末から南北朝時代の頃にかけてできた『伝宣草』からも裏づけられる。弁官に下された宣旨は任符の文面作成を指示したもので、請印とは無関係と考えざるを得ない。

しかし注意すべきは、「近例、不㆑仰㆓外記㆒、官副㆓宣旨㆒、作㆓上任符㆒」という注記である。この「近例」は『北山抄』が成立した十一世紀初頭頃の状況を述べたものとみられる。次の『類聚符宣抄』寛弘七年（一〇一〇）六月八日大江匡衡申文を傍証としてあげたい。

内給左大臣　右大弁給　左大史小槻宿禰奉親七月二日

依レ請。准二彦真例一、且造二上任符一。

請下殊蒙二天恩一因二准傍例一不レ待二本任放還一給二任符一赴中任国上状

右、匡衡去寛弘六年正月、任二尾張守一、十月廿八日着任。今年蒙二殊私之朝恩一、遷二任丹波守一。須三先勤二行前任交替之務一。而遷二任他国一之輩、不レ待二本任放還一、早赴二任所一、風跡多存。近則播磨守景舒、任二伊予守一、伊予守清延、任二播磨守一、各遷任之間、不レ待二放還一。又伴彦真、天暦六年正月、任二美濃守一、同八年五月、任二播磨守一。平貞盛、天禄三年正月、任二丹波守一、天延二年十一月、任二陸奥守一。是皆殊被レ下二宣旨一、不レ待二本任放還一、赴レ任者也。以往之例、不レ可二称計一。望請、殊蒙二天恩一。因二准前例一、被二裁許一、不レ待二本任放還一、将レ赴二任国一。匡衡誠惶誠恐謹言。

寛弘七年六月八日

これによると、次のような流れをたどった[20]。まず、「請下殊蒙二天恩一因二准傍例一不レ待二本任放還一給二任符一赴中任国上状」で始まる大江匡衡の申文が出される。この申文に「依レ請」という天皇裁可の外題が端に記され、それを蔵人は上卿の左大臣に下す（これが内給にあたる）。さらに上卿が右大弁に宣し、それを右大弁が伝宣し、左大史が奉じた。これこそ不待本任放還宣旨にほかならない。その実態は、申請者から提出された申文に「依レ請」の文言を加えたものであった[21]。本史料が「仰二弁官一」ではなく「下二弁官一」と表現するのも、天皇の裁下を受けた申文そのものが弁官に下され、これが不待本任放還宣旨として機能したからであろう[22]。

このように十一世紀初頭頃に不待本任放還宣旨は弁官に下されていたが[23]、それ以前はどうであったのか。『類聚符宣抄』第八任符には、三二例の不待本任放還宣旨[24]が収録されている。このうち、寛弘七年・長元五年（一〇三二）の二例は、申文に「依レ請」という天皇裁可を加えて（その一例が前掲の大江匡衡申文）、弁官に下されている。

一方、延喜十六年（九一六）から安和二年（九六九）までの三〇例は外記が奉じたものである。十世紀以前の事例は確認できないが、複雑な変遷は考えにくく、外記が奉じるのが一般的であったとみてよかろう。その後、十・十一世紀の交に弁官に下されるようになったのである。したがって、『北山抄』の記す「下二弁官一、又仰二外記一」とは、新方式とそれ以前の原則が併記されたものということになる。

以上を踏まえるならば、十世紀末以前においては、弁官局は式部省から解由状が未取得であることの報告を受けつつも[25]、その者の任符の文面は作成した上で、解由状未取得の旨を少納言局に知らせ、少納言局は任符の請印を停止する、という一連の流れを考えてよいであろう。

さらに、次の『類聚符宣抄』承和四年（八三七）七月二十七日宣旨の一節、特に傍線部に着目したい。

> 中納言藤原朝臣愛発宣、頃者、給二新国司一任符、多後二装束程一。不レ守二法制一之所レ致也。自レ今已後、弁官入二請印牒一之日、先具勘知、随レ問弁申、不レ可二遺漏一者。

任符請印要請の牒を弁官局は少納言局に送る決まりで（『延喜式』太政官式8条）、それが「請印牒」である。これを受けて少納言局は請印をするが、その際「先具勘知、随レ問弁申」ことになっていた。傍線部は「弁官局が請印牒を（少納言局に）送った日、（少納言局は）まず詳しく（請印牒および文面の書かれた任符を）調べ、（弁官に一問一答式で）質問して弁申させ、遺漏があってはならない」の意である[26]。この記載から、少納言局が弁官局に尋問した様子が読み取れる。少納言局が任符の文面を確認したことは確実で（前掲ⓐⓑ）、記載ミスなどを発見すれば弁官局に問い質したはずである。それに加えて、弁官局が知らせてきた解由状の取得状況について、もし不審な点があれば、やはり弁官局に対して尋問をおこなったと推測される。

B［式部省→少納言局］ルート

A［式部省→弁官局→少納言局］ルートとは別に、B［式部省→少納言局］ルートを想定する理由は二つある。

第一の理由。［式部省→弁官局→少納言局］ルートをたどって、解由状が未取得であると少納言局に伝えられると、少納言局は請印を停止する。その後、解由状が提出されれば、式部省は改めて少納言局に報告する必要がある。また、本項の最初に検討したとおり、外記が奉じる形で不待本任放還宣旨や免本任放還宣旨が下されると、少納言局が式部省と連携しながら請印をおこなっていた。第一節でみたように、弁官局を介さない［式部省→外記］ルートがあり、これらの場合にもそうした直接ルートがとられたと推定される。

第二の理由。請印時の「尋勘」（前掲『類聚符宣抄』延喜十八年十月二十一日宣旨）および「勘知」（同承和四年七月二十七日宣旨）が、それぞれ内実をともなうためには、弁官局から送られた資料だけでは不十分であり、別系統の資料との照合が不可欠となる。その資料が［式部省→外記］ルートで少納言局にもたらされた可能性がある。次の『延喜式』太政官式26条をみてみよう。

凡諸国史生・博士・医師籤符、外記勘二会補任帳一、明知二其補由一、然後請印。

国史生・国博士・国医師の籤符（任符）について、外記が「補任帳」を勘会し、その補任の状況を把握した上で請印するとある。この「補任帳」は、『延喜式』式部式上177条「凡諸国博士・医師補任解文幷補任帳、姓名之下、受業者注二各本業一」にみえるものと同じであろう[27]。

太政官式26条によれば、外記が補任帳を勘会したのは、国史生・国博士・国医師の「其補由」を知るためであった。それは国博士・国医師の受業・非業の確認も含んでいたとみられる。よって外記による補任帳の勘会とは、「補任解文」（『延喜式』式部式上177条）を素材に弁官局が作成した任符の内容が正しいかどうか、補任帳によって再確認する作業であったと考えられる。太政官式26条で併記された国史生についても、同様のことがいえる。交名から作成した任符の文面が補任帳の内容と合致しているか、再確認されたのである。第一節では、国史生らの補任に関わる二つの上申文書の流れを想定したが、ここにそれが裏づけられたといえよう。任符の文面作成および請印の二つの場面で独自に使用することが可能となり、外記の勘会も意味あるものとなったのである。

以上、国史生・国博士・国医師の任符を請印する際、［式部省→外記］ルートを通じて送られた資料を使用した可能性があることを指摘した。もっとも、補任帳に解由状の取得状況まで記載されていたかどうか詳らかではない。また国司四等官については、『続日本紀』大宝元年（七〇一）七月戊戌条の太政官処分に「凡選任之人、奏任以上者、以二名籍一送二太政官一、判任者、式部銓擬而送之」とあるように、式部省が銓擬・補任に直接関与することはないため、式部省から外記に対して、太政官式26条に記す補任帳のようなものが上申されたとは考えにくい。だが少なくとも、任符請印の際、［式部省→少納言局］ルートが意味をもったことは確実である。第一の理由と合わせて、任符請印の際に、少納言局が式部省に対して解由状の取得状況を問い質したとみてもよかろう。すなわち、任符請印時の「尋勘」「勘知」には、解由状に関する内容も含まれていたと考える。

本節では、少納言局による国司任符の請印について検討し、［式部省→弁官局→少納言局］と［式部省→少納言局］の二ルートを通じて、少納言局が請印の可否を判断するための諸資料を入手し、任符の文面に間違いがなく、任用者が解由状を得ていることを確認した上で、請印する仕組みがあったことを明らかにした。

こうして任符の請印が終わると、少納言局はその旨を弁官局に伝え（『延喜式』太政官式8条）、内印の押された任符は再び弁官局の手に渡る。そして、任符は弁官局から新任国司に渡された。前掲『類聚符宣抄』承和四年宣旨によれば、この一連の作業は「装束程」（新任国司が赴任するまでの身支度を整えるための準備期間）の間に、つまり仮寧令13条によれば近国は二〇日以内、中国は三〇日以内、遠国は四〇日以内にする原則であった（『延喜交替式』10条は遠国を六〇日以内とする）。そして、新任国司みずからが任符を携帯して任国に赴いたのである。

第三節　国司任符発給の意義

これまでの考察によって、国司任符を発給する際、少納言局は厳密に審査していたことが明らかになった。とりわけ、解由状未取得者の任符請印を停止した点は注目される。本節では、この点をもう少し掘り下げてみたい。

第二節で史料引用した『類聚符宣抄』延喜十八年（九一八）十月二十一日宣旨によると、「未レ得二解由一者、不レ可二叙用一」という原則にもかかわらず、六位以下は解由状の取得状況が知りがたいため、解由状未取得者を誤って叙用することがあったという。しかし、それは六位以下に限ったことであろうか。五位以上の場合、「事是分明、更無レ所レ疑」とあるので、解由状未取得者を誤って叙用することはなかったかもしれない。だが実態として、解由状未取得者の叙用は決して珍しくなかった。次の『西宮記』巻二除目に目を向けてみたい。

ⓧ延喜九年正月十一日、今年国々多闕、可レ任之者少数。因仰二勘解由使一、勘下申未レ得二解由一吏之中、無二自犯一有二所済一、或雖レ進二解由一、官勘返者勘否上。即令二公卿定申一、云々。前例、雖レ未レ得二解由一、有レ所レ勤者選任。況進二解由一者、雖レ被二返却一、勤済是明。於二任用一之、有二何妨一也。勘解由所二勘申一者六人之中、擢二長者四人一任之。以二前常陸介扶幹一、為二上野介一。前阿波守公廉、為二因幡守一。已上二人、未レ得二解由一。前上総守正基〔益〕、為二甲斐守一。前越後守顕相、為二但馬介一。已上二人、官返二解由一、云々。

ⓨ延喜十四年正月十二日、前石見守藤有秋、為二常陸介一。前但馬介藤顕相、為二讃岐権介一。有秋未レ得二解由一。顕相解由、未レ下二〔前〕所司一、兼以無下

可レ任二此二国一人上、殊抜任之。

これによって、闕国が多いときなどには、解由状の未取得ないし返却の場合であっても、その旨を把握した上で、特別に叙用していた点がわかる。しかも⒳にみるように、それは「前例」にもあった。同様のことは、『類聚符宣抄』第八所収の不待本任放還宣旨や免本任放還宣旨からも窺われ、以後も普遍的にみられた現象である。

このように五位以上・六位以下ともに、解由状が未取得などであっても叙用される場合があった。五位以上が解由状を取得できていない旨を認識してなされたのに対し、六位以下はそうではなかっただけの違いであろう。問題は、それが十世紀特有の現象かどうかである。増渕徹氏は、⒴割注の「殊抜任之」から臨時の措置とみなし、延喜十六年以降、不待本任放還宣旨が頻繁に出されている点から、解由状未取得者の叙用の通例化は延喜末年以降と判断し、それは藤原忠平の主導によるものと評価した[28]。森田悌氏もほぼ同様の見解を述べる[29]。

しかし翻って考えてみるに、解由状未取得者を新たな官に叙用しないという原則が適用できるのは、官職のない散位であった場合にほぼ限られるであろう。なぜならば、叙用の直前まで前官の職務に従事していた場合、前官の解由状を取得することは極めて困難となるからである。

それでは、五位以上は必ず散位から叙用したのかといえば、もちろんそうではない。『日本三代実録』の任官記事は、五位以上の官人の前官をも伝える点に特徴があるが（他の六国史では前官は通常記載されない）、散位を経ずに次の官に遷っていく者が少なくない。すなわち、九世紀後半以降、解由状未取得者と認識した上で叙用する場合があったのである。そして、次の『続日本紀』天平五年（七三三）四月辛丑条によって、このような事態はすでに八世紀前半からみられたことがわかる。

制、諸国司等、相代向レ京、或替人未レ到以前上道、或雖二交替訖一、不レ付二解由一。因レ茲、去天平三年、告二知朝集使等一已訖。然国司寛縦、不二肯遵行一。仍遷任之人、不レ得レ居レ官、無職之徒、不レ許レ直レ寮、空延二日月一、豈合二道理一。国宜下知レ状、交替之人、必付二解由一、申中送於官上。今日以後、永為二恒例一。

これは国司交替にあたり解由の制を励行したもので、[30]『延暦交替式』2条に式部省符として収録されている。傍線部によると、「遷任之人」(遷任国司)が(解由状を取得できなかったため)、新たな官に就任できないでいる。遷任国司は旧任国司のことで、再び国司など外官に任命された者、京官へ遷り替わる者に大別できる。前者に関していえば、新外官の任符が発給停止措置を受けたと考えられる。

そもそも、解由状未取得者を新たな官に叙用することは、官僚機構を運用する上からも避けがたい。仮に解由状未取得者を排除すれば、有資格者は本任放還された散位や官職未経験者にほぼ限定されるからである。

このように解由状未取得者の叙用は例外措置として片づけられない。もちろん、前掲『西宮記』にみるように、解由状未取得者の任用を可能なかぎり回避する意図があったことは事実である。それは、『日本三代実録』の任官記事に五位以上の国司が散位から叙用された事例が半数弱ある点からもわかり、五位以上の国司は解由状取得者を採用する方針であったことを暗示する。だが注意すべきは、五位以上の国司の大部分は守・介であり、受領国司となる割合が高い点である。任用国司より受領国司のほうが条件が厳しかったことは容易に想像できる。そうしたなかにあっても、一定数の解由状未取得者が任命された点にこそ目を向けるべきであろう。

ところで、増渕・森田両氏は、延喜十六年以降に頻繁に下された不待本任放還宣旨の存在をもって、藤原忠平政権下に積極的な解由状未取得者の任用があったとする。しかし、不待本任放還宣旨が解由状未取得者の任符の請印を特別に認めるものである以上、これが延暦十六年以前に確認できないからといって、解由状未取得者が叙用されなかったとは必ずしもいえない。先の考察を踏まえれば、時代を問わず、解由状未取得者を叙用することは一般的であったと考えるべきである。異なるのは、原則どおり解由状を提出するまで請印しないか、特別に不待本任放還宣旨を下して請印するか、という政策の違いだけであろう。この問題は第四節で改めて考えたい。

ここで注意すべきは、解由状未取得者を国司に叙用した場合であっても、不待本任放還宣旨ないし免本任放還宣旨を得ないかぎり、解由状を取得するまで任符が発給されなかった点である。その結果、解由状が取得できていないばかりに、一年以上も任符が発給されないこともあった（後掲『別聚符宣抄』天暦三年十一月十二日宣旨など）。

交替時に任符を必要不可欠とした新任国司にとって、任符の未取得は致命的であった。第九章でみたように、国司の交替日は任符の任国到着日であったため、国司給与の職分田や公廨稲は、その日を基準に支給される原則であったし、また受領の権限を象徴する印鎰も、任国到着時の任符奉行の儀を経て引き継ぐ決まりであったからである。したがって、任符を得られない新任国司は、国司に任命されていないのと実質的に大差なかった。

このように国司は任命されるだけでは不十分で、その後首尾よく任符を入手する必要があった。その際、少納言局による任符の請印が立ちはだかる。請印を経て任符を入手して初めて、その者は国司に正式に任官したといえる。[31] 前掲『類聚符宣抄』延喜十八年十月二十一日宣旨に「内官者、可レ執二申事由一」とあるように、内官（京官）は解由状が未取得であっても、その旨を取り次ぐだけで済んだのとは異なった。

上記の考察を踏まえるとき、次の『別聚符宣抄』天暦三年（九四九）十一月十二日宣旨は興味深い。

応下以二天暦元年一為中初任上事

右、遠江守従五位上平朝臣統理去九月十三日解状偁、以二去天慶九年二月七日一、拝二除当職一、須三彼年赴任、勤二仕国務一。而依二因幡国与不未定一、不レ給二籤符一、空送二一年一。爰統理、具注二事由一、頻以言上。然間、以二天暦元年二月十日一、不レ待二本任放還一、可レ給二籤符一宣旨、被レ下二所司一也。然則、拝除之年徒暮、不レ能レ向二任国。適給二鐖符一之後、同年五月着任。望請、殊蒙二天裁一、依二鐖符一、被二計歴一、将レ遂二四年任一者。右少弁源朝臣俊伝宣、右大臣宣、奉レ勅、宜下以二天暦元年一、為中初任上者。

天暦三年十一月十二日　　左大史海宿禰業恒奉

平統理は天慶九年（九四六）二月に遠江守に任命されたが、因幡国司時代の解由状が未取得であったため、任符（鐖符）が支給されず赴任できないでいた。ようやく一年後の天暦元年二月に不待本任放還宣旨が所司に下され、同年五月に着任するにいたった。遠江守に任命されてから相当な時間が経過したこともあって、統理は任符発給日を基準に四年任期の計歴を願い出て、天暦元年を初任とすることが認められている。

ここで興味深いのは、初任年について、遠江守に任命された天慶九年となるべきところ、任符の発給された天暦元年とすることに成功した点である。先程、任符取得によって国司に正式に任官したといえると述べたが、この点を念頭に入れて初めて理解できる現象といえよう。

その意味で、『朝野群載』巻二十六諸国公文中に収められた解由状の書式は注目に値する。そこには「式解由」「式代解由」「已分解由」「会赦解由」の各書式が列挙されており、前三者では旧任国司の「任」「官符」「着任」「得替解任」の各年月日が記載されている（「会赦解由」では、旧任国司の「任」と「得替解任」のみの記載）。「任」は国司に任命された時点、「着任」は任国へ到着して国の政務を開始した時点、「得替解任」は国司を解任された時点を指す。いずれも旧任国司に関する基礎データで、それらと併記された「官符」も同様に考えられよう。「官符」は「任」と「着任」の間に挟まれており、任符を意味することは確実である。

任命年月日のみならず、任符発給の年月日までもが解由状に記載されたように、国司任命は仮任命にすぎず、任符発給によって正式に国司に任命されたということもできよう[32]。国司に任命された時点を第一の任官日とすれば、任符発給の時点は第二の任官日と呼ぶことも可能である。後者は前者に劣らぬほど重要であった。

以上のとおり、国司任符が発給されることは、国司に正式に任官したことを実質的に意味した。官僚機構を潤滑に動かすために解由状未取得者を任用することはあっても、任符請印の際に解由状を取得したかどうかを再確認し、未取得者の任符は発給しない仕組みが存在したのであった。こうしたシステムが存在したからこそ、解由制度を崩さない範囲で、官僚機構を効率的に運用することが可能になったのである。

第四節　国司任符発給原則の変容

1　免本任放還宣旨

これまでみてきたように、解由状を取得していない者の任符には請印しないのが原則であった。この原則に変更をもたらしたのが、不待本任放還宣旨および免本任放還宣旨である。本節では、両宣旨の検討を通じて、国司任符発給原則の変容過程について考えてみたい。まず本項では、免本任放還宣旨を取り上げる。

考察に先だって、二つの宣旨の違いを確認しておこう。不待本任放還宣旨は、前任の解由状の取得を待たずに任符の発給を認める宣旨である。これは解由状の提出時期の延長を認めるものにすぎず、前任中の雑怠は免除されなかった。たとえば、増渕徹氏の指摘した[33]藤原公葛の場合、延長八年（九三〇）六月二十日に不待本任放還宣旨が出されたが（『類聚符宣抄』第八）、延長九年四月二十五日に不与解由状の勘判を受けている（『政事要略』巻五十九）。これに対して免本任放還宣旨は、解由状の提出を免除する点が決定的に異なっている。

この免本任放還宣旨の法的根拠は、次の『延喜交替式』37条に求められよう。

凡遙任国司、不レ責二解由一。其到レ任之後、経二一二年一、乃身留レ京者、釐務之間、若有二欠損一、限内准二不与解由状一、臨時言上。

本条の成立時期を直接示す史料はないが、貞観年間（八五九～八七七）頃の可能性が高い。第一は木内基容子氏が明らかにしたように、当該期は遙授国司制の画期であることによる。[34] 第二は泉谷康夫氏が指摘するとおり、次の『続日本後紀』承和七年（八四〇）五月丁丑条によれば、貞観年間の前段階にあたる承和七年には、遙授国司も国務に関与しており、遷任・解任時には解由状を必要としたと考えられるからである。[35]

勅、内官之吏、無禄之人、夙夜服レ事、身乏二衣食一。因レ茲、或兼二牧宰一、猶直二本任一。或拝二外吏一、留二身京華一。皆将下潤以二俸料一、令上レ得二代耕一。而諸国皆忘二旧貫一、諸使便二附遙授人一。遂使下公文惑二於失錯一、貢物煩中於麁悪上。非二唯一身両営一、復失レ弁二成雑務一。宜レ下二知五畿内七道諸国一。

このように、『延喜交替式』37条の規定は貞観年間頃に成立したと考えられる。この時点ではすでに遙授国司は解由状を提出する必要がなくなっているので、解由状の提出を特別に免除する免本任放還宣旨の登場は貞観年間以前まで遡るであろう。おそらく、当初は遙授国司を中心に個別的に免本任放還宣旨が出されたと考えられる。やがて『延喜交替式』37条の規定が成立すると、遙授国司の場合、ほぼ無条件で解由状の提出が免除されるようになり、免本任放還宣旨が下されることは基本的になくなったと考えられる。

ここで免本任放還宣旨が出された理由をみてみよう。『類聚符宣抄』第八には、延喜十一年（九一一）から延長三年まで一〇例（一五名）の免本任放還宣旨が収録されており、うち三例を第二節で(e)(g)(h)として掲げた。(e)には「件等人、不レ向二任国一。宜レ莫レ責二本任放還一」とあり、任国に下向しなかったことが、(g)には「詔後依二身病一、未レ到二彼寮一之間、去四月廿八日、遷二任大蔵少丞一。宜下仰二式部省一、莫上令レ責二本任放還一」とあり、病のため着任しなかったことが、それぞれ理由としてあがる。(h)は特に理由を記さないが、次の丸部安沢解（『類聚符宣抄』第八）を受けて出されたもので、任国に下向しなかったことが理由とみて間違いない。

近江史生丸部安沢解　申請蔵人所裁事

請下被レ召二仰式部省一早令上レ申二補任一之状

右安沢、依二日次供御所労一、去延喜十二年、任二伊勢史生一。罷レ任之後、去年、被レ恤二任件国史生一。而式部省、称レ不レ進二本任国解由一、未レ申二補任一。謹検二案内一、安沢任二伊勢史生一之時、勤二奉供御一、不レ向二任国一。仍去延喜十二年二月廿一日、留京官符、下レ国先了。然則、遙任之人、何拘二解由一。望請所裁。被レ召二仰彼省一、早令レ申二補任一。仍録二事由一、謹請レ裁。謹解。

延喜廿年六月十九日　　近江史生丸部安沢

その他の免本任放還宣旨をみても、外官の場合は下向しなかったことが、京官の場合は病などのため業務に携わらなかったことが理由にあがる。これらは『延喜交替式』37条を根拠に拡大したものといえよう。

2　不待本任放還宣旨

つづいて、不待本任放還宣旨を検討する。それ自体ではないが、次の天応二年（七八二）二月五日左大臣宣（『類聚三代格』天長三年十月七日太政官符所引）の文中に出てくる「宣」は注目される。

去天応二年二月五日左大臣宣、諸司官人、兼二帯国司一、解二国司任一之後、百廿日内、不レ進二解由一者、不レ得レ預二釐務一。又未レ得二解由一人、任二諸司官一、有レ宣許二釐務一者、釐務之後、百廿日内、不レ進二解由一、宜二申送一之者。

前半部では、諸司官人（京官）で国司を兼帯する者が、国司解任後一二〇日以内に解由状を提出しない場合には、諸司の釐務に預かることができないとする。後半部では、解由状未取得者が諸司に任じられた場合、「宣」によって釐務に預かることを許されたが、その後一二〇日以内に解由状を提出しなければ「申し送る」とする。「申し送る」とは、この左大臣宣を引用した天長三年（八二六）太政官符の内容より、式部省から太政官に「応レ停二釐務一」の旨を上申することと考えられる。[36] すなわち、解由状を取得していない旧任国司は、「宣」によって京官に遷任できたとしても、解由状の提出が免除されたわけではなかったのである。

この「宣」は不待本任放還宣旨と極めて類似しており、両者の違いは発給対象のみといってよい。[37] すなわち、「宣」が京官に遷る者に出されたのに対し、不待本任放還宣旨は新任の外官に下された。第三節で史料引用した『続日本紀』天平五年（七三三）四月辛丑条によると、当該期は解由状未取得の遷任国司は新たな官の釐務に預かることができなかったが、天応二年になると京官に遷任する者であれば許されている。天応二年左大臣宣の重点は、天平宝字二年（七五八）に決まった一二〇日以内の交替原則（『続日本紀』同年九月丁丑条）の遵守にあり、文中に出てくる「宣」は天応二年以前から存在していたことであろう。

ただし、新任国司を対象とした不待本任放還宣旨が、すでに八世紀中葉に存在したかどうかは未詳である。しかし、不待本任放還宣旨の特例的な性格から考えて、その存在は否定できない。天応二年左大臣宣には「有レ宣許二釐務一」とあるが、新任国司に対しても個別に対応していたと推定される。

それでは、いつ個別対応はなくなるのか。その手がかりは、次の『延喜式』太政官式21・22条にある。

①凡自二京官一遷二任畿内一之輩、雖レ未レ進二本任解由一、且聴レ向レ国。近江・丹波准レ此。

②凡諸国一分已上、遷㆓任他国㆒、不㆑責㆓本任放還㆒、直遣㆓任所㆒。若過㆑限不㆑進㆓解由㆒者、所司申㆘応㆓解任㆒之状㆖。但為㆓官長㆒者、待㆓分付了㆒、進㆓解由㆒、乃給㆓籤符㆒。

まず①によれば、京官から畿内諸国および近江・丹波の国司に遷任する場合、解由状が未進であっても赴任することが可能であった[38]。これらが例外扱いとなったのは京官に準じたためで、天応二年左大臣宣の延長線に出された規定と考えられる。第九章で指摘したように、八世紀前半に畿内国司の任符が存在しなかった（『令集解』選叙令20条古記）ことを参考にすれば、天応二年左大臣宣で解由状提出以前の遷任が特例的に認められた〔国司→京官〕と同じように、〔国司→畿内国司〕も扱われたと推定できる。

大同四年（八〇九）、解由制度の適用範囲が京官一般にも拡大される（『類聚三代格』同年十一月十三日太政官符）。その際、〔京官→京官〕と〔京官→畿内国司〕についても、解由状の提出なしで直ちに遷任できたと考えられる。だが大同四年時点には、天応二年から二五年あまりしか経過しておらず、京官から畿内国司に解由状の提出なしに遷任するためには、天応二年左大臣宣のような個別許可を要した可能性が高い。①が一般規定となったのは、標注の「貞」から『貞観式』段階と考えられる。

つぎに②であるが、先に「官長」について一言しておく。「官長」は佐職に対置される用語で、介以下に対する守を意味する。一方「受領」は分付受領をおこなう国司を意味し、介以上が有資格者であった。よって「官長」と「受領」は完全に一致しない[39]。だが福井俊彦氏も述べるとおり、「官長」という用語は本来受領と一致すべきであるため、常に厳密に使用されているとは限らず、②の「官長」は受領とみてよかろう[40]。とするならば、②の「官長」以外の国司とは、任用国司ということになる。したがって、②前半部は、任用国司から他国の国司に遷任する際、本任放還以前に直ちに新任国に赴任できることを規定したものとなる。具体的には〔任用国司→

任用国司］と［任用国司→受領国司］の二つが想定できるが、後者は適用範囲外であった可能性がある。というのも、不待本任放還宣旨の実例をみると、［大宰大監→薩摩守］や［大宰監→壱岐守］のときに出された事例があり、逆に本来は本任放還後に遷任するのが原則であったとみられるからである。これらは前官が大宰府官人であるため特殊な面もあろうが、一般諸国の任用国司であっても、本任放還以前に受領国司に遷任することは難しかったように思われる（もっとも［任用国司→受領国司］の事例は少ないであろうが）。

そして、②についても「貞」の標注があり、『貞観式』において成立した可能性が高い。ただし、次の『延喜式』太政官式38条との関連については少し注意を要する。

凡諸国史生已上、解退之後、不レ待二解由与不一、身去二他処一、及遁避、不レ署二不与解由状一、科二公事稽留之罪一。其状直下二所司一、令二勘奏一、不レ許二申請一。若新司、不レ載二前司所執一、徒引二旬月一、致レ令二愁訴一、亦科二公事稽留之罪一、奪二其俸料一。諸司・諸寺准レ此。

「貞延」の標注があり、『貞観式』で規定された条文を、『延喜式』段階で改訂・増補したものとみられる。割注以外は、「造式所起請」にもとづく『類聚三代格』貞観十二年（八七〇）十二月二十五日太政官符と一致している。これが『貞観式』に所収されたことは確実で、[41] 割注が『延喜式』で増補されたと理解できよう。

太政官式38条では、旧任国司が（不与）解由状を取得して任地を離れるべきことを規定しており、これは②とは一見相入れない。だが太政官式38条に「解退之後」「身去二他処一、及遁避」とあることや、貞観十二年太政官符に「頃年、諸国司等、解替之後、不レ待二解由与不一、任レ意帰散」「或帰二向本郷一、無レ知二所在一」とあることなどから、太政官式38条にいう旧任国司とは、他の官に就かない解任国司とみるべきである。したがって、遷任国司について述べた②とは対象が異なり、両者は矛盾しない。

貞観年間（八五九〜八七七）には、解由制度の遵守政策（『延喜式』太政官式38条の原形）がとられたが、第1項でみたように、遙授国司の解由状提出を免除するという規定（『延喜交替式』37条）も成立している。②の成立時期を直接示す史料はないが(42)、標注に従って『貞観式』で規定されたと理解しても、特に問題はないであろう。

①②の規定が貞観年間頃に成立した結果、次の場合、本任放還を待たず任符が発給されることになった。

（あ）京官→畿内と近江・丹波の受領・任用国司

（い）任用国司→任用国司

元来は個別的に不待本任放還宣旨が下されていたであろうが、貞観年間以降、（あ）（い）の場合には無条件で任符が発給されることとなった。だが②に「若過レ限不レ進二解由一者、所司申下応二解任一之状上」とあるように、こうした場合であっても解由状の提出が免除されたわけではない。『延喜交替式』11条にもあるとおり、任用国司は六〇日、京官の場合は三〇日という交替期間内に解由状を取得する義務は残ったのである。

①②の規定、特に一般的規定である②の成立は、本任放還された上で任符の発給を受けるという従来の原則を大きく変えた。しかし、こうした流れのなかにあっても、②の後半部に「但為二官長一者、待二分付了一、進二解由一乃給二籤符一」とあるように、受領から他国の国司に遷任する際には、従来の原則を守り、解由状を提出した後に任符が発給される決まりであった。対象となるのは、［受領国司→受領国司］と［受領国司→任用国司］であろう（ただし、後者はあまり存在しなかったと思われる）。くわえて、先述の［任用国司→受領国司］のほかに、特別規定のない［京官→受領国司］［京官→任用国司］（①の場合は除く）と［散位→受領国司］［散位→任用国司］についても、従来どおりであったと考えられる。

以上から、新たに畿内諸国や近江・丹波の国司に任用された場合を除くと、①②が成立した結果、従来の原則が踏襲された可能性のあるものは、次のようにまとめられる。

（う）受領国司、任用国司、京官、散位→受領国司

（え）（受領国司、）京官、散位→任用国司

ここで『類聚符宣抄』第八所収の不待本任放還宣旨の実例をみると、全三〇例（三八名）中、一九例（三七名）までが（う）のタイプと推定できる。そのうち、前官を明記した一六例（二二名）はすべて散位ではない。一方、前官の明記されていない一三例（一五名）は、「散位→受領国司」のようにみえなくもないが、そうではあるまい。というのも、前官記載の有無に偏りがあるからである。すなわち、延喜十六年（九一六）七月五日の一例（前掲ⓒ）を除き、前官記載のあるものは天暦八年（九五四）以前に、記載のないものは天徳三年（九五九）以後に固まっている。しかし、後者の一二例（一四名）すべてが散位であったわけではない。天徳三年正月二十八日の宣旨を取り上げると、新たに近江守となった伴彦真の前官は記されていないが、実際には播磨守であったことが天暦八年六月四日宣旨から確かめられる。延喜十六年七月五日宣旨および天徳三年以後の宣旨において、前官を記さなかった理由は不明であるが、これらの場合も、前官は受領・任用国司もしくは京官であったとみてよかろう。散位から受領となる場合、不待本任放還宣旨が出されることは稀であったといえる。

このようにみてよいとすれば、不待本任放還宣旨の申請が可能か否かで、（う）は次の二つに分類できる。

（う①）申請可能…受領・任用国司、京官→受領国司

（う②）申請不可…散位→受領国司

この想定は、「因㆓准傍例㆒、不㆑待㆓本任放還㆒、給㆓籤符㆒、将㆑赴㆓任国㆒」ことを申請した長久五年（一〇四四）二月二十八日の阿波守高階成章の申文に対して、これを『朝野群載』巻二十二諸国雑事上に収録した三善為康によ

る注が傍証となる（43）。

今案、[a]在二本任一之人、待二其放還一、給二鑰符一、赴二任国一。[b]爰京官者、不レ給而不レ行。[c]仍所二申請一也。[d]但諸道博士、不レ預二官物一之類、非二責限一。[e]又无二本官一之人、不レ可二申請一。[f]式云、自二京官一遷二任畿内一之人、雖レ不レ進二本任解由一、向二任国一。近江・丹波等准之。[g]不二申請一鑰符之時、任符所、称二宣旨未レ下之由一、敢不二作上一之故也（44）。

[a][b]は、［国司→国司］と［京官→国司］の場合、本任放還され任符を得た上で赴任する、という基本原則を示す。また[c]は、[a][b]の者が解由状の未取得が原因で任符を得られない場合、不待本任放還宣旨を申請することを述べている。新たに受領となる者に関していえば、これは（う①）に対応しよう。一方、[e]の「无二本官一之人」は散位にほかならず、この場合には不待本任放還宣旨を申請できなかった。ここに（う）を二つに分類することの妥当性が確認される。前官が散位の場合に不待本任放還宣旨が下されなかったのは、散位である期間内に、前々官の解由状を取得すべきものと認識されたことによろう。

つぎに（え）の実例としては、安和元年（九六八）十一月十七日の播磨国権少掾藤原為時への不待本任放還宣旨が確認できるのみである。（え）は解由状取得が（う①）に比べて相対的に容易であったため、実例が少ないのであろう。なお（え）について、解由状未取得のまま遷任できた（い）に準じたとする見方もあろうが、第1項で史料引用した延喜二十年六月十九日丸部安沢解からみて当たらない。丸部安沢は延喜十九年に近江史生に任用されたが、同十二年から勤めた伊勢史生時代の解由状が未進との理由で、同二十年六月に任符を取得できずにいた。［任用国司→任用国司］の（い）タイプにみえなくもないが、そうではない。国史生の任期は四年であり、伊勢史生から近江史生に遷任する途中、蔵人の肩書きしかない期間があったとみるべきであろう。すなわち、本例は（え）のタイプに属す。解由状の取得後に任符を発給するという原則は残っていたのである。

（え）に関しても、不待本任放還宣旨が下されているが、先の『朝野群載』所載の注からみて、その前官が散位の場合には、（う②）と同様、下されなかった可能性が高い。なお、右の近江史生丸部安沢解は免本任放還宣旨を申請したもので、［散位→任用国司］のとき不待本任放還宣旨が出されたことを示す史料とはならない。

図　解由状取得義務者に対する任符発給

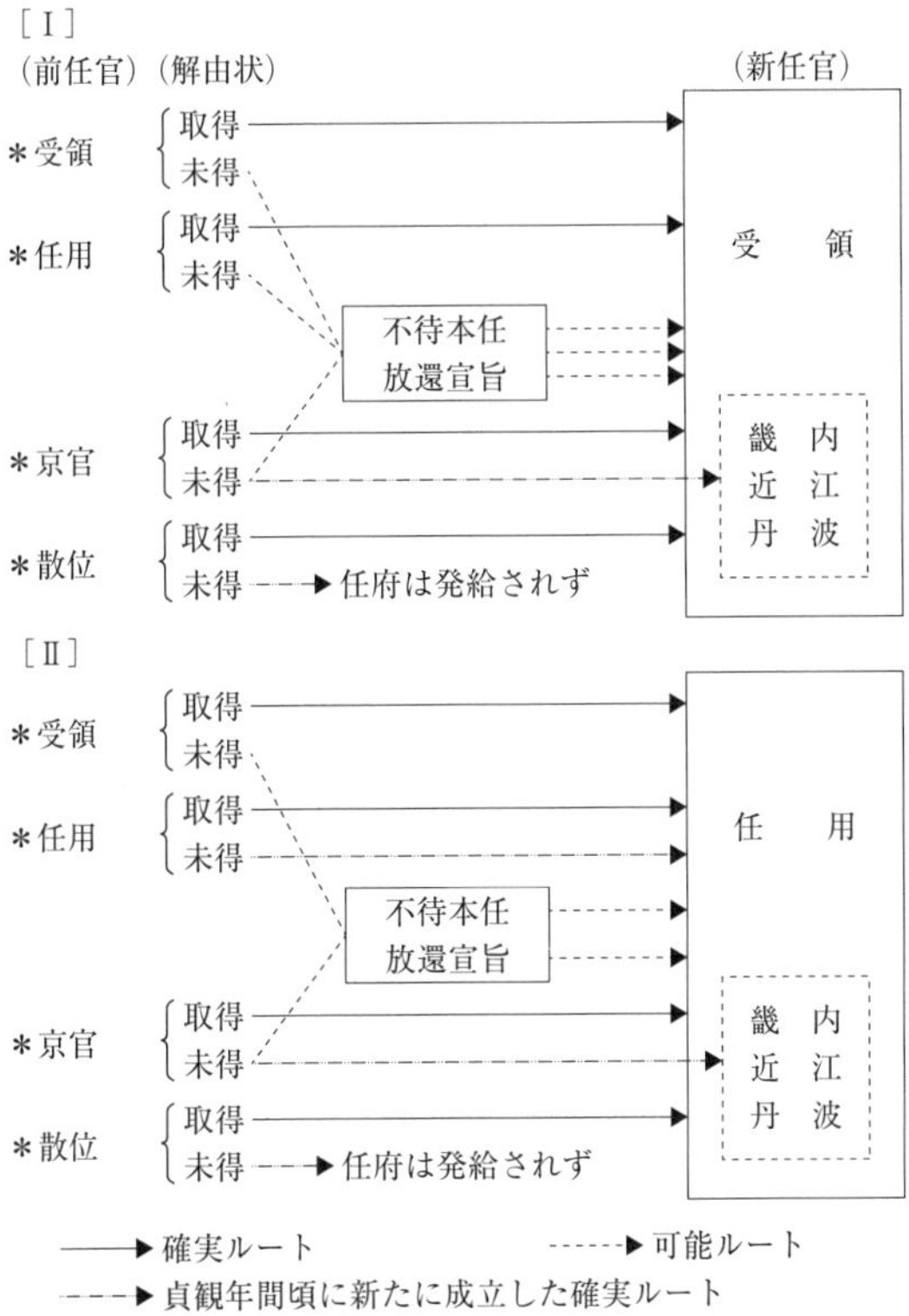

以上の考察を踏まえると、貞観年間頃に新たに登場した状況は、図のように整理できよう。これにみるように、受領国司と任用国司の間で、任符発給のあり方に相違が生じている。受領国司の場合、解由状を取得した上で任符の発給を受けるという従来の原則は概ね守られており、解由状未取得の際には、不待本任放還宣旨が下されないかぎり、任符の取得は不可能であった。一方、任用国司の場合、別の任用国司へ遷任する際には、任符を無条件で入手できるようになっている。もちろん、両者ともに本任放還が免除されなかった点では同じである（ただし、病気などを理由に

前官の業務に携わらなかったことが認められ、解由状の提出を免除する免本任放還宣旨が下された場合は別である）。

しかしながら、任用国司の場合、解由状取得以前に任符が発給される可能性が大きく広がったのに対し、受領国司の場合はそうならなかった、という相違は看過できない。こうした任符発給の二極分化は、九世紀後半以降に顕著になる受領国司への権限集中（任用国司の国政からの疎外）という動向[45]とも合致する。任国支配の要としての受領国司の重要性は、こうした任符発給のあり方からも窺われるのである。

ところが、新たに受領国司となる者に対しても、延喜十六年の事例を初見にして、不待本任放還宣旨が頻繁に下されるようになる。それは前例に準じる形で拡大の一途をたどった。第二節で取り上げた、大江匡衡申文に再度目を向けたい。そこには「遷二任他国一之輩、不レ待二本任放還一、早赴二任所一、風跡多存」「以往之例、不レ可二称計一」「因二准前例一、被二裁許一、不レ待二本任放還一、将レ赴二任国一」といった表現がみられ、前例に準じながら、不待本任放還宣旨が頻繁に下された様子が明瞭に看て取れる。その結果、本任放還の上で任符の発給を受けるという原則は、（う①）に関しても大きく崩れていった。そして、第二節でみたように、『北山抄』のような故実書において、不待本任放還宣旨が取り上げられるまでになる。

だが先述したとおり、不待本任放還宣旨が出されても、解由状の提出は免除されなかった。宣旨が下されるまで一年以上経過している事例もある（第三節引用の『別聚符宣抄』天暦三年十一月十二日宣旨など）。解由制度は形骸化しつつも、一定の規制が働いていたのである。このような場合、不待本任放還宣旨を申請する必要があったように、無条件に任符を取得できたわけではなかった。前掲『北山抄』に「旧例、先召二本司官人於蔵人所一、被レ問二雑怠有無一、々二其怠一時宣下」とあり、少なくとも十一世紀初頭以前には、不待本任放還宣旨を申請した者の雑怠の有無が蔵人所で問われ、雑怠がない場合にのみ宣旨が下されたのである。

おわりに

本章では、国司任符の発給の仕組みと、その意義について検討した。考察結果は次のようにまとめられる。

①国司任符は［式部省→弁官局→少納言局→弁官局］という流れを経て作成された。

②国司任符を発給する過程で一番重要であったのは、少納言局による請印である。［式部省→弁官局→少納言局］という任符作成ルート、ならびに［式部省→少納言局］ルートを通じて、少納言局は請印のための諸資料を入手し、それらを照合することによって、任符の文面や任用者の解由状の取得・未取得などの確認作業をおこなった。その結果、任符の文面に記載ミスがあったり、任用者の解由状未取得が判明した場合には、原則として任符の請印を停止し、任符は発給されないことになる。

③こうした任符発給原則のあり方は、官僚機構を潤滑に運用する必要性から、解由状未取得者を国司に叙用することがあっても、少納言局が任符請印を拒否することで、その者の赴任を停止させることにつながった。国司は任命されるだけでは不十分であり、その後、任符を首尾よく取得する必要があった。国司に任命された時点を第一の任官日とするならば、任符発給の時点は第二の任官日ということも可能である。

④貞観年間（八五九～八七七）頃を境に、②で述べた任符発給原則は大きく変容する。第一に、遙授国司の解由状提出が免除された。第二に、京官から畿内・近江・丹波の国司に遷任する際や、任用国司から任用国司に遷任する際には、解由状の取得以前に任符の発給を受けられるようになった（ただし、解由状の提出義務は免除されていない）。しかし、それ以外の場合、特に受領国司の場合には、従来の任符発給原則が一応守られてお

り、不待本任放還宣旨もしくは免本任放還宣旨が下されないかぎり、解由状未取得のまま任符が発給されることはなかった。こうした貞観年間以降における任符発給の二つのあり方は、任国支配の要として重要度を増した受領国司、それを減じた任用国司、という違いをよく示している。

註

（1）清水潔『類聚符宣抄の研究』（国書刊行会、一九八二年）。

（2）除目の手続きに関しては、早川庄八「八世紀の任官関係文書と任官儀について」（『日本古代官僚制の研究』岩波書店、一九八六年、初出一九八一年）三三八～三四二頁、玉井力「平安時代の除目について」（『平安時代の貴族と天皇』岩波書店、二〇〇〇年、初出一九八四年）、吉川真司「律令太政官制と合議制」（『律令官僚制の研究』塙書房、一九九八年、初出一九八八年）五七～五八頁、西本昌弘「八・九世紀の内裏任官儀と可任人歴名」（『日本古代儀礼成立史の研究』塙書房、一九九七年、初出一九九五年）三六四頁など参照。

（3）西本昌弘註(2)論文三六四頁。ただし、後世の事例ではあるが、治安四年（一〇二四）七月九日藤原家業申文（『朝野群載』巻二十二）によれば、「下名」をもとに任符を作成することもあった。西本論文三四四～三四六頁によると、下名とは任官儀式の前に任人を点検するための名簿である。本来は大間から公卿以外の任人全員の名前を列挙した文書で、人名は位階とカバネを記さなかったという。しかし、藤原家業申文には「下名誤注二従五位上一、仍不レ給二任符一」とあり、位階が記されている。黒板伸夫「除目」（『平安時代辞典　上』角川書店、一九九四年）によれば、「儀式書等において召名を下名と記載した例も見られる」とのことで、この「下名」も召名を指すとみてよかろう。

（4）任符所とは、任符の文面作成のために、弁官局の構成員を臨時的に編成した所と考えられる。『御堂関白記』長和元年（一〇一二）九月十六日条に「左大弁来、仰二任符所事一」とあるように、藤原道長が左大弁に任符所のことを仰せたのも、任符所は主に弁官局の人間から組織されていたためであろう。註(23)(44)も参照。

（5）同条の『令集解』穴記も式部判補とする。早川庄八「選任令・選叙令と郡領の「試練」」（註（2）著書所収、初出一九八四年）二三九頁は、「そもそも国博士・国医師は、養老選叙令27国博士条によれば、勅任・奏任・判任・式部判補という四区分の範疇外の、国司による現地採用の官であった」と述べる。しかし、奏任官の郡領や官判任の主政・主帳などを想起するまでもなく、現地採用の官も四区分の範疇に含まれる場合があり、本論文の見解には従えない。

（6）虎尾俊哉編『弘仁式貞観式逸文集成』（国書刊行会、一九九二年）三〇頁。

（7）橋本義則「「外記政」の成立」（『平安宮成立史の研究』塙書房、一九九五年、初出一九八一年）三〇九頁、吉川真司「律令官僚制の基本構造」（註（2）著書所収、初出一九八九年）三〇～三二頁など。ただし、古瀬奈津子「宮の構造と政務運営法」（『日本古代王権と儀式』吉川弘文館、一九九八年、初出一九八四年）一五四頁によれば、太政官に直申する際に外記を経る方式は、『類聚符宣抄』天長九年（八三二）十一月二十一日宣旨に「式部申レ政之時、承前之例、先経二外記一。而今省申云、本自無二此事一者。仍外記并省、所執申上。右大臣宣、宜下先経二外記一、然後令上申者」とあるように、平安時代初期には不安定な制度であったらしい。

（8）一方、同条の『令集解』穴記は奏任とする。こうした解釈の相違について、早川庄八註（5）論文二三八頁は、「穴記は、文学は相当位を有する内長上の官であるという理由で奏任と解し、義解は文学を家令と認定して判任とした」と推測する。仮に奏任の場合、『続日本紀』大宝元年（七〇一）七月戊戌条の太政官処分に「凡選任之人、奏任以上者、以二名籍一送二太政官一、判任者、式部銓擬而送之」とあるとおり（選叙令4条の『令集解』令釈も同内容）、式部省は銓擬に携わらず、ましてや補任には関与できず、『延喜式』太政官式2条に述べる事態と矛盾する。実態面からすれば、官判任と理解できよう。なお、『延喜式』式部式上249条は「凡考選目及位記請二外印一、補二任文学・家令一、銓二擬郡司一者、並直申二太政官一」と規定する。

（9）承和十四年（八四七）以降、鎮守府将軍の傔仗のみ兵部判補となった（『類聚三代格』同年閏三月二十五日太政官符）。

（10）太政官が人事に介入することもあったようである。たとえば、先に触れた国博士・国医師の部内からの任用に関して、『令義解』選叙令27条では「国司簡二択才術之可レ用者一、申二太政官一。即式部判補也」と注釈しており、太政官を経た上で式部省が補任することになっている。また、囚獄司の物部も、養老四年（七二〇）三月十日刑部省解に付された「官判」（『令集解』職員令32条古記所引）の一節に「若有二選人欠少一、応レ差二白丁一者、申レ官、使下仰二本貫一簡点上。身来之日、及附二式部一補任」とある。さらに『延喜式』式部式上138条にも、「凡大宰帥・大弐、幷陸奥出羽按察使、及守等傔仗者、申二太政官一補之」とみえる。なお、傔仗の補任に関しては、春名宏昭「傔仗小考」（『律令国家官制の研究』吉川弘文館、一九九七年）参照。

（11）たとえば、官判任の主政・主帳の場合、『続日本紀』和銅五年（七一二）四月丁巳条に「詔、先レ是、郡司主政・主帳者、国司便任、申二送名帳一、随而処分。事有二率法一。自レ今以後、宜下見二其正身一、准レ式試練上。然後補任、応レ請二官裁一」とあるように、式部省が試練して補任する決まりで、その後の太政官による裁定は追認という性格が強い。

（12）森田悌「太政官制と政務手続」（『日本古代律令法史の研究』文献出版、一九八六年、初出一九八二年）二一三〜二一七頁が明らかにしたように、広義の太政官は、［大臣（長官）―大納言（次官）―少納言（判官）―外記（主典）］で構成される本局と、［弁（判官）―史（主典）］で構成される別局の左右弁官局に分類できる。このうち本章では、本局のうち［少納言―外記］を「少納言局」と呼ぶ。

（13）少納言は「請二進鈴・印・伝符一」を職掌とした（職員令2条）。職員令3条に記す主鈴の職掌「出二納鈴印・伝符一」に関して、『令集解』古記が「少納言率二主鈴等一、請進也。即卿・輔等、請進時幷事緒相知耳」と注釈している点もあわせて、少納言は天皇に押印の許可を求める奏上をおこない、その後主鈴による内印の出納・踏印を監督したと考えられる。『延喜式』太政官式12条に「凡少納言所レ奏請印文、過二五十張一密奏」とある点や、同主鈴式1条に「凡下二諸国一公文、少納言奏二請印状一、訖主鈴印之」とある点なども参照。

（14）吉川真司「外印請印考」（註（2）著書所収、初出一九九六年）三一九〜三二〇頁。

（15）田島公「『周易抄』紙背文書と内案」（『日本歴史』六〇八、一九九九年）。

（16）「放還」については、増渕徹「『政事要略』所引「勘解由使勘判抄」詳解」（『史学論叢』一一、一九八五年）一三四〜一三五頁に詳しい。それによれば、「「勘判抄」の実例では直接解由発給の対象にない関係者の「放還」を命じている場合もあり、「放還」は解由の発給を直ちに意味するものでもな」く、「塡償対象者がその責任を全く果し終えたという確認手続の結果、交替関係の所執の一切から解放されたことを意味する」とのことである。

(17) 史料中には「六位」とあるにすぎないが、五位以上との対比から、六位以下とみてよかろう。もっとも、黒板伸夫「位階制変質の一側面」(『平安王朝の宮廷社会』吉川弘文館、一九九五年、初出一九八四年)が指摘するとおり、六位以下の下級官人に関して、九世紀末から十世紀初頭を境に、職事官の正六位上への集中傾向が現れ、十世紀後半以降、それ以外の位階はほとんどみえなくなる。この指摘を踏まえると、「六位」は六位に限定すべきかもしれないが、少数派とはいえ、当該期に七位以下が存在するのも事実であり、ここでは六位以下と広く捉えておく。
(18) 上横手雅敬「延喜・天暦期の天皇と貴族」(『歴史学研究』二二八、一九五九年)など参照。
(19) 天暦三年(九四九)以後は民部省にも解由状が提出されるようになる(『類聚符宣抄』同年六月十三日太政官符)。
(20) 早川庄八『宣旨試論』(岩波書店、一九九〇年)三七三〜三七四頁を参照した。
(21) 同様の例として、『小右記』万寿四年(一〇二七)二月十九日条に、
蔵人頭右大弁重尹下㆓給宣旨一枚㆒、大炊寮申左〔右カ〕弁官史生文、可㆑勘㆓闕并前例㆒。安芸国司宣明申、不㆑待㆓本任敢〔放〕還㆒給㆓任符㆒。依㆑請。即宣㆓下同弁㆒。

とみえる。佐々木恵介「『小右記』にみえる「勘宣旨」について」(山中裕編『摂関時代と古記録』吉川弘文館、一九九一年)も参照。
(22) 『類聚符宣抄』から知られる少納言局の奉じた不待本任放還宣旨の場合、(c)(d)のような形式であって、申文を利用したものではない。本史料が「下㆓外記㆒」ではなく、「仰㆓外記㆒」と表現したのも、この点に関係しよう。
(23) 第四節で史料引用する『朝野群載』の[g]部分に、解由状の未取得者が不待本任放還宣旨を申請しない際、「任符所」はその宣旨がいまだ下っていないことを理由に、任符を作成しないことを記す(註(44)参照)。任符所が弁官局から組織されていたとすれば(註(4))、『朝野群載』の編纂された十二世紀初頭頃にも、不待本任放還宣旨が弁官に下されたことになる。
(24) 和気兼済の場合、天慶八年(九四五)五月十六日・二十六日の二度、不待本任放還宣旨が下されたが、一例として数えた。
(25) 国司より上申された解由状は、弁官局が受理した上で式部省・勘解由使に下されるため(『延喜式』太政官式32条)、弁官局はすでにこの時点で解由状の取得状況を把握していたと考えられなくもない。だがが弁官局が受理するのは、その「受㆓付庶事㆒」(職員令2条)という職掌によるものであり、任符作成時に改めて式部省から報告を受けたと思われる。

(26) 傍線部全体の主語が弁官にみえるかもしれないが、この宣旨を奉じたのは外記であることから、それは当たらない。

(27) なお、『延喜式』式部式上177条の「補任帳」について、次の同146条の「補任帳」と同一とみる向きがあるかもしれない。

凡内外諸司主典已上、及諸国史生・博士・医師・陰陽師・弩師補任帳、毎レ年正月一日、七月一日、進二太政官一。但蔵人所料、六月・十二月廿日進。

若有二改官及歴名錯謬一者、以レ朱側注。（後略）

だが両者は名称こそ同じであるが、別物であろう。まず、177条の「補任帳」は外記が「其の補の由」を知るためのもので、任官後に使用するために作成された。これに対して146条の「補任帳」は、早川庄八註(2)論文三三七頁、玉井力註(2)論文二六九～二七〇頁などが述べるように、任官直前の正月一日と七月一日に太政官に提出されるもので、次回の任官の参考資料を整えることを目的とし、公式令84条の「任官簿」に該当する。このように両者は使用の目的・時点がまったく異なり、177条には国司四等官に関する「補任帳」の規定がない。以上から、146条と177条で「補任帳」の指す内容は違うと考える。

(28) 増渕徹「「勘解由使勘判抄」の基礎的考察」（『史学雑誌』九五―四、一九八六年）五四頁。

(29) 森田悌「藤原忠平政権の動向」（『解体期律令政治社会史の研究』国書刊行会、一九八二年、初出一九七八年）七九～八〇頁。なお本論文には、「本任放還ないし解由審査完了をまたない任用例」と題する不待本任放還宣旨を整理した表がある。

(30) 解由制度が京官一般に拡大されるのは、大同四年（八〇九）以降で（『類聚三代格』同年十一月十三日太政官符）、天平五年（七三三）時点では国司を中心とした外官のみを対象とした。

(31) ただし、『貞信公記』天慶三年（九四〇）四月十五日条に「有二内印一。右大将、蔵人真材将二来内案一、仰云、河内守任符、捺印之後、暫可レ令二官底一之事、仰二日上一」とあるように、任符に内印が押された場合でも、それが官底に留め置かれて、任符を取得できないこともあった。

(32) 『朝野群載』巻二十六所収の長保三年（一〇〇一）山城国申滅省解文でも、申請にあたった平維信の「任」「官符」「着任」の各日付が載せられている。

(33) 増渕徹註(28)論文五二～五四頁。

(34) 木内基容子「遥授国司制の成立について」（『古代・中世研究と資料』三、一九八八年）。

(35)泉谷康夫「任用国司について」(『日本中世社会成立史の研究』高科書店、一九九二年、初出一九七四年)九〇頁。

(36)福井俊彦『交替式の研究』(吉川弘文館、一九七八年)一二六頁、林陸朗「桓武朝前期の国司監察」(『桓武朝論』雄山閣出版、一九九四年、初出一九八二年)一二七〜一二八頁参照。一方、吉岡眞之「不与解由状と勘解由使」(『古代文献の基礎的研究』吉川弘文館、一九九四年、初出一九七八年)三〇一頁は、一二〇日以内に交替が完了しがたいとき、その旨を上申することを認めた天平宝字二年(七五八)制(『続日本紀』同年九月丁丑条、『延暦交替式』3条)との連続性から、一二〇日以内になお解由状を得られない旨を中央に上申することと理解する。だが天応二年(七八二)左大臣宣の後半部は、釐務に預かることの停止を規定した前半部との対応関係からも、それと同内容を規定したとみるのが自然であり、吉岡説には従えない。

(37)もっとも、この「宣」が単なる口頭命令か、宣旨のような文書かは不明である。だが早川庄八註(20)著書が定義するとおり、宣旨とは、口頭伝達の場で、上級者の命令を受けた者が、受けた命令をそのまま書き記した書類であり、両者間に大きな相違があるとは思われない。なお、森田悌「宣旨論」(『日本古代の政治と宗教』雄山閣出版、一九九七年、初出一九九〇年)のように、上級者による口頭の指示・命令、およびそれを書き記した書類を宣旨とする見解もある。

(38)寛仁三年(一〇一九)、和泉守に任命された大江挙周より不待本任放還宣旨の申請がなされ、それが下されようとしたが(『小右記』同年二月六日条)、この『延喜式』の規定に準拠して、宣旨が下されないことになった(同二月七日条)。

(39)北條秀樹「文書行政より見たる国司受領化」(『日本古代国家の地方支配』吉川弘文館、二〇〇〇年、初出一九七五年)註(64)。

(40)福井俊彦註(36)著書六二八〜六二九頁。

(41)早川万年「貞観式の編纂と造式所」(『延喜式研究』四、一九九〇年)参照。

(42)ただし『別聚符宣抄』延喜十年(九一〇)六月二十三日宣旨の次の記載は若干気になるところである(一部、新訂増補国史大系本の読みを変えた。第九章註(41)参照)。

国司秩満之後、依二籤符一遷替、明存二式文一。□□日、早不レ従レ事、空過二一秩一、不レ向二任所一。或得□□二三任、永居二本職一、多費二公俸一。是則、新除之人、□不レ向、本任之輩、待レ符之所レ致也。自レ今以後、秩満之人、除二受領一之外、宜レ給ニ停任符一。

新任国司がなかなか赴任しないことが原因で、旧任国司が遷替できないでいた。この状況を打開するために、今後は秩満年終時の任用国司に秩満年終時に「停任符」を下し、新任国司のもたらす任符の到着を待たず、直ちに遷替できるようにしている。解由状を作成するのが新任国司であるため、これは任用国司が解由状未取得のまま遷替できるようになったことを意味する。ただし、遷替には遷任のほかに解任の意味があること、史料中に「国司秩満之後」とあって任期満了者を想定していることから、本史料は解任国司を主たる対象としたもので、『延喜式』太政官式38条を緩めた法令と理解すべきであろう。

(43) ただし先述のとおり、「任用国司→任用国司」の場合には、本任放還以前に任符が発給されたと思われる。本来ならば、不待本任放還宣旨を申請する必要のない者として、[c]と[g]の間に書かれてよいものである。

(44) 本史料の[g]部分に関して、新訂増補国史大系本では「不レ申ニ請籤符一之時。任符所レ称。宣旨未レ下之由。敢不ニ作上一之故也」としている。福井俊彦註(36)著書六二四頁は、この返り点にもとづいて、「『朝野群載』は、本任の放還を待って、国司が支給の申請をしてくださるものを籤符、申請によらず、太政官がくだすものを任符というと解している」とする。その真意は十分につかめないが、本論文も同時に述べているように、籤符は任符の別称であり、両者を対比的に考える見方には賛成できない。これは新訂増補国史大系本の返り点が誤っており、本章のように改めるべきであろう。[g]は「(不待本任放還宣旨を)申請しなかった場合の籤符(任符)のときは、任符所が宣旨がいまだ下っていない由を述べて、あえて作成しないからである」と直訳できる。要するに[g]は、解由状未取得者が不待本任放還宣旨を申請する理由を述べており、[a]~[c](特に[c])を受けて書かれた文章と理解される。なお途中に挟まれた[d]~[f]は、不待本任放還宣旨の申請と無関係な項目を列挙しており、史料全体の構造のなかでは付属的な部分である。[d]は解由状提出の義務がないため、[f]は本任放還以前に任符が得られるため、いずれも本宣旨の申請をする必要のない者、一方[e]は本宣旨の申請の認められなかった者である。

(45) 原田重「国司連坐制の変質についての一考察」(『九州史学』一〇、一九五八年)、泉谷康夫「受領国司と任用国司」(註(35)著書所収、初出一九七四年)、北條秀樹註(39)論文など。

第十章　朝使派遣の構造と展開

はじめに

日本律令国家の地方支配は、国―郡―里制の枠組みを基本としつつも、中央から使者が随時派遣され、一定の役割を果たした。これらの使者は職務ごとに個別の名称があるが（巡察使、賑給使など）、総称としてはミコトモチの意味合いをもつ「朝使」がふさわしい。日本律令国家の地方支配の実像を明らかにするためには、国司・郡司や国雑任・郡雑任らの動向はもちろんのこと、朝使への目配りも必要になる。ところが、これまで朝使の個別研究は若干あるとはいえ、朝使全体を見渡したものは、渡部育子・有富純也両氏の論考があるにすぎない。

渡部氏は主に八世紀の遣使を取り上げ、国司の任務・権限との関わりから、(1)中央政府と国司との間の連絡、中央から国司への命令の伝達、中央政府のみが有する権限の行使などのための遣使、(2)国司を監察するための使や、本来は国司の任務であるものを中央から派遣される使が遂行するもの、の二類型に大別できるとした(1)。朝使の全体を見据えた貴重な研究であるが、簡単な考察にとどまり、九世紀以後の状況にもあまり触れていない。

一方、有富氏は「百姓撫育」という観点から、八・九世紀を中心に朝使の動向を検討し、八世紀には使者を派遣して百姓に撫育を直接施す政策をとっていたが、九世紀には主に国司が良吏として百姓に撫育を施すことを企図するようになると指摘した(2)。有富氏の論考は、本章のもとになった旧稿(3)の刊行直後に発表されたものであるが、旧稿と問題関心や結論に共通する点も少なくない。有富論考は旧稿の主張を補う意味でも貴重であるが、その中心的主題はあくまでも「百姓撫育」であり、考察の対象外となった問題も多く残されている。

このように、朝使の重要性に比して、その総合的な研究は極めて少ないのが実状である。そこで本章では、主として八・九世紀を対象に、国司との関係に特に留意しながら、朝使派遣制度の構造と展開を明らかにしたい。

なお、本章で取り上げる朝使は、派遣先で何か特定の業務をおこなう使者であり、文書伝達を主たる任務とした使者は含まない。符式を示した公式令13条や、駅使が路中で患って文書を目的地まで運べない場合の対処法を定めた公式令49条に関する『令集解』の議論をみると、A文書の送達を主たる任務とした使者、B派遣先で何か業務をおこなう使者、この二つは明確に区別されている(4)。本章で主に問題にするのはBの使者である。

第一節　朝使派遣の概要

1　天長二年五月十日太政官符の詔使と官使

まず本節では、朝使派遣制度の概要をおさえておきたい。考察の出発点として、次の『類聚三代格』天長二年（八二五）五月十日太政官符(5)に着目しよう。本章で繰り返し取り上げることになる重要史料である。

太政官符
　定㆓詔使・官使㆒事
右、頃年之間、為㆑推㆓民訴㆒、遣㆓使四方㆒、或国司等、対㆓捍使者㆒、不㆑承㆓勘問㆒、捍侮之辞、触㆑類多端。遂乃、使旨不レ展、徒然引帰。寃屈之民、累レ年懐レ愁、路次之駅、空疲二迎送一。稍尋二其由一、縁レ無二使威一。詔使臨レ界、豈如レ此乎。左大臣宣、奉　レ勅、度レ時立レ制、古今攸レ貴。宜下定二使色一、以粛中将来上。其巡察・覆囚・検税・交替・畿内校班田・問民苦幷訴等使、並准二詔使之例一。賑給・検損田・池溝・疫死等使、猶為二官使一。但遣レ使之旨、出二於　勅語一。即是等、所謂詔使而已。不レ可三更限二事之軽重一。

天長二年五月十日

朝使が国司による対捍などのため任務を果たせないのは、使者の権威がないことに起因するという判断のもと、次のように朝使を「詔使」と「官使」に区分することによって、事態の打開を図った太政官符である。

《詔使》巡察使、覆囚使、検税使、交替使、畿内校田使、畿内班田使、問民苦使、訴使

《官使》賑給使、検損田使、検池溝使、検疫死使

いうまでもなく、ここにあげられた朝使は、全体のごく一部にすぎない。しかし、一括して取り上げられているように、これらは朝使のなかでも代表的なものである。また、「或国司等、対二捍使者一、不レ承二勘問一。捍侮之辞、触レ類多端」の文言から示唆されるように、これらの朝使は国司の地方支配と対立する側面があり、日本律令国家の地方支配のあり方を考えていく上で格好の素材となる。

ここでは朝使を「詔使」と「官使」に分類するが、前者は律の用語でもある。名例律6条は八虐のひとつ大不敬として「対二捍詔使一、而無二人臣之礼一」をあげる。このほか、職制律32条に「対二捍詔使一、而無二人臣之礼一者絞」、賊盗律5条に「凡謀レ殺二詔使、若本主・本国守一、(中略)者、徒三年」とあるように、詔使への対捍・謀殺は重罪であった。このような詔使の権威を付与することによって、朝使の権威回復を図ったのである。

もっとも、官使に分類されてしまった朝使の場合、権威回復という点ではむしろ逆効果である。そこで、太政

官符の末尾に「但遣レ使之旨、出二於　勅語一。即是等、所謂詔使而已。不レ可三更限二事之軽重一」という但し書を付け、官使であっても勅語にもとづく派遣である以上、詔使に相当する旨を断ることを怠っていない[6]。

この天長二年五月十日太政官符は、日本律令国家の朝使に対する認識をよく窺わせてくれる。

まず、賑給使以下が一段低い官使とされたのは、国司の申請に応じて一国単位で派遣される覆検の使者であったことによろう。災害が激しかったとき、国司は太政官に被害状況を上申して、賑給や課役免除の実施を願い出ることになっていた（戸令45条、賦役令9条）。また、造営事業などをする場合にも、太政官の許可を得る必要があり（営繕令2条）、たとえば堤防修理のために五〇〇人以上を徴発するとき、上申することになっている（同16条）。これらの事案を国司が上申してくると、太政官はその可否を判断し（場合によっては天皇に奏聞する）、必要に応じて朝使を派遣することになる。こうして派遣された朝使が、賑給使以下の諸使であった。野尻忠氏が指摘するように、『類聚三代格』弘仁十年（八一九）五月二十一日太政官符に、「今諸国所レ申賑給、遣レ使覆検、与レ実既違」、「今諸国所レ申（官舎・堤防等―筆者註）支度、遣レ使覆検、多有二不実一」、「今或国解文、注二損万町一、遣レ使覆検、五・六千町」とあるように、国司の申請が適切かどうか（虚偽の報告がないかどうか）を現地で確かめること、つまり覆検に主眼のあった朝使である。天長二年太政官符では、賑給使には「検」字が冠せられていないが、実質的に「検賑給使」であったとみてよい[7]。

一方、巡察使・覆囚使・検税使・問民苦使は、第二節で取り上げるように、畿内・七道を単位として中央から主体的に派遣される朝使である。この点で、官使に分類された朝使とは異なっている。これに対して交替使・訴使（推問使）は、一国単位で派遣される点に関していえば、官使と共通する面がある。だが第四節でみるように、巡察使の派遣されなくなった九世紀初頭以降、交替使・訴使は受領国司を統制する上で重要な役割を果たすようになる。この点で、派遣が抑制されがちな官使とは一線を画す。そして、畿内の校田使・班田使の場合、国司に校田・班田を委ねる畿外諸国とは違って、畿内では中央主導で校田・班田をする必要があって派遣された(8)。このように詔使（狭義）として上位に分類された朝使は、それだけの理由があったのである。

2　詔使と勅使

前述のように、詔使は名例律6条・職制律32条・賊盗律5条に登場する。そこで特徴的なのは、詔使が対捍・謀殺の対象として現れる点である。律の罰則規定としての性格を考えると、当然のようにみえなくもない。しかし六国史に目を向けても、やはり同じことがいえる。六国史には九件の記事に「詔使」が一一回登場する。

(a)小錦下久努臣摩呂、坐レ対二捍**詔使**一、官位尽追（『日本書紀』天武四年四月丁亥条）

(b)太師藤原恵美朝臣押勝、逆謀頗泄。高野天皇、遣二少納言山村王一、収二中宮院鈴印一。押勝聞之、令二其男訓儒麻呂等、邀而奪一之。天皇遣二授刀少尉坂上苅田麻呂・将曹牡鹿嶋足等一、射而殺之。押勝又遣二中衛将監矢田部老一、被レ甲騎レ馬、且劫二**詔使**一。授刀紀船守、亦射殺之。（後略）（『続日本紀』天平宝字八年九月乙巳条）

(c)律師伝燈大法師位脩哲免。以下綱政不レ修、及対二**詔使**一無上レ礼也。（『類聚国史』大同二年九月戊子条）

(d)散位正四位上吉備朝臣泉卒。（中略）延暦初、出為二伊予守一、被二僚下告一。遣二**詔使**一勘問、辞渉二不敬一。有司執レ法、請レ寘二恒科一。（後略）（『日本後紀』弘仁五年閏七月壬午条）

(e)前讃岐守正五位下弘宗王・前日向守従五位下嗣岑王、散二禁右京職一。先レ此、讃岐国百姓等、訴二弘宗王一。仍遣二**詔使**一、推二問虚実一、伏弁已了。使等為レ囚、付レ国禁固。而弘宗王脱禁、逃亡入レ京。故今重禁。又嗣岑王、先被レ告レ将レ殺二**詔使**一、而窃輙入レ京。故亦禁固。（『日本文徳天皇実録』天安元年正月乙卯条）

(f)太政官論奏言、（中略）前日向守従五位下嗣岑王、謀㆓殺**詔使**正五位下田口朝臣房富等㆒。須㆔詳加㆓覆案㆒者也。（中略）嗣岑王依㆓先断㆒、官当免爵。（『日本三代実録』貞観元年十二月二十七日条）

(g)（前略）至㆑是、太政官下㆓符美濃国司㆒俾、河流利害、両国争論。彼此相持、歴代無㆑施。於㆑是、重遣㆓**詔使**㆒、与㆓両国司㆒、相共勘定。（後略）（『日本三代実録』貞観八年七月九日条）

(h)下㆓従四位下行信濃守橘朝臣良基於刑部省㆒、令㆑推㆓断其罪㆒。先㆑是、彼国百姓辛犬甘秋子、向㆑官愁訴、為㆑人被㆑行㆑火、焼㆓亡居宅㆒、幷焼㆓殺家人男女八人㆒。詔、遣㆓少監物正六位上布勢朝臣敏行㆒、推㆓問其事㆒。敏行還奏、守良基対捍、不㆑聴㆑勘㆑事。故縦㆓**詔使**所㆑禁之罪人㆒焉。（『日本三代実録』仁和元年十二月二十二日条）

(i)従四位下行信濃守橘朝臣良基卒。（中略）為㆓信濃守㆒之時、国人向㆑官愁訴、家口数人、為㆔仇家所㆓焼殺㆒。詔、遣㆑使推之。使還奏、良基対㆓捍　**詔使**㆒、幷故縦㆓　**詔使**所㆑禁之罪人㆒。勅、召㆓良基㆒、下㆓於刑官㆒。未㆑竟㆓推鞠㆒而卒。（後略）（『日本三代実録』仁和三年六月八日条）

これらの史料を一瞥して明らかなように、(e)前半部と(g)を除いて、刧びやかされたり、無礼な振る舞いをされたり、不敬にわたる辞を受けたりすることなどを含めて、詔使は対捍・謀殺の対象として現れている。

さて、律令条文では、①「詔使」に類する用語として、②「受㆑詔出㆑使」（職制律29条）、③「勅使」（軍防令22条）、④「奉㆑勅差使」（儀制令6条）、⑤「奉㆑勅出㆑使」（仮寧令10条）、⑥「受㆑勅出㆑使」（公式令79条）が存在する。これらは、律に登場し「詔」字をともなう①②と、令に登場し「勅」字をともなう③〜⑥に大別できる。

だが①②と③〜⑥の間に実質的な違いは認めがたい。というのも、①に関して、「詔使者、奉㆑勅定㆑名、及令㆓所司差遣㆒者是」（名例律6条疏）、「奉㆓詔勅㆒使人」（職制律32条疏）とあるように、「勅」を奉じて派遣される使者もまた「詔使」と呼ばれたからである。また、②を「受㆓詔勅㆒出㆑使」（職制律29条疏）、⑥を「受㆑勅出㆑使、謂、受レ詔出レ使亦同者」（『令集解』公式令79条朱説）と注釈するように、奉じた天皇の命令が「詔」「勅」のいずれの場合にも適用されるからである。

　このように律令条文に出てくる①〜⑥の語に特に大きな違いはない。ちなみに、前項でみた天長二年（八二五）五月十日太政官符においても、「勅語」によって派遣されながら「詔使」と呼ばれている。そこで、これら天皇の意志によって派遣された使者を総称して、便宜的に「奉勅の使者」と呼ぶことにしよう。

　まず令文をみると、奉勅の使者は、③〜⑥のほかに、征討大将の凱旋日に郊労のため派遣される使者（軍防令18条）、征討軍・防人の発遣時に宣勅・慰労をおこなう使者（同19条）、京官高位者などの死亡時に派遣される弔使（喪葬令3条）としても登場する。このうち、軍防令18条に出てくる大将についても、天皇から節刀を賜っているため、奉勅の使者といってよかろう。また、使人の挙哀を規定した仮寧令12条に関して、『令義解』は使人を「勅使・官使皆是也」と注釈しており、奉勅の使者が含まれていたことがわかる。

　つぎに、奉勅の使者の実例としては、六国史において、先にみた「詔使」のほかに、多くの「勅使」が登場する。六国史に出てくる勅使の用例を調べてみると、詔使とは対照的に、対捍・謀殺の対象として登場することは基本的にない。六国史における唯一の例外史料は、次の『続日本紀』延暦二年（七八三）正月乙酉条である。

　正四位上道嶋宿禰嶋足卒。（中略）八年、恵美訓儒麻呂之劫二**勅使**一也、嶋足与二将監坂上苅田麻呂一、奉レ詔疾馳、射而殺之。（後略）

　これは藤原仲麻呂の乱における鈴印（駅鈴・内印）争奪に関わる記事で、謀殺の対象として勅使が登場する。しかし、同じく仲麻呂の乱時の鈴印争奪記事である前掲(b)では、「勅使」ではなく「詔使」と表現されている。六国史に登場する勅使は、政変時の派遣[9]や内廷的関係にもとづく派遣[10]が目立つとはいえ、それのみに限定せず幅広い目的をもって派遣されていることがわかる。[11]

このように六国史において、奉勅の使者は、任務を無事遂行できた場合には「勅使」として、対捍・謀殺を被った場合には「詔使」として、記録されることが多かったといえそうである。律の規定や六国史の記事は、本来あってはならないこととして、詔使への対捍・謀殺について記載されたと理解できる。

以上を踏まえると、天長二年太政官符が「詔使」の語を選択したのも、国司による朝使への対捍という現状があり、それを防止する意図が込められていたと理解してよかろう。公式令1・2条は詔書・勅旨の様式を規定しており、前者のほうがより高次な命令内容とされるが、この点も加味された可能性がある。

なお、天長二年太政官符では朝使の「使威」がないことが問題視されているが、吉川聡氏が指摘するように、本官符は国司が朝使の命令に従わない現状を戒めたものである点に注意する必要がある。吉川氏が述べるように、朝使は本来「使威」によって国司を従わせるだけの権威・権力をもっていたとみられる。[12] 朝使の具体的な権限、とりわけ朝使と国司の関係が問題となるが、この点は第三節で考えてみたい。

3　朝使の人選・発遣・帰還

次の『延喜式』太政官式45条は、朝使の人選・発遣・帰還を包括的に規定している。

凡応㆔差㆑使遣㆓諸国㆒者、太政官先、以㆑状奏聞。大事臨時奉㆑勅定㆑名、中事大臣簡奏、少事令㆘弁官仰㆓式部㆒簡点㆖、省即録㆑名、直申㆓大臣㆒。訖即其文、入㆓太政官㆒、更写㆓一通㆒、入㆓弁官㆒発遣。其使廻日、応㆑申㆓務太政官㆒者、先以㆑状申㆓弁官㆒。即弁史等、率引就㆑座、先申㆓使政㆒、訖即退出。然後弁史、申㆑政如㆑常。

本条には「弘貞」の標注があり、『弘仁式』に対して『貞観式』で改訂・増補をおこなったものである。ここには、およそ以下のことが規定されている。

[i] 朝使の人選・発遣に先だって、太政官が天皇に状をもって奏聞する。

[ii] 朝使を選ぶ方法は、その任務の重要度によって異なる。

《大事》臨時に天皇の勅を奉じて名を定める。

《中事》大臣が選んで天皇に奏上し、天皇の許可を得る。

《小事》弁官が式部省に命じて選定させ、その名前を大臣に直接報告させる。これが終わると、式部省は選定した使者の名簿を太政官に入れ、別に一通の写しを作成して弁官に入れる。[13]

[iii] 選出された朝使は、弁官を経て諸国に発遣される。

[iv] 朝使が任務を終えて帰還すると、太政官に報告事項がある場合には、先に報告書を作成した上で、弁官に口頭報告する。弁官の弁・史はその朝使を引率して座につかせ、朝使に太政官へ直接報告させる。

まず[i]の措置は、朝使がいわば「天皇の代理人」として諸国に派遣されたことが関係しよう。そのため、何よりも先に天皇に報告する必要があったと考えられる。

つぎに[ii]では朝使が三区分されているが、このうち大事の際に派遣される朝使は、前項で述べた奉勅の使者が該当しよう。それでは、中事・小事の際に派遣される朝使はどうか。ここで着目したいのが、『令集解』公式令49条古記である。本条は駅使が路中で患って文書を目的地まで運べない場合の対処法を規定する。古記は、重服（父母の死にともなう服喪）の場合にも適用されるかどうかを問い、職制律34条疏などを引用しながら重服にも適用されると答える。ついで古記は、仮寧令10条を引用した後、次のように注釈する。

案、奉レ勅駅使、不レ可レ留也。挙哀訖、即事了、合二返命奏聞一。自余太政官以下使、可レ留二聞レ喪所一。賊盗律

謀レ殺二詔使一条注云、奉レ勅定レ名、及令二所司差遣一者、即此名為二奉勅使一。但太政官量定奏聞、依レ奏使者、不レ在二奉勅使之例一。

このうち「奉レ勅定レ名、及令二所司差遣一」は名例律6条疏の一部であり、「賊盗律謀レ殺二詔使一条」として引用するのは誤解にもとづく可能性がある。それはともあれ、ここでは「奉レ勅駅使」（「奉勅使」）と「太政官以下使」が明確に区別されている。このうち「太政官以下使」に関していえば、「太政官使」と「（太政官）以下使」の二つが含意されているように読み取れる。そして注目すべきは、太政官が量り定めて天皇に奏聞して決定された使者であっても、「奉勅使」には当たらないとする点である。(14) すなわち、「奉勅使」はあくまでも天皇が人選をする使者と考えられていた。『令集解』儀制令6条穴記或云も「奉レ勅差使者、律所レ解詔使也。官使非也」と注釈しており、「官使」（太政官使）は「奉レ勅差使」に該当しないという認識を示す。

以上を踏まえると、ii に即していえば、大事の朝使が奉勅の使者に、中事の朝使が「太政官使」（官使）に、小事の朝使が「以下使」に対応しよう。奉勅の使者は天皇が、「太政官使」（官使）は太政官が、「以下使」は式部省が、それぞれ人選をおこなった。こうした人選の主体によって、朝使の呼称も変わったのである。

ただし、これらが狭義の呼称であるとすれば、一方で広義の呼称もあった。第1項でも述べたが、天長二年（八二五）五月十日太政官符では、詔使を狭義と広義の二つの意味で使用していた。また、そこで官使に分類された賑給使については、『延喜式』太政官式49条に、

凡遣二賑給使一、奏二国解一訖、即仰二式部一。二日之内、進二擬レ使文一、同日弁官、修レ符請レ印、訖五日内、使者発去。若致二闕怠一者、尋レ情勘当。臨時緩急之使亦同。

とあるように、式部省が人選にあたった。つまり ii でいえば、賑給使は小事の朝使となる。よって賑給使は本

来「以下使」のはずであるが、天長二年太政官符では官使もしくは詔使（広義）とされている。このように、朝使を区分する呼称は相対的なものであった点にも注意しておく必要がある。

つづいて、[iii]に目を転じよう。弁官を経て発遣されることは、「少事令下弁官仰二式部一簡点上、省即録レ名、直申二大臣一。訖即其文、入二太政官一、更写二一通一、入二弁官一発遣」という一連の文章の末尾にみられる。また、『延喜式』太政官式47条に「凡遣二諸国一使、式部申レ官之後、若有二稽留一、弁官催発」とある。これらの規定をみると、弁官を経た上での発遣は小事の場合だけに思えなくもない。しかし[iii]は、公式令80条前半部の規定、

凡京官、以二公事一出レ使、皆由二太政官一発遣。所二経歴一処符移、弁官皆令二便送一。（後略）

に依拠した措置であり、その最初の「皆」字に明らかなように、大事・中事の場合にも適用されると理解すべきである。つまり、目的地ないし経由地に関わる文書があれば、それを弁官から受け取り、便使として伝達する役目も担ったのである（第五章）。

最後に[iv]について。吉川真司氏が整理したように、諸司・諸国が太政官に上申・報告して決裁を受ける際、弁官申政（引率型）・三省申政（直申型）の三形態があった。最も一般的な政務処理方法が弁官申政で、諸司・諸国の上申案件を弁官が先に受理・審議し、その後に弁官の史が諸司に代わって公卿（中納言以上）に読申した[15]。しかし朝使の帰還報告の場合には、吉川聡氏が注目しているように、朝使が弁官を介さずに、公卿聴政の場で直接申政した。つまり、三省申政（引率型）に類似する方法が採用されたのである。

さらに[iv]については、帰還報告は必ずしも文書を必要としない点も注意される。この点に着目した吉川聡氏は、「複雑な事項については朝使を派遣し、「使ノ威」を以て命令を実現させるのは、古くから存在した命令形態なのだろう。それは、命令を比較的確実に伝達・履行できる方法だと思われる」という重要な指摘をしている。

なお、iiiとivに関わることとして、儀制令6条に「凡文武官三位以上、仮使者、去皆奉辞。還皆奉見。其五位以上、奉レ勅差使者、辞見亦如之」とあるように、三位以上の使者および五位以上の奉勅の使者は、天皇に暇乞いと帰還の挨拶をする決まりである。また、公式令79条に「凡受レ勅出レ使、辞訖無レ故不レ得レ宿二於家一」とあるように、奉勅の使者は暇乞いの挨拶をした後、正当な理由なくして家に戻って宿泊してはならなかった。軍防令18条にも「凡大将出レ征、皆授二節刀一。辞訖、不レ得三反宿二於家一」とあり、出征する大将（将軍）は、天皇から節刀を授かって暇乞いの挨拶を終えると、いかなる理由があっても家に戻り宿泊してはならなかった。出征する大将に対してより厳しい条件が付けられているのは、天皇大権の象徴ともいうべき節刀を帯びていたからにほかならない。鈴木拓也氏は、将軍への節刀の授与と返却が内裏でおこなわれ、勅書・御服もあわせて与えられた点に着目し、持節将軍は勅使のなかでも特に天皇の権威を強く帯びており、単なる「天皇の代理人」にとどまらず、軍事権に限れば「天皇の分身」といってもよいことを指摘している[16]。

このように天皇に対面して暇乞いや帰還の挨拶をする朝使が存在したが、これに関連して受領罷申が想起されよう。これは、受領が赴任の由を奏し、天皇から部内を粛清し任国を復興させ、貢調・造宮に怠りがなければ賞進する旨の勅語と禄を賜るというものである[17]。その淵源は、天長元年の「其新除守・介、則特賜二引見一、勧二喩治方一、因加二賞物一」（『類聚三代格』同年八月二十日太政官符）とされる[18]。広い意味で国司の監察を担う朝使は、国司と同等以上の権威を獲得しておく必要があり、天皇への暇乞いにも意味があったと考えられる。

4　朝使の交通手段

本節の最後に、朝使の交通手段について簡単に触れておこう。令文で包括的に規定しているのは、次の公式令

48条である。

凡在京諸司、有レ事須レ乗二駅馬一者、皆本司申二太政官一奏給。

これは在京諸司が駅馬を利用する際の規定で、朝使の交通手段を示したものと考えられる。『令義解』は「謂、神祇官依二幣帛一、宮内省依二御贄一、乗レ駅之類是也」と注釈しており、神祇官幣帛使と宮内省御贄使を想定している。『令集解』の古記・令釈・穴記もやはり同じような理解を示す。もちろん、これらは例示であって、その他の朝使が駅馬に乗用することもあった。八世紀の実例をみると、幣帛使（同九年度但馬国正税帳）のほかに、検看諸社使（天平六年度出雲国計会帳）、造神宮使、巡察使（以上、同十年度周防国正税帳）、校田使（巡察使。天平神護二年十月二十一日越前国司解（大古5五五四～六一七頁））などの駅制利用が確かめられる。

さて、在京諸司が駅馬を利用するにあたっては、公式令48条後半部に明記するように、太政官に申請し、さらに天皇に奏状して許可を得る必要があった。職制律35条疏に「依二公式令一、在京有二機速事一、（中略）皆合レ遣レ駅」とあるように、「機速事」つまり緊急を要するか否かが、公式令48条における駅馬利用の基準となった。つまり朝使といっても、無制限に駅馬を利用できたわけではないのである。八世紀前半頃まで駅馬の使用はかなり制限されており[19]、むしろ朝使は伝馬使用がより一般的であったとみるべきであろう。

その意味で注目されるのが、「凡京官、以二公事一出レ使」で規定が始まる公式令80条に関して、『令集解』穴記私案が「上条、為レ駅遣也。此条、為レ伝遣等有レ用也」と注釈している点である。ここでは、上条＝公式令48条＝駅制利用、此条＝公式令80条＝伝制利用、という理解が示されている。公式令80条は朝使一般に関わる規定であるが、伝制を利用するものと理解されていたのである。

そもそも、駅使になるよりも伝使になるほうが多くの馬を使用できる（公式令42条）点でも有利であった。たとえば五位の朝使の場合、駅馬は五匹にすぎないが、伝馬であれば一〇匹を使用できた。また、朝使はその任務遂行のために国内の諸郡を巡行する機会も少なくない。伝制が延暦十一年（七九二）に一時的に停廃されるまで（『類聚三代格』延暦二十一年十二月太政官符所引延暦十一年六月七日勅書）、伝馬は基本的に全郡に配備されており、諸郡巡行用の交通手段と直接リンクしているという利点もあった。

このように朝使は駅制と並び伝制を使用する機会もそれなりに多かったが、その後駅制を利用する機会が増える。天平宝字元年（七五七）には「頃者、上下諸使、惣附二駅家一、於レ理不レ穏。亦苦二駅子一」と報告され（『続日本紀』同年五月乙卯条）、約半世紀後の弘仁三年（八一二）には「伝馬之設、唯送二新任之司一。自外無レ所二乗用一」といわれるまでになる（『日本後紀』同年五月乙丑条）。そして、弘仁九年に「長門国部内、不要駅家十一所、馬五十五疋。朝使無二往還之要一、公民有二守飼之費一」（『類聚国史』同年八月戊午条）とあり、天長二年五月十日太政官符にも「路次之駅、空疲二迎送一」とあるように、朝使の駅馬利用が常態化する。

中大輔氏は、伝制が新任国司迎送用の交通手段に縮小した背景として、八世紀後半以降の国府機構の充実を前提に、九世紀初頭頃から国内統治が国司に委ねられたことを受けて、かつて諸郡を巡行していた朝使の活動が、国司の監察など国府内における国司とのやりとりで完結するようになったことをあげている[20]。平安初期の状況は第四節で詳しく論じるが、首肯できる見解である。

本節では、朝使の分類と人選・発遣・帰還の手続きについて整理した。とりわけ、奉勅の使者については、文字どおり天皇の代理人として、さまざまな特殊性が看て取れた。もちろん、朝使の内実はさまざまであるが、天皇・朝廷の意向を帯びて諸国に派遣され、日本律令国家の地方支配の一端を担った点では共通している。

第二節　朝使派遣の構造——巡察使を中心に——

1　巡察使に関する令文

本節では、巡察使に焦点を当てながら、朝使派遣の構造を考えてみたい。巡察使については林陸朗氏の専論をはじめ複数の研究があり、[21]これらも適宜参照しながら検討をおこなう。まず、令文からみておこう。

1太政官（中略）巡察使。掌、巡二察諸国一。不二常置一。応二須巡察一、権於二内外官一、取二清正灼然者一充。巡察事条及使人数、臨時量定。（養老職員令2条）

2在京倉蔵、並令二弾正巡察一。在外倉庫、巡察使出日、即令二按行一。（養老倉庫令9条逸文）

1は太政官の構成員とその職掌を規定する。巡察使は太政官に属したが、常置の官ではなく、巡察する必要が生じたとき、内官（京官）・外官の清正灼然の者を充てた。その職掌は「巡二察諸国一」で、やや具体性に欠く。また、巡察の事条も使人の数も臨時に量り定めると規定するにすぎない。なお、『令集解』古記に「問、巡察使者、注権於二内外官一、未レ知、外官有レ限以不」とあることから、巡察使の規定は大宝令まで遡るとみてよい。

こうした巡察使の令文に規定された唯一の具体的な職掌が、2の「在外倉庫」の「按行」である。「在外」は「在京」と対比されており、畿内をも含めた諸国のことである。「倉庫」は「倉」（稲・穀・粟などを収めるクラ）と「庫」（兵器・文書・書籍・布帛・宝物などを収めるクラ）に分かれる。[22]「庫」は兵庫・公文庫・雑物庫に分類できるが、武井紀子氏が指摘するように、兵庫は主に軍防令に規定されるため、倉庫令規定の範疇外であった可能性が高い。[23]

つまり[2]の「庫」は公文庫・雑物庫に限定される。「按行」は「調べ歩く」の意である。よって[2]に記す巡察使の職掌のなかに、諸国正倉の検査、つまり検税があることは明らかである。

この点に着目してのことと思われるが、[2]にいう巡察使は検税使を指すと一般的に理解されている[24]。これは間違いではないが、巡察使は諸国に置かれた公文庫・雑物庫の収納物をも検査の対象にした点を見逃すべきではなかろう。なお、[2]の「庫」に兵庫は含まれないとしたが、霊亀元年（七一五）派遣の巡察使は器仗の校勘を職掌としている（『続日本紀』同年五月甲午条）。このときだけの特例かもしれないが、実態として兵庫も検査したことが知られる。ともあれ、巡察使が検税使以上の役割を担うべく期待されていたことは確実である。

[2]の前半部も少しみておこう。そこでは、京内の「倉蔵」を弾正台が巡察することを規定する。「倉蔵」の語は養老倉庫令5・6・11・12条逸文にも登場するが、唐の諸史料（唐倉庫令も含む）にはみえず、日本令作成者の造語であった[25]。武井氏によれば、「倉蔵」は「倉」と「蔵」（大蔵、内蔵）に分かれる。また雑物庫に関しては、「蔵」の条文が「庫」にも援用されたという。

さて、日本の倉庫令は欠失しており、[2]は弾正台に関する『令集解』職員令58条令釈の引用した逸文であった。これに対応する唐令も従来不明であったが、北宋天聖令の発見によって、次の条文であることが判明した。

[3]諸両京在蔵庫及倉、差㆓中郎将一人㆒専押。在外凡有㆓倉庫㆒之処、覆囚使及御史出日、即令㆓案行㆒。其貯掌蓋覆、不如法者、還日聞奏。（天聖倉庫令唐12条）

丸山裕美子氏が指摘するように、日本の倉庫令の[2]にも後半部の「其貯掌蓋覆、不如法者、還日聞奏」に相当する文言があった可能性がある[26]。ところが、前半部の規定は日唐間で多くの相違点がある。

第一は京内のクラの名称で、[2]が「倉蔵」であるのに対し、[3]では「蔵庫及倉」となっている。武井氏が述べるように、[3]の「蔵庫」は左蔵庫（東庫、西庫、朝堂庫、東都庫、東都朝堂庫）と西蔵庫（内庫、外庫、東都庫）を、「倉」は両京倉（長安の太倉、洛陽の含嘉倉）をそれぞれ指す。規模はまったく違うが、日本の「蔵」（大蔵、内蔵）に相当するクラである。[2]「倉蔵」と[3]「蔵庫及倉」は表現は違うが、同じような性格のクラとみてよい。

第二は京内のクラへの関与者である。[2]では弾正台が巡察するが、[3]では中郎将が専押する。武井氏が指摘するように、後者は左右監門衛に属した中郎将を指すとみられる。[3]に左右監門衛の中郎将が登場するのは、天聖倉庫令唐18条に「左右蔵庫及両京倉、出二一物以上一、所司具録二賜給雑物色目幷数・請人姓名一、署印送二監門一、勘同、判レ傍聴レ出」とあるように、左右蔵庫と両京倉からの出納の際に、倉院の門を警備した監門が勘検したことが関係しよう。

第三は在外倉庫の按行者で、[2]では巡察使であるのに対し、[3]では覆囚使と御史（監察御史）になっている。この点については、項を改めて詳しく検討してみたい。

2　覆囚使・御史から巡察使へ

なぜ日本令（前掲[2]）では、在外倉庫の按行者を、唐令（前掲[3]）のように覆囚使や御史（監察御史）とせずに、巡察使に改めたのであろうか。まず最も明確なのは、御史が削除された理由である。弾正台が在京の倉蔵を巡察することになった点とあわせてみておこう。

周知のとおり、日本の弾正台は唐の御史台をモデルにしたが、日唐間における官僚制や君主制の違いもあって、かなりの改変が加えられた。佐藤全敏氏の整理によると、唐の御史台は、長官（大夫）と通判官（中丞）の下に、三種類の判官（侍御史、殿中御史、監察御史）が置かれ、それぞれが台院・殿院・察院を構成した。侍御史が御史台の基本的な御史で、その政務を分担する機能をもった。一方、殿中御史は特に儀式の場における官人の立ち居振る舞いの糺察を担当し、監察御史は地方を含む広い領域を対象とする糺察を担当した。これに対して日本の弾正台は、三種類の判官を置かず、唐の侍御史・殿中御史の職掌を忠の職掌にまとめた。また、新たに巡察弾正を設けたが、その職掌は忠と共通するものであった。判官たちが使者として各方面に出向することも規定されなかった。弾正台に関する職員令58条の『令集解』諸説にみるように、その巡察範囲は宮城内と左右両京に限られたのである。[27] そのため、[2]では弾正台が在京倉蔵を巡察するように改変されたと考えられる。

問題は覆囚使である。天長二年（八二五）太政官符に登場するほか、日本の獄令でも次の三ヵ条で規定される。なお[5]は、母法の後掲[7]を参考に、従来「……分レ道巡二覆見囚一。事尽未レ断者……」とされてきた部分を改めた。

[4]凡犯レ罪、笞罪郡決之。杖罪以上、郡断定送レ国。覆審訖、徒・杖罪、及流応二決杖一、若応レ贖者、即決配徴贖。（本注略）刑部省及諸国、断二流以上、若除免・官当一者、皆連二写案一、申二太政官一。按覆、理尽申奏。即按覆、事有レ不レ尽、在外者、遣レ使就覆、在京者、更就レ省覆。（養老獄令2条）

[5]凡国断罪応二申覆一者、太政官量差二使人一。取下強明解二法律一者上、分レ道巡覆。見囚事尽未レ断者、催断即覆。々訖録申。若国司枉断、使人推覆無レ罪、国司欵伏、灼然合レ免者、任使判放。仍録レ状申。其使人、与二国執見一有レ別者、各以レ状申。若理状已尽、可二断決一、而使人不レ断、妄生二節目一、盤退者、国司以レ状録申レ官、附二使人考一。其徒罪、国断得二伏弁一、及贓状露験者、即役。不レ須レ待レ使。以外待レ使。其使人、仍摠按覆。々訖、同二国見一者、仍附レ国配役。（養老獄令3条）

[6]凡覆囚使人至日、先検二行獄囚・枷杻・鋪席、及疾病・粮餉之事一。有二不如法一者、亦以レ状申二附考一。（養老獄令4条）

　このうち「覆囚使（人）」の語が明記されているのは6である。覆囚使が諸国に到着した日に、最初に獄囚や獄の施設などを調査することを定める。ちなみに京内に関しては、養老獄令57条に「凡在京繋囚、及徒役之処、恒令二弾正月別巡行一。有二安置役使、不如法一者、随レ事糺弾」という規定があり、弾正台が巡行を担当した。

4と5は「使」「使人」と表記するにすぎないが、その内容から覆囚使とみてよいものである。この二ヵ条に記された覆囚使の職務を理解する前提として、地方における犯罪を念頭に、裁判制度の流れを確認しておこう[28]。

　まず、郡司がすべての犯罪の断罪（量刑）をおこない、笞罪に限っては刑を執行できた。つぎに、杖罪以上の獄案は郡司から国司に送られ、国司が覆審（審査）する。国司は杖罪・徒罪・贖銅の刑を執行できた。そして、流罪以上の獄案は国司から太政官に上申され、太政官が按覆（審査）して天皇に奏上する（以上、4）。流罪の執行は太政官が、死罪の執行は天皇が、それぞれ命令を下す（養老獄令5・13条）。

　この基本的流れに対して、中央から覆囚使が派遣される場合があった。まず4によると、太政官が諸国の断じた流以上・除免・官当を按覆して理が尽きていない場合、覆囚使が現地で覆審することになっていた。つぎに5によれば、太政官が法律に明るい者を覆囚使に選んで、道ごとに巡覆させることになっている。審査は終了したが断罪に及んでいない「見囚」（『令義解』によれば、徒罪以上の囚）がいれば、覆囚使は国司に断罪を促し、国司が断罪すると覆囚使が覆審をした。国司が徒罪の被告から伏弁（罪名の承伏書）を得ていない場合などには、国司は覆囚使の到着を待たずに徒罪を執行してはならなかった。覆囚使がすべて按覆し終わり、それが国司の所見と合致して初めて、国司は徒罪を執行できたのである。

　このように日本でも獄令で覆囚使の制度を取り入れている。それにもかかわらず、倉庫令ではわざわざ覆囚使を巡察使に改めたことになる。日本令の4～6はいずれも唐令を継受したものであるが、5は唐令との違いが大きく、ここに本問題を解くカギが隠されていると考える。[5]の母法となった唐獄官令を掲げたい。

[7]諸州断罪応二申覆一者、刑部毎レ年正月、共二吏部一相知、量取下歴任清勤、明識二法理一者上充レ使、将下過二中書・門下一、定訖奏聞、令中分レ道巡覆上。若応レ勾二会官物一者、量二加判官及典一。刑部録二囚姓名一、略注二犯状一、牒レ使知。嶺南使人、以二九月上旬一、馳駅発遣。見囚事尽未レ断者、催断即覆。覆訖、使牒与二州案一同封、申二牒刑部一。

（後略）（天聖獄官令唐1条）

[5]との間にいくつかの相違点があるが、次の二点が特に重要であろう。第一に「毎レ年正月」「以二九月上旬一」の語句に示されているように、唐の覆囚使は毎年定期的に派遣される点である。一方、日本令の[5]では、覆囚使は毎年派遣するとは明記されていない。第二に「若応レ勾二会官物一者、量二加判官及典一」とあるように、唐では官物を監察する場合もあった点である。[29]この規定にいたっては、[5]で完全に削除されている。すなわち、日本の覆囚使は地方司法行政の監察に主眼があったが、唐の覆囚使はそれに加えて、官物の監察についても期待され、しかも定期派遣されることになっていたのである。唐の覆囚使のほうが重要度が高いことは明らかである。

在外倉庫の按行者として、唐倉庫令では覆囚使が想定されているが、日本令でそうなっていないのは、こうした日唐間における覆囚使の性格の違いを反映するものといえよう。日本の覆囚使は地方司法行政の監察者にすぎなかったため、在外倉庫の按行者として適切ではないと判断されたのである。

ではなぜ、日本令では在外倉庫の按行者を巡察使としたのか。その理由は、唐の覆囚使がそうであったように、日本の巡察使は幅広い地方監察をすることが期待されたからであろう。日本では巡察使とは別に検税を専ら担う朝使として検税使が存在した。また、大宝三年（七〇三）に派遣された巡察使の職掌のひとつに「申二理冤枉一」があるように（後掲表9№10）、覆囚使のような役目を果たすこともあった。このように日本の巡察使は検税使や覆囚使の職掌を担いつつも、より幅広い役割を果たすことが期待されていたのである。

ここで注目したいのは、『唐六典』巻六刑部郎中員外郎の次の記載である。

使人至日、先検㆓行獄囚・枷鎖・鋪席、及疾病・糧餉之事㆒。有㆓不如法㆒者、皆以㆑状申。若巡察使・按察使・廉察使・採訪使、皆待㆓制命㆒而行、非㆑有㆑恒也。

このうち「皆以㆑状申」までの前半部は、日本令の6とほぼ同文であり、6と同じような内容の唐獄官令に依拠していると考えてよい。つまり、冒頭の「使人」は覆囚使を指し、前半はそれについて述べた記載となる。

それでは、「若巡察使」以下の後半部はどうであろうか。『唐令拾遺』は、「非㆑有㆑恒也」を除いて、6に対応する唐獄官令の一部とみた。しかし天聖獄官令宋4条の発見によって、後半部は唐獄官令に含まれず、『唐六典』編者の説明文である可能性が高まった[30]。この後半部の記載によると、巡察使・按察使・廉察使・採訪使（採訪処置使）は、いずれも皇帝の命を受けて臨時に派遣されるという。つまり、覆囚使のように毎年派遣されるわけではなかった。これは実際の派遣事例からも確実である[31]。しかし、巡察使以下の諸使は覆囚使と任務に類似する点があったため、『唐六典』で一連の文章としてまとめられたと考えられる。

とはいえ、唐令において、覆囚使を除く巡察使以下の諸使は、令文のなかに位置づけられることはなかった。これらはあくまでも臨時派遣使であったためであろう。たとえば3の条文がそうであったように、恒常的な覆囚使・御史が明文化されることになったのである。これに対して日本では、恒常的に地方に派遣される使者は存在しない。上記の唐の臨時派遣使には時期的な変遷があり、その初期段階に重要な役割を果たしていたのは巡察使であった。日本では、こうした唐の状況を踏まえ、巡察使を重視する形で令文を作成したと考えられる。

3　特別給付対象の諸使

ところで、覆囚使については、実は唐倉庫令の別の条文にも登場する。

[8]諸官人出レ使覆囚者、並典各給二時服一具一。春・夏遣者、給二春衣一、秋・冬去者、給二冬衣一。其出レ使二外蕃一、典及傔人、并随使・雑色人有二職掌一者、量レ経二一時以上一、亦準レ此。其雑色人辺州差者、不レ在二給限一。其尋常出レ使、過二一季一不レ還者、当処斟量、並典各給二時服一副一、並一年内、不レ得二再給一。去二本任一五百里内充レ使者、不レ在二給限一。

（天聖倉庫令唐21条）

使者へ時服などを特別給付することを定めた条文である。ここで想定されている使者は、①覆囚使、②外蕃への対外使節、③尋常の使者、の三つである。①②は③と区別されており、覆囚使が非尋常の重要な使者であったことを示す。唐の覆囚使は、国内に派遣される使者のなかでも、とりわけ重視されていたのである。

日本の倉庫令は散逸しており、確実なことを述べるのは難しいが、[8]相当条文はあったと推測される。[32]というのも、[8]と密接に関係する唐令として[9]があり、これに対応する日本令として[10]が存在するためである。

[9]諸官人縁レ使、及諸色行人、請賜訖停レ行者、並却納。已発五百里外者納レ半、一千里外者勿レ納。応レ納者、若已造二衣物一、仍聴二兼納一。其官人有二犯レ罪追還一者、但未レ達二前所一、賜物並復納。

（天聖雑令宋20条）

[10]凡官人等、因レ使得レ賜、使事停者、所レ賜之物、並不レ在二追限一。其有二犯レ罪追還一者、所レ賜物、並徴納。

（養老雑令16条）

[9]と[10]は、官人が使者として得た賜物について、使者の派遣が停止された場合の措置を定める。[9]は宋令であるが、唐雑令にも同様の条文があったと推測される。

まず⑨によると、唐では賜物は返納するのが原則であった。返納の基準として、五〇〇里・一〇〇〇里という数字が示されている。三上喜孝氏が指摘するように、⑧によれば、本務の任地から五〇〇里以下の場所に遣わされる場合には賜物が支給されないが、これは⑨の返納規定が五〇〇里以上に限られたことと対応している(33)。

つぎに⑩によると、日本では罪を犯して呼び戻されないかぎり、使者派遣が停止されても賜物を返納する必要はなかった。興味深いことに、日唐間で賜物の返納に関する考え方が正反対となっている。また、日本では派遣先までの距離は特に考慮されていない。

このように日本令に⑩が存在する以上、これに対応する使者への賜物を規定した倉庫令の条文があってもおかしくない。現に『延喜式』大蔵式をみると、畿内校田使・畿内班田使・征夷使・入唐大使・入渤海使・入新羅使の「諸使給法」がみえる（91〜96条）。また『延喜式』大神宮式にも、伊勢大神宮に派遣される神嘗幣帛使・祈年幣帛使・月次幣帛使（46条）や臨時幣帛使（47条）への「給禄」が定められている。これらは対外使節と国内派遣の朝使に大別できる。対外使節は海を渡る危険性もあり、特別給付がなされたのは理解しやすい。問題は畿内校田使以下の国内派遣朝使であるが、実は賜物以外にも特別待遇を受けていたことが知られる。

まず、畿内校田使・班田使に関しては、畿内の複雑に入り組んだ土地関係への対応が求められ、その職務はかなりの激務と認識されていたこともあって、一日あたりの食法もかなり優遇されている。

⑪凡畿内校・班田使食法、長官日稲七束三把、次官五束、判官三束、主典・算師各二束、史生一束五把、傔人一束（割注略）、従三把五分（割注略）。但造㆓公文㆒之間、准㆓国司巡行法㆒。（『延喜式』主税式上79条）

⑫凡諸使食法、官人日米二升、塩二勺、酒一升、番上日米二升、塩二勺、酒八合、傔従日米一升五合、塩一勺五撮。国司巡行食料准㆑此。（『延喜式』主税式上83条）

⑪は畿内校田使・班田使の食法を定めるが、⑫の一般朝使および部内巡行国司の食法と比較して破格に多い（ただし畿内校田使・班田使が公文を作成する期間は、部内巡行国司の食法と同額となる）。すなわち、⑪の稲を米に換算して示すと、畿内校田使・班田使に対して一日あたり支給される米は、長官が三斗六升五合、次官が二斗五升、判官が一斗五升、主典・算師が一斗、史生が七升五合、傔人が五升、従が一升五斗にも及ぶ。『弘仁式』主税式82条ではやや少なく、長官が稲五束四把（＝米二斗七升）、次官は稲四束四把（＝米二斗二升）であった（判官以下は『延喜式』と同量）。しかし、それでもかなりの優遇策といってよい。

つぎに征夷使については、第一節で触れたように、節刀が与えられ、「天皇の分身」とでもいうべき朝使であった。さらに伊勢大神宮へ向かう各種の幣帛使も、第三節でみるように、路次諸国を通過する際、通常の朝使よりも手厚い対応がとられた様子が窺える。

このように畿内校田使以下の朝使は特別待遇を受けていた。その一環として、対外使節とともに、特別に給禄されたと理解できよう。『延喜式』編纂以前には、その他の諸使への給禄があった可能性も皆無ではないが、それほどの広がりがあったとは考えにくい。それを示唆するのが、大蔵式の「諸使給法」のなかに記された六種類の使者である。このうち入唐大使・入渤海使・入新羅使（一括して「入諸蕃使」）への給法は、天平宝字年間（七五七～七六五）の末年頃に定められた規定をもとにしたと推定されている。(34) 残りの三種類の使者も入諸蕃使と一体的な規定である点を重視すれば、同時期に定められた可能性が高いであろう。(35) 残念ながら、大宝令制定（七〇一年）から天平宝字末年までの約六〇年間の変遷過程は不明であるが、あまり大きな変化は想定しにくい。

これらを踏まえて、⑧に対応する日本令の問題に戻りたい。唐倉庫令の⑧では、①覆囚使、②外蕃への対外使節、③尋常の使者、の三つが規定されていた。このうち②に関わる規定は、日本令にもあった可能性が高い。これに対して①③は、そのままの形で日本令に継受されることはなかったであろう。たとえば①は、日本令の[2]がそうであったように、「凡官人出レ使巡察者」に改変された可能性があるかもしれない。ただし、巡察使は『延喜式』において給禄の対象者として登場せず、不確実な推定にとどまる。また③については、少なくとも五〇〇里の規定は削除されたように思われる。日本の倉庫令が散逸していることもあって、[8]に対応する日本令の具体的な中身は、今後の検討に期すべき点が大きいが、覆囚使に関する規定は削除されたとみてよかろう。

以上、第2・3項の考察を通じて、日唐間で覆囚使に対する認識が違っており、そのため日本では倉庫令に大幅な改変を施す（少なくとも[2]については巡察使の規定に改める）必要があったことを指摘した。

本項の最後に、巡察使と弾正台の関係に少し触れておく。『令集解』職員令58条令釈をみると、弾正忠の「巡二察内外一」という職掌に対して、[2]倉庫令9条逸文を引用するとともに、その前後に「内外者、宮内為レ内、京裏為レ外也。其外国者、巡察使人巡察耳。故巡察使注云、巡二察諸国一」や、「賦役令云、在京有二大営造一、役二丁匠一之処、皆令二弾正巡行一。則知、在外有二大営造一、役二丁匠一之処、国司并巡察使巡行耳」といった注釈を付けている。すなわち巡察の対象範囲について、弾正台は京内、巡察使は諸国、という分掌関係が認められる。このことは、両者の職掌に類似点があったことを示す。日本の弾正台は、地方監察を任務とする監察御史の制度を取り入れなかったが、その代わりに巡察使を設けたとみることもできよう。巡察使に関する法制史料は極めて少ないが、弾正台の場合、一六一ヵ条にも及ぶ『延喜式』弾正式をはじめ、多くの史料が残されている。巡察使を考察するにあたり、弾正台関係史料を有効に活用する道を探る必要があり、以下でも少し試みてみたい。

ただし、恒常的な機関である弾正台と、臨時派遣の巡察使とでは、おのずと異なる点もある。日本では唐の監察御史の制度を直接摂取しなかった点からみても、巡察使独自の役割があったことはいうまでもない。非違の糺弾に重点の置かれた弾正台に比べて、巡察使はより幅広い役割が期待されたと考えられる。項を改めよう。

4　実例からみた巡察使

巡察使の初見は『日本書紀』天武十四年（六八五）九月戊午条で、「巡二察国司・郡司及百姓之消息一」を目的に、北陸道以外の六道に派遣されている。表9はこれを上限として、奉幣使・大祓使・大神宝使を除く、全国一斉派遣型朝使の実例を掲げたものである（実際には派遣されなかった№42、派遣されたかどうか不明の№46・47も便宜的に含めた）。以下、該当する朝使とその関係史料は、本表の番号をもって示す。

表9から明らかなように、全国一斉派遣型朝使の多くを巡察使が占めており、史料上に明記されていないが、少なくとも№1・18はその派遣目的から巡察使とみてよい（網掛け部）。これらをもとに巡察使の職掌を調べたところ、(A)国司・郡司の監察、(B)民政への積極的な関与、(C)重要政策の推進、の三点にまとめられる。

(A)国司・郡司の監察

(A)は、国司・郡司の治績を監察し、その賞罰・黜陟のための資料を提出する、というものである（№1・5・10・15・18・24・26・32・41・48・49など）。これまで巡察使の職掌として最も重視されてきたものである。

その注目すべき政策に、和銅五年（七一二）制がある（№15）。まず五月十六日に、国司が郡司・百姓の能不を評価するための基準が定められた。ついで翌十七日に、諸司主典以上および諸国朝集使に対して詔が発せられた。その内容は、(i)令に違う官人は律によって処罰すること、(ii)弾正台は毎月三回諸司を巡察し、非違を糺察すべきこと、(iii)公事によって入京する使者は、その任務に堪える者を充てるべきこと、(iv)巡察使を毎年派遣するので、

表9　全国一斉派遣型の朝使一覧（奉幣使・大祓使・大神宝使以外）

No.	年月日	朝使	派遣先	目的　▼結果	●補足事項　◆参考事項
1	天武十四年（六八五）九月十五日	使者	六道（北陸道以外）	国司・郡司・百姓の消息の巡察　▼国司の有功者九人に勤位	●道ごとに判官一人・史一人
2	持統六年（六九二）閏五月三日	使	郡国	郡国の循行、災害のため自存不能の者に稟貸、山林池沢での漁採	●『後漢書』和帝紀による潤色
3	持統八年（六九四）七月四日	巡察使	諸国		
4	文武二年（六九八）五月十六日	使	諸国	田疇の巡監	◆諸国旱により諸社へ奉幣（五月一日）
5	文武三年（六九九）十月二十七日	巡察使	諸国	非違の検察　▼国司らの治能に応じて進階・賜封（文武四年八月二十二日）	●文武三年三月二十七日に畿内、同十月二十七日に諸国（畿内・東山道以外か）、同四年二月二十二日に東山道に派遣
6	文武四年（七〇〇）十月	使		蘇の作成	●出典は右官史記（『政事要略』巻二十八）
7	文武四年（七〇〇）十一月二十一日	使	天下	盗賊の逐捕	
8	大宝元年（七〇一）八月八日	明法博士	六道（西海道以外）	新令の講説	◆親王・諸臣・百官人らに新令の講説（四月七日）
9	大宝元年（七〇一）九月九日	使	諸国	産業の巡省、百姓への賑恤	◆参河など一七ヵ国で蝗害・大風（八月二十一日）
10	大宝三年（七〇三）正月二日	巡察使	七道	政績の巡省、冤枉の申理　▼国司・郡司の治能に応じて、式部省による称挙、刑部省による推断（十一月十六日）	◆持統上皇崩御（大宝二年十二月二十二日）◆大宝律令施行後初となる巡察使の派遣 ●道ごとに録事一人（同三年正月二日）
11	慶雲二年（七〇五）四月五日	使	天下諸国	巡省	◆凶作を傷む詔（四月三日）
12	慶雲二年（七〇五）十月二十六日	使	五道（山陽道・西海道以外）	高年・老疾・鰥寡惸独への賑恤、調の半免	◆災異による大赦（八月十一日）
13	慶雲三年（七〇六）七月二十八日	使	六道（西海道以外）	賑恤	◆諸国飢（四月二十九日、河内など七ヵ国で賑恤）●西海道では大宰府が巡省の使者を派遣（七月二十八日）

14	和銅四年（七一一）閏六月十四日	挑文師	諸国	錦・綾の織成技術の教習 ▼伊勢など二一ヵ国に綾・錦を織成（和銅五年七月十五日）	
15	和銅五年（七一二）五月十七日	巡察使		国内の豊検・得失の検校、国司による官人の功過・行能・景迹の実録と巡察使の所見を勘会	◆国司・郡司・里長らの悪政を批判（五月十三日） ◆郡司・百姓の評価基準を明示（五月十六日） ●朝集使への詔として出される（巡察使の毎年派遣など）
16	和銅七年（七一四）二月十四日	使	七道諸国	囚徒の記録	
17	霊亀元年（七一五）五月一日	巡察使	天下	風俗の観省（五月一日）、器杖の校勘（五月十四日）	●朝集使への勅として出される（浮浪百姓への処置、過所への国印押印、国司・郡司の三等評価なども）
参	養老三年（七一九）七月十三日	按察使		国司の非違などの巡省、徒罪以下の断罪、流罪以上の奏上（以上、七月十三日）、義倉賑給（『令集解』賦役令9条所引養老三年按察使請事）、諸寺の巡省・併合（養老五年五月五日）、検税（天平二年度尾張国正税帳、同十年度駿河国正税帳）	●国司・百姓の善状・悪状の基準（『類聚三代格』養老三年七月十九日按察使訪察事条事） ●典の補任（七月十九日） ◆河内国・摂津国・山背国に摂官の任命（九月八日）
18	神亀四年（七二七）二月二十一日	使	七道諸国	国司の治迹勤怠の巡監 ▼上等・中等は進階、下等は選を破却、法を犯すことの甚だしかった国司一人を流罪、一人を除名（十二月二十日）	◆同日、諸司長官に官人の勤務態度を査定させる詔
19	天平三年（七三一）十一月二十二日	惣管・鎮撫使	畿内（惣管）、山陽道、山陰道、南海道（鎮撫使）	京・畿内兵馬の差発（惣管のみ）、不穏者の捜捕、盗賊などの断罪、国司・郡司らの治績の巡察、善悪があった際には即時奏聞、杖百以下の先決（以上、十一月二十八日）	●惣管に判吏二人・主事四人、鎮撫使に判官一人・典一人など ◆取り締まり対象は、天平二年九月二十九日詔（妖言惑衆の禁止など）と概ね合致
20	天平四年（七三二）八月十七日	節度使	東海・東山道、山陰道、西海道	兵器・牛馬の売与と移動の禁止（西海道以外）、軍団幕釜の塡備、兵士の令による差点、旧兵器の修理、百石以上の船の建造、糒・塩の準備、兵士の試練・賞賜など（以上、八月二十二日）	●道ごとに判官四人・主典四人・医師一人・陰陽師一人 ●天平六年度出雲国計会帳に多数の記載 ●節度使を停止し、その事を国司の主典以上に掌知させる（天平六年四月二十一日）
21	天平六年（七三四）四月十二日	使	畿内、七道諸国	地震被害にあった神社の検看	◆大地震（四月七日）

22	天平六年（七三四）	検税使	七道	検税	◆官稲混合（正月十八日）●天平九年度長門国正税帳・佐渡国正税帳に記載　●検税使算計法（『延暦交替式』24条）
23	天平九年（七三七）十一月三日	使	畿内、七道	神社の修造	●国分寺建立詔（天平十三年三月二十四日）に「前年、馳駅増飾天下神宮」と言及　●天平十年度周防国正税帳に記載
24	天平十年（七三八）十月二十五日	巡察使	七道諸国	国司の政迹・黎民の労逸の採訪（十月二十五日）、百姓の私愁を問知し奏上（天平十一年二月三十日）	◆朝集使を召し、国司に勤恪奉法を求める詔（天平七年閏十一月二十一日）◆災異のため租賦・出挙未納の免除（同九年八月十三日）●天平十年駿河国正税帳に記載
25	天平十四年（七四二）九月十七日	巡察使	七道諸国		◆国分寺建立詔（天平十三年三月二十四日）◆左右京・畿内班田使の任命（同十四年九月十七日）◆墾田永年私財法（同十五年五月二十七日）
26	天平十六年（七四四）九月十五日	巡察使	畿内、七道	国司・郡司の事条の検問（九月二十六日）、四考終ごとの訪察・奏聞、諸国政績の治不の検査（以上、九月二十七日）▼天平十六年田租の免除（天平十七年四月二十七日）	◆大仏発願詔（天平十五年十月十五日）●道ごとに判官一人・主典一人（同十六年九月十五日）●巡察使への勅（同九月二十六日）●卌二条（別勅）・口勅十三条（別勅）・口勅五条（別記）の頒下（同九月二十七日）
27	天平十八年（七四六）四月五日	鎮撫使	東海道、東山道、北陸・山陰道、山陽道、南海道	▼鎮撫使停止と同日に、兵士制の復活（十二月十日）	●同日に大宰帥も任命され、西海道鎮撫使を兼ねていた可能性（同年十二月十日条の停止記事に「七道鎮撫使」）
28	天平十九年（七四七）十一月七日	使		国司・国師とともに国分寺・国分尼寺の寺地の検定、造営状況の巡察	◆国分寺建立詔（天平十三年三月二十四日）
29	天平勝宝六年（七五四）十一月一日	巡察使	畿内、七道		◆田租・正税の利の確保、国司の私物輸送の禁止に関する勅（九月十五日）●道ごとに録事一人（十一月一日）
30	天平勝宝八歳（七五六）六月三日	使工	七道諸国	国分丈六仏像の催検	◆聖武の忌日までに仏像・仏殿を造り終えることを命じる勅（六月十日）
31	天平宝字二年（七五八）正月五日	問民苦使	京・畿内、七道	民苦の巡問、賑恤　▼老丁・耆老の年齢改定（七月三日）、民の疾苦二九件の採訪（九月三日）、毛野川改修（神護景雲二年八月十九日）	●東海・東山道は一人　●道ごとに録事一人（東海・東山道使は判官一人、録事一人）◆同日に橘奈良麻呂の変後の動揺を鎮める詔

32	天平宝字二年（七五八）十月二十五日	巡察使		国司の政迹の推検、民憂の慰問	●国司の新任期六年に応じて三年ごとの巡察使派遣を指示
33	天平宝字四年（七六〇）正月二十一日	巡察使	七道	民俗の観察、校田（以上、正月二十一日）、高年者らへの賑恤、国司とともに患苦を親問し賑給（以上、五月十九日）▼勘出田を全輸正丁に班給（十一月六日）、西海道諸国による毎年の武器製造（天平宝字五年七月二日）、国司に精勤を求める勅、美作介を免官処分（以上、同八月一日）	●巡察使による隠没田勘検の予告（天平宝字三年十二月四日）●道ごとに録事一人（同四年正月二十一日）●北陸道巡察使石上奥継は「校田朝使」「校田駅使」と呼ばれる（同四年九月十九日足羽郡司解、天平神護二年九月十九日足羽郡司解）
34	天平宝字五年（七六一）十一月十七日	節度使	東海道、南海道、西海道	船・兵士・子弟・水手の検定、五行の陳の調習、兵器の営造	◆大宰府に新羅征討のための行軍式の作成命令（天平宝字三年六月十八日）◆北陸道・山陰道・南海道の諸国に新羅征討用の船の建造命令（同九月十九日）●道ごとに副二人・判官四人・主典四人（同五年十一月十七日）●天平宝字七年八月十八日に山陽・南海両道節度使、同八年七月十七日に東海道節度使、同十一月十二日に西海道節度使を停止
35	天平神護元年（七六五）十一月五日	使	天下諸国	神社の修造	
36	天平神護二年（七六六）九月二十三日	巡察使	畿内、六道（西海道以外）	百姓疾苦の採訪、国司交替時の訴訟の判断、収穫状況の検査▼寺神封戸百姓を公戸百姓に準じさせる、春米運京者に粮を支給、下総・武蔵の五ヵ駅を中路に準じさせる、佐渡国分寺料稲に田租を割く、山陽道の郡伝廃止、長門国豊浦・厚狭郡の調を銅から綿にする、淡路国神本駅の廃止（以上、神護景雲二年三月一日）、左右京・五畿内の天平神護二年未納田租の免除（同三月十日）	◆恵美押勝の乱（天平宝字八年九月十一日）●西海道は大宰府が勘検（天平神護二年九月二十三日）●東山道巡察使淡海真人三船の懲罰（神護景雲元年六月五日）
37	宝亀三年（七七二）九月二十五日	使	六道（西海道以外）	覆損▼田租の免除（十一月十一日）	◆雨・大風（八月）●道ごとに判官一人・主典一人、西海道は大宰府が勘検（九月二十五日）
38	宝亀四年（七七三）三月十四日	使	七道諸国	当国穀穎の売却、飢民への賑給	◆常平制の施行（三月十四日）◆災異による大赦（四月十七日）

39	宝亀五年（七七四）九月七日	使	天下諸国	覆損	◆溝池の修造させる使の派遣（九月六日）◆畿内に陂池を修造（九月二十五日）
40	宝亀七年（七七六）正月十九日	検税使	七道、大和、河内・和泉、摂津・山背	検税	◆諸国公廨の四分の一を京官の俸禄に充てる（宝亀六年八月十九日）●宝亀七年正月十九日に七道検税使（道ごとに判官一人・主典一人）、同七月十五日に畿内検税使を任命　●検税使算計法（『延暦交替式』25条）
41	天応元年（七八一）六月一日	巡察使		貪残・状迹濁濫の国司の採訪	◆桓武天皇の即位（四月三日）◆員外官（郡司・軍毅は除く）の廃止、官人の勤務態度を正す（以上、六月一日）
42	延暦十四年（七九五）閏七月二日	巡察使	畿内、七道		●派遣停止（八月三十日）
43	延暦十八年（七九九）	問民苦使		政迹の採訪　▼国司・郡司・百姓の推訪（六月二十三日）、正倉修理者への公粮支給（『類聚三代格』弘仁二年九月二十四日太政官符所引延暦十九年十月三日太政官符）	●派遣時期は註（44）参照　●延暦十四年以前の国司の犯を宥す（延暦十八年十一月二十四日）
44	延暦十九年（八〇〇）五月十六日	勅使		訪問	◆同日、田租不三得七の励行を指示する勅
45	大同元年（八〇六）五月二十四日	観察使	六道	十六条例（延暦五年制）の遂行（六月十日）▼観察使奏上による二十六条の法令（笠井純一註（38）論文表Ⅲ参照）	◆平城天皇即位（五月十八日）●道ごとに判官一人・主典一人（六月二十四日）◆勘解由使の停止（閏六月十六日）●観察使印の廃止（大同三年六月二十八日）●観察使印の賜与（同二十七日）●停止（同五年六月二十四日）
46	大同元年（八〇六）六月一日	使	諸国	蓮池・栗林などの勘定	
47	弘仁二年（八一一）五月二十一日	使		魚酒禁制の督察	
48	天長元年（八二四）八月二十日	巡察使	畿内、七道	牧宰の治否を考ずる	●出典は『類聚三代格』巻七
49	天長二年（八二五）八月二十七日	巡察使	五畿内、七道	▼罪に陥る国・郡司多し（『類聚三代格』天長五年八月九日太政官符、その一例は『続日本後紀』承和三年四月丙戌条）	●辞見（十二月十九日）

【備考】基本的に「年月日」欄は派遣決定の日時を、「朝使」欄は史料用語をとった。巡察使（推定を含む）は網掛けをした。出典は特に断らないかぎり六国史。

国司はありのまま巡察使に申告すべきこと、(v)国司は官人の功過・行能・景迹を考状に記して式部省に申し送り、式部省はそれを巡察使の所見と勘会すべきことからなる。注目すべきは、次に掲げる(iv)と(v)である。

(iv)自レ今以後、毎レ年遣二巡察使一、検二校国内豊倹得失一。宜下使者至日、意存二公平一、直告莫上レ隠。若有二経レ問発覚一者、科断如レ前。(v)凡国司、毎レ年実二録官人等功過行能幷景迹一、皆附二考状一、申二送式部省一。々宜レ勘二会巡察所見一。

これは毎年、国司長官による国司・郡司の考課査定と巡察使の所見を勘会することによって、国司・郡司の治績を総合的に把握することを目指したものである。国司長官の考課査定を中央に報告する役割を果たしたのが朝集使であるので、この度の措置は朝集使の考課上申制に対する監察を強化したものといえる。[36] ちなみに、五月十六日に定められた基準は、国司が郡司・百姓を評価するためのもので、[37] 翌十七日に出された(v)の政策からみて、巡察使もこれに依拠して訪察したと理解してよかろう。[38]

巡察使の派遣頻度に関わるものとしては、天平宝字二年（七五八）制もあげられる（No.32）。国司の任期が四年から六年に延長されたのにともなって、「其毎レ至二三年一、遣二巡察使一、推二検政迹一、慰二問民憂一。待レ満二両廻一、随レ状黜陟」とあるように、国司の新任期六年に対応した三年ごとの巡察使派遣が決定された。これは、特に国司の治績に重点を置いた監察が、巡察使に期待されたことを物語っている。

巡察使の定期的派遣は必ずしも十分に守られなかったようであるが、和銅五年制は諸国から上京してきた朝集使の面前で詔として発せられた点に注意したい。こうした朝集使への詔としては、ⓐ霊亀元年（七一五）における浮浪百姓への措置、国郡司の三等評価、巡察使の派遣、過所への国印押印（No.17。詳しくは後述）、ⓑ天平三年（七三一）における解由制度の励行（『続日本紀』天平五年四月辛丑条）、ⓒ天平七年における国司への勤恪・奉法の要求（同閏十一月壬寅条）といった事例もあり、いずれも国司に精励を求めたものである。朝集使の面前で天皇の詔が発せられることの意味は大きく、[39]和銅五年における巡察使への期待度は高かったとみるべきであろう。

ところで、前述したように、日本令では巡察使は検税使の役目を果たすことも想定されていた。検税使については、全国に一斉派遣される場合と、国ごとに個別に派遣される場合がある。[40]前者に関しては、少なくとも次の二例が知られる。ひとつは天平六年の検税使である（№22）。亀田隆之氏が指摘するように、同年正月の官稲混合を背景にしたと考えられる。[41]もうひとつは宝亀七年（七七六）の検税使である（№40）。同じく亀田氏が推測するように、前年八月の京官俸禄制の改変（諸国公廨の四分の一を京官の俸禄に充てる）と関係しよう。[42]ともに派遣に際して、道ごとに「検税使算計法」が制定されている（『延暦交替式』24・25条）。国司は毎年正倉の状況を正税帳に記して上申し、民部省などの勘会を受けたが、それだけでは限界があるため、巡察使・検税使などの朝使を現地に随時派遣し、正倉の実状を調べさせたのである。

このような構造は検税以外の側面でも認められ、前述した国司・郡司の考課判定に関する和銅五年制もその一例である。また、天平二年五月六日格（『類聚三代格』大同二年正月二十日太政官符所引）に、

諸国所レ進桑漆等帳、或因二循旧案一、但改二年紀一、或虚作二増減一、与レ実不レ同。自レ今以後、厳加二捉搦一、依レ令殖満。毎レ年巡検、実録申之。如遣レ使勘会、与レ実不レ同者、国司必加二貶責一、郡司解二却現任一。自レ今以後、永為二恒例一。

とある「使」が巡察使を想定しているとすれば、桑漆帳なども巡察使を派遣して実物と照合させる意図があったことになる。さらに霊亀元年（七一五）にも、

詔曰、（中略）又五兵之用、自レ古尚矣。服レ強懐レ柔、咸因二武徳一。今六道諸国、営二造器仗一、不二甚牢固一。臨

レ事何用。自レ今以後、毎レ年貢レ様、巡察使出日、細為二校勘一焉。

とあるように、諸国器仗の質を高めるために、器仗の様（タメシ）を毎年貢進させ、巡察使を派遣した際に器仗の実物を調査させている（№17）。国司に帳簿類や様を毎年上申させて中央で勘会に臨むとともに、巡察使を現地に派遣して実物調査させるという仕組みは、先述の考課面からも確認でき、ある程度一般化できよう。

(B)民政への積極的な関与

(B)は、民苦の採訪・風俗の観省などをおこない、それを政策に反映させることによって、日本律令国家が民政に積極的に関与していることを示すものである（№1・15・17・24・26・32・33・36など）。天平十一年（七三九）二月に「若百姓、心懐二私愁一、欲二披陳一者、恣聴之。巡察使、宜二随レ事問知、具レ状録奏一」という勅が出ているように（№24）、百姓からの意見収集は巡察使の重要な職掌であった。

これが実際に実際に守られたことは、天平神護二年（七六六）に「採二訪百姓疾苦一」を目的のひとつに派遣された巡察使が、①「舂米諸国百姓申」を受けて、舂米運京者に給粮するように申請したこと、②「寺神封戸百姓款」を受けて、寺院・神社の封戸の百姓も公戸に準じる免税扱いとするように申請したことから明らかである（№36）。また、天平宝字四年（七六〇）に「観二察民俗一」を目的のひとつとした巡察使も、当時疫病が流行していたこともあって、国司とともに患苦を視問して賑給をおこなっている（№33）。

こうした巡察使による民苦の採訪は、帰還後の対応からも裏づけられる。天平十七年四月、前年に派遣された巡察使の上奏を受けて、「天下諸国去年田租」を免除している（№26）。また、神護景雲二年（七六八）三月には、一年半前に任命された巡察使からの言上を受けて、交通に関わる内容を中心に七つの政策が打ち出されているが、その大部分は民苦の除去を意図したものである（№36）。

このように巡察使が民苦の採訪を重要課題としたことは確実である。それを主たる目的とした朝使が、天平宝字二年の「慰㆓問民憂㆒」を任務とする問民苦使にほかならない（№31）[43]。同年七月三日、「両道百姓尽㆑頭言」を受けた東海東山道問民苦使の奏状によって、老丁・耆老の年齢改訂という「非常洪沢」を潤す政策が認可され、九月には西海道問民苦使の採訪した「民之疾苦廿九件」を大宰府に処分させている。また、問民苦使は延暦十八年（七九九）にも派遣されており[44]、翌年十月三日には「上総国諸郡百姓款」を受けた東海道問民苦使の解に応じて、正倉を修理する役民に対して公粮の支給を認める太政官符が出されている（№43）。問民苦使を派遣して百姓から民苦を直接尋ね、それを政策に反映させる意図があったことがわかる。

なお、百姓からの意見収集の方法については、弾正台による京内巡察の様子が参考になるかもしれない。

凡喚㆓左右京職㆒云、将㆘遣㆓忠以下㆒、検㆗京中非違・道橋及諸寺㆖。宜㆘厳仰㆓条令㆒、預定㆓便処㆒、会㆗集男女㆖。（中略）即忠以下、到㆓彼会所㆒問云、有㆘京職官人及坊令等、冤㆓枉百姓㆒、凌㆗侮長幼㆖耶。又有㆓孝子・順孫・義夫・節婦㆒以不。又有㆔悪女擾㆓乱閭巷㆒以不。（後略）　（『延喜式』弾正式117条）

これによると、弾正台は京職を召喚して、「これから忠以下を遣わし、京中の非違や道橋・諸寺について調査をおこなう。厳かに条令に命じて、あらかじめ適当な場所を定め、そこへ男女を会集させるようにせよ」と伝える。後日、弾正忠以下が赴き、会集した男女に対して、「京職官人・坊令らが百姓を冤枉し長幼を凌侮していないかどうか。孝子・順孫・義夫・節婦はいるかどうか。悪女が閭巷を擾乱していないかどうか」と問いかけるという。これと類似した意見収集を、巡察使らもおこなっていた可能性があるのではないか。

巡察使・問民苦使のほかにも、稟貸・山川藪沢での漁採の許可（№2）、田疇の巡監（№4）、産業の巡省（№9）、巡省（No.11）、賑恤・賑給（No.9・12・13・38）、地震災害を受けた神社の検看（No.21）、覆損（No.37・39）、穀頴の売り出し（No.38）などを目的に、全国一斉に朝使が派遣されており、民政への積極的な関与を示している。また、ある特定の国に個別派遣された朝使の事例をみても、災異に対応して派遣されることが少なくない。派遣に際しては、たとえば次の『続日本後紀』承和八年（八四一）七月癸酉条にみるように、天皇の意志によることが明示される場合があり、儒教的徳治主義の影響も色濃い。

詔曰、（中略）如レ聞、伊豆国地震為レ変、里落不レ完、人物損傷。（中略）故今殊発二中使一、就加二慰撫一。其人居散逸、生業陥失者、使等与二所在国吏一斟量、除二当年租調一、幷開レ倉賑救、助二修屋宇一。淪亡之徒、務従二葬埋一。夫化之所レ被、無レ隔二華夷一、恵之攸レ覃、必該二中外一。宜下不レ論二民夷一、普施二優恤一、詳暢二寛弘之愛一、副中朕推溝之懐上。

これは伊豆国の地震にともなう朝使の派遣事例である。仁明天皇は、勅使を派遣して慰撫を加え、公民・蝦夷を問わず賑恤を施すように指示をおこなっている。

(C)重要政策の推進

(C)は明確なものに限っても、天平宝字四年（七六〇）における校田（No.33）、天平神護二年（七六六）における国司交替時の訴訟判断と収穫損得の検査（No.36）があげられる。(45)

まず校田については、畿外諸国では国司が実施するのが基本であった。その意味で、天平宝字四年の巡察使が校田に携わったのは異例である。その派遣直前の天平宝字三年十二月には、

武蔵国隠没田九百町、備中国二百町、便仰二本道巡察使一勘検。自余諸道巡察使検レ田者、亦由レ此也。其使未

レ至二国界一、而予自首者免レ罪。

とあるように、隠没田を摘発するという警告を事前に発しており、校田に対する並々ならぬ決意が窺われる。武蔵国・備中国の隠没田は、先に派遣された巡察使（天平宝字二年派遣の問民苦使の可能性が高い）によって摘発されたもので、その報告を受けて、全国を対象に隠没田の摘発に乗り出したと考えられる。天平宝字四年の巡察使が「校田朝使」や「校田駅使」と呼ばれたのは、そのためである。実際、「其巡察使所二勘出一田者、宜下仰二所司一随二地多少一、量加中全輸正丁上」とあるように、事前警告に従って、巡察使が田地を勘出している。

つぎに、天平神護二年の国司交替時における訴訟の判断については、八年前の天平宝字二年に、国司交替の事務引き継ぎ期限が一二〇日以内と定められ、それまでに交替できない場合、太政官に申して裁定を請うようにされた（『続日本紀』同年九月丁丑条）ことが関係しよう。延暦十六年（七九七）頃の勘解由使設置、同二十二年の『延暦交替式』撰上にみるように、八世紀後半は国司交替への関心が高まっていく時期にあたる。

そして、収穫の損得の検査については、いわゆる損田の状況を把握するものである。通常であれば、必要に応じて個別の国に対して朝使（検損田使）が派遣される。しかし、天平神護二年の巡察使の場合、前述のとおり、民苦の採訪を目的としていたこともあって、損田の把握にも努めたのであろう。

このように巡察使は重要政策の促進にもあたったが、それに特化した朝使が全国一斉に派遣されることもあった。技術教習（№6・14）、盗賊の逐捕（№7）、新令の講説（№8）、囚徒の記録（№16）、社会的不安の除去（№19）、対新羅戦争の準備（№20・34）、神社の修造（№23・35）、寺地の検定（№28）などの事例が該当する。

以上のとおり、巡察使は、(A)国司・郡司の監察、(B)民政への積極的な関与、(C)重要政策の推進、といった職掌を総合的に実施した点に特徴がある。考察の便宜上、(A)～(C)を別個にみたが、実際には重なる部分も少なくない。

その一例として、霊亀元年（七一五）制があげられる（No.17）。朝集使の面前で、①他郷に浮浪して三ヵ月以上を経た浮浪百姓から、逗留地で調庸物を輸納させること、②国郡司を治政の良否に応じて三等に分かつこと、③巡察使を派遣して風俗を観省すること、④過所に国印を押印することを命じている。坂江渉氏が指摘するように、このとき天下百姓の浮浪に対して厳格な処置に乗り出し（①）、浮浪発生の責任を国郡司の治政のあり方に求め、巡察使を派遣してまで（③）、その改善を図ろうとしている[46]。④についても、浮浪を抑制する手段として、過所への国印の押印が求められたとみることができる。このように①〜④は連関している。主に②は(A)に、③は(B)に該当し、①④も(C)に関連するとみることができる。それと同時に、①〜④の一体性も見逃してはならない。

さて、巡察使の職掌の一部は、他の朝使が個別に果たすこともあった。逆にいえば、巡察使は個別朝使の集合体ということもできよう。職員令3条のいう「巡察事条」の内容如何によって、巡察使はさまざまな朝使の一面をみせるのである[47]。これまで巡察使というと、(A)国司・郡司の監察の側面、とりわけ国司の監察面が強調されがちであったが、(B)民政への積極的な関与、(C)重要政策の推進の側面についても正当に評価する必要がある[48]。

第三節　朝使と国司の関係

1　監臨官としての朝使

朝使の派遣は、広い意味で国司の監察につながる。本節では、いかなる権限のもと、朝使が国司を監察したのかを考えてみたい。その素材として、最初に前節でも取り上げた覆囚使に注目してみよう。覆囚使と国司の関係を考えるにあたって、次に再掲する獄令3条（前掲5）の本注は注目に値する。

若国司枉断、使人推覆無レ罪、国司欵伏、灼然合レ免者、任使判放。仍録レ状申。其使人、与二国執見一有レ別者、各以レ状申。若理状已尽、可二断決一、而使人不レ断、妄生二節目一、盤退者、国司以レ状録申レ官、附二使人考一。

『令義解』も参照しながらみよう。まず、覆囚使の推覆によって国司の枉断（誤った量刑）が判明した場合であっても、国司がそれに納得し冤罪であることが明瞭でなければ、覆囚使は囚人を釈放できなかった。つぎに、覆囚使と国司の所見が異なる場合、双方ともに状をもって太政官に上申する。さらに、覆囚使がさまざまな口実を設けて断罪を遅らせた場合、国司は状をもって記録して太政官に上申することになっていた。

要するに、瀧川政次郎氏が端的に述べたように、覆囚使と国司は相互に糺弾する権限をもっていたのである。[49]換言すれば、覆囚使と国司は相互に監察し合う関係にあったといえよう。さらに、獄令4条（前掲6）の後半部に「有二不如法一者、亦以レ状申二附考一」とあるように、たとえ獄囚や獄の施設などに不具合があっても、覆囚使は太政官に上申するにとどまった。覆囚使は国司に対して絶対的優位にあったわけではないのである。

これは、その他の朝使についてもいえるであろう。とりわけ、賑給使・検損田使・検池溝使などについては、覆検が主たる任務である以上、国司を直接に処分できなかったと考えられる。

もっとも、巡察使の場合、一般的な朝使よりも強い権限をもって国司に臨むことができたようである。次の『続日本紀』神護景雲元年（七六七）六月癸未条が参考になる。

勅、東山道巡察使正五位上行兵部大輔兼侍従勲三等淡海真人三船、稟性聡恵、兼明二文史一。応レ選標挙、銜二命巡察一。諸使向レ道之時、受レ事雖レ一、省風還報之日、政路漸異、存二心名達一、検括酷苛。以二下野国国司等、正税未納、并雑官物中有レ犯、然独禁二前介外従五位下弓削宿禰薩摩一、不レ預二釐務一。亦赦後断レ罪、此陳二巧

弁一。其理不レ安、既乖二公平一。宜下解二見任一、用懲中将来上。又比年法吏、但守二文句一、不レ顧二義理一、任レ意決断。由レ是、薩摩訴状、不レ得レ披レ心。清白吏道、豈合レ如レ此。自レ今以後、不レ得二更然一。若有二此類一、随レ法科レ罪。

東山道巡察使であった淡海三船は、下野国司らの正税未納・雑官物の犯用を摘発し、ただ介の弓削薩摩のみを禁固して釐務に預からせず、赦が出た後も断罪に及んだという。このときの巡察使は「判二断前後交替之訟一」に重点を置いたこともあって（表9№36）、三船は厳格な態度で正税・雑官物の監察に臨んだわけである。ところが「薩摩訴状」とあるように、釐務の停止処分を受けた弓削薩摩は、三船の処断が不当であると訴えた。当時は弓削氏出身の道鏡が政権の中枢を担っていたこともあって、三船は処罰を受けることになったのである。

たしかに三船の処断は過酷なものであり、赦が出た後も断罪に及んだことは問題であったかもしれない。しかし、正税未納や雑官物の犯用をした国司を禁固して釐務を停止させたことに関していえば、巡察使に与えられていた権限内であり、必ずしも違法性があったとはいえない。

これを裏づけるのが、『続日本後紀』承和三年（八三六）四月丙戌条の甘南備高直の卒伝で、「天長三年、除二常陸守一、遭二訪採使一、縁二前司犯一、被レ停二釐務一」とある。この「訪採使」は巡察使の別表記と考えられるので[50]、国司の釐務を停止させることは、巡察使に本来的に備わっていた権限といってよかろう。

ただし、巡察使の権限はあくまでも釐務の停止にとどまり、解官させることまではできなかった。釐務の停止と解官が異なる概念であることは、考課令62条「凡内外官人、准レ考応二解官一者、即不レ合レ釐レ事。待二符報一即解」から明らかである。すなわち、考第の評定によって解官しなければならなくなった際、いったん釐務を停止させた上で、太政官符による報告を待って解官すべきものとされていたのである。

このように巡察使による国司の釐務の停止とは、あくまでも国司の職務に携わることを停止させるものであった。帰還した巡察使の奏上を経た上で国司らの賞罰がなされており（№5・18・33など）、国司を解官させるかどうかは、天皇が最終的に決定するのが原則であったのである。

一方、国司の側としても、職制律40条に、

凡在外長官、及使人於二使処一、有レ犯者、所部属官等、不レ得二即推一。皆須二申上聴レ裁。若犯当二死罪一、留レ身待レ報。違者、各減二所レ犯罪四等一。

とあり、傍線部に関わる律疏に「諸使人於二使処一、有レ犯者、（中略）使人所レ詣之司官属、並不レ得二輙即推鞫一」とあるように、たとえ朝使が派遣先で犯罪を犯しても直ちに訊問できなかった。国司と朝使はある種の緊張関係にあったのである。そして、朝使の位置づけを考える上で、次の職制律51条は注目に値する。

凡官人因レ使、於二使所一受二送遺一、及乞取者、与二監臨一同。経過処取者、減二一等一。糺弾之官不レ減。

「官人因レ使」とは朝使のことで、派遣先で贈り物を受け取った際には、職制律50条に従って「監臨之官」（監臨官）と同じように処罰し、使所への往還時は一等分減じると規定する。これによって、朝使は監臨官に準じたことがわかる。監臨に関しては名例律54条で定義されている。これを検討した滋賀秀三氏によれば、監臨とは「人または物に対して一般的に自己の行政的裁量権を及ぼし得る立場にあること」であった。ただし、滋賀氏が注意を喚起しているように、「監臨とは決して上級下級官庁間の統属関係をいう言葉ではないし、また本来的に判官以上の官人相互間の統属関係を指す言葉でもない(51)」。吉川真司氏も、官司間の統属関係である「管」と、人物・財物に対する支配関係である「監」は、まったく異なった概念であることを指摘している(52)。あくまでも監臨官としての権限に依拠して、朝使は国司以下を監察したのである。

なお、職制律51条の末尾にある「糺弾之官不レ減」という本注は、巡察使のような朝使を想定していよう(53)。巡

察使は七道ごとに派遣される。七道の本質は行政区分にあったが、それは実際に使われる道路でもあった。経過する路次諸国は巡察使の監察すべき区域であり、そのため本注が設けられたと考えられる。

以上、朝使は監臨官に準じる立場から国司を監察したこと、その権限には一定の制約があったことを指摘した。

2　国司と管隷関係にある朝使

朝使が国司に対して監臨官として臨んだことをみたが、つぎに問題となるのは、朝使が国司と管隷関係にあったか否かである。大宰府が管した西海道諸国を除くと、国司が日常的に管隷関係を結んだ対象は、中央の太政官・八省・弾正台である。[54] 朝使のうち巡察使は太政官に属しており（養老職員令2条）、国司は太政官と管隷関係にあった点に着目すると、巡察使は国司と管隷関係にあったと思えなくもない。

しかしながら、巡察使は太政官に属すとはいっても非常置であり、国司と安定的な統属関係にあったとみることは難しい。たしかに養老職員令2条にあるように、巡察使は太政官の構成員として規定されているが、それは巡察使を令文に位置づけるための便宜的措置であった可能性も残る。現状では、巡察使が国司と管隷関係にあったことを積極的に示す史料は存在しない。ましてや、覆囚使・検税使・賑給使・検損田使・検池溝使などの場合、巡察使と比べて権限は限られており、国司と管隷関係を結んでいた可能性はほぼ皆無である。

これに関連して、次の養老職制律29条に目を向けたい。

凡受レ詔出レ使、不レ返二詔命一、輙干二他事一者、徒一年。以レ故有レ所二廃闕一者、徒二年。余使妄干二他事一者、杖七十。以レ故有レ所二廃闕一者、杖一百。越レ司侵レ職者、笞五十。

右は、朝使（詔使）が任務遂行したことを報告する前に、他事に関わったり、他司の職掌を侵したりした場合の罰則を規定した律文である。これは逆にいえば、朝使は与えられた職掌の範囲内でのみ、国司と関わることが許されたことを示す。このことは、朝使の臨時的性格とも相俟って、日常的な地方行政一般は国司に委ねる（職員令70条）という日本律令国家の地方支配のあり方を下支えしたと考えられる。

それでは、国司と管隷関係を結んだ朝使がいないのかといえば、決してそうではない。以下に四例をあげよう。

第一は、厳密には朝使とはいえないが、巡察使の職掌を多分に引き継いだ、養老三年（七一九）設置の按察使である。(55) 次に掲げるのは、按察使の設置を述べる『続日本紀』養老三年七月庚子条である。

始置二按察使一。令三伊勢国守従五位上門部王管二伊賀・志摩二国一。（中略）其所レ管国司、若有三非違及侵二漁百姓一、則按察使親自巡省、量レ状黜陟。其徒罪已下断決、流罪以上録レ状奏上。若有二声教条条一、脩二部内一粛清、具記二最善一言上。

按察使は数ヵ国を統括する国の長官から任命された現地常駐の官である。本史料に「其（按察使―筆者註）所レ管国司」とあり、『続日本紀』養老五年八月癸巳条に国は按察使に「隷」すと記すように、按察使は国司と管隷関係にあった。また、按察使は国司の非違などを巡省することになっている。設置から六日後、国司・百姓への訪察基準を定めた按察使訪察事条事が出されており、国司の善悪状迹判定の基準一〇ヵ条、百姓の善悪状迹判定の基準八ヵ条からなった（『類聚三代格』養老三年七月十九日按察使訪察事条事）。按察使による管国の具体的な内容としては、徒罪以下の断罪、流罪以上の奏上のほか、義倉賑給への関与（『令集解』賦役令9条古記所引養老三年按察使請事）があり、ともに通常の国司にはない権限である。さらに按察使は、諸寺の巡省・併合（『続日本紀』養老五年五月辛亥条）、検税（天平二年度尾張国正税帳、同十年度駿河国正税帳）もおこなった。国司の上級官司である按察使は、臨時性の強い巡察使とは異なる立場から、管内諸国の国司や百姓らを監察することが期待されたのである。

その後、神亀四年（七二七）に巡察使が再登場すると（№18）、按察使は基本的に置かれなくなる。だが陸奥出羽按察使は存続し(56)、他地域でも八世紀には臨時に任命されることがあった(57)。特に藤原仲麻呂の政権期は注目される。天平宝字五年（七六一）、仲麻呂の息子の真光が美濃飛驒信濃按察使に、同じく息子の御楯が伊賀近江若狭按察使に任命されている（『続日本紀』同年正月壬寅条）。同八年に仲麻呂みずからが都督四畿内三関近江丹波播磨等国兵事使に任命された（同九月丙申条）こととあわせ、按察使がまったくの名誉官であったとはいえない。

第二は、天平三年（七三一）設置の惣管・鎮撫使である（№19）。京・畿内を統括したのが惣管であり、山陽道・山陰道・南海道諸国に置かれたのが鎮撫使である。『続日本紀』天平三年十一月癸酉条に次のようにみえる。

> 制、（中略）。惣管、如有二縁レ事入部一者、聴レ従二騎兵卅疋一。其職掌者、差二発京及畿内兵馬一、捜下捕結レ徒集レ衆、樹レ党仮レ勢、劫二奪老少一、圧二略貧賤一、是二非時政一、臧二否人物一、邪曲冤枉上之事。又断下盗賊・妖言、自非二衛府一執二持兵刃一之類上。取レ時巡二察国郡司等治績一、如得二善悪一、即時奏聞。不レ須下連二延日時一、令上レ会二恩赦一。其有二犯レ罪者一、先決杖一百已下。然後奏聞。但鎮撫使、不レ得レ差二発兵馬一。

惣管の職掌は、京・畿内の兵馬の差発、不穏者の捜索、盗賊などの断罪、国司・郡司らの治績の巡察、善悪があった際の即時奏聞、杖一〇〇以下の先決であった。このうち兵馬の差発を除いたものが、鎮撫使の職掌となる。国司・郡司の治績の巡察については、巡察使の職掌を引き継いだことが明らかである。前年の天平二年、盗賊の取り締まりの強化、妖言惑衆の禁止、兵馬・人衆の差発禁止に関する詔が出ている（『続日本紀』同年九月庚辰条）。これら当時の日本列島を覆った社会的不安を鎮定するために、惣管・鎮撫使が任命されたのである。惣管・鎮撫使は杖一〇〇以下を先決でき、さらに惣管は京・畿内の兵馬の差発が認められるなど、かなり強い権限が与えられた。惣管の「管」字に端的に示されているように、管内諸国と管隷関係にあったとみてよい。

第三は、天平四年八月から天平六年四月まで置かれた節度使である（№20）[58]。次の『続日本紀』天平四年八月壬辰条は、節度使の職掌を記したものである。

勅、東海・東山二道及山陰道等国兵器・牛馬、並不レ得レ売二与他処一。一切禁断、勿レ令レ出レ界。其常進レ公牧繋飼牛馬者、不レ在二禁限一。但西海道依二恒法一。又節度使所レ管諸国軍団幕釜、有レ欠者、割二取今年応レ入レ京官物一充レ価、速令二塡備一。又四道兵士者、依レ令差点、満二四分之一一。其兵器者、修二理旧物一、仍造下勝レ載二百石已上一船上。又量二便宜一、造レ籾焼レ塩。（後略）

節度使は、兵器・牛馬の売与・移動の禁止、軍団幕釜の塡備、兵士の令による差点、旧兵器の修理、一〇〇石以上の船の建造、籾・塩の準備などを職掌とし、対新羅戦争の準備を課題とした。前年の惣管・鎮撫使を継承する側面があったことは、副惣管藤原朝臣宇合と山陽道鎮撫使多治比真人県守がともに節度使に任命されたことや、鎮撫使の派遣先との関係などから窺える[59]。そして「節度使所レ管諸国」とあるように、節度使と国司は管隷関係にあった。現に天平六年度出雲国計会帳によって、節度使は管内諸国（出雲国）と符・解を交わしたことが確認できる。他方、出雲国が弁官・中務省・民部省などに解を出す際には、節度使を経由してはいない。これらの点から、節度使は決められた軍事的職掌の範囲内でのみ管内諸国と管隷関係にあったことがわかる。

ところで、鎮撫使は天平十八年四月から同年十二月まで、節度使は天平宝字五年十一月から同八年十一月までの期間にも、それぞれ任命されている（№27・34）。前者は平城還都後の社会不安に対処するもので、後者は対新羅戦争のための準備を主な目的とした。

第四は、大同元年（八〇六）五月から同五年六月まで、平城朝のほぼ全期間にわたって設置された観察使である（№45）[60]。畿内・西海道を除く六道に置かれ（『日本後紀』大同元年五月丁亥条）、太政官の構成員である参議をもって任じた（『公卿補任』延暦二十五年条）。観察使の設置を示す、『日本後紀』大同元年六月壬寅条をみてみよう。

手詔曰、（中略）謹読二延暦五年四月十一日詔下者一倘、諸国庸調支度等物、毎有二未納一、交闕二国用一。良由二国郡司遞相怠慢一。又莅レ政治レ民、多乖二朝委一。宜下量二其状迹一、随レ事貶黜上。所司宜下作二条例一奏聞上。公卿即依二制旨一、上二一十六条事一。自レ茲厥後、既経二年所一、空設二憲章一、未レ聞二遵行一。是則、国郡官司、不練之所レ致也。今為レ行二十六条一、量置二六道観察使一。道別一人、判官一人、主典一人。（中略）其事有二大小一、使有二軽重一。自レ非下国由二廃興一、政関中成敗上、宜下遣二判官以下一督察、兼復取二所司清廉幹了一、官差発検校上。（後略）

前半部によると、観察使を設置した目的は、延暦五年（七八六）制定の「十六条」（『続日本紀』同年四月庚午条、『類聚三代格』同年四月十九日太政官奏）を実施することで、地方行政全般にわたる監察を狙いとした。延暦十六年頃に設置された勘解由使に象徴されるように、現地に赴いて総合的に国司を監察するのではなく、国司交替時の書面を通じた財政面中心の監察体制へ移行していた(61)。それもあって、十六条はあまり実施されなかったのである。平城天皇はこれを改め、常設の観察使を通じて、国司を総合的な観点から監察するように方針転換をした。そのため、観察使が任命された約二ヵ月後に、勘解由使は廃止されている（『日本後紀』大同元年閏六月丁丑条）。

つぎに後半部によると、観察使は道ごとに一人ずつ置かれ、属僚として判官一人・主典一人がいた。通常は判官以下が地方に派遣される。これとは別系統の使者として、「所司清廉幹了」も差発・検校された(62)。しかし、国の興廃や政の成敗に関わるような場合には、観察使の長官を遣わすことになっていた。

観察使が設置された期間には、その上申を受けて、数多くの地方統治策が出されている。笠井純一氏の整理によると、二一件二六条にも及ぶ(63)。うち二件とはいえ、管内の意見を受けて、観察使が上申したものがある点は注目に値する。一件が『類聚三代格』大同二年四月十五日太政官符「応レ借二貸正税諸国書生等一事」で、「備前国解↓

山陽道観察使解→太政官」の順に上申された。もう一件が同大同五年二月二十三日太政官符「応下陸奥国浮浪人調庸准二土人一輸中狭布上事」で、「陸奥国申→東山道観察使奏状→天皇」の順に上申された。国司が観察使に解を出したことを示す前者は特に重要で、観察使と国司が管隷関係にあった点を雄弁に物語っている。

以上、国司と管隷関係にあった四例の朝使（按察使も便宜的に含めた）を指摘した。いずれも大きな権限をもっており、それにふさわしい高官（概ね参議クラス）が任命され、臨時性もやや薄い。これらの朝使は国司と管隷関係にあったことこそ、管内諸国を強力に支配する源泉になったといえよう。

最後に改めて、巡察使が国司と管隷関係にあったかどうかを問題にしたい。巡察使は、通常の朝使よりも強力な権限をもっており、職掌も上記の四例と共通するところがある。しかし一方で、四例の朝使とは違って、巡察使は臨時派遣的な性格が強い。また、さまざまな政治的要請のもと、あえて巡察使とは異なる四例の朝使を設定した点も見逃せない。これらの点からみて、巡察使は国司と管隷関係になかった可能性がより高いであろう。

3　国司の部内秩序との関わり①―致敬礼・下馬礼―

本項と次項では少し角度を変えて、官人相互の礼的秩序に関わる致敬礼・下馬礼や、敬意をもって仕えることを意味する「祇承」の語に着目して、朝使と国司の関係を考えてみたい。本項では前者を取り上げる。

α（前略）若非二元日一、有レ応二致敬一者、四位拝二一位一。五位拝二三位一。六位拝二四位一。七位拝二五位一。（後略）
（儀制令9条）

β凡在レ路相遇者、三位以下遇二親王一、皆下レ馬。以外准二拝礼一。其不レ下者、皆斂レ馬側立。雖レ応レ下者、陪従不レ下。
（儀制令10条）

γ凡郡司遇二本国司一者、皆下レ馬。唯五位、非二同位以上一者不レ下。若官人就二本国一見者、同位即下。若応二致敬一者、並准二下馬礼一。（儀制令11条）

δ凡元日、国司皆率二僚属郡司等一、向レ庁朝拝。訖長官受レ賀。設レ宴者聴。（本注略）（儀制令18条）

『令集解』の諸説を踏まえて、先行諸説も参照しながら、各条の内容をみてみよう[64]。

まず致敬礼として、四位以下は一位を、五位以下は三位以上を、六位以下は四位以上を、七位以下は五位以上を、それぞれ拝礼する（α）。つぎに下馬礼として、三位以下は親王に、四位以下は一位に、五位以下は三位以上に、六位以下は四位以上に、七位以下は五位以上に、それぞれ路中で遇った際に下馬する。下馬しない場合でも、下級者は上級者に遇った際には、馬を駐めて道脇に立つことになっていた（以上β）。このように位階制の原理にもとづいて、致敬礼や下馬礼がおこなわれたのである。

ところが、国司の部内では少し別の原理が働いた。すなわち、郡司が国司に遇ったときは、五位以上の郡司を除いて、下馬しなければならなかった（γ）。しかも神亀五年（七二八）になると、五位以上の郡司であっても、国司の主典以上に下馬することが義務づけられている（『類聚三代格』同年三月二十八日勅）。また、その国に本貫地をもつ官人が当国の国司に遇った場合にも、国司よりも位階が高くない限り、国司に対して下馬する必要があった。そして、下馬礼に準じて致敬礼をすることになっていた（以上γ）。

こうした部内における国司の権威の高さは、元日に国司が属僚である郡司らを率いて国庁に向かって「朝拝」（ミカドオガミ）をした後、国司は郡司から拝礼を受けた（δ）点に特に示されている。

それでは、朝使が到来した場合、国司を中心とする礼的秩序はそのまま維持されたのであろうか。『令集解』儀制令10条をみると、天平十年（七三八）頃に成立した古記は、次のような注釈を施している。

古記云、（中略）問、詔使六位以下、遇二四位以上一如何。答、合レ下。凡人遇二詔使一亦不レ下。（後略）

詔使で六位以下の者が四位以上（の国司）に遇った場合はどうかと問いを立て、下馬すべきであると答えている。また、人が（六位以下の）詔使に遇った際についても、特に下馬する必要はないとする（馬を駐めて道脇に立つ必要はあろう）。これらはβ儀制令10条の規定に則ったものであり、詔使だからといって特別な配慮がなされないことが判明する。同様の注釈は、跡記・穴記私記・令釈師説でも認められる。つまり、朝使（詔使）が到来したからといって、下馬礼や致敬礼のあり方に格段の変化はなかったのである。

これに対して、『令義解』は詔使の権威を高く認めた解釈をおこなっている。

謂、（中略）ⓐ凡六位公使、於二所レ使之国一、遇二四位以上国司一者、不レ合二下馬一。ⓑ若国司遇二詔使一者、同位以下合レ下。何者、下条云、官人就二本国一見、同位即下。何況詔使、豈得レ軽二於国司一。ⓒ其百姓在レ路、遇二六位詔使一不レ下。ⓓ若於二所レ使国一、遇之者皆下也。

まずⓐでは、六位の公使がその派遣先の国で四位以上の国司に遇った場合、下馬すべきではないとする。これは古記などとは真逆の解釈である。つぎにⓑでは、国司が詔使に遇った場合、同位以下（の国司）であれば（詔使に対して）下馬すべきであるとする。その根拠として、下条（γ儀制令11条）の「官人就二本国一見（者）、同位即下」を取り上げ、詔使が国司よりも軽んじられてよいはずはないからとする。さらにⓒとⓓでは、「在レ路」と「於二所レ使国一」を対比させて、百姓が六位の詔使に遇った場合を問題にし、路中であれば下馬しなくてもよいが（馬を駐めて道脇に立つ必要はあろう）、詔使の派遣国であれば遇った者は皆下馬すると述べる。全体として、詔使（公使も詔使とほぼ同様の意味であろう）は、その派遣先の国では、通常の礼的秩序に則るのではなく、国司や百姓よりも高くなるように設定されていることがわかる。

このように『令義解』が古記など従来の解釈を変更しているのは、その編纂直前に天長二年（八二五）五月十日太政官符が出され、詔使の権威回復を図ったことが大きく関係しよう。すなわち、天長三年の額田今足の議をきっかけに、同六年頃に『令義解』の編纂事業が本格的に始まり、同十年に完成するが、まさに詔使の権威が高められた時期であっただけに、詔使の優位性を示す注釈がなされたのである。

『令義解』は公的注釈書ということもあって、その後にも影響を与えたようである。たとえば、天元元年（九七八）四月二十三日明法博士惟宗允正勘文のひとつ「勘乙検非違使於二京内城外一遭下可二致敬一人上之時可二下馬一哉否甲事」では、五位・六位の検非違使が致敬すべき人（親王、太政大臣以下参議以上）に遇った際に下馬すべきかどうかを問題にしているが、「検非違使、所謂詔使也」という認識が示されるとともに、前述の『令義解』儀制令10条などを踏まえながら議論している点が注目される（『政事要略』巻六十九）。

4　国司の部内秩序との関わり②—祇承—

本項では「祇承」の語に着目して、朝使と国司の関係を考えてみたい。

「祇承」は考課令69条に帳内・資人の評定基準のひとつとして示され、『令義解』が「謂、祇者敬也。承猶レ事也」と注釈するように、敬意をもって仕えることを意味する。[65] 後述するように、朝使が到来したとき、国司は朝使に対して祇承すべきものと認識されていた。まず、『延喜式』雑式28条をみておきたい。

凡朝使到レ国、国司不レ得二迎送一。各著二当色一、候二待国府一。但接堺郡司、率二騎馬子弟四人一迎送。服色如レ常。其充二馬子一者、五位已上四人、六位已下二人。

前半の規定によれば、朝使が到来するとき、国司は朝使を迎送してはならず、みずからの位階に相当する服を着した上で、国府で待つべきものとされた。『令集解』戸令34条令釈に「国司巡二所部一者、郡司候二当郡院一、郡司巡二部内一者、里長候二当里一、不レ得レ向レ境也」とあるように、国司や郡司が検校のため入部する際、郡司や里長は郡家や里で待ち受けることになっており、境まで出向いて迎送してはならなかった。これに倣って、朝使が到来する際に、国司は国府で待ち受けたわけである。『令義解』戸令34条に、

　謂、国司向二所部一、有レ所二検校一者、郡司・里長及百姓等、不レ得三輙奔趨、迎送至二於境上一。皆於二当所一祇承而過之。即郡司入部、里長・百姓、亦依二此例一也。（後略）

とあるように、国司が郡に入部する場合、郡司・里長・百姓らは「当所」（郡家）で国司に祇承する。郡司が里に入部する際にも、この例に依拠することから、里長・百姓は郡司に対して祇承することになる。朝使が到来した場合についても、国司らは朝使に祇承すべきものとされた可能性が出てこよう。

『延喜式』雑式28条の後半部によれば、国境の郡司が騎馬子弟（騎馬隊の郡司子弟）四人を率いて、国境から国府まで朝使を迎送することになっている。これは国司や郡司が部内巡行する際には通常とられない特別待遇といえる。ただし「服色如レ常」とあるように、郡司は通常の服を着して、朝使迎送の任にあたったようである。このとき朝使が五位以上であれば馬子四人が、六位以下であれば馬子二人が充てられた。

　以上が朝使到来時の基本的対応の仕方であるが、朝使として伊勢大神宮幣帛使が到来した際には、より厳かな対応がとられた。『類聚三代格』貞観四年（八六二）十二月五日太政官符に、「近江・伊賀・伊勢等国、毎レ至二彼堺一、目以上一人、率二郡司・健児等一、相迎祇承」、あるいは「毎レ遣二件等祭使一、依レ例令三国司一人祇承、幷清二掃穢悪一」とあるように、国司の目以上が国境において、清掃をおこなった上で、郡司・健児を引率して、伊勢大神宮幣帛使を迎送・祇承することになっていた。同元慶六年（八八二）九月二十七日太政官符でも、山城国を対

象に同様の措置がとられている。『延喜式』大神宮式46・47条では、伊勢大神宮幣帛使への給禄を規定するが、「祇承国司」も対象となっている。天平八年度（七三六）以前伊勢国計会帳にも、九月に伊勢少目の大倭伊美吉生羽を「大神宮幣帛所」に遣わしたことがみえ、神嘗祭幣帛使に祇承させるためであったと考えられる。(66)

祇承の対象は、伊勢大神宮幣帛使だけではない。『延喜式』大嘗祭式19条によれば、践祚大嘗祭のとき紀伊・淡路・阿波三国に派遣される由加物使に対しても、路次諸国は道路を清掃して祇承した。また、伊勢公卿勅使が下向する際にも、『太神宮諸雑事記』に「路次国司差二祇承一、迎送・調備・供給、進二夫々馬一」とあり、『江家次第』巻十二伊勢公卿勅使に「山中伊勢祇承奉レ迎」とあるように、やはり祇承することになっていた。

祇承の対象は全体として神祇関係の朝使が目立つが、それ以外の場合もあった。『延喜式』左右京式36条に、

班田使祇承、属一人従二人。史生三人各従一人。書生十四人各従一人。担二公文一夫四人、廝丁四人、紙八千九百廿五張中八千四百廿五張、下五百張。墨九挺、筆七十九管。

とあるように、京職の官人らも畿内班田使に対して祇承することになっている。この京職に関する規定を畿内諸国に当てはめれば、班田使に対して国司以下が祇承したことになろう。

実例としては、『万葉集』巻十六―三八〇七番歌、すなわち著名な安積山の歌の左注があげられる。

右歌、伝云、葛城王遣二于陸奥国一之時、国司祇承、緩怠異甚。於レ時王意不レ悦、怒色顕レ面。雖レ設二飲饌一、不二肯宴楽一。於レ是、有二前采女一、風流娘子。左手捧レ觴、右手持レ水、撃二之王膝一、而詠二此歌一。尓乃王意解悦、楽飲終日。

葛城王が陸奥国へ遣わされた際、国司の祇承が非礼であったため、機嫌を損ねてしまい、宴を楽しまなかった。風流な前采女が安積山の歌を詠んだところ、葛城王の気持ちが打ち解け、終日楽しく飲んだという。葛城王がい

かなる朝使か不明ながら、国司は朝使に祇承するのが当然視されていた様子が窺える。祇承の中身としては、饗応も含まれていたはずである。この点は前掲『太神宮諸雑事記』の記載が参考になろう。

さらに、祇承の対象となった存在として、弾正台もあげられる。『延喜式』左右京式13条に、

凡京路、皆令₂当家毎₁月掃除₁。其弾正巡検之日、官人一人、史生一人、将₂坊令・坊長・兵士等₁祇承。（割注略）

とあり、弾正台が京内を巡検する際に、京職の官人一人・史生一人が、管下の坊令・坊長・兵士らを率いて祇承することになっていた。『続日本後紀』承和七年（八四〇）九月丁丑条より、『延喜式』の規定は少なくとも『弘仁式』まで遡ることがわかる。

この承和七年条は「弾正台巡検之日、令₂左右京職祇承官人下馬₁事」に関する太政官奏である。それによると、弾正台が巡検する際に、祇承している京職官人を勘当する必要が生じたとき、京職官人が下馬することが長らくおこなわれてきたが、近頃、左京職の官人は下馬しても、右京職の官人は下馬しなかった。今後は、弾正台の忠や巡察弾正が巡検する際、京職官人の進・属は下馬せずに馬上で勘当を受けてもよいが、弾正台の弼が巡検する際には、六位以下の京職官人はすべて下馬することになった。また、六位の京職史生・坊令も、弾正台の忠以下に逢ったときであれ、下馬すべきものと定められた。

ところが、弾正台と京職の間で下馬をめぐる争いはやまず、承和十年に以下のように定められた。弾正台の弼が巡検する際には、京職の大夫・亮は楫馬（乗馬のまま引き下がる）をして勘当を受け、進・属は致敬礼に従って下馬する。忠・巡察弾正が検校にあたった際には、進・属は、弼と亮が対峙するときの作法に倣って楫馬する。史生・坊令はその位階にかかわらず、すべて下馬するものとする、と（『続日本後紀』同年十二月甲戌条）。

以上が祇承に関する主な史料である。このうち『延喜式』で祇承の対象となった朝使は、伊勢大神宮幣帛使、

由加物使、畿内校田使、畿内班田使だけである。このうち伊勢大神宮幣帛使と畿内の校田使・班田使は、第二節第3項でみたように、禄が特別に支給された点は見逃せない。この点を踏まえると、国司は必ずしも朝使に祇承したわけではないように思われる。

しかし、祇承の語に含意された厳かな所作とはいえないまでも、朝使が到来したとき類似の行動がとられたはずである。たとえば、天平十年度（七三八）周防国正税帳をみると、

＊従二造神宮駅使一国司壱度掾一人、目一人、史生一人。　将従捌人　合伍人廿五日単弐佰人（後略）
＊従二巡察駅使一国司壱度守一人、目一人、史生一人。　将従陸人　合玖人十六日単佰肆拾肆人（後略）

とあり、造神宮駅使と巡察駅使に国司が「従」っている。この「従」の記載は、天平九年度和泉監正税帳（祭幣帛并大祓使、祭幣使）、同十年度駿河国正税帳（巡察使）にも認められる。また、同九年度豊後国正税帳には、賑給使である大宰府使に対して、国司が「随」ったことがみえる。これらの「従」「随」は、朝使（大宰府使も含む）に随行することを意味しよう。こうした事例をみると、神祇関係の朝使や巡察使・大宰府使が対象となっており、実質的には祇承といってもよかろう。

このほか、たとえば寛平八年（八九六）の問山城民苦使に関して、『類聚三代格』同年四月十三日太政官符に「使与二国司一、共加二実検一。（中略）仍使与二国司一、臨レ地勘定如レ右」とあるように、朝使と国司はしばしば一体となって行動したが、やはり国司が朝使に祇承に類する行為をとったとみてもよいのではないか。

里長にとって郡司が、郡司にとって国司が、それぞれ上位者であったように、国司にとっては朝使が上位者になると観念されていた。そのため、国司は朝使に対して祇承ないしそれに類する行為をとったと考えられる。ただし、具体的にいかなる態度を示すのかは、朝使と国司の関係に応じて区々であったと推測される。

これに関連して、前掲『延喜式』雑式28条にあったように、朝使を待ち受ける国司が位階相当の服を着すことになっていた点にも注意しておきたい。なぜならば、そこには位階秩序を重視する姿勢が読み取れるからである。先にみたように、致敬礼・下馬礼も位階によって決まった。場合によっては、国司のほうが朝使よりも位階が高くなることもある。国司は朝使の格を見定めて、どのような態度をとるかを考えたはずである。祇承の仕方を誤ってしまうと、葛城王のように不満を抱かせてしまう場合もあり、細心の注意を払ったに違いない。

第3・4項では、致敬礼・下馬礼・祇承を手がかりに、朝使と国司の関係について考えてみた。まず、朝使（詔使）が到来したからといって、致敬礼・下馬礼のあり方は基本的に変化しなかったこと、ただし天長二年太政官符が出されると、詔使が優位になるように設定されたことを指摘した。また、国司は朝使に対して祇承すべきものとされていたが、その具体的方法は両者の関係に規定される側面があったことを述べた。第1・2項の考察結果とあわせ、総じて朝使と国司はある種の緊張関係にあったといってよい。

第四節　平安時代初期の朝使派遣

1　受領国司の権限強化と朝使派遣の抑制

朝使はその権限に一定の制約があったとはいえ、八世紀にはそれなりの意義があった。このことは、表9に示した全国一斉派遣型の朝使派遣の実例の多さや、巡察使が政治的な節目にあたる時期に派遣される傾向[67]がある点からも読み取れよう。特に興味深いのは、天平十六年（七四四）任命の巡察使である（№26）。派遣に先だって聖武天皇は立て続けに注意事項を与えている。「卅二条」（別勅）・「口勅十三条」（別勅）・「口勅五条」も出されており、聖武天皇が並々ならぬ期待を寄せていた様子が窺われる。その背景としては、天平十三年三月二十一日に始まる国分寺の建立、同十五年十月十五日に始まる大仏造営が考えられる（ともに『続日本紀』同日条）。このとき国司・郡司の不正を不問に付すなど、温情的な措置がとられた。それは林陸朗氏が指摘するように、国分寺・大仏造営事業を推進するためにも、国司・郡司の協力が必要不可欠であったからであろう。

ところが、九世紀初頭から中葉にかけて状況は一変する。特に次の二点が重要である。

第一に、天長年間（八二四～八三四）の巡察使派遣を最後に、後述する大奉幣使・大祓使・大神宝使などを除いて、全国一斉派遣型の朝使がみられなくなる。まず、そこにいたるまでの経緯を確認しよう。

平安時代初頭は国司の監察方法が模索された時期であった。桓武朝の延暦十四年（七九五）に巡察使を任命したが、国司の自省を期待して派遣を中止している（№42）。延暦十六年頃に勘解由使を新設し、国司交替時の財政的な監察を重視する一方で、同十八年に問民苦使を派遣して多くの摘発をおこなっている（№43）。平城朝になると、大同元年（八〇六）に巡察使の系譜を引く観察使を設置し（№45）、勘解由使は廃止される（『日本後紀』同年閏六月丁丑条）。だが嵯峨朝になって直後の弘仁元年（八一〇）、観察使は停止される（『日本紀略』同年六月丙申条）。淳和朝の天長元年には巡察使の派遣を決定する（№48）とともに、勘解由使も再設置されるが（狩野文庫本『類聚三代格』同年八月二十日太政官符）[68]、巡察使は天長年間の派遣を最後に途絶える（№49）。これに対して、勘解由使は存続することとなり、その後の基本的枠組みが固まった。

この間に出された重要な太政官符に、「択二良吏一事」の事書をもつ『類聚三代格』天長元年（八二四）八月二十日太政官符がある[69]。右大臣の奏状にもとづいて、次のことが決まった。

妙簡二清公美才一、以任二諸国守・介一。其新除守・介、則特賜二引見一、勧二喩治方一、因加二賞物一。既而政績有レ著、加二増寵爵一、公卿有レ闕、随即擢用。又反レ経制レ宜、勤不レ為レ己者、将下従二寛恕一、無上レ拘二文法一。

「清公美才」の者を国守・国介に任じ、赴任時には特別に天皇の引見を賜り、政績の聞こえがあれば官位を上げ、公卿に欠員があれば抜擢するという。さらに「文法」（律令）に束縛されない治政すら認めている。

同じ天長元年八月二十日には、「択二国守一事」に関する太政官符も出されており、良吏である国守に複数の国司を兼帯させたり、僚属を任用したりすることを認め、俸禄面でも優遇している（『類聚三代格』同日太政官符）。さらに同日には、守・介に限ってその任期を四年から六年に延長し（同承和二年七月三日太政官符）、また官長が入京して天皇に施政を直接報告させることにした（嘉祥二年三月八日太政官符所引天長元年八月二十日太政官符）。

このように天長元年八月二十日に、守・介を中心とする良吏の権限を強化する諸政策を打ち出す一方で、巡察使の派遣と勘解由使の再設置も定めている。このうち巡察使の派遣を決めた太政官符では、古き時代に巡察使を派遣した目的は、①「巡二行風俗一」、②「考二牧宰之治否一」、③「問二人民之疾苦一」の三点にあったとした上で、今回は②のために派遣するとしている。同日の「択二良吏一事」に関する太政官符とあわせて、今回の巡察使派遣の主目的は、地方政治を一任した国司への監察強化であったことが判明する。[70] ただし、巡察使派遣を命じた太政官符では、国司の治政を評定するための基準や訪採後の処置について触れておらず、著しく具体性を欠くものであった。[71] やがて巡察使は派遣されなくなり、問民苦使や検税使など全国一斉派遣型の朝使も姿を消す。

第二に、覆検をおこなう朝使（賑給使、検損田使、検池溝使など）が九世紀半ば頃から派遣が抑制されるようになる。その理由について、「応下依レ実言中上損并不堪佃田・疫死百姓・賑給飢民及破損官舎堤防等上事」の事書をもつ『類聚三代格』仁寿四年（八五四）十月一日太政官符は次のように述べる。

> 如今、既択二良牧一、更加二官使一、屋下架レ屋、寔為二煩畳一。宜二自レ今以後、官長親自巡省、子細検定、依レ実申送一。若所レ申過多、稍渉二疑殆一者、事不レ獲レ已、乃遣二朝使一。使者覆覈、或有二乖違一。准二其所レ詐、論如二前格一。但奪レ俸科レ罪、事似二重酷一。須下宥二其俸一、只如中其罪上。凡厥犯解之後、一切不二復叙用一。俾三彼濫穢之徒、永絶二栄進之望一。其科二決郡司一、亦復准レ此。

傍線部によれば、国司の官長に「良吏」を選んだ以上、官長に委ねればよく、さらに朝使を派遣するのは煩わしい。申請が過大で疑惑が大きく、やむを得ない場合に限って、朝使を派遣すればよいとしている。また、賑給に関する『日本三代実録』貞観十六年（八七四）十月二十八日条にも、「居業漂蕩、無レ力二自存一者、長吏親自巡検、随レ状賑救、令レ得二存活一」や「国司既其人、不三更遣二朝使一」など、仁寿四年太政官符とよく似た文言がみえる。前述のように、良吏への期待の高まりは、天長元年以来のことである。これを受けて、九世紀半ばになると、覆検のための朝使が派遣される機会は減るようになる。

ただし注意すべきは、仁寿四年太政官符の傍線部の末尾にあるように、国司の申請内容に疑惑があれば朝使を派遣した点である。これに続く文章によれば、朝使を派遣して国司の虚偽が判明すると、その国司を解任し、以後は一切叙用しないとしている。俸禄を奪うことは宥されたとはいえ、国司解任はかなり重い処分といえよう。これが実際に守られたことは、『日本文徳天皇実録』天安元年（八五七）七月甲辰条「河内・越中等国司言上不堪佃田、依レ不レ拠レ実、下二秋官一而断レ罪也」や、同九月辛亥条「大和国司等言上不堪佃・損田、拠二不実一、下二秋官一而断レ罪」などからわかる。受領国司を監察する上で、これらの朝使派遣が有効と考えられていたのである。

他方、損田に関する『日本三代実録』元慶三年（八七九）二月八日条に、「勅、損田数、非レ无二疑殆一。然而国宰其人。仍停レ遣レ使。宜三此般事拠二国司勘定一」とあるように、国司の申請した損田数に疑いがあるにもかかわらず、朝使の派遣を停止した事例もある。国司の申請額があまり大きくなければ、わざわざ朝使を派遣するには及ばないという考え方があったことも事実で、朝使の派遣は明らかに抑制されている。

こうした動向とも密接に関連するが、承和十二年（八四五）九月二十一日に検損田使・検不堪佃田使の「稔限」が定められ、貞観十二年十二月二十五日に検疫死使・賑給使の「程期」もこれに準じることになった（『続日本後紀』『日本三代実録』同日条、『延喜式』主税式上82条）。野尻忠氏が述べるように、程期は朝使が都を出発してから帰還するまでの期間を指し、その設定は諸国の余分な負担を減らす意図があったが、朝使の現地における作業量に限界が生じ、覆検の実行性が乏しくなるという危険性も帯びていた。

以上のとおり、受領国司の権限強化と連動して、九世紀初頭には全国一斉派遣型の朝使が姿を消し、九世紀半ば以降には覆検の朝使も派遣回数が減っていく。(72)なかでも賑給使は、野尻氏が指摘しているように、斉衡二年（八五五）の相模国への派遣（『日本文徳天皇実録』同年閏四月丁酉条）を最後に、六国史から遣使諸国賑給の記事はなくなり、『日本三代実録』の遣使賑給記事はほぼ京中に限られるようになる。

2　広域地域を対象とした朝使派遣停止の影響

何度も取り上げてきたように、天長二年（八二五）五月十日、各種の朝使を詔使と官使に区別する（但し書では官使も詔使に含まれるとする）太政官符が出された。これは朝使の権威を高めることによって、国司からの対捍の防止を狙ったものである。第三節でみたように、『令義解』儀制令10条が下馬礼に関する従来の法解釈を改めて、詔使が国司よりも優位となるような注釈をしたのも、天長二年太政官符の直接的な影響による。さらに天長二年太政官符は後世にまで影響を与えた。第三節とは別の事例として、十一世紀初頭に藤原公任のまとめた『北山抄』巻十吏途指南[73]を取り上げると、詔使の語は八ヵ条で確認でき、うち七ヵ条（25・38・41・42・54・62・69条）は交替使（検交替使）を指している。交替使は天長二年太政官符で詔使とされた朝使である。残りの一ヵ条（24条）は検損田使を指すが、天長二年太政官符で狭義では官使、広義では詔使とされた朝使である。[74]

このように天長二年太政官符は大きな意味をもったが、国司による朝使への対捍が決してなくなったわけではない。このことは、六国史におけるその後の詔使への対捍・謀殺記事（第一節）が伝えるとおりである。また、天長の巡察使に関しても、『類聚三代格』天長五年八月九日太政官符所引の同年正月二十七日詔書に、

不レ遣二巡察使一、時世久矣。国郡司等怠緩、入レ罪者衆。泣レ辜之仁、特従二矜免一。

とあるように、その摘発した国司・郡司らの罪を赦している。この頃から、巡察使は全国一斉に派遣されなくなり、その他の朝使も派遣回数を減少させる。良吏である受領国司に地方支配を一任する動きは、より一層加速化するのである。とりわけ、巡察使のような広域地域を対象とした朝使が派遣されなくなった影響は大きい。

九世紀後半に盛行する国例もそのひとつの現れであろう。竹中康彦氏が指摘するように、諸国は国例の認可を中央へ求める際に、他国の国例を意識し、それを申請の論拠にするという特徴がある。[75]たとえば弩師を取り上げると、大宰府・壱岐・対馬や山陰道諸国・北陸道諸国など、日本海沿岸諸国での設置が顕著であるが（『類聚三代格』巻五加減諸国官員幷廃置事）、新羅海賊の脅威が高まったためであった。ここで重要なのは、各国からの申請に応じて、弩師が順次設定されていった点である。これを八世紀の状況と対比してみよう。天平六年度（七三四）出雲国計会帳によれば、山陰道節度使は管内の出雲国に造弩の技術を教習した上で、弩を要地に配備させている。対新羅戦争の準備を整えるという節度使体制の目的からみて、同様のことは他の管内諸国でも実施されたとみて間違いない。もし九世紀後半に節度使が派遣されていたならば、弩師も一斉に設置されたはずである。そうなっ

ていないところに、広域地域対象の朝使が派遣されなくなった影響が看て取れる。

いうまでもなく、広域地域を対象に朝使が派遣されていた段階には、国の範囲にとらわれない政策が立てやすい。そのひとつに交通体系の変更があげられる。次に掲げる二つの史料は、一国に収まりきらない交通体系の変更に関わる政策が、巡察使や観察使からの上申を受けて実施されたことを示している。

（あ）『続日本紀』神護景雲二年（七六八）三月乙巳朔条

①先レ是、東海道巡察使式部大輔従五位下紀朝臣広名等言、（中略）又下総国井上・浮嶋・河曲三駅、武蔵国乗豬・豊嶋二駅、承二山海両路一、使命繁多。乞准二中路一、置二馬十疋一。奉レ勅、依レ奏。

②山陽道使左中弁正五位下藤原朝臣雄田麿言、本道郡伝路遠、多致二民苦一。乞復隷レ駅、将二迎送一。（中略）詔並許之。

（い）『類聚三代格』大同元年（八〇六）六月一日太政官符

太政官符

応レ禁二制大宰府少弐已上及所管五位已上就レ使入レ京事

右得二山陽道観察使正四位下藤原朝臣園人解一偁、西海道年中、上レ都雑使、其数繁多。而此道疲弊、殊二於他堺一。検二察其由一、率縁二迎送無レ息、不レ得レ顧レ私。望請、西海道五位已上、自レ今以後、自レ非二秩満・解任一者、不レ聴二輙入レ京者。右大臣宣、奉レ勅、依レ請。

大同元年六月一日

まず（あ）①は、東海道諸国である下総国の井上・浮嶋・河曲の三駅、および東山道諸国である武蔵国の乗豬・豊嶋の二駅は、東海・東山連絡路上の駅家として交通量が多いため、駅馬を一〇匹に増置するというものである。②は第四章でも取り上げたが、山陽道諸国の伝馬を廃止し、それを駅家に付けるというものである。

つぎに（い）について。これを理解するためには、『類聚三代格』延暦十九年（八〇〇）正月十六日太政官符を踏まえておく必要がある。森哲也氏の研究[76]を参考にみると、延暦十八年、大宰府発遣の「無レ鈴雑使」（=「大宰府年中進上無レ鈴之使」）が帰郷する際には海路を使用し、摂津国が路粮を支給することが決定された。ところが、海路の問題点を指摘する「進二上木蓮子御贄一使」の訴えを受けて、

　其大宰府年中進上無レ鈴之使、不レ過二十度一。帰レ郷之日、各乗二一馬一。諸駅之弊、何必申焉。

という理由で、翌延暦十九年に「進上相撲人使」を除いて、旧来の陸路（駅制）利用に改められている。「無レ鈴雑使」は駅鈴不所持ながら駅馬乗用を許された使者のことで、（あ）②によって出現し、元来は伝制利用者であったと考えられる。こうして延暦十九年以降、大宰府・西海道から多くの使者が山陽道の陸路を通って上京するようになり、山陽道諸国に極めて重い負担がのしかかった[77]。そこで大同元年に（い）を出して、大宰府少弐以上と西海道諸国の五位以上の者が、秩満・解任以外で入京することを禁じている。これらの者を対象としたのは、位階が高いため路次諸国の負担が特に重くなるからである。

このほかにも、二国間にまたがるような問題は、一国内にしか権限の及ばない国司が解決するのは困難であった。そのため、朝使が中央からしばしば派遣された。その典型ともいえるのが、国境争いを解決するための朝使である。一例として、『日本後紀』延暦十六年三月戊子条を掲げておこう。

　先レ是、甲斐・相模二国、相二争国堺一。遣レ使、定二甲斐国都留郡（都）留村東辺砥沢一、為二両国堺一。以西為二甲斐国地一、以東為二相模国地一。

国境には河川が流れることも多く、その堤が争点になることもあった。たとえば『続日本紀』天平十三年（七

四二）四月辛丑条には、朝使が「河内与二摂津国一相争河堤所」を検校したことがみえる。[78]この種の朝使は九世紀後半にも派遣されている。[79]しかし（あ）②や（い）の場合、二国間だけの問題ではない。こうした政策が立てやすかった点に、巡察使のような広域派遣型朝使の意義のひとつが認められよう。その派遣停止と国例の盛行との間には一定の因果関係が読み取れるのである。

3　交替使と推問使

これまで述べてきたように、九世紀になると朝使の派遣が抑制され、受領国司に地方統治を一任する動きが加速化する。しかし、受領国司への歯止めが皆無になったわけではない。

第一は、交替面に焦点をしぼった国司監察が継続する点である。新旧国司間で交替業務をおこない、問題がなければ解由状が発給されるが、問題があれば不与解由状が出されて勘解由使が審査をおこなう。これが原則であるが、旧任国司が死去する事態もおこる。その際に派遣されたのが、天長二年（八二五）五月十日太政官符にも登場する交替使（検交替使とも）である。佐々木恵介氏によれば、交替使は不与解由状の制度が成立した八・九世紀の交に成立した。交替使は新任国司の申請を受けて派遣され、死去した旧任国司の同任であった任用国司との間で、検交替使帳の作成を含む交替業務をおこなった。検交替使帳は不与解由状に類似した書式をとるが、官舎・官物等の無実・破損だけでなく、有実をも記載する点で異なっていた。[80]

付論二では、国司任符の発給に関わって、受領統制の問題について言及した。そこで指摘したように、新たに受領に任命された者が、前官に関わる解由状を取得していないとき、その任符の発給を停止する仕組みがとられていた。任符は国司交替時に必要不可欠となるため、これは受領国司を統制することにつながった。このように解由制度には一定の意義があり、交替使もその一翼を担っていたのである。

第二は、推問使の派遣である。(81) 九世紀以降、任用国司や百姓らが受領国司の苛政を上訴する動きが顕著になる。その際、受領国司を勘問するために、推問使を派遣することがあった。もちろん、たとえば橘奈良麻呂の変の折など、政変関係者への勘問を目的とした使者は、すでに奈良時代から存在した（『続日本紀』天平宝字元年七月己酉条など）。しかしながら、国司に関するものとしては、次の『続日本紀』延暦三年（七八四）三月丙申条が初見で、これを含めて一二の記事で八例の推問使の派遣が六国史で確認できる。(82)

先レ是、伊予国守吉備朝臣泉、与二同寮一不レ協、頻被二告訴一。朝庭、遣レ使勘問、辞泏二不敬一、不レ肯二承伏一。是日、下レ勅曰、（中略）宜下宥二泉辜一、令上レ思二後善一。但解二見任一、以懲二前悪一。

吉備泉が伊予守に任命されたのは延暦元年六月二十日であったが（『続日本紀』同日条）、同僚によって告訴された。朝使の勘問を受けた泉は、朝使に不敬にわたる辞を述べ、その後解任されている（『日本後紀』弘仁五年閏七月壬午条の吉備泉卒伝も参照）。この勘問にあたったのが推問使であった。

このように推問使は八世紀末には存在していた。そして、天長二年五月十日太政官符を改めてみると、詔使として「訴使」があげられている。これは部内からの訴えを受けて派遣された使者で、まさに推問使にほかならない。「訴使」は使者派遣の契機に、「推問使」は使者の任務に、それぞれ着目しての表現と考えられる。さらに天長二年太政官符の事実書をみると、「右、頃年之間、為レ推二民訴一、遣二使四方一」で書き始めており、推問使が主に念頭に置かれていることに気がつく。天長二年には巡察使も任命されているが、間もなくして派遣停止が決定されると、推問使が朝使の中核を担うようになるのである。

推問使によって受領国司の非が明らかにされると、各種の処分を受けた。(83) 特に興味深いのは、第一節で史料引用した(e)讃岐守弘宗王の事例である。「讃岐国百姓等、訴二弘宗王一。仍遣二詔使一、推二問虚実一、伏弁已了。使等為レ囚、付レ国禁固」とあるように、推問使は受領国司を禁固できる強い権限をもっていた。このことは、延喜十四年（九一四）の三善清行「意見封事十二箇条」第8条からも窺われる（『本朝文粋』巻二）。

一、請レ停下止依二諸国少吏并百姓告言訴訟一差中遣朝使上事

右、臣伏以、牧宰者、分二万乗之憂一、受二一方之寄一、惣二六条之紀綱一、為二兆民之領袖一。（中略）而比年、任用之吏、或結二私怨一、以誣二告官長一。所部之民、或矯二公事一、以愁二訴国宰一。或陳下犯二用官物一之状上、或訴二政理違レ法之由一。此等条類、千緒万端。於レ是、朝家収二其告状一、発二遣使人一。使人到レ国、未レ問二事之虚実一、不レ弁二理之是非一、偏依二使式一、毎レ事准擬、領二其印鎰一、厳二其禁錮一。即以二官長之貴一、与二小吏・賤民一、比レ肩連レ口、受二其推鞫一。若辞対之間、繊芥有レ違、則立加二縲紲一、便塡二牢狴一。（中略）而今、朝使推問之間、被レ停二釐務一。多歴二旬月一、空廃二治政一。縦雖レ免二贓吏之名一、而猶成二任中之怠一、秩満之日、遂拘二解由一。如レ此、則多致二公損一、徒滅二良吏一、助二此訴人一、報二彼私怨一也。（中略）方今、時代澆季、公事難レ済。故国宰之治、不レ能三事々拘二牽正法一。故或有二枉レ尺而直レ尋者一、或有二失レ始而全レ終者一。昔者、龔遂為二渤海守一、奏曰、請、勅二丞相御史一、且勿三拘レ臣以二文法一、令レ得二便宜従レ事。又本朝格云、国宰反レ経制レ宜、動不レ為レ已者、将下従二寛恕一、無上レ拘二文法一者。伏望、此等告言・訴訟、除二謀反・大逆一之外、一切停二止朝使一、専附二新司一。若実有二犯レ過者一、具載二不与解由状一、勘判之後、即下二刑官一、論二其罪科一。（後略）

最初の傍線部からは、任用国司や百姓が受領国司による官物犯用や政理の違法などを朝廷に訴え、推問使が派遣されたことがわかる。次の波線部からは、推問使の「使式」があった点、推問使が受領国司を任用国司・百姓らと肩を並べて取り調べた点、推問使には受領国司を禁固して釐務を停止させる権限があった点がわかる。

推問使が現地で強い処分権をもっていたことは、先述した弘宗王の事例から窺われるほか、筑後守都御酉を殺害した犯人を勘問するための推問使が派遣された際に「府宜三承知、聴二使処分一」とあり（『日本三代実録』元慶八年六月二十日条）、石見国に派遣された推問使が「国宜三承知、聴二使処分一」とある（同二十三日条）点からも判明する。とりわけ釐務を停止させる権限は、巡察使以外の諸使には通常備わっておらず、九世紀以降の推問使が巡察使に代わる役割が期待されたことを示している。こうした推問使の強い権限の裏返しとして、先の吉備泉の事例のように、受領国司から対捍・謀殺の対象となった事例もみられる(84)。

以上のとおり、受領国司に地方行政全般を委ねる傾向が九世紀以降強まっていったが、その一方で受領を統制するための朝使も派遣されており、それが交替使および推問使であった。また、賑給使・検損田使などの覆検の朝使も、派遣回数を減らしながらも存続した。このように九世紀においても、朝使派遣は国司監察の上で一定の意義があり、なかでも推問使は重要な役割を果たしていた。受領国司が推問使に対捍・謀殺に及ぶことがあったのも、受領国司の任国支配にとって推問使の派遣は好ましくなく、敵対すべき存在であったからである。

4　十世紀以降の状況

前項で示した三善清行の意見封事は、事書「請レ停下止依二諸国少吏幷百姓告言訴訟一差中遣朝使上事」にみるように、推問使の派遣停止を求める内容であった。事実書の破線部に「此等告言・訴訟、除二謀反・大逆一之外、一切停二止朝使一、専附二新司一。若実有二犯過一者、具載二不与解由状一、勘判之後、即下二刑官一、論二其罪科一」とあるように、謀反・大逆以外の告言・訴訟であれば、推問使を派遣せずに新任国司に付け、もし犯過が判明した場合には不与解由状に記載し、勘解由使による勘判を経て、刑部省が罪科を論じるように提言している。天長年間（八二四〜

八三四）を最後に巡察使の派遣が停止された後、解由制度にもとづく国司監察がより重視されるようになる。犯過を不与解由状に記載すればよいとする清行の発想も、こうした流れのなかに位置づけられよう。

清行の認識する受領国司は良吏である。もし私怨による任用国司・百姓からの誣告を許して推問使を派遣すれば、受領国司の権威は衰えるばかりで、治政に差し支えが生じる、というのが彼の主張であった。漢代の循吏として著名な龔遂が「文法」に縛られない治政をしたという故事を掲げ、また「本朝格」として天長元年（八二四）八月二十日太政官符の一節「国宰反レ経制レ宜、動不レ為レ己者、将下従二寛恕一、無上レ拘二文法一」を引用し、朝使派遣の停止を正当化しようとしている。清行が意見封事を提出したのは延喜十四年（九一四）であるが、寛平五年（八九三）に受領国司（備中介）に任命されており（『公卿補任』延喜十一年条）、その経験に裏打ちされた主張である。

推問使の派遣が停止された事例としては、次の『日本三代実録』元慶七年（八八三）十月二十五日条があげられる。本史料は「推問使」という語句の初見史料でもある（先述のとおり、八世紀末には登場していた）。

伊勢国飯野郡神戸百姓秦貞成向レ官、愁下訴太神宮司大中臣貞世犯二用神物一、并不レ理三多気郡擬大領麻績連公豊世故二殺人一事上。太政官擬下遣二使者一、推中問事由上。大史丸部百世、検二故実一曰、伊勢太神宮司有二犯過一之時、不レ遣二推問使一、下二符国司一、令二其推検一。於レ是、停レ遣レ使、付二伊勢国宰一、推二察真偽一。

伊勢大神宮の神郡神戸の愁訴を受けて、太政官は推問使を派遣しようとした。しかし、伊勢太神宮司に犯過があったときは伊勢国司に符を下して調査させるのが「故実」であるという理由で、推問使の派遣を停止している。伊勢国の神郡支配をめぐっては、伊勢国司と伊勢太神宮司の間に鋭い対立関係があった。本件はあくまでも特殊事例にすぎないが、九世紀末頃に推問使の派遣を抑制する兆しが現れつつあった点は認めたい。

三善清行の意見封事が直接的な影響を与えたかどうかは別として、これ以後、百姓らの訴えを受けて推問使が派遣されることはなくなる。川見典久氏が指摘するように、十世紀以降の推問使の派遣地は大宰府にほぼ限られ、大宰府と寺社の対立を仲裁する役割を担うように変質するのである(85)。

さて、三善清行と同じような考え方は、ほぼ同時期の菅原道真にもみられる。道真も受領（讃岐守）の経験があった。寛平八年、帳外剰余官稲を徴収するため検税使の派遣が計画された際、道真は次のように述べて、検税使の派遣停止を求めている。

請レ令三議者反二覆検税使可否一状

（前略）凡此議初起之由、為下勘二出帳外之剰物一、以相中補国用之不足上也。以レ名言之、公益甚多。臣始不二固難一之故是也。以レ実論之、物煩不レ少。臣今所二重請一是也。何者、天下諸国、其俗各雖二小異一、其政孰非二一同一。況乎、世衰国弊、民貧物乏。是故、或国司乖二文法一、以廻二方略一、違二正道一、以施二権議一。雖二動不一レ為レ已、其事皆犯レ法。臣今、挙二三条之否一、謹待二一覧之用一。（後略）（『菅家文草』巻九）

当時の実状に即した政治をするためには、国司は文法・正道に拘束されず、方略を廻らし権議を施すことも必要であるとし、検税使の派遣停止を求めたのである。清行による推問使派遣の停止要求と大同小異といえよう(86)。

ところで、十世紀初頭以後も存続した朝使として、検不堪佃田使・検損田使・交替使が存在する。しかし、『政事要略』承平七年（九三七）九月八日宣旨の一節に、

年来、検諸国交替・不堪佃田・損田使等、或称二身痾一、或陳二親病一、経二渉歳月一、無レ意二早赴一。雖レ加二催促一、猶致二解怠一。

と現状報告されているように、徐々にその派遣が滞るようになる。とはいえ、大半の朝使が姿を消した十世紀前半段階において、これらの朝使を派遣する体制が維持されていた点は注目される。

このうち検不堪佃田使・検損田使については、有富純也氏が指摘するように、史料上最後の派遣は順に天慶九年（九四六）、天暦三年（九四九）であるが、税制や官人給与制といった国家の最も根幹となる重要な制度を維持するために、不堪佃田・損田の減少を食い止めるべく、十世紀半ばまで派遣され続けたと考えられる(87)。

一方、交替使は十世紀半ば以降も存続する。前述のように、十一世紀初頭にまとめられた『北山抄』巻十吏途指南をみると、詔使が登場する八ヵ条のうち、実に七ヵ条まで交替使に関わっている。ただし佐々木恵介氏が述べるように、寛平七年（八九五）に交替時における任用国司の責任を大幅に軽減した（『類聚三代格』同年七月十一日太政官符）ことを前提として、令任用分付方式（交替使の派遣をやめ、死去した旧任国司が前々司から受領した官物の定数をもって、任用国司に分付させること）が新たに登場する。また十世紀後半以降、交替使が派遣される場合であっても、派遣の遅れが目立ち、新任国司に都合の良い人物が選ばれるなど、形骸化していくのである。

ところが、九世紀初頭以降の変質過程の最中にあって、実は、全国一斉に派遣され続けた朝使が存在した。①天皇即位後の諸社（天神地祇）大奉幣使、②大嘗祭前の大祓使と諸社（天神地祇）大奉幣使、③大嘗祭前後の大神宝使、④斎王群行前の大祓使などである(88)。これらは基本的に一代一度の大行事にともなって派遣された点に特徴がある。天皇による全国支配を確認するためにも、天皇の代替わりごとに、これらの朝使を全国一斉に派遣することが重要な意味をもったのである。

おわりに

本章では、これまで個別的に検討されてきた朝使を総体として捉え、特に国司との関係に留意しながら、朝使派遣制度の構造と展開過程について検討を加えた。

　第一節で朝使の分類と人選から帰還までの基本的流れなどを確認した後、第二節で巡察使を中心に朝使派遣の構造を考えた。まず、令文の検討を通じて、巡察使は検税使や覆囚使の職掌を含みつつも、さらに幅広い役割を担うことが期待されていたことを指摘した。ついで実例の検討を通じて、巡察使は(A)国司・郡司の監察、(B)民政への積極的な関与、(C)重要政策の推進を担ったことを明らかにした。

　第三節では、さまざまな観点から、朝使と国司の関係について考察した。朝使は監臨官に準じる立場から国司を監察したこと、朝使は国司と管隷関係になかったため、その権限には一定の制約があったこと、これを克服するために、按察使・惣管・鎮撫使・節度使・観察使など国司と管隷関係をもつ朝使（按察使は厳密には朝使ではないが）が任命されたことなどを指摘した。また、国司による朝使への対捍を防止するために、詔使・官使の区別を定めた天長二年（八二五）五月十日太政官符が出されるまでは、朝使が到来しても致敬礼・下馬礼の基本原則に変化がなかったこと、国司は朝使に対して祇承すべきものとされたが、その具体的な有り様は両者の関係に規定されたことなどを指摘した。総じて、朝使と国司はある種の緊張関係にあったことを明らかにした。

　第四節では、平安時代初期における朝使派遣制度の変質過程をたどってみた。天長元年に「良吏」である受領国司に地方支配を大きく委ねる政策が出され、天長年間（八二四〜八三四）を最後に巡察使が派遣されなくなると、天皇の代替わりごとに派遣される大奉幣使・大祓使・大神宝使を除いて、全国一斉派遣型の朝使は姿を消し、個別派遣型の朝使も派遣回数が抑制されるようになることを指摘した。その後も、必要に応じて交替使・推問使・検損田使・検不堪佃使などを派遣して、受領国司の統制を図ったが、当該期における受領国司の監察は、解由制度を媒介とした財政面を中心とするものに重点が置かれ、朝使の果たした役割は限定的になったこと、十世紀半ば以降までには、交替使など一部を除いて、これらの朝使も姿を消すことを明らかにした。

その後十一世紀になると、「官使」と呼ばれる使者が地方に頻繁に派遣されるようになる。[89] これは天長二年（八二五）五月十日太政官符にいう「官使」とは性格を異にするが、詳しくは今後の課題としたい。

註

（1）渡部育子a「八世紀の遣使」（『律令国司制の成立』同成社、二〇一五年、初出一九九一年）。このほか、同b「大宝令制下の国司監察制度」、同c「『続日本紀』にみえる遣使記事」（ともに同上書所収、初出は順に一九七六年、一九八〇年）、同d「律令制下における陸奥・出羽への遣使について」（高橋富雄編『東北古代史の研究』吉川弘文館、一九八六年）、同e「律令国家の地方医療政策と遣使」（『秋大史学』三八、一九九二年）などもある。

（2）有富純也「百姓撫育と律令国家」（『日本古代国家と支配理念』東京大学出版会、二〇〇九年、初出二〇〇三年）。

（3）拙稿「朝使派遣と国司」（『文化財論叢Ⅲ』奈良文化財研究所、二〇〇二年）。

（4）まず、『令集解』公式令13条に「使人、謂二此止送レ書之使一。非下検二校事一之使上也」（跡記）、「年月日使人位姓名者、令レ付二送文書一之使是。但可二行事一之使、得二官符一行者、件二云々之前一耳」（穴記所引師説）とあるように、A「送レ書之使」「付二送文書一之使」と、B「検二校事一之使」「可二行事一之使」は違うと認識されていた。第五章で触れたように、符は文書の確実な伝達に意が払われた様式であるが、その年月日の下に記入される「使人」がAであった。Bの場合、事実書の前に記入された。

つぎに、『令集解』公式令49条によると、A「送二文書一之使」（跡記）、「送二文書一使」（朱説）が本条の対象であり、B「使人応二専検校一者」（古記）、「巡察・覆囚及推事等使」（令釈、義解）、「推問等使」（朱説）は対象外であったことがわかる。なお、在京諸司の駅馬利用を定めた公式令48条に関して、『令集解』穴記が「又下可レ有下送二文書一駅使上故」と注釈しており、「下」（公式令49条）がA「送二文書一駅使」に関わる条文であるという認識が窺える。

（5）太政官符の末尾にある「但遣レ使之旨、出二於 勅語一。即是等、所謂詔使而已」は、新訂増補国史大系本（普及版）の文字および返り点を一部改めた。坂上康俊「『類聚三代格』」（池田温編『日本古代史を学ぶための漢文入門』吉川弘文館、二〇〇六年）八二〜八三頁、石田実洋「史料集と字体」（『古文書研究』六三、二〇〇七年）七八〜八〇頁参照。

（6）坂上康俊「古代の法と慣習」（『岩波講座日本通史3　古代2』岩波書店、一九九四年）二一二〜二一三頁は、平安時代初頭から「勅」処分を強調する傾向が現れてくることを指摘している。鹿内浩胤「騰勅符の再検討」（『国史談話会雑誌』三一、一九九〇年）も参照。

（7）野尻忠「律令制下の賑給使と地方支配機構」（『史学雑誌』一一〇―九、二〇〇一年）三六〜四一頁。以下、特に断らないかぎり、野尻氏の見解は本論文による。

（8）浅野充「律令国家における京戸支配の特質」（『日本古代の国家形成と都市』校倉書房、二〇〇七年、初出一九八六年）一一三〜一二七頁、筧敏生「班田収授制と畿内」（『名古屋大学文学部研究論集　史学』四一、一九九五年）など。

（9）藤原広嗣の乱『続日本紀』天平十二年（七四〇）九月戊申条、同十月壬戌条、橘奈良麻呂の変『続日本紀』天平宝字元年（七五七）七月庚戌条、同乙卯条、藤原仲麻呂の乱『続日本紀』天平神護二年（七六六）十一月壬戌条、同延暦二年（七八三）正月乙酉条、氷上川継事件『続日本紀』延暦元年閏正月丁酉条、嵯峨上皇崩御『続日本後紀』承和九年（八四二）七月丁未条、承和の変『続日本後紀』承和九年七月乙卯条、同丙辰条、文室宮田麻呂事件『続日本後紀』承和十年十二月丙子条、同戊寅条、文徳天皇崩御『日本文徳天皇実録』天安二年（八五八）八月甲寅条。

（10）屯倉設定『日本書紀』安閑元年七月辛巳朔条、山陵・諸寺・諸社への派遣『類聚国史』『日本紀略』天長四年（八二七）四月癸巳条、『続日本後紀』承和六年（八三九）四月丙子条、『日本文徳天皇実録』斉衡三年（八五六）六月乙酉条、『日本三代実録』貞観三年（八六一）四月十七日条、同十六年二月六日条、新羅使・渤海使来朝の慰労『日本書紀』持統元年（六八七）十二月庚子条、『続日本後紀』承和九年四月丙子条、同嘉祥二年（八四九）四月辛亥条、近衛補任の覆試など『続日本後紀』承和六年八月庚戌朔条、『日本文徳天皇実録』天安元年（八五七）六月壬申条、僧の対読課試『日本三代実録』元慶元年（八七七）十二月九日条。

（11）外交交渉『日本書紀』継体二十三年三月是月条、配流途中の和気清麻呂への勅使派遣『日本後紀』延暦十八年（七九九）二

月乙未条、田租税率の調査『類聚国史』延暦十九年五月癸丑条、両京洪水害の巡検『日本文徳天皇実録』天安二年（八五八）五月丁亥条、推問『類聚国史』弘仁十四年（八二三）十一月壬申条、『日本三代実録』仁和元年（八八五）四月五日条など。このほか、日本に来朝した唐使を指す用例もある（『続日本紀』天平宝字六年五月丁酉条、同八年七月甲寅条）。

(12) 吉川聡「律令制下の文書主義」（『日本史研究』五一〇、二〇〇五年）一三頁。以下、吉川氏の見解は本論文による。

(13) この小事の場合の対応については、『延喜式』太政官式2条に「其考選目録、及請二印六位以下位記一者、中務・式部・兵部三省、不レ経二弁官一、直申二太政官一。（中略）簡下遣二諸国一使人上亦直申」、同式部式上82条に「凡擬レ使者、丞申二大臣一之後、其名簿令下録進二太政官一、史生進中弁官上」と規定されており、これらも参照した。

(14) 同様の理解は、『令集解』仮寧令10条古記でも認められる。令文の「若奉レ勅出レ使」に対して、次のように注釈する。

若奉レ勅出レ使、謂、詔勅定レ名、并令二所司差発一。是太政官以下遣レ使、奉レ勅依レ奉レ使者非也。

これは新訂増補国史大系本によったものであるが、最後の「奉レ勅依レ奉レ使者非也」は意味がとりがたい。公式令49条古記を参照すれば、二つ目の「奉」は字形のよく似た「奏」が正しく、返り点も一部改めて、「奉レ勅依レ奏使者非也」（勅を奉るも、奏に依る使は非也）とみることも不可能ではなかろう。

(15) 吉川真司「律令官僚制の基本構造」（『律令官僚制の研究』塙書房、一九九八年、初出一九八九年）三〇～三一頁など。

(16) 鈴木拓也a「将軍・遣唐使と節刀」（続日本紀研究会編『続日本紀と古代社会』塙書房、二〇一四年）一七七～一七九頁。このほか、瀧川政次郎「節刀考」（『國學院大学政経論叢』五―一、一九五六年）、北啓太「律令国家における将軍について」（笹山晴生先生還暦記念会編『日本律令制論集　上』吉川弘文館、一九九三年）、鈴木拓也b「古代における将軍の展開と変質」（『ヒストリア』二一八、二〇〇九年）も参照。

(17) 寺内浩「受領考課制度の成立」（『受領制の研究』塙書房、二〇〇四年、初出一九九二年）二二五～二二七頁、有富純也「摂関期の地方支配理念と天皇」（註(2)著書所収、初出二〇〇七年）一七九～一八四頁など。

(18) 佐藤泰弘「受領の成立」（吉川真司編『日本の時代史5　平安京』吉川弘文館、二〇〇二年）など参照。

(19) 大山誠一「古代駅制の構造とその変遷」（『史学雑誌』八五―四、一九七六年）。

(20) 中大輔「平安初期における律令交通システムの再編」（『国史学』一九一、二〇〇七年）一一六〜一一七頁。

(21) 林陸朗「巡察使の研究」（『上代政治社会の研究』吉川弘文館、一九六九年、初出一九五七年）、渡部育子註(1)b論文、笠井純一「平安初期国司監察制度の展開をめぐって」（『ヒストリア』七〇、一九七六年）、中村光一「平安初期地方政策に関する一考察」（『史境』一三、一九八六年）、有富純也註(2)論文など。

(22) 平野邦雄「クラ（倉・庫・蔵）の研究」（九州歴史資料館編『大宰府古文化論叢　上』吉川弘文館、一九八三年）。

(23) 武井紀子「日唐律令制における倉・蔵・庫」（大津透編『日唐律令比較研究の新段階』山川出版社、二〇〇八年）一三一頁。以下、本項における武井氏の見解は本論文による。

(24) 瀧川政次郎「検税使大伴卿」（『万葉律令考』東京堂出版、一九七四年、初出一九七〇年）二〇〇頁、丸山裕美子「万葉律令考補」（『美夫君志』八七、二〇一三年）五頁など。ただし、瀧川論文二一〇頁では、「律令で倉蔵・正倉といえば、穀倉に限られ、庫といえば大体武器を収蔵する武庫、兵庫を意味した。検税使が開扉せしめて検勘したのは倉のみであって、庫には及ばなかったと思う。庫を開扉せしめて、器仗を検したのは巡察使であって」と述べ、巡察使に器仗の校勘を命じた『続日本紀』霊亀元年（七一五）五月甲午条（表9№17）をあげている。この文章をみると、瀧川論文は②にいう巡察使を検税使だけに限定していなかったと考えられる。なお、『万葉集』巻九―一七五三・一七五四番歌の題詩に「検税使大伴卿登二筑波山一時歌一首并短歌」とあり、「検税使大伴卿」が誰を指すのか議論があった。丸山論文三〜八頁は、大伴旅人とする説を支持した上で、日本令では巡察使が検税使を兼ねる規定となっている点に着目し、養老六年（七二二）の夏、従三位大伴旅人がきたるべき対蝦夷戦争に備え、特に選ばれて常陸国に検税のために派遣された、という注目すべき指摘をしている。

(25) 野尻忠「倉庫令にみる律令財政機構の特質」（池田温編『日中律令制の諸相』東方書店、二〇〇二年）三四三〜三四四頁。

(26) 丸山裕美子註(24)論文五頁。

(27) 佐藤全敏「弾正台と日本律令国家」（『日本史研究』六〇一、二〇一二年）一八〜二二頁。なお、弾正台のうち尹（長官）・弼（次官）のみ、中央・諸国すべての官人の非違を弾奏することになっていたが、直接巡察するわけではない。尹・弼が諸国をも管轄範囲に含んでいるのは、官人が害政・抑屈に関する告言をしてきた場合に、弾正台が受理し天皇に奏聞する（公式令

65条）ためである。なお、弾正台は実態として畿内にも派遣されることがあった（古い事例としては、『続日本紀』大宝元年十一月丁丑条）。ただし本論文が述べるように、弾正台の畿内への派遣が一般化するのは九世紀以降とみるべきであろう。

(28) 前田禎彦「古代の裁判と秩序」（『岩波講座日本歴史5　古代5』岩波書店、二〇一五年）一八六～一八七頁など参照。

(29) 儀鳳三年（六七八）度支奏抄・同四年金部旨符に、覆囚使に官物を毎年調査させることがみえる。大津透「唐律令国家の予算について」（『日唐律令制の財政構造』岩波書店、二〇〇六年、初出一九八六年）六〇～六一頁。

(30) 雷聞「唐開元獄官令復原研究」（天一閣博物館・中国社会科学院歴史研究所天聖令整理課題組校証『天一閣蔵明鈔本天聖令校証　附唐令復原研究　下』中華書局、二〇〇六年）六一一頁。

(31) 林陸朗註(21)論文六三～六五頁、曾我部静雄『律令を中心とした日中関係史の研究』（吉川弘文館、一九六八年）二九一～二九六頁、日野開三郎「観察処置使について」（『日野開三郎東洋史学論集3　唐代両税法の研究　前篇』三一書房、一九八一年）一八〇～二〇四頁、池田温「採訪使考」（『第一届国際唐代学術会議論文集』台湾学生書局、一九八九年）、鄭炳俊「唐代の観察処置使について」（『史林』七七―五、一九九四年）四二～四七頁、任大熙「右御史台と諸道按察使について」（西嶋定生博士追悼論文集編集委員会編『西嶋定生博士追悼論文集　東アジア史の展開と日本』山川出版社、二〇〇〇年）など。

(32) 瀧川政次郎『律令の研究』（刀江書院、一九三一年）七二六頁が、その可能性をいち早く指摘している。北宋天聖令の発見によって、その可能性は一段と高まったと考えられる。

(33) 三上喜孝「北宋天聖雑令に関する覚書」（『山形大学歴史・地理・人類学論集』八、二〇〇七年）九四～九五頁。

(34) 東野治之「『延喜式』にみえる遣外使節の構成」（『遣唐使と正倉院』岩波書店、一九九二年）。

(35) 征夷使は宝亀十一年（七八〇）から延暦十二年（七九三）まで「征東使」と呼ばれたため（松本政春「征夷使と征東使」『律令兵制史の研究』清文堂出版、二〇〇二年、初出一九八八年）、本規定が天平宝字末年頃に定められたとみても矛盾しない。

(36) 渡部育子註(1)b論文一八四～一八七頁など。

(37) 今泉隆雄「按察使制度の一考察」（『国史談話会雑誌』一三、一九六九年）八頁が指摘するように、戸令33条の記す「国守、毎㆑年一巡㆓行属郡㆒」という訪察基準を、より具体的かつ詳細なものに改定したものである。

(38) 笠井純一「観察使に関する一考察」(『続日本紀研究』一九四・一九五、一九七七・一九七八年)(上)六頁。

(39) 川尻秋生「口頭と文書伝達」(平川南他編『文字と古代日本2　文字による交流』吉川弘文館、二〇〇五年)は、朝集使に対する口頭宣告の重要性を指摘しており、注目される。

(40) 山里純一「正倉検校の実施形態」(『律令地方財政史の研究』吉川弘文館、一九九一年、初出一九八四年)一五八～一五九頁。

(41) 亀田隆之「七道検税使の算計」(『奈良時代の政治と制度』吉川弘文館、二〇〇一年、初出一九八三年)一六四～一六六頁。

(42) 亀田隆之「検税使」(註(41)著書所収、初出一九八三年)一四一～一四三頁。

(43) 阿部猛「問民苦使について」(『平安前期政治史の研究　新訂版』高科書店、一九九〇年、初出一九六一年)、木本好信「問民苦使発遣とその政治的背景」(『藤原仲麻呂政権の基礎的考察』高科書店、一九九三年、初出一九七四年)など。

(44) このときの問民苦使の派遣時期は、やや不明確なところがある。『日本後紀』延暦十八年(七九九)十一月甲子条に、

勅、先遣二問民苦使一、採二訪政迹一、思下明二激揚一、以厳中黜陟上。今閲二使状一、違犯者多。理須三峻レ刑、永懲二後輩一。但以、泣レ辜解レ網、叡哲良規、宥レ過刑レ故、古今通典。去延暦十四年、簡二差使者一、擬レ遣二巡察一、慮二彼自新一、未二拠発遣一。而慢レ法不レ悛、縦レ慾无レ厭。此而可レ原、孰不レ可レ恕。其延暦十五年以還、有レ犯国司以下、宜三依レ法断、以懲二将来一。但犯二佃田一三町以下、及駈二使兵士一者、特従二寛宥一。其十四年以往所レ犯、積習已久、卒難二洗盪一。宜下事無二軽重一、一従中原免上。

とあり、延暦十四年に巡察使を任命したが、国司らの自省を期待して派遣を取りやめた(『日本紀略』延暦十四年閏七月丙申条・同八月甲午条も参照)。しかし、状況が改善されないため、問民苦使を派遣したところ、多くの違反者が摘発されたという。問民苦使の派遣時期は「先に」と記すのみである。阿部猛氏は、「東海道問民苦使式部大丞正六位上紀朝臣広浜」(『類聚三代格』弘仁二年九月二十四日太政官符)に着目し、『公卿補任』大同四年(八〇九)条にある紀広浜の尻付に、「延暦十四二八長門介、十六年少判事、同年六月六式部大丞、九月四日勘解由使」とあることから、紀広浜が式部大丞であった期間は延暦十六年六月六日から九月三日までの間とし、延暦十六年に問民苦使が派遣された可能性を指摘している。だが阿部氏自身断るように、『日本後紀』に関係記事はみえず、『公卿補任』の信憑性の問題もある。また、『公卿補任』に依拠した場合であっても、九月四日に勘解由使に任命されたからといって、式部大丞をやめたとは限らない。笠井純一氏が明らかにしたように、成立期の

勘解由使は宣旨職であり、本職をもつのが一般的であったためである。東海道問民苦使紀広浜の解を受けて延暦十九年十月三日太政官符が出されたこともあわせて、問民苦使は延暦十八年に派遣されたとみてよかろう。阿部猛註(43)論文一一八～一一九頁、笠井純一「勘解由使職制の変質」（宮川秀一編『日本史における国家と社会』思文閣出版、一九九二年）。

(45) このほか、『類聚三代格』延暦五年四月十九日太政官奏にも注目したい。これは国司黜陟の基準をなす条例の作成を命じた同年四月十一日勅を受けて、太政官が善状八条・悪状八条を定めて奏聞したものである。そのなかには、善状として「且守且耕、軍粮有レ儲」と「辺境清粛、城隍修理」が、悪条として「逃失数多、克獲数少」と「統摂失レ方、戍卒違レ命」があがる。これらは当該期の重要課題であった征夷を意識したものである。延暦年間（七八二～八〇六）前半に巡察使が派遣されたことが確認できないので、この一六条が巡察使に関わるものとは断定できないが、一応注意しておきたい。

(46) 坂江渉「律令国家の農民規範と浮浪・逃亡」（『日本古代国家の農民規範と地域社会』思文閣出版、二〇一六年、初出一九九七年）九〇～九一頁。

(47) 瀧川政次郎註(24)論文一九八～一九九頁も、「巡察の事条が検税に限られているものは検税使であり、巡察の事条が囚獄の覆審に限られているものは覆囚使であり、巡察の事条に百姓の疾苦するところを問えとあった場合は、その使は問民苦使と呼ばれるのである」と指摘している。

(48) 有富純也註(2)論文二五頁は、「律令国家は、国司に勧農や賑給を命じ、使者を派遣して百姓の辛苦を尋問するなどの行為を通じて、天皇の「仁」を百姓に示すという、儒教的イデオロギー政策の実施を試みたのである」と述べており、本章でいう(B)民政への積極的な関与の重要性を指摘している。

(49) 瀧川政次郎註(24)論文一九九～二〇〇頁。

(50) 笠井純一「天長・承和期における地方行政監察について」（井上薫教授還暦記念会編『日本古代の国家と宗教　下』吉川弘文館、一九八〇年）二六二頁。

(51) 律令研究会編『訳註日本律令五　唐律疏議註訳註篇一』（東京堂出版、一九七九年、滋賀秀三訳註）三一九～三二六頁。

(52) 吉川真司「律令官司制論」（『日本歴史』五七七、一九九六年）七～九頁。

(53) 巡察使と類似した職掌をもつ弾正台の場合、「巡二察内外一、糺二弾非違一」を職掌とした（職員令58条）。
(54) 符式を定めた公式令13条に「太政官下レ国符式。省台准レ此」とあるように、中央の太政官・八省・弾正台は国司に対して符を下すことになっていた。これによって、管隷関係にあったことがわかる。
(55) 坂元義種「按察使制の研究」（『ヒストリア』四四・四五、一九六六年）、今泉隆雄註(37)論文、渡部育子註(1)b論文など。
(56) 渡部育子「陸奥国の按察使について」（渡辺信夫編『宮城の研究　二』清文堂出版、一九八三年）、中村光一「陸奥出羽按察使の再検討」（井上辰雄編『古代中世の政治と地域社会』雄山閣出版、一九八六年）、鈴木拓也「古代陸奥国の官制」（『古代東北の支配構造』吉川弘文館、一九九八年、初出一九九四年）四〇～四九頁など。
(57) 二星潤「八世紀にみえる按察使」（『続日本紀研究』三七三、二〇〇八年）は、神亀四年（七二七）の巡察使派遣をもって按察使が衰退していくとみる通説に対して、巡察使と按察使は補完し合って機能したこと、神亀年間以降に『続日本紀』に任官記事のある按察使は例外的なもので、赴任している例や国守と按察使の関連も窺えることから、按察使は制度として機能していたことを主張している。
(58) 北啓太「天平四年の節度使」（土田直鎮先生還暦記念会編『奈良平安時代史論集　上』吉川弘文館、一九八四年）、中尾浩康「天平期の節度使に関する一考察」（『続日本紀研究』三八八、二〇一〇年）など。
(59) 大原良通「唐の節度使と日本の遣唐使」（『史泉』七七、一九九三年）四五～四六頁、中尾浩康註(58)論文一三頁など。なお、中尾論文は「（畿内惣管・諸道鎮撫使から―筆者註）節度使への移行は、惣管・鎮撫使の保有する武的・警察的権限以上の軍事的権限が更に必要であったが故と考えられる」という注目すべき指摘をおこなう。天平期の節度使について、軍の統帥権はなかったという見解がままみられるが、成立しがたいであろう。
(60) 数多くの研究があるが、代表的研究として、笠井純一註(38)論文をあげるにとどめる。
(61) 長山泰孝「勘解由使設置の意義」（『律令負担体系の研究』塙書房、一九七六年、初出一九六二年）、福井俊彦『交替式の研究』（吉川弘文館、一九七八年）一二四～一三二頁。
(62) 笠井純一註(38)論文（上）九～一〇頁。

(63) 笠井純一註(38)論文（下）三〜六頁。

(64) 以下に取り上げる儀制令9〜11・18条に関しては、喜田新六『令制下における君臣上下の秩序について』（皇學館大学出版部、一九七二年）四七九〜五〇〇頁、大隅清陽「儀制令と律令国家」（『律令官制と礼秩序の研究』吉川弘文館、二〇一一年、初出一九九二年）一九九〜二一三頁を特に参照した。また、儀制令11条に関しては、坂本太郎「郡司の非律令的性格」（『坂本太郎著作集7　律令制度』吉川弘文館、一九八九年、初出一九二九年）二七九〜二八〇頁、井内誠司「律令制的国郡制の再検討」（虎尾俊哉編『律令国家の地方支配』吉川弘文館、一九九五年）九八〜一〇三頁なども参照。

(65) 帳内・資人に関わる用法と極めて近いものとして、天平三年（七三一）設置の大惣管・副惣管に支給された傔杖、鎮撫使に支給された随身に対して求められた「負二持弓箭一、朝夕祗承」がある（『続日本紀』同年十一月癸酉条）。

(66) 瀧川政次郎「伊勢国計会帳と大神宮」（『神道史研究』一一―四・五、一九六三年）（下）二二一〜二二六頁、西宮秀紀「奈良時代の奉幣の使の実態」（『律令国家と神祇祭祀制度の研究』塙書房、二〇〇四年、初出二〇〇〇年）二九九〜三〇一頁。

(67) 政権中枢の変化に着目すれば、次のようなものが指摘できよう（ただし№31は問民苦使である）。№10（十日前の持統上皇崩御。藤原不比等の子房前の巡察使任命）、№24（前年の藤原四兄弟の死。橘諸兄政権の誕生）、№31（半年前の橘奈良麻呂の変。仲麻呂の子浄弁の問民苦使任命）、№36（二年前の藤原仲麻呂の乱。一年前の道鏡の太政大臣禅師就任）、№41（二ヵ月前の桓武天皇即位）、№42（一年四ヵ月前の淳和天皇即位）。以上、政権中枢の交代期に巡察使（問民苦使も含む）が派遣されることが多かったのは、新たな政治にあたって、地方情勢を直接把握することが求められたためと考えられる。

(68) 笠井純一註(21)論文六〜八頁。

(69) 九世紀の地方支配を特徴づける「良吏」については、佐藤宗諄「平安初期の官人と律令政治の変質」（『平安前期政治史序説』東京大学出版会、一九七七年、初出一九六四年）による問題提起に始まり、多くの研究がある。ここでは比較的初期の研究として、亀田隆之「良吏政治」（『日本古代制度史論』吉川弘文館、一九八〇年、初出一九七八年）をあげるにとどめる。

(70) 有富純也註(2)論文二九〜三〇頁が指摘するように、天長の巡察使は国司監察に関わる②のみを職掌とし、百姓撫育に関わる①③を職掌として欠く点で、八世紀の巡察使から大きく変化したといえる。

(71) 笠井純一註(21)論文二六一頁。

(72) 畿内を対象とした弘仁十二年（八二一）十月十日太政官符（『類聚三代格』天長六年六月二十二日太政官符所引）に「校田・班田、遣レ使為レ例。今聞、累年不レ稔、百姓彫弊。若准レ例遣レ使、百姓弥苦。此廻班田、令二国司行一」とあるように、朝使派遣にともなう百姓の負担を減らすために、朝使を派遣することもあった。しかし、百姓の負担の大きさは従前から変わらず、特に九世紀になって朝使を停止する理由とはならない。たしかに当該期には、弘仁六年十一月二十七日太政官符（『類聚三代格』弘仁九年六月十七日太政官符所引）を皮切りに、路次諸国の負担を除去するという理由で、これまで独自に中央へ派遣されていた四度使を合併する動きがみられる（『類聚三代格』巻十二諸使并公文事所収の太政官符など参照）。しかし、これも第一義的には、四度使上申制度の形骸化を考えるべきであろう。百姓の負担を減らすという目的を軽視するものではないが、これは朝使派遣停止の副次的な要因にすぎない。最大の要因は、受領国司に良吏としての役割を期待し、裁量権を大幅に委ねるにいたった、地方支配の転換に求めるべきである。

(73) 『北山抄』巻十吏途指南は、藤原公任の自筆草稿本と古写本が残っているが、相違点が少なくない。その諸問題は、西本昌弘「『北山抄』巻十の錯簡とその復元」（『日本古代の年中行事書と新史料』吉川弘文館、二〇一二年、初出一九九五年）に詳しい。本章では、自筆草稿本を底本とした、阿部猛編『北山抄注解　巻十吏途指南』（東京堂出版、一九九六年）によった。

(74) もちろん、各種の史料にみえる詔使のすべてが、対捍・謀殺の対象であったり、天長二年太政官符の影響にあったりするものばかりではないが（たとえば『儀式』元正朝賀儀など）、そうした事例が顕著なことは確かである。

(75) 竹中康彦「平安前期における国例の展開」（『ヒストリア』一三八、一九九三年）五九頁。

(76) 森哲也「大宰府九箇使の研究」（『古代交通研究』一、一九九二年）。

(77) ただし実態として、延暦十九年（八〇〇）以降、進上相撲人使以外の「無レ鈴雑使」が陸路を使い続けたわけではなかった。七年後の大同二年（八〇七）、「今貢上雑物、減省過レ半。逓送之労、少二於旧日一、人馬徒多、乗用有レ余」という状況になっている（『類聚三代格』同年十月二十五日太政官符）。これは森哲也註(76)論文三五～三六頁が述べるように、大宰府の貢上雑物使の数が減ったのではなく、陸路による貢進が減少したことを述べたものであろう。いわば陸路から海路への変化を物語っている。こうした変化は大宰府から都に向かう使者に限られず、新任の国司や大宰府官人もまた、海路を使って赴任する機会が増える。すなわち、海路による赴任は、神亀三年（七二六）には六位以下の大宰府官人・西海道諸国司に限られていたが（『続日本紀』同年八月乙亥条）、大同元年（八〇六）以後、山陽道諸国の新任国司も対象とされる（『類聚三代格』同年六月十一日太政官符）。そして最終的には、『延喜式』太政官式17条・民部式下44条にみるように、山陽道では備前以西の国司、南海道では阿波以遠の国司、大宰府では帥・大弐以外の官人、西海道諸国の全国司が海路を使って赴任するにいたる。

(78) このような広い意味での治水に関わる朝使派遣については、亀田隆之「治水関係派遣諸使の考察」（『日本古代治水史の研究』吉川弘文館、二〇〇〇年、初出一九八八年）による検討がある。

(79) 『日本三代実録』貞観元年（八五九）四月二十一日条、同四年三月四日条、同八年七月九日条、同元慶三年（八七九）九月四日条など。

(80) 佐々木恵介「摂関期における国司交替制度の一側面」（『日本歴史』四九〇、一九八九年）。このほか、菊池礼子「令任用分付実録帳と交替実録帳」（『古代文化』二七―四、一九七五年）、吉岡眞之「検交替使帳の基礎的考察」（『古代文献の基礎的研究』吉川弘文館、一九九四年、初出一九七五年）なども参照。以下、佐々木氏の見解は本論文による。

(81) 井上満郎「将門の乱と中央貴族」（『平安時代軍事制度の研究』吉川弘文館、一九八〇年、初出一九六七年）、下向井龍彦「推問使」（『平安時代史事典　上』角川書店、一九九四年）、松本裕之「推問・勘問と推問使について」（『駒沢史学』五一、一九九八年）、川見典久「推問使の派遣と地域支配」（『続日本紀研究』三四四、二〇〇三年）など参照。

(82) ①『続日本紀』延暦三年（七八四）三月丙申条、『日本後紀』弘仁五年（八一四）閏七月壬午条、②『日本文徳天皇実録』斉衡二年（八五五）閏四月丙午条、同天安元年（八五七）正月乙卯条、『日本三代実録』貞観元年（八五九）十二月二十七日条、③『日本文徳天皇実録』天安元年正月乙卯条、④『日本文徳天皇実録』天安二年六月甲辰条、⑤『日本三代実録』貞観三年七月十四日条、⑥『日本三代実録』貞観十一年十月二十六日条、⑦『日本三代実録』仁和元年（八八五）十二月二十二日条、同三年六月八日条、⑧『日本三代実録』仁和二年五月十二日条。以上の推問使の派遣にいたった受領の非違とは、新羅人と謀反（⑥）、焼亡・焼殺（⑦）、官物の犯用（①）、課丁を大帳に付さなかったこと（⑤）、印匙・駅鈴などの奪取（⑧）などである。

(83) 註(82)の事例をもとに述べれば、解任（①、④）、免官爵（②）、禁固（③）、徒以下（⑤。ただし恩赦）、遠流（⑥）となる。なお⑦は処分が下る前に受領国司が死去している。
(84) 註(82)の事例をもとに述べれば、不敬（①）、対捍（⑦）、謀殺（②）がその理由である。
(85) 川見典久註(81)論文。
(86) 十世紀後半にまとめられた『西宮記』巻十五諸国詔使事では、「詔使」として「検交替・損・不堪等之類」をあげる。なお、延長二年（九二四）九月二十二日太政官符（『政事要略』天暦七年七月五日宣旨所引）によると、畿内・近江・丹波などの諸国に限られるが、賑給使が派遣されたことが知られる。しかし野尻忠註(7)論文四八頁が指摘するように、これは十世紀における諸国賑給の唯一の事例で、特殊なものとみるべきであろう。
(87) 有富純也「九・十世紀の不堪佃田・損田と律令官人給与制」（註(2)著書所収）。佐藤宗諄「王朝儀式の成立過程」（註(69)著書所収、初出一九七二年）も参照。
(88) 岡田荘司「即位奉幣と大神宝使」（『平安時代の国家と祭祀』続群書類従完成会、一九九四年、初出一九九〇年）、三宅和朗「諸国大祓考」（『古代国家の神祇と祭祀』吉川弘文館、一九九四年、初出一九九〇年）など。
(89) 研究史も含めて、小原嘉記「平安後期官使派遣の特質」（『ヒストリア』一九二、二〇〇四年）参照。

付論三　弘仁・天長の畿内国別当

はじめに

日本律令国家の地方支配は、国―郡―里制の枠組みが基本である。これに対し西海道諸国では、国と中央政府の間に大宰府が介在しており、若干状況を異にする。このような体制が恒常的にとられたのは、議論の多い七世紀段階の総領制を除けば、基本的に西海道諸国のみである。しかし臨時的な場面に目を向けるならば、それに比較し得る体制が皆無ではなかったことを知る。そのひとつが、平安初期の一時期にのみ登場する畿内国別当である。この付論では、従来あまり着目されなかった畿内国別当を取り上げ、その設置事情を中心に考察したい。

第一節　畿内国別当の史料

畿内国別当を正面から取り上げた研究者は、わずかに森田悌・笠井純一・安田政彦の三氏のみである。また、渡辺直彦氏が「回顧と展望」で森田著書に触れ、短文ながら重要な指摘をしている(1)。これら先行研究において、畿内国別当に関する史料ないしその可能性がある史料とされているのは、以下のものである。

【史料1】『類聚国史』天長三年（八二六）正月乙未条

幸二芹川野一遊猟。従四位下〔上〕源朝臣信為二侍従一。**山城国別当**中納言従三位清原真人夏野、率二国司一、聊献レ物。賜二群臣及国司判官以上衣被一。

【史料2】天長三年（八二六）五月三日太政官符（『類聚三代格』貞観十年六月二十八日太政官符所引）

太政官天長三年五月三日下二河内国一符偁、**別当**正三位行中納言兼右近衛大将春宮大夫良峯朝臣安世奏状偁、前年之間、水旱相仍、百姓凋瘁。或合門流移、或絶戸死亡。風俗由レ厥長衰、郡吏以之逃散。所以頃年、以二諸司主典一任二用郡司一、至レ有二闕怠一、必加二刑罰一。雖下各拠二時格一、以望中爵級上、而不レ忍二彼恥一、遂致二逃遁一。凡決二罰郡司一、法家不レ聴、格式無レ有。伏請、主典以上被レ補二郡司一、若有二罪過一、依レ法令レ贖。然則、不レ去二其職一、必致二経遠之図一。但自余郡司、不レ改二前例一者。

【史料3】天長三年（八二六）五月三日太政官符（『類聚三代格』元慶三年七月九日太政官符所引）

謹案二太政官去天長三年五月三日符一偁、**別当**正三位行中納言兼右近衛大将春宮大夫良峯朝臣安世奏状偁、往年之間、堤防浸決、邑居漂没、良田久荒、農夫失レ業。方今、堤防漸修、水門一定、地脈新分、百姓競点。若レ是任レ意、聴二其耕作一、富強専レ利、貧弱少レ得。望請、随二得レ地之数一、定二多少之法一、令三各修二理堤防一。仮令、給二一町之地一、修二理一丈之堤一。不レ加二公労一、令二堤防全一之術也。若得レ地之後、不レ事二堤防一、随則還レ公者。

【史料4】『公卿補任』寛平七年（八九五）条

大納言正三位源能有五十一。左大将、東宮傅。八月十六日、兼二民部卿一。十二月三日、**五畿内諸国別当**。

【史料5】大和国益田池碑銘幷序

（前略）粤、有二益田池一。（中略）去弘仁十三年仲冬之月、**前和州監察**藤納言弐・紀太守末等、慮二亢陽之可一レ支、歎二膏腴之未レ開、占二斯勝処一、奏請之、綸詔即応。爰則、令二藤紀二公及円律師等勠レ功、未レ幾、皇帝遊二駕汾襄一、藤公従之辞レ職、紀守亦遷二越前一。今上膺二堯揖譲一、馭二舜宝図一、照二玉燭乎二儀一、撫二赤子於八嶋一、簡二伴平章事国一、代検二国事一、並抜二藤広一任二刺史一、両公検二校池事一。（後略）[2]

【史料6】『類聚国史』弘仁十三年（八二二）十二月甲寅条

中納言従三位（兼）行春宮大夫左衛門督陸奥出羽按察使良岑朝臣安世上疏曰、云々。又河内国、諸家庄園、往々而在。土人数少、京戸過多。伏望、不レ論二京戸・土人一、営二田一町一者、出二挙正税卅束一、云々。許之。

【史料7】『類聚三代格』天長二年（八二五）五月十日太政官符

（前略）其巡察・覆囚・検税・交替・畿内校班田・**問民苦**幷訴等使、並准二詔使之例一。（後略）

このうち「国別当」と明記するのは史料1・4のみである。しかし、史料1は山城一国だけに関わるのに対し、史料4は「五畿内諸国」全般を対象とする。任じられた者も公卿で共通するとはいえ、史料1は中納言であるが、史料4は大納言でわずかながら高い。史料1・4は時期的に大きく隔たっていることからも、両者は区別して論じる必要がある。この付論で主として取り上げるのは、史料1の国別当である。史料1によると、中納言から任命された国別当は国司を率いて物を献じているが、具体的な職掌はよくわからない。

さらに森田悌氏が指摘したように、史料2・3の「別当」についても、史料1と同じ時期のものであり、中納言が任命されていることから、国別当とみて間違いあるまい。史料2・3は河内国に関する内容であるので、良峯安世は河内国別当であったと考えられる。史料2では郡司の補任・決罰を、史料3では堤防修理を提言する。

笠井純一氏は、史料1〜3のほかに、史料5〜7も国別当に関係すると指摘している。まず、史料5は大和国益田池造営の経緯を伝えたものである。「和州監察」の職にあった「藤納言弐」は、従三位権中納言の藤原三守を指す[3]。その後任の「伴平章事国」は、従四位上参議の大伴国道であり、藤原三守に代わって「国事」を検じている。このように公卿が国守の上に立って国政を指揮する立場にあると同時に、池溝の開発にも関与しており、史料3と共通する。このことから笠井氏は、「和州監察」は大和国別当と考えられるとした。なお、益田池の造営状況について一言触れておくと、弘仁十四年（八二三）正月二十日に築造料として新銭一〇〇貫が大和国に与えられており（『日本紀略』同日条）、それ以後本格化するとみられる。

つぎに史料6について。笠井氏は、中納言の良峯安世が河内一国の出挙に関する新政策を提言し、その政策内容は史料3と共通することから、国別当の立場から出したものと考え、弘仁十二年から天長三年（八二六）まで、安世は一貫して河内国別当であった可能性を指摘している。

最後の史料7は朝使を詔使・官使に分類する太政官符で、第十章で詳しく取り上げたものである。ここで「問民苦」使は、性格の類似した「巡察使」と併記されており、「畿内校班田」使の次に配列されている。また、寛平八年（八九六）にも「問山城国民苦使」の存在が確かめられる（後述）。これらのことから笠井氏は、史料7の「問民苦」使は畿内に限って遣わされた可能性があるとし、その実態は畿内国別当であるとみた。

これに対して安田政彦氏は、以上の諸史料が必ずしも畿内国別当に関わるものとはいえないと疑問を呈す。まず、史料3について、当時議政官が奏状を出すことは珍しくなく、清原夏野が魚住船瀬（播磨国）の修造について奏状していたこと（『類聚三代格』天長九年五月十一日太政官符）を例にあげ、史料3で安世が河内国のみに関わる提言をしたからといって、それが議政官としての立場によるのか、国別当としての立場によるのかは決めがたいとする。しかしながら、議政官が国別当を兼ねることに意味を見出せるならば、議政官・国別当いずれの立場であったのか、という二者択一の問題設定そのものが必要なくなるであろう。

つぎに、史料6についても、安田氏は疑問を述べる。その上疏には「云々」という省略箇所があり、「又河内国」とつないでいることから、その省略された中身が河内国以外の事柄であった可能性が高いとする。したがって、史料6で河内国に関する奏状があるからといって、それが河内国別当としての立場によるものとは断定できないとした。また、史料6で安世の肩書きに「別当」という文言がみえない点にも注意を促す。

このうち前半部分の批判点については、この上疏が国別当・議政官のどちらの立場によるのかという設定に同じく問題があり、直ちに従うことはできない。史料6は国別当・議政官の双方の立場が混ざり合わさった上での上疏であり、省略部分の中身が何であれ構わない。また、後半部の疑問は一理あるが、天長三年の時点で安世が河内国別当である以上、すでに三年半前の弘仁十三年十二月から国別当であった可能性は依然として残る。

このように筆者は、安田氏の批判にもかかわらず、史料3・6も国別当に関する史料とみて差し支えないと考える。一方、安田氏は特に言及していないが、史料7の「問民苦」使については再検討の余地がある。全国に派遣された「訴」使（推問使のこと）の直前に書かれており、畿内のみに派遣されたとは必ずしもいえないからである。しかし意味もなく、「問民苦」使と「巡察」使の二つをあげたとも考えにくい。結局のところ、実例で判断するより他に解決の方法はない。そこで次の『類聚国史』天長七年三月乙酉条に注目したい。

　巡察使、出㆓摂津国乗稲二万八千三百束㆒、充㆘開㆓河辺郡勅旨田㆒料㆖。

「巡察使」といえば、畿内と七道を単位として派遣されるのが通常である[4]。だが全国一斉派遣型の巡察使については、笠井氏も述べるように、天長五年正月二十七日の恩免の詔書（『類聚三代格』同年八月九日太政官符所引）が出た時点をもってほぼ終了したとみられる。それ以後、巡察使に関わるのは本史料のみであり、やや特異といえる。この「巡察使」が摂津国に派遣されている点に注目するならば、寛平七年（八九五）の「問山城国民苦使」

と同じく、畿内のある特定の国に遣わされた可能性が出てこよう。天長年間（八二四～八三四）に五畿内の各国に派遣された「巡察使」が想定されるとすれば、それこそ史料7の「問民苦」使にほかならない。

ところが、国別当が「問民苦」使と呼ばれたのかといえば、次節で述べる次の二点からみても疑問である。第一は、寛平年間（八八九～八九八）のこととはいえ、「五畿内諸国別当」と「問山城国民苦使」は併存しており、両者は明らかに区別されている点である。第二は、国別当はおそらく在京するのが基本であり、中央から諸国に派遣された朝使とは異なる点である。したがって、史料7は国別当の史料からは除外したい。

第二節　公卿による治水・校班田への関与

前節の考察を踏まえ、史料1～3・5・6をもとに、弘仁・天長の畿内国別当の役割を考えてみたい。

わずか五点の史料とはいえ、史料3・5のように治水に関わるものが二点みられる点は重要であり、国別当の性格を暗示している可能性がある。安田政彦氏も仮に両史料を国別当の史料と認定した上での試案としながらも、弘仁末年から天長初年の災害状況と水利事業との関連に着目して、国別当は「国司と協力して大規模な水利事業を推進するための監督官的役割」を担った可能性があると指摘している。この安田氏の推測は、次の『続日本紀』宝亀五年（七七四）九月辛酉条に着目することによって、より確かな見解として認めることができる。

遣二使於五畿内一、修二造陂池一。並差二三位已上一、以為二検校一。国一人。

使（朝使）を五畿内に派遣して陂池を修造させるとともに、三位以上を選んで、国ごとに一人ずつ「検校」にするという内容である。[5] 朝使が実際に五畿内に派遣されたことは間違いないが、三位以上はおそらく在京のまま監督したとみられる。新日本古典文学大系『続日本紀四』補注33二二が指摘するように、当時の構成員からみて、三位以上は参議が中心であったと考えられる。この点において、公卿から任命された国別当との類似性が看て取れる。また史料5では、国別当である「和州監察」の職掌を「検二国事一」と表現し、その具体的内容として「検二校池事一」をあげるが、これは右の宝亀五年条にいう陂池の「検校」に通じることも傍証となる。

この宝亀五年九月二十五日の措置は、同月六日における「令三天下諸国修二造溝池一」と関係する。全国に溝池の修造を命じた翌七日、覆損使を天下諸国に派遣しており（以上『続日本紀』同日条）、この頃、水旱虫霜などの被害が広がっていたことが判明する。そのため溝池の修造を全国に命令したわけであるが、こと畿内に限っては陂池修造の朝使を派遣したことになる。畿内の治水事業に対する律令国家の関心は高く、しばしば治水を目的に朝使を派遣しているが、(6)宝亀五年もまた例外ではなかったのである。しかも朝使の派遣に加え、三位以上の高官を「検校」に任じている点は注目に値する。

いま問題の弘仁・天長期についても、頻発する自然災害が記録されており、治水に関わる政策が多く出された時期であった。(7)宝亀五年の先例もあって、公卿が畿内の治水に直接乗り出すことは十分にあり得る。

このように弘仁・天長の国別当は、宝亀の「検校」と共通する点があるが、相違点についても言及しなければならない。それは、宝亀五年には三位以上の「検校」とは別に朝使を派遣したのに対し、国別当の在任中は朝使を派遣しなかったとみられる点である。すなわち、史料5には益田池の築造に携わった者の名前がみえるが、国別当と国守以外には僧侶の円律があがるのみで、中央から朝使を派遣した形跡はない。『日本紀略』天長三年（八二六）正月丙申条にも「和泉国令レ築二池五処一。従二民望一也」とあり、朝使を派遣したことはみえない。

一方、国別当が史料に登場する以前、『日本紀略』弘仁十一年（八二〇）二月己丑条に「遣レ使、築二大和国高市郡泉池」とあるように、朝使を派遣しているのである。もちろん、畿内の治水事業に際して、常に朝使を派遣して対処する必要があるわけではない。たとえば『類聚三代格』弘仁十一年七月一日太政官符にみるように、国司に対して堰の検校を命じた場合もある。しかし少なくとも、国別当の存在した期間に、治水に関わって朝使が派遣された形跡がないことは事実であり、この点には注意を払っておきたい。

さて、国別当が治水事業に関与しているならば、つぎに校田・班田との関連も検討する必要が出てこよう。亀田隆之氏が指摘するように、治水事業と校田・班田は密接不可分の関係にあったと考えられるためである[8]。

国別当の設置が校田・班田と関連するという見通しは、早く渡辺直彦氏によって示され、安田政彦氏もそれを是認しているが、両者ともに憶測にとどまる。具体的に考察したのは笠井純一氏である。公卿による畿内国守の兼任ならびに国別当の在任時期が、班田制遂行の上で重要な意味をもつ時点に重なっていると指摘し、「弘仁十二年の班田にあたって、王臣家・富豪層の経済活動に歯止めをかけ、校班田の任を付与された国司をバックアップすることを一目的として、従来の公卿国守制の延長線上に設置されたのではないか」と述べる。

この笠井説の特徴は、国別当と公卿の畿内国守兼任を関連づけたところにある。しかし、この考え方に対しては安田氏の批判があるため（後述）、改めて検討する必要がある。そこで以下、笠井氏とは別の論拠をもって、国別当が校田・班田と密接な関係をもっていることを明らかにしたい。

さて、畿外諸国では校田・班田ともに国司が担ったが[9]、畿内では原則として校田使・班田使が派遣された。ところが弘仁十二年には、「校田・班田、遣レ使為レ例。今聞、累年不レ稔、百姓彫弊。若准レ例遣レ使、百姓弥苦」という理由で、班田使の派遣をやめて国司に委ねている（『類聚三代格』天長六年六月二十二日太政官符所引弘仁十二年十一月四日太政官符）。しかし、こうした新たな体制は定着せず、天長三年十一月十四日・同四年正月十五日には校田使が、翌五年正月二十日には班田使が任命されている（以上『日本紀略』同日条）。

ここで興味深いのは、国別当の確実な在任期間中に、校田使・班田使が任命されていない点である。このことは国別当の任命と何か関係があるのではなかろうか。

校田使・班田使の廃止・復活という現象は以後もみられたが、元慶年間（八七七〜八八五）の対応に注目したい。元慶二年（八七八）三月十五日・同三年十二月三日、畿内の校田・班田を国司に委ねることにしたが（以上、『日本三代実録』同日条）、その一方で『日本三代実録』元慶三年十二月八日条に次のようにみえる。

> 勅、令三参議正四位下行左大弁左近衛中将近江権守源朝臣舒、検二校山城国班田一。参議正四位下忠貞王、検二校大和国一。正三位行中納言兼民部卿藤原朝臣冬緒、検二校河内・和泉両国一。参議右大弁従四位上兼行肥後権守藤原朝臣山蔭、検二校摂津国一。並身在二京師一、遙摂二其事一、頒二下国司一、聴二其処分一。

ここでは、参議・中納言という公卿に、在京のまま各国の班田業務を検校させている。つまり、班田は畿内の国司がおこなうが、それを監督する役目を京にいる公卿に担わせたのである[10]。こうした公卿による畿内諸国への関与の仕方は、弘仁・天長の国別当とも共通するところがあるといえよう。

実は畿内の校田・班田に公卿が関与するという傾向は、平安時代初期から顕著になる。校田使・班田使の任官者を整理した筧敏生氏の成果を参照すると、延暦五年（七八六）に大和国班田使の長官（左）に参議が任命され、承和十年（八四三）から同十五年にかけて、校田使・班田使の長官のすべてに参議が任じられている点がわかる[11]。

このように平安時代には、畿内の校田・班田に参議・中納言クラスの公卿が関与するのがいわば常態化していた。この点を踏まえるならば、畿内校田使・班田使の派遣されなかった時期に、公卿が国別当に任命されていることは偶然とは考えがたい。国別当は国司の校田・班田業務を監督する役割も期待されたとみるべきであろう。

第三節　畿内国別当の性格

畿内国別当が治水・校田・班田を監督する立場にあったことを論じてきたが、ここで注目したいのは、国別当が存在した確実な期間中に、治水や校田・班田に関わる朝使が畿内に派遣されていない点である。弘仁十二年（八二一）に班田使停止を定めた前掲史料には、「累年不レ稔、百姓彫弊。若准レ例遣レ使、百姓弥苦」と記されている。「百姓弥苦」とあるのは、朝使を派遣すれば逓送・供給役が百姓の重い負担となるためである。そうした配慮が働いたことは確かであろうが、第十章の考察を踏まえるならば、この頃から顕著になる受領国司の権限強化の一環として、朝使の派遣が抑制されるようになる動向との関係も考えられる。

とはいえ畿内は、これまで朝使の派遣頻度が特に高い地域であっただけに、国司に全面委譲するには抵抗があったとみられる。また実際のところ、畿内の国司が校田・班田を単独で実施することは困難であった。畿内では自国の公戸以外にも京戸の口分田を捻出する必要があり、王臣家らの複雑に入り組んだ土地関係への対応も求められるからである（『続日本紀』天平元年十一月癸巳条など）[12]。王臣家・富豪層の利害とも直接関わるだけに、中央政府による一定度の関与は不可避であったに違いない。そこで、朝使に代わる新たな対応策として考え出されたのが、公卿を国別当に任じて、国司のおこなう治水・校田・班田を検校させることであった。

このように考えてよいとすれば、校田・班田を国司に委ねた弘仁十二年十一月に近い時点に国別当は設置され、校田使が再度派遣された天長三年（八二六）十一月には終焉を迎えた可能性が高い。

しかし、国別当の「検校」事項は治水・校田・班田に限られるものではない。このことは、史料2で郡司の補任・決罰について、史料6で出挙について、それぞれ提言している点からも明らかである。国別当は国務全般を監督する立場にあったとみるべきであろう。そこで注目したいのが、畿内国別当の制度的系譜をたどれば、養老三年（七一九）に設置された摂官に遡り、公卿を充てる点では大同年間（八〇六～八一〇）に置かれた観察使の遺制を残す、という笠井純一氏の指摘である。なかでも畿内特有の制度である摂官は、弘仁・天長の畿内国別当に通じる点がある。摂官の概要を整理すると、次のようになろう[13]。

養老三年七月十三日、畿外の数ヵ国を統括する按察使がそれぞれ任命され、九月八日には、正四位下多治比三宅麻呂が「河内国摂官」に、正四位下巨勢邑治が「摂津国摂官」に、正四位下大伴旅人が「山背国摂官」に任命された。摂官の属官は当初「記事」と呼ばれたが、養老五年八月十七日に「検事」に改められる（以上、『続日本紀』同日条）。また、「〇〇国摂官」は「知〇〇（国）事」とも呼ばれた（『公卿補任』神亀三年条など）。養老六年正月二十日、多治比三宅麻呂が配流されると、三月七日に正四位下阿倍広庭が「知河内和泉事」となり、天平四年（七三二）二月二十二日の死亡までその任にあった（以上、『続日本紀』同日条）。摂官の職掌を明記した史料はないが、設置時期の近さからみて、上級国司ともいうべき按察使と類似した職掌をもっていたと推測される。「知〇〇国事」という別称も、国務全般を監督する立場にあったことを窺わせる。摂官はいずれも四位の高位者であり、中納言（巨勢邑治、大伴旅人）・参議（阿倍広庭）という公卿も含まれていた。

このように整理すると、たしかに笠井氏が指摘したように、弘仁・天長の畿内国別当を設置するにあたって、摂官の制度を参照したことは十分に考えられる。この点を認めた上で、畿内国別当が設置された時期に特有の問題も検討しておく必要があろう。その大きな問題として、治水・校田・班田があることは、すでに述べたところである。そして、もうひとつ注目したいのが、史料6である。その内容は、「諸家庄園」の乱立する河内国で、京戸・土人を問わず、田一町あたり正税三〇束を割り当てることを決定したものである。公出挙の班挙基準を人から土地へ変換させる動きは、これ以後他地域でもみえるようになる(14)。これらの史料から読み取れる点は、王臣家・富豪層がそれぞれの権威を笠に着て、正税を不受・返挙するという動向である。史料6の詳細は不明ながら、同様の動きがあった可能性は十分にあろう。

よく知られているように、九世紀の畿内では王臣家・富豪層の活動が活発化する(15)。笠井純一氏は、こうした畿内情勢に対処するために国別当が設置されたとみる。笠井氏は、延暦二十年（八〇一）~同二十四年・弘仁八年~同十年という二つの時期に、公卿による国守兼任が集中する点に注目し、国別当は畿内国守兼任制を受け継ぐ形で、「延暦年中より次第に明らかになってきた王臣家・富豪層の活動をおさえ、或いはその経済力を利用して国政を再建するために、特に畿内諸国において採用されたもの」と理解した。

このうち、公卿国守兼任制から国別当制への移行については、議論の余地が残されている。なぜならば、安田政彦氏が指摘するように、当該期の議政官兼国全体についてみると、畿内が特に多いわけでもなく、また他地域に比べて特徴的であるわけでもないからである。

だが国別当の設置事情として、王臣家・富豪層の動向に着目した笠井氏の見解は、大筋では認めてよかろう。校田使・班田使の派遣を停止したが、畿内国司に全面委譲させることができず、国別当を設置せざるを得なかったのも、王臣家・富豪層の問題が背後に存在したためであった。また前述のとおり、この時期、朝使派遣を抑制する動きがみられるが、その際、たとえば次のような朝使もその対象となった可能性がある。

①勅、今聞、畿内勅旨田、或分二用公水一、新得二開発一、或元墾二埆地一、遂換二良田一。加以、託二言勅旨一、遂開二私田一。宜二遣レ使勘察一。若王臣家、有二此類一、亦宜二同検一。

（『日本後紀』大同元年七月戊戌条）

②太政官弘仁十年二月廿日騰　勅符偁、頻年不レ稔、百姓飢饉。倉廩空尽、無レ物二賑贍一。不レ預二周給一、恐忘二廉恥一。宜下遣二使者一、実二録富豪之財一、借二貸困窮之徒一、秋収之時、依レ数俾上レ報者。

（『類聚三代格』承和七年二月十一日太政官符所引弘仁十年二月二十日騰勅符）

①にみえる朝使は、勅旨田開発などを名目に私田開発をおこなう国司や王臣家を取り締まるための使者である。②の朝使は、富豪層の財を実録し、それらを貧窮した民に借貸する職掌をもつ。この種の朝使を畿内（②は大和国）に派遣したのは、活動を活発化させつつあった王臣家・富豪層の動向なくして語れない。

国別当の在任中、この種の朝使が派遣された形跡はないが、国司が単独で王臣家・富豪層に対処できたとは考えがたい。校田・班田などと同様、国別当による検校が期待されたとみてよかろう。

さらに、寛平年間（八八九～八九八）の「五畿内諸国別当」についても目を向けたい。「別当」の大納言源能有は、「問山城民苦使」の奏状を受け、宣者として立法にあたっている。その内容については、事書のみあげると、(A)「応レ禁下断諸院・諸宮・王臣家相二代百姓一争中訟田宅・資財上事」、(B)「応四改二定判三給占下荒田幷閑地上之例一事」、(C)「応レ停下止諸寺称二採レ材山四至一切勘中居住百姓上事」となる（すべて『類聚三代格』寛平八年四月二日太政官符）。ここでは(C)について、立法の経緯がわかるように、事実書を史料引用してみよう。

右、問山城民苦使正五位下守左中弁平朝臣季長奏状偁、得二相楽郡司解一偁、諸郷百姓愁状偁、（中略）望請、使裁、早被二免除一者。使（中略）謹請二処分一者。大納言正三位兼行左近衛大将皇太子傅民部卿陸奥出羽按察使源朝臣能有宣、奉レ勅、依レ請。其四畿内、若有二斯類一、亦宜レ准レ此。

ここからわかる立法過程は、

百姓（愁状）→郡司（解）→問民苦使（奏状）→五畿内諸国別当（奏状）→天皇

というものであり、郡司から国司を介さずに問民苦使に解状が提出されている点、問民苦使の奏状を五畿内諸国別当が取り次いでいる点は注目に値する。巡察使が郡司から解状を受け取ることは通常なかった点からみても、この五畿内諸国別当―問民苦使体制は、中央政府による畿内直轄支配の一端を物語るものといえよう。つとに阿部猛氏が指摘したように、(A)～(C)いずれも、王臣家などの権門が百姓と結びつき、国務を妨げることを停止する点に眼目があった。(16) この寛平年間の例をもって、弘仁・天長の国別当の性格を直接考えることはできないが、参考にはなるであろう。

以上の諸点を踏まえて、筆者は次のように考える。平安時代初頭、受領国司に国内行政の大部分を委ね、朝使の派遣が抑制されるようになる。しかし畿内では、王臣家・富豪層による対捍という特有の問題が存在したため、国司に国政全般を委ねることができなかった。そこで、国司の部内支配を支援する目的で国別に公卿を任じたもの、それが国別当であった。そして、国別当は国務全般を検校する存在であったと理解する。史料2で国別当が郡司の補任・決罰を上奏しているのも、そのためである。

問題は、国別当が国内行政をどの程度検校したのかである。国別当は公卿から任命されるため、基本的に在京していたであろう。また、これまで述べてきた国別当設置の事情からみて、朝使そのものとは考えがたい。元慶三年（八七九）に公卿が在京のまま班田業務を検校しているが、国別当も同じような形態で国政全般を検校した可能性が高いであろう。そのため、国別当の国内行政への直接的な関与の度合いは低かったと推定される。この時期、多くの畿内諸国解が出ているが、必ずしも国別当を介していないこともそれを裏づけよう。

ところで、国別当の在任期間中、中央からの朝使派遣が皆無になったわけでもなかった。なかでも、天長元年に派遣決定された巡察使は重要である。これまで国別当について、朝使の果たした役割の一部を遂行することが期待されたと考えたが、それでは巡察使の派遣はどのように理解したらよいのか。そこで、天長巡察使の派遣目的を確認しておきたい。これに関わる『類聚三代格』天長元年八月二十日太政官符をみると、

右、同前奏状偁、古者分二遣八使一、巡二行風俗一、考二牧宰之治否一、問二人民之疾苦一。所下以宣レ風展レ義、挙レ善弾上レ違也。伏望、量二遣件使一、考二其治否一者。依レ奏。

とあって、国司の監察に重点が置かれている。同一官符のなかには、「択二良吏一事」や「択二国守一事」という項目もある。「良吏」である国司に地方政治を委ねる政策をとっており、まさにこれと連動した派遣であったといえよう。これまで国司監察と並ぶ巡察使派遣の大きな目的であった、民政への積極的な関与という側面については、天長の巡察使にはあまり期待されなかったのである（第十章）。

これに対し国別当は、国司と一緒に治水事業に関与しているように、民政との関わりが極めて深かった。裏を返せば、国別当には国司を監察することはあまり期待されていなかったことになる。国別当は、災害の頻発化、王臣家・富豪層の動向に対応して、国司を支援することが最も強く求められていたのである。史料5で「和州監察」という表現がなされているように、国別当が国司による国内行政を監察する役割を負っていた側面もあろうが、実態としてはあまり積極的に評価できないと考える(17)。

おわりに

この付論では、これまで不明な点の多かった弘仁・天長の国別当について、畿内に派遣された朝使との関連などに注目しながら考察を進め、次のような結論を得た。

畿内では従来、校田・班田や治水事業に携わる朝使をはじめ、さまざまな朝使が派遣されていた[18]。ところが平安時代初頭頃から、受領国司の権限強化が図られ、朝使の派遣が抑制されるようになる。しかし畿内は、中央政府の直接的な関与の強かった地域であり、国司に国政全般を任せることには抵抗があった。実際、王臣家・富豪層による対捍という畿内特有の問題が存在したこともあって、国司単独で国内行政を遂行するには困難な地域であった。そこで考え出された対応策が、公卿を国別に別当に任命し、国政全般を検校させることであった。しかし国別当は、基本的に在京しながら国政を検校したため、間接的な支配にとどまったようである。国別当の役割についても、国司の部内支配を支援する点に比重が置かれ、国司の監察はあまり重視されなかったとみられる。

このように限界をもつ国別当であったが、その在任期間中、畿内諸国解にもとづく官符類が多数出されている点は看過すべきではない。笠井純一氏が述べるように、畿内諸国が行政上特別に多くの問題をはらんでいたことと同時に、国別当によってそれらを積極的に救い上げる条件が作られていたことを示しているからである。その意味で、国別当が議政官である公卿から任じられたことの意義は、決して過小評価されるべきではない。

註

（1）森田悌『日本古代官司制度史研究序説』（現代創造社、一九六七年）一五五・二三二頁、笠井純一「天長・承和期における地方行政監察について」（井上薫教授還暦記念会編『日本古代の国家と宗教　下』吉川弘文館、一九八〇年）二六五〜二七七頁、安田政彦「国別当をめぐって」（『続日本紀研究』三二五、一九九八年）、渡辺直彦「一九六七年の歴史学界　日本（古代）五」（『史学雑誌』七七―五、一九六八年）六四頁。以下、四氏の見解はこれらによる。

（2）亀田隆之「大和益田池の造営工事」（『日本古代治水史の研究』吉川弘文館、二〇〇〇年、初出一九七六年）および笠井純一

註(1)論文を参照して、一部字句を改めた部分がある。
(3)亀田隆之註(2)論文二一〇～二一六頁。
(4)林陸朗「巡察使の研究」(『上代政治社会の研究』吉川弘文館、一九六九年、初出一九五七年)など。
(5)同様の事例として、天平宝字八年(七六四)八月十四日派遣の築池使も指摘できよう。このとき大和・河内・山背・近江・丹波・播磨・讃岐などの諸国に使者を遣わしたが、これらの国にほぼ重なる形で、九月二日に正一位藤原仲麻呂が「都督四畿内三関近江丹波播磨等国兵事使」に任命されている(以上『続日本紀』同日条)。この都督は兵事に関わる職であり、仲麻呂の乱の直前期という特殊な政治的情勢も考慮に入れるべきではあるが、高官の関与という点で注目される。
(6)亀田隆之「治水関係派遣諸使の考察」(註(2)著書所収、初出一九八八年)参照。なお、治水に関わる朝使は畿内以外にも派遣しているが、畿内と比べて数は少なく、その位階も畿内の場合より低い。
(7)亀田隆之註(2)論文など。
(8)亀田隆之註(6)論文一三～一四頁。
(9)畿外における唯一の例外は、天平宝字四年(七六〇)の巡察使が校田にも従事したことだけである(『続日本紀』同年正月癸未条など)。
(10)ただし、この体制は長続きしなかった。わずか一三日後の元慶三年(八七九)十二月二十一日には、山城国に班田使を派遣し、国司と一緒に班田をおこなわせている。また元慶七年十二月十七日には、大和・河内両国にも班田使を派遣している。さらに摂津国にも班田使が派遣されたようで、元慶七年九月二十三日・十月十日に、班田使が収公した摂津国内の墾田を返却した記事がある(以上、『日本三代実録』同日条)。
(11)筧敏生「班田収授制と畿内」(『名古屋大学文学部研究論集　史学』四一、一九九五年)四～一六頁。
(12)本条は京・畿内班田司の任命記事で、畿内における班田実施の細則を定めた太政官奏を載せる。それをみると、天平元年(七二九)の班田が相当に大がかりなものであったことがわかる。『万葉集』巻三―四四三番歌題詞は、天平元年に摂津国の班田史生を務めた丈部龍麻呂が自殺したことを伝えており、このときの班田業務がかなり困難であった様子を窺わせる。瀧川政

次郎「班田史生丈部龍麻呂の死」(『万葉律令考』東京堂出版、一九七四年)参照。

(13) 今泉隆雄「按察使制度の一考察」(『国史談話会雑誌』一三、一九六九年)五頁・註(8)(9)参照。なお本論文は、摂官の設置期間中、摂官国の守・大夫の存在を示す史料がないことから、長官の任命がなかった可能性があると指摘している。ただし若干問題となるのは、『続日本紀』養老四年(七二〇)十月戊子条に従五位下大宅大国の「摂津守」の任官を伝えることである。本論文は、「摂津大夫」と記すべきところを「摂津守」としていること、摂津大夫としては位階が低すぎることから、正式の大夫任命記事といえるか疑わしいとする。傾聴に値する意見であるが、摂官国の長官が置かれなかったと断定するのは難しい。

(14) 村井康彦「公出挙制の変質過程」(『古代国家解体過程の研究』岩波書店、一九六五年、初出一九六〇年)一九〜二一頁参照。

(15) 拙稿「九世紀畿内地域の富豪層と院宮王臣家・諸司」(『ヒストリア』一六三、一九九九年)など。

(16) 阿部猛「問民苦使について」(『平安前期政治史の研究　新訂版』高科書店、一九九〇年、初出一九六一年)一二四頁。

(17) もちろん、国別当による国司監査という役割を補完するために、巡察使を派遣したという事情も考慮する必要がある。元慶二年(八七八)に班田のための「検校」が設置されているが、翌三年に「山城国地接㆓京輦㆒、人多㆓権豪㆒。班給之務、若将㆑成㆑妨。故遣㆓此人等㆒、以行㆓其事㆒」という理由で班田使が復活した事例(『日本三代実録』同年十二月二十一日条)が参考になろう。なお、大和国・河内国でも班田使の派遣を復活している(同元慶七年十二月十七日条)。

(18) 畿内に重点を置いて朝使が派遣されたことは、たとえば『続日本紀』宝亀七年(七七六)八月庚午条の「天下諸国蝗。畿内者遣㆑使巡祀、余者令㆓国司行㆑事」という記事からも窺える。畿内では祈雨のための使者も目立ち、広い意味での勧農に関わって、朝使が派遣される傾向が看取される。

終章　日本古代における都鄙間交通の展開

本書では、①日本律令国家による地方支配を成り立たせ、そのなかで展開した都鄙間交通の制度的特質を解明すること、②都鄙間交通制度の分析を通じて、日本律令国家の地方支配の特質を解明すること、以上二点を中心課題として検討した。各章で得られた結論をもとに、日本古代都鄙間交通の展開について素描し、本書のまとめとしたい。なお註は、各章で言及しなかった事項に対してのみ付した。

1　中央集権国家体制の形成と都鄙間交通

『日本書紀』によると、乙巳の変（六四五年）を契機に、孝徳朝（六四五～六五四）にさまざまな政治改革が実施された。いわゆる「大化改新」である。その評価をめぐっては諸説あるが、筆者は『日本書紀』に修飾があることを認めつつも、ある程度実行されたとみている[1]。筆者の立場からすれば大化改新とともに、違う立場ではもう少し時代が経ってからとなろうが、都鄙間交通体系のあり方は大きく転換することになる。

『日本書紀』大化二年（六四六）三月甲申条には、「大化の薄葬令」を含む大きく四つの内容からなる詔が収録されている。そのなかに、帰郷中の役民が路頭で病没した際、路頭の家が死んだ役民の仲間に祓除を強要することなど、交通を阻害する五つの「愚俗」が問題視されている。いわゆる大化前代には、海・川・坂などの交通の難所を舞台に、交通路を遮断したり、通行人を殺害したりする「荒ぶる神」の説話が多く伝わっているように、通行を阻害するさまざまな要因が存在した。大化改新では中央集権国家体制の形成を目指したが、それにともなって、役民や貢納物運送者の数が爆発的に増加することは容易に予想される。都鄙間交通を確実なものとするためにも、交通を阻害する「愚俗」は早急に除去する必要があったのである。

同じ大化二年三月詔には、「罷二市司・要路津済渡子之調賦一、給二与田地一」ということもみえる。これは、市司・渡子（渡し守）が市に出入りして、津済を渡る人たちから手数料（調賦）を徴することをやめさせ、その反対給付として田地を支給するというものである(2)。これに関して、『播磨国風土記』賀古郡条の大帯日子命の妻問い伝承が想起される。印南別嬢を追って摂津国高瀬済を渡ろうとした大帯日子命が、度子である紀伊国人の小玉から、「我為二天皇贄人一否」（自分は天皇の贄人ではないので、あなたを渡す義務はない）と拒否された。大帯日子命が再度渡すように求めると、度子から度賃を払うように言われた。そこで、度子に弟縵を度賃として与えたところ、ようやく川を渡ることができたという。この伝承に示されているように、大化前代にはたとえ倭王であっても、津済を渡るために度賃を要求されるようなことがあり得たのである。

このように孝徳朝は、新たな都鄙間交通体系の構築が強く求められた時代であった。そうした時代的風潮のなか、駅制および伝制の整備が始まる。まず、新政権が発足して二ヵ月もしないうちに、東国に使者（東国国司）が派遣されることになった。これにともなって、大化前代の国造制・部民制・屯倉制に依拠した交通慣行を、新たな地方行政単位として設定する評に集約・再編成する形で、伝制が整備されることになった（第八章）。

もうひとつの駅制は、東アジアの軍事的緊張に対処するために設けられた、筑紫—大和間の早馬の制度が前史として存在した。早馬は倭王権の影響力の強いミヤケなどの拠点に設置されたとみられる。しかし、新たに交通施設に特化した駅家が新設され、そこに専属の駅戸を置くことによって、駅制の形成が目指されることになった。

その際、大化前代のミヤケに駅家のモデルを求めることによって、駅制の早期実現を図っている。一般の評とは別に独自の駅評（馬評）を設定したのは、新たな交通制度をつくろうとする強い意志の現れといえよう。駅評の設置時期は不明ながら、一般の評と同じく、孝徳朝であったとしてもおかしくない（第三章）。

大化改新詔の第二条で駅伝制度の整備が謳われているが、以上のように考えてよいとすれば、信憑性がないとして無下に退ける必要はないであろう。そして、『日本書紀』壬申紀（六七二年）の内容からみて、遅くともこの頃までには、駅伝制度はかなり整備されていたとみられる。基本的に、駅制は緊急時の情報伝達制度として、伝制は中央から派遣された使者（朝使）の迎送制度として、それぞれ独自の役割を果たすことになる。

さて、七世紀段階における伝制の大きな特徴として、国司（国宰）が部内巡行のための交通手段として使用したことがあげられる。八世紀以降の国司は、諸国に派遣された朝使に対して伝馬を提供する側であって、部内巡行時に伝馬を利用するようなことはなかった。しかし七世紀には、国司の在任中の手当となる公廨田（職分田）が設定されていないこともあって、国司は派遣先からの供給を必要不可欠とした。国司の職掌としては部内巡行がかなりの位置を占めるが、その交通手段として伝制を使用する立場にあったのである。「クニミコトモチ」と称された国司は、天皇の御言を伝える使者から出発したように、まさに朝使（ミコトモチ）にほかならなかった。臨時派遣の朝使から分化して国司制の体制が整うまでには、長い歳月を要したのである（第八章）。

大津宮の時代（六六七～六七二）には、近江国境に三関（鈴鹿関、不破関、愛発関）が設定されている。『日本書紀』壬申紀をみると、「鈴鹿関司」が登場し、大海人皇子方による素早い「鈴鹿山道」や「不破道」の封鎖が、壬申の乱を勝利に導く要因になったことがわかる。ただし、三関を伊勢・美濃・越前三国が管掌する三関国制が成立するのは大宝律令（七〇一年）においてであり、構造物としての三関が本格的に整備され始めるのは和銅年間（七〇八～七一五）と考えられる（第六章）。

そして、白村江での敗戦（六六三年）以後、およそ七世紀後半から八世紀初頭にかけて、平野部では道幅が九～一二メートル前後もあるような直線道路が列島各地で形成されていった。それまでにも畿内では直線道路が設けられていたが、七世紀後半以降、列島各地へ一気に拡大する。この直線道路を利用しながら、天武十二年（六八三）から同十四年にかけて、令制国の領域を確定する国境画定事業が実施された。これは同時に、都から放射状に延びる幹線道路を軸とした諸国編成ブロック、つまり七道制の成立をもたらした。七道制は唐の十道制をモデルとしたが、唐のような同心円的な配置はとらず、都から放射状に延びる道を軸に編成された点に特徴があった。七道の本義は地方行政ブロックであるが、各ブロックを貫く実際の道路でもあった。七道の道路は「〇〇（道）の駅路」（例「山陽之駅路」）と呼ばれた。駅路は駅家の置かれた道路を指すが、駅制利用者に限らず、さまざまな者が往来することが可能であった。平安時代になると、都から放射状に直接延びる駅路の本線と、そこから外れる国までの支線が基本となるが、奈良時代までの駅路は網の目状に張り巡らされていたのである（第三章）。

七道制が成立した天武十四年には、北陸道を除く六道に、中央から朝使（巡察使）が一斉に派遣されている。令制国の日常的な統治を担ったのは中央から派遣された国司であったが、臨時に朝使を諸国へ派遣して、国司・郡司の監察、民政への積極的な関与、重要政策の推進などをおこなった（第十章）。こうした巡察使に代表される朝使は全国一斉に派遣されることが多かったが、その際には畿内・七道を単位に計八グループを任命するのが通例であった。全国一斉派遣型の朝使は、基本的に七道駅路をたどりながら職務を遂行することになる。また、国司が赴任したり、朝使が特定の地域に向かったりする際にも、そこへつながる七道駅路を使用するのが原則であった。中央から全国に命令を下す場合にも、畿内と七道を対象に計八通の文書を作成し、それぞれ畿内と道を単位として、国から国へ順次送るという諸国逓送方式によるのが一般的であった（第五章）。

このように天武十四年以後、中央による地方支配の要として七道制は有効に活用される。七道制は国内支配にも応用され、国内の諸郡を道前・道後などにブロック化したことが知られる。さらに郡内もブロック化された可能性が指摘されている。日本律令国家の地方支配は、まさに「道」を通じて実現したのである（第三章）。

2　八世紀の都鄙間交通制度

大宝元年（七〇一）、日本初の律・令が備わった体系的法典として、大宝律令が制定・施行された。以下、公的交通制度の中核をなす駅伝制度、人・物・情報の流れを遮断・統制するための関制度、貢納物の運送制度、以上の三点にしぼって、唐の律令規定との相違点について簡単に振り返っておこう[3]。

駅制からみておくと、日本では駅の業務を専属的に担う駅戸が設定された点に大きな特徴がある。駅長は駅戸から選出され、国司—駅長—駅戸（駅子）という統括関係のもと、駅の諸業務に従事した。これに対して唐の駅丁は、駅のある州もしくは隣州から駅丁を四番交替で差発し、日本のように固定化されていなかった。運営経費も、日本では基本的に駅田（駅起田）・駅稲（駅起稲）によって完結したが、唐では駅封田という独自財源がある一方で、租・庸・調といった国家規模の財源の一部も充てられた。また、日本では駅制の拠点は駅家に限定されたが、唐では軍事拠点である鎮・戍も想定されていた。そのほか、日本では各駅の駅馬数が唐よりも少ないが、駅使の使用できる駅馬数は唐よりも多かった点、日本の駅鈴は唐の銅龍伝符のような割符ではなかった点、唐では焼印を通じて駅馬の管理が徹底していた点をはじめ、日唐間の違いが随所に認められる（第一章）。

伝制も日唐間の違いが大きい。まず、唐の伝送馬は要路のある州県にのみ置かれ、それを補うために官馬も活用された。唐の伝送馬は分番体制をとっており、馬主とともに上番勤務する在勤中の伝送馬と、馬主の家で飼養・調習される非番の伝送馬が存在した。通常は在勤中の伝送馬で対応するが、必要があれば非番の伝送馬を動員することになっていた。馬主に任命された者は、伝送馬の飼育、伝送業務、官地の耕作など広範な役割を果たすばかりでなく、賠償責任も発生するなど、負担が極めて重かった。運営経費は正倉（当州に留め置かれた正租）・官物（主に調、庸）・公廨（公廨田、公廨本銭）など多彩で、伝送馬の数に応じて官地も支給された。一方、日本の伝馬は全郡一律五匹ずつ設置され、不足時は私馬を差発した。運営経費は郡稲（天平六年以後は正税）に集約され、特に田地は支給されなかった。また、労働力は雑徭を徴発して確保することになっていた（第二章）。

さらに唐では、伝送制を運用するための具体的な規定が令文に数多くある。たとえば逓送・供給の場について、道次の駅を第一に想定し、駅がない場合には州県としている。利用対象についても、蕃客・献物の入朝・領送、地方への使者派遣、桂州・広州・交州の三都督府における推勘使の派遣、従軍、焼印の返送、薬品の貢進、行軍・作役所への薬師・医師の派遣、流移人の配所への送達・移動など多彩である。また、軍事物資の運送や公事のための伝送もあった。しかし日本では、これらの規定の大部分を受容しなかった。利用証についても、唐では逓牒と呼ばれる紙の文書であったが、日本では伝符と呼ばれる器物に改めた。伝符の保管場所からみて、日本の伝制では朝使の利用を第一に想定していたことがわかる。使用できる馬の数も日本のほうが高位者を中心に圧倒的に多かった。このほか唐令では、伝送馬と折衝府官馬を併記した条文が複数あり、軍行に用いることも想定されているが、日本の伝馬は軍事的性格が希薄であった（第二章）。

つづいて、関制に目を転じよう。まず、関と交易活動との関係について、日唐間の違いが顕著に認められる。すなわち、唐では辺境地帯における活発な交易活動を前提とした条文が複数存在し、関において禁物などの交易・輸出を制限する意図が明確であったが、日本ではこうした発想に乏しかった（第六章）。

つぎに、関を通過するための通行証に着目したい。日本では公務にともなう移動の場合、駅使の携行する「駅鈴」、伝使の携行する「伝符」、軍防・丁夫の名前が列挙された「惣歴（本国歴名）」によって、関を通行できた。また、私的な往来の場合には、「過所」を入手することになっていた。

これに対して唐では、通行証の種類が実に豊富である。まず公務にともなうものとして、日本の「駅鈴」「伝符」「惣歴（本国歴名）」に対応する「符券（駅券）」「逓牒」「総暦（本県歴名）」があるほか、兵馬を関から出す際の「本司連写勅符」、兵馬を関に入れる際の「部領兵将文帳」、鎮・戍・烽で警急事を前所に告げる際の「鎮戍烽文帳」、課税物運送の際の「県牒」などが存在する。このうち「部領兵将文帳」と「鎮戍烽文帳」は「総暦」の一種とみることもできる。つぎに唐における私的な移動に関しては、日本にも存在した「過所」があるほか、同一州県内における日常的な移動のための「簿」、関司の家口のための「簿籍」、隣接する州・県への移動のための「行牒（往還牒）」などがあった。

このように唐の通行証は極めて多様であり、都鄙間交通の使用に特に限定されるものではなかった。一方、日本の通行証は都鄙間交通における使用に重点を置いたもので、隣接地域間の交通はあまり配慮されなかった。さらに過所について、唐では尚書省刑部司門や都督府・州などが全文を作成するが、日本では申請文書そのものに京職や国司が判署を加えただけで完成するという違いがあった（第七章）。

最後に、貢納物の運送制度について。唐の租・庸・調は、京送のほかに外配（辺境など指定された場所へ配送）される点に大きな特徴があった。しかし日本では外配の規定はなく、租も原則として当国に留め置かれた。そして、調庸物などの「運脚」について、唐では運送費用（和雇のための財源）の意味で使われているが、日本では運脚夫の意味合いが強い点も看過できない。この点とも関係するが、日唐関市令の歴名（惣暦）の対象者を比べると、日本令では「庸調脚」（調庸運脚夫）をわざわざ付け加えたことがわかる。このことは、日本では運脚夫が調庸物を京送する存在であったことをよく物語っている。そのほか唐令では、車・船を使った運送や、雇運・課船による運送も規定されているが、これらは日本令に摂取されなかった（第五章）。

以上のように、日本では交通制度に関する律令規定（特に令の規定）を整えるにあたり、唐の律令を参照しつつも、かなりの改変を加えたことがわかる。それは日唐間における社会状況の違いも大きい。たとえば、日本伝制にみる軍事的性格の希薄さについては、日本令全般に関して認められる傾向でもあり、恒常的に臨戦態勢下にある唐と、必ずしもそうではなかった日本との違いを反映するものであろう。また、関と交易活動の関係についても、日唐間の地理的状況の違いや商業活動の発展度合いの違いを反映していると考えられる。貢納物の運送体制についても、運送業者が社会にどれだけ定着しているのかによって大きく左右される。

しかしながら、唐令の規定を日本令に受容しなかったからといって、唐制がまったく取り入れられなかったとみるのは早計である。まず、伝制を例にとると、日本令では唐令の伝送馬の利用規定の大部分を継受しなかったが、八世紀初頭から前半にかけて、唐制を一部取り入れたことが確認できる（第四章）。同様のことは通行証に関してもいえる。日本では、正式な過所（和銅八年以後、紙のみとなる）のほかに、「過所木簡」が実際には多数使われていた。「過所木簡」は、①本貫地（本務地）への帰還、②本国内での移動、③隣国への往来、などの際に使用される簡易型の通行証である。これは唐関市令に規定された行牒などの一変形として捉えることも可能である（第七章）。さらに貢納物の運送制度についても、上記のような特徴から陸路・人担方式が採用されたと評価されることもあるが、実際には船や馬を使った運送もおこなわれ、畿内周辺を中心に車も使用されていた。日本令に規定されることのなかった課船も、実態としては存在していた（第五章）。

それでは、日本古代都鄙間交通の特質はどこにあるのか。全体的な特質として、移動の種類によって処遇の違いがあること、その背後には天皇の権威がしばしば影を落としていたことを指摘しておきたい（以下、第五章）。

まず、中央から諸国へ下される下達文書については、専使・便使・逓送使それぞれによって伝達された。このうち最も主流をなしたのは逓送使であり、路次諸国の雑任が諸国逓送業務の大部分を担った。たとえば天平十年（七三八）時における駿河国では、太政官符を逓送するために一三回、省符を逓送するために五三回も、雑任が諸国逓送使として派遣されている。また、天平六年の出雲国では、やはり逓送使によって伝達される機会が極めて多いのに対し、便使による伝達は少数あるだけで、専使による伝達にいたってはまったく確認できない。このように中央から諸国への下達文書は、路次諸国が逓送業務にあたるのが通例であった。下達文書の逓送業務に従事する者に対しては、路次諸国の多くの国々で食料などの供給をおこなっている。

つぎに、地方支配を恒常的に担うことになる新任国司は、畿内近国へ赴任する場合を除いて、路次諸国から食料が支給され、赴任先が遠い場合には伝馬の利用も認められた。また、臨時に派遣される朝使についても、伝制もしくは駅制を使用することができた（第八・十章など）。

このように諸国へ文書を伝達したり、国司・朝使を派遣したりする際には、路次諸国が逓送・供給をおこなった。こうした体制がとられた背景として、諸国へ下達される文書には原則として内印（天皇御璽）が押印され（後に小事であれば外印が認められる）、天皇の命令を体現する文書であったこと、朝使・国司ともにミコトモチとして観念されており、天皇の代理人として地方へ下ったことが関係しよう。いわば天皇の権威を背負うことによって、路次諸国から逓送・供給の便宜を受けるという特権を獲得したのである。

これに対し、諸国から中央に向かって、文書を上申したり、調庸物・年料舂米を運送したり、役民らを連れて行ったりする際などには、基本的に路次諸国によって逓送・供給されることはなかった。路粮などを自弁ないし本国で負担して、都鄙間を往来せざるを得なかったのである。とりわけ運脚夫や役民の負担は極めて重かった。それもあって、役民である衛士・仕丁・雇民・匠丁はしばしば逃亡してしまうが、その都度替わりの者を都に差し向けることを命じる兵部省符や民部省符が下されている。運脚夫や役民の路粮は自弁が原則であったが、やがて最初は帰郷用の路粮が、その後往復用の路粮が公給されるようになる。しかし、調庸物（これに準じて中男作物も）の運脚夫に限っては、最後まで路粮が公給されず自弁の原則が続いた。

ただし、諸国発の移動であっても、供御物である御馬・御贄・御鷹などを貢進したり、相撲人が相撲節に参加するために上京する際には、特別に路次諸国から逓送・供給を受けることができた。これらの部領使や相撲人は天皇の権威を笠に着て、しばしば路次諸国に対して高圧的態度をとった。また、役民らが路中で発病したり、流人や俘囚を配所まで護送したりするときなどにも、路次諸国が逓送・供給の義務を負った。いわば「在路窮乏者」に対する特別措置があったわけであるが、これは儒教的徳治主義にもとづく天皇からの恩典として実施されたと考えられる。

なお、路次諸国による逓送は、郡・駅家・軍団などを単位とした交通体系の集合体として成り立っていたが、その中核をなしたのは郡を単位とした交通、なかでも伝制である。しかし、これらも最終的には国レベルで総括されている点を見落としてはならない。この点については、伝使らが郡から供給を受けるのに先だって、あらかじめ路次諸国の国司に対して牒を送り、郡に供給の準備を要請していたことからも裏づけられる（第四章）。使者にとって直接の窓口となるのは、路次諸国の国司であったのである。

3　八世紀末以降の都鄙間交通制度

平安時代初頭になると、都鄙間交通体系は大きな変貌を遂げる。

まず、延暦八年（七八九）、桓武天皇は三関と摂津関を停廃した。それまで特に三関は、天皇・太上天皇が死去したり、都で反乱などが発生したりすると、勅使を派遣して封鎖するなど特に重要な役割を果たしていた。しかし、さまざまな手法によって新王朝誕生を演出していた桓武天皇は、あえて三関を停廃することで、王権安定化のために三関を維持せざるを得なかった奈良時代との違いを強調したのである。また、長岡京造営の人夫や資材の移動を円滑にするためにも、人・物の流れを遮断する三関・摂津関は不要と考えられたのであろう（第六章）。

もともと日本には、国境付近を中心に、さまざまな関所が置かれていたが、関司を派遣して過所を勘検する機能をもった関となると、三関・摂津関以外には長門関がある程度であった。関所としては別に剗があるが、関よりも一段低い扱いであった。しかし、延暦八年以後も長門関は存続し、陸奥国の白河剗・菊多剗とあわせ、辺境の関として重視されるようになる。八世紀末頃以降、新羅使の派遣停止、海商の出現、蝦夷の上京朝賀の停止などを受けて、大宰府管内・陸奥・出羽を主要舞台に、王臣家・富豪層らが交易活動を活発化させた。こうした新たな動きに対処するために、長門関・白河剗・菊多剗における勘検機能を維持・強化したのである。承和二年（八三五）には、白河剗・菊多剗は関に準じる扱いとされた。日本令を作成する際、唐関市令にあった辺境の関や交易活動の取り締まりに関する規定は受容しなかったが、ここに転換したのである（第六章）。

つぎに延暦十一年に、伝馬が全国規模で廃止される。先に神護景雲二年（七六八）に山陽道諸国の伝馬が廃止されたが、その際には駅家に配置換えする形をとった。だが延暦十一年の停廃措置は、文字どおりの停廃である。

伝馬を停廃した同じ日、陸奥・出羽・佐渡の三国と大宰府管内を除いて、軍団兵士も廃止されている。その七日後には健児が設置された。この延暦十一年の軍制改革は、延暦八年次の征夷の大敗を受けて、次回の延暦十三年次征夷に向けた積極策である。軍団兵士と伝馬が同日に廃止されている点に着目すると、伝馬の停廃も征夷の一環であった可能性があるが、詳細は不明である。

延暦十五年には、諸国の地図が粗略であり、かつ文字が欠損しているという理由で、新たな「諸国地図」の作成が命じられた。その際「駅道遠近」を具に記録するように指示されている（『日本後紀』同年八月己卯条）。前述のように、奈良時代までの駅路は網の目状にめぐらされていたが、やがて七道を中心としたものへ縮小していった。発掘調査の成果によると、平安時代初期の駅路の道幅は六メートル前後に縮小され、必ずしも最短距離を指向するものではなくなるという。延暦十五年の新地図作成は、こうした道路網の再編成と密接に関わる。

その後、延暦二十一年十二月から同二十四年四月までの間に、伝馬は再設置される。しかし、基本的に伝馬は駅路を帯する郡のみに再設置され、かつてのように全郡を対象とはしなかった。その理由として、第一に、八世紀後半頃から駅制の利用対象が拡大する一方、伝制の利用対象は徐々に縮小し、伝制は新任国司の赴任用の交通手段と化した点が考えられる（第四章）。第二に、延暦年間頃から、巡察使のような全国一斉派遣型の朝使の派遣回数が減ったことがあげられる（第十章）。全国一斉派遣型の朝使は、基本的に七道駅路をたどりながら職務を遂行したが、それだけでなく駅路のない郡も巡行する必要があった。そのため、駅路のない郡にも伝馬を設置したのである。ところが、全国一斉派遣型の朝使が派遣されなくなると、全郡に伝馬を置く必然性もなくなる。

これまで地方支配の上で重要な役割を果たしてきた巡察使は、天長年間（八二四〜八三四）をもって終焉を迎える。他の全国一斉派遣型の朝使も姿を消し、その後は、天皇の代替わりごとに大奉幣使・大神宝使・大祓使が派遣されるだけとなる。九世紀初頭は、良吏である受領国司に地方政治の大部分を委ねる傾向が強くなる時期である。このことと巡察使の派遣停止とは密接な関係にあるといえる。また、賑給使・検損田使などのような、国司からの申請を覆検する役割を担った朝使についても、以後その派遣が抑制されるようになる。

九世紀になると受領国司の権限が強化されるが、もちろん歯止めがなくなったわけではない。なかでも、交替面に焦点をしぼった国司監察体制への移行や、推問使の派遣は重要な意味をもった。前者は解由状に集約されるが、これは国司が赴任する際に携行した任符の発給にも影響を与えた。任符は、赴任国司に対して路次諸国が供給するように指示する文言があるだけでなく、何よりも国司交替の際に必要不可欠であった。そこで、前官の解由状が未得の場合には、任符の発給を停止する仕組みをつくった。しかし貞観年間（八五九〜八七七）頃を境に、遙授国司や任用国司に限っては、任符の発給が容易になった。だが受領国司に対しては、依然として厳しく対処したのである。もうひとつの推問使についても、受領国司が任用国司や百姓から訴えられた際に派遣し、受領国司を禁固して釐務を停止させるという強い権限をもっていた。

また、九世紀後半以降、緊急時の情報伝達を担っていた飛駅は、従来の駅ごとの逓送方式から専使派遣方式に改まる。脚力を派遣する機会が増加することとあわせ、駅制の機能が衰退したことを物語っている[4]。八世紀後半以降、伝制の機能の大部分は駅制に吸収されたが、駅制もまた十分に機能しなくなってきたのである。十世紀になると、律令制下の駅伝制度はほぼ崩壊したといってよい。さらに関制についても、足柄関・碓氷関の設置に典型的なように、治安維持の側面がより強くなってくる。

十世紀以降、受領の権限は大きく拡大される。従来の駅伝制度は崩壊するが、受領が臨時雑役を徴発する形で逓送・供給が実施される体制へ移行していく[5]。一例として、著名な『時範記』承徳三年（一〇九九）二月九日条から十五日条にかけての平時範の因幡国下向記事をみてみよう。宿所（これは逓送・供給の場所でもある）として、山埼、河面御牧司宅、明石駅家、高草駅家、佐余、境根仮屋、智頭郡駅家が使用されており、その種類は極めて多彩である。この点において、郡家に宿泊場所がほぼ定まっていた八・九世紀段階と大きく異なる。十世紀には大半の郡家は消滅しており[6]、すでに郡家は逓送・供給の拠点ではなくなっていたのである。『時範記』に供給場所として「仮屋」という非恒常的な施設がみられる点からも、十世紀以後には、以前のような安定した供給体制が存在しなかったことは確かであろう。しかし、任符に添えられた供給指示文言の存在からも明らかなように、往来者への供給を国家的に保証する意図があった点は認めなければならない（第九章）。問題はその実効性であるが、少なくとも『時範記』の記事から窺うかぎり、曲がりなりにも逓送・供給は実現している。ただし、いかなる形で中世的な交通制度の枠組みが形成されていくのか、この点は今後の検討課題としたい。

註

（1）拙稿「大化改新と改革の実像」（『岩波講座日本歴史2　古代2』岩波書店、二〇一四年）。
（2）坂本太郎「上代道路制度の一考察」（『坂本太郎著作集8　古代の駅と道』吉川弘文館、一九八九年、初出一九三一年）三一九～三二二頁。
（3）拙稿「日本古代交通制度の法的特徴」（鷹取祐司編『古代中世東アジアの関所と交通制度』汲古書院、二〇一七年）で、本書の成果を踏まえ、少し異なった切り口から整理したので、あわせて参照されたい。
（4）森哲也「律令制下の情報伝達について」（『日本歴史』五七一、一九九五年）。
（5）大津透「雑徭から臨時雑役へ」（『律令国家支配構造の研究』岩波書店、一九九三年、初出一九九〇年）。
（6）山中敏史『古代地方官衙遺跡の研究』（塙書房、一九九四年）三九五頁。

初出一覧

序　章　新稿。ただし第3項のみ、「日本古代駅伝制度の特質と展開―日唐比較と山陽道―」（第15回播磨考古学研究集会実行委員会編『播磨国の駅家を探る』二〇一五年）「はじめに」を一部利用。

第一章　「日本古代駅伝制度の特質と展開―日唐比較と山陽道―」（前掲）第一章を補訂。

第二章　「日本古代駅伝制度の特質と展開―日唐比較と山陽道―」（前掲）第二章を補訂。

第三章　「律令交通制度と文字」（平川南他編『文字と古代日本3　流通と文字』吉川弘文館、二〇〇五年）、「出土文字資料からみた古代の駅家」（『考古学ジャーナル』六六五、二〇一五年）、「日本古代駅伝制度の特質と展開―日唐比較と山陽道―」（前掲）、「律令制下の交通制度」（舘野和己・出田和久編『日本古代の交通・交流・情報1　制度と実態』吉川弘文館、二〇一六年）のそれぞれ一部を利用した新稿。

第四章　「国司任符に関する基礎的考察」（『古文書研究』四七、一九九八年）、「律令交通制度と文字」（前掲）、「伊勢国計会帳からみた律令国家の交通体系」（『三重県史研究』一六、二〇〇一年）、「日本古代伝馬制度の法的特徴と運用実態」（『日本史研究』五四四、二〇〇七年）、「日本古代駅伝制度の特質と展開―日唐比較と山陽道―」（前掲）のそれぞれ一部を利用した新稿。

第五章　「律令交通体系における駅路と伝路」（『史学雑誌』一〇五―三、一九九六年）、「伊勢国計会帳からみた律令国家の交通体系」（前掲）のそれぞれ一部を利用した新稿。

付論一　「伊勢国計会帳の作成年代と浮浪人の逓送」（『続日本紀研究』三二六、二〇〇〇年）を補訂。
第六章　「日本古代関制の特質と展開」（『歴史科学』二二二、二〇一五年）を大幅に補訂。
第七章　「過所木簡に関する一試論」（続日本紀研究会編『続日本紀と古代社会』塙書房、二〇一四年）を補訂。
第八章　「国司制の成立と伝馬制―国司職分田制との関連から―」（『続日本紀研究』三〇一、一九九六年）を補訂。
第九章　「国司任符に関する基礎的考察」（前掲）を大幅に補訂。
付論二　「国司任符の発給について」（『延喜式研究』一四、一九九八年）を補訂。
第十章　「朝使派遣と国司」（『文化財論叢Ⅲ』奈良文化財研究所、二〇〇二年）、「巡察使とそれをめぐる諸使」（塚口義信博士古稀記念会編『日本古代学論叢』和泉書院、二〇一六年）を合体し、新稿も交えた上で、大幅に補訂。
付論三　「弘仁・天長の畿内国別当について」（続日本紀研究会編『続日本紀の諸相』塙書房、二〇〇四年）を補訂。
終　章　新稿。

あとがき

長年の懸案であった本書の刊行が目前に迫り、安堵の気持ちと緊張・不安が入り交じっている。

一九九一年に大阪大学に入学した筆者は、優れた先生・先輩・同級生・後輩の導きもあって、日本古代史の勉強を始め、古代交通制度を取り扱った卒業論文を執筆した。そして、二〇〇〇年十二月に「律令国家都鄙間交通の研究」を課程博士論文として提出し、主査の梅村喬先生、副査の村田修三・平雅行両先生より有益なご指摘を多く頂戴することができた。数年後には著書として刊行したいと思っていたが、一五年以上もの歳月が経ってしまった。ひとえに筆者の怠慢によるが、次の三点に関してはよかったと思っている。第一は、二〇〇一年一月に奈良国立文化財研究所（現、奈良文化財研究所）の研究員に採用され、木簡など出土文字資料の研究方法を学ぶことができた点である。第二は、二〇〇六年に北宋天聖令の全文が公表され、交通制度に関する多くの唐令条文が新たに判明した点である。第三は、二〇一一年に歴史文化ライブラリーの一冊として『すべての道は平城京へ―古代国家の〈支配の道〉―』（吉川弘文館）を刊行する機会が与えられ、これまでの自分の研究成果を点検できた点である。こうした幸運に恵まれ、課程博士論文を全面的に書き改めたのが本書である。

たとえ貧しい研究成果にすぎないとはいえ、二〇年以上取り組んできたテーマであるので、本書の論文それぞれに思い出がある。なかでも第五章「日本律令国家の都鄙間交通体系」の原形は、卒業論文（本論）に由来するだけに、幾分か思い入れが強い。卒業論文を執筆した頃、古代交通研究が活況を呈していたこともあって、筆者の拙い卒業論文も『史学雑誌』に採用していただくことができたが、問題点の多いものであった。後に『三重県史研究』への執筆を求められたことから、その訂正版のような意味合いも込めて、伊勢国計会帳に焦点を当てた一文を執筆した。しかし、これまた問題点の多いものであった。その後、発表した論文でいくつか関連事項に言及することもあったが、今回ようやくまとまった形で問い直すことができた。今読み返してみると、かなり冗長な論文となっており、当初の緊張感が失われてしまったように感じるが、致し方あるまい。

毎年、年が改まる頃になると、本書の刊行に向けて作業を本格化させたいと願いながら、目の前の仕事に手一杯で、年度が切り替わる頃には気持ちが完全に萎えてしまうのが常だった。しかし二〇一五年の春だけは違った。ちょうどある仕事が一区切りし、大学院を終えて一五年目の節目を迎えることもあって、きちんとけじめをつけたいと思ったからである。それから取り憑かれたように、旧稿を補訂する作業に着手していった。旧稿には大小さまざまな欠点があることを思い知らされ、それを少しでも正したいとの考えにもとづいて、大幅に手を加えていった。また、足りない部分については、新稿を書いていった。こうして作成した原稿の点検も兼ねて、二〇一五年度後期・二〇一六年度前期に大阪大学で、二〇一六年度前・後期に同志社大学で、交通史に関する講義をおこなった（同志社大学では現在も講義中）。かなり特殊なテーマであったにもかかわらず、辛抱強く聴いてくださった受講生の皆さんに深く感謝したい。

本書をまとめるにあたって、遅ればせながら、日唐律令条文を比較検討することの面白さに気がついた。中国史に特に明るいわけでもなく、まったくの自己流による検討であるので、多くの誤りを犯しているであろうが、多少なりとも今後の議論の叩き台となれば幸いである。

学生時代に交通史を志した当初は、戸田芳実氏の一連の交通研究に憧れを抱いていたが、その足下にも及んでおらず、本書では言及すらできなかった。課程博士論文では、戸田氏の研究を意識して執筆した、「九世紀畿内地域の富豪層と院宮王臣家・諸司」（『ヒストリア』一六三、一九九九年）にもとづく章があったが、その後十分な検討をおこなっていないこともあり、本書に収めることは断念した。本書の刊行を機に、初心に返って勉強し直したいと考えている。

才能に乏しい筆者が、小学生の頃から大好きであった日本史の勉強を続けることができているのは、実に多くの方々のご配慮・ご高配によるもので、ただただ感謝の気持ちで一杯である。本書のもとになった旧稿も、特に発表の機会を与えていただいたからこそ、日の目を見ることのできたものが少なくない。また、旧稿のいたらない点について、ご批判してくださった方々の存在もありがたい。十分な回答となっているか自信はないが、自分なりに精一杯再考してみた。本書は内容の貧しさにもかかわらず紙数だけは多いが、二〇一〇年に刊行した前著『飛鳥藤原木簡の研究』と同様、思う存分執筆させてくれた塙書房、とりわけ編集実務にご尽力くださっている寺島正行氏のご寛容による。その分、校正・索引づくりに膨大な時間を要することになったが、大阪大学大学院博士後期課程の増成一倫さんに助けていただいた。以上を特に記して、心より感謝申し上げたい。

二〇一六年十一月

市　大樹

索　引

(A) 事項

ア行

カ行

サ行

タ行

ナ行

ハ行

ワ行

(B) 史料

ア行

ナ行

ハ行

マ行

ヤ行

ラ行

ワ行

(C) 地名・遺跡名など(日本・中国)

ア行

タ行

ナ行

ハ行

マ行

ヤ行

（D）研究者

カ行

サ行

ヤ行

ラ行

ワ行

市　大樹（いち・ひろき）

略　歴
1971年　愛知県に生まれる
2000年　大阪大学大学院文学研究科博士後期課程単位取得退学（2001年学位取得）
2001年　奈良国立文化財研究所（後、奈良文化財研究所）研究員
2009年　大阪大学大学院文学研究科准教授

主要業績
『評制下荷札木簡集成』（編著、東京大学出版会、2006年）
『飛鳥藤原京木簡１－飛鳥池・山田寺木簡－』（編著、吉川弘文館、2007年）
『飛鳥藤原京木簡２－藤原京木簡１－』（編著、吉川弘文館、2009年）
『飛鳥藤原木簡の研究』（塙書房、2010年）
『すべての道は平城京へ－古代国家の〈支配の道〉－』（吉川弘文館、2011年）
『飛鳥の木簡－古代史の新たな解明－』（中央公論新社、2012年）
「大化改新と改革の実像」（『岩波講座日本歴史２　古代２』岩波書店、2014年）
「黎明期の日本古代木簡」（『国立歴史民俗博物館研究報告』第194集、2015年）

日本《にほん》古代《こだい》都《と》鄙《ひ》間《かん》交通《こうつう》の研究《けんきゅう》

2017年2月14日　第1版第1刷

著　者　市　大樹
発行者　白石タイ
発行所　株式会社　塙書房
〒113-0033　東京都文京区本郷6丁目8-16
電話　03(3812)5821
FAX　03(3811)0617
振替　00100-6-8782

亜細亜印刷・弘伸製本

定価はケースに表示してあります。落丁本・乱丁本はお取替えいたします。
 ISBN978-4-8273-1288-1　C3021